# Korean-Chinese Dictionary

스피드
한중 韓中
기초단어
사전

韩国语
中国语

## 머리말

　　스피드 한중(韓中) 기초단어사전은 중국어를 처음 접하는 한국인 학습자를 위해서 특별히 만들어진 단어 학습서로 알기 쉽고 빠르게 기억할 수 있도록 중국인이 흔히 사용하는 필수 단어 8000개를 수록하였습니다.

　　이 책의 특징은 무릇 한국어를 아는 분이라면 누구나 다 중국어를 쉽게 찾아볼 수 있도록 하였습니다.

　　특히 한국어의 가나다순으로 배열하여 한국어 단어를 쉽게 찾고, 거기에 해당하는 중국어 단어도 바로바로 읽을 수 있도록 중국어 발음을 한글로 표기했으며, 또한 한자의 병음자모도 표기하였습니다.

　　이 책으로 중국어 단어를 하나하나 익혀나간다면 독자 여러분은 자신도 모르는 사이에 놀라울 정도로 중국어 실력이 향상되리라 믿습니다.

지은이 씀

## 차 례

ㄱ(가) ..................... 5
ㄴ(나) ..................... 58
ㄷ(다) ..................... 71
ㄹ(라) ..................... 95
ㅁ(마) ..................... 96
ㅂ(바) ..................... 117
ㅅ(사) ..................... 149
ㅇ(아) ..................... 188
ㅈ(자) ..................... 239
ㅊ(차) ..................... 282
ㅋ(카) ..................... 298
ㅌ(타) ..................... 300
ㅍ(파) ..................... 307
ㅎ(하) ..................... 317
부 록 ..................... 339

# ㄱ (가)

- 가강하다     加强     jiā qiáng     [쟈 챵]
- 가격     价格     jià gé     [쨔 거]
- 가격, 값     价钱     jià qián     [쨔 쳰]
- 가격이 오르다     涨价     zhǎng jià     [장 쨔]
- 가곡     歌曲     gē qǔ     [거 취]
- 가공을 하다     加工     jiā gōng     [쟈 궁]
- 가관이다     可观     kě guān     [커 관]
- 가구     家具     jiā jù     [쟈 쮜]
- 가극, 오페라     歌剧     gē jù     [거 쮜]
- 가까이 가다     挨     āi     [아이]
- 가까이 접근하다     接     jiē     [졔]
- 종사하다, 곁들이다     就     jiù     [찌우]
- 순서를 말하다     挨     ái     [아이]
- 가깝다, 접근하다     近     jìn     [찐]
- 가끔, 때때로     偶尔     ǒu'ěr     [오우 얼]
- 가난하다, 고달프다     穷苦     qióng kǔ     [츙 쿠]
- 가난하다, 궁하다     穷     qióng     [츙]
- 가난하다, 수다하다     贫     pín     [핀]
- 가난하다     贫苦     pín kǔ     [핀 쿠]
- 가난한 사람     穷人     qióng rén     [츙 런]
- 가늘다     细     xì     [씨]
- 가늠해 보다(무게)     掂     diān     [뗀]
- 가능     可以     kě yǐ     [커 이]
- 가능성     可能性     kě néng xìng     [커 넝 씽]

| | | | |
|---|---|---|---|
| ☐ 가능하다, 할만하다 | 可行 | kě xíng | [커 싱] |
| ☐ 가능하다 | 可能 | kě néng | [커 능] |
| ☐ 가다, 지나다 | 往 | wǎng | [왕] |
| ☐ 가다, 참석하다 | 赴 | fù | [푸] |
| ☐ 가다 | 去 | qù | [취] |
| ☐ 가다 | 走 | zǒu | [조우] |
| ☐ 가동하다, 움직이다 | 开动 | kāi dòng | [카이 똥] |
| ☐ 가두 | 街头 | jiē tóu | [제 토우] |
| ☐ 가련하다 | 可怜 | kě lián | [커 렌] |
| ☐ 가렵다 | 痒 | yǎng | [양] |
| ☐ 가령 ~라 일지라도 | 就 | jiù | [찌우] |
| ☐ 가령 ~이라도 | 就算 | jiù suàn | [찌우 쏸] |
| ☐ 가로막다, 저지하다 | 拦 | lán | [란] |
| ☐ 가로지르다 | 横 | héng | [헝] |
| ☐ 가루, 분 | 粉 | fěn | [펀] |
| ☐ 가르다 | 解 | jiě | [제] |
| ☐ 가르치다 | 教 | jiāo | [쟈오] |
| ☐ 가리다, 덮다 | 覆盖 | fù gài | [푸 까이] |
| ☐ 가리다 | 蒙 | méng | [멍] |
| ☐ 가리다, 막다 | 遮 | zhē | [저] |
| ☐ 가리키다, 지도하다 | 指 | zhǐ | [즈] |
| ☐ 가마, 탄갱, 굴 | 窑 | yáo | [야오] |
| ☐ 가무[가사] | 家务 | jiā wù | [쟈 우] |
| ☐ 가물다 | 干旱 | gān hàn | [간 한] |
| ☐ 가물다 | 旱 | hàn | [한] |
| ☐ 가뭄과 싸우다 | 抗旱 | kàng hàn | [캉 한] |
| ☐ 가볍다, 줄이다 | 轻 | qīng | [칭] |
| ☐ 가설하다, 부축하다 | 架 | jià | [쨔] |

| | | | |
|---|---|---|---|
| ❏ 가소롭다, 우습다 | 可笑 | kě xiào | [커 쌰오] |
| ❏ 가속하다, | 加速 | jiā sù | [쟈 쑤] |
| ❏ 가수 | 歌手 | gē shǒu | [거 소우] |
| ❏ 가수, 스타 | 歌星 | gē xīng | [거 싱] |
| ❏ 가스 | 煤气 | méi qì | [메이 치] |
| ❏ 가슴, 마음, 생각 | 怀 | huái | [화이] |
| ❏ 가슴, 흉부 | 胸膛 | xiōng tang | [슝 탕] |
| ❏ 가슴 | 胸 | xiōng | [슝] |
| ❏ 가슴이 꽉 차다 | 满怀 | mǎn huái | [만 화이] |
| ❏ 가시, 바늘 | 刺 | cì | [츠] |
| ❏ 가심하다 | 加深 | jiā shēn | [쟈 선] |
| ❏ 가열하다 | 加热 | jiā rè | [쟈 러] |
| ❏ 가위 | 剪刀 | jiǎn dāo | [젠 다오] |
| ❏ 가을 | 秋 | qiū | [치우] |
| ❏ 가을 | 秋天 | qiū tiān | [치우 텐] |
| ❏ 가을걷이를 하다 | 秋收 | qiū shōu | [치우 소우] |
| ❏ 가을철 | 秋季 | qiū jì | [치우 찌] |
| ❏ 가이드 | 导游 | dǎo yóu | [다오 유] |
| ❏ 가이드 | 向导 | xiàng dǎo | [썅 도우] |
| ❏ 가입하다 | 加入 | jiā rù | [쟈 루] |
| ❏ 가장 | 家长 | jiā zhǎng | [쟈 장] |
| ❏ 가장 좋아하는 | 最好 | zuì hǎo | [쭈이 하오] |
| ❏ 가장, 대단히 | 至 | zhì | [쯔] |
| ❏ 가장, 최고로 | 最 | zuì | [쭈이] |
| ❏ 가장자리, 한계 | 边 | biān | [벤] |
| ❏ 곁, 주위 | 畔 | pàn | [프안] |
| ❏ 가장자리 | 沿儿 | yánr | [옌얼] |
| ❏ 가장하다 | 假装 | jiǎ zhuāng | [쟈 쫭] |

| 가장하다 | 乔装 | qiáo zhuāng | [챠오 좡] |
| 가짜 | 假冒 | jiǎ mào | [쟈 마오] |
| 가정 | 家庭 | jiā tíng | [쟈 팅] |
| 가정, 가정하면 | 假设 | jiǎ shè | [쟈 셔] |
| 가정하다 | 假定 | jiǎ dìng | [쟈 띵] |
| 가족, 세대, 문 | 户 | hù | [후] |
| 가족 | 家属 | jiā shǔ | [쟈 수] |
| 가중하다 | 加重 | jiā zhòng | [쟈 쫑] |
| 가지 | 茄子 | qié zi | [체 즈] |
| 가지, 종류 | 花样 | huā yang | [화 양] |
| 가지 | 枝 | zhī | [즈] |
| 가지다, 노리다 | 取 | qǔ | [취] |
| 가지런히 하다 | 顺 | shùn | [쑨] |
| 가창, 합창 | 歌咏 | gē yǒng | [거 융] |
| 가축 | 家畜 | jiā chù | [쟈 추] |
| 가치 | 价值 | jià zhí | [쨔 즈] |
| 가파르다, 험하다 | 陡 | dǒu | [도우] |
| 가하다(압력) | 施加 | shī jiā | [스 쟈] |
| 가혹하다, 뜻밖이다 | 横 | héng | [헝] |
| 각각 | 各 | gè | [꺼] |
| 각계 | 各界 | gè jiè | [꺼 쩨] |
| 각도 | 角度 | jiǎo dù | [쟈오 뚜] |
| 각성하다 | 觉醒 | jué xǐng | [줴싱] |
| 각양각색 | 各式各样 | gè shì gè yàng | [꺼 쓰 꺼 양] |
| 각오 | 觉悟 | jué wù | [줴 우] |
| 각자 | 各自 | gè zì | [꺼 쯔] |
| 각종 | 各种 | gè zhǒng | [꺼 주웅] |
| 간, 간장 | 肝 | gān | [간] |

|  |  |  |  |
|---|---|---|---|
| 간거하다 | 艰巨 | jiān jù | [젠 쮜] |
| 간격, 사이 | 间隔 | jiān gē | [젠 거] |
| 간격, 틈, 장벽 | 隔阂 | gé hé | [거 허] |
| 간결하다 | 简短 | jiǎn duǎn | [젠 돤] |
| 간고하다 | 艰苦 | jiān kǔ | [젠 쿠우] |
| 간단하고 요점이 있다 | 简要 | jiǎn yào | [젠 야오] |
| 간단하다 | 简单 | jiǎn dān | [젠 단] |
| 간단한 아침식사 | 早点 | zǎo diǎn | [자오 디엔] |
| 간단히, 대체로 대개 | 约 | yuē | [웨] |
| 간명하게 | 简明 | jiǎn míng | [젠 밍] |
| 간물 | 刊物 | kān wù | [칸 우] |
| 간부 | 干部 | gàn bù | [깐 뿌] |
| 간사하다, 교활하다 | 奸 | jiān | [젠] |
| 간선(교통) | 干线 | gàn xiàn | [깐 쎈] |
| 간섭하다 | 干涉 | gān shè | [깐 써] |
| 간소화하다 | 精简 | jīng jiǎn | [징 젠] |
| 간소화하다 | 简化 | jiǎn huà | [젠 화] |
| 간염 | 肝炎 | gān yán | [깐 옌] |
| 간이다 간단하고 쉽다 | 简易 | jiǎn yì | [젠 이] |
| 간자체 | 简体字 | jiǎn tǐ zì | [젠 티 쉐] |
| 간장 | 酱油 | jiàng yóu | [쨩 유우] |
| 간절하다, 진지하다 | 恳切 | kěn qiè | [컨 체] |
| 간절하다 | 殷切 | yīn qiè | [인 체] |
| 간절히 | 渴 | kě | [커] |
| 간접적 | 间接 | jiàn jiē | [젠 제] |
| 간청하다 | 恳求 | kěn qiú | [컨 치우] |

|  |  |  |  |
|---|---|---|---|
| 간칭 | 简称 | jiǎn chēng | [젠 청] |
| 간칭하다 | 简称 | jiǎn chēng | [젠 청] |
| 간파하다 | 觉察 | jué chá | [줴 차] |
| 간판, 상표 | 牌 | pái | [파이] |
| 고유의 | 固有 | gù yǒu | [꾸 유] |
| 간편하다 | 简便 | jiǎn biàn | [젠 삐엔] |
| 간행물 | 报刊 | bào kān | [빠오 칸] |
| 간호사 | 护士 | hù shi | [후 쓰] |
| 갈[성씨] | 葛 | gě | [거] |
| 갈고리 | 钩子 | gōu zi | [고우 즈] |
| 갈다 | 磨 | mó | [모] |
| 갈다(옥, 돌) | 琢磨 | zuó mo | [줘 모] |
| 갈라지다, | 裂 | liè | [례] |
| 갈라지다 | 分化 | fēn huà | [펀 화] |
| 갈라지다 | 岔 | chà | [차] |
| 갈라진 자리, 이음새 | 缝 | fèng | [펑] |
| 갈라터지다, | 豁 | huō | [훠] |
| 갈망하다 | 渴望 | kě wàng | [커 왕] |
| 갈증나다 | 渴 | kě | [커] |
| 감(접미사) | 感 | gǎn | [간] |
| 감각 | 感觉 | gǎn jué | [간 줴] |
| 감개무량하다 | 感慨 | gǎn kǎi | [간 카이] |
| 감격 | 感激 | gǎn jī | [간 지] |
| 감기 | 感冒 | gǎn mào | [간 모우] |
| 감기가 들다 | 着凉 | zháo liáng | [자오 량] |
| 감당하다, 이겨내다 | 承受 | chéng shòu | [청 쏘우] |
| 감독하다 | 监督 | jiān dū | [젠 두] |

| | | | |
|---|---|---|---|
| ☐ 감동적이다 | 动人 | dòng rén | [뚱 런] |
| ☐ 감동하다 | 感动 | gǎn dòng | [간 뚱] |
| ☐ 감별하다 | 鉴别 | jiàn bié | [쩬 베] |
| ☐ 감사하다 | 感谢 | gǎn xiè | [간 쎼] |
| ☐ 감사합니다 | 谢谢 | xiè xie | [쎼 세] |
| ☐ 감산하다 | 减产 | iǎn chǎn | [졘 찬] |
| ☐ 감상 | 感想 | gǎn xiǎng | [간 썅] |
| ☐ 감상하다, 즐기다 | 赏 | shǎng | [샹] |
| ☐ 감소하다 | 减少 | jiǎn shǎo | [졘 소우] |
| ☐ 감수하다 | 感受 | gǎn shòu | [간 쏘우] |
| ☐ 감시하다 | 监视 | jiān shì | [쩬 쓰] |
| ☐ 감염되다 | 感染 | gǎn rǎn | [간 란] |
| ☐ 감옥 | 牢房 | láo fang | [라오 팡] |
| ☐ 감옥 | 监狱 | jiān yù | [쩬 위] |
| ☐ 감자 | 马铃薯 | mǎ líng shǔ | [마 링 수] |
| ☐ 감자 | 土豆 | tǔ dòu | [투 또우] |
| ☐ 감정 | 感情 | gǎn qíng | [간 칭] |
| ☐ 감정, 평가 | 鉴定 | jiàn dìng | [쩬 띵] |
| ☐ 감찰하다 | 监察 | jiān chá | [쩬 차] |
| ☐ 감추다, 속이다 | 瞒 | mán | [만] |
| ☐ 감하다 | 减 | jiǎn | [졘] |
| ☐ 감화하다 | 感化 | gǎn huà | [간 화] |
| ☐ 감히 | 敢 | gǎn | [간] |
| ☐ 감히~하다 | 敢 | gǎn | [간] |
| ☐ 갑, 첫째, 각질 | 甲 | jiǎ | [지아] |
| ☐ 갑반 | 甲板 | jiǎ bǎn | [지아 반] |
| ☐ 갑자기 튀어오르다 | 绷 | bēng | [벙] |
| ☐ 갑자기 | 忽然 | hū rán | [후 란] |

|  |  |  |  |
|---|---|---|---|
| 갑자기, 돌연히 | 猛然 | měng rán | [멍 란] |
| 갑자기 | 顿 | dùn | [뚠] |
| 값 | 价 | jià | [쨔] |
| 값에 상응하다 | 值得 | zhí de | [즈 더] |
| 값을 내리다 | 降价 | jiàng jià | [쨩 쨔] |
| 갓 태어나다 | 新生 | xīn shēng | [신 셩] |
| 강 | 河流 | hé liú | [허 류] |
| 강(구강), 곡조, 말, 말투 | 腔 | qiāng | [치앙] |
| 강, 벼리, 중요한 부분 | 纲 | gāng | [강] |
| 강, 하천 | 江 | jiāng | [쟝] |
| 강, 하천 | 河 | hé | [허] |
| 강개하다 후하게 대하다 | 慷慨 | kāng kǎi | [캉 카이] |
| 강당 | 讲堂 | jiǎngtáng | [쟝 탕] |
| 강대하고 번영하다 | 强盛 | qiáng shèng | [챵 썽] |
| 강대하다 | 强大 | qiáng dà | [챵 따] |
| 강대하다 | 壮大 | zhuàng dà | [쫭 따] |
| 강도 | 强度 | qiáng dù | [챵 뚜] |
| 강도 | 强盗 | qiáng dào | [챵 따우] |
| 강력하게, 크게 | 大力 | dà lì | [따 리] |
| 강탈하다 | 抢劫 | qiǎng jié | [챵 졔] |
| 강렬하다 | 强烈 | qiáng liè | [챵 례] |
| 강령 | 纲领 | gāng lǐng | [강 링] |
| 강림하다, 찾아오다 | 降临 | jiàng lín | [쨩 린] |
| 강박하다 독촉하다, 핍박하다 | 逼 | bī | [비] |

| 강박하다 | 强迫 | qiáng pò | [챵 퍼] |
| 강술하다 | 讲述 | jiǎng shù | [쟝 쑤] |
| 강연하다 | 演讲 | yǎn jiǎng | [옌 쟝] |
| 강연하다 | 讲演 | jiǎng yǎn | [쟝 옌] |
| 강요, 개요 | 纲要 | gāng yào | [강 요우] |
| 강요를 당하다 | 被迫 | bèi pò | [뻬이 퍼] |
| 강요하다 | 迫使 | pò shǐ | [퍼 스] |
| 강요하다 | 讹 | é | [어] |
| 강요하다 | 勉强 | miǎn qiǎng | [몐 챵] |
| 강의 듣다 | 听讲 | tīng jiǎng | [팅 쟝] |
| 강의안 | 讲义 | jiǎng yì | [쟝 이] |
| 강의하다, 수업하다 | 讲课 | jiǎng kè | [쟝 커] |
| 강인하다, 완강하다 | 坚韧 | jiān rèn | [젠 런] |
| 강재 | 钢材 | gāng cái | [강 차이] |
| 강제로 빼앗다 | 夺 | duó | [둬] |
| 강제하다, 강압하다 | 强制 | qiáng zhì | [챵 쯔] |
| 구속 | 拘束 | jū shù | [쥐 쑤] |
| 강조하다 | 强调 | qiáng diào | [챵 땨오] |
| 강좌 | 讲座 | jiǎng zuò | [쟝 쮜] |
| 강줄기 | 河道 | hé dào | [허 따오] |
| 강철 | 钢 | gāng | [강] |
| 강탈하다, 협박하다 | 劫 | jié | [제] |
| 강하게 하다 | 壮 | zhuàng | [쫭] |
| 강하다, 우월하다, ~보다 조금 더 | 强 | qiáng | [챵] |
| 강하다, 웅장하다 | 壮 | zhuàng | [쫭] |
| 강해하다 | 讲解 | jiǎng jiě | [쟝 졔] |
| 강화하다, 다그치다 | 加紧 | jiā jǐn | [쟈 진] |

| | | | |
|---|---|---|---|
| ☐ 강화하다 | 强化 | qiáng huà | [챵 화] |
| ☐ 같다 | 同 | tóng | [퉁] |
| ☐ 같다 | 同样 | tōng yàng | [퉁 양] |
| ☐ 같다 | 如同 | rú tóng | [루 퉁] |
| ☐ 같다 | 一样 | yí yàng | [이 양] |
| ☐ 같은 방향으로 | 顺 | shùn | [쑨] |
| ☐ 같은 종류 | 同类 | tóng lèi | [퉁 레이] |
| ☐ 같이 | 一道 | yí dào | [이 따오] |
| ☐ 같이 | 一同 | yī tóng | [이 퉁] |
| ☐ 갚다 | 还 | huán | [환] |
| ☐ 개 | 狗 | gǒu | [고우] |
| ☐ 개 | 个 | gè | [꺼] |
| ☐ 개(이어진 것에 쓰임) | 道 | dào | [따오] |
| ☐ 개 | 犬 | quǎn | [췐] |
| ☐ 개, 알 | 颗 | kē | [커] |
| ☐ 개건하다 | 改建 | gǎi jiàn | [가이 쪤] |
| ☐ 개괄하다 | 概括 | gài kuò | [까이 쿼] |
| ☐ 개념 | 概念 | gài niàn | [까이 녠] |
| ☐ 개량하다, 개선하다 | 改良 | gǎi liáng | [가이 량] |
| ☐ 개명하다 | 开明 | kāi míng | [카이 밍] |
| ☐ 개미 | 蚂蚁 | mǎ yǐ | [마 이] |
| ☐ 개발하다 | 开发 | kāi fā | [카이 프아] |
| ☐ 개방하다 | 开放 | kāi fàng | [카이 팡] |
| ☐ 개변 | 改变 | gǎi biàn | [가이 뼨] |
| ☐ 개별적이다 | 各别 | gè bié | [꺼 베] |
| ☐ 개별적이다 | 个别 | gè bié | [꺼 베] |
| ☐ 개선하다 | 凯旋 | kǎi xuán | [카이 쉔] |
| ☐ 개선하다 | 改善 | gǎi shàn | [가이 싼] |

| 개설하다 | 开设 | kāi shè | [카이 써] |
| 개성 | 个性 | gè xìng | [꺼 씽] |
| 개시하다, 착수하다 | 入手 | rù shǒu | [루 소우] |
| 개울, 작은 시내 | 溪 | xī | [시] |
| 개인 | 私人 | sī rén | [스 런] |
| 개인 | 个人 | gè rén | [꺼 런] |
| 개인 날 | 晴天 | qíng tiān | [칭 톈] |
| 개인이 경영하다 | 私营 | sī yíng | [스 잉] |
| 개인이 소유하다 | 私有 | sī yǒu | [스 요우] |
| 개정하다 | 改正 | gǎi zhèng | [가이 쩡] |
| 개조하다 | 改造 | gǎi zào | [가이 짜우] |
| 개진하다 | 改进 | gǎi jìn | [가이 찐] |
| 개척하다 | 开拓 | kāi tuò | [카이 퉈] |
| 개척하다 | 开辟 | kāi pì | [카이 피] |
| 개체 | 个体 | gè tǐ | [꺼 티] |
| 개체호 | 个体户 | gè tǐ hù | [꺼 티 후] |
| 개최하다, 거행하다 | 举办 | jǔ bàn | [쥐 빤] |
| 개편하다, 각색하다 | 改编 | gǎi biān | [가이 볜] |
| 개혁 | 改革 | gǎi gé | [가이 거] |
| 개화하다 | 开花 | kāi huā | [카이 화] |
| 개황 | 概况 | gài kuàng | [까이 쾅] |
| 객관 | 客观 | kè guān | [커 관] |
| 객실, 응접실 | 客厅 | kè tīng | [커 팅] |
| 갱신하다 | 更新 | gēng xīn | [경 신] |
| 거꾸러뜨리다 | 推翻 | tuī fān | [퉤 프안] |
| 거꾸로 되다, 붓다 | 倒 | dǎo | [다오] |
| 거닐다, 놀러 다니다 | 逛 | guàng | [꽝] |

|  |  |  |  |
|---|---|---|---|
| 거대하다 | 巨大 | jù dà | [쮜 따] |
| 거동 | 举动 | jǔ dòng | [쥐 똥] |
| 거들떠 보다, 상대하다 | 理睬 | lǐ cǎi | [리 차이] |
| 거들떠보다 | 理会 | lǐ huì | [리 후이] |
| 거듭 천명하다 | 重申 | chóng shēn | [충 선] |
| 거듭, 계속 | 一再 | yī zài | [이 짜이] |
| 거래가 성립되다 | 成交 | chéng jiāo | [청 쟈오] |
| 거래하다 | 贩卖 | fàn mài | [프안 마이] |
| 거리 | 街 | jiē | [졔] |
| 거리 | 街道 | jiē dào | [졔 따오] |
| 거리 | 距离 | jù lí | [쮜 리] |
| 거미 | 蜘蛛 | zhī zhū | [즈 주] |
| 거민, 주민 | 居民 | jū mín | [쥐 민] |
| 거부하다 | 拒 | jù | [쮜] |
| 거북 | 龟 | guī | [구이] |
| 거북하게 만들다 | 出难题 | chū nán tí | [추 난 티] |
| 거실 | 居室 | jū shì | [쮜 스] |
| 거울 | 镜子 | jìng zi | [찡 즈] |
| 거위 | 鹅 | é | [어] |
| 거의 | 几乎 | jī hū | [지 후] |
| 거의 비슷하다 | 差不多 | chà bu duō | [차 부둬] |
| 거의~달하다 | 将近 | jiāng jìn | [쟝 찐] |
| 거절하다, 사절하다 | 推辞 | tuī cí | [투이 츠] |
| 거절하다 | 拒绝 | jù jué | [쮜 쮀] |
| 거점 | 据点 | jù diǎn | [쮜 뎬] |
| 거주하다, 점유하다 | 居 | jū | [쮜] |
| 거주하다, 함축하다 | 寓 | yù | [위] |

|  |  |  |  |
|---|---|---|---|
| 거주하다 | 居住 | jiū zhù | [쥐 쭈] |
| 거짓말을 하다 | 撒谎 | sā huǎng | [사 황] |
| 거짓말하다 | 说谎 | shuō huǎng | [쉬 황] |
| 거짓의, 가짜의 | 假 | jiǎ | [쟈] |
| 거짓이론 | 谬论 | miù lùn | [뮤 룬] |
| 거치적거리다, 방해되다 | 碍事 | ài shì | [아이 쓰] |
| 거칠다, 난폭하다 | 粗暴 | cū bào | [추 빠오] |
| 거칠다 | 草率 | cǎo shuài | [초우 쐐이] |
| 거품 | 泡沫 | pào mò | [포우 뭐] |
| 거품 | 泡 | pào | [파오] |
| 거행하다 | 举行 | jǔ xíng | [쥐 싱] |
| 걱정하다, 근심하다 | 发愁 | fā chóu | [프아 초우] |
| 걱정하다, 근심하다 | 忧虑 | yōu lǜ | [유 뤼] |
| 건(사건이나 일) | 桩 | zhuāng | [쫭] |
| 건강 | 健康 | jiàn kāng | [쪤 캉] |
| 건강하고 아름답다 | 健美 | jiàn měi | [쪤 메이] |
| 건강하다 | 健壮 | jiàn zhuàng | [쪤 쫭] |
| 건너다, 겪다 | 渡 | dù | [뚜] |
| 건달, 부랑자 | 流氓 | liú máng | [리우 망] |
| 건립하다 | 建立 | jiàn lì | [쪤 리] |
| 건반 | 键盘 | jiàn pán | [쪤 프안] |
| 건배하다 | 干杯 | gān bēi | [간 베이] |
| 건설 | 建设 | jiàn shè | [쪤 써] |
| 건설비, 제조비 | 造价 | zào jià | [짜오 쨔] |
| 건설을 계획하다 | 筹建 | chóu jiàn | [초우 쪤] |
| 건설하다, 건축하다 | 兴建 | xīng jiàn | [싱 쪤] |
| 건의하다 | 建议 | jiàn yì | [쪤 이] |

|  |  |  |  |
|---|---|---|---|
| 건전하다, 온전하다 | 健全 | jiàn quán | [쩬 췐] |
| 건조하다 | 干燥 | gān zào | [간 짜오] |
| 건지다, 얻다 | 捞 | lāo | [라오] |
| 건축 | 建筑 | jiàn zhù | [쩬 쭈] |
| 건축하다 | 筑 | zhù | [쭈] |
| 걷다, 여행하다 | 行 | xíng | [싱] |
| 걷어 올리다, 잡아당기다 | 挽 | wǎn | [완] |
| 걸다, 매달다 | 悬挂 | xuán guà | [쉔 꽈] |
| 걸레, 행주 | 抹布 | mó bù | [뭐 뿌] |
| 걸상 | 凳子 | dèng zi | [떵 즈] |
| 걸음, 단계, 상태 | 步 | bù | [뿌] |
| 걸음, 단계, 정도 | 步子 | bù zi | [뿌 즈] |
| 걸작 | 杰作 | jié zuò | [제 쭤] |
| 걸출하다 | 杰出 | jié chū | [제 추] |
| 걸치다(어깨에) | 披 | pī | [피] |
| 검거하다 | 检举 | jiǎn jǔ | [젠 쥐] |
| 검공검학 | 勤工俭学 | qín gōng jiǎn xué | [친 궁 젠 쉐] |
| 검다, 어둡다 | 黑 | hēi | [헤이] |
| 검사하다, 조사하다, 찾아보다 | 查 | chá | [차] |
| 검사하다 | 检察 | jiǎn chá | [젠 차] |
| 검사하다 | 检查 | jiǎn chá | [젠차] |
| 검소하다, 성실하다 | 朴实 | pǔ shí | [푸 스] |
| 검수하다 | 验收 | yàn shōu | [옌 소우] |
| 검열하다 | 查阅 | chá yuè | [차 웨] |
| 검증하다, 검험하다 | 检验 | jiǎn yàn | [젠 옌] |
| 검증하다 | 验证 | yàn zhèng | [옌 쩡] |

| 검측하다 | 检测 | jiǎn cè | [젠 처] |
| 검토, 자기반성 | 检讨 | jiǎn tǎo | [젠 타오] |
| 검토하다 | 商榷 | shāng què | [상 췌] |
| 검토해서 승인하다 | 审定 | shěn dìng | [션 띵] |
| 검푸르다 | 碧绿 | bì lǜ | [삐 뤼] |
| 겁이 많다 | 窝囊 | wō nang | [워 낭] |
| 겉, 면목 | 面子 | miàn zi | [몐 즈] |
| 겉모습 | 外表 | wài biǎo | [와이 뱌오] |
| 게걸스럽다 | 馋 | chán | [찬] |
| 게으르다, 나른하다 | 懒 | lǎn | [란] |
| 게재하다, 싣다 | 刊登 | kān dēng | [칸 덩] |
| 겨, 기울 | 糠 | kāng | [캉] |
| 겨누다 | 针对 | zhēn duì | [전 뚜이] |
| 겨루다, 비교하다 | 较量 | jiào liàng | [쨔오 량] |
| 겨우, 다만 | 仅仅 | jǐn jin | [진 진] |
| 겨우 | 好容易 | hǎo róng yì | [하오 룽 이] |
| 겨울 | 冬 | dōng | [둥] |
| 겨울 | 冬天 | dōng tiān | [둥 톈] |
| 겨울방학 | 寒假 | hán jià | [한 쨔] |
| 겨울철 | 冬季 | dōng jì | [둥 찌] |
| 격광 | 激光 | jī guāng | [지 광] |
| 격동하다 | 激动 | jī dòng | [지 뚱] |
| 격려하다 | 激励 | jī lì | [지 리] |
| 격려하다 | 勉励 | miǎn lì | [몐 리] |
| 격렬하다 | 激烈 | jī liè | [지 례] |
| 격리하다 | 隔离 | gé lí | [거 리] |
| 격발하다 | 激发 | jī fā | [지 프아] |
| 격소 | 激素 | jī sù | [지 쑤] |

19

|  |  |  |  |
|---|---|---|---|
| ☐ 격식 | 格式 | gé shì | [거 쓰] |
| ☐ 격정 | 激情 | jī qíng | [지 칭] |
| ☐ 격차 | 差距 | chā jù | [차 쮜] |
| ☐ 격화하다, 심해지다 | 加剧 | jiājù | [쟈 쮜] |
| ☐ 겪다, 경험하다 | 经受 | jīng shòu | [징 쏘우] |
| ☐ 견강히 | 坚强 | jiān qiáng | [젠 챵] |
| ☐ 견결히 | 坚决 | jiān jué | [젠 쮜] |
| ☐ 견고하다, 확고하다 | 牢固 | láo gù | [라오 꾸] |
| ☐ 견고하다 | 坚固 | jiān gù | [젠 꾸] |
| ☐ 견딜 수 없다 | 不堪 | bù kān | [뿌 칸] |
| ☐ 견본, 샘플 | 样品 | yàng pǐn | [양 핀] |
| ☐ 견습생, 제자 | 徒弟 | tú dì | [투 띠] |
| ☐ 견식 | 见识 | jiàn shí | [쪤 스] |
| ☐ 견실하다 | 坚实 | jiān shí | [젠 스] |
| ☐ 견정히 | 坚定 | jiān dìng | [젠 띵] |
| ☐ 견제하다 | 牵制 | qiān zhì | [쳰 쯔] |
| ☐ 견지하다 | 坚持 | jiān chí | [젠 츠] |
| ☐ 견해 | 看法 | kàn fǎ | [칸 프아] |
| ☐ 견해 | 见解 | jiàn jiě | [쪤 졔] |
| ☐ 결, 무늬 | 理 | lǐ | [리] |
| ☐ 결과 | 结果 | jiē guǒ | [제 궈] |
| ☐ 결과 | 结果 | jié guǒ | [제 궈] |
| ☐ 결국 | 归根到底 | guī gēn dào dǐ | [귀 건 따오 디] |
| ☐ 결국 | 结局 | jié jú | [제 쥐] |
| ☐ 결국, 끝내 | 竟 | jìng | [찡] |
| ☐ 결국, 필경 | 终究 | zhōng jiū | [중 지우] |
| ☐ 결단성 있고 단호하다 | 斩钉截铁 | zhǎn dīng jié tiě | [잔 딩 제 테] |
| ☐ 결론 | 结论 | jié lùn | [제 룬] |

| | | | |
|---|---|---|---|
| ▫ 결산받다, 없애다 | 报销 | bào xiāo | [바오 쇼우] |
| ▫ 결산보다 | 结算 | jié suàn | [제 쐰] |
| ▫ 결산하다 | 决算 | jué shuàn | [줴 쒼] |
| ▫ 결석하다 | 缺席 | quē xí | [췌 시] |
| ▫ 결속 | 结束 | jié shù | [쑤] |
| ▫ 결손을 보다 | 亏损 | kuī sǔn | [쿠이 순] |
| ▫ 결승전 | 决赛 | jué sài | [줴 싸이] |
| ▫ 결심 | 决心 | jué xīn | [줴 신] |
| ▫ 결의 | 决议 | jué yì | [줴 이] |
| ▫ 결전 | 决战 | jué zhàn | [줴 쭨] |
| ▫ 결점 | 缺点 | quē diǎn | [췌 뗀] |
| ▫ 결정 | 结晶 | jié jīng | [제 징] |
| ▫ 결정하다 | 决 | jué | [줴] |
| ▫ 결정하다, 지지하다 | 作主 | zuò zhǔ | [쭤 주] |
| ▫ 결정하다 | 决定 | jué dìng | [줴 띵] |
| ▫ 결제하다, 비평하다 | 批 | pī | [피] |
| ▫ 결코 ~않다 | 决不 | jué bù | [줴 뿌] |
| ▫ 결코, 절대로 | 决 | jué | [줴] |
| ▫ 결탁하다, 공모하다 | 勾结 | gōu jié | [고우 제] |
| ▫ 결핍하다 | 缺乏 | quē fá | [췌 프아] |
| ▫ 결함, 약점 | 缺陷 | quē xiàn | [췌 쎈] |
| ▫ 결합하다 | 结合 | jié hé | [제 허] |
| ▫ 결혼 | 结婚 | jié hūn | [제 허] |
| ▫ 겸손하다 | 谦逊 | qiān xùn | [쳰 쒼] |
| ▫ 겸임하다 | 兼任 | jiān rèn | [쪤 런] |
| ▫ 겸하다, 겸유하다 | 兼 | jiān | [쪤] |
| ▫ 겸허하다 | 谦虚 | qiān xū | [쳰 쉬] |
| ▫ 경각심을 가지다 | 警惕 | jǐng tì | [징 티] |

|  |  |  |  |
|---|---|---|---|
| 경감하다 | 减轻 | jiǎn qīng | [젠 칭] |
| 경건하게 조심하다 | 小心翼翼 | xiǎoxīnyì yì | [샤오 신 이 이] |
| 경건하게 바라보다 | 瞻仰 | zhān yǎng | [잔 양] |
| 경계 | 境界 | jìng jiè | [찡 쩨] |
| 경계, 범위, 집단 | 界 | jiè | [쩨] |
| 경계, 형편, 처지 | 境 | jìng | [찡] |
| 경계를 늦추다 | 麻痹 | má bì | [마 삐] |
| 경계하다 | 警戒 | jǐng jiè | [징 쩨] |
| 경고 | 警告 | jǐng gào | [징 까우] |
| 경고하다, 훈계하다 | 告诫 | gào jiè | [까우 쩨] |
| 경공업 | 轻工业 | qīng gōng yè | [칭궁 예] |
| 경과하다, 통과하다 | 经 | jīng | [징] |
| 경과하다 | 经过 | jīng guò | [징 꿔] |
| 경극 | 京剧 | jīng jù | [징 쮜] |
| 경극 | 京戏 | jīng xì | [징 씨] |
| 경기 | 竞赛 | jìng sài | [찡 싸이] |
| 경력 | 经历 | jīng lì | [징 리] |
| 경례 | 敬礼 | jìng lǐ | [찡 리] |
| 경멸하다 | 看不起 | kàn bu qǐ | [칸 부 치] |
| 경물 | 景物 | jǐng wù | [징 우] |
| 경미하다, 가볍다 | 轻微 | qīng wēi | [칭 웨이] |
| 경복하다, 탄복하다 | 钦佩 | qīn pèi | [친 페이] |
| 경비 | 经费 | jīng fèi | [징 페이] |
| 경비하다, 경위하다 | 警卫 | jǐng wèi | [징 웨이] |
| 경사지다 | 倾斜 | qīng xié | [칭 세] |
| 경상적 | 经常 | jīng cháng | [징 창] |
| 경색, 경치 | 景色 | jǐng sè | [징 써] |
| 경선하다 | 竞选 | jìng xuǎn | [찡 쉔] |

| 경솔하다 | 疏忽 | shū hu | [수 후] |
| --- | --- | --- | --- |
| 경시하다 | 轻视 | qīng shì | [칭 쓰] |
| 경악하다 | 惊慌 | jīng huāng | [징 황] |
| 경애하다 | 敬爱 | jìng'ài | [찡 아이] |
| 경영하다 | 经营 | jīng yíng | [징 잉] |
| 경원하다 | 敬而远之 | jìng ér yuǎn zhī | [찡 얼 웬 즈] |
| 경의를 표하다 | 致敬 | zhì jìng | [쯔 찡] |
| 경작하다 | 耕种 | gēng zhòng | [껑 쭁] |
| 경작하다 | 耕地 | gēng dì | [껑 띠] |
| 경쟁, 경쟁하다 | 竞争 | jìng zhēng | [찡 정] |
| 경쟁에 입찰하다 | 投标 | tóubiāo | [토우 뱌오] |
| 경전 | 经典 | jīng diǎn | [징 뎬] |
| 경제 | 经济 | jīng jì | [징 찌] |
| 경지 | 境地 | jìng dì | [찡 띠] |
| 경지 | 耕地 | gēng dì | [껑 띠] |
| 경찰 | 警察 | jǐng chá | [징 차] |
| 경축하다 | 庆祝 | qìng zhù | [칭 쭈] |
| 경치, 상황, 배경 | 景 | jǐng | [징] |
| 경쾌 | 轻快 | qīng kuài | [칭 콰이] |
| 경향, 추세 | 趋向 | qū xiàng | [취 썅] |
| 경향 | 倾向 | qīng xiàng | [칭 썅] |
| 경험 | 经验 | jīng yàn | [징 옌] |
| 곁 | 跟前 | gēn qián | [껀 쳰] |
| 곁, 본보기, 표 | 表 | biǎo | [뱌오] |
| 계기 | 仪器 | yí qì | [이 치] |
| 계단 | 楼梯 | lóu tī | [로우 티] |
| 계단 | 阶级 | jiē jí | [졔 지] |
| 계도 | 季度 | jì dù | [찌 뚜] |

| 계란 | 鸡蛋 | jī dàn | [지 딴] |
| 계발 | 启发 | qǐ fā | [치 프애] |
| 계사, 회계, 장부 | 账 | zhàng | [짱] |
| 계산 | 计算 | jì suàn | [찌 쏸] |
| 계산하다 | 算 | suàn | [쏸] |
| 계선 | 界线 | jiè xiàn | [쩨 쎈] |
| 계속하다, 이어지다 | 继 | jì | [찌] |
| 계속하다, 잇다 | 续 | xù | [쒸] |
| 계속하다 | 继续 | jì xù | [찌 쒸] |
| 계속하여, 연이어 | 连连 | lián lián | [롄 롄] |
| 계속하여, 연이어 ~조차도 | 连 | lián | [롄] |
| 계속해서, 연이어 | 一连 | yī lián | [이 롄] |
| 계승하다 | 继承 | jì chéng | [찌 쳥] |
| 계시하다 | 启示 | qǐ shì | [치 쓰] |
| 계엄령을 내리다 | 戒严 | jiè yán | [쩨 옌] |
| 계열, 시리즈 | 系列 | xì liè | [씨 례] |
| 계절 | 季节 | jì jiě | [찌 제] |
| 계절, 계 | 季 | jì | [찌] |
| 계절, 철 | 时节 | shí jié | [스 제] |
| 계층 | 阶层 | jiē céng | [제 청] |
| 계통 | 系统 | xì tǒng | [씨 퉁] |
| 계통, 학부 | 系 | xì | [씨] |
| 계획 | 计划 | jì huà | [찌 화] |
| 계획, 기획 | 规划 | guī huà | [구이 화] |
| 계획하다, 세우다 | 设 | shè | [써] |
| 계획하다, 헤아리다 | 计 | jì | [찌] |
| 고개, 큰 산맥 | 岭 | lǐng | [링] |

| 고고 | 考古 | kǎo gǔ | [카오 구] |
| 고공 | 高空 | gāo kōng | [가오 쿵] |
| 고귀하다 | 高贵 | gāo guì | [카오 꾸에이] |
| 고급적이다 | 高档 | gāo dǎng | [가오 당] |
| 고급적이다 | 高等 | gāo děng | [가오 덩] |
| 고급적이다 | 高级 | gāo jí | [가오 지] |
| 고기 | 肉 | ròu | [로우] |
| 고난 | 苦难 | kǔ nàn | [쿠 난] |
| 고뇌하다 | 苦恼 | kǔ nǎo | [쿠 나오] |
| 고대 | 古代 | gǔ dài | [구 따이] |
| 고도 | 高度 | gāo dù | [가오 뚜] |
| 고독하다 | 孤独 | gū dú | [구 두] |
| 고등, 고급 | 高等 | gāo děng | [가오 덩] |
| 고래 | 鲸鱼 | jīng yú | [징 위] |
| 고려, 염려 | 顾虑 | gù lǜ | [꾸 뤼] |
| 고려하다, 주저하다 | 顾虑 | gù lǜ | [꾸 뤼] |
| 고려하다 | 考虑 | kǎo lǜ | [카오 뤼] |
| 고르게 하다 | 匀 | jūn | [쥔] |
| 고르다, 균등하다 | 匀 | yún | [윈] |
| 고르다, 선택하다 | 拣 | jiǎn | [젠] |
| 고르다, 평탄하다 | 平整 | píng zhěng | [핑 정] |
| 고리 | 环 | huán | [환] |
| 고립되다 | 孤立 | gū lì | [구 리] |
| 고명하다 | 高明 | gāo míng | [가오 밍] |
| 고모 | 姑姑 | gū gu | [구 구] |
| 고무 | 橡胶 | xiàng jiāo | [쌍 쟈오] |
| 고무하다, 북돋우다 | 鼓 | gǔ | [구] |
| 고무하다, 선동하다 | 鼓动 | gǔ dòng | [구 뚱] |

| | | | |
|---|---|---|---|
| ☐ 고무하다 | **鼓舞** | gǔ wǔ | [구 우] |
| ☐ 고무하다 | **鼓励** | gǔ lì | [구 리] |
| ☐ 고문 | **古文** | gǔ wén | [구 원] |
| ☐ 고문 | **顾问** | gù wèn | [꾸 원] |
| ☐ 고별하다 | **告别** | gào bié | [까오 베] |
| ☐ 고봉 | **高峰** | gāo fēng | [가오 펑] |
| ☐ 고비, 전환점 | **关头** | guān tóu | [관 토우] |
| ☐ 고상하다 | **高尚** | gāo shàng | [가오 쌍] |
| ☐ 경편 | **轻便** | qīng biàn | [칭 삔] |
| ☐ 고생하다 | **辛苦** | xīn kǔ | [신 쿠] |
| ☐ 고생하다 | **困** | kùn | [쿤] |
| ☐ 고생하다, 참아내다 | **刻苦** | kè kǔ | [커 쿠] |
| ☐ 고소하다, 고자질하다 | **告状** | gào zhuàng | [까오 쫭] |
| ☐ 고소하다 | **控诉** | kòng sù | [쿵 쑤] |
| ☐ 고속적인 | **高速** | gāo sù | [가오 쑤] |
| ☐ 고수확, 높은 생산량 | **高产** | gāo chǎn | [가오 찬] |
| ☐ 고압 | **高压** | gāo yā | [가오 야] |
| ☐ 고양이 | **猫** | māo | [마오] |
| ☐ 고열 | **高烧** | gāo shāo | [가오 사오] |
| ☐ 고온 | **高温** | gāo wēn | [가오 원] |
| ☐ 고요하다, 차분하다 | **沉静** | chén jìng | [천 찡] |
| ☐ 고요하다 | **寂静** | jì jìng | [찌 찡] |
| ☐ 고용인 | **雇员** | gù yuán | [꾸 웬] |
| ☐ 고용하다 | **雇佣** | gù yōng | [꾸 융] |
| ☐ 고용하다 | **雇** | gù | [꾸] |
| ☐ 고원 | **高原** | gāo yuán | [가오 웬] |

| 고의로, 짐짓 | 故 | gù | [꾸] |
| 고의로, 일부러 | 故意 | gù yì | [꾸 이] |
| 고장 | 故障 | gù zhàng | [꾸 짱] |
| 고장 | 毛病 | mǎo bìng | [마오 삥] |
| 고저 | 高低 | gāo dī | [가오 디] |
| 고적 | 古迹 | gǔ jì | [구 찌] |
| 고전 | 古典 | gǔ diǎn | [구 뎬] |
| 고정시키다 정착시키다 | 固定 | gù dìng | [꾸 띵] |
| 고조 | 高潮 | gāo cháo | [가오 차오] |
| 고중(고등학교) | 高中 | gāo zhōng | [가오 중] |
| 고집하다 | 固执 | gù zhí | [꾸 즈] |
| 고찰하다, 시찰하다 | 考察 | kǎo chá | [카오 차] |
| 고체 | 固体 | gù tǐ | [꾸 티] |
| 고추 | 辣椒 | là jiāo | [라 쟈오] |
| 고취하다 | 鼓吹 | gǔ chuī | [구 추이] |
| 고치(누에), 굳은 살 | 茧 | jiǎn | [졘] |
| 고치다, 바꾸다 | 改 | gǎi | [가이] |
| 고통스럽다, 고생하다 | 苦 | kǔ | [쿠] |
| 고통스럽다 | 痛苦 | tòng kǔ | [퉁 쿠] |
| 고함소리 | 呼声 | hū shēng | [후 성] |
| 고함치다 떠들어대다 | 叫嚷 | jiào rǎng | [쨔오 랑] |
| 고함치다 부르다 | 喊 | hǎn | [한] |
| 고향 | 家乡 | jiā xiāng | [쟈 샹] |
| 고향 | 故乡 | gu xiāng | [꾸 샹] |
| 고향사람 | 乡亲 | xiāng qīn | [샹 친] |
| 고험 | 考验 | kǎo yàn | [카오 옌] |

|  |  |  |  |
|---|---|---|---|
| 고혈압 | 高血压 | gāo xuè yā | [가오 쒜야] |
| 곡(음악) | 曲子 | qǔ zi | [취 즈] |
| 곡마, 서커스 | 马戏 | mǎ xì | [마 씨] |
| 곡선 | 曲线 | qū xiàn | [취 쎈] |
| 곡선변동을 하다 | 波动 | bō dòng | [붜 뚱] |
| 곡예 | 杂技 | zá jì | [자아 찌] |
| 곤난 | 困难 | kùn nàn | [쿤 난] |
| 곤두세우다 | 竖 | shù | [쑤] |
| 곤충 | 昆虫 | kūn chóng | [쿤 충] |
| 곧 | 马上 | mǎ shàng | [마 쌍] |
| 곧(막) 하려 한다 | 将要 | jiāng yào | [쟝 야오] |
| 곧, 돌연히 | 一头 | yì tóu | [이 토우] |
| 곧, 멀지 않아 | 即将 | jì jiāng | [찌 쟝] |
| 곧, 바로 | 一 | yī | [이] |
| 곧, 바로 | 就 | jiù | [찌우] |
| 곧, 순식간에 | 眼看 | yǎn kàn | [옌 칸] |
| 곧, 즉, 바로 | 便 | biàn | [비옌] |
| 곧게 펴다, 견디다 | 挺 | tǐng | [팅] |
| 곧게 하다 바르게 하다 | 直 | zhí | [즈] |
| 곧다, 정직하다 공정하다 | 直 | zhí | [즈] |
| 곧장, 곧바로, 줄곧 | 直 | zhí | [즈] |
| 골, 도랑, 홈 | 沟 | gōu | [고우] |
| 골간 | 骨干 | gǔ gàn | [구 깐] |
| 골똘히 하다 주의깊이 하다 | 用心 | yòng xīn | [융 신] |
| 골라내다, 고르다 | 挑选 | tiāo xuǎn | [탸오 쉔] |

| 골머리 앓다 | 伤脑筋 | shāng nǎo jīn | [상 나오 찐] |
| 골목, 작은 거리 | 胡同 | hú tòng | [후 퉁] |
| 골목 | 巷 | xiàng | [쌍] |
| 골육, 뼈와 살 | 骨肉 | gǔ ròu | [구 로우] |
| 곰 | 熊 | xióng | [슝] |
| 곰팡이 | 霉 | méi | [메이] |
| 곳, 장소 | 处 | chù | [추] |
| 공, 구 | 球 | qiú | [치우] |
| 공간 | 空间 | kōng jiān | [쿵 쩬] |
| 공개하다 | 公开 | gōng kāi | [궁 카이] |
| 공격, 공격하다 | 攻击 | gōng jī | [궁 지] |
| 공격하다, 연구하다 | 功 | gōng | [궁] |
| 공격하다, 연구하다 | 攻 | gōng | [궁] |
| 공격하다 | 攻关 | gōng guān | [궁 관] |
| 공경하다 | 恭敬 | gōng jìng | [궁 찡] |
| 공고 | 公告 | gōng gào | [궁 까오] |
| 공고, 고시, 광고 | 启事 | qǐ shì | [치 쓰] |
| 공고하다 | 巩固 | gǒng gù | [궁 꾸] |
| 공공 | 公共 | gōng gòng | [궁 꿍] |
| 공공연히 | 公然 | gōng rán | [궁 란] |
| 공공의, 공정하다 | 公 | gōng | [궁] |
| 공관(사무관련) | 公关 | gōng guān | [궁 관] |
| 공교롭게, 때마침 | 凑巧 | còu qiǎo | [초우 챠오] |
| 공교롭게도, 때마침 | 可巧 | kě qiǎo | [커 챠오] |
| 공구 | 工具 | gōng jù | [궁 쮜] |
| 공구서적 | 工具书 | gōng jù shū | [궁 쮜수] |
| 공군 | 空军 | kōng jūn | [쿵 쮠] |
| 공급이 부족하다 | 供不应求 | gòng bú yìng qiú | [꿍 부 잉 치우] |

| 공급하고 판매하다 | 供销 | gòng xiāo | [꿍 샤오] |
| 공급하다 | 供 | gōng | [꿍] |
| 공급하다 | 供应 | gōng yìng | [꿍 잉] |
| 공급하다 | 供给 | gōng jǐ | [꿍 지] |
| 공기 | 空气 | kōng qì | [쿵 치] |
| 공기, 가스, 숨<br>냄새, 원기 | 气 | qì | [치] |
| 공동으로 | 共同 | gòng tóng | [꿍 퉁] |
| 공로, 공훈 | 功劳 | gōng láo | [꿍 라오] |
| 공명 | 共鸣 | gòng míng | [꿍 밍] |
| 공무 | 公务 | gōng wù | [꿍 우] |
| 공무, 공사 | 公 | gōng | [꿍] |
| 공무를 보다 | 办公 | bàn gōng | [빤 꿍] |
| 공민 | 公民 | gōng mín | [꿍 민] |
| 공백 | 空白 | kòng bái | [쿵 바이] |
| 공부, 과제 | 功课 | gōng kè | [꿍 커] |
| 공부하다<br>학교에 다니다 | 念书 | niàn shū | [녠 수] |
| 공부하다, 책을 읽다 | 读书 | dú shū | [두 수] |
| 공사 | 公社 | gōng shè | [꿍 써] |
| 공사에 착수하다 | 施工 | shī gōng | [스 꿍] |
| 공산당 | 共产党 | gòng chǎn dǎng | [꿍 찬 당] |
| 공산주의 | 共产主义 | gòng chǎn zhǔ yì | [꿍 찬 주 이] |
| 공상 | 空想 | kōng xiǎng | [쿵 샹] |
| 공상하다 | 空想 | kōng xiǎng | [쿵 샹] |
| 공성 | 共性 | gòng xìng | [꿍 씽] |
| 공식 | 公式 | gōng shì | [꿍 쓰] |
| 공안 | 公安 | gōng'ān | [꿍 안] |

| 공약 | 公约 | gōng yuē | [궁 웨] |
| 공업 | 工业 | gōng yè | [궁 예] |
| 공연을 시작하다 | 开演 | kāi yǎn | [카이 옌] |
| 공연하다 | 表演 | biǎo yǎn | [뱌오 옌] |
| 공예품 | 工艺品 | gōng yì pǐn | [궁 이 핀] |
| 공용 | 公用 | gōng yòng | [궁 융] |
| 공원 | 公园 | gōng yuán | [궁 웬] |
| 공유제 | 公有制 | gōng yǒu zhì | [궁 유쯔] |
| 공유하다 | 公有 | gōng yǒu | [궁 유] |
| 공인하다 | 公认 | gōng rèn | [궁 런] |
| 공작기계 | 机床 | jī chuáng | [지 촹] |
| 공작새 | 孔雀 | kǒng què | [쿵 췌] |
| 공장 | 厂家 | chǎng jiā | [창 쟈] |
| 공장 | 工厂 | gōng chǎng | [궁 창] |
| 공장, 작업장 | 厂房 | chǎng fang | [창 팡] |
| 공장장 | 厂长 | chǎng zhǎng | [창 장] |
| 공적 | 功绩 | gōng jì | [궁 찌] |
| 공정 | 工程 | gōng chéng | [궁 청] |
| 공정하다 | 公道 | gōng dào | [궁 따오] |
| 공정하다 | 公正 | gōng zhèng | [궁 쩡] |
| 공제하다 | 控制 | kòng zhì | [쿵 쯔] |
| 공중 | 空中 | kōng zhōng | [쿵 중] |
| 공중전화 | 公用电话 | gōng yòng diàn huà | [궁 융 뗀 화] |
| 공증 | 公证 | gōng zhèng | [궁 쩡] |
| 공채 | 公债 | gōng zài | [궁 짜이] |
| 공책 | 本子 | běn zi | [번 즈] |
| 공평하다 | 公平 | gōng píng | [궁 핑] |
| 공포 | 恐怖 | kǒng bù | [쿵 뿌] |

| | | | |
|---|---|---|---|
| ☐ 공포되다 | 恐惧 | kǒng jù | [쿵 쮜] |
| ☐ 공포하다 | 公布 | gōng bù | [궁 뿌] |
| ☐ 공허하다 | 空虚 | kōng xū | [쿵 쉬] |
| ☐ 공헌하다 | 贡献 | gòng xiàn | [꿍 쏀] |
| ☐ 공화국 | 共和国 | gòng hé guó | [꿍 허 궈] |
| ☐ 과 | 科 | kē | [커] |
| ☐ 과거 | 过去 | guò qù | [꿔 취] |
| ☐ 과거, 옛일 | 往事 | wǎng shì | [왕 쓰] |
| ☐ 과단적이다 | 果断 | guǒ duàn | [궈 똰] |
| ☐ 과도하게, 지나치게 | 过于 | guò yú | [꿔 위] |
| ☐ 과도하다 | 过度 | guò dù | [꿔 뚜] |
| ☐ 과도하다 | 度过 | dù guò | [뚜 꿔] |
| ☐ 과로하다 | 操劳 | cāo láo | [차오 라오] |
| ☐ 과목 | 科目 | kē mù | [커 무] |
| ☐ 과목, 수업 | 课 | kē | [커] |
| ☐ 과문, 본문 | 课文 | kè wén | [커 원] |
| ☐ 과부 | 寡妇 | guǎ fù | [과 푸] |
| ☐ 과분하다 | 过分 | guò fèn | [꿔 펀] |
| ☐ 과수, 과일나무 | 果树 | guǒ shù | [궈 쑤] |
| ☐ 과시하다 | 显示 | xiǎn shì | [쏀 스] |
| ☐ 과실 | 过失 | guò shī | [꿔 스] |
| ☐ 과실 | 瓜 | guā | [과] |
| ☐ 과실 | 果实 | guǒ shí | [궈 스] |
| ☐ 과연 | 果然 | guǒ rán | [궈 란] |
| ☐ 과연, 어쩐지 | 难怪 | nán guài | [난 꽈이] |
| ☐ 파열, 깨지다 | 破裂 | pò liè | [퍼 레] |
| ☐ 과일 | 水果 | shuǐ guǒ | [수이 궈] |
| ☐ 과자 | 点心 | diǎn xīn | [뗀 신] |

| 과자 | 饼干 | bǐng gān | [빙 간] |
| 과장 | 科长 | kē zhǎng | [커 장] |
| 과장하다, 칭찬하다 | 夸 | kuā | [콰] |
| 과정 | 过程 | guò chéng | [꿔 청] |
| 과제 | 课题 | kè tí | [커 티] |
| 과학 | 科学 | kē xué | [커 쉐] |
| 과학 보급 | 科普 | kē pǔ | [커 푸] |
| 과학자 | 科学家 | kē xué jiā | [커 쉐 쟈] |
| 과학기술 | 科技 | kē jì | [커 찌] |
| 과학연구 | 科研 | kē yán | [커 옌] |
| 과학원 | 科学院 | kē xué yuàn | [커 쉐 웬] |
| 관, 널 | 棺材 | guān cai | [관 차이] |
| 관개하다 | 灌溉 | guàn gài | [꽌 까이] |
| 관건 | 关键 | guān jiàn | [관 쪤] |
| 관계 | 关系 | guān xì | [관 씨] |
| 관계, 수로, 경로 | 渠道 | qú dào | [취 따오] |
| 관계있다 | 有关 | yǒu guān | [유 관] |
| 관계하다 | 不管 | bù guǎn | [뿌 관] |
| 관광업 | 旅游业 | lǚ yóu ye | [뤼 유 예] |
| 관광하다 | 观光 | guān guāng | [관 광] |
| 관념 | 观念 | guān niàn | [관 녠] |
| 관대하다 | 宽大 | kuān dà | [콴 따] |
| 관람하다 관찰하다 | 观看 | guān kàn | [관 칸] |
| 관련되다 | 相关 | xiāng guān | [샹 관] |
| 관례에 따라 | 照例 | zhào lì | [짜오 레] |
| 관료주의 | 官僚主义 | guān liáo zhǔ yì | [관 랴오 주 이] |
| 관리하다, 단속하다 | 管 | guǎn | [관] |
| 관리하다 | 管理 | guǎn lǐ | [관 리] |

|  |  |  |  |
|---|---|---|---|
| 관목 | 灌木 | guàn mù | [꽌 무] |
| 관문, 난관, 어려움 | 关 | guān | [관] |
| 관방, 정부 | 官方 | guān fāng | [관 팡] |
| 관상하다 | 观赏 | guān shǎng | [관 상] |
| 관심 | 关心 | guān xīn | [관 신] |
| 관심을 갖다, 정이 두텁다 | 关切 | guān qiè | [관 체] |
| 관심하다, 배려하다 | 关怀 | guān huái | [관 화이] |
| 관여하다, 참견하다 | 干预 | gān yù | [간 위] |
| 관예 | 惯例 | guàn lì | [꽌 리] |
| 관용어 | 惯用语 | guàn yòng yǔ | [꽌 융위] |
| 관원 | 官员 | guān yuán | [관 웬] |
| 관절염 | 关节炎 | guān jié yán | [관 제 옌] |
| 관점 | 观点 | guān diǎn | [관 뎬] |
| 관중 | 观众 | guān zhòng | [관 쫑] |
| 관찰하다 | 管辖 | guǎn xiá | [관 샤] |
| 관찰하다 | 观察 | guān chá | [관 차] |
| 관철하다 | 贯彻 | guàn chè | [꽌 처] |
| 관측하다 | 观测 | guān cè | [관 처] |
| 관통하다 | 横 | héng | [헝] |
| 광경, 경관, 상태 | 景象 | jǐng xiàng | [징 썅] |
| 광고 | 广告 | guǎng gào | [광 까오] |
| 광대하다 | 广大 | guǎng dà | [광 따] |
| 광명 | 光明 | guāng míng | [광밍] |
| 광물 | 矿物 | kuàng wù | [쾅우] |
| 광범히 | 广泛 | guǎng fàn | [광 프안] |
| 광산 | 矿山 | kuàng shān | [쾅산] |
| 광산구 | 矿区 | kuàng qū | [쾅취] |

| 광산물 | 矿产 | kuàng chǎn | [쾅찬] |
| 광상, 광물 | 矿 | kuàng | [쾅] |
| 광석 | 矿石 | kuàng shí | [쾅스] |
| 광선 | 光线 | guāng xiàn | [광 쎈] |
| 광장 | 广场 | guǎng cháng | [광 창] |
| 광정 | 矿井 | kuàng jǐng | [쾅징] |
| 광주리(큰) | 箩筐 | luó kuāng | [뤄쾅] |
| 광주리 | 筐 | kuāng | [쾅] |
| 광채 | 光彩 | guāng cǎi | [광 차이] |
| 광택나다, 드러내다 | 光 | guāng | [광] |
| 광풍 | 狂风 | kuáng fēng | [쾅펑] |
| 광활하다, 많다 | 广 | guǎng | [광] |
| 광활하다 | 广阔 | guǎng kuò | [광 쿼] |
| 광휘 | 光辉 | guāng huī | [광 후이] |
| 괜찮다, 별것이다 | 没什么 | méi shén me | [메이 선 머] |
| 괜찮다, 별일 없다 | 没事儿 | méi shìr | [메이 쓰 얼] |
| 괜찮다, 상관없다 | 不要紧 | bú yào jǐn | [부 야오 진] |
| 괜찮다 | 可以 | kě yǐ | [커 이] |
| 괜찮다 | 不错 | bú cuò | [부 춰] |
| 괴다, ~하게 하다 버티다 | 支 | zhī | [즈] |
| 괴로움을 견디다 | 吃苦 | chī kǔ | [츠 쿠] |
| 괴롭다 | 难过 | nán guò | [난 꿔] |
| 괴목, 홰나무 | 槐树 | huái shù | [화이 쑤] |
| 괴상하다, 이상하다 | 怪 | guài | [꽈이] |
| 괴상하다 | 奇怪 | qí guài | [치 꽈이] |
| 교과서 | 课本 | kè běn | [커 번] |
| 교대하다 | 交代 | jiāo dài | [쟈오 따이] |

|  |  |  |  |
|---|---|---|---|
| 교량 | 桥梁 | qiáo liáng | [챠오 량] |
| 교류하다 | 交流 | jiāo liú | [쟈오 리우] |
| 교묘하다, 좋다 | 妙 | miào | [먀오] |
| 교묘하다 | 巧妙 | qiǎo miào | [챠오 먀오] |
| 교사 | 教师 | jiào shī | [쨔오 스] |
| 교사하다 | 教唆 | jiào suō | [쨔오쉬] |
| 교섭하다 | 交涉 | jiāo shè | [쟈오써] |
| 교수 | 教授 | jiào shòu | [쨔오 쏘우] |
| 교실 | 教室 | jiào shì | [쨔오 쓰] |
| 교양 | 教养 | jiào yǎng | [쨔오 양] |
| 교역, 무역 | 交易 | jiāo yì | [쟈오 이] |
| 교연실 | 教研室 | jiào yán shì | [쨔오 옌 쓰] |
| 교오하다 | 骄傲 | jiāo'ào | [쟈오 아오] |
| 교외 | 郊区 | jiāo qū | [쟈오 취] |
| 교원 | 教员 | jiào yuán | [쨔오 웬] |
| 교육 | 教育 | jiào yù | [쨔오 위] |
| 교육과정 | 课程 | kè chéng | [커 청] |
| 교잡하다 | 杂交 | zá jiāo | [쟈 쟈오] |
| 교장 | 校长 | xiào zhǎng | [쌰오 장] |
| 교재 | 教材 | jiào cái | [쨔오 차이] |
| 교정 | 校园 | xiào yuán | [쌰오 웬] |
| 교제 | 交际 | jiāo jì | [쟈오 찌] |
| 교제하다 | 交往 | jiāo wǎng | [쟈오 왕] |
| 교조 | 教条 | jiào tiáo | [쨔오 탸오] |
| 교차되다, 사귀다 | 相交 | xiāng jiāo | [샹 쟈오] |
| 교차되다 | 交叉 | jiāo chā | [쟈오 챠] |
| 교착하다, 엇갈리다 | 交错 | jiāo cuò | [쟈오 춰] |
| 교체하다 | 交替 | jiāo tì | [쟈오 티] |

| 교통 | 交通 | jiāo tōng | [쟈오 퉁] |
| 교포 | 侨胞 | qiáo bāo | [챠오 바오] |
| 교학 | 教学 | jiào xué | [쨔오 쉐] |
| 교환하다 | 调换 | diào huàn | [땨오 환] |
| 교환하다 | 交换 | jiāo huàn | [쟈오 환] |
| 교활하다, 간교하다 | 刁 | diāo | [댜오] |
| 교활하다 | 狡猾 | jiǎo huá | [쟈오 화] |
| 교회 | 教会 | jiào huì | [쨔오 후이] |
| 교회당 | 教堂 | jiào táng | [쨔오 탕] |
| 교훈 | 教训 | jiào xùn | [쨔오 쒼] |
| 교휘 | 校徽 | xiào huī | [쌰오 후이] |
| 구 | 具 | jù | [쮜] |
| 구(구역) | 区 | qū | [취] |
| 구(문장, 시) | 句 | jù | [쮜] |
| 구강 | 口腔 | kǒu qiāng | [코우 치] |
| 구걸하다 | 乞求 | qǐ qiú | [치 치우] |
| 구경 | 究竟 | jiū jìng | [지우 찡] |
| 구덩이, 갱도 | 坑 | kēng | [컹] |
| 구덩이에 파묻다 함정에 빠뜨리다 | 坑 | kēng | [컹] |
| 구두 | 口头 | kǒu tóu | [코우 토우] |
| 구두시험 | 口试 | kǒu shì | [코우 쓰] |
| 구두점 | 标点 | biāo diǎn | [뱌오 뎬] |
| 구락부 | 俱乐部 | jù lè bù | [쮜 러 뿌] |
| 구류하다 | 拘留 | jū liú | [쮜 리우] |
| 구르고 기다 | 连滚带爬 | lián gǔn dài pá | [롄 군 따이 파] |
| 구르다, 꺼져버려 | 滚 | gǔn | [군] |
| 구름 | 云彩 | yún cai | [윈 차이] |

| 구름 | 云 | yún | [윈] |
| 구릉 | 丘陵 | qiū líng | [치우 링] |
| 구리다, 더럽다 | 臭 | chòu | [초우] |
| 구매력 | 购买力 | gòu mǎi lì | [꼬우 마이 리] |
| 구매하다, 사들이다 | 购 | gòu | [꼬우] |
| 구매하다 | 购买 | gòu mǎi | [꼬우 마이] |
| 구멍 | 窟窿 | kū long | [쿠 룽] |
| 구박하다, 괴롭히다 | 折磨 | zhé mó | [저 모] |
| 구별 | 区别 | qū bié | [취 베] |
| 구별하다 | 分辨 | fēn biàn | [프언 삔] |
| 구별하다[꽃다] | 别 | bié | [베] |
| 구부리다, 헤집다 | 拱 | gǒng | [궁] |
| 구부리다 | 弯 | wān | [완] |
| 구분하다 | 区分 | qū fēn | [취 프언] |
| 구불구불하다 삐뚤어지다 | 曲折 | qū zhé | [취 저] |
| 구비하다 가지다 | 具备 | jù bèi | [쮜 뻬이] |
| 구비하다 | 具有 | jù yǒu | [쮜 요우] |
| 구상하다 | 构思 | gòu sī | [꼬우 스] |
| 구상하다 | 构想 | gòu xiǎng | [꼬우 샹] |
| 구석, 궁벽한 곳 | 角落 | jiǎo luò | [쟈오 뤄] |
| 구성, 배치 | 布局 | bù jú | [뿌 쮜] |
| 구성, 틈 | 孔 | kǒng | [쿵] |
| 구성하다, 편성하다 | 组成 | zǔ chéng | [주 청] |
| 구성하다 | 构成 | gòu chéng | [꼬우 청] |
| 구속하다, 얽매다 | 约束 | yuē shù | [웨 쑤] |
| 구슬, 진주 | 珠子 | zhū zi | [주 즈] |
| 귀신, 유령 | 鬼 | guǐ | [구이] |

| | | | |
|---|---|---|---|
| ☐ 구실, 핑계 | 借口 | jiè kǒu | [쩨 코우] |
| ☐ 구어 | 口语 | kǒu yǔ | [코우 위] |
| ☐ 구역 | 区域 | qū yù | [취 위] |
| ☐ 구운 호떡 | 烧饼 | shāo bǐng | [사오 빙] |
| ☐ 구유, 고랑, 홈 | 槽 | cáo | [차오] |
| ☐ 구입하다 | 收购 | shōu gòu | [소우 꼬우] |
| ☐ 구재하다 | 救灾 | jiù zāi | [찌우 자이] |
| ☐ 구제하다 | 救济 | jiù jì | [찌우 찌] |
| ☐ 구조 | 构造 | gòu zào | [꼬우 짜오] |
| ☐ 구조 | 结构 | jié gòu | [제 꼬우] |
| ☐ 구조하다, 돕다 | 救 | jiù | [찌우] |
| ☐ 구조하다 | 抢救 | qiǎng jiù | [챵 찌우] |
| ☐ 구체적이다 | 具体 | jù tǐ | [쥐 티] |
| ☐ 구타하다 | 殴打 | ōu dǎ | [오우 다] |
| ☐ 구태여, 하필 | 何必 | hé bì | [허 삐] |
| ☐ 구토하다 | 呕吐 | ǒu tù | [오우 투] |
| ☐ 구하다, 요청하다 부탁하다 | 求 | qiu | [치우] |
| ☐ 구해내다 | 挽救 | wǎn jiù | [완 찌우] |
| ☐ 구호 | 口号 | kǒu hào | [코우 하오] |
| ☐ 국(나라) | 国 | guó | [궈] |
| ☐ 국(행정) | 局 | jú | [쥐] |
| ☐ 국 | 汤 | tāng | [탕] |
| ☐ 국가 | 国家 | guó jiā | [궈 쟈] |
| ☐ 국경을 나가다 | 出境 | chū jìng | [추 찡] |
| ☐ 국경절 | 国庆节 | guó qìng jié | [궈 칭 제] |
| ☐ 국고채권 | 国库券 | guó kù quàn | [궈 쿠췐] |
| ☐ 국교를 수립하다 | 建交 | iàn jiāo | [쩬 쟈오] |

39

|  |  |  |  |
|---|---|---|---|
| 국기 | 国旗 | guó qí | [궈 치] |
| 국력 | 国力 | guó lì | [궈 리] |
| 국면 | 局面 | jú miàn | [쥐 몐] |
| 국무원 | 国务院 | guó wù yuàn | [궈 우 웬] |
| 국민 | 国民 | guó mín | [궈 민] |
| 국민당 | 国民党 | guó mín dǎng | [궈 민 당] |
| 국방 | 国防 | gúo fang | [궈 팡] |
| 국법 | 国法 | guó fǎ | [궈 프아] |
| 국부 | 局部 | jú bù | [쥐 뿌] |
| 국비 | 公费 | gōng fèi | [궁 페이] |
| 국산 | 国产 | guó chǎn | [궈 찬] |
| 국수 | 面条儿 | miàn tiáor | [몐 탸오얼] |
| 국영 | 国营 | guó yíng | [궈 잉] |
| 국왕 | 国王 | guó wáng | [궈 왕] |
| 국유 | 国有 | guó yǒu | [궈 요우] |
| 국장 | 局长 | jú zhǎng | [쥐 장] |
| 국적 | 国籍 | guó jí | [궈 지] |
| 국정 | 国情 | guó qíng | [궈 칭] |
| 국제 | 国际 | guó jì | [궈 찌] |
| 국제법 | 国际法 | guó jì fǎ | [궈 찌 프아] |
| 국제주의 | 国际主义 | guó jì zhǔ yì | [궈 찌 주 이] |
| 국토 | 国土 | guó tǔ | [궈 투] |
| 국한하다 | 局限 | jú xiàn | [쥐 쎈] |
| 국화꽃 | 菊花 | jú huā | [쥐 화] |
| 국회 | 国会 | guó huì | [궈 후이] |
| 군, 군주, 임금 | 君 | jūn | [쥔] |
| 군관, 장교 | 军官 | jūn guān | [쥔 관] |
| 군대 | 军队 | jūn duì | [쥔 뚜이] |

| 한국어 | 中文 | 拼音 | [발음] |
|---|---|---|---|
| 군대 | 军 | jūn | [쥔] |
| 군대가 주둔하다 | 驻扎 | zhù zhā | [쭈 자] |
| 군도 | 群岛 | qún dǎo | [췬 다오] |
| 군벌 | 军阀 | jūn fá | [쥔 프아] |
| 군복, 제복 | 军装 | jūn zhuāng | [쥔 쫭] |
| 군비 | 军备 | jūn bèi | [쥔 뻬이] |
| 군사 | 军事 | jūn shì | [쥔 쓰] |
| 군영, 대대 | 营 | yíng | [잉] |
| 군용품 | 军用 | jūn yòng | [쥔 융] |
| 군운 납작한 떡 | 饼 | bǐng | [빙] |
| 군의 | 军医 | jūn yī | [쥔 이] |
| 군인 | 军人 | jūn rén | [쥔 런] |
| 군체 | 群体 | qún tǐ | [췬 티] |
| 군축하다 | 裁军 | cái jūn | [차이 쥔] |
| 군함 | 军舰 | jūn jiàn | [쥔 쩬] |
| 굳게 믿다 | 坚信 | jiān xìn | [젠 씬] |
| 굳다, 견고하다 | 牢 | láo | [라오] |
| 굳다, 단단하다 | 硬 | yìng | [잉] |
| 굴뚝 | 烟囱 | yān cōng | [옌 충] |
| 굴복하다 | 屈服 | qū fú | [취 프우] |
| 굴복하다 | 服气 | fú qì | [프우 치] |
| 굵고 가는 것 | 粗细 | cū xì | [추 씨] |
| 굵다, 조잡하다 | 粗 | cū | [추] |
| 굶다, 굶주리다 | 饿 | è | [어] |
| 굶주리다 | 饥饿 | jī' è | [지 어] |
| 굽다, 쬐다 | 烤 | kǎo | [카오] |
| 굽은 길로 가다 잘 못가다 | 走弯路 | zǒu wān lù | [조우 완 루] |

| 한국어 | 中文 | 拼音 | 발음 |
|---|---|---|---|
| 굽이를 돌다, 모퉁이 | 拐弯儿 | guǎi wār | [과이 왈] |
| 굽지 않은 벽돌 | 坯 | pī | [피] |
| 궁, 활 | 弓 | gōng | [궁] |
| 궁전 | 宫 | gōng | [궁] |
| 궁전 | 宫殿 | gōng diàn | [궁 뗀] |
| 궁지에 빠지다, 낭패하다 | 狼狈 | láng bèi | [랑 뻬이] |
| 권고 | 劝告 | quàn gào | [췐 까오] |
| 권력 | 权力 | quán lì | [췐 리] |
| 권리, 힘 유리한 입장 | 权 | quán | [췐] |
| 권위 | 权威 | quán wēi | [췐 워이] |
| 권익 | 权益 | quán yì | [췐 이] |
| 권총 | 手枪 | shǒu qiāng | [소우 챵] |
| 권하다 | 劝 | quàn | [췐] |
| 궤도 | 轨道 | guǐ dào | [구이 따오] |
| 궤짝 | 柜子 | guì zi | [꾸이 즈] |
| 귀 | 耳朵 | ěr duō | [얼 둬] |
| 귀가 먹다 | 聋 | lóng | [룽] |
| 귀결하다 | 归结 | guī jié | [구이 제] |
| 귀납하다 | 归纳 | guī nà | [구이 나] |
| 귀빈 | 贵宾 | guì bīn | [꾸이 빈] |
| 귀성하다, 면회하다 | 探亲 | tàn qīn | [탄 친] |
| 귀신 | 鬼子 | guǐ zi | [구이 즈] |
| 귀족 | 贵族 | guì zú | [꾸이 주] |
| 귀중하다 | 贵重 | guì zhòng | [꾸이 쭝] |
| 귀하다, 고귀한 | 贵 | guì | [꾸이] |

| | | | |
|---|---|---|---|
| ☐ 귀환하다 | 反馈 | fǎn kuì | [판 쿠이] |
| ☐ 규격 | 规格 | guī gé | [구이 거] |
| ☐ 규격 | 规矩 | guī ju | [구이 쥐] |
| ☐ 규률 | 规律 | guī lǜ | [구이 뤼] |
| ☐ 규명하다, 추궁하다 | 追究 | zhuī jiū | [주이 지우] |
| ☐ 규모 | 规模 | guī mó | [구이 모] |
| ☐ 규범적이다 | 规范 | guī fàn | [구이 판] |
| ☐ 규수, 처녀, 딸 | 闺女 | guī nǚ | [구이 뉘] |
| ☐ 규정하다 | 纠正 | jiū zhèng | [쥐 쩡] |
| ☐ 규정하다 | 规定 | guī dìng | [구 이] |
| ☐ 규칙, 표준 | 规矩 | guī jù | [구이 쮜] |
| ☐ 규칙 | 规则 | guī zé | [구이 저] |
| ☐ 규탄하다, 견책하다 | 谴责 | qiǎn zé | [첸 저] |
| ☐ 규획 | 规划 | guī huà | [구이 화] |
| ☐ 균류, 세균 | 菌 | jūn | [쥔] |
| ☐ 균일하다, 고르다 | 均匀 | jūn yún | [쥔 윈] |
| ☐ 균일하다, 균등하다 | 均 | jūn | [쥔] |
| ☐ 균형적이다 | 平衡 | píng héng | [핑 헝] |
| ☐ 귤 | 橘子 | jú zi | [쥐 즈] |
| ☐ 귤 | 桔子 | jú zi | [쥐 즈] |
| ☐ 그 다음에 | 然后 | rán hòu | [란 허우] |
| ☐ 그 뒤, 나중에 | 过后 | guò hòu | [꿔 허우] |
| ☐ 그 밖의 | 另外 | lìng wài | [링 와이] |
| ☐ 그 어떤 두려움도 없다 | 大无畏 | dà wú wèi | [따 우 웨이] |
| ☐ 그 자리에서 현장에서 | 就地 | jiù dì | [찌우 띠] |
| ☐ 그 자신, 본신 | 本身 | běn shēn | [번 선] |
| ☐ 그 중 | 其中 | qí zhōng | [치 중] |

|  |  |  |  |
|---|---|---|---|
| 그, 그것, 그들, 그것의, 그러한 것 | 其 | qí | [치] |
| 그, 그대 | 他 | tā | [타] |
| 그, 이, 그것 | 之 | zhī | [즈] |
| 그것 | 那个 | nà ge | [나 거] |
| 그것, 저것, 그, 상대방 | 彼 | bǐ | [비] |
| 그것, 저것 | 它 | tā | [타] |
| 그것들 | 那些 | nà xiē | [나 세] |
| 그것들 | 它们 | tā men | [타 먼] |
| 그냥(줄곧) ~하다 | 以至于 | yǐ zhì yú | [이 쯔 위] |
| 그녀 | 她 | tā | [타] |
| 그녀들 | 她们 | tā men | [타 먼] |
| 그득하다, 만족하다 | 满 | mǎn | [만] |
| 그들 | 他们 | tā men | [타 먼] |
| 그때 | 那时 | nà shí | [나 쓰] |
| 그래도 | 然而 | rán'ér | [란 얼] |
| 그래서 | 乃 | nǎi | [나이] |
| 그래서 | 于是 | yú shì | [위 쓰] |
| 그러나 | 可是 | kě shì | [커 쓰] |
| 그러나 | 但是 | dàn shì | [딴 쓰] |
| 그러나, ~지만 | 而 | ér | [얼] |
| 그러나, 반대로 | 却 | què | [췌] |
| 그러나 | 可是 | kě shì | [커 쓰] |
| 그러면 | 那么 | nà me | [나 머] |
| 그러면, 그렇다면 | 那 | nà | [나] |
| 그러면, 그렇지 | 怪不得 | guài bu de | [꽈이 부 더] |
| 그러므로 | 因而 | yīn'ér | [인 얼] |

| 그런데, 단지 | 不过 | bú guò | [부 꿔] |
| 그렇게 | 那样 | nà yàng | [나 양] |
| 그렇게 | 那么 | nà me | [나 머] |
| 그렇지 않다<br>그렇지 않으면 | 可不是 | kě bu shì | [커 부 쓰] |
| 그렇지 않으면 | 不然 | bù rán | [뿌 란] |
| 그렇지 않으면 | 否则 | fǒu zé | [포우 저] |
| 그렇지 않은가 | 不是吗 | bú shì ma | [부 쓰 마] |
| 그렇지만, 그런데 | 只是 | zhǐ shì | [즈 쓰] |
| 그루 | 株 | zhū | [주] |
| 그룹, 부 | 班子 | bān zi | [반 즈] |
| 그릇되다, 사악하다 | 邪 | xié | [셰] |
| 그리고 또한 | 再说 | zài shuō | [짜이 숴] |
| 그리고, ~와, 및 | 及 | jí | [지] |
| 그리고, 또 | 并 | bìng | [삥] |
| 그리다 | 想念 | xiǎng niàn | [샹 녠] |
| 그리워하다 | 留恋 | liú liàn | [리우 렌] |
| 그리워하다<br>공부하다, 읽다 | 念 | niàn | [녠] |
| 그리워하다,<br>생각하다 | 怀念 | huái niàn | [화이 녠] |
| 그리워하다<br>애타게 바라다 | 思念 | sī niàn | [스 녠] |
| 그림 | 画儿 | huàr | [활] |
| 그림, 도표 | 图 | tú | [투] |
| 그림 그리다,<br>도안하다 | 绘 | huì | [후이] |
| 그림을 그리다 | 画 | huà | [화] |

| 그림자 | 影子 | yǐng zi | [잉 즈] |
| 그만 두다 | 算了 | suàn le | [쏸 러] |
| 그만두다, 끝냄 | 罢 | bà | [빠] |
| 그물, 망 | 网 | wǎng | [왕] |
| 그윽하고 고요하다 | 幽静 | yōu jìng | [유 찡] |
| 그저께 | 前天 | qián tiān | [첸 텐] |
| 그치지 않다 | 不住 | bú zhù | [부 쭈] |
| 극 | 剧 | jù | [쮜] |
| 극, 연극 | 戏 | xì | [씨] |
| 극단 | 剧团 | jù tuán | [쮜 퇀] |
| 극단적이다, 융통성 없다, 막다르다 | 死 | sǐ | [스] |
| 극단적이다 | 极端 | jí duān | [지 똰] |
| 극도로 | 极度 | jí dù | [지 뚜] |
| 극력 | 极力 | jí lì | [지 리] |
| 극렬하다 | 剧烈 | jù liè | [쮜 레] |
| 극복하다 | 克服 | kè fú | [커 푸] |
| 극본 | 剧本 | jù běn | [쮜 번] |
| 극장 | 剧院 | jù yuàn | [쮜 웬] |
| 극장 | 剧场 | jù chǎng | [쮜 창] |
| 극히 적다 | 丝毫 | sī háo | [스 하오] |
| 극히, 매우, 아주 | 极 | jí | [지] |
| 극히, 매우 | 万分 | wàn fēn | [완 프언] |
| 근(무게) | 斤 | jīn | [진] |
| 근간 | 近期 | jìn qī | [찐 치] |
| 근거 없이 마구, 내키는 대로 | 瞎 | xiā | [샤] |
| 근거, 증거 | 依据 | yī jù | [이 쮜] |

|  |  |  |  |
|---|---|---|---|
| 근거지 | 根据地 | gēn jù dì | [건 쮜 띠] |
| 근거하다 | 根据 | gēn jù | [건 쮜] |
| 근검하다 | 勤俭 | qín jiǎn | [친 젠] |
| 근년 | 近年 | jìn nián | [찐 녠] |
| 근대 | 近代 | jìn dài | [찐 따이] |
| 근래 | 近来 | jìn lái | [찐 라이] |
| 근면성실하다 | 勤恳 | qín kěn | [친 컨] |
| 근면하다 | 勤奋 | qín fèn | [친 프언] |
| 근무연한 | 工龄 | gōng líng | [궁 링] |
| 근무하다, 근무를 집행하다 | 执勤 | zhí qín | [즈 친] |
| 근방에서, 근처에서 | 就近 | jiù jìn | [찌우 찐] |
| 근본 | 根本 | gēn běn | [건 번] |
| 근본, 책, 밑천 | 本 | běn | [번] |
| 근사하다 | 近似 | jìn sì | [찐 쓰] |
| 근시 | 近视 | jìn shì | [찐 쓰] |
| 근심하다, 걱정하다 | 愁 | chóu | [초우] |
| 근심하다, 염려하다 | 挂念 | guà niàn | [꽈 녠] |
| 근심하다 | 担心 | dān xīn | [단 신] |
| 근원 | 根源 | gēn yuán | [건 왠] |
| 근육, 살 | 肌肉 | jī ròu | [지 로우] |
| 근육, 힘줄 | 筋 | jīn | [진] |
| 글을 쓰다 | 写作 | xiě zuò | [셰 쭤] |
| 긁어모으다 | 扒 | pá | [파] |
| 긁어보다, 끌어올리다 | 搂 | lǒu | [로우] |
| 금구 | 禁区 | jìn qū | [찐 취] |
| 금년 | 今年 | jīn nián | [진 녠] |

| | | | |
|---|---|---|---|
| 금메달 | 金牌 | jīn pái | [진 파이] |
| 금방 | 刚才 | gāng cái | [강 차이] |
| 금붕어 | 金鱼 | jīn yú | [진 위] |
| 금속 | 金属 | jīn shǔ | [진 수] |
| 금수 | 锦绣 | jǐn xiù | [진 씨우] |
| 금액 | 金额 | jīn 'é | [진 어] |
| 금액을 지불하다 | 付款 | fù kuǎn | [프우 콴] |
| 금융 | 金融 | jīn róng | [진 룽] |
| 금전 | 金钱 | jīn qián | [진 쳰] |
| 금지를 나타냄 | 勿 | wù | [우] |
| 금지하다, 감금하다 | 禁 | jìn | [찐] |
| 금지하다 | 禁止 | jìn zhǐ | [찐 즈] |
| 금후 | 今后 | jīn hòu | [진 호우] |
| 금후, 앞으로 | 往后 | wǎng hòu | [왕 호우] |
| 급격히, 갑자기 | 急剧 | jí jù | [지 쮜] |
| 급별 | 级别 | jí bié | [지 베] |
| 급하다 | 仓促 | cāng cù | [창 추] |
| 급하다 | 急 | jí | [지] |
| 급해하다 | 着急 | zháo jí | [자오 지] |
| 급히 | 急忙 | jí máng | [지 망] |
| 급히 필요로 하다 | 急需 | jí xū | [지 쉬] |
| 긋다, 나누다 계획하다 | 划 | huà | [화] |
| 긍정적이다 | 肯定 | kěn dìng | [컨 띵] |
| 기간 | 其间 | qī jiān | [치 졘] |
| 기간 | 期间 | qī jiān | [치 졘] |
| 기간, 간행물 | 期刊 | qī kān | [치 칸] |
| 기간, 시기, 기일 | 期 | qī | [치] |

| 기개 | 气概 | qì gài | [치 까이] |
| 기개가 있다 보람이 있다 | 好样的 | hǎo yàng de | [하 오양 더] |
| 기계 | 机械 | jī xiè | [지 쎄] |
| 기계, 가구 | 器械 | qì xiè | [치 쎄] |
| 기계, 기구 | 机器 | jī qì | [지 치] |
| 기계, 비행기, 기회 | 机 | jī | [지] |
| 기공, 기합술 | 气功 | qì gōng | [치 궁] |
| 기관 | 机关 | jī guān | [지 관] |
| 기관 | 器官 | qì guān | [치 관] |
| 기관차, 엔진 | 机车 | jī chē | [지 처] |
| 기관총 | 机枪 | jī qiāng | [지 챵] |
| 기괴하다, 기이하다 | 古怪 | gǔ guài | [구 꽈이] |
| 기교 | 技巧 | jì qiǎo | [찌 챠오] |
| 기구 | 气球 | qì qiú | [치 치우] |
| 기구, 그릇, | 器 | qì | [치] |
| 기구, 기관, 단체 | 机构 | jī gòu | [지 꼬우] |
| 기구, 용기 | 器具 | qì jù | [치 쮜] |
| 기금 | 基金 | jī jīn | [지 진] |
| 기꺼이 ~하려 하다 | 肯 | kěn | [컨] |
| 기꺼이 주다 아까워하지 않다 | 舍得 | shě dé | [서 더] |
| 기꺼이 하다 달갑게 하다 | 甘心 | gān xīn | [간 신] |
| 기념 | 纪念 | jì niàn | [찌 녠] |
| 기념으로 남기다 | 留念 | liú niàn | [리우 녠] |
| 기념품 | 纪念品 | jì niàn pǐn | [찌 녠 핀] |
| 기능, 효능 | 功能 | gōng néng | [궁 넝] |

| 기능 | 技能 | jì néng | [찌 넝] |
| 기다, 기어오르다 | 爬 | pá | [파] |
| 기다리다, 대기하다 | 等候 | děng hòu | [덩 호우] |
| 기다리다 | 有待 | yǒu dài | [유 따이] |
| 기다리다 | 待 | dài | [따이] |
| 기다리다 | 等 | děng | [덩] |
| 기다리다 | 等待 | děng dài | [덩 따이] |
| 기다리지 않다 | 不等 | bù děng | [뿌 덩] |
| 기대, 희망 | 指望 | zhǐ wang | [즈 왕] |
| 기대다, 믿다 | 倚 | yǐ | [이] |
| 기대다, 의지하다 | 靠 | kào | [카오] |
| 기대하다 | 期待 | qī dài | [치 따이] |
| 기대하다 | 期望 | qī wàng | [치 왕] |
| 기독교 | 基督教 | jī dū jiào | [지 두 쨔오] |
| 기동적이다, 기민하다 | 机动 | jī dòng | [지 뚱] |
| 기둥 | 柱子 | zhù zi | [쭈 즈] |
| 기러기 | 大雁 | dà yàn | [따옌] |
| 기력 | 气力 | qì lì | [치 리] |
| 기록 | 记录 | jì lù | [찌 루] |
| 기록하다, 녹음하다 | 录 | lù | [루] |
| 기류 | 气流 | qì liú | [치 리우] |
| 기름 | 油 | yóu | [요우] |
| 기묘하다 | 奇妙 | qí miào | [치묘우] |
| 기밀 | 机密 | jī mì | [지미] |
| 기백, 패기 | 气魄 | qì pò | [치 퍼] |
| 기본적이다 | 起码 | qǐ mǎ | [치 마] |
| 기본적이다 | 基本 | jī běn | [지 번] |
| 기부하다, 기증하다 | 捐献 | juān xiàn | [쩬쎈] |

| 기분 | 气氛 | qì fēn | [치 프언] |
| 기쁘다, 즐겁다 | 开心 | kāi xīn | [카이신] |
| 기쁘다, 즐겁다 | 喜悦 | xǐ yuè | [시 웨] |
| 기쁘다, 즐겁다 | 欢喜 | huān xǐ | [환 시] |
| 기쁘다 | 高兴 | gāo xìng | [가오 씽] |
| 기사 | 司机 | sī jī | [스 지] |
| 기상 | 气象 | qì xiàng | [치 썅] |
| 기상하다 | 起床 | qǐ chuáng | [치 촹] |
| 기선 | 轮船 | lún chuán | [룬 촨] |
| 기세 | 气势 | qì shì | [치 쓰] |
| 기소하다 | 起诉 | qǐ sù | [치 쑤] |
| 기술 | 技术 | jì shù | [찌 쑤] |
| 기술원 | 技术员 | jì shù yuán | [찌 쑤 웬] |
| 기시하다 | 歧视 | qí shì | [치스] |
| 기압 | 气压 | qì yā | [치 야] |
| 기억되다 | 记得 | jì de | [찌 더] |
| 기억력 | 记忆力 | jì yì lì | [찌 이 리] |
| 기억력 | 记性 | jì xing | [찌 씽] |
| 기억하다, 필기하다 | 记 | jì | [찌] |
| 기억하다 | 记忆 | jì yì | [찌 이] |
| 기업 | 企业 | qǐ yè | [치 예] |
| 기온 | 气温 | qì wēn | [치 원] |
| 기와 | 瓦 | wǎ | [와] |
| 기요 | 纪要 | jì yào | [찌 야오] |
| 기운차다, 뽐내다 | 神气 | shén qì | [선 치] |
| 기운차다 | 起劲 | qǐ jìn | [치 찐] |
| 기울다, 비스듬하다 | 斜 | xié | [세] |
| 기울이다, 치우치다 | 侧 | cè | [처] |

|  |  |  |  |
|---|---|---|---|
| 기울이다, 치우치다 | 偏 | piān | [펜] |
| 기원 | 起源 | qǐ yuán | [치 웬] |
| 기율 | 纪律 | jì lǜ | [찌 뤼] |
| 기의 | 起义 | qǐ yì | [치 이] |
| 기이한 꽃과 풀 | 奇花异草 | qí huā yì cǎo | [치 화 이 차오] |
| 기자 | 记者 | jì zhě | [찌 저] |
| 기재 | 器材 | qì cái | [치 차이] |
| 기재하다 | 记载 | jì zǎi | [찌 자이] |
| 기적 | 奇迹 | qí jì | [치 찌] |
| 기점 | 起点 | qǐ diǎn | [치 뎬] |
| 기지 | 基地 | jī dì | [지 띠] |
| 기지가 있다, 슬기롭다 | 机智 | jī zhì | [지 쯔] |
| 기차 | 火车 | huǒ chē | [훠 처] |
| 기체 | 机体 | jī tǐ | [지 티] |
| 기체 | 气体 | qì tǐ | [치 티] |
| 기초 | 基础 | jī chǔ | [지 추] |
| 기층 | 基层 | jī céng | [지 청] |
| 기치 | 旗帜 | qí zhì | [치 쯔] |
| 기침하다 | 咳嗽 | ké sou | [커 소우] |
| 기타 | 其他 | qí tā | [치 타] |
| 기탁하다 | 寄托 | jì tuō | [찌 퉈] |
| 기풍, 풍조 | 风尚 | fēng shàng | [펑 쌍] |
| 기하 | 几何 | jǐ hé | [지 허] |
| 기한 | 限期 | xiàn qī | [쎈 치] |
| 기한 | 期限 | qī xiàn | [치 쎈] |
| 기한이 되다 | 到期 | dào qī | [따오 치] |
| 기호 | 记号 | jì hào | [찌 하오] |

| 기회 | 机会 | jī huì | [지 후에이] |
| 기회, 좋은 순간 | 时机 | shí jī | [스 지] |
| 기회를 타서 | 乘机 | chéng jī | [청 지] |
| 기후 | 气候 | qì hòu | [치 호우] |
| 긴급하다 | 紧急 | jǐn jí | [진 지] |
| 긴밀하다 | 紧密 | jǐn mì | [진 미] |
| 긴박하다 | 紧迫 | jǐn pò | [진 퍼] |
| 긴장하다 | 紧张 | jǐn zhāng | [진 장] |
| 긴축하다, 줄이다 | 紧缩 | jǐn suō | [진숴] |
| 길 | 道路 | dào lù | [따오 뤼] |
| 길 | 路 | lù | [뤼] |
| 길 | 路子 | lù zi | [루 즈] |
| 길바닥 | 路面 | lù miàn | [루 몐] |
| 길 입구(건널목) | 路口 | lù kǒu | [루 코우] |
| 길, 도로 | 道 | dào | [따오] |
| 길다 | 长 | cháng | [창] |
| 길동무, 동료, 짝 | 同伴 | tóng bàn | [퉁 빤] |
| 길이, 장점과 단점 | 长短 | cháng duǎn | [창 똰] |
| 길이 | 长度 | cháng dù | [창 뚜] |
| 길이의 양사 | 丈 | zhàng | [짱] |
| 길하다, 상서롭다 | 吉祥 | jí xiáng | [지 썅] |
| 김매다, 없애다 | 锄 | chú | [취] |
| 깃, 칼라 | 领子 | lǐng zi | [링 즈] |
| 깃발 | 旗号 | qí hào | [치 하오] |
| 깃발 | 旗子 | qí zi | [치 즈] |
| 깃털 | 羽毛 | yǔ máo | [위 마오] |
| 깊다 | 深沉 | shēn chén | [선 천] |
| 깊다 | 深 | shēn | [선] |

53

| 깊은 못 | 潭 | tán | [탄] |
| 깊은 정 | 深情 | shēn qíng | [선 칭] |
| 깊이 마음에 새기다 명심하다 | 牢记 | láo jì | [라오 찌] |
| 깊이 믿다 | 深信 | shēn xìn | [선 씬] |
| 깊이 생각하다 숙고하다 | 沉思 | chén sī | [천 스] |
| 깊이 | 深浅 | shēn qiǎn | [선 첸] |
| 깊이 후회하다 | 悔恨 | huǐ hèn | [후이 헌] |
| 까다롭다 | 娇气 | jiāo qì | [쟈오 치] |
| 까마귀 | 乌鸦 | wū yā | [우 야] |
| 까치 | 喜鹊 | xǐ què | [시 췌] |
| 깎다(머리) | 剃 | tì | [티] |
| 깎다, 벗기다 | 刮 | guā | [과] |
| 깎다, 자르다 | 削 | xiāo | [샤오] |
| 깎다, 치다, 파다 | 铲 | chǎn | [찬] |
| 깔다, 받치다 돈을 대신 치르다 | 垫 | diàn | [뗀] |
| 깔아뭉개다 | 轧 | yà | [야] |
| 깜박이다[눈] | 眨 | zhǎ | [자] |
| 깜짝 놀라다 | 吃惊 | chī jīng | [츠 징] |
| 가깝게 접근하다 | 靠近 | kào jìn | [카오 찐] |
| 깡통, 단지 | 罐 | guàn | [꽌] |
| 깨(식물) | 芝麻 | zhī má | [즈 마] |
| 깨끗이 정리하다 | 清理 | qīng lǐ | [칭 리] |
| 깨끗이, 모조리 | 一干二净 | yī gān ér jìng | [이 간 얼 찡] |
| 깨끗하다, 순수하다 | 净 | jìng | [찡] |
| 깨끗하다 | 干净 | gān jìng | [간 찡] |

|  |  |  |  |
|---|---|---|---|
| 깨닫다, 이해하다 | 领会 | lǐng huì | [링 후이] |
| 깨닫다, 자각하다 | 悟 | wù | [우] |
| 깨뜨리다, 가르다, 쳐부수다 | 破 | pò | [퍼] |
| 깨물다, 개짓다 | 咬 | yǎo | [야오] |
| 깨어나다, 의식을 되찾다 | 醒 | xǐng | [싱] |
| 꺼내다, 파내다 | 掏 | tāo | [타오] |
| 꺾다, 부러뜨리다 | 折 | zhé | [저] |
| 껍질, 가죽 | 皮 | pí | [피] |
| 껍질 | 壳 | ké | [커] |
| 꼬리 | 尾 | wěi | [워이] |
| 꼬리, 꽁무니 | 尾巴 | wěi ba | [워이 바] |
| 꼬마, 요놈 | 小鬼 | xiǎo guǐ | [샤오 구이] |
| 꼬마친구 | 小朋友 | xiǎo péng you | [샤오 펑 요우] |
| 꼬불꼬불하다, 구불구불하다 | 弯曲 | wān qū | [완 취] |
| 꼭 맞다, 맞침 | 正好 | zhèng hǎo | [쩡 하오] |
| 꼭 붙잡다, 끌어당기다 | 揪 | jiū | [지우] |
| 꼭 적합하다 | 恰如其分 | qià rú qí fēn | [챠 루 치 펀] |
| 꼭, 바로, 마침 | 恰恰 | qià qià | [챠 챠] |
| 꼭, 반드시 | 必定 | bì dìng | [삐 띵] |
| 꼭대기, 끝 | 顶端 | dǐng duān | [딩 똰] |
| 꼭대기, 정상, 대신하다, 상당하다 | 顶 | dǐng | [딩] |
| 꽂다 | 插 | chā | [차] |
| 꽃무늬 | 花纹 | huā wén | [화 원] |

| 꽃봉오리, 꽃송이 | 花朵 | huā duǒ | [화 둬] |
| 꽃잎, 파편, 판막 | 瓣 | bàn | [빤] |
| 꽉 닫다 | 闷 | mèn | [먼] |
| 꽉 잡다 | 抓紧 | zhuā jǐn | [좌 진] |
| 꽤, 상당히 | 怪 | guài | [꽈이] |
| 꾀하다 | 企图 | qǐ tú | [치 튀] |
| 꾸준히 하다 | 进取 | jìn qǔ | [찐 취] |
| 꾸준히, 끈기 있게 | 苦 | kǔ | [쿠] |
| 꿀 | 蜂蜜 | fēng mì | [펑 미] |
| 꿀 | 蜜 | mì | [미] |
| 꿈, 몽 | 梦 | mèng | [멍] |
| 꿈을 꾸다 | 做梦 | zuò mèng | [쭤 멍] |
| 꿈치 | 跟头 | gēn tou | [건 토우] |
| 꿰다, 어긋나다 | 串 | huàn | [촨] |
| 꿰뚫다, 침투하다 비밀이 새다 | 透 | tòu | [토우] |
| 꿰매다, 수놓다 | 缝 | féng | [펑] |
| 끄다, 소멸시키다 | 熄 | xī | [시] |
| 끄다, 없애다 | 灭 | miè | [몌] |
| 끈, 밧줄 | 绳子 | shéng zi | [성 즈] |
| 끊다 | 断 | duàn | [똰] |
| 끊다, 자르다 | 切 | qiē | [체] |
| 끊다 | 掐 | qiā | [챠] |
| 끊이지 않다 | 连绵 | lián mián | [롄 몐] |
| 끊임없이, 연달아 | 接二连三 | jiē èr lián sān | [제 얼 롄 싼] |
| 끊임없이, 잇따라 | 接连 | jiē lián | [제 롄] |
| 끌 | 凿 | záo | [자오] |
| 끌다, 견인하다 | 牵引 | qiān yǐn | [치엔 인] |

56

| | | | |
|---|---|---|---|
| ☐ 끌다, 당기다<br>연루시키다, 누다 | 拉 | lā | [라] |
| ☐ 끌다, 잡아당기다 | 牵 | qiān | [쳰] |
| ☐ 끌어들이다 | 引进 | yǐn jìn | [인 찐] |
| ☐ 끌어안다 집계하다 | 拢 | lǒng | [룽] |
| ☐ 끓는 물 | 开水 | kāi shuǐ | [카이 수에이] |
| ☐ 끓이다, 달이다<br>참고 견디다 | 熬 | áo | [아오] |
| ☐ 끝(나뭇가지) | 梢 | shāo | [사오] |
| ☐ 끝, 시작, 이유 | 端 | duān | [뒌] |
| ☐ 끝, 종말 | 终 | zhōng | [중] |
| ☐ 끝나다, 완비하다 | 完毕 | wán bì | [완 삐] |
| ☐ 끝나다, 완성하다 | 完 | wán | [왠] |
| ☐ 끝내 | 终于 | zhōng yú | [중 위] |
| ☐ 끝없이 넓다 | 辽阔 | liáo kuò | [랴오 쿼] |
| ☐ 끝임없이, 육속 | 陆续 | lù xù | [루 쉬] |
| ☐ 끝장나다 거덜나다 | 完蛋 | wán dàn | [완 땐] |
| ☐ 끼우다, 집다, 끼다 | 夹 | jiā | [쟈] |
| ☐ 끼워 넣다 | 列入 | liè rù | [례 뤼] |

# ㄴ (나)

| 나가다 | 出去 | chū qù | [추 취] |
| 나누다, 가리다 할당하다 | 分 | fēn | [펀] |
| 나란히 열을 짓다 | 并排 | bìng pái | [삥 파이] |
| 나룻배 | 渡船 | dù chuán | [뚜 촨] |
| 나루터 | 渡口 | dù kǒu | [뚜 코우] |
| 나르다, 받쳐 들다 | 端 | duān | [돤] |
| 나머지 | 其余 | qí yú | [치 위] |
| 나머지, 잉여 | 剩余 | shèng yú | [썽 위] |
| 나무줄기 | 树干 | shù gàn | [쑤 깐] |
| 나무, 수목 | 树 | shù | [쑤] |
| 나무라다, 원망하다 | 怪 | guài | [꽈이] |
| 나무랄 데 없다 | 没说的 | méi shuō de | [메이 쉬 더] |
| 나부끼다, 펄럭이다 | 飘 | piāo | [퍄오] |
| 나비 | 蝴蝶 | hú dié | [후 뎨] |
| 나쁘다 | 坏 | huài | [화이] |
| 나쁜 점 | 坏处 | huài chù | [화이 추] |
| 나사못 | 螺丝钉 | luó sī dīng | [뤄 스 딩] |
| 나열하다 | 罗列 | luó liè | [뤄 례] |
| 나오다 | 出来 | chū lái | [추 라이] |
| 나이 | 岁数 | suì shu | [쑤이 수] |
| 나일론 | 尼龙 | ní long | [니 룽] |
| 나침반 | 指南针 | zhǐ nán zhēn | [즈 난 전] |
| 나타나다, 드러나다 | 露 | lù | [루] |

58

|  |  |  |  |
|---|---|---|---|
| 나타나다, 드리다 | 呈 | chéng | [청] |
| 나타나다 | 呈现 | chéng xiàn | [청 쎈] |
| 나타나다 | 出现 | chū xiàn | [추 쎈] |
| 나타내다, 드러내다 | 露 | lù | [루] |
| 나팔 | 喇叭 | lǎ ba | [라 바] |
| 낙관적이다 | 乐观 | lè guān | [러 관] |
| 낙선되다 | 落选 | luò xuǎn | [뤄 쎈] |
| 낙성하다 | 落成 | luò chéng | [뤄 청] |
| 낙타 | 骆驼 | luò tuo | [뤄 퉈] |
| 낙하하다 | 降落 | jiàng luò | [쨩 뤄] |
| 낙후하다 | 落后 | luò hòu | [뤄 하오] |
| 낚다, 낚시하다 | 钓 | diào | [땨오] |
| 낚다, 체크하다 | 钩 | gōu | [고우] |
| 난간 | 栏杆 | lán gān | [란 간] |
| 난관 | 难关 | nán guān | [난 관] |
| 난도 | 难度 | nán dù | [난 뚜] |
| 난로, 화로 | 炉子 | lú zi | [루 즈] |
| 난민 | 难民 | nàn mín | [난 민] |
| 난제 | 难题 | nán tí | [난 티] |
| 난처하게 하다 | 为难 | wéi nán | [웨이 난] |
| 난처하다, 난감하다 | 难堪 | nán kān | [난 칸] |
| 낟알 | 颗粒 | kē lì | [커 리] |
| 날, 날짜 | 日子 | rì zi | [르즈] |
| 날개 | 翼 | yì | [이] |
| 날개 | 翅膀 | chì bǎng | [츠 방] |
| 날다 | 飞翔 | fēi xiáng | [페이 샹] |
| 날다 | 飞 | fēi | [페이] |
| 날씨 | 天气 | tiān qì | [텐 치] |

| 날씨 | 气象 | qì xiàng | [치 썅] |
| 날염하다 | 印染 | yìn rǎn | [인 란] |
| 날조하다 | 捏造 | niē zào | [네 짜오] |
| 낡다, 케케묵다 | 陈旧 | chén jiù | [천 찌우] |
| 낡다, 헐다 | 旧 | jiù | [찌우] |
| 낡다, 헐다 | 烂 | làn | [란] |
| 낡다 | 破旧 | pò jiù | [퍼 찌우] |
| 남 | 人家 | rén jiā | [런 쟈] |
| 남겨놓다, 남아있다 | 遗留 | yí liú | [이 리우] |
| 남다, 남기다 | 余 | yú | [위] |
| 남다 | 剩 | shèng | [썽] |
| 남동생 | 弟弟 | dì di | [띠 디] |
| 남루하다, 낡아빠지다 | 破烂 | pò làn | [퍼 란] |
| 남몰래 | 偷偷 | tōu tōu | [토우 토우] |
| 남몰래, 무단으로 | 私自 | sī zì | [스 쯔] |
| 남방 | 南方 | nán fāng | [난 팡] |
| 남부 | 南部 | nán bù | [난 뿌] |
| 남색의, 남빛의 | 蓝 | lán | [란] |
| 남성 | 男性 | nán xìng | [난 씽] |
| 남았다 | 剩余 | shèng yǔ | [썽 위] |
| 남에게 손해를 끼치고 이익을 보다 | 损人利己 | sǔn rén lì jǐ | [순 런 리 지] |
| 남을 상하게 하다 | 得罪 | dé zuì | [더 쭈이] |
| 남자 | 男人 | nán rén | [난 런] |
| 남자 | 男子 | nán zǐ | [난 즈] |
| 남짓, 여가 | 余 | yú | [위] |
| 남쪽 | 南 | nán | [난] |
| 남쪽 | 南面 | nán miàn | [난 몐] |

|  |  |  |  |
|---|---|---|---|
| 남쪽 | 南边 | nán biān | [난 볜] |
| 남편 | 丈夫 | zhàng fu | [짱 프우] |
| 납부하다 | 缴纳 | jiǎo nà | [쟈오 나] |
| 납세하다 | 纳税 | nà shuì | [나 쑤이] |
| 납작하다, 평평하다 | 扁 | biǎn | [볜] |
| 납치하다 | 劫持 | jié chí | [제 츠] |
| 낫 | 镰刀 | lián dāo | [롄 다오] |
| 낫다, 치유하다 | 愈 | yù | [위] |
| 낭독하다 | 朗读 | lǎng dú | [랑 두] |
| 낭만적이다 | 浪漫 | làng màn | [랑 만] |
| 낭비하다 | 浪费 | làng fèi | [랑 페이] |
| 낭비하다 | 费 | fèi | [페이] |
| 낭송하다 | 朗诵 | lǎng sòng | [랑 쏭] |
| 낮 | 白天 | bái tiān | [바이 톈] |
| 낮다 | 低 | dī | [디] |
| 낮다, 비천하다 | 低下 | dī xià | [디 샤] |
| 낮아지게 줄이다 | 减低 | jiǎn dī | [젠 디] |
| 낮은 언덕, 구릉 | 山冈 | shān gǎng | [산 강] |
| 낮추다, 숙이다 | 低 | dī | [디] |
| 낮추다 | 降低 | jiàng dī | [쨩 디] |
| 낯 색 | 脸色 | liǎn sè | [롄 써] |
| 낯선 사람 | 生人 | shēng rén | [성 런] |
| 낯설다, 생소하다 | 陌生 | mò shēng | [모 성] |
| 낱낱이 조사하다 | 清查 | qīng chá | [칭 차] |
| 낳다, 생산하다 | 产 | chǎn | [찬] |
| 낳다, 피우다 | 生 | shēng | [성] |
| 내 | 内 | nèi | [네이] |
| 내각 | 内阁 | nèi gé | [네이 거] |

| 내과 | 内科 | nèi kē | [네이 커] |
| 내년 | 来年 | lá nián | [라이 녠] |
| 내놓다(시장에) | 投放 | tóu fàng | [토우 팡] |
| 내다, 사귀다 | 交 | jiāo | [쟈오] |
| 내달리다 | 奔 | bēn | [번] |
| 내달리다, 질주하다 | 奔驰 | bēn chí | [번 츠] |
| 내던지다 | 扔 | rēng | [렁] |
| 내디디다 | 迈 | mài | [마이] |
| 내려가다 | 下去 | xià qù | [샤 취] |
| 내려오다 公직에서 물러나다 | 下台 | xià tái | [샤 타이] |
| 내려와라 | 下来 | xià lái | [샤 라이] |
| 내력 | 来历 | lái lì | [라이 리] |
| 내막 | 内幕 | nèi mù | [네이 무] |
| 내방하다 | 来访 | lái fǎng | [라이 팡] |
| 내부 | 内部 | nèi bù | [네이 뿌] |
| 내빈 | 来宾 | lái bīn | [라이 빈] |
| 내뿜다, 분출하다 | 喷 | pēn | [편] |
| 내뿜다 위험을 무릅쓰다 | 冒 | mào | [마오] |
| 내뿜다 | 喷射 | pēn shè | [편 써] |
| 내심 | 内心 | nèi xīn | [네이 신] |
| 내왕 | 来往 | lái wǎng | [라이 왕] |
| 내왕하다 | 往来 | wǎng lái | [왕 라이] |
| 내왕하다 | 来往 | lái wǎng | [라이 왕] |
| 내용 | 内容 | nèi róng | [네이 룽] |
| 내원 | 来源 | lái yuán | [라이 웬] |
| 내의 | 衬衣 | chèn yī | [천 이] |

| 내일 | 明天 | míng tiān | [밍 톈] |
| 내장 | 内脏 | nèi zhàng | [네이 짱] |
| 내재적이다 | 内在 | nèi zài | [네이 짜이] |
| 내전 | 内战 | nèi zhàn | [네이 짠] |
| 내정 | 内政 | nèi zhèng | [네이 쩡] |
| 내지 | 内地 | nèi dì | [네이 띠] |
| 내항(숙련공) | 内行 | nèi hang | [네이 항] |
| 냄새(성미, 성격) | 气味 | qì wèi | [치 워이] |
| 냄새를 맡다 | 嗅 | xiù | [씨우] |
| 냉각하다 | 冷却 | lěng què | [렁 췌] |
| 냉대하다 푸대접하다 | 冷淡 | lěng dàn | [렁 딴] |
| 냉음료 | 冷饮 | lěng yǐn | [렁 인] |
| 냉장고 | 冰箱 | bīng xiāng | [빙 샹] |
| 냉장고 | 电冰箱 | diàn bīng xiāng | [뗸 빙 샹] |
| 냉정하다 | 冷静 | lěng jìng | [렁 찡] |
| 너, 당신 | 你 | nǐ | [니] |
| 너무, 매우 | 太 | tài | [타이] |
| 너희들 | 你们 | nǐ men | [니 먼] |
| 넉넉하다, 충분하다 | 够 | gòu | [꼬우] |
| 넉넉하다, 풍족하다 | 富裕 | fù yù | [프우 위] |
| 널리 팔다 | 推销 | tuī xiāo | [투이 샤오] |
| 널리 퍼지다 | 弥漫 | mí màn | [미 만] |
| 널리 구하다 | 征求 | zhēng qiú | [정 치우] |
| 널찍하다 넓다 | 宽阔 | kuān kuò | [콴 쿼] |
| 널찍하다 | 宽敞 | kuān chǎng | [콴 창] |
| 널판자 | 板 | bǎn | [반] |
| 넓다, 광활하다 | 开阔 | kāi kuò | [카이 쿼] |

| | | | |
|---|---|---|---|
| ☐ 넓다, 넉넉하다 | 阔 | kuò | [쿼] |
| ☐ 넓다 | 宽广 | kuān guǎng | [콴 광] |
| ☐ 넓다 | 宽 | kuān | [콴] |
| ☐ 넘겨주다, 전해주다 | 递 | dì | [띠] |
| ☐ 넘다, 뛰어넘다 | 越 | yuè | [웨] |
| ☐ 넘다, 뛰어넘다 | 超 | chāo | [차오] |
| ☐ 넘다, 지나가다 | 越过 | yuè guò | [웨 꿔] |
| ☐ 넘어지다, 내던지다 | 摔 | shuāi | [쇠이] |
| ☐ 넘어지다, 떨어지다 | 跌 | diē | [뎨] |
| ☐ 넘어지다, 무너지다 | 倒 | dǎo | [다오] |
| ☐ 넘쳐흐르다, 왕성하다 | 充沛 | chōng pèi | [충 페이] |
| ☐ 네모지다 | 方 | fāng | [팡] |
| ☐ 녀석, 가재도구 | 家伙 | jiā huo | [쟈 훠] |
| ☐ 년, 해 | 年 | nián | [녠] |
| ☐ 년대 | 年代 | nián dài | [녠 따이] |
| ☐ 노, 노대 | 桨 | jiǎng | [쟝] |
| ☐ 노동 | 劳动 | láo dòng | [라오 뚱] |
| ☐ 노동계급 | 工人阶级 | gōng rén jiē jí | [궁 런 졔 지] |
| ☐ 노동력 | 劳动力 | láo dòng lì | [라오 뚱 리] |
| ☐ 노동자 | 工人 | gōng rén | [궁 런] |
| ☐ 노동조합 | 工会 | gōng huì | [궁 후이] |
| ☐ 노래를 부르다 | 歌唱 | gē chàng | [거 창] |
| ☐ 노래하다, 찬양하다 | 歌颂 | gē sòng | [거 쑹] |
| ☐ 노래하다, 크게 외치다 | 唱 | chàng | [창] |
| ☐ 노래하다 | 演唱 | yǎn chàng | [옌 창] |
| ☐ 노려보다, 눈을 크게 뜨다 | 瞪 | dèng | [떵] |

| 노력(시간) | 工夫 | gōng fu | [궁 프우] |
| --- | --- | --- | --- |
| 노력하다 | 努力 | nǔ lì | [누 리] |
| 노상 | 路上 | lù shang | [루 상] |
| 노새 | 骡子 | luó zi | [뤄 즈] |
| 노선 | 路线 | lù xiàn | [루 쎈] |
| 노쇠하다 | 衰老 | shuāi lǎo | [쇄이 라오] |
| 노숙하다, 노련하다 | 老成 | lǎo chéng | [라오 청] |
| 노실하다 | 老实 | lǎo shi | [라오스] |
| 노예 | 奴隶 | nú lì | [누 리] |
| 노예로 부리다 | 奴役 | núyì | [누이] |
| 노을 | 霞 | xiá | [샤] |
| 노인 | 老人 | lǎo rén | [라오 런] |
| 노인, 사나이 | 老汉 | lǎo hàn | [라오 한] |
| 노임, 임금 | 工资 | gōng zi | [궁 즈] |
| 노점, 가두 판매점 | 摊 | tān | [탄] |
| 노파, 마누라, 처 | 老婆 | lǎo po | [라오 퍼] |
| 노파, 할머니 | 老太太 | lǎo tài tài | [라오 타이 타이] |
| 노호하다 | 怒吼 | nù hǒu | [누호우] |
| 노화되다 | 老化 | lǎo huà | [라오 화] |
| 녹 | 锈 | xiù | [씨우] |
| 녹다, 용해되다 | 溶 | róng | [룽] |
| 녹말, 전분 | 淀粉 | diàn fěn | [뗸 프언] |
| 녹슬다 | 锈 | xiù | [씨우] |
| 녹음기 | 录音机 | lù yīn jī | [루 인 지] |
| 녹음하다 | 录音 | lù yìn | [루 인] |
| 녹이다 | 熔 | róng | [룽] |
| 녹화 | 录像 | lù xiàng | [루 썅] |
| 녹화하다 | 绿化 | lǜ huà | [뤼 화] |

65

| | | | |
|---|---|---|---|
| ☐ 논, 밭 | 田 | tián | [톈] |
| ☐ 논리 | 逻辑 | luó ji | [뤄 지] |
| ☐ 논리적이다, 보통이다 | 通 | tōng | [퉁] |
| ☐ 논문 | 论文l | lùn wén | [룬 원] |
| ☐ 논밭, 경작지 | 田地 | tián dì | [톈 띠] |
| ☐ 논술하다 | 论述 | lùn shù | [룬 쑤] |
| ☐ 논점 | 论点 | lùn diǎn | [룬 뎬] |
| ☐ 논증하다 | 论证 | lùn zhèng | [룬 쩡] |
| ☐ 논하다, 의논하다 따지다 | 论 | lùn | [룬] |
| ☐ 놀기 좋다 재미있다, 멋지다 | 好玩儿 | hǎo wánr | [하오 왈] |
| ☐ 놀다 | 玩 | wán | [완] |
| ☐ 놀라게 하다 귀찮게 하다 | 惊动 | jīng dòng | [징 뚱] |
| ☐ 놀라게 하다 | 吓 | xià | [샤] |
| ☐ 놀라다, 경악하다 | 惊 | jīng | [징] |
| ☐ 놀랍고도 이상하다 | 惊奇 | jīng qí | [징 치] |
| ☐ 놀랍다 | 惊人 | jīng rén | [징 런] |
| ☐ 놀랍다 | 惊讶 | jīng yà | [징 야] |
| ☐ 농경지, 농토 | 农田 | nóng tián | [눙 톈] |
| ☐ 농구 | 农具 | nóng jù | [눙 쮜] |
| ☐ 농구 | 篮球 | lán qiú | [란 치우] |
| ☐ 농단하다, 독점하다 | 垄断 | lǒng duàn | [룽 똰] |
| ☐ 농담 | 笑话 | xiào huà | [샤오 화] |
| ☐ 농담, 우스갯소리 | 玩笑 | wán xiào | [완 샤오] |
| ☐ 농담하다, 웃기다 | 开玩笑 | kāi wán xiào | [카이 완 샤오] |

| 농담하다 | 闹着玩儿 | nào zhē wánr | [나오 저 왈] |
| --- | --- | --- | --- |
| 농도 | 浓度 | nóng dù | [눙 뚜] |
| 농민 | 农民 | nóng mín | [눙 민] |
| 농사짓다 | 种地 | zhòng dì | [쭝 띠] |
| 농산 | 农产 | nóng chǎn | [눙 찬] |
| 농산물 시장 | 农贸市场 | nóng mào shì chǎng | [눙 마오 쓰 창] |
| 농산품 | 农产品 | nóng chǎn pǐn | [눙 찬 핀] |
| 농약 | 农药 | nóng yào | [눙 야오] |
| 농업 | 农业 | nóng yè | [눙 예] |
| 농작물 | 庄稼 | zhuāng jiā | [쫭 쟈] |
| 농작물 | 作物 | zuò wù | [쭤 우] |
| 농작물 | 农作物 | nóng zuò wù | [눙 쭤 우] |
| 농장 | 农场 | nóng chǎng | [눙 창] |
| 농촌 | 农村 | nóng cūn | [눙 춘] |
| 농후하다 | 浓厚 | nóng hòu | [눙 호우] |
| 높뛰다, 고동치다 | 跳动 | tiào dòng | [탸오 뚱] |
| 높고 크다 | 高大 | gāo dà | [고우 따] |
| 높다 | 高 | gāo | [고우] |
| 높이뛰기 | 跳高 | tiào gāo | [탸오 고우] |
| 높이 쳐들다 들어 올리다 | 掀 | xiān | [셴] |
| 놓다, 내버려두다 | 搁 | gē | [거] |
| 놓다, 풀어주다, 쏘다 | 放 | fàng | [팡] |
| 놓아두다, 설치하다 | 置 | zhì | [쯔] |
| 놓치다, 실수하다 | 误 | wù | [우] |
| 뇌, 머리 | 脑子 | nǎo zi | [나오 즈] |
| 뇌물을 주다 | 行贿 | xíng huì | [싱 후이] |
| 뇌우, 소나기 | 雷雨 | léi yǔ | [레이 우] |

| 누구 | 谁 | shuí | [수이] |
| 누구, 언제(질문을 나타냄) | 何 | hé | [허] |
| 누구나 다 알고 있다 | 家喻户晓 | jiā yù hù xiǎo | [쟈 위 후 샤오] |
| 누님 | 姐姐 | jiě jie | [제 제] |
| 누렇다 | 金黄 | jīn huáng | [진 황] |
| 누렇다 | 黄 | huáng | [황] |
| 누르다, 방치하다 | 压 | yā | [야] |
| 누른색 | 黄色 | huáng sè | [황 써] |
| 누에 | 蚕 | cán | [찬] |
| 누차, 여러 번 | 屡次 | lǚ cì | [뤼 츠] |
| 눈 | 雪 | xuě | [쉐] |
| 눈 | 眼睛 | yǎn jīng | [옌 징] |
| 눈, 싹(식물) | 芽 | yá | [야] |
| 눈, 조목 | 目 | mù | [무] |
| 눈 | 眼 | yǎn | [옌] |
| 눈길, 안목 | 眼光 | yǎn guāng | [옌 광] |
| 눈물 | 眼泪 | yǎn lèi | [옌 레이] |
| 눈물겹다 | 可歌可泣 | kě gē kě qì | [커 거 커 치] |
| 눈부시다 | 耀眼 | yào yǎn | [야오 옌] |
| 눈송이 | 雪花 | xuě huā | [쉐 화] |
| 눈썹 | 眉毛 | méi mao | [메이 마오] |
| 눈앞 | 眼前 | yǎn qián | [옌 첸] |
| 눈앞, 이제 | 眼下 | yǎn xià | [옌 샤] |
| 눈을 뜨다 | 睁 | zhēng | [정] |
| 눈의 표정 | 眼神 | yǎn shén | [옌 션] |
| 눈이 멀다 | 瞎 | xiā | [샤] |
| 눈짓 | 眼色 | yǎn sè | [옌 써] |

|  |  |  |  |
|---|---|---|---|
| 눈처럼 희다 | 雪白 | xuě bái | [쉐 바이] |
| 눕다, 기대다 | 躺 | tǎng | [탕] |
| 눕다, 웅크리다 | 卧 | wò | [워] |
| 느끼다, 알아차리다 | 觉 | jué | [줴] |
| 느끼다 | 感到 | gǎn dào | [간 따오] |
| 느끼다 | 觉得 | jué de | [줴 더] |
| 느릅나무 | 榆树 | yú shù | [위 쑤] |
| 느리다, 완만하다 | 迟缓 | chí huǎn | [츠 환] |
| 늘 | 老是 | lǎo shì | [라오 쓰] |
| 늘 볼 수 있다 | 常见 | cháng jiàn | [창 쩬] |
| 늘 | 常常 | cháng cháng | [창 창] |
| 늘 생각하다, 염려하다 | 惦记 | diàn jì | [뗀 찌] |
| 늘, 언제나 | 总[是] | zǒng[shì] | [중 [쓰]] |
| 늘, 줄곧, 언제나 | 向来 | xiàng lái | [썅 라이] |
| 늘 | 常 | cháng | [창] |
| 늘어놓다, 열거하다 끼워 넣다 | 列 | liè | [레] |
| 늙다, 오래되다 언제나 | 老 | lǎo | [라오] |
| 늙은 여인 | 老太婆 | lǎo tài pó | [라오 타이 퍼] |
| 늙은이, 노년 | 老年 | lǎo nián | [라오 녠] |
| 능력 | 能力 | néng lì | [넝 리] |
| 능력 | 本事 | běn shì | [번 쓰] |
| 능력, 기술, 에너지 | 能 | néng | [넝] |
| 능력이 있다 본때가 있다 | 有两下子 | yǒu liǎng xià zi | [유량 샤즈] |
| 능력이 있다 | 能干 | néng gàn | [넝 깐] |

|  |  |  |  |
|---|---|---|---|
| 능수 | 能手 | néng shǒu | [넝 소우] |
| 능원 | 能源 | néng yuán | [넝 웬] |
| 능히 할 수 있다 | 力所能及 | lì suǒ néng jí | [리 쉬 넝 지] |
| 늦다, 느리다 | 迟 | chí | [츠] |
| 늦다 | 晚 | wǎn | [완] |
| 늦지 않다 | 来得及 | lái de jí | [라이 더 지] |
| 늦추다<br>느슨하게 하다 | 放松 | fàng sōng | [팡 숭] |
| 늦추다, 연기하다 | 延缓 | yán huǎn | [옌 환] |
| 늦추다, 완화시키다 | 松 | sōng | [숭] |
| 늪, 못 | 池 | chí | [츠] |

# ㄷ (다)

- 다 쓰다 / 최선을 다하다 — 尽 jìn [찐]
- 다가오다, 건너오다 — 过来 guò lái [꿔 라이]
- 다가오다, 이르다 — 来临 lái lín [라이 린]
- 다과회 — 茶话会 chá huà huì [차 화 후이]
- 다그치다 — 加急 jiā jí [쟈지]
- 다루다, 논쟁하다 — 争 zhēng [정]
- 다루다, 취급하다 — 看待 kàn dài [칸 따이]
- 다르다, 차이가 지다 — 差 chà [차]
- 다른 것 — 别的 bié de [베 더]
- 다른 곳 — 别处 bié chù [베 추]
- 다른 사람 — 别人 bié rén [베 런]
- 다리 — 腿 tuǐ [투이]
- 다리 — 桥 qiáo [챠오]
- 다만 — 只 zhǐ [즈]
- 다만 — 只是 zhǐ shì [즈 쓰]
- 다만, 단지 — 止 zhǐ [즈]
- 다방, 찻집 — 茶馆 chá guǎn [차 관]
- 다수 — 多数 duō shù [둬 쑤]
- 다스리다, 통치하다 — 治理 zhì lǐ [쯔 리]
- 다스리다 치료하다 — 治 zhì [쯔]
- 다시 만납시다 — 再见 zài jiàn [짜이 쩬]
- 다시, 새로이 — 重新 chóng xīn [충 신]

|  |  |  |  |
|---|---|---|---|
| 다음, 나중에 | 而后 | ér hòu | [얼 호우] |
| 다지다, 안정시키다 | 奠定 | diàn dìng | [뗴 띵] |
| 다투다 | 吵架 | chǎo jià | [차오 쨔] |
| 다행히, 요행히 | 幸好 | xìng hǎo | [씽 하오] |
| 다행히, 요행히 | 幸亏 | xìng kuī | [씽 쿠이] |
| 다행히, 운 좋게 | 幸而 | xìng'er | [씽 얼] |
| 닦다, 솔질하다 | 刷 | shuā | [쇠] |
| 닦다, 칠하다 문지르다 | 擦 | cā | [차] |
| 단 | 担 | dàn | [딴] |
| 단(붉은) | 丹 | dān | [단] |
| 단, 제단 | 坛 | tán | [탄] |
| 단결 | 团结 | tuán jié | [퇀 제] |
| 단계 | 阶段 | jiē duàn | [제 똰] |
| 단계별로 할부로 하다 | 分期 | fēn qī | [펀 취] |
| 단기 | 短期 | duǎn qī | [똰 치] |
| 단단하다, 딱딱하다 | 坚硬 | jiān yìng | [졘 잉] |
| 단독으로, 혼자서 | 单独 | dān dú | [단 두] |
| 단련하다 | 锻炼 | duàn liàn | [똰 롄] |
| 단문을 짓다 | 造句 | zào jù | [짜오 쮜] |
| 단백질 | 蛋白质 | dàn bái zhì | [딴 바이 쯔] |
| 단번에, 일시에 | 一下 | yī xià | [이 샤] |
| 단번에, 일시에 | 一下子 | yí xià zi | [이 샤 쯔] |
| 단속적으로 | 断断续续 | duàn duàn xù xù | [똰 똰 쒸 쒸] |
| 단순하다 | 单纯 | dān chún | [단 춘] |
| 단숨에 | 一口气 | yì kǒu qì | [이 카오 치] |
| 단어 | 单词 | dān cí | [단 츠] |

| 단어, 사 | 词 | cí | [츠] |
| 단원 | 团员 | tuán yuán | [퇀 웬] |
| 단위 | 单位 | dān wèi | [단 워이] |
| 단자, 공단(비단) | 缎子 | duàn zi | [퇀 즈] |
| 단장 | 团长 | tuán zhǎng | [퇀 장] |
| 단절하다 | 断绝 | duàn jué | [퇀 줴] |
| 단점 | 短处 | duǎn chù | [돤 추] |
| 단점, 흠 | 缺口 | quē kǒu | [췌 코우] |
| 단정하고 깨끗하다 | 整洁 | zhěng jié | [정 졔] |
| 단정하다 | 断定 | duàn dìng | [퇀 띵] |
| 단조롭다 | 单调 | dān diào | [단 땨오] |
| 단지, 다만, 겨우 | 仅 | jǐn | [진] |
| 단지, 오직, 홀로 | 光 | guāng | [광] |
| 단체, 집단 | 团 | tuán | [퇀] |
| 단체 | 团体 | tuán tǐ | [퇀 티] |
| 단추 | 纽扣儿 | niǔ kòur | [뉴 코우 얼] |
| 단축하다 | 缩短 | suō duǎn | [쉬 돤] |
| 닫다 | 关 | guān | [관] |
| 닫다, 다물다 막히다 | 闭 | bì | [삐] |
| 닫다, 폐업하다 | 关闭 | guān bì | [관 삐] |
| 달 빛 | 月光 | yuè guāng | [웨 광] |
| 달 | 月亮 | yuè liàng | [웨 량] |
| 달다, 압류하다 값을 깎다 | 扣 | kòu | [카오] |
| 달다 | 甜 | tián | [톈] |
| 달러 | 美元 | měi yuán | [메이 웬] |
| 달리, 다른 | 另 | lìng | [링] |

|  |  |  |  |
|---|---|---|---|
| 달리다 | 奔 | bēn | [번] |
| 달리다 | 跑步 | pǎo bù | [파오 뿌] |
| 달성하다 | 达成 | dá chéng | [다 청] |
| 달성하다 | 达到 | dá dào | [다 따오] |
| 달아내다, 도피하다 | 逃 | táo | [타오] |
| 달콤하다, 기꺼이 | 甘 | gān | [간] |
| 닭 | 鸡 | jī | [지] |
| 닮다 | 像样 | xiàng yàng | [쌍 양] |
| 닮다 ~인 것 같다 | 像 | xiàng | [쌍] |
| 담, 가래 | 痰 | tán | [탄] |
| 담그다(물에) | 浸 | jìn | [찐] |
| 담그다 | 泡 | pào | [파오] |
| 담다, 가장하다 | 装 | zhuāng | [쫭] |
| 담당하다, 맡다 | 承担 | chéng dān | [청 단] |
| 담당하다, 책임지다 | 当 | dāng | [당] |
| 담량 | 胆量 | dǎn liàng | [단 량] |
| 담력, 쓸개 | 胆子 | dǎn zi | [단 즈] |
| 담론하다 | 谈论 | tán lùn | [탄 룬] |
| 담배 | 烟卷 | yān juǎn | [옌 쮄] |
| 담배, 연기 | 烟 | yān | [옌] |
| 담배, 연초 | 烟草 | yān cǎo | [옌 차오] |
| 담배 | 香烟 | xiāng yān | [샹 옌] |
| 담배를 피우다 | 抽烟 | chōu yān | [초우 옌] |
| 담배를 피우다 | 吸烟 | xī yān | [시 옌] |
| 담보하다 | 担保 | dā bǎo | [다 바오] |
| 담수 | 淡水 | dàn shuǐ | [딴 수이] |
| 담요 | 毯子 | tǎn zi | [탄 즈] |
| 담임하다 | 担任 | dān rèn | [단 런] |

| | | | |
|---|---|---|---|
| 담판 | 谈判 | tán pàn | [탄 프안] |
| 담화 | 谈话 | tán huà | [탄 화] |
| 답 복 | 答复 | dá fù | [다 푸] |
| 답답하다, 괴롭다 성가시다 | 烦 | fán | [프안] |
| 답답하다, 의아하다 | 纳闷儿 | ná mènr | [나 먼얼] |
| 답변하다 | 答辩 | dá biàn | [다 뼨] |
| 답안 | 答案 | dá àn | [다 안] |
| 답안지 | 答卷 | dá juàn | [다 쮄] |
| 당, 당파 | 党 | dǎng | [당] |
| 당국 | 当局 | dāng jú | [당 쥐] |
| 당기다, 찢다 잡담하다 | 扯 | chě | [처] |
| 당나귀 | 驴 | lǘ | [뤼] |
| 당년 | 当年 | dāng nián | [당 녠] |
| 당대 | 当代 | dāng dài | [당 따이] |
| 당사자 | 当事人 | dāng shì rén | [당 쓰 런] |
| 당선되다 | 当选 | dāng xuǎn | [당 쉔] |
| 당성 | 党性 | dǎng xìng | [당 씽] |
| 당시 | 当时 | dāng shí | [당 스] |
| 당신, 너 | 您 | nín | [닌] |
| 당안, 파일 | 档案 | dàng àn | [당 안] |
| 당연하다 이상할 것 없다 | 难怪 | nán guài | [난 꽈이] |
| 당연하다 | 当然 | dāng rán | [당 란] |
| 당연한 이치다 | 理所当然 | lǐ suǒ dāng rán | [리 숴 당 란] |
| 당원 | 党员 | dǎng yuán | [당 웬] |
| 당위 | 党委 | dǎng wěi | [당 워이] |

ㄷ

75

| 당일 | 当天 | dāng tiān | [당 톈] |
| 당장 | 党章 | dǎng zhāng | [당 장] |
| 당장 | 立刻 | lì kè | [리 커] |
| 당장, 즉석에서 | 当场 | dāng chǎng | [당 창] |
| 당지 | 当地 | dāng dì | [당 띠] |
| 당직을 맡다 | 值班 | zhí bān | [즈 반] |
| 당파 | 党派 | dǎng pài | [당 파이] |
| 당하다, 만나다 | 遭 | zāo | [자오] |
| 당하다 | 遭到 | zāo dào | [자오 따오] |
| 당하다 | 遭受 | zāo shòu | [자오 쏘우] |
| 당해, 이것 | 该 | gāi | [가이] |
| 당황하다, 허둥대다 | 慌 | huāng | [황] |
| 당황하다 | 慌乱 | huāng luàn | [황 란] |
| 당황하다 | 慌张 | huāng zhāng | [황 장] |
| 닿다, 맞다 불이 붙다 | 着 | zháo | [자오] |
| 대, 틀 | 架 | jià | [쨔] |
| 대, 시대, 세대 | 代 | dài | [따이] |
| 대가 | 代价 | dài jià | [따이 쨔] |
| 대강하다 | 敷衍 | fū yǎn | [푸 옌] |
| 대강, 거의 | 差不多 | chà bu duō | [차 부 둬] |
| 대강의 | 大概 | dà gài | [따 까이] |
| 대개, 대체로 | 大都 | dà dōu | [따 도우] |
| 대개, 대체로 | 大半 | dà bàn | [따 빤] |
| 대개, 아마 | 多半 | duō bàn | [뒤 빤] |
| 대공무사하다 | 大公无私 | dà gōng wú sī | [따 궁우 스] |
| 대국을 고려하다 | 顾全大局 | gù quán dà jú | [꾸 췐 따 쥐] |
| 대기압 | 大气压 | dà qì yā | [따 치 야] |

|  |  |  |  |
|---|---|---|---|
| 대뇌 | 大脑 | dà nǎo | [따 나오] |
| 대다수 | 多半 | duō bàn | [둬 빤] |
| 대다수 | 大多数 | dà duō shù | [따 쒀] |
| 대단하다, 매우 심하다 | 不得了 | bù dé liǎo | [뿌 더 랴오] |
| 대단하다 | 了不起 | liǎo bu qǐ | [랴오 부 치] |
| 대단히 놀라다 | 震惊 | zhèn jīng | [쩐 징] |
| 대단히, 엄청나게 | 大大 | dà dà | [따 따] |
| 대담하게, 감히 | 敢于 | gǎn yú | [간 위] |
| 대담하다 | 大胆 | dà dǎn | [따 단] |
| 대답하다, 응하다 순응하다, 감당하다 | 应 | yìng | [잉] |
| 대답하다 | 答 | dá | [다] |
| 대답하다 | 答应 | dā yìng | [다 잉] |
| 대동소이 | 大同小异 | dà tóng xiǎo yì | [따 퉁 샤오 이] |
| 대들보 | 梁 | liáng | [량] |
| 대등하다, 동등하다 | 平行 | píng xíng | [핑 싱] |
| 대략 | 大约 | dà yuē | [따 웨] |
| 대량의 | 大批 | dà pī | [따 피] |
| 대량적 | 大量 | dà liàng | [따 량] |
| 대로 | 马路 | mǎ lù | [마 루] |
| 대륙 | 大陆 | dà lù | [따 루] |
| 대리, 대사 | 代办 | dài bàn | [따이 빤] |
| 대리석 | 大理石 | dà lǐ shí | [따 리 스] |
| 대리의 보조적인 | 副 | fù | [푸] |
| 대리의, 부의 보조적인 | 副 | fù | [푸] |

|  |  |  |  |
|---|---|---|---|
| 대리하다 | 代理 | dài lǐ | [따이 리] |
| 대립시키다 | 对立 | duì lì | [뚜이 리] |
| 대머리, 벌거벗다 무디다 | 秃 | tū | [투] |
| 대면하다 | 面对 | miàn duì | [몐 뚜이] |
| 대방 | 对方 | duì fāng | [뚜이 팡] |
| 대변, 똥 | 屎 | shǐ | [스] |
| 대변 | 大便 | dà biàn | [따 뼨] |
| 대부금 | 贷款 | dài kuǎn | [따이 콴] |
| 대부대 | 大队 | dà duì | [따 뚜이] |
| 대부분, 거의 다 | 大多 | dà duō | [따 둬] |
| 대비 | 对比 | duì bǐ | [뚜이 비] |
| 대사 | 大使 | dà shǐ | [따스] |
| 대사관 | 大使馆 | dà shǐ guǎn | [따 스 관] |
| 대상 | 对象 | duì xiàng | [뚜이 썅] |
| 대세 | 大局 | dà jú | [따쥐] |
| 대소 | 大小 | dà xiǎo | [따 샤오] |
| 대수 | 代数 | dài shù | [따이 쑤] |
| 대신 | 大臣 | dà chén | [따 천] |
| 대신처리하다 | 代办 | dài bàn | [따이 빤] |
| 대신하다 ~을 위하여 | 替 | tì | [티] |
| 대신하다, 대리하다 | 取代 | qǔ dài | [취 따이] |
| 대신하다, 대리하다 | 代 | dài | [따이] |
| 대신해 바꾸다 | 替换 | tì huàn | [티 환] |
| 대안 | 对岸 | duì'àn | [뚜이 안] |
| 대오 | 队伍 | duì wu | [뚜이 우] |
| 대우, 급료 | 待遇 | dài yù | [따이 위] |

|  |  |  |  |
|---|---|---|---|
| 대원 | 队员 | duì yuán | [뚜이 웬] |
| 대응하다 | 对应 | duì yìng | [뚜이 잉] |
| 대의, 큰 뜻 | 大意 | dà yì | [따 이] |
| 대인, 성인 | 大人 | dà rén | [따 런] |
| 대자연 | 大自然 | dà zì rán | [따 쯔 란] |
| 대장 | 队长 | duì zhǎng | [뚜이 장] |
| 대조하다 | 对照 | duì zhào | [뚜이 짜오] |
| 대중 앞에서 낭독하다 | 宣读 | xuān dú | [쉔 두] |
| 대중 | 群众 | qún zhòng | [췬 쫑] |
| 대중 | 大众 | dà zhòng | [따 쫑] |
| 대지 | 大地 | dà dì | [따 띠] |
| 대책 | 对策 | duì cè | [뚜이 처] |
| 대처하다 | 对付 | duì fu | [뚜이 푸] |
| 대체 | 大体 | dà tǐ | [따 티] |
| 대체로, 대강 | 大致 | dà zhì | [따 쯔] |
| 대체하다 | 替代 | tì dài | [티 따이] |
| 대체하다 | 代替 | dài tì | [따이 티] |
| 대추 | 枣 | zǎo | [자오] |
| 대칭되다 | 对称 | duì chèn | [뚜이 천] |
| 대포 | 大炮 | dà pào | [따 파오] |
| 대포, 포 | 炮 | pào | [파오] |
| 대표 | 代表 | dài biǎo | [따이 뱌오] |
| 대하다, 맞추다 대답하다 | 对 | duì | [뚜이] |
| 대하다 | 对待 | duì dài | [뚜이 따이] |
| 대하여, 대한 | 对于 | duì yú | [뚜이 위] |
| 대학 | 大学 | dà xué | [따 쉐] |
| 대학입시 시험 | 高考 | gāo kǎo | [가오 카오] |

|  |  |  |  |
|---|---|---|---|
| 대항하다 | 对抗 | duì kàng | [뚜이 캉] |
| 대형의 | 大型 | dà xíng | [따 싱] |
| 대화를 하다 | 谈话 | tán huà | [탄 화] |
| 대화하다 | 对话 | duì huà | [뚜이 화] |
| 대회 | 大会 | dà huì | [따 후이] |
| 댐, 제방 | 坝 | bà | [빠] |
| 더 잘 하려고 애쓰다 | 精益求精 | jīng yì qiú jīng | [징 이 치우 징] |
| 더디다, 느리다 | 缓 | huǎn | [환] |
| 더럽다, 부정하다 | 污 | wū | [우] |
| 더럽다 | 脏 | zāng | [장] |
| 더럽히다, 간음하다 | 污蔑 | wū miè | [우 몌] |
| 더욱, 더욱더 | 愈 | yù | [위] |
| 더욱더 | 更加 | gèng jiā | [껑 쟈] |
| 더욱더, 더욱 | 更 | gèng | [껑] |
| 더욱이 | 加以 | jiā yǐ | [쟈 이] |
| 더하다, 보태다 | 加 | jiā | [쟈] |
| 덕분에, 다행히 | 多亏 | duō kuī | [뒤 쿠이] |
| 덕을 보다 은혜를 입다 | 沾光 | zhān guāng | [잔 광] |
| 던지다, 따돌리다 | 抛 | pāo | [파오] |
| 던지다 | 掷 | zhì | [쯔] |
| 덥다, 열렬하다 | 热 | rè | [러] |
| 덥히다, 가열하다 | 热 | rè | [러] |
| 덧붙이다, 부가하다 | 附加 | fù jiā | [푸 쟈] |
| 덧붙이다 | 附带 | fù dài | [푸 따이] |
| 덩어리, 조각 | 块 | kuài | [콰이] |
| 덮개 | 盖子 | gài zi | [까이 즈] |
| 덮다, 가리다 | 掩 | yǎn | [옌] |

|  |  |  |  |
|---|---|---|---|
| 덮다, 감추다 | 盖 | gài | [까이] |
| 덮다, 씌우다, 가리다 | 罩 | zhào | [짜오] |
| 덮어 숨기다 | 掩饰 | yǎn shì | [옌 쓰] |
| 덮어씌우다 | 掩盖 | yǎn gài | [옌 까이] |
| 덮어씌우다 | 笼罩 | lǒng zhào | [룽 짜오] |
| 데다, 데우다, 다리다 | 烫 | tàng | [탕] |
| 데우다, 복습하다 | 温 | wēn | [원] |
| 데이크런 | 的确良 | dí què liáng | [디 췌 량] |
| 도 | 度 | dù | [뚜] |
| 도, 또, 하더라도 조차도 | 也 | yě | [예] |
| 도경 | 途径 | tú jìng | [투 찡] |
| 도금하다 | 镀 | dù | [뚜] |
| 도끼 | 斧子 | fǔ zi | [푸 즈] |
| 도달하다, 전달하다 통하다 | 达 | dá | [다] |
| 도달하다 | 到达 | dào dá | [따오 다] |
| 도대체 | 到底 | dào dǐ | [따오 디] |
| 도덕 | 道德 | dào dé | [따오 더] |
| 도도하다 | 浩浩荡荡 | hào hào dàng dàng | [하오 하오 땅 땅] |
| 도둑, 역적 | 贼 | zéi | [저이] |
| 도랑, 수로 | 渠 | qú | [취] |
| 도래하다 | 到来 | dào lái | [따오 라이] |
| 도로 | 公路 | gōng lù | [궁 루] |
| 도로 | 道路 | dào lù | [따오 루] |
| 도리 | 道理 | dào li | [따오 리] |

| 도리, 사리 | 情理 | qíng lǐ | [칭 리] |
| 도리에 맞다 | 合情合理 | hé qíng hé lǐ | [허 칭 허 리] |
| 도망가다 | 逃走 | táo zǒu | [타오 조우] |
| 도망치다 | 逃跑 | táo pǎo | [타오 파오] |
| 도망하다, 잃다 망하다 | 亡 | wáng | [왕] |
| 도맡아 하다 | 包办 | bāo bàn | [바오 빤] |
| 도박하다, 내기하다 | 赌 | dǔ | [두] |
| 도박하다 | 赌博 | dǔ bó | [두 보] |
| 도발하다 | 挑衅 | tiǎo xìn | [탸오 씬] |
| 도매하다 | 批发 | pī fā | [피 프아] |
| 도사, 스승 | 导师 | dǎo shī | [다오 스] |
| 도산하다, 닫다 | 倒闭 | dǎo bì | [다오 삐] |
| 도살하다, 재상 | 宰 | zǎi | [자이] |
| 도살하다 | 屠杀 | tú shā | [투 사] |
| 도서 | 岛屿 | dǎo yǔ | [다오 위] |
| 도서관 | 图书馆 | tú shū guǎn | [투 수 관] |
| 도시 | 都市 | dū shì | [두 쓰] |
| 도안 | 图案 | tú'àn | [투안] |
| 도약하다 | 跳跃 | tiào yuè | [탸오 웨] |
| 도움을 빌다 | 借助 | jiè zhù | [쩨 쭈] |
| 도자기 | 陶瓷 | táo cí | [타오 츠] |
| 도전하다 | 挑战 | tiǎo zhàn | [탸오 짠] |
| 도중 | 半路 | bàn lù | [빤루] |
| 도착하다, 향하다 | 到 | dào | [따오] |
| 도착하다 | 抵达 | dǐ dá | [디 다] |
| 도처에 | 到处 | dào chù | [따오 추] |
| 도처에, 곳곳에 | 遍地 | biàn dì | [삔 띠] |

| 도처에, 어디든지 | 处处 | chù chù | [추 추] |
| --- | --- | --- | --- |
| 도체 | 导体 | dǎo tǐ | [다오 티] |
| 도태하다 | 淘汰 | táo tài | [타오 타이] |
| 도편 | 图片 | tú piàn | [투 펜] |
| 도표 | 图表 | tú biǎo | [투 뱌오] |
| 도표, 도화지 | 图纸 | tú zhǐ | [투 즈] |
| 도피하다 | 逃避 | táo bì | [타오 삐] |
| 도형 | 图形 | tú xíng | [투 싱] |
| 도화 | 图画 | tú huà | [투 화] |
| 독 | 毒 | dú | [두] |
| 독립자주 | 独立自主 | dú lì zì zhǔ | [두 리 쯔 주] |
| 독립하다 | 独立 | dú lì | [두 리] |
| 독살하다 | 毒 | dú | [두] |
| 독성 | 毒性 | dú xìng | [두 씽] |
| 독일어 | 德文 | dé wén | [더 원] |
| 독일어 | 德语 | dé yǔ | [더 위] |
| 독자 | 读者 | dú zhě | [두 저] |
| 독재, 독재정치를 하다 | 专政 | zhuān zhèng | [좐 쩡] |
| 독재정치 | 专制 | zhuān zhì | [좐 쯔] |
| 독재하다 | 独裁 | dú cái | [두 차이] |
| 독촉하다, 재촉하다 | 督促 | dū cù | [두 추] |
| 독특하다 | 独特 | dú tè | [두 터] |
| 독해하다 | 毒害 | dú hài | [두 하이] |
| 돈을 벌다, 애를 쓰다 | 挣 | zhèng | [쩡] |
| 돈을 부치다 송금하다 | 汇款 | huì kuǎn | [후이 콴] |

83

| 돈을 헤프게 쓰다 | 挥霍 | huī huò | [후이 훠] |
| 돋을 새김, 부조 | 浮雕 | fú diāo | [프우 땨오] |
| 돌 볼 수 없다 감당해 낼 수 없다 | 顾不得 | gù bu de | [꾸 부 더] |
| 돌 | 石头 | shí tou | [스 토우] |
| 돌격하다 | 冲锋 | chōng fēng | [충 펑] |
| 돌격하다 | 突击 | tū jī | [투 찌] |
| 돌다, 가동하다 | 运转 | yùn zhuǎn | [윈 촨] |
| 돌다, 모퉁이를 돌다 | 转弯 | zhuǎn wān | [촨 완] |
| 돌다, 절룩거리다 유괴하다 | 拐 | guǎi | [꽈이] |
| 돌다, 회전하다 | 转动 | zhuàn dòng | [촨 뚱] |
| 돌려주다 | 退还 | tuì huán | [투이 환] |
| 돌리다, 따돌리다 | 拨 | bō | [보] |
| 돌리다, 비틀다 | 扭 | niǔ | [뉴] |
| 돌리다, 전환하다 | 扭转 | niǔ zhuǎn | [뉴 촨] |
| 돌리다 | 转动 | zhuàn dòng | [촨 뚱] |
| 돌보다, 고려하다 | 顾 | gù | [꾸] |
| 돌보다 | 照顾 | zhào gù | [짜오 꾸] |
| 돌보지 않다 고려하지 않다 | 不顾 | bú gù | [부 꾸] |
| 돌아가며 하다 | 轮流 | lún liú | [룬 류] |
| 돌아오다 | 回来 | huí lái | [후이 라이] |
| 돌연히 | 突然 | tū rán | [투 란] |
| 돌이켜 생각하다 | 反思 | fǎn sī | [프안 스] |
| 돌진하다 부딪치다 | 冲 | chōng | [충] |

|  |  |  |  |
|---|---|---|---|
| 돌출하다 | 突出 | tū chū | [투 추] |
| 돌파 | 突破 | tū pò | [투 퍼] |
| 돌파하다 | 冲破 | chōng pò | [충 퍼] |
| 돌파하다 | 突破 | tū pò | [투 퍼] |
| 돕다, 협조하다, 원조하다 | 助 | zhù | [쭈] |
| 돕다 | 帮 | bāng | [방] |
| 동 | 栋 | dòng | [뚱] |
| 동 | 幢 | zhuàng | [쫭] |
| 동(광물) | 铜 | tóng | [퉁] |
| 동(쪽) | 东 | dōng | [뚱] |
| 동결되다 | 冻结 | dòng jié | [뚱 제] |
| 동경하다, 지향하다 | 向往 | xiàng wǎng | [썅 왕] |
| 동과, 호박 | 冬瓜 | dōng guā | [뚱 과] |
| 동굴, 구멍 | 洞 | dòng | [뚱] |
| 동기 | 同期 | tóng qī | [퉁 치] |
| 동기 | 动机 | dòng jī | [뚱 지] |
| 동남 | 东南 | dōng nán | [뚱 난] |
| 동년, 같은 해 | 同年 | tóng nián | [퉁 녠] |
| 동등하다 | 同等 | tóng děng | [퉁 덩] |
| 동등하다 | 相等 | xiāng děng | [썅 덩] |
| 동란, 난리, 분쟁 | 动乱 | dòng luàn | [뚱 롼] |
| 동력 | 动力 | dòng lì | [뚱 리] |
| 동료, 놈 | 伙计 | huǒ jì | [훠 찌] |
| 동료, 동반자 | 伴 | bàn | [빤] |
| 동료, 동반자, 파트너 | 伙伴 | huǒ bàn | [훠 빤] |
| 동맥 | 动脉 | dòng mài | [뚱 마이] |

|  |  |  |  |
|---|---|---|---|
| 동맹 | 同盟 | tóng méng | [퉁 멍] |
| 동물 | 动物 | dòng wù | [뚱 우] |
| 동물원 | 动物园 | dòng wù yuán | [뚱 우웬] |
| 동반하다 | 伴随 | bàn suí | [빤 수이] |
| 동방 | 东方 | dōng fāng | [뚱 팡] |
| 동부 | 东部 | dōng bù | [뚱 뿌] |
| 동북 | 东北 | dōng běi | [뚱 베이] |
| 동분서주하다 | 东奔西走 | dōng bēn xī zǒu | [뚱 번 시 조우] |
| 동숙자 | 同屋 | tóng wū | [퉁 우] |
| 동시에 | 同时 | tóng shí | [퉁 스] |
| 동시에, 나란히, 함께 | 并 | bìng | [삥] |
| 동업자 | 同事 | tóng shì | [퉁 쓰] |
| 동업하다 | 合伙 | hé huǒ | [허 훠] |
| 동요하다 | 动摇 | dòng yáo | [뚱 요우] |
| 동원하다 | 动员 | dòng yuán | [뚱 웬] |
| 동의하다 | 同意 | tóng yì | [퉁 이] |
| 동일하다 | 同一 | tóng yī | [퉁 이] |
| 동일하다 | 相同 | xiāng tóng | [샹 퉁] |
| 동작 | 动作 | dòng zuò | [뚱 쭤] |
| 동정 | 动静 | dòng jing | [뚱 찡] |
| 동정하다 | 同情 | tóng qíng | [퉁 칭] |
| 동지 | 同志 | tóng zhì | [퉁 쯔] |
| 동쪽 | 东面 | dōng miàn | [뚱 몐] |
| 동쪽 | 东边 | dōng biān | [뚱 볜] |
| 동창 | 同学 | tóng xué | [퉁 쉐] |
| 동태 | 动态 | dòng tài | [뚱 타이] |
| 동태조사 | 过 | guò | [꿔] |

| | | | |
|---|---|---|---|
| 동포 | 同胞 | tóng bāo | [퉁 바오] |
| 동행 | 同行 | tóng hang | [퉁 항] |
| 동향인 | 老乡 | lǎo xiāng | [라오 샹] |
| 돛 | 帆 | fān | [프안] |
| 돛대 | 桅杆 | wéi gān | [워이 간] |
| 돼지 | 猪 | zhū | [주] |
| 됐다 | 得了 | dé le | [더 러] |
| 되도록 빨리 | 尽快 | jìn kuài | [찐 콰이] |
| 되도록 | 尽量 | jìn liang | [찐 량] |
| 되돌려주다 반환하다 | 归还 | guī huán | [구이 환] |
| 되돌아오다 | 返回 | fǎn huí | [프안 후이] |
| 되돌아가다 | 回去 | huí qù | [후이 취] |
| 되돌아가다 ~으로 속하다 | 归 | guī | [구이] |
| 되돌아가다 | 返 | fǎn | [프안] |
| 되돌아오다 | 回 | huí | [후이] |
| 되찾다, 회복하다 | 收复 | shōufù | [소우 푸] |
| 두 내외, 부부간 | 两口子 | liǎng kǒu zi | [량 코우 즈] |
| 두 손 | 两手 | liǎng shǒu | [량 소우] |
| 두고 본다 | 再说 | zài shuō | [짜이 쉬] |
| 두껍다, 깊다, 많다 | 厚 | hòu | [호우] |
| 두께 | 厚度 | hòu dù | [호우 뚜] |
| 두뇌(사상) | 脑筋 | nǎo jīn | [나오 진] |
| 두뇌, 뇌, 지력 | 头脑 | tóu nǎo | [토우 나오] |
| 두둔하다 | 偏向 | piān xiàng | [펜 썅] |
| 두드리다 다듬질을 하다 | 捶 | chuí | [추이] |

| | | | |
|---|---|---|---|
| 돈을 빌리다 | 贷 | dài | [따이] |
| 두려워, 염려되어 | 生怕 | shēng pà | [성 파] |
| 두려워하다, 존경하다 | 畏 | wèi | [워이] |
| 두려워하다 | 畏惧 | wèi jù | [워이 쮜] |
| 두루, 널리 | 遍 | biàn | [볜] |
| 두목, 우두머리 | 头子 | tóu zi | [토우 즈] |
| 두부 | 豆腐 | dòu fu | [또우 푸] |
| 두절하다, 끊다 | 杜绝 | dù jué | [뚜 쮀] |
| 두텁다, 공손하다 | 殷 | yīn | [인] |
| 둘, 2 | 两 | liǎng | [량] |
| 둘, 이 | 俩 | liǎ | [랴] |
| 둘러싸다, 에워싸다 | 围 | wéi | [워이] |
| 둘러싸다 | 围绕 | wéi rào | [워이 라오] |
| 둥글다, 원만하다 | 圆 | yuán | [웬] |
| 둥글다 | 团圆 | tuán yuán | [퇀 웬] |
| 둥지, 소굴 움푹한 곳 | 窝 | wō | [워] |
| 뒤 | 后边 | hòu bian | [하오] |
| 뒤 | 后 | hòu | [호우] |
| 뒤따르다 | 跟随 | gēn suí | [껀수이] |
| 뒤섞다 허송세월하다, 지내다 | 混 | hùn | [훈] |
| 뒤섞이다 | 夹杂 | jiā zá | [쟈자] |
| 뒤섞이다 모호하게 하다 | 混淆 | hùn xiáo | [훈샤오] |
| 뒤이어, 곧, 이어 | 随后 | suí hòu | [수이 호우] |
| 뒤집다, 넘다, 번역하다 | 翻 | fān | [프안] |

| 뒤쪽 | 后面 | hòu mian | [하오 몐] |
| 뒤쪽 | 后头 | hòu tou | [호우 토우] |
| 뒤쫓다, 독촉하다 | 钉 | dīng | [딩] |
| 뒤쫓다 | 追 | zhuī | [주이] |
| 뒤치다꺼리다 괴롭히다 | 折腾 | zhē teng | [저 텅] |
| 뒷거래를 하다, | 走后门儿 | zǒu hòu ménr | [조우 호우 멀] |
| 드러나다, ~보이다 | 显得 | xiǎn de | [셴 더] |
| 드러내다, 벌거벗다 | 光 | guāng | [광] |
| 드러내다, 보이다 | 显 | xiǎn | [셴] |
| 드러내다 | 现 | xiàn | [쎈] |
| 드리우다, 접근하다 | 垂 | chuí | [추이] |
| 드물다 성기다, 멀겋다 | 稀 | xī | [시] |
| 득점 | 比分 | bǐ fēn | [비 프언] |
| 듣건대 | 据说 | jù shuō | [쥐 숴] |
| 듣건대 ~이라 하다 | 听说 | tīng shuō | [팅 숴] |
| 듣기 좋다 | 好听 | hǎo tīng | [하오 팅] |
| 듣다, 맡다 | 闻 | wén | [원] |
| 듣다 | 听 | tīng | [팅] |
| 들 가방 | 提包 | tí bāo | [티 바오] |
| 들다, 들어올리다 | 抬 | tái | [타이] |
| 들리다 | 听见 | tīng jiàn | [쩬] |
| 들어가다, 참가하다 | 入 | rù | [루] |
| 들어가다 | 进 | jìn | [찐] |
| 들어가다 | 进去 | jìn qù | [찐 취] |
| 들어오다 | 进来 | jìn lái | [찐 라이] |
| 들어올리다, 돋우다 | 挑 | tiǎo | [탸오] |

|  |  |  |  |
|---|---|---|---|
| 들어올리다, 고르다 | 挑 | tiāo | [탸오] |
| 들여다 보다 두리번거리다 | 张望 | zhāng wàng | [장 왕] |
| 등 | 灯 | dēng | [덩] |
| 등, 개 | 盏 | zhǎn | [잔] |
| 등, 뒤, 안쪽 | 背 | bèi | [뻬이] |
| 등귀, 급증 | 高涨 | gāo zhǎng | [가오 장] |
| 등급 | 等级 | děng jí | [덩 지] |
| 등급 등위 | 级 | jí | [지] |
| 등급 | 档次 | dàng cì | [땅 츠] |
| 등급 | 等 | děng | [덩] |
| 등기로 부치다 | 挂号 | guà hào | [꽈 하오] |
| 등기하다 | 登记 | dēng jì | [덩 찌] |
| 등나무, 넝쿨 | 藤 | téng | [텅] |
| 등등, 기타 | 什么的 | shén me de | [선 머 더] |
| 등록하다, 도착하다 | 报道 | bào dào | [빠오 따오] |
| 등록하다 | 注册 | zhù cè | [쭈 처] |
| 등불 | 灯火 | dēng huǒ | [덩 훠] |
| 등불초롱, 랜턴 | 灯笼 | dēng long | [덩 룽] |
| 등어리, 등뼈 | 脊梁 | jǐ liang | [지 량] |
| 등에 지다(싣다) | 驮 | tuó | [퉈] |
| 디젤유 | 柴油 | cái yóu | [차이 유] |
| 따다, 벗다, 발췌하다 | 摘 | zhāi | [자이] |
| 따다, 채취하다 | 采 | cǎi | [차이] |
| 따뜻하다, 따스하다 | 温 | wēn | [원] |
| 따뜻하다 | 暖和 | nuǎn he | [눤 허] |
| 따뜻하다 | 暖和 | nuǎn huo | [눤 훠] |

| 따라 잡다 | 赶上 | gǎn shàng | [간 쌍] |
| 따라가다, 응하다 ~하는 대로 맡기다 | 随 | suí | [수이] |
| 따라서 | 从而 | cóng'ér | [충 얼] |
| 따라잡다, 뒤쫓다 | 赶 | gǎn | [간] |
| 따르다, 지키다 | 遵循 | zūn xún | [준 쉰] |
| 따르다 | 遵照 | zūn zhào | [준 짜오] |
| 따르다 | 跟 | gēn | [건] |
| 따스하다 | 暖 | nuǎn | [눤] |
| 따져 묻다 | 过问 | guò wèn | [꿔 원] |
| 따지다, 타산하다 | 计较 | jì jiào | [찌 쨔오] |
| 딸 | 女儿 | nǚ'ér | [뉘 얼] |
| 땀 | 汗 | hàn | [한] |
| 땅 | 地 | dì | [띠] |
| 땅콩 | 花生 | huā shēng | [화 성] |
| 땋은 머리 | 辫子 | biàn zi | [삐엔 즈] |
| 때 | 时候 | shí hou | [스 호우] |
| 때때로 | 有时 | yǒu shí | [요우 스] |
| 때려 부수다, 좌절시키다 | 摧 | cuī | [추이] |
| 때로, 이따금, 때로는 | 时而 | shí'ér | [스얼] |
| 때리다, 치다, 깨뜨리다 | 揍 | zòu | [쪼우] |
| 때리다, 치다, 만들다 | 打 | dǎ | [다아] |
| 때마침 | 恰巧 | qià qiǎo | [챠챠오] |
| 때마침 | 正好 | zhèng hǎo | [하오] |
| 때문에 | 因为 | yīn wèi | [인 워이] |

| 때문에 | 所以 | suǒ yǐ | [쉬 이] |
| 떠나다 | 离开 | lí kāi | [리 카이] |
| 떠나다 | 动身 | dòng shēn | [똥 선] |
| 일을 시작하다 | | | |
| 떠나다, 갈라지다 | 离 | lí | [리] |
| 떠다니다 | 浮动 | fú dòng | [푸똥] |
| 떠들다 | 呐 | nà | [나] |
| 떠들어 대다 | 起哄 | qǐ hòng | [치훙] |
| 소란을 피우다 | | | |
| 떠받치다, 막다 | 抵 | dǐ | [디] |
| 맞먹다, 도착하다 | | | |
| 떨다, 진동하다 | 颤 | chàn | [찬] |
| 떨다, 털다 | 抖 | dǒu | [도우] |
| 정신차리다, 우쭐대다 | | | |
| 떨다 | 哆嗦 | duō suo | [뒤 쉬] |
| 떨다 | 发抖 | fā dǒu | [프아 도우] |
| 떨어져 있어 | 距离 | jù lí | [쮜 리] |
| 떨어지다(물방울) | 滴 | dī | [디] |
| 떨어지다 | 降 | jiàng | [쨩] |
| 내리다, 내려가다 | | | |
| 떨어지다 | 掉 | diào | [땨오] |
| 떨어지다 | 落 | luò | [뤄] |
| 떨쳐 일어나다 | 振 | zhèn | [쩐] |
| 떳떳하다 | 对得起 | duì de qǐ | [뚜이 더 치] |
| 면목이 서다 | | | |
| 떳떳하다 | 理直气壮 | lǐ zhí qì zhuàng | [리 즈 치 쫭] |
| 또, 거듭, | 再 | zài | [짜이] |
| 더, 계속해서 | | | |

| 또, 동시에, ~도 | 又 | yòu | [요우] |
| 또한, 역시 | 亦 | yì | [이] |
| 똑바로 서다, 우뚝서다 | 挺立 | tǐng lì | [팅 리] |
| 똑바르다, 매우 곧다 | 笔直 | bǐ zhí | [비 즈] |
| 뚜렷이 구분하다 | 分清 | fēn qīng | [프언 칭] |
| 뚜렷하다, 분명하다 | 清晰 | qīng xī | [칭 시] |
| 뚜렷하다, 성대하다 | 赫 | hè | [허] |
| 뚜렷하다 | 清楚 | qīng chu | [칭 추] |
| 둑, 제방, 땜 | 堤 | dī | [디] |
| 뚫다, 뚫고 들어가다 | 钻 | zuān | [쫜] |
| 뚫어진 구멍 | 决口 | jué kǒu | [줴 코우] |
| 뚱보 | 胖子 | pàng zi | [팡즈] |
| 뛰다, 건너뛰다 | 跳 | tiào | [탸오] |
| 뛰다 | 跃 | yuè | [웨] |
| 뛰다 | 跑 | pǎo | [파오] |
| 뛰어나다 | 超级 | chāo jí | [차오 지] |
| 뛰어나다 | 擅长 | shàn cháng | [싼 창] |
| 뛰어넘다, 걸치다 | 跨 | kuà | [콰] |
| 뛰어오르다 | 蹦 | bèng | [뻥] |
| 뜨다, 느리다 | 慢 | màn | [만] |
| 뜨다, 물이지다 | 泛 | fàn | [프안] |
| 뜨다, 헤엄치다 | 浮 | fú | [푸] |
| 뜯다 | 拆 | chāi | [차이] |
| 뜰 | 院子 | yuàn zi | [웬 즈] |
| 뜰, 공공장소, 기관 | 院 | yuàn | [웬] |

| | | | |
|---|---|---|---|
| ☐ 뜻, 의미 | **意义** | yì yì | [이 이] |
| ☐ 뜻, 의지, 표시 | **志** | zhì | [쯔] |
| ☐ 뜻대로 따르다 | **如意** | rú yì | [루 이] |
| ☐ 뜻대로, 생각대로 | **随意** | suí yì | [수 이] |
| ☐ 뜻밖에, 뻔뻔스럽다 | **居然** | jū rán | [쥐 란] |
| ☐ 뜻밖에, 의외에 | **不料** | bù liào | [뿌 랸] |
| ☐ 뜻밖에 | **意外** | yì wài | [이 와이] |
| ☐ 띠, 벨트 | **带儿** | dàir | [따이얼] |

# ㄹ (라)

| | | | |
|---|---|---|---|
| ☐ 라디오 | 收音机 | shōu yīn jī | [소우 인 지] |
| ☐ 나태하다, 게으르다 | 懒惰 | lǎn duò | [란 뛰] |
| ☐ 러닝셔츠 | 背心 | bèi xīn | [뻬이 신] |
| ☐ 러시아문 | 俄文 | é'wén | [어 원] |
| ☐ 레몬 | 柠檬 | níng méng | [닝 멍] |
| ☐ 레이더 | 雷达 | léi dá | [레이 다] |
| ☐ 렌즈, 화면 | 镜头 | jìng tóu | [찡 토우] |
| ☐ 로켓 | 火箭 | huǒ jiàn | [훠 쪤] |

# 口 (마)

|  |  |  |  |
|---|---|---|---|
| 마감하다 | 截止 | jié zhǐ | [제 즈] |
| 마구, 제멋대로 | 大肆 | dà sì | [따 쓰] |
| 마귀 | 魔鬼 | mó guǐ | [모 구이] |
| 마그네슘 | 镁 | měi | [메이] |
| 마늘 | 蒜 | suàn | [쏸] |
| 마다, 매, 늘 | 每 | měi | [메이] |
| 마대 | 麻袋 | má dài | [마 따이] |
| 마땅하다 | 活该 | huó gāi | [훠 가이] |
| 마땅히~해야 한다 | 应该 | yīng gāi | [잉 가이] |
| 마력 | 马力 | mǎ lì | [마 리] |
| 마루 | 地板 | dì bǎn | [띠 반] |
| 마르다, 텅 비다 | 干 | gān | [간] |
| 마리, 가지 | 条 | tiáo | [탸오] |
| 마비되다 | 麻木 | má mù | [마 무] |
| 마비시키다 | 麻痹 | má bì | [마 삐] |
| 마술 | 魔术 | mó shù | [모 쑤] |
| 마시다, 마음속에 품다 | 饮 | yǐn | [인] |
| 마시다 | 喝 | hē | [허] |
| 마을 | 屯 | tún | [툰] |
| 마을(지방) | 乡 | xiāng xià | [샹 쌰] |
| 마을, 촌락, 부락 | 庄 | zhuāng | [쫭] |
| 마을, 촌락 | 村庄 | cūn zhuāng | [춘 쫭] |
| 마음껏 이야기 하다 | 畅通 | chàng tōng | [창 퉁] |

|  |  |  |  |
|---|---|---|---|
| 마음대로 | 随便 | suí biàn | [수이 삐엔] |
| 마음대로, 엉터리로 | 胡 | hú | [후] |
| 마음속 | 心里 | xīn lǐ | [신 리] |
| 마음속, 정신 | 心头 | xīn tóu | [신 토우] |
| 마음에 걸리다 | 悬念 | xuán niàn | [쒠 녠] |
| 마음에 두다, 문제 삼다 | 在乎 | zài hu | [짜이 후] |
| 마음에 두다 | 在意 | zài yì | [짜이 이] |
| 마음에 맞다, 만족하다 | 称心 | chèn xīn | [쳥 신] |
| 마음을 놓다 | 放心 | fàng xīn | [팡 신] |
| 마음이 모질다 | 狠心 | hěn xīn | [헌신] |
| 마음이 쏠리다, 편들다 | 倾向 | qīng xiàng | [칭 썅] |
| 마음이 쓰이다, 심려하다 | 操心 | cāo xīn | [차오 신] |
| 마주치다 | 遇到 | yù dào | [위 따오] |
| 마차 | 马车 | mǎ chē | [마 쳐] |
| 마찰하다 | 摩擦 | mó chā | [모 차] |
| 마취하다 | 麻醉 | má zuì | [마 쭈이] |
| 마치 ~같다 | 如同 | rú tong | [루 퉁] |
| 마치 ~인 듯하다 | 似乎 | sì hū | [쓰 후] |
| 마침, 공교롭게 | 正巧 | zhèng qiǎo | [쪙 챠오] |
| 마침, 바로, 곧 | 正 | zhèng | [쪙] |
| 마침~할 때에 | 正当 | zhèng dāng | [쪙 땅] |
| 마침내, 간신히 | 总算 | zǒng suàn | [중 쫜] |
| 마침내, 겨우 | 算是 | suàn shì | [쏸 쓰] |
| 막, 얇은 껍질 | 膜 | mó | [뭐] |

| 막, 천막 | 棚 | péng | [펑] |
| 막, 휘장 | 帐 | zhàng | [짱] |
| 막다, 가리다 | 挡 | dǎng | [당] |
| 막다, 방어하다 방지하다 | 防 | fáng | [팡] |
| 막다, 배척하다 | 抵制 | dǐ zhì | [디 쯔] |
| 막다, 분리하다 | 隔 | gé | [거] |
| 막다 | 堵 | dǔ | [두] |
| 막대, 장대 | 竿 | gān | [간] |
| 막대기 | 杆 | gān | [간] |
| 막대기, 곤봉 | 棒 | bàng | [빵] |
| 막론하고 ~에 불구하고 | 无论 | wú lùn | [우 룬] |
| 막을 열다 | 开幕 | kāi mù | [카이 무] |
| 막히다 | 闭塞 | bì sè | [삐 써] |
| 만 못하다 | 不如 | bù rú | [뿌 루] |
| 만 한달이 되다 | 满月 | mǎn yuè | [만 웨] |
| 만1년, 주년 | 周年 | zhōu nián | [조우 녠] |
| 만강 | 满腔 | mǎn qiāng | [만 창] |
| 만나다, 대면하다 | 会晤 | huìwù | [후이 우] |
| 만나다 | 遇 | yù | [위] |
| 만나다 | 遇见 | yù jiàn | [위 쩬] |
| 만나보다 | 见面 | jiàn miàn | [쪤 몐] |
| 만년 | 晚年 | wǎn nián | [완 녠] |
| 만년필 | 钢笔 | gāng bǐ | [강 비] |
| 만두 | 包子 | bāo zi | [바오 즈] |
| 만들다, 다루다 | 弄 | nòng | [눙] |
| 만들다, 제지하다 | 制 | zhì | [쯔] |

|  |  |  |  |
|---|---|---|---|
| 만성적이다 | 慢性 | màn xìng | [만 씽] |
| 만세! | 万岁 | wàn suì | [완 쑤이] |
| 만약 | 如果 | rú guǒ | [루 궈] |
| 만약, ~하든가 | 要 | yào | [야오] |
| 만약, 가령 | 假使 | jiǎ shǐ | [쟈 스] |
| 만약, 가령 | 假 | jiǎ | [쟈] |
| 만약, 가령 | 假如 | jiǎ rú | [쟈 루] |
| 만약, 만일 | 假若 | jiǎ ruò | [쟈 뤄] |
| 만약, 혹은 ~하든가 | 要 | yào | [야오] |
| 만약 | 若 | ruò | [뤄] |
| 만약 ~이면 | 倘若 | tǎng ruò | [탕 뤄] |
| 만연하다 | 蔓延 | màn yán | [만 옌] |
| 만일 ~하면, 만에 하나라도 | 万一 | wàn yī | [완 이] |
| 만일 ~이라면 | 要是 | yào shì | [야오 쓰] |
| 만족스럽다, 행복하다 | 美满 | měi mǎn | [메이 만] |
| 만족스럽다 | 满意 | mǎn yì | [만 이] |
| 만족하다 | 满足 | mǎn zú | [만 주] |
| 만지다, 더듬다 | 摸 | mō | [모] |
| 많거나 적다 | 或多或少 | huò duō huò shǎo | [훠 둬 훠 사오] |
| 많다(사람) | 众 | zhòng | [쭝] |
| 많다, 번잡하다 | 繁 | fán | [프안] |
| 많다 | 好多 | hǎo duō | [하오 둬] |
| 많은 돈을 벌다 | 发财 | fā cái | [프아 차이] |
| 많은 사람 | 众人 | zhòng rén | [쭝 런] |
| 많은 | 好些 | hǎo xiē | [하오 세] |
| 많이 나다, 풍부하다 | 盛产 | shèng chǎn | [썽 찬] |

|  |  |  |  |
|---|---|---|---|
| 많이, 잘 | 好 | hǎo | [하오] |
| 말참견하다 | 插嘴 | chā zuǐ | [차 주이] |
| 말 한대로 하다 | 算数 | suàn shù | [쏸 쑤] |
| 말, 분말 | 末 | mò | [뭐] |
| 말, 언사 | 辞 | cí | [츠] |
| 말 | 话 | huà | [화] |
| 말다, 휩쓸다 | 卷 | juǎn | [쥔] |
| 말다툼하다, 언쟁하다 | 吵嘴 | chǎozuǐ | [차오 주이] |
| 말다툼하다 | 争吵 | zhēng chǎo | [정 차오] |
| 말도 안되다 잘 못가다 | 不像话 | bú xiàng huà | [부 썅 화] |
| 말뚝 | 桩 | zhuāng | [좡] |
| 말라빠지다 | 枯燥 | kū zào | [쿠 짜오] |
| 말리다, 단념시키다 | 劝阻 | quàn zǔ | [쵄 주] |
| 말리다 | 晾 | liàng | [량] |
| 말리우거나 데우다 | 烘 | hōng | [훙] |
| 말살하다 | 抹杀 | mǒ shā | [모 사] |
| 말썽부리다 | 捣蛋 | dǎo dàn | [다오 딴] |
| 말을 잘 듣다 | 听话 | tīng huà | [팅 화] |
| 말투 | 语气 | yǔ qì | [위 치] |
| 말하다, 부르다 | 曰 | yuē | [웨] |
| 말하다, 생각하다 | 道 | dào | [따오] |
| 말하다, 이야기하다 담화하다 | 谈 | tán | [탄] |
| 말하다 | 叙谈 | xù tán | [쉬 탄] |
| 말하다 | 说 | shuō | [숴] |
| 말하자면 | ~来说~ | lái shuō | [라이 숴] |

|  |  |  |  |
|---|---|---|---|
| 말하자면 | 就是说 | jiù shì shuō | [찌우 쓰쉬] |
| 말하지 않아도 안다 | 不言而喻 | bù yán ér yù | [뿌 옌 얼 위] |
| 말할 수 없다, 아무렇지도 않다 | 无所谓 | wú suǒ wèi | [우 쉬 웨이] |
| 맑게 하다, 해명하다 | 澄清 | chéng qīng | [청 칭] |
| 맑고 시원하다 | 清新 | qīng xīn | [칭 신] |
| 맑다, 깨끗하다 | 清 | qīng | [칭] |
| 맑은, 맑게 갠 | 晴 | qíng | [칭] |
| 맛 | 味道 | wèi dao | [웨이 따오] |
| 맛, 냄새 | 味 | wèi | [웨이] |
| 맛, 흥취 | 滋味 | zī wèi | [즈 웨이] |
| 맛보다, 시식하다 | 品尝 | pǐn cháng | [핀 창] |
| 맛보다 경험하다 | 尝 | cháng | [창] |
| 맛있다, 입에 맞다 | 可口 | kě kǒu | [커 코우] |
| 맛있다 | 好吃 | hǎo chī | [하오 츠] |
| 망각하다 | 忘却 | wàng què | [왕 취] |
| 망상, 공상 | 妄想 | wàng xiǎng | [왕 샹] |
| 망설이다, 주저하다 | 犹豫 | yóu yù | [요우 위] |
| 망신당하다, 체면 깎이다 | 丢人 | diū rén | [디우 런] |
| 망연하다, 막연하다 | 茫然 | máng rán | [망 란] |
| 망원경 | 望远镜 | wàng yuǎn jìng | [왕 웬 찡] |
| 망치 | 锤 | chuí | [추이] |
| 맞다, 순서대로 | 能 | néng | [넝] |
| 맞다, 옳다 | 是的 | shì de | [쓰 더] |
| 맞다(비를), 젖다 | 淋 | lín | [린] |
| 맞은 편 | 对门 | duì mén | [뚜이 먼] |

| 맞은편 | 对面 | duì miàn | [뚜이 몐] |
| 맞히다, 당하다 | 中 | zhōng | [중] |
| 맞히다, 당하다 | 中 | zhòng | [쭝] |
| 맡겨 두다 | 存放 | cún fàng | [춘 팡] |
| 맡다, 메다 | 担 | dān | [단] |
| 매 | 鹰 | yīng | [잉] |
| 매, 각 | 每 | měi | [메이] |
| 매, 하나 | 枚 | méi | [메이] |
| 매개 | 媒介 | méi jiè | [메이 쩨] |
| 매국이다 | 卖国 | mài guó | [마이 궈] |
| 매끄럽다, 광택이 난다 | 光滑 | guāng huá | [광 화] |
| 매끄럽다 | 光 | guāng | [광] |
| 매다, 매듭짓다 | 结 | jié | [제] |
| 매달다, 들어올리다, 애도하다 | 吊 | diào | [땨오] |
| 매달리다, 걸다 | 挂 | guà | [꽈] |
| 매대, 카운터 | 柜台 | guì tái | [꾸이 타이] |
| 매매 | 买卖 | mǎi mài | [마이 마이] |
| 매몰하다 | 埋没 | mái mò | [마이 모] |
| 매미 | 蝉 | chán | [찬] |
| 매상이 좋다 | 畅销 | chàng xiāo | [창 샤오] |
| 매우 뜨겁다 | 烫 | tàng | [탕] |
| 매우 많은 | 许多 | xǔ duō | [쉬 뒤] |
| 매우 | 非常 | fēi cháng | [페이 창] |
| 매우 비싸다 | 昂贵 | áng guì | [앙 꾸이] |
| 매우 빠르게, 쏜살같이 | 飞快 | fēi kuài | [페이 콰이] |
| 매우 | 十分 | shí fēn | [스 펀] |

| 매우 흥겹다 대단히 기뻐하다 | 兴高采烈 | xìng gāo cǎi liè | [씽 고우 차이 레] |
| --- | --- | --- | --- |
| 매우, 대단히 | 挺 | tǐng | [팅] |
| 매우, 대단히 | 顶 | dǐng | [딩] |
| 매우, 몹시, 아주 | 很 | hěn | [헌] |
| 매우~, 극히~ | ~极了 | jí le | [지 러] |
| 매우다, 보충하다 | 填补 | tián bǔ | [텐 부] |
| 매인당 | 人均 | rén jūn | [런 쥔] |
| 매일의 | 日常 | rì cháng | [르 창] |
| 매장되다 | 蕴藏 | yùn cháng | [윈 창] |
| 매화 | 梅花 | méi huā | [메이 화] |
| 맥박 | 脉膊 | mài bó | [마이 보] |
| 맥주 | 啤酒 | pí jiǔ | [피 지우] |
| 맨 먼저 | 首先 | shǒu xiān | [소우 셴] |
| 맨 처음, 당초 | 当初 | dāng chū | [당 추] |
| 맵다 | 辣 | là | [라] |
| 맹렬하다 | 猛烈 | měng liè | [멍 레] |
| 맹목적이다 | 盲目 | máng mù | [망 무] |
| 맹세, 서약 | 誓言 | shì yán | [쓰 옌] |
| 맹아 | 萌芽 | méng yá | [멍 야] |
| 맹인, 봉사 | 盲人 | máng rén | [망 런] |
| 맹종하다, 적대하다 | 盲从 | máng cóng | [망 총] |
| 머금다, 입에 물다 | 衔 | jiē | [졔] |
| 머리 쳐들다 | 仰 | yǎng | [양] |
| 머리 | 脑袋 | nǎo dai | [나오 다이] |
| 머리 | 头 | tóu | [토우] |
| 머리를 돌리다 후회하다 | 回头 | huí tóu | [후이 토우] |

|  |  |  |  |
|---|---|---|---|
| 머리를 들다 | 翘 | qiào | [챠오] |
| 머리털 | 头发 | tóu fà | [토우 파] |
| 머무르다, 주둔하다, 주류하다 | 驻 | zhù | [쭈] |
| 머무르다 | 留 | liú | [리우] |
| 머무르다 | 呆 | dāi | [다이] |
| 머물다, 멈추다 | 停留 | tíng liú | [팅 리우] |
| 먹, 잉크 | 墨 | mò | [모] |
| 먹구름 | 乌云 | wū yún | [우 윈] |
| 먹다 | 食 | shí | [스] |
| 먹다(음식) | 餐 | cān | [찬] |
| 먹다 | 吃 | chī | [츠] |
| 먹여 살리다 | 养活 | yǎng huó | [양 훠] |
| 먹여주다 | 喂 | wèi | [웨이] |
| 먼 곳 | 远方 | yuǎn fāng | [웬 팡] |
| 먼저, 미리, 일찍, 처음 | 先 | xiān | [셴] |
| 먼지 | 灰尘 | huī chén | [후이 천] |
| 먼지 | 尘土 | chén tǔ | [천 투] |
| 멀다, 지루하다 | 漫长 | màn cháng | [만 창] |
| 멀다 | 远 | yuǎn | [웬] |
| 멀리 뛰기 | 跳远 | tiào yuǎn | [탸오 웬] |
| 멈추다, 중지되다 | 停顿 | tíng dùn | [팅 뚠] |
| 멈춤이 없다 | 不停 | bù ting | [뿌 팅] |
| 멈춤이 없다 | 不止 | bù zhǐ | [뿌 즈] |
| 멋있다, 신나다 | 带劲 | dài jìn | [따이 찐] |
| 멋지다 | 精彩 | jīng cǎi | [징 차이] |
| 멍청해지다, 정신이 나가다 | 出神 | chū shén | [추 선] |

104

| 멍하게 하다 | 迷糊 | mí hú | [미 후] |
| 멍하다, 멍청하다 | 愣 | lèng | [렁] |
| 메뉴 | 菜单 | cài dān | [차이 단] |
| 메다, 맡다 | 扛 | káng | [캉] |
| 메뚜기 | 蝗虫 | huáng chóng | [황 충] |
| 며느리 | 媳妇 | xí fu | [시 푸] |
| 면 | 棉 | mián | [몐] |
| 면, 얼굴, 표면 | 面 | miàn | [몐] |
| 면모 | 面貌 | miàn mào | [몐 마오] |
| 면목 | 面目 | miàn mù | [몐 무] |
| 면밀한 계산 | 精打细算 | jīng dǎ xìsuàn | [징 다 씨 쏸] |
| 면비 | 免费 | miǎn fèi | [몐 페이] |
| 면적 | 面积 | miàn jī | [몐 지] |
| 면제되다, 해임하다 | 免 | miǎn | [몐] |
| 면제하다 | 免除 | miǎn chú | [몐 추] |
| 면할 수 없다 | 不免 | bù miǎn | [뿌 몐] |
| 멸망하다, 사라지다 | 灭亡 | miè wáng | [몌 왕] |
| 멸시하다 | 蔑视 | miè shì | [몌 쓰] |
| 명년 | 明年 | míng nián | [밍 녠] |
| 명단 | 名单 | míng dān | [밍 단] |
| 명랑하고 낙관적이다 | 开朗 | kāi lǎng | [카이 랑] |
| 명령 | 命令 | mìng lìng | [밍 링] |
| 명령을 내리다 | 下令 | xià lìng | [쌰 링] |
| 명령하다 | 命 | mìng | [밍] |
| 명백하다 | 显然 | xiǎn rán | [셴 란] |
| 명백히 논술하다 | 阐述 | chǎn shù | [찬 쑤] |
| 명백히 알 수 있다 | 显而易见 | xiǎn ér yì jiàn | [셴 얼 이 쩬] |
| 명백히 | 明白 | míng bai | [밍 바이] |

| 명성, 명예 | 名誉 | míng yù | [밍 위] |
| 명성이 혁혁하다 | 赫赫有名 | hè hè yǒu míng | [허 허 유 밍] |
| 명승 | 名胜 | míng shèng | [밍 썽] |
| 명시하다, 상징하다 | 标志 | biāo zhì | [뱌오 쯔] |
| 명의, 명칭 | 名义 | míng yì | [밍 이] |
| 명인 | 名人 | míng rén | [밍 런] |
| 명일, 휴가, 가짜 | 假 | jiǎ | [쟈] |
| 명절 | 节日 | jié rì | [제 르] |
| 명절, 음률, 마디 | 节 | jié | [제] |
| 명제 | 命题 | mìng tí | [밍 티] |
| 명주실, 극히 적은 양 | 丝 | sī | [스] |
| 명칭 | 名称 | míng chēng | [밍 청] |
| 명쾌하다 | 干脆 | gān cuì | [간 추이] |
| 명표 | 名牌 | míng pái | [밍 파이] |
| 명확하다 | 明确 | míng què | [밍 췌] |
| 명확하다 | 明显 | míng xiǎn | [밍 센] |
| 몇 | 几 | jǐ | [지] |
| 모기 | 蚊子 | wé zi | [원 즈] |
| 모내기 하다 | 插秧 | chā yāng | [차 양] |
| 모두, 몽땅 | 统统 | tǒng tong | [퉁 퉁] |
| 모두, 무릇 | 凡 | fán | [프안] |
| 모두, 전부 | 皆 | jiē | [제] |
| 모두, 전부 | 总共 | zǒng gòng | [중 꿍] |
| 모두 | 都 | dōu | [도우] |
| 모두 | 一共 | yí gòng | [이 꿍] |
| 모든 사람 | 大家 | dà jiā | [따 쟈] |
| 모든 힘을 다하다 | 全力以赴 | quán lì yǐ fù | [췐 리 이 푸] |

| 모래 | 砂 | shā | [사] |
| 모래 바람 | 风沙 | fēng shā | [펑 사] |
| 모래 | 沙子 | shā zi | [사 즈] |
| 모래 | 后天 | hòu tiān | [호우 톈] |
| 모래 흙 | 沙土 | shā tǔ | [사 투] |
| 모래, 낟알 | 沙 | shā | [사] |
| 모래톱, 백사장 | 沙滩 | shā tān | [사 탄] |
| 모르는 사이에 | 不觉 | bù jué | [뿌 쥐에] |
| 모방하다 | 模仿 | mó fǎng | [모 팡] |
| 모범 | 模范 | mó fàn | [모 프 안] |
| 모색하다 | 摸索 | mō suǒ | [뭐 쉬] |
| 모서리, 모퉁이 | 棱 | léng | [렁] |
| 모서리, 주변 | 边缘 | biān yuán | [볜 웬] |
| 모순 | 矛盾 | máo dùn | [마오 뚠] |
| 모식 | 模式 | mó shì | [모 쓰] |
| 모양 | 模样 | mú yàng | [무 양] |
| 모양 | 形状 | xíng zhuàng | [싱 쫭] |
| 모양 | 样子 | yàng zi | [양 즈] |
| 모양을 보다 | 看样子 | kàn yàng zi | [칸 양 즈] |
| 모욕하다, 중상하다 | 诬蔑 | wū miè | [우 몌] |
| 모욕하다, 창피주다 | 侮辱 | wū rǔ | [우 루] |
| 모으다, 집합시키다 | 聚集 | jù jí | [쥐 지] |
| 모으다, 집합하다 | 聚 | jù | [쥐] |
| 모으다, 틈타다 | 凑 | còu | [초우] |
| 모으다 | 屯 | tún | [툰] |
| 모이다, 수집하다 | 集 | jí | [지] |
| 모임을 갖다 | 聚会 | jù huì | [쥐 후이] |
| 모자 | 帽子 | mào zi | [마오 즈] |

| 모자라다, 부족하다 | 缺 | quē | [췌] |
| --- | --- | --- | --- |
| 모조리, 전부 | 全都 | quán dōu | [췐 도우] |
| 모조하다, 위조하다 | 冒牌 | mào pái | [마오 파이] |
| 모진 결심을 내리다 | 捐款 | juān kuǎn | [쥐엔 콴] |
| 모집하다 | 招收 | zhāo shōu | [자오 소우] |
| 모집하다, 손짓하다 | 招 | zhāo | [자오] |
| 모터 | 马达 | mǎ dá | [마 다] |
| 모함하다 | 诬陷 | wū xiàn | [우 쎈] |
| 모험하다 | 冒险 | mào xiǎn | [마오 셴] |
| 모형 | 模型 | mó xíng | [모 싱] |
| 모호하다 소홀히 하다 | 含糊 | hán hú | [한 후] |
| 모호하다 | 模糊 | mó hú | [모 후] |
| 목 | 颈 | jǐng | [징] |
| 목 메여 울다 훌쩍이다 | 呜咽 | wū yè | [우 예] |
| 목 | 脖子 | bó zi | [보 즈] |
| 목(구멍) | 嗓子 | sǎng zi | [상 즈] |
| 목걸이 | 项链 | xiàng liàn | [썅 롄] |
| 목격하다 | 目睹 | mù dǔ | [무 두] |
| 목공 | 木匠 | mù jiàng | [무 쨩] |
| 목구멍 | 喉咙 | hóu lóng | [호우 룽] |
| 목도리, 스카프 | 围巾 | wéi jīn | [워이 진] |
| 목록 | 目录 | mù lù | [무 루] |
| 목민 | 牧民 | mù mín | [무 민] |
| 목소리를 내다 감정을 드러내다 | 鸣 | míng | [밍] |
| 목숨 걸고 싸우다 | 拼搏 | pīn bó | [핀 보] |

| 목숨을 내걸다 | 拼命 | pīn mìng | [핀 밍] |
| 목장 | 牧场 | mù chǎng | [무 챵] |
| 목재 | 木头 | mù tou | [무 토우] |
| 목재 | 木材 | mù cái | [무 차이] |
| 목적 | 目的 | mù dì | [무 띠] |
| 목적 | 目前 | mù qián | [무 첸] |
| 목축 | 畜牧 | xù mù | [쒸 무] |
| 목축업 | 牧业 | mù yè | [무 예] |
| 목탄, 숯 | 炭 | tàn | [탄] |
| 목표 | 目标 | mù biāo | [무 뱌오] |
| 목표, 견본, 기준 | 谱 | pǔ | [푸] |
| 목화 | 棉花 | mián hua | [몐 화아] |
| 몰두하다 정신을 집중하다 | 埋头 | mái tóu | [마이 토우] |
| 몰두하다 진동하다, 엎드리다 | 扑 | pū | [푸] |
| 몰두하다 | 专心 | zhuān xīn | [쫜 신] |
| 몰살하다, 섬멸하다 | 歼灭 | jiān miè | [젠 메] |
| 몰아내다 | 驱逐 | qū zhú | [취 주] |
| 몸, 물체 | 体 | tǐ | [티] |
| 몸, 신체 | 身子 | shēn zi | [선 즈] |
| 몸소 | 亲自 | qīn zì | [친 쯔] |
| 몸을 돌리다 해방시키다 | 翻身 | fān shēn | [프안 선] |
| 몸을 씻다 | 洗澡 | xǐ zǎo | [시 자오] |
| 몸을 일으키다 자리에서 일어나다 | 起身 | qǐ shēn | [치 선] |
| 몸조심하다 | 保重 | bǎo zhòng | [바오 쭝] |

| 몸집, 체격 | 身材 | shēn cái | [선 차이] |
| 몹시, 매우, 무척 | 坏 | huài | [화이] |
| 몹시, 상당히 | 颇 | pō | [포] |
| 못 | 钉子 | dīng zi | [딩 즈] |
| 못쓰게 만들다, 유린하다 | 糟蹋 | zāo tà | [자오 타] |
| 몽둥이, 막대기 | 棍子 | gùn zi | [꾼 즈] |
| 몽상 | 梦想 | mèng xiǎng | [멍 샹] |
| 묘, 무덤 | 坟墓 | fén mù | [프언 무] |
| 묘사하다 | 描绘 | miáo huì | [먀오 후이] |
| 묘사하다 | 描写 | miáo xiě | [먀오 셰] |
| 무겁다, 정도가 심하다 | 重 | zhòng | [쭁] |
| 무게 | 重 | zhòng | [쭁] |
| 무궁하다 | 无穷 | wú qióng | [우 츙] |
| 무기 | 武器 | wǔ qì | [우 치] |
| 무녀 | 巫婆 | wū pó | [우 퍼] |
| 무늬와 색깔, 종류 | 花色 | huāsè | [화 써] |
| 무단결근하다 | 旷工 | kuàng gōng | [쾅 꿍] |
| 무단결석하다 | 旷课 | kuàng kè | [쾅 커] |
| 무대 | 舞台 | wǔ tái | [우 타이] |
| 무대에 오르다, 관직에 오르다 | 上台 | shàng tái | [쌍 타이] |
| 무더기, 더미 | 堆 | duī | [두이] |
| 무덤, 묘, 능 | 墓 | mù | [무] |
| 무덤, 묘지 | 坟 | fén | [펀] |
| 무덥다 | 炎热 | yán rè | [옌 러] |
| 무도장 | 舞厅 | wǔ tīng | [우 팅] |

| 무도회 | 舞会 | wǔ huì | [우 후이] |
| 무력 | 武力 | wǔ lì | [우 리] |
| 무료하다, 시사하다 | 无聊 | wú liáo | [우 랴오] |
| 무릇, 모두 | 凡是 | fán shì | [프안 쓰] |
| 무릎 | 膝盖 | xī gài | [시 까이] |
| 무릎 꿇다 | 跪 | guì | [꾸이] |
| 무리, 때 | 群 | qún | [췬] |
| 무리, 또래, 세대 | 辈 | bèi | [뻬이] |
| 무리하다 | 无理 | wú lǐ | [우 리] |
| 무리하다 마지못하다, 억지쓰다 | 勉强 | miǎn qiǎng | [멘 챵] |
| 무모하게 급진하다 | 冒进 | mào jìn | [마오 찐] |
| 무방한데, 괜찮은데 | 不妨 | bù fáng | [뿌 팡] |
| 무산계급 | 无产阶级 | wú chǎn jiējí | [우 챤제 지] |
| 무상(의) | 无偿 | wú cháng | [우 챵] |
| 무서워하다 두려워하다 | 怕 | pà | [파] |
| 무선전 | 无线电 | wú xiàn diàn | [우 쎈 뗀] |
| 무섭다 | 可怕 | kě pà | [커 파] |
| 무섭다 | 害怕 | hài pà | [하이 파] |
| 무성하다 | 茂盛 | mào shèng | [마오 썽] |
| 무수히 | 无数 | wú shù | [우 쑤] |
| 무술 | 武术 | wǔ shù | [우 쑤] |
| 무엇 때문에 | 何苦 | hé kǔ | [허 쿠] |
| 무엇 때문에, 왜 | 为何 | wèi hé | [워이 허] |
| 무엇 때문에, 왜 | 为什么 | wèi shén me | [워이 선 머] |
| 무엇 | 什么 | shén me | [선 머] |
| 무역 | 贸易 | mào yì | [마오 이] |

111

| 무의식중 나타내다 | 流露 | liú lù | [리우 루] |
| 무의식중에 | 无意 | wú yì | [우이] |
| ~할 생각이 없다 | | | |
| 무장 | 武装 | wǔ zhuāng | [우 쫭] |
| 무정하다 | 无情 | wú qíng | [우 칭] |
| 무지개 | 虹 | hóng | [훙] |
| 무지다, 쌓다 | 堆 | duī | [두이] |
| 무지하다 | 无知 | wú zhī | [우 즈] |
| 무질서하다 | 杂乱 | zá luàn | [자 롼] |
| 무치하다 | 无耻 | wú chǐ | [우 츠] |
| 무한하다 | 无限 | wú xiàn | [우 쎈] |
| 무효화되다 | 无效 | wú xiào | [우 쌰오] |
| 무효로 하다 | 作废 | zuò fèi | [쭤 페이] |
| 폐지하다 | | | |
| 묵묵히, 조용히 | 默默 | mò mò | [뭐 뭐] |
| 묶다, 결박하다 | 绑 | bǎng | [방] |
| 묶다 | 勒 | lēi | [레이] |
| 묶다 | 捆 | kǔn | [쿤] |
| 묶음, 다발, 송이 | 束 | sù | [쑤] |
| 문건 | 文件 | wén jiàn | [원 쩬] |
| 문답 | 问答 | wèn dá | [원 다] |
| 문맹 | 文盲 | wén máng | [원 망] |
| 문명 | 文明 | wén míng | [원 밍] |
| 문물 | 文物 | wén wù | [원 우] |
| 문법 | 语法 | yǔ fǎ | [위 프아] |
| 문서 | 文件 | wén jiàn | [원 쩬] |
| 문앞 | 门口 | mén kǒu | [먼 코우] |
| 문언(중국고문) | 文言 | wén jiàn | [원 쩬] |

| 문예 | 文艺 | wén yì | [원 이] |
| 문예계 | 文艺界 | wén yì jiè | [원 이 쪠] |
| 문외한, 비전문가 | 外行 | wài hang | [와이 항] |
| 문인 | 文人 | wén rén | [원 런] |
| 문자 | 文字 | wén zì | [원 쯔] |
| 문자, 문장 | 文 | wén | [원] |
| 문장 | 句子 | jù zi | [쮜 즈] |
| 문장 | 文章 | wén zhāng | [원 장] |
| 문제 | 问题 | wèn tí | [원 티] |
| 문지르다, 질질 끌다 | 蹭 | cèng | [청] |
| 문학 | 文学 | wén xué | [원 쉐] |
| 문학가 | 文学家 | wén xué jiā | [원 쉐 쟈] |
| 문헌 | 文献 | wén xiàn | [원 쎈] |
| 문화 | 文化 | wén huà | [원 화] |
| 묻다 | 埋 | mái | [마이] |
| 묻다 | 请问 | qǐng wèn | [칭 원] |
| 물 구비, 만 | 湾 | wān | [완] |
| 물 부어 씻다 돌진하다 | 冲 | chōng | [충] |
| 물가 | 物价 | wù jià | [우 쨔] |
| 물건 | 东西 | dōng xi | [둥 시] |
| 물건, 물자 | 物 | wù | [우] |
| 물건을 담다, 넣다 | 盛 | chéng | [청] |
| 물건을 쪼개다, 까다 | 掰 | bāi | [바이] |
| 물고기 | 鱼 | yǔ | [위] |
| 물다, 바치다 | 缴 | jiǎo | [쟈오] |
| 물들이다, 걸리다(병) | 染 | rǎn | [란] |

| 물러나다, 철회하다 | 退 | tuì | [투이] |
| 물력 | 物力 | wù lì | [우 리] |
| 물리 | 物理 | wù lǐ | [우 리] |
| 물만두 | 饺子 | jiǎo zi | [쟈오 즈] |
| 물에 잠기다, 빠지다 | 淹 | yān | [옌] |
| 물에 잠기다 | 涝 | lào | [라오] |
| 물을 대다, 관개하다 | 灌 | guàn | [꽌] |
| 물을 뿌리다 | 泼 | pō | [포] |
| 물을 뿌리다 | 洒 | sǎ | [사아] |
| 물을 주다, | 浇灌 | jiāo guàn | [쟈오 꽌] |
| 물을 주다 물을 뿌리다 | 浇 | jiāo | [쟈오] |
| 물의를 일으키다 | 轰动 | hōng dòng | [훙 똥] |
| 물자 | 物资 | wù zī | [우 즈] |
| 물질 | 物质 | wù zhì | [우 쯔] |
| 물체 | 物体 | wù tǐ | [우 티] |
| 물품 | 物品 | wù pǐn | [우 핀] |
| 물품을 주문하다 | 订货 | dìng huò | [띵 훠] |
| 뭇사람, 무리 | 人群 | rén qún | [런 췬] |
| 미간 | 眉头 | méi tóu | [메이 토우] |
| 미끄러지다 몰래 빠져 나가다 | 溜 | liū | [류] |
| 미끄럽다 교활하다 | 滑 | huá | [화] |
| 미덕 | 美德 | měi dé | [메이 더] |
| 미래 | 未来 | wèi lái | [웨이 라이] |
| 미루다, 연기하다 | 推迟 | tuī chí | [투이 츠] |

| 미리 축하하다 | 预祝 | yù zhù | [위 쭈] |
| 미리, 사전에 | 事先 | shì xiān | [쓰 셴] |
| 미리, 사전에 | 预先 | yù xiān | [위 셴] |
| 미묘하다 | 美妙 | měi miào | [메이 먀오] |
| 미소짓다 | 微笑 | wēi xiào | [워이 샤오] |
| 미소하다, 극소하다 | 微小 | wēi xiǎo | [워이 샤오] |
| 미술 | 术 | měi shù | [메이 쑤] |
| 미시적 | 微观 | wēi guān | [워이 관] |
| 미신 | 迷信 | mí xìn | [미 씬] |
| 미안하다 | 抱歉 | bào qiàn | [빠오 쳰] |
| 미안함, 유감의 뜻 | 歉意 | qiàn yì | [쳰 이] |
| 미안합니다 | 对不起 | duì bu qǐ | [뚜이 부 치] |
| 미워하다 | 恨 | hèn | [헌] |
| 미적이다, 아름답다 | 美观 | měi guān | [메이 관] |
| 미처 미치지 못하다 | 来不及 | lái bù jí | [라이 뿌 지] |
| 미치광이 | 疯子 | fēng zi | [펑즈] |
| 미치다, 실성하다 | 疯 | fēng | [펑] |
| 미친듯이 날뛰다 | 猖狂 | chāng kuáng | [창 쾅] |
| 미친듯하다 발광적이다 | 疯狂 | fēng kuáng | [펑 쾅] |
| 미터[m] | 米 | mǐ | [미] |
| 민간 | 民间 | mín jiān | [민 졘] |
| 민감하다 | 敏感 | mǐn gǎn | [민 간] |
| 민사 | 民事 | mín shì | [민 쓰] |
| 민족 | 民族 | mín zú | [민 주] |
| 민주 | 民主 | mín zhǔ | [민 주] |
| 민중 | 民众 | mín zhòng | [민 쭝] |
| 민첩하고 교묘하다 | 灵巧 | líng qiǎo | [링 챠오] |

| | | | |
|---|---|---|---|
| ☐ 민첩하다, 기민하다 | **机灵** | jī líng | [지 링] |
| ☐ 민첩하다 | **敏捷** | mǐn jié | [민 제] |
| ☐ 민항 | **民航** | mín hang | [민 항] |
| ☐ 믿다 | **相信** | xiāng xìn | [샹 씬] |
| ☐ 믿다 | **信** | xìn | [씬] |
| ☐ 밑지게 하다, 손해보다 | **亏** | kuī | [쿠이] |
| ☐ 밀, 소맥 | **小麦** | xiǎo mài | [소 마이] |
| ☐ 밀가루 | **面粉** | miàn fěn | [몐 펀] |
| ☐ 밀다 | **推** | tuī | [투이] |
| ☐ 밀도 | **密度** | mì dù | [미 뚜] |
| ☐ 밀봉하다 | **密封** | mì fēng | [미 펑] |
| ☐ 밀수하다, 암거래하다 | **走私** | zǒu sī | [조우 스] |
| ☐ 밀어내다 | **排挤** | pái jǐ | [파이 지] |
| ☐ 밀접하다 | **密切** | mì qiè | [미 체] |
| ☐ 및, 그런 | **以及** | yǐ jí | [이 지] |
| ☐ 밑 | **底下** | dǐ xià | [디 샤] |
| ☐ 밑, 아래 | **底** | dǐ | [디] |

# ㅂ (바)

| | | | |
|---|---|---|---|
| 바구니 | 篮子 | lán zi | [란 즈] |
| 바깥 | 外面 | wài mian | [와이 몐] |
| 바깥 힘, 외부 힘 | 外力 | wài lì | [와이 리] |
| 바깥 | 外头 | wài tou | [와이 토우] |
| 바꾸다, 교환하다 | 换 | huàn | [환] |
| 바꾸다 | 更换 | gēng huàn | [겅 환] |
| 바꾸어 가지다 | 换取 | huàn qǔ | [환 취] |
| 바뀌다, 돌리다 전하다 | 转 | zhuàn | [쫜] |
| 바나나 | 香蕉 | xiāng jiāo | [샹 쟈오] |
| 밤 | 夜 | yè | [예] |
| 바늘, 침 | 针 | zhēn | [전] |
| 바다 | 海 | hǎi | [하이] |
| 바다가 넓고 크다 | 汪洋 | wāng yang | [왕 양] |
| 바둑 | 围棋 | wéi qí | [웨이 치] |
| 바라다 ~하고 싶어 하다 | 欲 | yù | [위] |
| 바라다 | 盼望 | pàn wàng | [프안 왕] |
| 바라보다 | 看望 | kàn wàng | [칸 왕] |
| 바라보다, 갈망하다 | 盼 | pàn | [프안] |
| 바라보다, 희망하다 | 望 | wàng | [왕] |
| 바람, 염원 | 心愿 | xīn yuàn | [신 웬] |
| 바로 잡다 고치다, 족치다 | 整 | zhěng | [정] |

117

|  |  |  |  |
|---|---|---|---|
| 바로 잡다 | 批改 | pī gǎi | [피 가이] |
| 바로, 때마침 | 恰好 | qià hǎo | [챠 하오] |
| 바르다, 지우다 | 抹 | mǒ | [모] |
| 바르다 | 正 | zhèng | [쩡] |
| 바른 말, 실화 | 实话 | shí huà | [스 화] |
| 바보, 멍청이 | 笨蛋 | bèn dàn | [뻔딴] |
| 바보, 멍청이 | 傻子 | shǎ zi | [사 즈] |
| 바쁘다 | 忙 | máng | [망] |
| 바싹 접근하다 | 逼近 | bī jìn | [비찐] |
| 바야흐로 | 正在 | zhèng zài | [쩡 짜이] |
| 바이올린 | 小提琴 | xiǎo tí qín | [샤오 티 친] |
| 바지 | 裤子 | kù zi | [쿠 즈] |
| 바짝 따르다 독촉하다 | 钉 | dīng | [딩] |
| 바치다, 드리다 | 献 | xiàn | [쎈] |
| 바퀴 | 轮子 | lún zi | [룬즈] |
| 박람회 | 博览会 | bó lǎn huì | [보란 후이] |
| 박멸하다, 없애다 | 扑灭 | pū miè | [푸 메] |
| 박물관 | 博物馆 | bó wù guǎn | [보 우 관] |
| 박사 | 博士 | bó shì | [보 쓰] |
| 박수소리 | 掌声 | zhǎng shēng | [장 성] |
| 박수치다 | 鼓掌 | gǔ zhǎng | [구 장] |
| 박아 넣다 | 镶 | xiāng | [샹] |
| 박약하다 | 薄弱 | bó ruò | [보 뤄] |
| 박절히 | 迫切 | pò qiè | [포 체이] |
| 박투하다 | 搏斗 | bó dòu | [보또우] |
| 박해하다 | 迫害 | pò hài | [포하이] |
| 밖 | 外边 | wài biān | [와이 볜] |

| 밖, 외 | 外 | wài | [와이] |
| 밖에도, 다만 | 竟然 | jìng rán | [찡 란] |
| 밖으로 나가다 외출하다 | 出门 | chū mén | [추 먼] |
| 반, 절반 | 半 | bàn | [빤] |
| 반감을 가지다 | 厌恶 | yàn è | [옌 어] |
| 반격, 반격하다 | 反击 | fǎn jī | [프안 지] |
| 반격하다 | 回击 | huí jī | [후이 지] |
| 반경 | 半径 | bàn jìng | [빤 찡] |
| 반대로 | 反倒 | fǎn dào | [프안 다오] |
| 반대로, 도리어 | 反 | fǎn | [프안] |
| 반대하다 | 反对 | fǎn duì | [프안 뚜이] |
| 반도 | 半岛 | bàn dǎo | [빤 다오] |
| 반도체 | 半导体 | bàn dǎo tǐ | [빤 다오 티] |
| 반동적 | 反动 | fǎn dòng | [프안 똥] |
| 반드시 ~이다 ~가 아닌 것이 없다 | 无非 | wú fēi | [우 페이] |
| 반드시 ~해야 한다 | 非~才 | fēi~cái | [페이 ~차이] |
| 반드시 해야 한다 | 必须 | bì xū | [삐 쉬] |
| 반드시, 꼭 | 势必 | shì bì | [쓰 삐] |
| 반드시, 꼭 | 务必 | wù bì | [우 삐] |
| 반드시, 꼭, 틀림없이 | 必 | bì | [삐] |
| 반드시, 틀림없이 | 准 | zhǔn | [준] |
| 반드시 | 一定 | yí dìng | [이 띵] |
| 반드시 ~해야 한다 | 必须 | bì xū | [삐 쉬] |
| 반드시 ~해야 한다 ~하지 않으면 안 된다 | 既~也~ | jì~yě~ | [찌 예] |
| 반드시 ~해야 한다 | 须 | xū | [쉬] |

119

|  |  |  |  |
|---|---|---|---|
| 반란을 일으키다 | 造反 | zào fǎn | [짜오 프안] |
| 반려, 동반자 | 伴侣 | bàn lǚ | [빤 뤼] |
| 반면 | 反面 | fǎn miàn | [프안 몐] |
| 반면에, 이와 반대로 | 反之 | fǎn zhī | [프안 즈] |
| 반문하다 | 反问 | fǎn wèn | [프안 원] |
| 반박하다, 논박하다 | 驳斥 | bó chì | [보 츠] |
| 반박하다 | 反驳 | fǎn bó | [프안 보] |
| 반복하다, 회복되다 | 复 | fù | [푸] |
| 반복하여 | 反复 | fǎn fù | [프안 푸] |
| 반사하다 | 反射 | fǎn shè | [프안 쎄] |
| 반수 | 半数 | bàn shù | [빤 쑤] |
| 반역자 | 叛徒 | pàn tú | [프안 투] |
| 반영하다 | 反映 | fǎn yìng | [프안 잉] |
| 반응 | 反应 | fǎn yìng | [프안 잉] |
| 반장 | 班长 | bān zhǎng | [반 장] |
| 반주하다 | 伴奏 | bàn zòu | [빤 쪼우] |
| 반짝이다 | 闪烁 | shǎn shuò | [산 쒀] |
| 반포하다 | 颁布 | bān bù | [반 뿌] |
| 반항하다 | 反抗 | fǎn kàng | [프안 캉] |
| 반혁명 | 反革命 | fǎn gé mìng | [프안 거 밍] |
| 받다, 모으다 끝맺다, 걷잡다 | 收 | shōu | [소우] |
| 받다 | 接到 | jiē dào | [제 따오] |
| 받다, 입다, 견디다 | 受 | shòu | [쏘우] |
| 받다 | 接着 | jiē zhe | [제 저] |
| 받아쓰다 | 听写 | tīng xiě | [팅 세] |
| 받치다, 부탁하다 | 托 | tuō | [퉈] |
| 받침대, 무대 | 台 | tái | [타이] |

| 발 | 脚 | jiǎo | [쟈오] |
| 발, 다리 | 足 | zhú | [주] |
| 발각하다 | 发觉 | fā jué | [프아 줴] |
| 발걸음 | 脚步 | jiǎo bù | [쟈오 뿌] |
| 발견 | 发现 | fā xiàn | [프아 쏀] |
| 발굴하다 | 挖掘 | wā jué | [와 줴] |
| 발굽 | 蹄 | tí | [티] |
| 발기하다 | 发起 | fā qǐ | [프아 치] |
| 발달하다 | 发达 | fā dá | [프아 다] |
| 발동선, 기선 | 汽船 | qì chuán | [치 촨] |
| 발동하다 | 发动 | fā dòng | [프아 똥] |
| 발레 | 芭蕾舞 | bā lěi wǔ | [바 레이 우] |
| 발로 디디다 | 蹬 | dēng | [덩] |
| 발명 | 发明 | fā míng | [밍] |
| 발사하다 | 发射 | fā shè | [프아 써] |
| 발산하다 | 散发 | sàn fā | [싼 프아] |
| 발생하다 | 发生 | fā shēng | [프아 성] |
| 발악하다, 몸부림치다 | 挣扎 | zhēng zhá | [정 자] |
| 발양하다 | 发扬 | fā yáng | [프아 양] |
| 발언을 하다 | 发言 | fā yán | [프아 옌] |
| 발육하다 | 发育 | fā yù | [프아 위] |
| 발을 구르다 | 跺 | duò | [뛰] |
| 발전 | 发展 | fā zhǎn | [프아 잔] |
| 발전성, 장래성 | 出息 | chū xi | [추 시] |
| 발전하다 | 发电 | fā diàn | [프아 뗀] |
| 발전할 여지가 있다 | 大有可为 | dà yǒu kě wéi | [따 유 커 웨이] |
| 발탁하다, 등용하다 | 提拔 | tí bá | [티 바] |

| 발톱이 있는 짐승의 발 | 爪 | zhuǎ | [좌아] |
| 발표되어 나오다 | 问世 | wèn shì | [원 쓰] |
| 발표하다 | 发表 | fā biǎo | [프아 뱌오] |
| 발행하다 | 发行 | fā xíng | [프아 싱] |
| 발휘하다 | 发挥 | fā huī | [프아 후이] |
| 밝게 비추다 | 照耀 | zhào yào | [짜오 야오] |
| 밝고 빛나다 | 光亮 | guāng liàng | [광 량] |
| 밝다 | 亮 | liàng | [량] |
| 밝다 | 明亮 | míng liàng | [밍 량] |
| 밝은 빛 | 亮光 | liàng guāng | [량 광] |
| 밝히다, 나타내다 | 亮 | liàng | [량] |
| 밝히다 | 表明 | biǎo míng | [뱌오 밍] |
| 밟다, 답사하다 | 踏 | tà | [타] |
| 밟다 | 踩 | cǎi | [차이] |
| 밤 | 栗子 | lì zi | [리 즈] |
| 밤 | 夜晚 | yè wǎn | [예 완] |
| 밤낮, 주야 | 日夜 | rì yè | [르 예] |
| 밤새도록 | 连夜 | lián yè | [렌 예] |
| 밤을 새우다 | 开夜车 | kāiyèchē | [카이 예 처] |
| 밤중 | 夜里 | yè lǐ | [예 리] |
| 밥, 식사 | 饭 | fàn | [프안] |
| 밥사발 | 饭碗 | fàn wǎn | [프안 완] |
| 방 | 房间 | fáng jiān | [프앙 젠] |
| 방 | 屋子 | wū zi | [우 즈] |
| 방(실) | 室 | shì | [쓰] |
| 방, 집 | 屋 | wū | [우] |
| 방귀 | 屁 | pì | [피] |
| 방금, 이제 막 | 才 | cái | [차이] |

| | | | |
|---|---|---|---|
| ☐ 방금, 이제 | 刚 | gāng | [강] |
| ☐ 방금 | 刚刚 | gāng gāng | [강 강] |
| ☐ 방대하다, 성대하다 | 洋 | yáng | [양] |
| ☐ 방대하다 | 庞大 | páng dà | [팡 따] |
| ☐ 방면, 분야 | 方面 | fāng miàn | [펜] |
| ☐ 방문하다, 뵙다 | 拜会 | bài huì | [빠이 후이] |
| ☐ 방문하다, 인터뷰 | 走访 | zǒu fǎng | [조우 팡] |
| ☐ 방문하다 | 出访 | chū fǎng | [추 팡] |
| ☐ 방문하다 | 访问 | fǎng wèn | [팡 원] |
| ☐ 방법 | 方法 | fāng fǎ | [팡 프아] |
| ☐ 방법 | 办法 | bàn fǎ | [빤 프아] |
| ☐ 방법, 방식 | 法子 | fǎ zi | [프아 즈] |
| ☐ 방법을 강구하다 | 设法 | shè fǎ | [써 프아] |
| ☐ 방법이 없다 | 没辙 | méi zhé | [메이 저] |
| ☐ 방불케 하다 | 仿佛 | fǎng fú | [팡 푸] |
| ☐ 방사하다 | 放射 | fàng shè | [팡 써] |
| ☐ 방송국 | 电台 | diàn tái | [뗀 타이] |
| ☐ 방송하다 | 播音 | bō yīn | [보 인] |
| ☐ 방송하다 | 播放 | bō fàng | [보 팡] |
| ☐ 방송하다 | 广播 | guǎng bō | [광 보] |
| ☐ 방송하다 | 播送 | bō sòng | [보 쏭] |
| ☐ 방식 | 方式 | fāng shì | [팡 쓰] |
| ☐ 방안 | 方案 | fāng'àn | [팡 안] |
| ☐ 방애하다 | 妨碍 | fáng 'ài | [팡 아이] |
| ☐ 방어, 방어하다 | 防御 | fáng yù | [팡 위] |
| ☐ 방어선 | 防线 | fáng xiàn | [팡 쎈] |
| ☐ 방어하여 지키다 | 防护 | fáng hù | [팡 후] |
| ☐ 방역하다 | 防疫 | fáng yì | [팡 이] |

ㅂ

| | | | |
|---|---|---|---|
| ☐ 방울, 종 | 铃 | líng | [링] |
| ☐ 방자하고 오만하다 | 狂妄 | kuáng wàng | [쾅 왕] |
| ☐ 방정식 | 方程 | fāng chéng | [팡 청] |
| ☐ 방조하다 | 帮助 | bāng zhù | [방 쭈] |
| ☐ 방지하다 | 防止 | fáng zhǐ | [팡 즈] |
| ☐ 방직 | 纺织 | fǎng zhī | [팡 즈] |
| ☐ 방침 | 方针 | fāng zhēn | [팡 전] |
| ☐ 방학하다 | 放假 | fàng jià | [팡 쨔] |
| ☐ 방향 | 方向 | fāng xiàng | [팡 썅] |
| ☐ 방향, 주향 | 走向 | zǒu xiàng | [조우 썅] |
| ☐ 방향, 측, 편, 방도 | 方 | fāng | [팡] |
| ☐ 방향을 바꾸다 | 转向 | zhuǎn xiàng | [좐 썅] |
| ☐ 밭을 갈다 | 耕 | gēng | [겅] |
| ☐ 배 | 肚子 | dù zi | [뚜 쯔] |
| ☐ 배 | 倍 | bèi | [뻬이] |
| ☐ 배(견선) | 舟 | zhōu | [조우] |
| ☐ 배(경우의 예절) | 拜 | bài | [빠이] |
| ☐ 배, 배나무 | 梨 | lí | [리] |
| ☐ 배, 복부, 위 | 腹 | fù | [푸] |
| ☐ 배, 선박 | 船只 | chuán zhī | [촨 즈] |
| ☐ 배, 선박 | 船 | chuán | [촨] |
| ☐ 배격하다 | 排斥 | pái chì | [파이 츠] |
| ☐ 배경 | 背景 | bèi jǐng | [뻬이 징] |
| ☐ 배고프다 | 饿 | è | [어] |
| ☐ 배구 | 排球 | pái qiú | [파이 치우] |
| ☐ 배낭, 침낭 | 背包 | bēi bāo | [베이 바오] |
| ☐ 배동, 배동하다 | 陪同 | péi tóng | [페이 퉁] |
| ☐ 배드민턴 | 羽毛球 | yú máo qiú | [위 모우 치우] |

| 배반하다 | 叛变 | pàn biàn | [판 삐엔] |
| 배반하다 | 背叛 | bèi pàn | [뻬이 판] |
| 배부르다, 속이 차다 | 饱 | bǎo | [바오] |
| 배상하다, 손해보다 | 陪 | péi | [페이] |
| 배상하다 | 赔款 | péi kuǎn | [페이 콴] |
| 배상하다 | 赔偿 | péi cháng | [페이 창] |
| 배설물, 똥 | 粪 | fèn | [펀] |
| 배수 | 倍数 | bèi shù | [뻬이 쑤] |
| 배양하다 | 培养 | péi yǎng | [페이 양] |
| 배열하다 | 摆 | bǎi | [바이] |
| 배우 | 演员 | yǎn yuán | [옌 웬] |
| 배우다, 흉내다 | 学 | xué | [쉐] |
| 배우자 | 配偶 | pèi'ǒu | [페이 오우] |
| 배웅하다 | 送行 | sòng xíng | [쏭 싱] |
| 배워서 알다 | 学会 | xué huì | [쉐 후이] |
| 배육하다 | 培育 | péi yù | [페이 위] |
| 배척하다 | 排除 | pái chú | [파이 추] |
| 배추 | 白菜 | bái cài | [바이 차이] |
| 배출하다, 방출하다 | 泄 | xiè | [쎄] |
| 배치, 배치하다 안배하다 | 部署 | bù shǔ | [뿌 수] |
| 배치하다, 분배하다 | 配备 | pèi bèi | [페이 뻬이] |
| 배치하다, 통제하다 | 调度 | diào dù | [땨오 뚜] |
| 배태하다 | 孕育 | yùn yù | [윈 위] |
| 배합하다, 결합하다 | 搭配 | dā pèi | [다 페이] |
| 배합하다 결합하다 어울리다 할당하다 | 配 | pèi | [페이] |

125

| 배합하다 | 配合 | pèi hé | [페이 허] |
| 배회하다 | 徘徊 | pái huái | [파이 화이] |
| 배후 | 背后 | bèi hòu | [뻬이 호우] |
| 배후, 지지세력 무대 뒤 | 后台 | hòu tái | [호우 타이] |
| 백배하다 | 百倍 | bǎi bèi | [바이 뻬이] |
| 백분비 | 百分比 | bǎi fēn bǐ | [바이 펀 비] |
| 백성 | 老百姓 | lǎo bǎi xìng | [라오 바이 씽] |
| 백양나무 | 杨树 | yáng shù | [양 쑤] |
| 백화(상품) | 百货 | bǎi huò | [바이 훠] |
| 뱀, 사 | 蛇 | shé | [서] |
| 뱉다, 기우다 | 吐 | tù | [투] |
| 버드나무 | 柳树 | liǔ shù | [리우 쑤] |
| 버리다, 기부하다 | 舍 | shě | [서] |
| 버리다, 떼 네다 | 撇 | piě | [폐] |
| 버리다 | 破除 | pò chú | [퍼 추] |
| 버무리다 | 拌 | bàn | [빤] |
| 버섯 | 蘑菇 | mó gu | [뭐 구] |
| 버스 | 公共汽车 | gōng gòng qì chē | [궁 꿍 치 처] |
| 버터 | 黄油 | huáng yóu | [황 유] |
| 버티다, 꽉 채우다 | 撑 | chēng | [청] |
| 버티다 | 支撑 | zhī chēng | [즈 청] |
| 번 | 遍 | biàn | [뻰] |
| 번개 | 闪电 | shǎn diàn | [산 뗀] |
| 번거롭게 하다 | 烦 | fán | [프안] |
| 번뇌, 걱정 | 烦恼 | fán nǎo | [프안 나오] |
| 번뜩이다 재빨리 피하다 | 闪 | shǎn | [산] |

| 번민하다 | 烦闷 | fán mèn | [프안 먼] |
| 번식하다 | 繁殖 | fán zhí | [프안 즈] |
| 번역 | 翻译 | fān yì | [프안 이] |
| 번영하다 | 繁荣 | fán róng | [프안 룽] |
| 번잡하다 | 繁多 | fán duō | [프안 둬] |
| 번창하다 | 昌盛 | chāng shèng | [창 썽] |
| 번체자 | 繁体字 | fán tǐ zì | [프안 티 쯔] |
| 번호 | 号码 | hào mǎ | [하오 마] |
| 번화하다 | 繁华 | fán huá | [프안 화] |
| 벌, 꿀벌 | 蜂 | fēng | [펑] |
| 벌금하다, 벌금내다 | 罚款 | fá kuǎn | [프아 콴] |
| 벌꿀 | 蜜蜂 | mì fēng | [미 펑] |
| 벌다(돈을) | 赚 | zhuàn | [쫜] |
| 벌레 | 虫子 | chóng zi | [충 즈] |
| 범 | 老虎 | lǎo hǔ | [라오 후] |
| 범람하다, 침수하다 | 漫 | màn | [만] |
| 범람하다 | 泛滥 | fàn làn | [프안 란] |
| 범선 | 帆船 | fān chuan | [프안 촨] |
| 범위 | 范围 | fàn wéi | [프안 워이] |
| 범죄 | 罪犯 | zuì fàn | [쭈이 프안] |
| 범죄를 저지르다 | 作案 | zuò'àn | [쭤 안] |
| 범주 | 范畴 | fàn chóu | [프안 초우] |
| 범하다 | 触犯 | chù fàn | [추 프안] |
| 법 | 法 | fǎ | [프아] |
| 법관 | 法官 | fǎ guān | [프아 관] |
| 법규, 규율 | 法规 | fǎ guī | [프아 구이] |
| 법도, 제도 | 制 | zhì | [쯔] |
| 법령 | 法令 | fǎ lìng | [프아 링] |

| 법률 | 法律 | fǎ lǜ | [프아 뤼] |
| 법률을 준수하다 | 守法 | shǒu fǎ | [소우 프아] |
| 법에 위반되다 | 犯法 | fàn fǎ | [프안 프아] |
| 법원 | 法院 | fǎ yuàn | [프아 웬] |
| 법을 집행하다 | 执法 | zhí fǎ | [즈프 아] |
| 법인 | 法人 | fǎ rén | [프아 런] |
| 법적인, 법정의 | 法定 | fǎ dìng | [프아 띵] |
| 법정 | 法庭 | fǎ tíng | [프아 팅] |
| 법제 | 法制 | fǎ zhì | [프아 쯔] |
| 법칙 | 法则 | fǎ zé | [프아 저] |
| 법칙 | 定律 | dìng lǜ | [띵 뤼] |
| 벗, 친우, 우인 | 友人 | yǒu rén | [유 런] |
| 벗기다, 까다, | 剥 | bāo | [바오] |
| 벗기다, 뜯다 | 揭 | jiē | [졔] |
| 벗기다, 허물다 | 扒 | bā | [바] |
| 벗다 | 脱 | tuō | [퉈] |
| 벗어나다 | 摆脱 | bǎi tuō | [바이 퉈] |
| 벚꽃 | 樱花 | yīng huā | [잉 화] |
| 베개 | 枕头 | zhěn tou | [전 토우] |
| 베껴 쓰다 | 抄写 | chāo xiě | [차오 셰] |
| 베끼다, 덧그리다 | 描 | miáo | [먀오] |
| 베끼다 검거하다 | 抄 | chāo | [차오] |
| 베다, 벌하다 | 伐 | fá | [프아] |
| 베다 | 割 | gē | [거] |
| 벨트 | 皮带 | pí dài | [피 따이] |
| 벼 | 稻子 | dào zi | [따오 즈] |
| 벼 | 水稻 | shuǐ dào | [수이 따오] |

|  |  |  |  |
|---|---|---|---|
| 벼랑, 낭떠러지 | 悬崖 | xuán yá | [쉔 야] |
| 벼랑, 절벽 | 崖 | yá | [야] |
| 벽, 담 | 壁 | bì | [삐] |
| 벽, 담벽 | 墙 | qiáng | [챵] |
| 벽 | 墙壁 | qiáng bì | [챵 삐] |
| 벽돌 | 砖 | zhuān | [좐] |
| 변강 | 边疆 | biān jiāng | [볜 쟝] |
| 변경 | 边境 | biān jìng | [볜 찡] |
| 변경하다 | 更改 | gēng gǎi | [겅 가이] |
| 변경하다 | 变更 | biàn gēng | [뻰 겅] |
| 변계 | 边界 | biān jiè | [볜 쩨] |
| 변덕스럽다 | 朝三暮四 | zhāo shān mù sì | [조우 산 무 쓰] |
| 변동, 변동하다 | 变动 | biàn dòng | [뻰 뚱] |
| 변론, 논쟁 변론하다, 논쟁하다 | 辩论 | biàn lùn | [뻰 룬] |
| 변명하다 | 辩解 | biàn jiě | [뻰 제] |
| 변방 | 边防 | biān fang | [볜 팡] |
| 변변히 | 逐年 | zhú nián | [주 녠] |
| 변증법 | 辩证法 | biàn zhèng fǎ | [뻰 쩡 프아] |
| 변증법적이다 | 辩证 | biàn zhèng | [뻰 쩡] |
| 변증하다 | 辩证 | biàn zhèng | [뻰 쩡] |
| 변질하다 | 变质 | biàn zhì | [뻰 쯔] |
| 변천 | 变迁 | biàn qiān | [뻰 첸] |
| 변하다 | 变 | biàn | [뻰] |
| 변할 수 없다 | 难免 | nán miǎn | [난 몐] |
| 변함없이 | 照常 | zhào cháng | [짜오 챵] |
| 변혁, 변혁하다 | 变革 | biàn gé | [뻰 거] |
| 변형되다 | 变形 | biàn xíng | [뻰 싱] |

129

|  |  |  |  |
|---|---|---|---|
| 변호사 | 律师 | lǜ shī | [뤼 스] |
| 변호하다 | 辩护 | biàn hù | [삐엔 후] |
| 변화시키다 | 变成 | biàn chéng | [삐엔 청] |
| 변화하다 | 变化 | biàn huà | [삐엔 화] |
| 변화하여 발전하다 | 演变 | yǎn biàn | [옌 삐엔] |
| 변환하다 | 变换 | biàn huàn | [삐엔 환] |
| 별 | 星 | xīng | [싱] |
| 별 | 星星 | xīng xing | [싱 싱] |
| 별도로, 다른 | 另 | lìng | [링] |
| 볏모, 싹 | 禾苗 | hé miáo | [허 먀오] |
| 병 증상, 병세 | 症 | zhèng | [쩡] |
| 병 | 瓶子 | píng zi | [핑 즈] |
| 병, 셋째 | 丙 | bǐng | [빙] |
| 병, 증상 | 症状 | zhèng zhuàng | [쩡 쫭] |
| 병, 질병 | 病 | bìng | [삥] |
| 병 | 瓶 | píng | [핑] |
| 병균 | 病菌 | bìng jūn | [삥 쥔] |
| 병독 | 病毒 | bìng dú | [삥 두] |
| 병렬하다 | 并列 | bìng liè | [삥 례] |
| 병상 | 病床 | bìng chuáng | [삥 촹] |
| 병세 | 病情 | bìng qíng | [삥 칭] |
| 병실 | 病房 | bìng fáng | [삥 팡] |
| 병원 | 医院 | yī yuàn | [이 웬] |
| 병을 보이다 | 看病 | kàn bìng | [칸 삥] |
| 병을 얻다<br>병에 걸리다 | 得病 | dé bìng | [더 삥] |
| 병이 나다,<br>발병하다 | 发病 | fā bìng | [프아 삥] |

| 병이 들다 | 生病 | shēng bìng | [성 삥] |
| 병인 | 病人 | bìng rén | [삥 런] |
| 병존하다 | 并存 | bìng cún | [삥 춘] |
| 병충해 | 病虫害 | bìng chóng hài | [삥 충 하이] |
| 볕에 말리다, 내리 비추다 | 晒 | shài | [싸이] |
| 보건하다 | 保健 | bǎo jiàn | [바오 찐] |
| 보검 | 宝剑 | bǎo jiàn | [바오 찐] |
| 보고 | 报告 | bào gào | [빠오 까오] |
| 보고하다 | 看做 | kàn zuò | [칸 쭤] |
| 보관, 보관하다 | 保管 | bǎo guǎn | [바오 관] |
| 보급하다, 일반화하다 | 普及 | pǔ jí | [푸 지] |
| 보기 드물다 | 罕见 | hǎn jiàn | [한 쩬] |
| 보기 좋다 | 好看 | hǎo kàn | [하오 칸] |
| 보기에 | 看来 | kàn lái | [칸 라이] |
| 보내다 | 送 | sòng | [쏭] |
| 보내다(세월) | 度 | dù | [뚜] |
| 보내다, 가게하다 | 打发 | dǎfā | [다 파아] |
| 보내다, 맡기다, 의존하다 | 寄 | jì | [찌] |
| 보내다, 발생하다, 느끼다 | 发 | fā | [파아] |
| 보내다 | 发出 | fā chū | [파아 추] |
| 보다, 검열하다 | 阅 | yuè | [웨] |
| 보다, 구경하다 | 瞧 | qiáo | [챠오] |
| 보다, 만나 보다 | 见 | jiàn | [쩬] |
| 보다, 살피다 | 视 | shì | [쓰] |

| 보다 | 观 | guān | [관] |
| 보다 | 看 | kàn | [칸] |
| 보답하다 | 报答 | bào dá | [빠오 다] |
| 보도 | 走道 | zǒu dào | [조우 따오] |
| 보도 | 辅导 | fǔ dǎo | [푸 다오] |
| 보도하다 | 报道 | bào dào | [빠오 따오] |
| 보따리 | 包袱 | bāo fu | [바오 푸] |
| 보루 | 堡垒 | bǎo lěi | [바오 레이] |
| 보류하다 | 保留 | bǎo liú | [바오 리우] |
| 보모 | 保姆 | bǎo mǔ | [바오 무] |
| 보모(아주머니) | 阿姨 | ā yí | [아이] |
| 보물창고 | 宝库 | bǎo kù | [바오 쿠] |
| 보배 | 宝贝 | bǎo bèi | [바오 뻬이] |
| 보배 | 宝 | bǎo | [바오] |
| 보병 | 步兵 | bù bīng | [뿌 빙] |
| 보복, 보복하다 | 报复 | bào fù | [바오 푸] |
| 보살피다, 부육하다 | 抚育 | fǔ yù | [푸 위] |
| 보살피다 | 关照 | guān zhào | [관 짜오] |
| 보상하다, 변상하다 | 偿 | cháng | [창] |
| 보상하다 | 补偿 | bǔ cháng | [부 창] |
| 보석 | 钻石 | zuàn shí | [쫜스] |
| 보석 | 宝石 | bǎo shí | [바오스] |
| 보수, 사례금 | 报酬 | bào chou | [빠오 초우] |
| 보수적이다 | 保守 | bǎo shǒu | [바오 소우] |
| 보수하다, 수리하다 | 维修 | wéi xiū | [워이 시우] |
| 보습하다 | 补习 | bǔ xí | [부 시] |
| 보아하니 | 看起来 | kàn qǐ lái | [칸 치 라이] |
| 보았다 | 看见 | kàn jiàn | [칸 쪤] |

| 보온병 | 暖水瓶 | nuǎn shuǐ píng | [놘 수이 핑] |
| --- | --- | --- | --- |
| 보온병 | 热水瓶 | rè shuǐ píng | [러 수이 핑] |
| 보온하다 | 保温 | bǎo wēn | [바오 원] |
| 보완하다, 만회하다 | 补救 | bǔ jiù | [부 찌우] |
| 보위하다 | 保卫 | bǎo wèi | [바오 웨이] |
| 보유하다, 가지다 | 拥有 | yōng yǒu | [융 유] |
| 보이지 않다 | 不见 | bú jiàn | [부 찌엔] |
| 보일러 | 锅炉 | guō lú | [궈 루] |
| 보자기, 봉지, 꾸러미 | 包 | bāo | [바오] |
| 보잘것없다 | 微不足道 | wēi bù zú dào | [웨이 뿌 주 따오] |
| 보잘것없다 | 零星 | líng xīng | [링 싱] |
| 보잘것없다 | 渺小 | miǎo xiǎo | [먀오 샤오] |
| 보장, 보장하다 | 保障 | bǎo zhàng | [바오짱] |
| 보조 | 补助 | bǔ zhù | [부쭈] |
| 보조, 걸음걸이 | 步伐 | bù fá | [뿌 프아] |
| 보조금 | 补贴 | bǔ tiē | [부 테] |
| 보조하다 | 辅助 | fǔ zhù | [프우 쭈] |
| 보조해주다 | 补助 | bǔ zhù | [부 쭈] |
| 보존하다 | 保存 | bǎo cún | [바오 춘] |
| 보증하다 | 保证 | bǎo zhèng | [바오 쩡] |
| 보초서다 | 站岗 | zhàn gǎng | [짠 강] |
| 보충수업하다 | 补课 | bǔ kè | [부 커] |
| 보충하고 고치다 | 弥补 | mí bǔ | [미 부] |
| 보충하다 깁다, 보양하다 | 补 | bǔ | [부] |
| 보충하다 | 补充 | bǔ chōng | [부 충] |
| 보태다, 첨가하다 | 添 | tiān | [텐] |
| 보태다 | 增添 | zēng tiān | [쩡 텐] |

| 보통, 통상 | 通常 | tōng cháng | [퉁 창] |
| 보통이다 | 不怎么样 | bù zěn me yang | [뿌 전 머 양] |
| 보통이다 | 普通 | pǔ tōng | [푸 퉁] |
| 보트 | 艇 | tǐng | [팅] |
| 보편적이다 | 普遍 | pǔ biàn | [푸 삐엔] |
| 보편적인 조사 | 普查 | pǔ chá | [푸 차] |
| 보행하다 | 步行 | bù xíng | [뿌 싱] |
| 보험 | 保险 | bǎo xiǎn | [바오 셴] |
| 보호하다, 감싸주다 | 护 | hù | [후] |
| 보호하다, 보증하다 | 保 | bǎo | [바오] |
| 보호하다 | 保护 | bǎo hù | [바오 후] |
| 보호하다 | 维护 | wéi hù | [웨이 후] |
| 복, 행복 | 福 | fú | [푸] |
| 복, 행운 | 福气 | fú qi | [푸 치] |
| 복도(층집통로) | 楼道 | lóu dào | [로우 따오] |
| 복도 | 走廊 | zǒu láng | [조우 랑] |
| 복리 | 福利 | fú lì | [푸 리] |
| 복무하다 | 服务 | fú wù | [프 우] |
| 복벽하다 | 复辟 | fù bì | [푸 삐] |
| 복사하다, 방사하다 | 辐射 | fú shè | [푸 써] |
| 복사하다 | 复印 | fù yìn | [푸 인] |
| 복수를 하다 | 报仇 | bào chóu | [빠오 초우] |
| 복술하다 | 复述 | fù shù | [푸 쑤] |
| 복숭아 꽃 | 桃花 | táo huā | [타오 화] |
| 복숭아 | 桃 | táo | [타오] |
| 복습하다 | 复习 | fù xí | [푸 시] |
| 복용하다, 복종하다 | 服 | fú | [푸] |
| 복원하다, 수리하다 | 修复 | xiū fù | [시우 푸] |

| 복을 누리다 | 享福 | xiǎng fú | [샹 푸] |
| --- | --- | --- | --- |
| 복잡하다 | 复杂 | fù zá | [푸 자] |
| 복장 | 服装 | fú zhuāng | [푸 쫭] |
| 복제하다 | 复制 | fù zhì | [푸 쯔] |
| 복종하다 | 服从 | fú cóng | [푸 충] |
| 복합하다 | 复合 | fè hé | [푸 허] |
| 볶다 | 炒 | chǎo | [차오] |
| 본, 양식, 틀 | 型 | xíng | [싱] |
| 본능 | 本能 | běn néng | [번 넝] |
| 본래 | 原来 | yuán lái | [웬 라이] |
| 본래의, 원래의 | 本 | běn | [번] |
| 본래의 | 本来 | běn lái | [번 라이] |
| 본령 | 本领 | běn lǐng | [번 링] |
| 본보기 | 榜样 | bǎng yàng | [방 양] |
| 본분 외 | 分外 | fèn wài | [프언 와이] |
| 본성 | 本性 | běn xìng | [번 씽] |
| 본인, 그 자신 | 本人 | běn rén | [번 런] |
| 본전 | 本钱 | běn qián | [번 쳰] |
| 본질 | 本质 | běn zhì | [번 쯔] |
| 볼록하다, 양각하다 | 凸 | tū | [투] |
| 볼펜 | 圆珠笔 | yuán zhū bǐ | [웬 주 비] |
| 봄 | 春天 | chūn tiān | [춘 톈] |
| 봄 | 春 | chūn | [춘] |
| 봄갈이 봄갈이를 하다 | 春耕 | chūn gēng | [춘 겅] |
| 봄철(춘계) | 春季 | chūn jì | [춘 찌] |
| 봉건 | 封建 | fēng jiàn | [펑 쪤] |
| 봉급 | 薪金 | xīn jīn | [신 진] |

| 봉급 | 薪水 | xīn shuǐ | [신 수이] |
| 봉변을 당하다<br>거절당하다 | 碰钉子 | pèng dīng zi | [펑 띵즈] |
| 봉쇄하다 | 封闭 | fēng bì | [펑 삐] |
| 봉쇄하다 | 封锁 | fēng suǒ | [펑 숴] |
| 봉인하다<br>수여하다, 봉하다 | 封 | fēng | [펑] |
| 봉황 | 凤凰 | fèng huáng | [펑 황] |
| 부강하다 | 富强 | fù qiáng | [푸 창] |
| 부결하다 | 否决 | fǒu jué | [포우 줴] |
| 부근 | 附近 | fù jìn | [푸 찐] |
| 부글부글 끓다<br>떠들썩하다 | 沸腾 | fèi téng | [페이 텅] |
| 부끄러워하다<br>죄송하다 | 不好意思 | bù hǎo yì si | [뿌 하오 이 스] |
| 부끄럽다<br>죄송스럽다 | 惭愧 | cán kuì | [찬 쿠이] |
| 부녀 | 妇女 | fù nǚ | [푸 뉘] |
| 부단히 | 不断 | bú duàn | [부 똰] |
| 부담, 부담이다 | 负担 | fù dān | [푸 단] |
| 부담하다, 맡다 | 担负 | dān fù | [단 푸] |
| 부당하다<br>타당치 않다 | 不当 | bú dàng | [부 땅] |
| 부대(군대) | 部队 | bù duì | [뿌 뚜이] |
| 부대 | 连队 | lián duì | [렌 뚜이] |
| 부동하다 | 不同 | bù tóng | [뿌 퉁] |
| 부두 | 码头 | mǎ tou | [마 토우] |
| 부두, 고장 | 埠 | bù | [뿌] |

| 부드러운 털 | 绒 | róng | [룽] |
| 부드럽다, 순하다 | 温柔 | wēn róu | [원 로우] |
| 부드럽다, 여리다 | 软 | ruǎn | [롼] |
| 부드럽다 온화하다 | 柔和 | róu hé | [로우 허] |
| 부드럽다, 유연하다 | 柔软 | róu ruǎn | [로우 롼] |
| 어찌할 수 없다 | 不得不 | bù dé bù | [뿌 더 뿌] |
| 부득이 하다 하는 수 없이 | 不得已 | bù dé yǐ | [뿌 더 이] |
| 부득이, 부득불 | 值得 | zhǐ dé | [즈 더] |
| 부득이 | 只好 | zhǐ hǎo | [즈 하오] |
| 부들부들 떨다 | 颤抖 | chàn dǒu | [찬도우] |
| 부딪치다, 만지다 | 碰 | pèng | [펑] |
| 부딪치다 | 撞 | zhuàng | [쫭] |
| 부딪치다 | 磕 | kē | [ ] |
| 부뚜막 | 灶 | zào | [짜오] |
| 부르다, 일컫다 | 称呼 | chēng hu | [청 후] |
| 부르다 | 招呼 | zhāo hu | [자오 후] |
| 부리로 쪼다 | 啄 | zhuó | [줘] |
| 부문 | 部门 | bù mén | [뿌 먼] |
| 부부 | 夫妇 | fū fù | [푸 푸] |
| 부부간의 애정 | 恩爱 | ēn'ài | [언 아이] |
| 부분 | 部分 | bù fen | [뿌 펀] |
| 부분, 토막 | 段 | duàn | [똰] |
| 부분품, 소자, 요소 | 元件 | yuán jiàn | [웬 쩬] |
| 부상자 | 伤员 | shāng yuán | [상 웬] |
| 부서지기 쉽다 바삭바삭하다 | 脆 | cuì | [추이] |

| 부속되다 | 附属 | fù shǔ | [푸 수] |
| 부속품 | 零件 | líng jiàn | [링 쩬] |
| 부스러기, 찌꺼기 | 屑 | xiè | [쎄] |
| 부식 | 副食 | fù shí | [푸 스] |
| 부식하다 | 腐蚀 | fǔ shí | [푸 스] |
| 부실하다 | 糟 | zāo | [자오] |
| 절이다, 담그다 | | | |
| 부양하다 | 抚养 | fǔ yǎng | [푸 양] |
| 부업 | 副业 | fù yè | [푸 예] |
| 부엌 | 厨房 | chú fáng | [추 팡] |
| 부여하다주다 | 赋予 | fù yù | [푸 위] |
| 부위 | 部位 | bù wèi | [뿌 워이] |
| 부유하게 하다 | 致富 | zhì fù | [쯔 푸] |
| 부유하다, 풍부하다 | 富有 | fù yǒu | [푸 요우] |
| 부유하다 | 富 | fù | [푸] |
| 부인 | 夫人 | fū rén | [푸 런] |
| 부인 | 太太 | tài tai | [타이 타이] |
| 부인 | 妇人 | fù rén | [푸 런] |
| 부인하다 | 否认 | fǒu rèn | [포우 런] |
| 부자가 되다 | 保养 | bǎo yǎng | [바오 양] |
| 부작용 | 副作用 | fù zuò yòng | [푸 쮜 융] |
| 부장 | 部长 | bù zhǎng | [뿌 장] |
| 부정기풍 | 不正之风 | bù zhèng zhī fēng | [부 쩡즈펑] |
| 부정의 의미 | 贬义 | biǎn yì | [벤 이] |
| 부정하다, 아니다 | 否 | fǒu | [포우] |
| 부정하다 | 否定 | fǒu dìng | [포우 띵] |
| 부족하다, 결핍하다 | 少 | shǎo | [사오] |
| 부족하다, 모자라다 | 亏 | kuī | [쿠이] |

| 부족하다, 모자라다 | 不够 | bú gòu | [부 꼬우] |
| 부족하다 | 缺少 | quē shǎo | [췌 사오] |
| 부족하다 | 不足 | bù zú | [뿌 주] |
| 부지런하다, 근면하다 | 勤 | qín | [친] |
| 부지런하다, | 辛勤 | xīn qín | [신 친] |
| 부지런히 일하다 | 勤劳 | qín láo | [친 라오] |
| 부지불각 | 不知不觉 | bù zhī bù jué | [뿌즈 뿌줴] |
| 부차적 | 其次 | qí cì | [치 츠] |
| 부채 | 扇子 | shàn zi | [싼 즈] |
| 부처 | 夫妻 | fū qī | [푸 치] |
| 부추기다, 추동하다 | 挑拨 | tiǎo bō | [탸오 붜] |
| 부축하다, 돕다 | 扶 | fú | [푸] |
| 부축하다, 섞다 | 搀 | chān | [찬] |
| 부탁하다, 의뢰하다 | 嘱托 | zhǔ tuō | [주 퉈] |
| 부탁하다 | 请求 | qǐng qiú | [칭 치우] |
| 부패하다, 타락하다 | 腐化 | fǔ huà | [푸 화] |
| 부패하다 | 腐败 | fǔ bài | [푸빠이] |
| 부품(조립) | 部件 | bù jiàn | [뿌 쪤] |
| 부합하다 | 符合 | fú hé | [푸 허] |
| 부호 | 符号 | fú hào | [푸 하오] |
| 부호, 약산 | 代号 | dài hào | [따이 하오] |
| 부화하다 | 附和 | fù hè | [푸 허] |
| 부활절 | 复活节 | fù huó jié | [푸 훠 제] |
| 부활하다 | 复活 | fù huó | [푸 훠] |
| 부흥하다 | 复兴 | fù xīng | [푸 싱] |
| 북 | 鼓 | gǔ | [구] |
| 북(쪽) | 北 | běi | [베이] |

| 북방 | 北方 | běi fāng | [베이 징] |
| 북부 | 北部 | běi bù | [베이 뿌] |
| 북쪽 | 北面 | běi miàn | [베이 멘] |
| 북쪽 | 北边 | běi bian | [베이 벤] |
| 분(시간) | 分钟 | fēn zhōng | [펀 중] |
| 분, 분수 점수, 득점 | 分 | fēn | [펀] |
| 분간하다 | 辨别 | biàn bié | [삐엔 베] |
| 분개하다, 분노하다 | 气愤 | qì fēn | [치 펀] |
| 분규, 다툼 | 纠纷 | jiū fēn | [쥐 펀] |
| 분기 | 分歧 | fēn qí | [펀 치] |
| 분노의 불길 | 怒火 | nù huǒ | [누 훠] |
| 분노하고 원망하다 | 愤恨 | fèn hèn | [프언 헌] |
| 분노하다 | 愤怒 | fèn nù | [펀 누] |
| 분대 | 分队 | fēn duì | [펀 뚜이] |
| 분량 | 分量 | fèn liàng | [펀 량] |
| 분류하다 | 分类 | fēn lèi | [펀 레이] |
| 분리하다 | 分离 | fēn lí | [펀 리] |
| 분말 | 粉末 | fěn mò | [펀 뭐] |
| 분망하다, 바쁘다 | 忙碌 | máng lù | [망 루] |
| 분망하다, 바쁘다 | 繁忙 | fán máng | [프안 망] |
| 분명하게, 의심없이 | 明明 | míng míng | [밍 밍] |
| 분명하다, 뚜렷하다 | 较 | jiào | [짜오] |
| 분명하다 | 分明 | fēn míng | [펀 밍] |
| 분명하지 않다 은은하다 | 隐约 | yǐn yuē | [인 웨] |
| 분명히 지적하다 | 指明 | zhǐ míng | [즈 밍] |
| 분모 | 分母 | fēn mǔ | [프 언] |

140

| 분발시키다, 진작하다 | 振奋 | zhèn fèn | [쩐 프언] |
| --- | --- | --- | --- |
| 분배하다 | 分配 | fēn pèi | [펀 페이] |
| 분별하다 | 分别 | fēn bié | [펀 베] |
| 분부하다, 당부하다 | 嘱咐 | zhǔ fù | [주 푸] |
| 분부하다 | 吩咐 | fēn fù | [펀 푸] |
| 분분히 | 纷纷 | fēn fēn | [펀 펀] |
| 분비하다 | 分泌 | fēn mì | [펀 미] |
| 분산하다, 흩어지다 | 散 | sàn | [싼] |
| 분석하다 | 分析 | fēn xī | [펀 시] |
| 분쇄하다, 감히 | 粉碎 | fěn suì | [펀 쑤이] |
| 분수, 분별 | 分寸 | fēn cùn | [프언 춘] |
| 분업[을 하다] | 分工 | fēn gōng | [펀] |
| 분열하다 | 分裂 | fēn liè | [펀 레] |
| 분유 | 奶粉 | nǎi fěn | [나이 프언] |
| 분자 | 分子 | fēn zǐ | [펀 즈] |
| 분장하다, 얼굴표정을 짓다 | 扮 | bàn | [빤] |
| 분장하다 | 打扮 | dǎ bàn | [다 빤] |
| 분쟁의 실마리 | 争端 | zhēng duān | [정 똰] |
| 분전하다 | 奋战 | fèn zhàn | [프언 짠] |
| 분지 | 盆地 | pén dì | [펀 띠] |
| 분투하다 | 奋斗 | fèn dòu | [펀 또우] |
| 분포하다 널려있다 | 分布 | fēn bù | [펀 뿌] |
| 분필 | 粉笔 | fěn bǐ | [펀 비] |
| 분할하다 | 瓜分 | guā fēn | [과 프언] |
| 분해하다 | 分解 | fēn jiě | [펀 제] |
| 촌, 촌마을 | 村子 | cūn zi | [춘 즈] |

| 불경기 계절 | 淡季 | dàn jì | [딴 찌] |
| 불공평하다 | 不公 | bù gōng | [뿌 궁] |
| 불공평하다 | 不平 | bù píng | [뿌 핑] |
| 불교 | 佛教 | fé jiào | [프어 쨔오] |
| 불구자 | 残疾 | cán jí | [찬 지] |
| 불다 | 吹 | chuī | [추이] |
| 불량품 | 次品 | cì pǐn | [츠 핀] |
| 불량하다 | 不良 | bù liáng | [뿌 량] |
| 불리하다 | 不利 | bú lì | [부 리] |
| 불만족하다 | 不满 | bù mǎn | [뿌 만] |
| 불법적이다 | 不法 | bù fǎ | [뿌 프아] |
| 불안하다, 출렁이다 | 动荡 | dòng yàng | [뚱 땅] |
| 불안하다 | 不安 | bù'ān | [뿌 안] |
| 불을 끄다 | 熄灭 | xī miè | [쎄 메] |
| 불을 붙이다, 점화하다 | 点燃 | diǎn rán | [뎬 란] |
| 불을 붙이다 | 点火 | diǎn huǒ | [뎬 훠] |
| 불의의 사고를 당하다 | 失事 | shī shì | [스 쓰] |
| 불타다 | 燃烧 | rán shāo | [란 사오] |
| 불편하다 | 难受 | nán shòu | [난 쏘우] |
| 불평, 불안 | 牢骚 | láo sāo | [라오 사오] |
| 불멸하다 | 不朽 | bù xiǔ | [뿌 시우] |
| 불행하다 | 不幸 | bú xìng | [뿌 싱] |
| 붉다, 홍 | 红 | hóng | [훙] |
| 붉은 기 | 红旗 | hóng qí | [훙 치] |
| 붉은 넥타이 | 红领巾 | hóng lǐng jīn | [훙 링 진] |
| 붐비다, 혼잡하다 | 拥挤 | yōng jǐ | [융 지] |
| 붓 | 毛笔 | máo bǐ | [마오 비] |

| | | | |
|---|---|---|---|
| ☐ 붓, 필획 | 笔 | bǐ | [비] |
| ☐ 붓다 | 肿 | zhǒng | [중] |
| ☐ 붕괴되다 파산하다 | 崩溃 | bēng kuì | [벙 쿠이] |
| ☐ 붕괴하다 꺼지다, 가라앉히다 | 塌 | tā | [타] |
| ☐ 붕괴하다 | 垮 | kuǎ | [콰] |
| ☐ 붕대 | 绷带 | bēng dài | [벙 따이] |
| ☐ 붙다, 접촉하다, 입다 | 着 | zhuó | [줘] |
| ☐ 벌, 세트 덮어 씌우다 | 拴 | shuān | [솬] |
| ☐ 붙들어 매다 모방하다 | 套 | tào | [타오] |
| ☐ 붙이다(풀), 바르다 | 糊 | hú | [후] |
| ☐ 붙이다, 붙다 | 贴 | tiē | [테] |
| ☐ 붙이다 | 粘 | zhān | [잔] |
| ☐ 붙잡다, 체포하다 | 捕 | bǔ | [부] |
| ☐ 비 | 雨 | yǔ | [위] |
| ☐ 비겁하다 겁에 질리다 | 胆怯 | dǎn qiè | [단 체] |
| ☐ 비관하다 | 悲观 | bēi guān | [베이 관] |
| ☐ 비교가격 | 比价 | bǐ jià | [비 쨔] |
| ☐ 비교적 | 比较 | bǐ jiào | [비 쨔오] |
| ☐ 비교적, 좀, 보다 | 较 | jiào | [쨔오] |
| ☐ 비교하다, 겨루다 | 比 | bǐ | [비] |
| ☐ 비교하다, 견주다 | 较 | jiào | [쨔오] |
| ☐ 비교하다 | 相比 | xiāng bǐ | [샹 비] |
| ☐ 비교하다 | 比较 | bǐ jiào | [비 쨔오] |
| ☐ 비교하여 평가하다 | 评比 | píng bǐ | [핑 비] |

| | | | |
|---|---|---|---|
| 비극 | 悲剧 | bēi jù | [베이 쮜] |
| 비누 | 肥皂 | féi zào | [페이 짜오] |
| 비단 | 绸子 | chóu zi | [차오 즈] |
| 비둘기 | 鸽子 | gē zi | [거 즈] |
| 비뚤다, 그릇되다 | 歪 | wāi | [와이] |
| 비열하다 | 卑鄙 | bēi bǐ | [베이 비] |
| 비례 | 比例 | bǐ lì | [비 리] |
| 비록 | 虽然 | suī rán | [수이 란] |
| 편리하다, 곧 | 便 | biàn | [삐] |
| 비록, 물론 | 固然 | gù rán | [꾸 란] |
| 비록~일지라도 ~할지라도 | 虽 | suī | [수이] |
| 비료 | 肥料 | féi liào | [페이 랴오] |
| 비료를 쓰다 | 施肥 | shī féi | [스 페이] |
| 비리다 | 腥 | xīng | [싱] |
| 비밀 | 秘密 | mì mì | [미 미] |
| 비밀을 지키다 | 保密 | bǎo mì | [바오 미] |
| 비방하다 | 诽谤 | fěi bàng | [페이 빵] |
| 비법 | 非法 | fēi fǎ | [페이 프아] |
| 비비다 | 搓 | cuō | [춰] |
| 비비다, 문지르다 | 揉 | róu | [로우] |
| 비서 | 秘书 | mì shū | [미 수] |
| 비서장 | 秘书长 | mì shū zhǎng | [미 수 장] |
| 비석, 비 | 碑 | bēi | [베이] |
| 비슷하다, 닮다 | 似 | sì | [쓰] |
| 비슷하다 | 相似 | xiāng sì | [샹 쓰] |
| 비슷한 것 같다 | 类似 | lèi sì | [레이 쓰] |
| 비약하다 | 飞跃 | fēi yuè | [페이 웨] |

|  |  |  |  |
|---|---|---|---|
| 비어있는, 공허한 | 空 | kōng | [쿵] |
| 비어있다 | 空洞 | kōng dòng | [쿵 둥] |
| 비옥하다 | 肥沃 | féi wò | [페이 워] |
| 비옷 | 雨衣 | yǔ yī | [위 이] |
| 비용 | 费用 | fèi yòng | [페이 융] |
| 비우다 공백으로 하다 | 空 | kōng | [쿵] |
| 비웃다, 조롱하다 | 讥笑 | jī xiào | [지 샤오] |
| 비유 | 比喻 | bǐ yù | [비 위] |
| 비유 | 比方 | bǐ fāng | [비 팡] |
| 비유하다 | 比喻 | bǐ yù | [비 위] |
| 비율, 율 | 率 | lǜ | [뤼] |
| 비자, 비자하다 | 签证 | qiān zhèng | [첸 쩡] |
| 비적 | 匪徒 | fěi tú | [페이 투] |
| 비정상적이다 | 反常 | fǎn cháng | [프안 창] |
| 비준하다 | 批准 | pī zhǔn | [피 준] |
| 비중 | 比重 | bǐ zhòng | [비 쭝] |
| 비참하다, 잔인하다 | 惨 | cǎn | [찬] |
| 비참하다 | 悲惨 | bēi cǎn | [베이 찬] |
| 비참한 운명 | 遭遇 | zāo yù | [자오 위] |
| 비추다, 비치다 | 映 | yìng | [잉] |
| 비추다, 찍다, 돌보다 | 照 | zhào | [짜오] |
| 비추다 | 照射 | zhào shè | [짜오 써] |
| 비축하다, 예비해두다 | 备用 | bèi yòng | [뻬이 융] |
| 비축하다 | 储备 | chǔ bèi | [추 뻬이] |
| 비타민 | 维生素 | wéi shēng sù | [워이 셩쑤] |

| | | | |
|---|---|---|---|
| ☐ 비탈 | 坡 | pō | [포] |
| ☐ 비통하다 | 悲痛 | bēi tòng | [베이 퉁] |
| ☐ 비틀다 | 绞 | jiǎo | [쟈오] |
| 교수형에 처하다 | | | |
| ☐ 비틀다, 꼬집다 | 拧 | nǐng | [닝] |
| ☐ 비틀다, (실)꼬다 | 捻 | niǎn | [넨] |
| ☐ 비판 | 批判 | pī pàn | [피 프안] |
| ☐ 비평 | 批评 | pī píng | [피 핑] |
| ☐ 비할 바 없다 | 无比 | wú bǐ | [우 비] |
| ☐ 비할 수 없다 | 不比 | bù bǐ | [뿌 비] |
| 같지 않다 | | | |
| ☐ 비행기 | 飞机 | fēi jī | [페이 지] |
| ☐ 비행선 | 飞船 | fēi chuán | [페이 촨] |
| ☐ 비행장 | 机场 | jī chǎng | [지 창] |
| ☐ 비행하다 | 飞行 | fēi xíng | [페이 싱] |
| ☐ 빈곤하다 | 贫困 | pín kún | [핀 쿤] |
| ☐ 빈궁하다, 가난하다 | 贫穷 | pín qióng | [핀 충] |
| ☐ 빈말 | 空话 | kōng huà | [쿵 화] |
| ☐ 빈민 | 贫民 | pín mín | [핀 민] |
| ☐ 빈번하다 | 贫乏 | pín fá | [핀 프아] |
| ☐ 빈번하다 | 频繁 | pín fán | [핀 프안] |
| ☐ 빌다, 축원하다 | 祝 | zhù | [쭈] |
| ☐ 빌딩 | 大厦 | dà shà | [따 싸] |
| ☐ 빌리다 | 借 | jiè | [쩨] |
| ☐ 빗 | 梳子 | shū zi | [수 즈] |
| ☐ 빗다 | 梳 | shū | [수] |
| ☐ 빙빙돌다 | 盘旋 | pán xuán | [프안 쉔] |
| ☐ 빚, 부채 | 债 | zhài | [짜이] |

146

| 빚어서 만들다 | 塑造 | sù zào | [쑤 짜오] |
| 빚지다, 모자라다 | 欠 | qiàn | [첸] |
| 빛, 광경 | 光 | guāng | [광] |
| 빛, 빛남, 밝음 | 光 | guāng | [광] |
| 빛발, 빛 | 光芒 | guāng máng | [광 망] |
| 빛을 내다 | 闪耀 | shǎn yào | [산 야오] |
| 빠뜨리다 | 落 | là | [라] |
| 빠르다, 시원스럽다 | 快 | kuài | [콰이] |
| 빠져나가다, 유출되다 | 外流 | wài liú | [와이 리우] |
| 빠지게 하다(곤경) | 陷害 | xiàn hài | [쎈 하이] |
| 빠지다 함락당하다, 파이다 | 陷 | xiàn | [쎈] |
| 빠지다(불리한 상황) | 陷入 | xiàn rù | [쎈 루] |
| 빤히 보면서도 | 眼看 | yǎn kàn | [옌 칸] |
| 빨다, 들이쉬다, 흡수하다 | 吸 | xī | [시] |
| 빨리 뛰다 | 奔跑 | bēn pǎo | [번 파오] |
| 빨리, 일찍 | 及早 | jí zǎo | [지 자오] |
| 빨리 | 赶快 | gǎn kuài | [간 콰이] |
| 빵 | 面包 | miàn bāo | [몐 바오] |
| 빼앗다, 쟁취하다 | 夺得 | duó dé | [둬 더] |
| 빼앗다, 탈취하다 서두르다 | 抢 | qiǎng | [챵] |
| 뺨 | 颊 | jiá | [쟈] |
| 뺨, 입 | 嘴巴 | zuǐ bā | [주이 바] |
| 뺨, 볼 | 腮 | sāi | [사이] |
| 뻗다, 넓히다 | 伸展 | shēn zhǎn | [선 잔] |

147

| | | | |
|---|---|---|---|
| 뻗어나가다 | 延伸 | yán shēn | [옌 선] |
| 뻣뻣하다 장벽에 부딪치다 | 僵 | jiāng | [쟝] |
| 뼈 | 骨 | gǔ | [구] |
| 뼈 | 骨头 | gǔ tou | [구 토우] |
| 뽑다 | 拔 | bá | [바] |
| 뽑아 내다 | 提取 | tí qǔ | [티 취] |
| 뽕나무 | 桑树 | sāng shù | [상 쑤] |
| 뾰족하고 날카롭다 | 尖锐 | jiān ruì | [젠 루이] |
| 뾰족하다, 날카롭다 | 尖 | jiān | [젠] |
| 뾰족한 부분, 으뜸 | 尖子 | jiān zi | [젠 즈] |
| 뿌듯이 끌어안다 | 大包小揽 | dà bāo xiǎo lǎn | [따 바오 샤오 란] |
| 뿌리 깊다 | 根深蒂固 | gēn shēn dì gù | [건 선 띠 꾸] |
| 뿌리, 근원 | 根 | gēn | [건] |
| 뿐만 아니라 | 不但 | bú dàn | [부 딴] |
| 뿐만 아니라, 또한 | 而且 | ér qiě | [얼 체] |
| 뿐만 아니라 또한 | 并且 | bìng qiě | [삥 체] |
| 뿐만 아니라 | 不仅 | bù jǐn | [뿌 진] |
| 뿔, 각 | 角 | jiǎo | [쟈오] |

# 人 (사)

| | | | |
|---|---|---|---|
| 사건 내용, 경위 | 案情 | àn qíng | [안 칭] |
| 사건 | 事件 | shì jiàn | [쓰 쩬] |
| 사건, 공문, 제안 | 案 | àn | [안] |
| 사격, 사격하다 | 射击 | shè jī | [써 지] |
| 사계절 | 四季 | sì jì | [쓰 찌] |
| 사고, 고향 | 故 | gù | [꾸] |
| 사고 | 事故 | shì gù | [쓰 꾸] |
| 사고가 발생하다 | 出事 | chū shì | [추 쓰] |
| 사고하다 | 思考 | sī kǎo | [스 카오] |
| 사과 | 苹果 | píng guǒ | [핑 궈] |
| 사과하다 | 道歉 | dào qiàn | [따오 쪤] |
| 사납다 | 厉害 | lì hai | [리 하이] |
| 사냥꾼 | 猎人 | liè rén | [레 런] |
| 사냥하다 | 打猎 | dǎ liè | [다 레] |
| 사다 | 买 | mǎi | [마이] |
| 사들이다 | 采购 | cǎi gòu | [차이 꼬우] |
| 사라지다 | 消失 | xiāo shī | [샤오 스] |
| 사람들 | 人们 | rén men | [런 먼] |
| 사람을 쓰다 | 用人 | yòng rén | [융 런] |
| 사람을 주목케 하다 | 引人注目 | yǐn rén zhù mù | [인 런 주 무] |
| 사랑스럽다 | 可爱 | kě ài | [커 아이] |
| 사랑하다 | 爱 | ài | [아이] |
| 사령 | 司令 | sī lìng | [스 링] |
| 사령부 | 司令部 | sī lìng bù | [스 링 뿌] |

149

| 사례 | 事例 | shì lì | [쓰 리] |
| 사론 | 社论 | shè lùn | [써 룬] |
| 사료 | 饲料 | sì liào | [쓰 랴오] |
| 사료, 역사적 재료 | 史料 | shǐ liào | [스 랴오] |
| 사리에 밝다 철이 들다 | 懂事 | dǒng shì | [둥 쓰] |
| 사막 | 沙漠 | shā mò | [사 뭐] |
| 사망하다 | 死亡 | sǐ wáng | [스 왕] |
| 사면팔방 | 四面八方 | sì miàn bā fāng | [쓰 몐 바 팡] |
| 사명 | 使命 | shǐ mìng | [스 밍] |
| 사무 | 事务 | shì wù | [쓰 우] |
| 사무실 | 办公室 | bàn gōng shì | [빤 궁 쓰] |
| 사물 | 事物 | shì wù | [쓰 우] |
| 사발 | 碗 | wǎn | [완] |
| 사방 | 四方 | sì fāng | [쓰 팡] |
| 사방, 도처 | 四处 | sì chù | [쓰 추] |
| 사방 | 四周 | sì zhōu | [쓰 조우] |
| 사범 | 师范 | shī fàn | [스 프안] |
| 사법 | 司法 | sī fǎ | [스 프아] |
| 사변 | 事变 | shì biàn | [쓰 삐엔] |
| 사병, 병사 | 兵 | bīng | [빙] |
| 사병 | 士兵 | shì bīng | [쓰 빙] |
| 사부 | 师傅 | shī fu | [스 푸] |
| 사상 | 思想 | sī xiǎng | [스 샹] |
| 사색하다, 숙고하다 | 思索 | sī suǒ | [스 쒀] |
| 사소하다, 하찮다 | 细小 | xì xiǎo | [씨 샤오] |
| 사슴 | 鹿 | lù | [루] |
| 사실 | 事实 | shì shí | [쓰 스] |

|  |  |  |  |
|---|---|---|---|
| 사실의, 충실하다 | 实 | shí | [스] |
| 사양하다 | 客气 | kè qi | [커 치] |
| 사업, 직장 | 工作 | gōng zuò | [궁 쭤] |
| 사업 | 事业 | shì yè | [쓰 예] |
| 사용자, 가입자 | 用户 | yòng shuǐ | [융 수이] |
| 사용하다 보내다, 시키다 | 使 | shǐ | [스] |
| 사용하다 | 使用 | shǐ yòng | [스 융] |
| 사용하지 않다 | 不用 | bú yòng | [부 융] |
| 사원, 절 | 庙 | miào | [먀오] |
| 시위, 데모 | 游行 | yóu xíng | [유 싱] |
| 사유 | 思维 | sī wéi | [스 웨이] |
| 사유제 | 私有制 | sī yǒu zhì | [스 유 쯔] |
| 사육하다, 기르다 | 饲养 | sì yǎng | [쓰 양] |
| 사이가 좋다 친밀하다 | 要好 | yào hǎo | [야오 하오] |
| 사이다 | 汽水 | qì shuǐ | [치 수이] |
| 사이, 간격이다 | 间隔 | jiàn gé | [쩬 거] |
| 사자 | 狮子 | shī zi | [스 즈] |
| 사장 | 师长 | shī zhǎng | [스 장] |
| 사적 | 事迹 | shì jì | [쓰 찌] |
| 사적인 비밀의, 불법의 | 私 | sī | [스] |
| 사전 | 词典 | cí diǎn | [츠 뎬] |
| 사절 | 使节 | shǐ jié | [스 졔] |
| 사절하다 | 谢绝 | xiè jué | [스 줴] |
| 사정 | 事情 | shì qing | [쓰 칭] |
| 사정하다 | 说情 | shuō qíng | [숴 칭] |

人

| 사조 | 思潮 | sī cháo | [스 차오] |
| 사지(인체) | 四肢 | sì zhī | [쓰 즈] |
| 사직을 하다 | 辞职 | cí zhí | [츠 즈] |
| 사진 | 相片 | xiàng piàn | [쌍 펜] |
| 사진 | 照片 | zhào piàn | [짜오 펜] |
| 사진, 원판 | 底片 | dǐ piàn | [디 펜] |
| 사진기 | 照像机 | zhào xiàng jī | [짜오 쌍 지] |
| 사진을 찍다 | 拍照 | pāi zhào | [파이 짜오] |
| 사진을 찍다 영회를 촬영하다 | 摄影 | shè yǐng | [써 잉] |
| 사진을 찍다 | 照相 | zhào xiàng | [짜오 쌍] |
| 사체 | 尸体 | shī tǐ | [스 티] |
| 사취하다, 속이다 | 诈骗 | zhàpiàn | [짜 펜] |
| 사치스럽다 | 奢侈 | shē chǐ | [서 츠] |
| 사탕과자, 캔디 | 糖果 | táng guǒ | [탕 궈] |
| 사탕수수 | 甘蔗 | gān zhè | [간 쩌] |
| 사태 | 事态 | shì tài | [쓰 타이] |
| 사항 | 事项 | shì xiàng | [쓰 쌍] |
| 사형 | 死刑 | sǐ xíng | [스싱] |
| 사형장 | 刑场 | xíng chǎng | [싱 창] |
| 사형하다 | 处决 | chǔ jué | [추 줴] |
| 사회 | 社会 | shè huì | [써 후이] |
| 사회의 한 부문 | 半边天 | bàn biān tiān | [빤 벤 텐] |
| 사회주의 | 社会主义 | shè huì zhǔ yì | [써 후이 주 이] |
| 삭감하다 | 削减 | xuē jiǎn | [쉐 젠] |
| 삭제하다 줄이다, 빼버리다 | 删 | shān | [산] |
| 산골 | 山沟 | shān gōu | [산 고우] |

| 산기슭 | 山脚 | shān jiǎo | [산 쟈오] |
| 산뜻하고 아름답다 | 鲜艳 | xiān yàn | [셴 옌] |
| 산량 | 产量 | chǎn liàng | [찬 량] |
| 산맥 | 山脉 | shān mài | [산 마이] |
| 산문 | 散文 | sǎn wén | [산 원] |
| 산물 | 产物 | chǎn wù | [찬 우] |
| 산보하다 | 散步 | sàn bù | [싼 뿌] |
| 산봉우리 | 山岭 | shān lǐng | [산 링] |
| 산생하다 | 产生 | chǎn shēng | [찬 성] |
| 산소 | 氧 | yǎng | [양] |
| 산소 | 氧气 | yǎng qì | [양 치] |
| 산수 | 山水 | shān shuǐ | [산 수이] |
| 산술 | 算术 | suàn shù | [쏸 쑤] |
| 산아제한 | 节育 | jié yù | [제 위] |
| 산어리, 산중턱 | 山腰 | shān yāo | [산 야오] |
| 산업 | 产业 | chǎn yè | [찬 예] |
| 산의 정상, 꼭대기 | 山头 | shān tóu | [산 토우] |
| 산지 | 产地 | chǎn dì | [찬 띠] |
| 산지 | 山地 | shān dì | [산 띠] |
| 산출되다 | 出产 | chū chǎn | [추 찬] |
| 산포하다, 퍼뜨리다 | 散布 | sàn bù | [싼 뿌] |
| 산품 | 产品 | chǎn pǐn | [찬 핀] |
| 산하, 강산 | 山河 | shān hé | [산 허] |
| 산호초 | 珊瑚 | shān hú | [산 후] |
| 산화하다 | 氧化 | yǎng huà | [양 화] |
| 살구나무 | 杏 | xìng | [씽] |
| 살다, 생활하다 | 活 | huó | [훠] |
| 살다 거주하다 | 住 | zhù | [쭈] |

153

| 살아있다, 움직이다 | 活 | huó | [휘] |
| 살찌다, 뚱뚱하다 | 胖 | pàng | [팡] |
| 살찌다, 비옥하다 | 肥 | féi | [페이] |
| 살피다, 방문하다 | 探望 | tàn wàng | [탄 왕] |
| 살해하다, 죽이다 | 杀害 | shā hài | [사 하이] |
| 삶다 | 煮 | zhǔ | [주] |
| 삼 | 麻 | má | [마] |
| 삼가 바치다 | 奉献 | fèng xiàn | [펑 쎈] |
| 삼각 | 三角 | sān jiǎo | [산 쟈오] |
| 삼다, 간주하다 | 当 | dāng | [당] |
| 삼림 | 森林 | sēn lín | [선 린] |
| 삼림을 육성하는 장소 | 林场 | lín chǎng | [린 창] |
| 삼촌 | 叔叔 | shū shu | [수 수] |
| 삼키다, 점유하다 | 吞 | tūn | [툰] |
| 삼키다 | 咽 | yàn | [옌] |
| 삽 | 锹 | qiāo | [챠오] |
| 상, 표창 | 奖 | jiǎng | [쟝] |
| 상공 | 上空 | shàng kōng | [쌍 쿵] |
| 상관없다, 별 것이 아니다 | 没关系 | méi guān xi | [메이 관 씨] |
| 상규, 관례 | 常规 | cháng guī | [창 구이] |
| 상급 | 上级 | shàng jí | [쌍 지] |
| 상급, 상사 | 上头 | shàng tou | [쌍 토우] |
| 상급학교에 들어가다 | 升学 | shēng xué | [성 쉐] |
| 상기하다, 회상하다 | 忆 | yì | [이] |
| 상냥하다 | 和蔼 | hé'ǎi | [허 아이] |
| 상담하다, 합의하다 | 接洽 | jiē qià | [제 챠] |
| 상담하다 | 洽谈 | qià tán | [챠 탄] |

| 상당히 | 相当 | xiāng dāng | [샹 당] |
| 상대이다<br>서로 마주하다 | 相对 | xiāng duì | [샹 뚜이] |
| 상류, 높은 지위 | 上游 | shàng yóu | [쌍 유] |
| 상륙하다 | 登陆 | dēng lù | [덩 루] |
| 상무 | 常务 | cháng wù | [창 우] |
| 상반되다 | 相反 | xiāng fǎn | [샹 판] |
| 상봉하다, 만나다 | 逢 | féng | [펑] |
| 상부에 보고하다,<br>신문에 나다 | 上报 | shàng bào | [쌍 빠오] |
| 상상하다, 고려하다 | 设想 | shè xiǎng | [써 샹] |
| 상상하다 | 想象 | xiǎng xiàng | [샹 쌍] |
| 상상하다 | 想像 | xiǎng xiàng | [샹 쌍] |
| 상세히 | 详细 | xiáng xì | [샹 씨] |
| 상소하다 | 上诉 | shàng sù | [쌍 쑤] |
| 상순 | 上旬 | shàng xún | [쌍 쉰] |
| 상술 | 上述 | shàng shù | [쌍 쑤] |
| 상승하다 | 上升 | shàng shēng | [쌍 성] |
| 상시 | 城市 | chéng shì | [청 쓰] |
| 상식 | 常识 | cháng shí | [창 스] |
| 상실하다 잃다 | 丧失 | sàng shī | [쌍 스] |
| 상업 | 商业 | shāng yè | [샹 예] |
| 상업을 경영하다 | 经商 | jīng shāng | [징 샹] |
| 상영하다 | 放映 | fàng yìng | [팡 잉] |
| 상응하다, 호응하다 | 相应 | xiāng yìng | [샹 잉] |
| 상의하다 | 商议 | shāng yì | [샹 이] |
| 상의하다 | 商量 | shāng liang | [샹 량] |
| 상인 | 商人 | shāng rén | [샹 런] |

| | | | |
|---|---|---|---|
| 상자 | 箱子 | xiāng zi | [샹 즈] |
| 상자, 트렁크, 통 | 箱 | xiāng | [샹] |
| 상장 | 奖状 | jiǎng zhuàng | [쟝 쫭] |
| 상점 | 商店 | shāng diàn | [상 뗸] |
| 상점, 가게 | 店 | diàn | [뗸] |
| 상점주인 | 老板 | lǎo bǎn | [라오 반] |
| 상제, 하느님 | 上帝 | shàng dì | [상 띠] |
| 상징, 증표 | 象征 | xiàng zhēng | [썅 정] |
| 세배하다 | 拜年 | bài nián | [빠이 녠] |
| 상처를 입다 | 受伤 | shòu shāng | [쏘우 샹] |
| 상처를 입다 | 负伤 | fù shāng | [푸 샹] |
| 상처입다, 슬프다 | 伤 | shāng | [샹] |
| 상층 | 上层 | shàng céng | [쌍 청] |
| 상쾌하다, 쾌적하다 | 舒畅 | shū chàng | [수 창] |
| 상쾌하다, 습윤하다 | 湿润 | shī rùn | [스 룬] |
| 상쾌하다 | 爽快 | shuǎng kuài | [솽 콰이] |
| 상태 | 状态 | zhuàng tài | [쫭 타이] |
| 상통하다 | 相通 | xiāng tōng | [샹 퉁] |
| 상표 | 商标 | shāng biāo | [상 뱌오] |
| 상표, 표 | 牌子 | pái zi | [파이 즈] |
| 상품 | 奖品 | jiǎng pǐn | [쟝 핀] |
| 상품 | 商品 | shāng pǐn | [상 핀] |
| 상하 | 上下 | shàng xià | [쌍 쌰] |
| 상해의 별칭 | 沪 | hù | [후] |
| 상해의 지방 희곡 | 沪剧 | hù jù | [후 쮜] |
| 상해하다, 해치다 | 伤害 | shāng hài | [샹 하이] |
| 상호 | 相互 | xiāng hù | [샹 후] |
| 상호이익 | 互利 | hù lì | [후 리] |

| 상환하다 | 偿还 | cháng huán | [창 환] |
| 상황 | 状况 | zhuàng kuàng | [쫭 쾅] |
| 상황, 정세 | 局势 | jú shì | [쥐 쓰] |
| 새 색시 | 新娘 | xīn niáng | [신 냥] |
| 새 생명, 신입생 | 新生 | xīn shēng | [신 성] |
| 새 집 | 新房 | xīn fang | [신 팡] |
| 새 | 鸟 | niǎo | [냐오] |
| 새것을 창조하다 | 创新 | chuàngxīn | [좡 신] |
| 새겨 넣다, 끼워 넣다 | 嵌 | qiàn | [첸] |
| 새나가다 | 走漏 | zǒu lòu | [조우 로우] |
| 새다, 빠지다 | 漏 | lòu | [로우] |
| 새 단어 | 生词 | shēng cí | [성 츠] |
| 새롭다, 신선하다 | 新 | xīn | [신] |
| 새빨갛다 | 通红 | tōng hóng | [퉁 훙] |
| 새빨갛다 | 鲜红 | xiān hóng | [셴 훙] |
| 새우 | 虾 | xiā | [샤] |
| 새파랗다(비취색) | 翠绿 | cuì lǜ | [추이 뤼] |
| 새하얗다 결백하다 | 洁白 | jié bái | [제 바이] |
| 새해 | 新年 | xīn nián | [신 녠] |
| 색깔 | 彩色 | cǎi sè | [차이 써] |
| 색깔 | 颜色 | yǎn sè | [옌 써] |
| 샐러리 | 芹菜 | qín cài | [친 차이] |
| 샘 | 泉 | quán | [췐] |
| 생각 | 想法 | xiǎng fǎ | [샹 프아] |
| 생각, 사고 | 念头 | niàn tou | [녠 토우] |
| 생각, 정서, 기분 | 思绪 | sī xù | [스 쉬] |
| 생각, 포부 | 胸怀 | xiōng huái | [슝 화이] |

人

| 생각없이 함부로 하다 | 胡来 | hú lái | [후 라이] |
| 생각하다 추측하다, 바라다 | 想 | xiǎng | [샹] |
| 생각하다 | 思 | sī | [스] |
| 생각하다 | 着想 | zhuó xiǎng | [쥐 샹] |
| 생각하다, 여기다 | 认为 | rèn wéi | [런 워이] |
| 생각해도 알 수 있다 | 可想而知 | kě xiǎng ér zhī | [커 샹 얼 즈] |
| 생강 | 姜 | jiāng | [쟝] |
| 생기 | 朝气 | zhāo qì | [자오 치] |
| 생기 | 生机 | shēng jī | [성 지] |
| 생기다, 성장하다 | 滋长 | zī zhǎng | [즈 쟝] |
| 생기를 불어넣다, 활약 | 活跃 | huó yuè | [훠 웨] |
| 생기발랄하다 | 朝气蓬勃 | zhāo qì péng bó | [자오 치 펑 보] |
| 생동하다 | 生动 | shēng dòng | [성 똥] |
| 생략하다 | 省略 | shěng lüè | [성 뛔] |
| 생략하다 | 略 | lüè | [뛔] |
| 생리 | 生理 | shēng lǐ | [성 리] |
| 생명 | 生命 | shēng mìng | [성 밍] |
| 생명 | 性命 | xìng mìng | [씽 밍] |
| 생명, 살림, 학생 | 生 | shēng | [성] |
| 생명력 | 生命力 | shēng mìng lì | [성 밍리] |
| 생명을 잃게 하다 | 要命 | yào mìng | [야오 밍] |
| 생물 | 生物 | shēng wù | [성 우] |
| 생산가치, 생산고 | 产值 | chǎn zhí | [찬 즈] |
| 생산구(지역) | 产区 | chǎn qū | [찬 취] |
| 생산력 | 生产力 | shēng chǎn lì | [성 찬 리] |
| 생산에 들어가다 | 投产 | tóu chǎn | [토우 찬] |
| 생산율 | 生产率 | shēng chǎn lǜ | [성 찬 뤼] |

|  |  |  |  |
|---|---|---|---|
| 생산하다 | 生产 | shēng chǎn | [셩 찬] |
| 생생하다, 실감나다 | 有声有色 | yǒu shēng yǒu sè | [유 셩 유 처] |
| 생소하다 | 生疏 | shēng shū | [셩 수] |
| 생식이다 | 生殖 | shēng zhí | [셩 즈] |
| 생육하다 | 生育 | shēng yù | [셩 위] |
| 생일 | 生日 | shēng rì | [셩 르] |
| 생장하다 | 生长 | shēng zhǎng | [셩 쟝] |
| 생전 | 生前 | shēng qián | [셩 쳰] |
| 생존하다 | 生存 | shēng cún | [셩 춘] |
| 생태 | 生态 | shēng tài | [셩 타이] |
| 생화 | 鲜花 | xiān huā | [셴 화] |
| 생활 | 生活 | shēng huó | [셩 훠] |
| 서(쪽) | 西 | xī | [시] |
| 서가 | 书架 | shū jià | [수 쨔] |
| 성가시게 하다 | 捣乱 | dǎo luàn | [다오 루안] |
| 서간 | 书刊 | shū kān | [수 칸] |
| 서거하다 | 去世 | qù shì | [취 쓰] |
| 서거하다 | 逝世 | shì shì | [쓰 쓰] |
| 서기 | 书记 | shū jì | [수 찌] |
| 서기(기원) | 公元 | gōng yuán | [궁 웬] |
| 서늘하다, 선선하다 | 凉 | liáng | [량] |
| 서다, 멈추다 | 停 | tíng | [팅] |
| 서다, 멈추다 | 站 | zhàn | [짠] |
| 서둘러, 급히, 바삐 | 赶忙 | gǎn máng | [간 망] |
| 서랍 | 抽屉 | chōu tì | [초우 티] |
| 서로 돕다 | 互助 | hù zhù | [후 쭈] |
| 서로 박투하다 | 交手 | jiāo shǒu | [쟈오 소우] |
| 서로 부합하다 | 相符 | xiāng fú | [샹 푸] |

|  |  |  |  |
|---|---|---|---|
| 서로 사귀는 점 | 交点 | jiāo diǎn | [쟈오 뎬] |
| 서로 알다 | 相识 | xiāng shí | [샹 스] |
| 서로, 상호 | 互相 | hù xiāng | [후 샹] |
| 서로, 상호간 | 相 | xiāng | [샹] |
| 서로가 미루다 | 推来推去 | tuī lái tuī qù | [투이 라이 투이 취] |
| 서리 | 霜 | shuāng | [솽] |
| 서면 | 书面 | shū miàn | [수 몐] |
| 서명하다 | 签字 | qiān zì | [쳰 쯔] |
| 서명하다 | 签名 | qiān míng | [쳰 밍] |
| 서명하다 | 签署 | qiān shǔ | [쳰 수] |
| 서명하여 발급하다 | 签发 | qiān fā | [쳰 프아] |
| 서방 | 西方 | xī fāng | [시 퐝] |
| 서법 | 书法 | shū fǎ | [수 프아] |
| 서부 | 西部 | xī bù | [시 뿌] |
| 서북 | 西北 | xī běi | [시 베이] |
| 서설 | 瑞雪 | ruì xuě | [루이 쉐] |
| 묘사 | 描述 | miáo shù | [먀오 쑤] |
| 서술하다 | 叙述 | xù shù | [쉬 쑤] |
| 서슴지 않고, 아예 | 索性 | suǒ xìng | [숴 씽] |
| 서신 | 书信 | shū xìn | [수 씬] |
| 서약하다, 맹세하다 | 发誓 | fā shì | [프아 쓰] |
| 서양음식 | 西餐 | xī cān | [시 찬] |
| 서양의사, 서의 | 西医 | xī yī | [시 이] |
| 서언 | 序言 | xù yán | [쉬 옌] |
| 열독물 | 读物 | dú wù | [두 우] |
| 서적 | 书籍 | shū jí | [수 지] |
| 서점 | 书店 | shū diàn | [수 뎬] |
| 서쪽 | 西面 | xī miàn | [시 몐] |

|  |  |  |  |
|---|---|---|---|
| 서쪽 | 西边 | xī biān | [시 볜] |
| 서툴다, 우둔하다 | 笨拙 | bèn zhuō | [뻔 줘] |
| 석간 | 晚报 | wǎn bào | [완 빠오] |
| 석방하다 | 释放 | shì fàng | [쓰 팡] |
| 석유 | 石油 | shí yóu | [스 유] |
| 석탄 | 煤 | méi | [메이] |
| 석회 | 石灰 | shí huī | [스 후이] |
| 섞다, 타다 | 掺 | chān | [찬] |
| 선 긋다, 나누다, 계획하다 | 划 | huà | [화] |
| 선율 | 旋律 | xuán lǜ | [쑤안 뤼] |
| 선, 회로 | 线路 | xiàn lù | [쎈 루] |
| 선거인, 유권자 | 选民 | xuǎn mín | [쉔 민] |
| 선거하다 | 选举 | xuǎn jǔ | [쉔 쥐] |
| 선고하다 | 宣告 | xuān gào | [쉔 까오] |
| 선녀 | 仙女 | xiān nǚ | [셴 뉴] |
| 선량하다 | 善 | shàn | [싼] |
| 선량하다 | 善良 | shàn liáng | [싼 량] |
| 선망하다 | 羡慕 | xiàn mù | [쎈 무] |
| 선명하다 | 鲜明 | xiān míng | [셴 밍] |
| 선물, 예물 | 礼品 | lǐ pǐn | [리 핀] |
| 선박 | 船舶 | chuán bó | [촨 보] |
| 선반기 | 车床 | chē chuáng | [처 촹] |
| 선발하다 | 选拔 | xuǎn bá | [쉔 바] |
| 선배 | 前辈 | qián bèi | [첸 뻬이] |
| 선배, 대선배 | 老一辈 | lǎo yí bèi | [라오 이 뻬이] |
| 선봉 | 先锋 | xiān fēng | [셴 펑] |
| 선색 | 线索 | xiàn suǒ | [쎈 숴] |

人

161

|  |  |  |  |
|---|---|---|---|
| 선생 | 先生 | xiān sheng | [셴 성] |
| 선생님 | 老师 | lǎo shī | [라오 스] |
| 선서하다 | 宣誓 | xuān shì | [쉔 쓰] |
| 선수 | 选手 | xuǎn shǒu | [쉔 소우] |
| 선양하다 널리 알리다 | 宣扬 | xuān yáng | [쉔 양] |
| 선언 | 宣言 | xuān yán | [쉔 옌] |
| 선전하다 | 宣传 | xuān chuán | [쉔 촨] |
| 선정하다 | 选定 | xuǎn dìng | [쉔 띵] |
| 선조 | 祖先 | zǔ xiān | [주 셴] |
| 선진적이다 | 先进 | xiān jìn | [셴 찐] |
| 선집 | 选集 | xuǎn jí | [쉔 지] |
| 선창, 객실 | 舱 | cāng | [창] |
| 선출하다 뽑다, 선택하다 | 选 | xuǎn | [쉔] |
| 선택 | 选择 | xuǎn zé | [쉔 저] |
| 선택과목으로 이수하다 | 选修 | xuǎnxiū | [쉔 시우] |
| 선택하다 | 选取 | xuǎn qǔ | [쉔 취] |
| 선택하여 쓰다 | 选用 | xuǎn yòng | [쉔 융] |
| 선포하다 | 发布 | fā bù | [프아 뿌] |
| 선포하다 | 宣布 | xuān bù | [쉔 뿌] |
| 선풍기 | 电扇 | diàn shàn | [뗸 싼] |
| 선풍기 | 电风扇 | diàn fēng shàn | [뗸 펑 싼] |
| 선행하다 | 先行 | xiān xíng | [셴 싱] |
| 선혈 | 鲜血 | xiānxuè | [셴 쉐] |
| 선후 | 先后 | xiān hòu | [셴 호우] |
| 섣달 그믐밤 | 除夕 | chú xī | [추 시] |
| 섣달 | 腊月 | là yuè | [라 웨] |

| 설[춘절] | 春节 | chūn jié | [춘 제] |
| 설계 | 设计 | shè jì | [써 찌] |
| 설득하다 | 劝说 | quàn shuō | [췐 쉬] |
| 설령 ~일지라도 | 即使 | jí shǐ | [지 스] |
| 설령, 가령 | 哪怕 | nǎ pà | [나 파] |
| 설립하다 | 设立 | shè lì | [써 리] |
| 설마 ~하겠는가? | 难道 | nán dào | [난 따오] |
| 설명 | 说明 | shuō míng | [쉬 밍] |
| 설명도, 약도 | 示意图 | shì yì tú | [쓰 이 투] |
| 설법 | 说法 | shuō fǎ | [쉬 프아] |
| 설복하다 | 说服 | shuō fú | [쉬 푸] |
| 설비 | 设备 | shè bèi | [써 뻬이] |
| 설사 ~일지라도 | 即使 | jí shǐ | [지 스] |
| 설사하다 | 泻 | xiè | [쎄] |
| 설을 쇠다 | 过年 | guò nián | [꿔 녠] |
| 설치하다, 가설하다 | 安装 | ān zhuāng | [안 쫭] |
| 설치하다 | 设置 | shè shī | [써 스] |
| 설탕 | 糖 | táng | [탕] |
| 섬 | 岛 | dǎo | [다오] |
| 섬유 | 纤维 | xiān wéi | [쎈 워이] |
| 섭씨 | 摄氏 | shè shì | [써 쓰] |
| 섭외 | 涉外 | shè wài | [써 와이] |
| 성, 성시 | 城 | chéng | [청] |
| 성(지방 행정단위) | 省 | shěng | [성] |
| 성가시다 | 麻烦 | má fan | [마 프안] |
| 성격 | 秉性 | bǐng xìng | [빙 씽] |
| 성격 | 脾气 | pí qi | [피 치] |
| 성격 | 性格 | xìng gé | [씽 거] |

|  |  |  |  |
|---|---|---|---|
| 성격, 성미, 성정 | 性情 | xìng qíng | [씽 칭] |
| 성공 | 成功 | chéng gōng | [청 궁] |
| 성과, 효과 | 成效 | chéng xiào | [청 쌰오] |
| 성급하다 | 急于 | jí yú | [지 위] |
| 성내다, 화내다 | 恼火 | nǎo huǒ | [나오 훠] |
| 성내다, 화내다 | 气 | qì | [치] |
| 성능 | 性能 | xìng néng | [씽 능] |
| 성대하다, 번창하다 | 盛大 | shèng dà | [썽 따] |
| 성대하다 | 隆重 | lóng zhòng | [룽 쭝] |
| 성립하다 | 成立 | chéng lì | [청 리] |
| 성명 | 姓名 | xìng míng | [씽 밍] |
| 성명, 관보 | 公报 | gōng gào | [궁 까오] |
| 성명 | 声明 | shēng míng | [성 밍] |
| 성미에 맞다 뜻이 맞다 | 投机 | tóu jī | [토우 지] |
| 성별 | 性别 | xìng bié | [씽 베] |
| 성분 | 成分 | chéng fèn | [청 펀] |
| 성분 | 成份 | chéng fèn | [청 펀] |
| 성분, 원가 | 成本 | chéng běn | [청 번] |
| 성분을 결정하다 | 定性 | dìng xìng | [띵 씽] |
| 성세, 기세 | 声势 | shēng shì | [성 쓰] |
| 성숙했다 | 成熟 | chéng shú | [청 수] |
| 성실하고 진지하다 | 诚挚 | chéng zhì | [청 쯔] |
| 성실하다 | 诚实 | chéng shí | [청 스] |
| 성실하다 | 诚恳 | chéng kěn | [청 컨] |
| 성심성의 | 诚心诚意 | chéng xīn chéng yì | [청 신 청 이] |
| 성씨 | 姓 | xìng | [씽] |
| 성어 | 成语 | chéng yǔ | [청 위] |

| 성원 | 成员 | chéng yuán | [청 웬] |
| 성의 | 诚意 | chéng yì | [청 이] |
| 성의 | 心意 | xīn yì | [신 이] |
| 성인 | 成人 | chéng rén | [청 런] |
| 성인남자 | 丁 | dīng | [딩] |
| 식구 수, 네 번째 | | | |
| 성장 | 成长 | chéng zhǎng | [청 장] |
| 성적 | 成绩 | chéng jì | [청 찌] |
| 성조 | 声调 | shēng diào | [성 땨오] |
| 성질 | 性质 | xìng zhì | [씽 쯔] |
| 성축 | 牲畜 | shēng chù | [성 추] |
| 성취 | 成就 | chéng jiù | [청 찌우] |
| 성탄절 | 圣诞节 | shèng dàn jié | [썽 딴제] |
| 성행하다 | 盛行 | shèng xíng | [썽 싱] |
| 세계 | 世界 | shì jiè | [쓰 쩨] |
| 세계, 시대, 생애 | 世 | shì | [쓰] |
| 세계관 | 世界观 | shì jiè guān | [쓰 제 관] |
| 세관 | 海关 | hái guān | [하이 관] |
| 세균 | 细菌 | xì jūn | [씨 쥔] |
| 세금 | 税 | shuì | [쑤이] |
| 세기 | 世纪 | shì jì | [쓰 찌] |
| 세기다 | 刻 | kè | [커] |
| 세대 | 世代 | shì dài | [쓰 따이] |
| 세력 | 势力 | shì lì | [쓰 리] |
| 세밀하다, 신중하다 | 细致 | xì zhì | [씨 쯔] |
| 세수 대야 | 脸盆 | liǎn pén | [젠 펀] |
| 세수 | 税收 | shuì shōu | [쑤이 소우] |
| 세숫비누 | 香皂 | xiāng zào | [샹 짜오] |

人

| 세심하다 | 细心 | xì xīn | [씨 신] |
| 세심하지 못하다 부주의 하다 | 粗心 | cūxīn | [추신] |
| 세심히 보살피다 | 照料 | zhào liào | [짜오 랴오] |
| 세우다, 건조하다 | 建造 | jiàn zào | [쩬 짜오] |
| 세우다, 걸치다 보태다 | 搭 | dā | [다] |
| 세우다, 성립하다 | 立 | lì | [리] |
| 세월 | 岁月 | suì yuè | [쑤이 웨] |
| 세절 | 细节 | xì jié | [씨 졔] |
| 세주다, 세를 놓다 | 出租 | chū zū | [추 주] |
| 세탁기 | 洗衣机 | xǐ yī jī | [시 이 지] |
| 세트를 만들다 | 配套 | pèi tào | [페이 타오] |
| 세포 | 细胞 | xì bāo | [씨 바오] |
| 센티미터(cm) | 公分 | gōng fēn | [궁 쀤] |
| 센티미터 | 厘米 | lí mǐ | [리 미] |
| 셈을 세다 | 数 | shǔ | [수] |
| 셔츠 | 衬衫 | chèn shān | [천 산] |
| 소, 속감 | 馅儿 | xiànr | [쎼 얼] |
| 소 | 牛 | niú | [뉴] |
| 소각하여 없애다 | 销毁 | xiāo huǐ | [샤오 후이] |
| 소개 | 介绍 | jiè shào | [쩨 싸오] |
| 소극적이다 부정적이다 | 消极 | xiāo jí | [샤오 지] |
| 소금 | 盐 | yán | [옌] |
| 소나무 | 松树 | sōng shù | [숭 쑤] |
| 소녀 | 少女 | shào nǚ | [싸오 뉘] |
| 소년 | 少年 | shào nián | [싸오 녠] |

| 소독하다 | 消毒 | xiāo dú | [샤오 두] |
| 소득, 얻은 것 | 所得 | suǒ dé | [쉬 더] |
| 소득세 | 所得税 | suǒ dé shuì | [쉬 더 쑤이] |
| 소란을 일으키다 발생하다 | 闹 | nào | [나오] |
| 소량적이다 | 少量 | shǎo liàng | [샤오 량] |
| 소리 | 声音 | shēng yīn | [성 인] |
| 소리, 소음 | 响声 | xiǎng shēng | [샹 성] |
| 소리, 음 | 音 | yīn | [인] |
| 소리, 음조, 명성 | 声 | shēng | [성] |
| 소리가 나지 않다 목이 쉬다 | 哑 | yǎ | [야] |
| 소리가 크고 맑다 | 响亮 | xiǎng liàng | [샹 량] |
| 소리가 크다 시끄럽다 | 响 | xiǎng | [샹] |
| 소리를 지르다 | 呼啸 | hū xiào | [후 쌰오] |
| 소매 | 袖子 | xiù zi | [씨우 즈] |
| 소매부 | 门市部 | mén shì bù | [먼 쓰뿌] |
| 소매하다 | 零售 | líng shòu | [링 쏘우] |
| 소멸하다 | 消灭 | xiāo miè | [샤오 몌] |
| 소모, 소비 소모하다, 소비하다 | 消耗 | xiāo hào | [샤오 하오] |
| 소모되다, 낭비하다 | 损耗 | sǔn hào | [순 하오] |
| 소박하다, 질박하다 | 质朴 | zhì pǔ | [쯔 푸] |
| 소박하다 | 朴素 | pǔ sù | [푸 쑤] |
| 소변 | 小便 | xiǎo biàn | [샤오 삔] |
| 소비하다 시간을 끌다 | 耗 | hào | [하오] |

ㅅ

| 소비하다 | 花费 | huā fèi | [화 페이] |
| 소비하다 소모하다 | 花 | huā | [화] |
| 소비하다 | 消费 | xiāo fèi | [샤오 페이] |
| 소비하다 | 花 | huā | [화] |
| 소설 | 小说 | xiǎo shuō | [샤오 쉬] |
| 소속하다 | 所属 | suǒ shǔ | [쉬 수] |
| 소송하다 | 诉讼 | sù sòng | [쑤 쏭] |
| 소수 | 小数 | xiǎo shù | [샤오 쑤] |
| 소수 | 少数 | shǎo shù | [샤오 쑤] |
| 소수민족 | 少数民族 | shǎo shù mín zhú | [샤오 쑤 민 주] |
| 소수점 | 小数点 | xiǎo shù diǎn | [샤오 쑤 뎬] |
| 소시지 | 香肠 | xiāng cháng | [샹 창] |
| 소식 | 讯 | xùn | [쒼] |
| 소식 | 消息 | xiāo xi | [샤오 시] |
| 소식, 정보 | 信息 | xìn xī | [씬 시] |
| 소실되다, 소일하다 | 消 | xiāo | [샤오] |
| 소연, 파티 | 酒会 | jiǔ huì | [지우 후이] |
| 소원 | 愿望 | yuàn wàng | [왠 왕] |
| 소위, 이른바 | 所谓 | suǒ wèi | [쉬 웨이] |
| 소유권 | 所有权 | suǒ yǒu qián | [쉬 유 쳰] |
| 소유제 | 所有制 | suǒ yǒu zhì | [쉬 유 쯔] |
| 소음, 잡음 | 噪音 | zào yīn | [짜오 인] |
| 소재지 | 所在 | suǒ zài | [쉬 짜이] |
| 소조 | 小组 | xiǎo zǔ | [샤오 주] |
| 소주, 백주 | 白酒 | bái jiǔ | [바이 지우] |
| 소중하다, 귀중하다 | 可贵 | kě guì | [커 꾸이] |
| 소질, 재료 | 素质 | sù zhì | [쑤 쯔] |
| 소집하다 | 召集 | zhào jí | [짜오 지] |

|  |  |  |  |
|---|---|---|---|
| 소집하다 | 召开 | zhāo kāi | [자오 카이] |
| 소택 | 沼泽 | zhǎo zé | [자오 저] |
| 소통하다, 통하다 | 沟通 | gōu tōng | [고우 퉁] |
| 소파 | 沙发 | shā fā | [사 프아] |
| 소프트웨어 | 软件 | ruǎn jiàn | [롼 쩬] |
| 소학 | 小学 | xiǎo xué | [샤오 쉐] |
| 소학생 | 小学生 | xiǎo xué shēng | [샤오 쉐 성] |
| 소형 | 小型 | xiǎo xíng | [샤오 싱] |
| 소형버스, 봉고차 | 面包车 | miàn bāo chē | [몐 바오 처] |
| 소홀하다 | 马虎 | mǎ hū | [마 후] |
| 소홀히 하다 | 忽略 | hū lüè | [후 뤠] |
| 소화하다 | 消化 | xiāo huà | [샤오 화] |
| 속, 부류, 가족 | 属 | shǔ | [수] |
| 속다 | 上当 | shàng dàng | [쌍 땅] |
| 속담, 속어 | 俗话 | sú huà | [수 화] |
| 속담 | 谜语 | mí yǔ | [미 위] |
| 속도 | 速度 | sù dù | [쑤 뚜] |
| 속도가 빠르다 | 快速 | kuài sù | [콰이 쑤] |
| 속마음, 슬기, 의심 | 心眼儿 | xīn yǎnr | [신 옌얼] |
| 속박하다, 얽어매다 | 束缚 | shù fù | [쑤 푸] |
| 속성 | 速成 | sù chéng | [쑤 청] |
| 속세, 인간세상 | 凡 | fán | [프안] |
| 속이 메스껍다 | 恶心 | ě xin | [어 신] |
| 속이 비였다 | 空心 | kòngxīn | [쿵 신] |
| 속이다 | 欺骗 | qī piàn | [치 펜] |
| 속이다 | 骗 | piàn | [펜] |
| 속임수, 수작 | 把戏 | bǎ xì | [바 씨] |
| 속하다 | 属于 | shǔ yú | [수 위] |

|  |  |  |  |
|---|---|---|---|
| 손가락 | 手指 | shǒu zhǐ | [소우 즈] |
| 손가락 | 指头 | zhǐ tou | [즈 토우] |
| 손녀 | 孙女 | sūn nǚ | [순 뉘] |
| 손님 | 客人 | kè rén | [커 런] |
| 손님 | 顾客 | gù kè | [꾸 커] |
| 손님, 객 | 客 | kè | [커] |
| 손님, 내빈 | 来客 | lái kè | [라이 커] |
| 손님을 대접하다 | 请客 | qǐng kè | [칭 커] |
| 손님을 반가이 대하다 | 好客 | hào kè | [하오 커] |
| 손님이 되다 | 做客 | zuò kè | [쮜 커] |
| 손대다, 착수하다 | 动手 | dòng shǒu | [똥 소우] |
| 손목시계 | 手表 | shǒu biǎo | [소우 뱌오] |
| 손바닥, 발바닥 | 掌 | zhǎng | [자앙] |
| 손상, 소모 | 损耗 | sǔn hào | [순 하오] |
| 손상되다 | 损伤 | sǔn shāng | [순 사앙] |
| 손상시키다 나쁘다 | 败坏 | bài huài | [빠이 화이] |
| 손수건 | 手巾 | shǒu jīn | [사오 진] |
| 손수건 | 手帕 | shǒu pà | [소우 파] |
| 손수건 | 手绢 | shǒu juàn | [소우 쮄] |
| 손실 | 损失 | sǔn shī | [순 스] |
| 손을 떼다 마음 놓고 하다 | 放手 | fàng shǒu | [팡 소우] |
| 손을 뻗다 | 伸手 | shēn shǒu | [선 소우] |
| 손익을 자기가 책임지다 | 自负盈亏 | zì fù yíng kuī | [쯔 푸 잉 쿠이] |
| 손자 | 孙子 | sūn zi | [순 즈] |
| 손잡이 | 把柄 | bǎ bǐng | [바 빙] |
| 손잡이 | 把手 | bǎ shou | [바 소우] |
| 손전등 | 手电(筒) | shǒu diàn(tǒng) | [소우 뗀(퉁)] |

170

| 손짓, 손시늉 | 手势 | shǒu shì | [소우 쓰] |
| 손짓해서 부르다 | 招手 | zhāo shǒu | [자오 소우] |
| 손해 | 害处 | hài chù | [하이 추] |
| 손해, 재해 | 害 | hài | [하이] |
| 손해를 보다 | 吃亏 | chī kuī | [츠 쿠이] |
| 손해를 입히다 파손시키다 | 损坏 | sǔn huài | [순 화이] |
| 손해보다 | 损害 | sǔn hài | [순 하이] |
| 솔 | 刷子 | shuā zi | [솨 즈] |
| 솔직하게 말하다 | 坦白 | tǎn bái | [탄 바이] |
| 솜씨 있다, 다행이다 | 巧 | qiǎo | [챠오] |
| 솜옷 | 棉衣 | mián yī | [몐 이] |
| 솟구치다, 자극하다 | 激 | jī | [지] |
| 솟아나다, 내밀다 | 涌 | yǒng | [융] |
| 송[성씨] | 宋 | sòng | [쏭] |
| 송이 | 朵 | duǒ | [둬] |
| 솥 | 锅 | guō | [궈] |
| 쇠사슬 | 链子 | liàn zi | [리엔 즈] |
| 쇠약하다 | 削弱 | xuē ruò | [쉐 러] |
| 쇠약하다 | 衰弱 | shuāi ruò | [솨이 뤄] |
| 쇠약해지다 | 减弱 | jiǎn ruò | [젠 뤄] |
| 쇠퇴하다 | 衰退 | suāi tuì | [솨이 투이] |
| 수, 수량 | 数目 | shù mù | [쑤 무] |
| 수개하다 | 修改 | xiū gǎi | [시우 가이] |
| 수건하다 | 修建 | xiū jiàn | [시우 쩬] |
| 수공 | 手工 | shǒu gōng | [소우 궁] |
| 수놓다 | 绣 | xiù | [씨우] |
| 수뇌 | 首脑 | shǒu nǎo | [소우 나오] |

入

|  |  |  |  |
|---|---|---|---|
| 부수다, 자질구레하다 | 碎 | suì | [쑤이] |
| 수단 | 手段 | shǒu duàn | [소우 똰] |
| 수당 | 津贴 | jīn tiē | [진 톄] |
| 수도 | 首都 | shǒu dū | [소우 두] |
| 수도꼭지 | 龙头 | lóng tóu | [룽 토우] |
| 수도와 전기 | 水电 | shuǐ diàn | [수이 뗸] |
| 수돗물 | 自来水 | zì lái shuǐ | [쯔 라이 수이] |
| 수량 | 数量 | shù liàng | [쑤 량] |
| 수려하다 | 秀丽 | xiù lì | [씨우 리] |
| 수력 | 水力 | shuǐ lì | [수이 리] |
| 수령 | 领袖 | lǐng xiù | [링 씨우] |
| 수령, 영수 | 首领 | shǒu lǐng | [소우 링] |
| 수로 | 航道 | háng dào | [항 따오] |
| 수뢰하다 | 贿赂 | huì luè | [후이 뤠] |
| 수류탄 | 手榴弹 | shǒu liú dàn | [소우 리우 딴] |
| 수를 세다 | 算数 | shuàn shù | [쏸 쑤] |
| 수리, 관계 | 水利 | shuǐ lì | [수이 리] |
| 수리하다, 손질하다 | 修 | xiū | [시우] |
| 수리하다 | 修理 | xiū lǐ | [시우 리] |
| 수림 | 树林 | shù lín | [쑤 린] |
| 수립하다 | 树立 | shù lì | [쑤 리] |
| 수면, 잠 | 睡眠 | shuì mián | [쑤이 몐] |
| 수명 | 寿命 | shòu mìng | [쏘우 밍] |
| 수목 | 树木 | shù mù | [쑤 무] |
| 수문, (차)제동기 | 闸 | zhá | [자] |
| 수박 | 西瓜 | xī guā | [시 과] |
| 수법 | 手法 | shǒu fǎ | [소우 프아] |
| 수분 | 水分 | shuǐ fèn | [수이 펀] |

| 수비하다, 막아 지키다 | 防守 | fáng shǒu | [팡 소우] |
| 수사하다, 수색하다 | 搜索 | sōu suǒ | [소우 쉬] |
| 수산물 | 水产 | shuǐ shǎn | [수이 샨] |
| 수상 | 首相 | shǒu xiàng | [소우 썅] |
| 수상 | 首长 | shǒu zhǎng | [소우 장] |
| 수색하다 | 搜查 | sōu chá | [소우 차] |
| 수색해 내다 | 查获 | chá huò | [차 훠] |
| 권한 | 权限 | quán xiàn | [췐 쎈] |
| 수소 | 氢 | qīng | [칭] |
| 수속 | 手续 | shǒu xù | [소우 쒸] |
| 수송하다, 나르다, 지다 | 输 | shū | [수] |
| 수송하다 | 输送 | shū sòng | [수 쏭] |
| 수수, 고량 | 高粱 | gāo liang | [가오 량] |
| 수술 | 手术 | shǒu shù | [소우 쑤] |
| 수술을 하다, 칼을 대다 | 开刀 | kāi dāo | [카이 다오] |
| 수시로, 언제나 | 随时 | suí shí | [수이 스] |
| 수양 | 修养 | xiū yǎng | [시우 양] |
| 수업시간 | 课时 | kè shí | [커 스] |
| 수업시간 | 课堂 | kè táng | [커 탕] |
| 수업을 다 마치다, 방과하다 | 放学 | fàng xué | [팡 쉐] |
| 수업을 시작하다 | 开课 | kāi kè | [카이 커] |
| 수업을 하다 | 上课 | shàng kè | [쌍 커] |
| 수업이 끝나다 | 下课 | xià kè | [샤 커] |
| 수여하다, 하달하다 | 颁发 | bān fā | [빤 프아] |

|  |  |  |  |
|---|---|---|---|
| ☐ 수여하다 | 授予 | shòu yǔ | [쏘우 위] |
| ☐ 수염 | 胡子 | hú zi | [후 즈] |
| ☐ 수영장 | 游泳池 | yóu yǒng chí | [유 융 츠] |
| ☐ 수영하다 | 游泳 | yóu yǒng | [유 융] |
| ☐ 수예, 솜씨, 기량 | 手艺 | shǒu yì | [소우 이] |
| ☐ 수요, 요구 | 需求 | xū qiú | [쉬 치우] |
| ☐ 수요하다 | 需要 | xū yào | [쉬 야오] |
| ☐ 수용하다, 허락하다 | 容 | róng | [룽] |
| ☐ 수원 | 水源 | shuǐ yuán | [수이 웬] |
| ☐ 수월하게 하다 | 轻易 | qīng yì | [칭 이] |
| ☐ 수은 | 汞 | gǒng | [궁] |
| ☐ 수익 | 收益 | shōu yì | [소우 이] |
| ☐ 수입 | 收入 | shōu rù | [소우 루] |
| ☐ 수입, 수입하다 | 进口 | jìn kǒu | [찐 코우] |
| ☐ 수입과 지출 | 收支 | shōu zhī | [소우 즈] |
| ☐ 수입하다 | 输入 | shū rù | [수 루] |
| ☐ 수자 | 数字 | shù zi | [쑤 즈] |
| ☐ 수장하다 | 收藏 | shōu cáng | [소우 창] |
| ☐ 수재 | 水灾 | shuǐ zāi | [수이 자이] |
| ☐ 수정하다(계획) | 修订 | xiū dìng | [시우 띵] |
| ☐ 수정하다, 고치다 | 修正 | xiū zhèng | [시우 쩡] |
| ☐ 수준 | 水平 | shuǐ píng | [수이 핑] |
| ☐ 수줍어하다 | 害羞 | hài xiù | [하이 씨우] |
| ☐ 수증기 | 水蒸气 | shuǐ zhēng qì | [수이 쩡치] |
| ☐ 수지맞다 | 合算 | hé suàn | [허 쏸] |
| ☐ 수직 | 垂直 | chuí zhí | [추이 즈] |
| ☐ 수직의, 직접의 | 竖 | shù | [쑤] |
| ☐ 수집하다, 모으다 | 搜集 | sōu jí | [소우 지] |

| 수집하다 | 收集 | shōu jí | [소우 지] |
| 수축하다 | 修筑 | xiū zhù | [시우 쭈] |
| 수축하다, 축소하다 | 收缩 | shōu suō | [소우 쉬] |
| 수출하다 | 输出 | shū chū | [수 추] |
| 수출하다 | 出口 | chū kǒu | [추 코우] |
| 수치스럽다, 부끄럽다 | 羞耻 | xiū chǐ | [시우 츠] |
| 수토 | 水土 | shuǐ tǔ | [수이 투] |
| 수학 | 数学 | shù xué | [쑤 쉐] |
| 수행하다, 동반하다 | 陪 | péi | [페이] |
| 수확 | 收获 | shōu huò | [소우 훠] |
| 수확, 작황 | 收成 | shōu cheng | [소우 청] |
| 수확하다 | 收割 | shōu gē | [소우 거] |
| 숙련하다 | 熟练 | shú liàn | [수 롄] |
| 숙모, 아주머니 | 婶子 | shěn zi | [선 즈] |
| 숙사 | 宿舍 | sù shè | [쑤 써] |
| 숙이다, 굽히다 | 俯 | fǔ | [푸] |
| 숙청하다 | 肃清 | sù qīng | [쑤 칭] |
| 순(죽순) | 笋 | sǔn | [순] |
| 순결하다 | 纯洁 | chún jié | [춘 제] |
| 순리롭다 | 顺利 | shùn lì | [쑨 리] |
| 순서 | 顺序 | shùn xù | [쑨 쉬] |
| 순서, 절차 | 步骤 | bù zhòu | [뿌 쪼우] |
| 순서, 차례 | 次序 | cì xù | [츠 쉬] |
| 순서, 프로그램 | 程序 | chéng xù | [청 쉬] |
| 순서대로 배열하다 | 排列 | pái liè | [파이 레] |
| 순서에 따라 | 依次 | yī cì | [이 츠] |
| 순수하다, 숙련되다 | 纯 | chún | [춘] |

|  |  |  |  |
|---|---|---|---|
| 순수하다, 오로지 | 纯粹 | chún cuì | [춘 추이] |
| 순조롭게 하는 김에, 순조롭다 | 顺手 | shùn shǒu | [쑨 소우] |
| 순찰하다 | 巡逻 | xún luó | [쉰 뤄] |
| 순탄하다 | 通顺 | tōng shùn | [퉁 쑨] |
| 순풍에 돛을 단 듯하다 | 一帆风顺 | yì fān fēng shùn | [이 판 펑 쑨] |
| 순환하다 | 循环 | xún huán | [쉰 환] |
| 숟가락 | 勺子 | sháo zi | [사오 즈] |
| 술 | 酒 | jiǔ | [지우] |
| 술에 취하다 | 醉 | zuì | [쭈이] |
| 술을 권하다 | 敬酒 | jìng jiǔ | [찡 지우] |
| 숨, 호흡, 냄새 | 气息 | qì xī | [치 시] |
| 숨기다, 속이다 | 隐瞒 | yǐn mán | [인 만] |
| 숨기다 | 隐藏 | yǐn cáng | [인 차앙] |
| 숨다, 숨기다, 간수하다 | 藏 | cáng | [차앙] |
| 숨다 | 躲藏 | duǒ cáng | [둬 차앙] |
| 숨막히다, 소리가 약해지다 | 闷 | mèn | [먼] |
| 숨을 헐떡거리다 | 气喘 | qì chuǎn | [치 추안] |
| 숫자 | 数 | shù | [쑤] |
| 숭고하다 | 崇高 | chóng gāo | [충 가오] |
| 숭배하고 존경하다 | 崇敬 | chóng jìng | [충 찡] |
| 숭배하다 | 崇拜 | chóng bài | [충 빠이] |
| 숱하다, 많이 있다 | 有的是 | yǒu de shì | [유 더 쓰] |
| 숲, 무리, 떼 | 丛 | cóng | [충] |
| 쉬다 | 歇 | xiē | [셰] |
| 쉽다, 용이하다 | 易 | yì | [이] |

176

| 쉽다 | 容易 | róng yì | [룽 이] |
| 쉽사리, 좀처럼 | 轻易 | qīngyì | [칭 이] |
| 스낵, 즉석 음식 | 快餐 | kuài cān | [콰이 찬] |
| 스며 나오다, 새다 | 渗 | shèn | [썬] |
| 스스로, 저절로 | 自行 | zì xíng | [쯔 싱] |
| 스승, 사부 | 师 | shī | [스] |
| 스웨터 | 毛衣 | máo yī | [마 오이] |
| 스위치 | 开关 | kāi guān | [카이 관] |
| 스케이팅 | 滑冰 | huá bīng | [화 빙] |
| 스키를 타다 | 滑雪 | huá xuě | [화 쉐] |
| 스타, 명성 | 明星 | míng xīng | [밍 싱] |
| 스팀 | 暖气 | nuǎn qì | [눤 치] |
| 슬며시, 몰래 | 暗暗 | àn' àn | [안 안] |
| 슬퍼하다 | 伤心 | shāng xīn | [상 신] |
| 슬프고 마음이 쓰리다 | 悲伤 | bēi shāng | [베이 상] |
| 슬프고 분하다 | 悲愤 | bēi fèn | [베이 펀] |
| 슬프다, 애통하다 | 悲哀 | bēi'āi | [베이 아이] |
| 습격하다, 기습하다 | 袭击 | xí jī | [시 지] |
| 습관 | 习惯 | xí guàn | [시 꽌] |
| 습관이 되다, 버릇없이 굴다 | 惯 | guàn | [꽌] |
| 습기, 습기차다 | 潮湿 | cháo shī | [차오 스] |
| 습도 | 湿度 | shī dù | [스 뚜] |
| 습속 | 习俗 | xí sú | [시 수] |
| 습제, 연습문제 | 习题 | xí tí | [시 티] |
| 승객 | 乘客 | chéng kè | [청 커] |
| 승리하다, ~보다 낫다 | 胜 | shèng | [썽] |

人

| 승리하다 | 胜利 | shèng lì | [씽 리] |
| 승무원 | 乘务员 | chéng wù yuán | [청 우 웬] |
| 승용차 | 轿车 | jiào chē | [쨔오 처] |
| 승인하다 | 承认 | chéng rèn | [청 런] |
| 승진하다 | 晋升 | jìn shēng | [찐 성] |
| 승학, 진학하다 | 升学 | shēng xué | [성 쉐] |
| 시(시가) | 诗 | shī | [스] |
| 시(시간) | 点钟 | diǎn zhōng | [뎬 중] |
| 시가, 시 | 诗歌 | shī gē | [스 거] |
| 시각 | 视觉 | shì jué | [쓰 쥐] |
| 시각 | 时刻 | shí kè | [스 커] |
| 시각, 시간 | 钟点 | zhōng diǎn | [중 뎬] |
| 시간 | 小时 | xiǎo shí | [샤오 스] |
| 시간 | 时间 | shí jiān | [스 젠] |
| 시간 | 钟头 | zhōng tóu | [중 토우] |
| 시간(수업시간) | 学时 | xué shí | [쉐 스] |
| 시간, 때 | 时 | shí | [스] |
| 시간, 세월 | 时光 | shí guāng | [스 광] |
| 시간을 앞당기다 | 提早 | tí zǎo | [티 자오] |
| 시간을 정하다 | 定点 | dìng diǎn | [띵 뎬] |
| 시간을 정확히 지키다 | 准时 | zhǔn shí | [준 스] |
| 시간이 짧다 | 短暂 | duǎn zàn | [돤 짠] |
| 시계 | 钟表 | zhōng biǎo | [중 뱌오] |
| 시계, 벽시계 | 钟 | zhōng | [중] |
| 시금치 | 菠菜 | bō cài | [보 차이] |
| 시기 | 时期 | shí qī | [스 치] |
| 시기하다 꺼리다, 포기하다 | 忌 | jì | [찌] |

178

| 시끄럽다, 말다툼하다 | 吵 | chǎo | [차오] |
| 시끄럽다 | 闹 | nào | [나오] |
| 시다, 시큼하다 | 酸 | suān | [쏴] |
| 시대 | 时代 | shí dài | [스 따이] |
| 시들다, 마르다 | 枯 | kū | [쿠] |
| 시력 | 视力 | shì lì | [쓰 리] |
| 시력, 안목 | 眼力 | yǎn lì | [옌 리] |
| 시멘트 | 水泥 | shuǐ ní | [수이 니] |
| 시민 | 市民 | shì mín | [쓰 민] |
| 시민용 | 民用 | mín yòng | [민 융] |
| 시범하다 | 示范 | shì fàn | [쓰 퐌] |
| 시비, 옳고 그름 언쟁 | 是非 | shì fēi | [쓰 페이] |
| 시사 | 时事 | shí shì | [쓰 쓰] |
| 시선 | 视线 | shì xiàn | [쓰 쎈] |
| 시설, 설비 | 设施 | shè shī | [써 스] |
| 시야 | 视野 | shì yě | [쓰 예] |
| 시야, 식견 | 目光 | mù guāng | [무 광] |
| 시어머니, 파파 | 婆婆 | pó po | [퍼 퍼] |
| 시원스럽다, 의젓하다 | 大方 | dà fang | [따 퐝] |
| 시원하다 | 凉快 | liáng kuài | [량 콰이] |
| 시위하다, 과시하다 | 示威 | shì wēi | [쓰 웨이] |
| 시위하다, 데모하다 | 游行 | yóu xíng | [유 싱] |
| 시인 | 诗人 | shī rén | [스 런] |
| 시작하다, 착수하다 | 始 | shǐ | [스] |
| 시작하다 | 开始 | kāi shǐ | [카이 스] |

人

179

| 시장 | 商场 | shāng chǎng | [상 창] |
| 시장 | 市场 | shì chǎng | [쓰 창] |
| 시장 | 集市 | jí shì | [지 쓰] |
| 시장, 도시 | 市 | shì | [쓰] |
| 시장, 묶음, 집 | 集 | jí | [지] |
| 시장 | 市长 | shì zhǎng | [쓰 장] |
| 시종일관 처음부터 끝까지 | 自始至终 | zì shǐ zhì zhōng | [쯔 스 쯔 중] |
| 시중들다, 돌보다 | 伺候 | cì hou | [츠 호우] |
| 시중들다 | 侍候 | shì hòu | [쓰 호우] |
| 시집가다, 전가하다 | 嫁 | jià | [쨔] |
| 시찰하다 | 视察 | shì chá | [쓰 차] |
| 시체, 유해 | 遗体 | yí tǐ | [이 티] |
| 시체를 묻다 | 葬 | zàng | [짱] |
| 시합하다, 겨루다 | 赛 | sài | [싸이] |
| 시합하다 | 比赛 | bǐ sài | [비 싸이] |
| 시행하다, 부여하다 | 施 | shī | [스] |
| 시행하다, 실시하다 | 施行 | shī xíng | [스 싱] |
| 시험 | 考试 | kǎo shì | [카오 쓰] |
| 시험 | 试验 | shì yàn | [스 옌] |
| 시험, 경험 | 尝试 | cháng shì | [창 쓰] |
| 시험 | 试 | shì | [쓰] |
| 시험에 응시하다 | 报考 | bào kǎo | [빠오 카오] |
| 시험으로 해보다 | 试行 | shì xíng | [쓰 싱] |
| 시험을 쳐서 녹취되다 | 考取 | kǎo qǔ | [카오 취] |
| 시험제작하다 | 试制 | shì zhì | [쓰 쯔] |
| 시험지 | 试卷 | shì juàn | [쓰 쮈] |
| 시험치다, 고증하다 | 考 | kǎo | [카오] |

| 시험하다, 해보다 | 试 | shì | [쓰] |
| 시험해보다 | 尝试 | cháng shì | [창 쓰] |
| 식당 | 食堂 | shí táng | [스 탕] |
| 식당 | 餐厅 | cān tīng | [찬 팅] |
| 식당 | 饭店 | fàn diàn | [프안 뗀] |
| 식당차 | 餐车 | cān chē | [찬 처] |
| 식물 | 植物 | zhí wù | [즈 우] |
| 식민주의 | 殖民主义 | zhí mín zhǔ yì | [즈 민 주 이] |
| 식민지 | 殖民地 | zhí mín dì | [즈 민 띠] |
| 식별하다 | 识别 | shí bié | [스 뻬] |
| 식사 | 伙食 | huǒ shí | [훠 스] |
| 식사할 때가 되다 | 开饭 | kāi fàn | [카이 프안] |
| 식사하다 | 就餐 | jiù cān | [찌우 찬] |
| 식욕 | 食欲 | shí yù | [스 위] |
| 식용하다 | 食用 | shí yòng | [스 융] |
| 식초 | 醋 | cù | [추] |
| 식품 | 食品 | shí pǐn | [스 핀] |
| 식히다 | 凉 | liàng | [량] |
| 신, 정신, 안색 | 神 | shén | [선] |
| 신 | 鞋 | xié | [세] |
| 신기하다, 놀랍다 | 神奇 | shén qí | [선 치] |
| 신경 | 神经 | shén jīng | [선 징] |
| 신념 | 信念 | xìn niàn | [씬 녠] |
| 신랑 | 新郎 | xīn láng | [신 랑] |
| 신뢰하다 | 信赖 | xìn lài | [씬 라이] |
| 신문 | 新闻 | xīn wén | [신 원] |
| 신문, 소식, 전보 | 报 | bào | [빠오] |
| 신문사 | 报社 | bào shè | [빠오 써] |

| 신문지 | 报纸 | bào zhǐ | [빠오 즈] |
| 신변 | 身边 | shēn biān | [선 삐엔] |
| 신봉하다 | 奉行 | fèng xíng | [펑 씽] |
| 신분 | 身分 | shēn fen | [선 프언] |
| 신비 | 奥秘 | ào mì | [아오 미] |
| 신비하다, 불가사이하다 | 神秘 | shén mì | [선 미] |
| 신사 | 绅士 | shēn shì | [선 쓰] |
| 신선 | 神仙 | shén xiān | [선 셴] |
| 신선하다, 맛이 좋다 | 鲜 | xiān | [셴] |
| 신선하다 | 新鲜 | xīn xiān | [신 셴] |
| 신성하다, 성스럽다 | 神圣 | shén shèng | [선 썽] |
| 신속히 | 迅速 | xùn sù | [쒼 쑤] |
| 신식, 신식이다 | 新式 | xīn sh | [신 쓰] |
| 신식이다 | 新型 | xīn xíng | [신 싱] |
| 신신 당부하다 | 叮嘱 | dīng zhǔ | [딩 주] |
| 신앙하다 | 信仰 | xìn yǎng | [씬 양] |
| 신용 | 信用 | xìn yòng | [씬 융] |
| 신용과 명예 | 信誉 | xìn yù | [씬 위] |
| 신용대부 | 信贷 | xìn dài | [씬 따이] |
| 신음 소리 | 哼 | hēng | [헝] |
| 신음하다 | 呻吟 | shēn yín | [선 인] |
| 신인 | 新人 | xīn rén | [신 런] |
| 신임하다 | 信任 | xìn rèn | [씬 런] |
| 신장염 | 肾炎 | shèn yán | [썬 옌] |
| 신중하다, 분별 있다 | 慎重 | shèn zhòng | [썬 쭁] |

| 신중하다, 조심하다 | 谨慎 | jǐn shèn | [진 썬] |
| --- | --- | --- | --- |
| 신진대사 | 新陈代谢 | xīn chén dài xiè | [신 천 따이 쎄] |
| 신청을 하다 | 报名 | bào míng | [빠오 밍] |
| 신청하다 | 申请 | shēn qǐng | [선 칭] |
| 신체 | 身体 | shēn tǐ | [선 티] |
| 신호 | 信号 | xìn hào | [씬 하오] |
| 신화 | 神话 | shén huà | [선 화] |
| 신흥하다 | 新兴 | xīn xìng | [신 씽] |
| 싣고 부리다 조립분해하다 | 装卸 | zhuāng xiè | [쫭 쎼] |
| 싣다(짐), 가득하다 | 载 | zǎi | [자이] |
| 실 | 线 | xiàn | [쎈] |
| 실, 뜨개실, 거즈 | 纱 | shā | [사] |
| 실눈을 뜨다, 졸다 | 眯 | mī | [미] |
| 실력 | 实力 | shí lì | [스 리] |
| 실리콘, 규소 | 硅 | guī | [꾸이] |
| 실망하다 | 失望 | shī wàng | [스 왕] |
| 실망하다 의기소침하다 | 灰心 | huī xīn | [후이 신] |
| 실면, 불면, | 失眠 | shī mián | [스 몐] |
| 실물 | 实物 | shí wù | [스 우] |
| 실사구시 | 实事求是 | shí shì qiú shì | [스 쓰 치우 쓰] |
| 실속있는 | 实惠 | shí huì | [스 후이] |
| 실수하다 | 失误 | shī wù | [스 우] |
| 실습하다 | 实习 | shí xí | [스 시] |
| 실업 | 失业 | shī yè | [스 예] |
| 실용이다 | 试用 | shì yòng | [쓰 융] |
| 실용적인 | 实用 | shí yòng | [스 융] |

|  |  |  |  |
|---|---|---|---|
| 실은, 사실상 | 其实 | qí shí | [치 스] |
| 실을 뽑다, 잣다 | 纺 | fǎng | [팡] |
| 실제 | 实际 | shí jì | [스 찌] |
| 실제적이다 | 实在 | shí zài | [스 짜이] |
| 실종되다 | 失踪 | shī zōng | [스 중] |
| 실질 | 实质 | shí zhì | [스 쯔] |
| 실천하다 | 实践 | shí jiàn | [스 쩬] |
| 실체 | 实体 | shí tǐ | [스 티] |
| 실컷, 족히 | 饱 | bǎo | [바오] |
| 실패 | 失败 | shī bài | [스 빠이] |
| 실행하다, 실시하다 | 实施 | shí shī | [스 스] |
| 실행하다 | 实行 | shí xíng | [스 싱] |
| 실험 | 实验 | shí yàn | [스 옌] |
| 실현하다 | 实现 | shí xiàn | [스 쏀] |
| 실황, 실제상황 | 实况 | shí kuàng | [스 쾅] |
| 싫다, 귀찮다 | 讨厌 | tǎo yàn | [타오 옌] |
| 싫어하다, 꺼리다 | 嫌 | xián | [셴] |
| 심 | 心 | xīn | [신] |
| 심각하다, 쓰라리다 | 沉痛 | chén tòng | [천 퉁] |
| 심각하다 | 深刻 | shēn kè | [선 커] |
| 심다, 재배하다 | 植 | zhí | [즈] |
| 심다(씨앗) | 种 | zhòng | [쭝] |
| 심도 | 深度 | shēn dù | [선 뛰] |
| 심득 | 心得 | xīn dé | [신 데] |
| 심령, 영혼 | 心灵 | xīn líng | [신 링] |
| 심리 | 心理 | xīn lǐ | [신 리] |
| 심리하다 | 审理 | shěn lǐ | [선 리] |
| 심목 | 心目 | xīn mù | [신 뮈] |

| 심문하다 | 审讯 | shěn xùn | [선 쒼] |
| 심미하다 | 审美 | shěn měi | [선 메이] |
| 심사 | 心事 | xīn shì | [신 쓰] |
| 심사 | 心思 | xīn si | [신 스] |
| 심사하다, 시험보다 | 考核 | kǎo hé | [카오 허] |
| 심사하다, 심리하다 | 审 | shěn | [선] |
| 심사하다, 조사하다 | 审查 | shěn chá | [선 챠] |
| 침식하다 | 侵蚀 | qīn shí | [친 스] |
| 심심하다, 고독하다 | 寂寞 | jì mò | [찌 뭐] |
| 심야 | 半夜 | bàn yè | [빤 예] |
| 심야, 밤중 | 深夜 | shēn yè | [선 예] |
| 심오하다 | 深奥 | shēn'ào | [선 아오] |
| 심원하다 | 深远 | shēn yuǎn | [선 왼] |
| 심의하다 | 审议 | shěn yì | [선 이] |
| 심입하다 | 深入 | shēn rù | [선 뤼] |
| 심장 | 心脏 | xīn zàng | [신 짱] |
| 심절하다 | 深切 | shēn qiè | [선 쳬] |
| 심정 | 心情 | xīn qíng | [신 칭] |
| 심중, 마음 속 | 心中 | xīn zhōng | [신 중] |
| 심중하다 | 深重 | shēn zhòng | [선 쭝] |
| 심지어 | 甚而 | shèn'er | [썬 얼] |
| 심지어, 조차 | 甚至 | shèn zhì | [썬 쯔] |
| 심처 | 深处 | shēn chù | [선 추] |
| 심판하다 | 审判 | shěn pàn | [선 프앤] |
| 심하다, 깊다 | 沉 | chén | [천] |
| 심하다, 무겁다 | 沉重 | chén zhòng | [천 쭝] |
| 심한 손상을 주다 | 摧残 | cuī cán | [추이 챈] |
| 심혈 | 心血 | xīn xuè | [신 쉐] |

人

| 심화하다 | 深化 | shēn huà | [션 화] |
| 심후한 | 深厚 | shēn hòu | [썬 호우] |
| 싱겁다, 부진하다 | 淡 | dàn | [딴] |
| 싸다, 둘러싸다 | 兜 | dōu | [도우] |
| 싸다, 싸매다, | 窜 | cuàn | [촨] |
| 싸다, 싸매다 휘감다 | 裹 | guǒ | [궈] |
| 싸다 | 便宜 | pián yi | [펜 이] |
| 싸다 | 包 | bāo | [바오] |
| 적대하다, 대항하다 | 敌 | dí | [디] |
| 싸우다, 떨다 | 战 | zhàn | [짠] |
| 싸우다, 전쟁하다 | 打仗 | dǎ zhàng | [다 짱] |
| 싸우다 | 斗 | dòu | [또우] |
| 싸움터 | 战场 | zhàn chǎng | [짠 창] |
| 싸움하다, 싸우다 | 打架 | dǎ jià | [다 쟈] |
| 싹, 새싹 | 苗 | miáo | [먀오] |
| 쌀 | 米 | mǐ | [미] |
| 쌀밥 | 米饭 | mǐ fàn | [미 판] |
| 쌍, 짝, 대칭 | 对 | duì | [뚜이] |
| 쌍방 | 双方 | shuāng fāng | [쐉 팡] |
| 쌍을 이루는, | 双 | shuāng | [쐉] |
| 쌓다(돌, 흙) | 垒 | lěi | [레이] |
| 쌓다(벽돌, 돌) | 砌 | qì | [치] |
| 쌓다 | 积 | jī | [지] |
| 쌓아두다, 저장하다 | 蓄 | xù | [쒸] |
| 쌓아올리다 | 堆积 | duī jī | [두이 지] |
| 쌓이다 | 积压 | jī yā | [지 야] |
| 써넣다, 기입하다 | 填写 | tián xiě | [톈 셰] |

|  |  |  |  |
|---|---|---|---|
| 써넣다, 매우다 | 填 | tián | [톈] |
| 써버린, 궁지 | 绝 | jué | [쥐] |
| 썩다, 부패해지다 | 腐烂 | fǔ làn | [푸 란] |
| 썩다, 흐물흐물하다 | 烂 | làn | [란] |
| 썩어 문드러지다 | 腐朽 | fǔ xiǔ | [푸 시우] |
| 쏘다, 발사하다 | 射 | shè | [써] |
| 쏠다, 갉아먹다 | 啃 | kěn | [컨] |
| 쑤시다, 폭로하다 | 捅 | tǒng | [퉁] |
| 쓰다, 사용하다 | 用 | yòng | [융] |
| 쓰다, 서사하다 | 书写 | shū xiě | [수 셰] |
| 쓰다, 지불하다 | 费 | fèi | [페이] |
| 쓰다 | 苦 | kǔ | [쿠] |
| 쓰다 | 戴 | dài | [따이] |
| 쓰다 | 写 | xiě | [셰] |
| 쓰레기 | 垃圾 | lā jī | [라 지] |
| 쓸개, 담력, 용기 | 胆 | dǎn | [단] |
| 쓸데없다 쓰이지 않다 | 废 | fèi | [페이] |
| 쓸모없다 | 没用 | méi yòng | [메이 융] |
| 쓸모있다 | 有用 | yǒu yòng | [유 융] |
| 쓸쓸하다, 냉담하다 | 冷淡 | lěng dàn | [렁 딴] |
| 씌우개, 덮개 | 罩 | zhào | [짜오] |
| 씨(과일), 핵 | 核 | hé | [허] |
| 씨, 씨앗 | 籽 | zǐ | [즈] |
| 씨, 종자 | 种 | zhǒng | [중] |
| 씹다 | 嚼 | jiáo | [쟈오] |
| 씻다, 세척하다 | 洗涤 | xǐ dí | [시 디] |
| 씻다, 세탁하다 | 洗 | xǐ | [시] |

# ㅇ (아)

| | | | |
|---|---|---|---|
| 아, 야(놀람) | 呀 | yā | [야] |
| 아가씨 | 小姐 | xiǎo jiě | [샤오 제] |
| 아기, 어린애 | 娃娃 | wá wa | [와 와] |
| 아까워하다, 몹시 사랑하다 | 心疼 | xīn téng | [신 텅] |
| 아까워하다 | 舍不得 | shě bu de | [서 부 데] |
| 아끼다, 생략하다 | 省 | shěng | [성] |
| 아끼다 | 节省 | jié shěng | [제 성] |
| 아끼지 않다, 꺼리지 않다 | 不惜 | bù xī | [뿌 시] |
| 아낌, 애석함 | 爱惜 | ài xī | [아이 시] |
| 아내를 얻다 | 娶 | qǔ | [취] |
| 아는 바에 의하면 | 据悉 | jù xī | [쮜 시] |
| 아니, 앗, 야 | 哟 | yao | [야오] |
| 아니 | 没有 | méi yǒu | [메이 요우] |
| 아니다, 없다, 반대이다 | 非 | fēi | [페이] |
| 아니면 ~일 것이다 | 不是~而是 | bú shì~ér shì | [부 쓰~얼 쓰] |
| 아동 | 儿童 | ér tóng | [얼 퉁] |
| 아득하다, 망망하다 | 茫茫 | máng máng | [망 망] |
| 아득히 멀다 | 遥远 | yáo yuǎn | [야오 웬] |
| 아들 | 儿子 | ér zi | [얼 즈] |
| 아들(놈) | 小子 | xiǎo zi | [샤오 즈] |
| 아들, 딸 | 儿女 | ér nǚ | [얼 뉘] |

|  |  |  |  |
|---|---|---|---|
| 아랍어 | 阿拉伯语 | Ā lā bō yǔ | [아 라 보 위] |
| 아래로 내려가다 하향하다 | 下乡 | xià xiāng | [쌰 썅] |
| 아래로 내려오다 | 下放 | xià fàng | [쌰 팡] |
| 아래와 같다 | 如下 | rú xià | [루 쌰] |
| 아래쪽 | 下面 | xià mian | [쌰 몐] |
| 아름답다 | 美丽 | měi lì | [메이 리] |
| 아리송하다 미혹되다 | 迷惑 | mí huò | [미훠] |
| 아마, 어쩌면 | 或许 | huò xǔ | [훠 쉬] |
| 아마 | 也许 | yě xǔ | [예 쉬] |
| 아마 ~일 것이다 | 怕 | pà | [파] |
| 아마 ~일 것이다 | 恐怕 | kǒng pà | [쿵 파] |
| 아마도, 어쩌면 | 说不定 | shuō bù ding | [쉬 부 띵] |
| 아마도 | 可能 | kě néng | [커 능] |
| 아마도 | 许 | xǔ | [쉬] |
| 아무래도 | 总得 | zhǒng děi | [중 데이] |
| 아무렇지도 않다 | 不在乎 | bú zài hu | [부 짜이 후] |
| 아마추어 | 业余 | yè yú | [예 위] |
| 아버님 | 大爷 | dà ye | [따 예] |
| 아버지 | 父亲 | fù qīn | [푸 친] |
| 아버지, 아빠 | 爹 | diē | [뎨] |
| 아빠 | 爸爸 | bà ba | [빠 바] |
| 아쉽다, 섭섭하다 | 可惜 | kě xī | [커 시] |
| 아연 | 锌 | xīn | [신] |
| 아이 | 孩子 | hái zi | [하이 즈] |
| 아이구 | 哎呀 | āi yā | [아이 야] |
| 아이스케이크 | 冰棍儿 | bīng gùr | [빙 꿀] |

189

|  |  |  |  |
|---|---|---|---|
| 아이스크림 | 冰淇淋 | bīng qī líng | [빙 치 링] |
| 아주 고요하다 | 静悄悄 | jìng qiāo qiāo | [찡 챠오 챠오] |
| 아주 많다(사람) | 众多 | zhòng duō | [쭝 뒤] |
| 아주머님 | 大嫂 | dà sǎo | [따 사오] |
| 아직, 여전히 | 尚 | shàng | [쌍] |
| 아직 ~하지 않다 | 未 | wèi | [웨이] |
| 아첨하다, 환심을 사다 | 巴结 | bā jie | [바 제] |
| 아침저녁, 조석 | 早晚 | zǎo wǎn | [자오 완] |
| 아침 | 早上 | zǎo shang | [자오 상] |
| 아침 | 早晨 | zǎo chen | [자오 천] |
| 아침밥 | 早饭 | zǎo fàn | [자오 프안] |
| 아편 | 鸦片 | yā piàn | [야 펜] |
| 아프다, 아끼다 | 疼 | téng | [텅] |
| 아프다 | 疼痛 | téng tòng | [텅 퉁] |
| 아프다 | 痛 | tòng | [퉁] |
| 악곡 | 乐曲 | yuè qǔ | [웨 취] |
| 악기 | 乐器 | yuè qì | [웨 치] |
| 악당, 깡패 | 歹徒 | dǎi tú | [다이 투] |
| 악당, 나쁜 놈 | 坏蛋 | huài dàn | [화이 딴] |
| 악대 | 乐队 | yuè duì | [웨 뚜이] |
| 악독하다 | 恶毒 | è dú | [어 두] |
| 악랄하다 사납고 거칠다 | 凶狠 | xiōng hěn | [슝 헌] |
| 악렬하다 | 恶劣 | è liè | [어 례] |
| 악부, 장인 | 岳父 | yuè fù | [웨 푸] |
| 악성이다 | 恶性 | è xìng | [어 씽] |
| 악수하다 | 握手 | wò shǒu | [워 소우] |

| 악화하다 | 恶化 | è huà | [어 화] |
| 안, 속 | 里 | lǐ | [리] |
| 안 | 里头 | lǐ tou | [리 토우] |
| 안개 | 雾 | wù | [우] |
| 안건 | 案件 | àn jiàn | [안 쩬] |
| 안경 | 眼镜 | yǎn jìng | [옌 찡] |
| 안내하다, 인도하다 | 引导 | yǐn dǎo | [인 다오] |
| 안다, 싸다 | 抱 | bào | [빠오] |
| 안된다 | 不行 | bù xíng | [뿌 싱] |
| 안배하다 | 安排 | ān pái | [안 파이] |
| 안부를 묻다 | 问好 | wèn hǎo | [원 하오] |
| 안부를 묻다 | 问候 | wèn hòu | [원 호우] |
| 안색, 표정 | 神色 | shén sè | [선 써] |
| 안색, 표정, 기색 | 神情 | shé qíng | [써 칭] |
| 안심하다 | 安心 | ān xīn | [안 신] |
| 안전감 | 安全感 | ān quán gǎn | [안 췐 간] |
| 안전하다 | 保险 | bǎo xiǎn | [바오 셴] |
| 안전하다 | 安全 | ān quán | [안 췐] |
| 안정되다, 믿음직하다 | 稳 | wěn | [원] |
| 안녕되다 | 安宁 | ān níng | [안 닝] |
| 안정되다 | 稳定 | wěn dìng | [원 띵] |
| 안정시키다 | 安定 | ān dìng | [안 띵] |
| 안정적이다 | 安静 | ān jìng | [안 찡] |
| 안정하다 편안히, 안정시키다 | 安 | ān | [안] |
| 안정하다 | 安定 | ān ding | [안 띵] |
| 안쪽 | 里面 | lǐ miàn | [리 몐] |

191

|  |  |  |  |
|---|---|---|---|
| 안쪽 | 里边 | lǐ biān | [리 뻰] |
| 안치하다 | 安置 | ān zhì | [안 쯔] |
| 안타까워하다, 아쉬워하다 | 惋惜 | wǎn xī | [완 시] |
| 안테나 | 天线 | tiān xiàn | [톈 쎈] |
| 안하무인 | 目中无人 | mù zhōng wú rén | [무 중 우 런] |
| 앉다 | 坐 | zuò | [쭤] |
| 않다(부정문에 사용) | 不 | bù | [뿌] |
| 알맞다, 순서대로 | 顺 | shùn | [쑨] |
| 알맞다, 적절하다 | 恰当 | qià dàng | [챠 땅] |
| 알, 난자 | 卵 | luǎn | [롼] |
| 알, 알 모양의 것 | 蛋 | dàn | [딴] |
| 알 | 丸 | wán | [완] |
| 알다, 끝나다, ~할 수 있다 | 了 | liǎo | [랴오] |
| 알다, 식별하다 | 识 | shí | [스] |
| 알다, ~할 줄 안다, 능숙하다 | 会 | huì | [후이] |
| 알다 | 明白 | míng bai | [밍 바이] |
| 알다 | 知 | zhī | [즈] |
| 알다 | 知道 | zhī dào | [즈 따오] |
| 알다 | 懂 | dǒng | [둥] |
| 알다 | 懂得 | dǒng de | [둥 더] |
| 알다 | 晓得 | xiǎo de | [샤오 더] |
| 알다 | 认得 | rèn de | [런 더] |
| 알다가도 모를 일이다 | 莫名其妙 | mò míng qí miào | [뭐 밍 치 먀오] |
| 알려 드릴 것이 없다 | 无可奉告 | wú kě fèng gào | [우 커 펑 까오] |
| 알루미늄 | 铝 | lǚ | [뤼] |

| 알리다 고발하다, 선언하다 | 告 | gào | [까오] |
| 알리다, 드러내다 | 揭示 | jiē shì | [제 쓰] |
| 알리다, 보답하다 | 报 | bào | [빠오] |
| 알리다 | 告诉 | gào sù | [까오 쑤] |
| 알맞다, 때마침 | 恰到好处 | qià dào hǎo chù | [챠 따오 하오 추] |
| 알맞다, 순서대로 | 顺 | shùn | [쑨] |
| 알 수 있는바 | 可见 | kě jiàn | [커 쪤] |
| 알아맞히다 | 猜测 | cāi cè | [차이 처] |
| 알아맞히다, 추측하다 | 猜 | cāi | [차이] |
| 알아보다, 확인하다 | 认 | rèn | [런] |
| 알아보다 | 打听 | dǎ tīng | [다팅] |
| 알코올, 주정 | 酒精 | jiǔ jīng | [지우 징] |
| 앓다, (병에) 걸리다 | 患 | huàn | [환] |
| 앓다, 아프다 | 病 | bìng | [삥] |
| 암 | 癌 | ái | [아이] |
| 암담하다 | 暗淡 | àn dàn | [안 딴] |
| 암살하다 | 暗杀 | àn shā | [안 샤] |
| 암석 | 岩石 | yán shí | [옌 스] |
| 암송하다 | 背诵 | bèi sòng | [베이 쏭] |
| 암시하다 | 暗示 | àn shì | [안 쓰] |
| 암중, 암암리 | 暗中 | àn zhōng | [안 중] |
| 암컷 | 雌 | cí | [츠] |
| 압력 | 压力 | yā lì | [야 리] |
| 압제하다 | 压制 | yā zhì | [야 쯔] |
| 압축하다, 줄이다 | 压缩 | yā suō | [야 쉬] |

| 앙앙, 엉엉(울음소리) | 哇 | wā | [와] |
| --- | --- | --- | --- |
| 앙양되다 | 昂扬 | áng yáng | [앙 양] |
| 앞, 면전 | 面前 | miàn qián | [몐 쳰] |
| 앞, 앞쪽 | 前方 | qián fāng | [쳰 팡] |
| 앞 | 前 | qián | [쳰] |
| 앞당기다 | 提前 | tí qián | [티 쳰] |
| 앞뒤를 따져 생각하다 | 思前思后 | sī qián sī hòu | [스 쳰 스 호우] |
| 앞서다, 리드하다 | 领先 | lǐng xiān | [링 셴] |
| 앞으로 가다 | 前往 | qián wǎng | [쳰 왕] |
| 앞장서다, 솔선수범하다 | 带头 | dài tóu | [따이 토우] |
| 앞줄 | 前列 | qián liè | [쳰 례] |
| 앞쪽 | 前面 | qián miàn | [쳰 몐] |
| 앞쪽 | 前边 | qián biān | [쳰 볜] |
| 앞쪽 | 前头 | qián tou | [쳰 토우] |
| 애걸하다 | 哀求 | āi qiú | [아이 치우] |
| 애도하다 | 哀掉 | āi dào | [아이 따오] |
| 애써 추구하다 | 力求 | lì qiú | [리 치우] |
| 애쓰다(지지 않으려고) | 争气 | zhēng qì | [정 치] |
| 애인, 처 | 爱人 | ài rén | [아이 런] |
| 애정 | 爱情 | ài qíng | [아이 칭] |
| 애지중지하다 | 心爱 | xīn'ài | [신 아이] |
| 애호하다 | 爱好 | ài hào | [아이 하오] |
| 애호하다 | 爱护 | ài hù | [아이 후] |
| 액수, 정액 | 数额 | shù'é | [수웨] |
| 액체 | 液 | yè | [예] |
| 액체 | 液体 | yè tǐ | [예 티] |
| 야, 여보세요 | 喂 | wèi | [워이] |

| 야간 | 夜间 | yè jiān | [예 젠] |
| 야구 | 棒球 | bàng qiú | [빵 치우] |
| 야근 | 夜班 | yè bān | [예 반] |
| 야금 | 冶金 | yě jīn | [예 진] |
| 야기하다, 성나게 하다 | 惹 | rě | [러] |
| 야기하다, 유발하다 | 致 | bǎo zhì | [바오 쯔] |
| 야기하다 | 引起 | yǐn qǐ | [인 치] |
| 야만스럽다 | 野蛮 | yě mán | [예 만] |
| 야박하다, 경미하다 | 薄 | báo | [바오] |
| 야생적이다 | 野生 | yě shēng | [예 성] |
| 야수 | 野兽 | yě shòu | [예 쏘우] |
| 야심 | 野心 | cū xīn | [추 신] |
| 야외 | 野外 | yě wài | [예 와이] |
| 야채, 요리 | 菜 | cài | [차이] |
| 야채 | 青菜 | qīng cài | [칭 차이] |
| 야회 | 晚会 | wǎn huì | [완 후이] |
| 약 | 药 | yào | [야오] |
| 약간 못하다 | 差点儿 | chà diǎnr | [차 델] |
| 약간 | 一些 | yì xiē | [이 셰] |
| 약간, 조금 | 道 | dào | [따오] |
| 약물 | 药物 | yào wù | [야오 우] |
| 약물 | 药水儿 | yào shuǐr | [야오 쉴] |
| 약속 | 约会 | yuē huì | [웨 후이] |
| 약속을 어기다 위약하다 | 失约 | shī yuē | [스 웨] |
| 약속하다, 청하다 | 约 | yuē | [웨] |
| 약재 | 药材 | yào cái | [야오 차이] |

195

| 약점 | 弱点 | ruò diǎn | [뤄 뎬] |
| 약진하다 | 跃进 | yuè jìn | [웨 찐] |
| 약탈하다, 수탈하다 | 掠夺 | lüè duó | [뤠 둬] |
| 약품 | 药品 | yào pǐn | [야오 핀] |
| 약하다 | 弱 | ruò | [뤄] |
| 약혼을 하다 | 订婚 | dìng hūn | [띵 훈] |
| 얄밉다, 가증스럽다 | 可恶 | kě wù | [커 우] |
| 얇은 막, 필름 | 薄膜 | bó mó | [보 모] |
| 얇은 조각 | 片 | piàn | [펜] |
| 얌전하다, 귀엽다 | 乖 | guāi | [과이] |
| 양 | 羊 | yáng | [양] |
| 양, 분량, 한도 | 量 | liàng | [량] |
| 양, 태양, 겉 | 阳 | yáng | [양] |
| 양극 | 两极 | liǎng jí | [량 지] |
| 양도하다 | 转让 | zhuǎn ràng | [좐 랑] |
| 양말 | 袜子 | wà zi | [와 즈] |
| 양보하다, 전하다 ~시키다 | 让 | ràng | [랑] |
| 양보하다 | 让步 | ràng bù | [랑 뿌] |
| 양보하다 | 迁就 | qiān jiù | [쳰 찌우] |
| 양복 | 西服 | xī fú | [시 푸] |
| 양분 | 养分 | yǎng fèn | [양 프언] |
| 양분 | 养料 | yǎng liào | [양 랴오] |
| 양식 | 粮食 | liáng shi | [량 스] |
| 양식 | 式样 | shì yang | [쓰 양] |
| 양식, 격식, 의식 | 式 | shì | [쓰] |
| 양식하다 | 养殖 | yǎng zhí | [양 즈] |
| 양심 | 良心 | liáng xīn | [량 신] |

|  |  |  |  |
|---|---|---|---|
| 양육하다, 수양하다, 보수하다 | 养 | yǎng | [양] |
| 양육하다 | 养育 | yǎng yù | [양 위] |
| 양의회원 | 众议院 | zhòng yì yuàn | [쭝 이 웬] |
| 양조하다, 만들다 | 酿 | niàng | [냥] |
| 양쪽 | 两旁 | liǎng pang | [량 팡] |
| 양초, 초 | 蜡烛 | là zhú | [라 주] |
| 양해하다 | 体谅 | tǐ liàng | [티 량] |
| 양해하다 | 原谅 | yuán liàng | [웬 량] |
| 양해하다 | 谅解 | liàng jiě | [량 제] |
| 양호하다 | 良好 | liáng hǎo | [량 하오] |
| 얕다, 색이연하다 | 浅 | qiǎn | [첸] |
| 얕보다, 업신여기다 | 欺负 | qī fu | [치 푸] |
| 얕잡아보다 | 贬低 | biǎn dī | [벤 디] |
| 어구 | 词句 | cí jù | [츠 쮜] |
| 어기다, 발명하다 | 犯 | fàn | [프안] |
| 어깨 | 肩 | jiān | [젠] |
| 어깨 | 肩膀 | jiān bǎng | [젠 방] |
| 어느 것 | 哪个 | nǎ ge | [나 거] |
| 어느 것 | 哪些 | nǎ xiē | [나 셰] |
| 어두운 밤 | 黑夜 | hēi yè | [헤이 예] |
| 어둡다 | 阴暗 | yīn'àn | [인 안] |
| 어둡다 | 暗 | àn | [안] |
| 어둡다 | 黑暗 | hēi'àn | [헤이 안] |
| 어디 | 哪 | nǎ | [나] |
| 어디 | 哪里 | nǎ li | [나 리] |
| 어떠한 | 任何 | rèn hé | [런 허] |
| 어떠한가, 별로 | 怎么样 | zěn me yàng | [전 머 양] |

| 어떤 결과를 초래하다 | 以至 | yǐ zhì | [이 쯔] |
| 어떤 때는 | 有时侯 | yǒu shí hou | [유 스 호우] |
| 어떤, 아무, 모 | 某 | mǒu | [모우] |
| 어떤, 어떠한 | 某些 | mǒu xiē | [모우 셰] |
| 어떤, 얼마나 | 何等 | hé děng | [허 덩] |
| 어떤 것 | 有的 | yǒu de | [유 더] |
| 어떻게 | 怎么着 | zěn me zhe | [전 머 더] |
| 어떻게 되든 관계없이 | 无论如何 | wú lùn rú hé | [우 룬 루 허] |
| 어떻게 | 如何 | rú hé | [루 허] |
| 어떻게 | 怎么 | zěn me | [전 머] |
| 어떻게 | 怎样 | zěn yàng | [전 양] |
| 어려움과 위험 | 艰险 | jiān xiǎn | [젠 난] |
| 어렵다, 나쁘다 | 难 | nán | [난] |
| 어렵다, 힘들다 | 艰难 | jiān nán | [젠 난] |
| 어렵다 | 困苦 | kùn kǔ | [쿤 쿠] |
| 어르신네 나리, 주인 | 老爷 | lǎo ye | [라오 예] |
| 어르신네, 어른 | 老人家 | lǎo rén jiā | [라오 런 쟈] |
| 어리다 | 幼 | yòu | [유] |
| 어리둥절 해하다 | 愣 | lèng | [렁] |
| 어리석게 범하다 온통 저지르다 | 犯浑 | fàn hún | [쁘안 훈] |
| 어리석다, 멍청하다 | 傻 | shǎ | [사] |
| 어리석다, 우둔하다 | 蠢 | chǔn | [춘] |
| 어리석다 | 糊涂 | hú tu | [후 투] |
| 어린 시절, 동년 | 童年 | tóng nián | [퉁 녠] |
| 어린아이 | 小孩儿 | xiǎo háir | [샤오 할] |
| 어릴 때부터 | 从小 | cóng xiǎo | [충 샤오] |

| | | | |
|---|---|---|---|
| 어머니 | 妈妈 | mā ma | [마 마] |
| 어머니, 젊은 여자 | 娘 | niáng | [냥] |
| 어머님 | 母亲 | mǔ qīn | [무 친] |
| 어머님(존칭) | 大娘 | dà niáng | [따 냥] |
| 어문 | 语文 | yǔ wén | [위 원] |
| 어민 | 渔民 | yú mín | [위 민] |
| 어색하다, 괴팍하다 | 别扭 | biè niu | [삐에 니우] |
| 어업 | 渔业 | yú yè | [위 웨] |
| 어음 | 语音 | yǔ yīn | [위 인] |
| 어제 | 昨天 | zuó tiān | [쭤 텐] |
| 어조 | 语调 | yǔ diào | [위 땨오] |
| 어조, 말씨 | 口气 | kǒu qì | [커우 치] |
| 어지럽다, 쇼크하다 | 晕 | yūn | [윈] |
| 어지조사 | 哪 | na | [나] |
| 어질고 총명하다(여자) | 贤惠 | xián huì | [센 후이] |
| 어쨌든 | 反正 | fǎn zhèng | [판 쩡] |
| 어쩔 수가 없다 | 无能为力 | wú néng wéi lì | [우 넝 워이 리] |
| 어찌 이럴 수가 있는가? | 岂有此理 | qǐ yǒu cǐ lǐ | [치 유 츠리] |
| 어찌할 도리가 없다 막무가내다 | 无可奈何 | wú kě nài hé | [우 커 나이 허] |
| 어휘 | 词汇 | cí huì | [츠 후이] |
| 억 | 亿 | yì | [이] |
| 억누르다, 억제하다 | 压抑 | yā yì | [야 이] |
| 억만 | 亿万 | yì wàn | [이 완] |
| 억압하다 | 压迫 | yā pò | [야 포] |
| 억울하다, 무함하다 | 冤枉 | yuān wang | [웬 왕] |
| 억울함, 원한 | 冤 | yuān | [웬] |
| 억제하다 | 抑制 | yì zhì | [이 즈] |

| | | | |
|---|---|---|---|
| ☐ 억지로 하다, 무리하게 하다 | 强 | qiǎng | [챵] |
| ☐ 억지로 | 硬 | yìng | [잉] |
| ☐ 언, 말(하다) | 言 | yán | [옌] |
| ☐ 언급되다, 관련되다 | 涉及 | shè jí | [써 지] |
| ☐ 언덕, 강기슭 | 岸 | àn | [안] |
| ☐ 언론 | 言论 | yán lùn | [옌 룬] |
| ☐ 언명하다 | 宣称 | xuān chēng | [쉔 청] |
| ☐ 언어 | 言语 | yán yǔ | [옌 위] |
| ☐ 언어 | 语言 | yǔ yǎn | [위 옌] |
| ☐ 언제 어디서나 | 随时随地 | suí shí suí dì | [수이 스 수이 띠] |
| ☐ 얻기 어렵다, 드물다 | 难得 | nán dé | [난 더] |
| ☐ 얻다 | 得到 | dé dào | [더 따오] |
| ☐ 얼굴 | 面容 | miàn róng | [멘 룽] |
| ☐ 얼굴 | 脸 | lián | [렌] |
| ☐ 얼굴을 마주하다 | 迎面 | yíng miàn | [잉 멘] |
| ☐ 얼다 | 冻 | dòng | [뚱] |
| ☐ 얼룩, 반점 | 斑 | bān | [반] |
| ☐ 얼른, 급히 | 连忙 | lián máng | [렌 망] |
| ☐ 얼리다, 달래다 | 哄 | hǒng | [훙] |
| ☐ 얼마 | 多少 | duō shao | [둬 사오] |
| ☐ 얼마나 | 多么 | duō me | [둬 머] |
| ☐ 얼마나 | 多 | duō | [둬] |
| ☐ 얼마든지, 마음대로 | 只管 | zhǐ guǎn | [즈 관] |
| ☐ 얼마든지 | 尽管 | jìn guǎn | [찐 관] |
| ☐ 얼음 | 冰 | bīng | [빙] |
| ☐ 엄격하다 | 严格 | yán gé | [옌 거] |

| 엄금하다 | 严禁 | yán jìn | [옌 찐] |
| 엄마, 암컷 | 母 | mǔ | [무] |
| 엄밀하다 | 严密 | yán mì | [옌 미] |
| 엄밀히 점검하다, 관문을 지키다 | 把关 | bǎ guān | [바 관] |
| 엄숙하다 | 严肃 | yán sù | [옌 쑤] |
| 엄준하다 | 严峻 | yán jùn | [옌 쮠] |
| 엄중하다 | 严重 | yán zhòng | [옌 쭝] |
| 엄지손가락 | 大拇指 | dà mǔ zhǐ | [다 무 즈] |
| 엄하다 | 严 | yán | [옌] |
| 엄한이다 | 严寒 | yán hán | [옌 한] |
| 엄호하다, 보호하다 | 掩护 | yǎn hù | [옌 후] |
| 업다, 지다 | 背 | bèi | [뻬이] |
| 업무 | 业务 | yè wù | [예 우] |
| 없다 | 无 | wú | [우] |
| 없다 | 没 | méi | [메이] |
| 없다 | 没有 | méi yǒu | [메이 유] |
| 없애다 | 清除 | qīng chú | [칭 추] |
| 없음, 무 | 无 | wú | [우] |
| 엇갈리다, 문지르다 | 错 | cuò | [춰] |
| 엇비슷하다 | 不相上下 | bù xiāng shàng xià | [뿌 샹 쌍 쌰] |
| 엉덩이 | 屁股 | pì gu | [피 구] |
| 엉망진창이다 | 乱七八糟 | luàn qī bā zāo | [롼 치 바 자오] |
| 엉터리없다 | 荒谬 | huāng miù | [황 뮤] |
| 엎드리다, 잠복하다 | 伏 | fú | [푸] |
| 엎드리다 | 趴 | pā | [파] |
| 에너지 | 劲头 | jìn tóu | [찐 타오] |
| 에너지 | 能量 | néng liàng | [넝 량] |

| 에너지를 아끼다 | 节能 | jié néng | [제 넝] |
| ~에서 오다 | 来自 | lái zì | [라이 쯔] |
| 에어컨 | 空调 | kōng tiáo | [쿵 탸오] |
| 에이, 어 | 哎哟 | āi yō | [아이 요] |
| 에이즈 | 艾滋病 | ài zī bìng | [아이 즈 삥] |
| 엔(일본 화폐단위) | 日元 | rì yuán | [르 웬] |
| 엔지니어 | 工程师 | gōng chéng shī | [궁 청 스] |
| 엘리베이터, 승강기 | 电梯 | diàn tī | [뗀 티] |
| 여객 | 旅客 | lǚ kè | [뤼 커] |
| 여객 열차 | 客车 | kè chē | [커 처] |
| 여과하다, 거르다 | 过滤 | guò lǜ | [꿔 뤼] |
| 여관 | 旅店 | lǚ diàn | [뤼 뗀] |
| 여관 | 旅馆 | lǚguǎn | [뤼 관] |
| 여권 | 护照 | hù zhào | [후 짜오] |
| 여기 | 这里 | zhè lǐ | [쩌 리] |
| 여기 | 这儿 | zhèr | [쩔] |
| 여기다 | 以为 | yǐ wéi | [이 웨이] |
| 여단 | 旅 | liǔ | [뤼] |
| 여동생 | 妹妹 | mèi mei | [메이 메이] |
| 여러 방면으로 돌보다 | 面面俱到 | miàn miàn jù dào | [멘 멘 쮜 따오] |
| 여러 번, 재삼재사 | 三番五次 | sān fān wǔ cì | [산 판 우 츠] |
| 여러가지 직업 | 各行各业 | gè háng gè yè | [꺼 항 꺼 예] |
| 여러가지, 갖가지 | 种种 | zhǒng zhong | [중 중] |
| 여러분 | 诸位 | zhū wèi | [주 웨이] |
| 여럿 | 各 | gè | [꺼] |
| 여럿으로 나누다 | 分批 | fēn pī | [프언 피] |
| 여럿이 쓰다 | 公用 | gōng yòng | [궁 융] |
| 여럿이 | 大伙儿 | dà huǒr | [따 훨] |

| 여론 | 舆论 | yú lùn | [위 룬] |
| 여론 | 民意 | mín yì | [민 이] |
| 여름 | 夏 | xià | [쌰] |
| 여름 | 夏天 | xià tiān | [쌰 톈] |
| 여름방학 | 暑假 | shǔ jià | [수 쨔] |
| 여름철, 하계 | 夏季 | xià jì | [쌰 찌] |
| 여리다, 엷다 | 嫩 | nèn | [넌] |
| 여명 | 黎明 | lí míng | [리 밍] |
| 여분의, 군더더기의 | 多余 | duō yú | [뒤 위] |
| 여사 | 女士 | nǚ shì | [뉘 쓰] |
| 여성 | 女性 | nǚ xìng | [뉘 씽] |
| 여우, | 狐狸 | hú li | [후 리] |
| 여울, 모래톱 | 滩 | tān | [탄] |
| 여위다, 품이 작다 | 瘦 | shòu | [쏘우] |
| 여유가 있다 | 富余 | fù yu | [푸 위] |
| 여인 | 女人 | nǚ rén | [뉘 런] |
| 여자 | 女子 | nǚ zi | [뉘 즈] |
| 여전히 | 仍然 | réng rán | [렁 란] |
| 여전히, 더욱이 | 还 | hái | [하이] |
| 여전히, 변함없다 | 仍旧 | réng jiù | [렁 찌우] |
| 여전히, 아직도 | 仍 | réng | [렁] |
| 여전히, 아직도 | 仍旧 | réng jiù | [렁 찌우] |
| 여전히, 예전대로 | 照样 | zhào yang | [짜오 양] |
| 여전히, 의연히 | 依然 | yī rán | [이 란] |
| 여전히 | 依旧 | yī jiù | [이 찌우] |
| 여정 | 旅途 | lǚ tú | [뤼 투] |
| 여지(과일) | 荔枝 | lì zhī | [리즈] |
| 여컨대 | 例如 | lì rú | [리 루] |

| 여행, 관광 | 旅游 | lǚ yóu | [뤼 유] |
| 여행, 행위 | 行 | xíng | [싱] |
| 여행하다 | 旅游 | lǚyóu | [뤼 유] |
| 여행하다 | 旅行 | lǚ xíng | [뤼 싱] |
| 역, 정류소 | 站 | zhàn | [짠] |
| 역대 | 历代 | lì dài | [리 따이] |
| 역량 | 力量 | lì liang | [리 량] |
| 역류 | 逆流 | nì liú | [니 리우] |
| 역사 | 史 | shǐ | [스] |
| 역사 | 历史 | lì shǐ | [리 스] |
| 역시 | 还是 | hái shì | [하이 쓰] |
| 역전 | 车站 | chē zhàn | [처 짠] |
| 역청, 아스팔트 | 沥青 | lì qīng | [리 칭] |
| 엮다, 편성하다 | 编制 | biān zhì | [볜 쯔] |
| 엮다, 편집하다 꾸미다 | 遍 | biàn | [볜] |
| 연 | 风筝 | fēng zheng | [펑 쩡] |
| 연, 납 | 铅 | qiān | [쳰] |
| 연결하다, 연계를 맺다 | 挂钩 | guà gōu | [꽈 고우] |
| 연결하다, 잇다 | 连 | lián | [롄] |
| 연계하다 | 联系 | lián xì | [롄 씨] |
| 연고, 까닭, 이유 | 缘故 | yuán gù | [웬 꾸] |
| 연구생 | 研究生 | yán jiū shēng | [옌 찌우 성] |
| 연구소 | 研究所 | yán jiū suǒ | [옌 찌우 쉬] |
| 연구제작하다 | 研制 | yán zhì | [옌 쯔] |
| 연구토론하다 | 探讨 | tàn tǎo | [탄 타오] |
| 연구하다 | 研究 | yán jiū | [옌 지우] |

| | | | |
|---|---|---|---|
| ☐ 연극 | 话剧 | huà jù | [화 쮜] |
| ☐ 연기를 하다, 발전하다 | 演 | yǎn | [옌] |
| ☐ 연기하다 | 延期 | yán qī | [옌 치] |
| ☐ 연꽃 | 荷花 | hé huā | [허 화] |
| ☐ 연도 | 年度 | nián dù | [녠 뚜] |
| ☐ 연도 | 沿途 | yán tú | [옌 투] |
| ☐ 연락하다, 접촉하다 | 联络 | lián luò | [롄 뤄] |
| ☐ 연료 | 燃料 | rán liào | [란 랴오] |
| ☐ 연루되다 | 牵扯 | qiānchě | [쳰 처] |
| ☐ 연맹 | 联盟 | lián méng | [롄 멍] |
| ☐ 연무, 수증기 | 烟雾 | yān wù | [옌 우] |
| ☐ 연밥 | 莲子 | lián zǐ | [롄 즈] |
| ☐ 연방 | 联邦 | lián bāng | [롄 방] |
| ☐ 연병, 군사훈련 | 练兵 | liàn bīng | [롄 빙] |
| ☐ 연산하다 | 演算 | yǎn suàn | [옌 쏸] |
| ☐ 연상하다 | 联想 | lián xiǎng | [롄 샹] |
| ☐ 연설, 연설하다 | 演说 | yǎn shuō | [옌 숴] |
| ☐ 연설하다 | 讲话 | jiǎng huà | [쟝 화] |
| ☐ 연속극 | 连续剧 | lián xù jù | [롄 쒸 쮜] |
| ☐ 연속하다 | 连续 | lián xù | [롄 쒸] |
| ☐ 연습하다, 훈련하다 | 演习 | yǎn xí | [옌 시] |
| ☐ 연습하다 | 练 | liàn | [롄] |
| ☐ 연습하다 | 练习 | liàn xí | [롄 시] |
| ☐ 연안 | 沿岸 | yán'àn | [옌 안] |
| ☐ 연애 | 恋爱 | liàn'ài | [롄 아이] |
| ☐ 연애하다 | 恋 | liàn | [롄] |
| ☐ 연약하다 | 软弱 | ruǎn ruò | [롼 뤄] |

205

|  |  |  |  |
|---|---|---|---|
| 연장하다 | 延续 | yán xù | [옌 쒸] |
| 연장하다 | 延长 | yán cháng | [옌 창] |
| 연접하다, 목숨을 내걸다 | 拼 | pīn | [핀] |
| 연접하다, 서로 잇닿다 | 连接 | lián jiē | [롄 졔] |
| 연주하다 | 演奏 | yǎn zòu | [옌 쪼우] |
| 연주하다 | 奏 | zòu | [쪼우] |
| 연출 | 导演 | dǎo yǎn | [다오 옌] |
| 연출하다 | 演出 | yǎn chū | [옌 추] |
| 연필 | 铅笔 | qiān bǐ | [쳰 비] |
| 연합하다, 연결하다 | 联 | lián | [롄] |
| 연합하다 | 联合 | lián hé | [롄 허] |
| 연해 | 沿海 | yán hǎi | [옌 하이] |
| 연회 | 宴会 | yàn huì | [옌 후이] |
| 연회석 | 宴席 | yàn xí | [옌 시] |
| 연회에 손님을 청하다 | 宴请 | yàn qǐng | [옌 칭] |
| 열거하다 | 列举 | liè jǔ | [례 쥐] |
| 열광적이다 | 轰轰烈烈 | hōng hōng liè liè | [훙 훙 례 례] |
| 열다, 확대하다 | 张 | zhāng | [장] |
| 열다 | 开办 | kāi bàn | [카이 빤] |
| 열대 | 热带 | rè dài | [러 따이] |
| 열독하다 | 阅读 | yuè dú | [웨 두] |
| 열등감을 갖다 | 自卑 | zì bēi | [즈 뻬이] |
| 열람실 | 览室 | yuè lǎn shì | [웨 란 쓰] |
| 열량 | 热量 | rè liàng | [러 량] |
| 열렬하다, 활기가 있다 | 踊跃 | yǒng yuè | [융 웨] |

| | | | |
|---|---|---|---|
| 열렬히 | 热烈 | rè liè | [러 레] |
| 열매 맺다, 열리다 | 结 | jiē | [제] |
| 열사 | 烈士 | liè shì | [레 쓰] |
| 열쇠, 키 | 钥匙 | yào shi | [야오 스] |
| 열애하다 | 热爱 | rè'ài | [러 아이] |
| 열을 이룬 행 | 行 | háng | [항] |
| 열이 나다 | 发热 | fā rè | [프아 러] |
| 열이 나다 | 发烧 | fā shāo | [프아 사오] |
| 열정 | 热情 | rè qíng | [러 칭] |
| 열조 | 热潮 | rè cháo | [러 차오] |
| 열차 | 列车 | liè chē | [레 처] |
| 열화 | 烈火 | liè huǒ | [레 훠] |
| 염가 | 廉价 | lián jià | [렌 쨔] |
| 염기, 알칼리 | 碱 | jiǎn | [젠] |
| 염려하다 | 担忧 | dān yōu | [단 유] |
| 염료 | 染料 | rǎn liào | [란 료우] |
| 염증을 일으키다 | 发炎 | fā yán | [프아 옌] |
| 엽서 | 明信片 | míng xìn piàn | [밍 씬 펜] |
| 엿듣다, 도청하다 | 窃听 | qiè tīng | [쳬 팅] |
| 영 | 零 | líng | [링] |
| 영감, 늙은이 | 老头儿 | lǎo tóur | [로우 톨] |
| 영광스럽다 | 光荣 | guāng róng | [꽝 룽] |
| 영광스럽다 | 荣幸 | róng xìng | [룽 씽] |
| 영구하다 | 永久 | yǒng jiǔ | [융 지우] |
| 영리하다 | 伶俐 | líng lì | [링 리] |
| 영명하다 | 英明 | yīng míng | [잉 밍] |
| 영빈관 | 宾馆 | bīn guǎn | [빈 관] |
| 영사, 영사관 | 领事 | lǐng shì | [링 쓰] |

|  |  |  |  |
|---|---|---|---|
| 영사막, 스크린 | 银幕 | yín mù | [인 무] |
| 영상 | 图像 | tú xiàng | [투 쌍] |
| 영생불멸하다 | 永垂不朽 | yǒng chuí bù xiǔ | [융 추이 뿌 시우] |
| 영아, 갓난애 | 婴儿 | yīng'ér | [잉 얼] |
| 영양 | 营养 | yíng yǎng | [잉 양] |
| 영어 | 英文 | yīng wén | [잉 원] |
| 영어 | 英语 | yīng yǔ | [잉 위] |
| 영업하다 | 营业 | yíng yè | [잉 예] |
| 영역 | 领域 | lǐng yù | [링 위] |
| 영예, 명예 | 荣誉 | róng yù | [룽 위] |
| 영웅 | 英雄 | yīng xióng | [잉 슝] |
| 영원히 | 永远 | yǒng yuǎn | [융 웬] |
| 영원히 푸르다 | 万古长青 | wàn gǔ cháng qīng | [완 구 창 칭] |
| 영접하다, ~로 향하여 | 迎 | yíng | [잉] |
| 영접하다 | 迎接 | yíng jiē | [잉 제] |
| 영준하다 | 英俊 | yīng jùn | [잉 쮠] |
| 영토 | 领土 | lǐng tǔ | [링 투] |
| 영향 | 影响 | yǐng xiǎng | [잉 샹] |
| 영혼 | 灵魂 | líng hún | [링 훈] |
| 영화 필름 | 影片 | yǐng piàn | [잉 펜] |
| 영화 | 电影 | diàn yǐng | [뗸 잉] |
| 영화관 | 电影院 | diàn yǐng yuàn | [뗸 잉 웬] |
| 영활하다 | 灵活 | líng huó | [링 훠] |
| 옆 | 旁边 | páng biān | [팡 볜] |
| 옆, 곁, 측면 | 侧 | cè | [처] |
| 옆, 다른 | 旁 | páng | [팡] |
| 옆집 | 隔壁 | gé bì | [거 비] |

208

| 예 | 例子 | lì zi | [리 즈] |
| 예(대답) | 唉 | āi | [아이] |
| 예, 예절 | 礼 | lǐ | [리] |
| 예 | 例 | lì | [리] |
| 예견하다 | 预期 | yù qī | [위 치] |
| 예견하다 | 预见 | yù jiàn | [위 쩬] |
| 예고, 예고하다 | 预告 | yù gào | [위 까오] |
| 예년, 여러 해 | 历年 | lì nián | [리 녠] |
| 예당 | 礼堂 | lǐ táng | [리 탕] |
| 예를 들다 | 比如 | bǐ rú | [비 루] |
| 예를 들어, 이를테면 | 譬如 | pì rú | [피 루] |
| 예리하다 | 锋利 | fēng lì | [펑 리] |
| 예리하다 | 锐利 | ruì lì | [루이 리] |
| 예물을 보내다 | 送礼 | sòng lǐ | [쏭 리] |
| 예민하다, 효력이 있다 | 灵 | líng | [링] |
| 예민하다 | 敏锐 | mǐn ruì | [민 루이] |
| 예민하다 | 灵敏 | líng mǐn | [링 민] |
| 예방 치료, 퇴치 | 防治 | ǎng zhì | [팡 쯔] |
| 예방하다, 방문하다 | 拜访 | bài fǎng | [빠이 팡] |
| 예방하다 | 预防 | yù fáng | [위 팡] |
| 예배 | 礼拜 | lǐ bài | [리 빠이] |
| 예보, 예보하다 | 预报 | yù bào | [위 빠오] |
| 예쁘다, 아름답다 | 美 | měi | [메이] |
| 예쁘다 | 俊 | jùn | [쮠] |
| 예쁘다 | 漂亮 | piào liang | [퍄오 량] |
| 예산 | 预算 | yù suàn | [위 쏸] |

|  |  |  |  |
|---|---|---|---|
| 예상하다, 전망하다 | 预计 | yù jì | [위 찌] |
| 예상하다, 추측하다 | 料 | liào | [랴오] |
| 예상하다 예측하다 | 预料 | yù liào | [위 랴오] |
| 예선 경기 | 预赛 | yù sài | [위 싸이] |
| 예술 | 艺术 | yì shù | [이 쑤] |
| 예습 | 预习 | yù xí | [위 시] |
| 예약하다, 주문하다 | 预订 | yù dìng | [위 띵] |
| 예약하다 | 预约 | yù yuē | [위 웨] |
| 예언 | 预言 | yù yán | [위 옌] |
| 예언하다 | 预言 | yù yán | [위 옌] |
| 예외이다 | 例外 | lì wài | [리 와이] |
| 예절 | 礼节 | lǐ jié | [리 제] |
| 예절 | 礼貌 | lǐ mào | [리 마오] |
| 예정하다 | 预定 | yù dìng | [위 띵] |
| 예측하다, 점치다 | 卜 | bǔ | [부] |
| 예측하다 | 测算 | cè suàn | [처 쑨] |
| 예측하다 | 预测 | yù cè | [위 처] |
| 옛것을 고찰하다 | 考古 | kǎo gǔ | [카오 구] |
| 옛날 병영, 산골 마을 | 寨 | zhài | [짜이] |
| 옛날의, 고대의 | 古 | gǔ | [구] |
| 옛사람, 고인 | 古人 | gǔ rén | [구 런] |
| 옛집 | 老家 | lǎo jiā | [라오 쟈] |
| 오! | 噢 | ō | [오] |
| 오! | 哦 | ò | [오] |
| 오! (놀람, 감탄) | 啊 | ā | [아] |
| 오고가다 | 来回来去 | lái huí lái qù | [라이 후이 라이 취] |
| 오늘 | 今天 | jīn tiān | [진 톈] |

| 오늘, 금일 | 今日 | jīn rì | [진 르] |
| 오늘날 | 如今 | rú jīn | [루 진] |
| 오다 | 来 | lǎi | [라이] |
| 오동나무 | 梧桐 | wú tong | [우 퉁] |
| 오락 | 娱乐 | yú lè | [위 러] |
| 오래 쓰다 | 耐用 | nài yòng | [나이 융] |
| 오래 지속되다 | 持久 | chí jiǔ | [츠지 우] |
| 오래되다 | 故 | gù | [꾸] |
| 오래되다 | 古老 | gǔ lǎo | [구 라오] |
| 오래지 않아 | 不久 | bù jiǔ | [뿌 지우] |
| 오랜 기간 | 常年 | cháng nián | [창 녠] |
| 오랫동안, 오래전 | 久 | jiǔ | [지우] |
| 오랫동안 | 好久 | hǎo jiǔ | [하오 지우] |
| 오로지 ~에만 열중하다 | 只顾 | zhǐ gù | [즈 꾸] |
| 오로지, ~해야만 | 除非 | chú fēi | [추 페이] |
| 오르다(가격) 붓다(물) | 涨 | zhǎng | [장] |
| 오르다, 기록하다 | 登 | dēng | [떵] |
| 오르다, 올라가다 | 攀登 | pān dēng | [프안 떵] |
| 오르다 | 上涨 | shàng zhǎng | [쌍 장] |
| 오른쪽 | 右边 | yòu biān | [유 뻰] |
| 오른쪽 | 右 | yòu | [유] |
| 오리 | 鸭子 | yā zi | [야 즈] |
| 오목하다 | 凹 | āo | [아오] |
| 오염되다 | 污染 | wū rǎn | [우 란] |
| 오이 | 黄瓜 | huáng guā | [황 과] |
| 오자, 틀린 글자 | 错字 | cuò zì | [춰 쯔] |

211

| 오자 | 别字 | bié zì | [볘 쯔] |
| 오전 | 上午 | shàng wǔ | [쌍 우] |
| 오줌, 오줌을 누다 | 尿 | niào | [냐오] |
| 오직 ~해야만 | 只能 | zhǐ néng | [즈 넝] |
| 오차 | 误差 | wù chā | [우 차] |
| 오토바이 | 摩托车 | mó tuō chē | [뭐 퉈 처] |
| 오해 | 误会 | wù huì | [우 후이] |
| 오해하다 | 误解 | wù jiě | [우 졔] |
| 오후 | 下午 | xià wǔ | [쌰 우] |
| 오히려, 도대체 | 倒是 | dào shì | [따오 쓰] |
| 오히려, 너무 | 未免 | wèi miǎn | [워이 몐] |
| 오히려, 반대로 | 反而 | fǎn'ér | [프안 얼] |
| 옥 | 玉 | yù | [위] |
| 옥수수 | 玉米 | yù mǐ | [위 메이] |
| 온 몸 | 浑身 | hún shēn | [훈 선] |
| 온 종일 | 整天 | zhěng tiān | [정 톈] |
| 온 하루 | 成天 | chéng tiān | [청 톈] |
| 온갖 방법을 다하다 | 千方百计 | qiān fāng bǎi jì | [쳰 팡 바이 찌] |
| 온난하다 | 温暖 | wēn nuǎn | [원 놘] |
| 온당하다 | 稳当 | wěn dang | [원 당] |
| 온대 | 温带 | wēn dài | [원 따이] |
| 온도 | 温度 | wēn dù | [원 뚜] |
| 온도계 | 温度计 | wēn dù jì | [원 뚜 찌] |
| 온돌 | 炕 | kàng | [캉] |
| 온몸, 전신 | 一身 | yìshēn | [이 선] |
| 온양하다 | 酝酿 | yùn niàng | [윈 냥] |
| 온역 | 瘟疫 | wēn yì | [원 이] |
| 온화하다 | 温和 | wēn hé | [원 허] |

| 올라가다, 승진시키다 | 升 | shēng | [성] |
| --- | --- | --- | --- |
| 올라가다 | 上 | shàng | [쌍] |
| 올라가다 | 上去 | shàng qù | [쌍 취] |
| 올라갔다 내려갔다 하다 | 起伏 | qǐ fú | [치 푸] |
| 올라오다 | 上来 | shàng lái | [쌍 라이] |
| 올려 바치다 | 上交 | shàng jiāo | [쌍 쟈오] |
| 올리다, 제고하다 | 提升 | tí shēng | [티 성] |
| 올리다, 휴대하다 앞당기다 | 提 | tí | [티] |
| 올바르다, 정당하다 | 正经 | zhèng jǐng | [쩡 징] |
| 옮기다, 변천하다 | 迁 | qiān | [첸] |
| 옮기다, 움직이다 | 挪 | nuó | [눠] |
| 옮기다 | 搬 | bān | [반] |
| 옮기다 | 倒腾 | dǎo teng | [다오 텅] |
| 옮기다 | 移 | yí | [이] |
| 옳다, 맞다 | 对了 | duì le | [뚜이 러] |
| 옳다, 정상적이다 | 对头 | duì tóu | [뚜이 토우] |
| 옳다, 정확하다 | 对 | duì | [뚜이] |
| 옳은 것 같지만 틀리다 | 似是而非 | sì shì ér fēi | [쓰 쓰 얼 페이] |
| 옵서버로 참석하다 | 列席 | liè xí | [례 시] |
| 옷 | 衣服 | yī fu | [이 푸] |
| 옷, 의상 | 衣裳 | yī shàng | [이 쌍] |
| 옻칠, 페인트 | 漆 | qī | [치] |
| 옹호하다 | 拥护 | yōng hù | [융 후] |
| 와해하다 | 瓦解 | wǎ jiě | [와 졔] |
| 완강하다 | 顽强 | wán qiáng | [완 챵] |
| 완고하다 | 顽固 | wán gù | [완 꾸] |

| 완구 | 玩具 | wán jù | [완 쮜] |
| 완두콩 | 豌豆 | wān dòu | [완 또우] |
| 완만하다, 느리다 | 缓慢 | huǎn màn | [환 만] |
| 완벽하다 | 十全十美 | shí quán shí měi | [스 쵄 스 메이] |
| 완비하다, 건전하게 하다 | 健全 | jiàn quán | [쪤 쵄] |
| 완비하다 | 完备 | wán bèi | [완 뻬이] |
| 완성하다 | 完成 | wán chéng | [완 청] |
| 완전하다, 완벽하다 | 完善 | wán shàn | [완 싼] |
| 완전하다, 정연하다 | 整 | zhěng | [정] |
| 완전하다, 철저하다, 넘쳐흐르다 | 十足 | shí zú | [스 주] |
| 완전하다 | 完整 | wǎn zhěng | [완 정] |
| 완전히 갖추다 | 齐全 | qí quán | [치 쵄] |
| 완전히 | 完全 | wán quán | [완 쵄] |
| 완전히, 그야말로 | 简直 | jiǎn zhí | [졘 즈] |
| 완전히, 단지, 거의 | 净 | jìng | [찡] |
| 왔다 갔다 하다, 왕복하다 | 来回 | lái huí | [라이 후이] |
| 왕 | 王 | wáng | [왕] |
| 왕국 | 王国 | wáng guó | [왕 궈] |
| 왕년 | 往年 | wǎng nián | [왕 녠] |
| 왕래하다, 교제하다 | 打交道 | dǎ jiāo dao | [다 쟈오 다오] |
| 왕림하다 | 光临 | guāng lín | [광 린] |
| 왕복하다 | 往返 | wǎng fǎn | [왕 판] |
| 왕성하다, 번창하다 | 兴旺 | xīng wàng | [싱 왕] |
| 왕성하다, 활기 있다 | 蓬勃 | péng bó | [펑 보] |

| 왜 | 干吗 | gàn ma | [깐 마] |
| 왜, 어째서, 어찌하여 | 怎 | zěn | [전] |
| 왜 ~않겠는가 | 何尝 | hé cháng | [허 창] |
| 왜 ~하지 않겠는가 | 何不 | hé bù | [허 뿌] |
| 왜곡하다 | 歪曲 | wāi qū | [와이 취] |
| 외계 | 外界 | wài jiè | [와이 쩨] |
| 외과 | 外科 | wài kē | [와이 커] |
| 외관 | 外观 | wài guān | [와이 관] |
| 외교 | 外交 | wài jiāo | [와이 쟈오] |
| 외국 | 外国 | wài guó | [와이 궈] |
| 외국손님, 외빈 | 外宾 | wài bīn | [와이 빈] |
| 외국어 | 外文 | wài wén | [와이 원] |
| 외국어 | 外语 | wài yǔ | [와이 위] |
| 외롭다, 고독하다 | 孤单 | gū dān | [구 단] |
| 외모, 풍채, 거동 | 仪表 | yí biǎo | [이 뱌오] |
| 외부 | 外部 | wài bù | [와 뿌] |
| 외사 | 外事 | wài shì | [와 쓰] |
| 외삼촌 | 舅舅 | jiù jiu | [찌우 찌우] |
| 외숙모 | 舅母 | jiù mu | [찌우 무] |
| 외신 | 外电 | wài diàn | [와이 뗀] |
| 외자 | 外资 | wài zī | [와이 즈] |
| 외지 | 外地 | wài dì | [와이 띠] |
| 외지다, 편벽하다 | 偏僻 | piān pì | [펜 피] |
| 외출하다 | 外出 | wài chū | [와이 추] |
| 외치다 고함치다, 부르다 | 叫 | jiào | [쨔오] |
| 외치다, 고함치다 | 叫唤 | jiào huan | [쨔오 환] |

| 외치다, 부르다 | 唤 | huàn | [환] |
| 외치다, 아우성치다 | 喊叫 | hǎn jiào | [한 쨔오] |
| 외투 | 大衣 | dà yī | [따 이] |
| 외투, 겉옷 | 外衣 | wài yī | [와이 이] |
| 외할머니 | 外婆 | wài pó | [와이 퍼] |
| 외할머니 | 姥姥 | lǎo lao | [라오 라오] |
| 외할머니 | 外祖母 | wài zǔ mǔ | [와이 주무] |
| 외할아버지 | 外祖父 | wài zǔ fù | [와이 주 푸] |
| 외향적, 외향형 | 外向型 | wài xiàng xíng | [와이 쌍 싱] |
| 외형 | 外形 | wài xíng | [와이 싱] |
| 외화 | 外汇 | wài huì | [와이 후이] |
| 왼쪽 | 左边 | zuǒ bian | [쥐 벤] |
| 요괴 | 妖怪 | yāo guài | [야오 꽈이] |
| 요구 | 要求 | yāo qiú | [야오 치우] |
| 요구를 바라다 | 求得 | qiú dé | [치우 더] |
| 요금, 수수료, 비용 | 费 | fèi | [페이] |
| 요령 | 要领 | yào lǐng | [야오 링] |
| 요리, 식사 | 餐 | cān | [찬] |
| 요리를 하다 | 烹饪 | pēng rèn | [펑 런] |
| 요리사 | 厨师 | chú shī | [추 스] |
| 요리하다 | 烹调 | pēng tiáo | [펑 탸오] |
| 요소 | 要素 | yào sù | [야오 쑤] |
| 요약하다, 절약하다 | 节 | jié | [제] |
| 요양하다 | 疗养 | liáo yǎng | [랴오 양] |
| 요언 | 谣言 | yáo yán | [야오 옌] |
| 요일 | 星期 | xīng qī | [싱 치] |

| 요점, 방책, 점 | 点子 | diǎn zi | [뎬 즈] |
| 요점, 제요 | 提要 | tí yào | [티 야오] |
| 요점 | 要点 | yào diǎn | [야오 뎬] |
| 요진하다 | 要紧 | yào jǐn | [야오 진] |
| 요청, 요청하다 | 邀请 | yāo qǐng | [야오 칭] |
| 요청하다, 부탁하다, 부르다 | 请 | qǐng | [칭] |
| 요해하다 | 了解 | liǎo jiě | [랴오 제] |
| 욕망 | 欲望 | yù wàng | [위 왕] |
| 욕실 | 浴室 | yù shì | [위 쓰] |
| 욕하다 | 骂 | mà | [마] |
| 용감하다, 과감하다 | 勇于 | yǒng yú | [융 위] |
| 용감하다 | 勇敢 | yǒng gǎn | [융 간] |
| 용구 | 用具 | yòng jù | [융 쮜] |
| 용기 | 勇气 | yǒng qì | [융 치] |
| 용기 | 容器 | róng qì | [룽 치] |
| 용기를 내다 | 奋勇 | fèn yǒng | [프언 융] |
| 용납하다 | 容纳 | róng nà | [룽 나] |
| 용도 | 用途 | yòng tú | [융 투] |
| 용량 | 容量 | róng liàng | [룽 량] |
| 용법 | 用法 | yòng fǎ | [융 프아] |
| 용사 | 勇士 | yǒng shì | [융 쓰] |
| 용서하다 | 饶 | ráo | [라오] |
| 용솟음치다 | 汹涌 | xiōng yǒng | [슝 융] |
| 용액 | 溶液 | róng yè | [룽 예] |
| 용적 | 容积 | róng jī | [룽 지] |
| 용접하다, 땜질하다 | 焊 | hàn | [한] |
| 용처 | 用处 | yòng chù | [융 추] |

217

| 용품 | 用品 | yòng pǐn | [융 핀] |
| 용해되다 | 溶化 | róng huà | [룽 화] |
| 용해하다 | 溶解 | róng jiě | [룽 제] |
| 우대하다, 특혜하다 | 优惠 | yōu huì | [유 후이] |
| 우둔하다, 서투르다 어리석다 | 笨 | bèn | [뻔] |
| 우둔하다, 어리석다 | 愚蠢 | yú chǔn | [위 춘] |
| 우라늄 | 铀 | yóu | [유] |
| 우량종 | 良种 | liáng zhǒng | [량 중] |
| 우량하다 | 优良 | yōu liáng | [유 량] |
| 우리(돼지우리) | 圈 | juàn | [쮌] |
| 우리 | 我们 | wǒ men | [워 먼] |
| 우리 | 咱们 | zán men | [잔 먼] |
| 우리, 나 | 咱 | zán | [잔] |
| 우매하다 | 愚昧 | yú mèi | [위 메이] |
| 우물 | 井 | jǐng | [징] |
| 우미하다 | 优美 | yōu měi | [유 메이] |
| 우박 | 雹子 | báo zi | [바오 즈] |
| 우산 | 雨伞 | yǔ sǎn | [위 산] |
| 우산 | 伞 | sǎn | [산] |
| 우선적이다 | 优先 | yōu xiān | [유 셴] |
| 우세 | 优势 | yōu shì | [유 쓰] |
| 우송하다 | 邮寄 | yóu jì | [유 지] |
| 우수, 빗물 | 雨水 | yǔ shuǐ | [위 수이] |
| 우수하다 | 优秀 | yōu xiù | [유 씨우] |
| 우승 | 冠军 | guàn jūn | [꽌 쥔] |
| 우승하다 | 优胜 | yōu shèng | [유 썽] |
| 우아하다 | 文雅 | wén yǎ | [원 야] |

| 우악스럽다, 거칠다 | 粗鲁 | cū lǔ | [추 루] |
| 우애, 우애하다 | 友爱 | yǒu'ài | [유 아이] |
| 우여곡절, 고심 | 周折 | zhōu zhé | [조우 저] |
| 우연하다 | 偶然 | ǒu rán | [오우 란] |
| 우연히 만나다 | 萍水相逢 | píng shuǐ xiāng féng | [핑 수이 샹 펑] |
| 우연히 만나다 | 碰见 | pèng jiàn | [펑 쩬] |
| 우울하다 | 忧郁 | yōu yù | [유 위] |
| 우월하다 | 优越 | yōu yuè | [유 웨] |
| 우유 | 牛奶 | niú nǎi | [니우 나이] |
| 우의 | 友谊 | yǒu yì | [유 이] |
| 우점 | 优点 | yōu diǎn | [유 뗀] |
| 우정 | 友情 | yǒu qíng | [유 칭] |
| 우주 | 宇宙 | yǔ zhòu | [위 쪼우] |
| 우주비행 | 航天 | háng tiān | [항 텐] |
| 우질 | 优质 | yōu zhì | [유 쯔] |
| 우체국 | 邮局 | yóu jú | [유 쥐] |
| 우편 소포 | 邮包 | yóu bāo | [유 바오] |
| 우편행정 | 邮政 | yóu zhèng | [유 쩡] |
| 우표 | 邮票 | yōu piào | [유 퍄오] |
| 우표를 수집하다 | 集邮 | jí yóu | [] |
| 우호적이다 | 友好 | yǒu hǎo | [유 하오] |
| 우화, 우언 | 寓言 | yù yán | [위 옌] |
| 우회하다, 감돌다 | 绕 | rào | [라오] |
| 운 | 命 | mìng | [밍] |
| 운동원 | 运动员 | yùn dòng yuán | [윈 뚱 웬] |
| 운동장 | 操场 | cāo chǎng | [차오 창] |
| 운동하다 | 运动 | yùn dòng | [윈 뚱] |
| 운동회 | 运动会 | yùn dòng huì | [윈 뚱 후이] |

| 운명 | 命运 | mìng yùn | [밍 윈] |
| 운산하다 | 运算 | yùn suàn | [윈 쏸] |
| 운송하다, 옮기다 | 运 | yùn | [윈] |
| 운송하다 | 搬运 | bān yùn | [반 윈] |
| 운수하다 | 运送 | yùn sòng | [윈 쏭] |
| 운송하다 | 运输 | yùn shū | [윈 수] |
| 운수 | 运气 | yùn qi | [윈 치] |
| 운을 달다 | 押韵 | yā yùn | [야 윈] |
| 운이 좋다 | 幸运 | xìng yùn | [씽 윈] |
| 운전하다, 달리다 | 驶 | shǐ | [스] |
| 운전하다 | 驾驶 | jià shǐ | [쨔 스] |
| 운항하다 다니다 | 行驶 | xíng shǐ | [싱 스] |
| 운행하다 | 运行 | yùn xíng | [윈 싱] |
| 울다, | 哭 | kū | [쿠] |
| 울타리 | 篱笆 | lí ba | [리 바] |
| 움직이다 | 动 | dòng | [뚱] |
| 웃는 듯 만듯하다 | 似笑非笑 | shì xiào fēi xiào | [쓰 쌰오 페이 쌰오] |
| 웃는 얼굴 웃음 띤 표정 | 笑容 | xiào róng | [쌰오 룽] |
| 웃다 | 笑 | xiào | [쌰오] |
| 웃옷 | 上衣 | shàng yī | [쌍 이] |
| 웃음거리가 되다, 어리석은 실수를 하다 | 闹笑话 | nào xiào hua | [나오 쌰오 화] |
| 웅대하다, 강력하다 수컷의 | 雄 | xióng | [슝] |
| 웅대하다, 거대하다 | 宏大 | hóng dà | [훙 따] |
| 웅대한 뜻 | 壮志 | zhuàng zhì | [쫭 쯔] |
| 웅웅(소리) | 嗡 | wēng | [윙] |

| 웅위롭다 | 雄伟 | xióng wěi | [슝 워이] |
| 원, 고리모양의 것 | 圈套 | quān tào | [췐 타오] |
| 원, 놀이터, 텃밭 | 园 | yuán | [웬] |
| 원, 동그라미 | 圆 | yuán | [웬] |
| 원, 바퀴, 순환 | 圈 | quān | [췐] |
| 원, 테두리 | 圈子 | quān zi | [췐 즈] |
| 원격조종 | 遥控 | yáo kòng | [야오 쿵] |
| 원경 | 远景 | yuǎn jǐng | [웬 징] |
| 원고 | 稿件 | gǎo jiàn | [가오 쩬] |
| 원고 | 稿子 | gǎo zi | [가오 즈] |
| 원고 | 原告 | yuán gào | [웬 까오] |
| 원고지 | 稿纸 | gǎo zhǐ | [가오 즈] |
| 원단 | 元旦 | yuán dàn | [웬 딴] |
| 원대하다 | 远大 | yuǎn dà | [웬 따] |
| 원래, 본래 | 原先 | yuán xiān | [웬 셴] |
| 원래 | 原来 | yuán lái | [웬 라이] |
| 원래의, 이전의 | 原 | yuán | [웬] |
| 원료 | 原料 | yuán liào | [웬 랴오] |
| 원리 | 原理 | yuán lǐ | [웬 리] |
| 원림 | 园林 | yuán lín | [웬 린] |
| 원만하게 하다 합리화 하다 | 圆 | yuán | [웬] |
| 원만하다, 훌륭하다 | 圆满 | yuán mǎn | [웬 만] |
| 원망하다, 억울하다 | 委屈 | wěi qu | [워이 취] |
| 원망하다, 탓하다 | 怨 | yuàn | [웬] |
| 원망하다 | 埋怨 | mái yuàn | [마이 웬] |
| 원망하다 | 抱怨 | bào yuàn | [빠오 웬] |
| 원소 | 元素 | yuán sù | [웬 쑤] |

221

|  |  |  |  |
|---|---|---|---|
| 원수 | 元首 | yuán shǒu | [웬 소우] |
| 원숭이 | 猴子 | hóu zi | [호우 즈] |
| 원유 | 原油 | yuán yóu | [웬 유] |
| 元의 10분의 1, 십전 | 毛 | máo | [마오] |
| 원인 | 原因 | yuán yīn | [웬 인] |
| 원인 | 猿人 | yuán rén | [웬 런] |
| 원자 | 原子 | yuán zi | [웬 즈] |
| 원자력 | 原子能 | yuán zǐ néng | [웬 즈 넝] |
| 원자재 | 原材料 | yuán cái liào | [웬 차이 랴오] |
| 원자탄 | 原子弹 | yuán zǐ dàn | [웬 즈딴] |
| 원장 | 院长 | yuàn zhǎng | [웬 장] |
| 원조, 원조하다 | 援助 | yuán zhù | [웬 쭈] |
| 원천 | 源泉 | yuán quán | [웬 췐] |
| 원천, 발원지 | 源 | yuán | [웬] |
| 원천을 생각하다 | 饮水思源 | yǐn shuǐ sī yuán | [인 수이 스 웬] |
| 원칙 | 原则 | yuán zé | [웬 저] |
| 원하다 | 愿 | yuàn | [웬] |
| 원하다 | 愿意 | yuàn yì | [웬 이] |
| 원한, 불만 | 怨 | yuàn | [웬] |
| 원한, 원수 | 仇 | chóu | [초우] |
| 원한, 증오 | 仇恨 | chóu hèn | [초우 헌] |
| 월계관 | 桂冠 | guì guān | [꾸이 관] |
| 월구 | 月球 | yuè qiú | [웨 치우] |
| 월동하다 | 越冬 | yuè dōng | [웨 둥] |
| 월분 | 月份 | yuè fèn | [웨 프언] |
| 위 | 胃 | wèi | [워이] |
| 위급하다, 급박하다 | 危急 | wēi jí | [워이 지] |
| 위기 | 危机 | wēi jī | [워이 지] |

| | | | |
|---|---|---|---|
| 위대하다, 장엄하다 | 宏伟 | hóng wěi | [훙 웨이] |
| 위대하다 | 伟大 | wěi dà | [워이 따] |
| 위력 | 威力 | wēi lì | [워이 리] |
| 위로 올리다 널리 알리다 | 扬 | yáng | [양] |
| 위문하다 | 慰问 | wèi wèn | [워이 원] |
| 위반하다 | 违犯 | wéi fǎn | [워 프안] |
| 위반하다 | 违反 | wéi fǎn | [워이 프안] |
| 위배하다, 어기다 | 违背 | wéi bèi | [워이 뻬이] |
| 위법이다 | 违法 | wéi fǎ | [워 프아] |
| 위생 | 卫生 | wèi shēng | [워이 성] |
| 위성 | 卫星 | wèi xīng | [워이 싱] |
| 위신 | 威信 | wēi xìn | [워 신] |
| 위안하다 | 安慰 | ān wèi | [안 워이] |
| 위엄과 명망 | 威望 | wēi wàng | [워이 왕] |
| 위에서 말하다 | 上述 | shàng shù | [쌍 쑤] |
| 위원 | 委员 | wěi yuán | [워이 웬] |
| 위조하다 | 伪造 | wěi zào | [워이 짜오] |
| 위쪽 | 上 | shàng | [쌍] |
| 위쪽 | 上面 | shàng mian | [쌍 몐] |
| 위쪽 | 上边 | shàng biān | [쌍 볜] |
| 위치 | 位置 | wèi zhi | [워이 쯔] |
| 위탁하다 | 委托 | wěi tuō | [워이 퉈] |
| 위풍 | 威风 | wēi fēng | [워이 펑] |
| 위험 | 风险 | fēng xiǎn | [펑 셴] |
| 위험하다 | 危险 | wēi xiǎn | [워이 셴] |
| 위협하다 | 威胁 | wēi xié | [워이 셰] |
| 위협하여 붙들다 | 挟持 | xié chí | [셰 츠] |

| | | | |
|---|---|---|---|
| □ 유감스럽다 | 遗憾 | yí hàn | [이 한] |
| □ 유격하다 | 游击 | yóu jī | [유 지] |
| □ 유괴하다, 납치하다 | 绑架 | bǎng jià | [방 쨔] |
| □ 유구, 유적 | 流寇 | liú kòu | [리우 코우] |
| □ 유구하다 | 悠久 | yōu jiǔ | [유 지우] |
| □ 유기의, 유기적 | 有机 | yǒu jī | [유 지] |
| □ 유능하다, 적격이다 | 行 | xíng | [싱] |
| □ 유능하다 | 得力 | dé lì | [더 리] |
| □ 유도탄, 미사일 | 导弹 | dǎo dàn | [다오 딴] |
| □ 유독 | 惟独 | wéi dú | [웨이 두] |
| □ 유람객, 여행자 | 游客 | yóu kè | [유 커] |
| □ 유람인 | 游人 | yóu rén | [유 런] |
| □ 유람하다 | 游览 | yóu lǎn | [유 란] |
| □ 유랑하다, 방랑하다 | 流浪 | liú làng | [류 랑] |
| □ 유럽 | 欧 | ōu | [오] |
| □ 유력하다 | 有力 | yǒu lì | [유 리] |
| □ 유료 | 油料 | yóu liào | [유 랴오] |
| □ 유리 | 玻璃 | bō lí | [보 리] |
| □ 유리하다 | 有利 | yǒu lì | [유 리] |
| □ 유머적이다 | 幽默 | yōu mò | [유 모] |
| □ 유명하다 | 有名 | yǒu míng | [유 밍] |
| □ 유명해지다 | 出名 | chū míng | [추 밍] |
| □ 유물론 | 唯物论 | wéi wù lùn | [웨이 우 룬] |
| □ 유물주의 | 唯物主义 | wéi wù zhǔ yì | [웨이 우 주이] |
| □ 유사하다, 닮다 | 类 | lèi | [레이] |
| □ 유산 | 硫酸 | liú suān | [리우 쑤안] |
| □ 유산 | 遗产 | yí chǎn | [이 찬] |
| □ 유수 | 流水 | liú shuǐ | [리우 수이] |

| 유심론 | 唯心论 | wéi xīn lùn | [웨이 신 룬] |
| 유심주의 | 唯心主义 | wéi xīn zhǔ yì | [웨이 신 주이] |
| 유역 | 流域 | liú yù | [리 우위] |
| 유용하다 | 动用 | dòng yòng | [똥 융] |
| 유익하다 | 有益 | yǒu yì | [유 이] |
| 주다, 꾀다 | 予 | yǔ | [위] |
| 유인하다, 꾀다 | 诱 | yòu | [유] |
| 유인하다 | 引诱 | yǐn yòu | [인 유] |
| 유일하다 | 惟一 | wéi yī | [웨이] |
| 유적지, 옛터 | 遗址 | yí zhǐ | [이 즈] |
| 유전 | 油田 | yóu tián | [유 텐] |
| 유전되다 | 遗传 | yí chuán | [이 촨] |
| 유전하다, 널리 퍼지다 | 流传 | liú chuán | [리우 촨] |
| 유지하다 | 保持 | bǎo chí | [바오 츠] |
| 유지하다 | 维持 | wéi chí | [웨이 츠] |
| 유창하다 | 流利 | liú lì | [리우 리] |
| 유채 | 油菜 | yóu cài | [유 차이] |
| 유치원 | 幼儿园 | yòu'ér yuán | [유 얼 웬] |
| 유치하다 | 幼稚 | yòu zhì | [유 즈] |
| 유쾌하다 | 愉快 | yú kuài | [위 콰이] |
| 유통되다 | 周转 | zhōu zhuǎn | [조우 좐] |
| 유통하다 | 流通 | liú tōng | [유 통] |
| 유학 | 留学 | liú xué | [리우 쉐] |
| 유학생 | 留学生 | liú xué shēng | [리우 쉐 성] |
| 유한하다, 한계가 있다 | 有限 | yǒu xiàn | [유 쎈] |
| 유해하다 | 有害 | yǒu hài | [유 하이] |

225

| 유행복, 최신 패션 | 时装 | shí zhuāng | [스 좡] |
| 유행하는, 패션 | 时髦 | shí máo | [스 마오] |
| 유행하다, 성행하다 | 流行 | liú xíng | [리우 싱] |
| 유형 | 类型 | lèi xíng | [레이 싱] |
| 유혹되다 | 诱惑 | yòu huò | [유 훠] |
| 유화 | 油画 | yóu huà | [유 화] |
| 유효하다 | 有效 | yǒu xiào | [유 샤오] |
| 유희 | 游戏 | yóu xì | [유 씨] |
| 육군 | 陆军 | lù jūn | [루 쥔] |
| 육상경기 | 田径 | tián jìng | [톈 찡] |
| 육중하다 | 笨重 | bèn zhòng | [뻔 쭝] |
| 육지, 땅 | 陆 | lù | [루] |
| 육지 | 陆地 | lù dì | [루 띠] |
| 윤곽 | 轮廓 | lún kuò | [룬 쿼] |
| 융성하다, 왕성하다 | 盛 | shèng | [쑝] |
| 으뜸의, 주요한 | 首要 | shǒu yào | [소우 야오] |
| 은 | 银 | yín | [인] |
| 은인 | 恩人 | ēn rén | [언 런] |
| 은정 | 恩情 | sī qíng | [스 코우] |
| 은폐하다 | 隐蔽 | yǐn bì | [인 삐] |
| 은행 | 银行 | yín háng | [인 항] |
| 은혜, 호의 | 恩 | ēn | [언] |
| 을, 두 번째 | 乙 | yǐ | [이] |
| 음란하다 | 淫秽 | yín huì | [인 후이] |
| 음료 | 饮料 | yǐn liào | [인 랴오] |
| 음모 | 阴谋 | yīn móu | [인 모우] |
| 음모를 꾀하다 | 搞鬼 | dǎo guǐ | [다오 구이] |
| 음식 | 饮食 | yǐn shí | [인 스] |

| | | | |
|---|---|---|---|
| 음식물 | 食物 | shí wù | [스 우] |
| 음식점, 식당 | 饭馆 | fàn guǎn | [프안 관] |
| 음악 | 音乐 | yīn yuè | [인 웨] |
| 음울하다 침울하다, 꽁하다 | 沉闷 | chén mèn | [천 먼] |
| 음향 | 音响 | yīn xiǎng | [인 샹] |
| 응(대답) | 嗯 | ńg | [엉] |
| 응결하다 | 凝结 | níng jié | [닝 졔] |
| 응고하다 | 凝固 | níng gù | [닝 꾸] |
| 응답하다 | 应 | yīng | [잉] |
| 응당 | 应当 | yīng dāng | [잉 당] |
| 응대하다 | 应酬 | yìng chou | [잉 초우] |
| 응부하다 | 应付 | yīng fu | [잉 푸] |
| 응시하다, 주시하다 | 盯 | dīng | [딩] |
| 응시하다 뚫어지게 바라보다 | 凝视 | níng shì | [닝 쓰] |
| 응용하다 | 应用 | yìng yòng | [잉 융] |
| 응용하다 | 运用 | yùn yòng | [윈 융] |
| 의거하다, 근거로 하다 | 依据 | yī jù | [이 찌우] |
| 의견 | 意见 | yì jiàn | [이 쪤] |
| 의견, 견해, 의론 | 论 | lùn | [룬] |
| 의견, 방법 | 主意 | zhǔ yì | [쭈 이] |
| 의기양양하다 | 得意 | dé yì | [더 이] |
| 의논하다, 모색하다 | 谋 | móu | [모] |
| 의논하다 | 议论 | yì lùn | [이 룬] |
| 의도 | 意图 | yì tú | [이 투] |
| 의도, 속셈 | 用意 | yòng yì | [융 이] |

| | | | |
|---|---|---|---|
| 의뢰하다 | 依赖 | yī lài | [이 라이] |
| 의료 | 医疗 | yí liáo | [이 랴오] |
| 의무 | 义务 | yì wù | [이 위] |
| 의무 | 医务 | yī wù | [이 위] |
| 의무실 | 医务室 | yī wù shì | [이 우 쓰] |
| 의문 | 疑问 | yí wèn | [이 원] |
| 의미 | 意思 | yì si | [이 스] |
| 의미하다 | 意味着 | yì wèi zhe | [이 웨이 저] |
| 의사 | 大夫 | dài fu | [따이 푸] |
| 의사, 의학 | 医 | yī | [이] |
| 의석 | 席位 | xí wèi | [시 웨이] |
| 의식, 전례 | 典礼 | diǎn lǐ | [뗀 리] |
| 의식 | 意识 | yì shi | [이 스] |
| 의식을 잃다<br>기절하다 | 昏 | hūn | [훈] |
| 의식이 들다<br>소생하다 | 苏醒 | sū xǐng | [수 싱] |
| 의심, 혐의 | 嫌疑 | xián yí | [셴 이] |
| 의심 | 疑心 | yí xīn | [이 신] |
| 의심스럽고 판단이 어렵다 | 疑难 | yí nán | [이 난] |
| 의심하다, 회의하다 | 怀疑 | huái yí | [화이 이] |
| 의심하다 | 疑心 | yí xīn | [이 신] |
| 의심할 바 없다 | 无疑 | wú yí | [우 이] |
| 의아하게 여기다 | 诧异 | chà yì | [차 이] |
| 의안, 안건 | 议案 | yì'àn | [이 안] |
| 의약 | 医药 | yī yào | [이 야오] |
| 의연히, 단호히 | 毅然 | yì rán | [이 란] |
| 의원 | 医生 | yī shēng | [이 성] |

| | | | |
|---|---|---|---|
| ☐ 의원 | 议员 | yì yuán | [이 웬] |
| ☐ 의자 | 椅子 | yǐ zi | [이 즈] |
| ☐ 의정 | 议程 | yì chéng | [이 청] |
| ☐ 의정서 | 议定书 | yì dìng shū | [이 띵 수] |
| ☐ 의지 | 意志 | yì zhì | [이 쯔] |
| ☐ 의지하다, 따르다 | 依 | yī | [이] |
| ☐ 의지하다, 의거하다 | 凭 | píng | [핑] |
| ☐ 의지하다 | 依靠 | yī kào | [이 카오] |
| ☐ 의학 | 医学 | yī xué | [이 쉐] |
| ☐ 의향, 의도, 목적 | 意向 | yì xiàng | [이 씨앙] |
| ☐ 의혹을 품다 | 疑惑 | yí huò | [이 훠] |
| ☐ 의회 | 议会 | yì huì | [이 후이] |
| ☐ 이 때문에 | 因此 | yīn cǐ | [인 츠] |
| ☐ 이 시각 | 此刻 | cǐ kè | [츠 커] |
| ☐ 이, 이때, 지금 | 这 | zhè | [쩌] |
| ☐ 이, 치아 | 牙 | yá | [야] |
| ☐ 이것 이외에 | 除此之外 | chú cǐ zhī wài | [추 츠 즈 와이] |
| ☐ 이것 | 这个 | zhè ge | [쩌 거] |
| ☐ 이것, 이 | 此 | cǐ | [츠] |
| ☐ 이것, 저것, 당해 | 该 | gāi | [가이] |
| ☐ 이기다, 얻다 | 赢得 | yíng dé | [잉 더] |
| ☐ 이기다, 얻다 | 赢 | yíng | [잉] |
| ☐ 이기다 | 搅拌 | jiǎo bàn | [쟈오 빤] |
| ☐ 이기적이다 | 自私 | zì sī | [쯔 스] |
| ☐ 이끌다, 대동하다 | 带动 | dài dòng | [따이 똥] |
| ☐ 이끌다 인솔하다 | 带领 | dài lǐng | [따이 링] |
| ☐ 이끌어내다<br>초래하다, 인용하다 | 引 | yǐn | [인] |

|  |  |  |  |
|---|---|---|---|
| 이내 | 以内 | yǐ nèi | [이 네이] |
| 이다(머리) 들어올리다 | 顶 | dǐng | [딩] |
| 이동하다, 동원하다 | 调动 | diào dòng | [띠야오 뚱] |
| 이동하다, 바꾸다 | 调 | diào | [띠야오] |
| 이동하다 | 移动 | yí dòng | [이 뚱] |
| 이따금, 때때로 | 不时 | bù shí | [뿌 스] |
| 이때 | 这会儿 | zhè huìr | [쩌 훨] |
| 이래 | 以来 | yǐ lái | [이 라이] |
| 이런 것들과 같다 | 诸如此类 | zhū rú cǐ lèi | [주 루 츠 레이] |
| 이런 것들 | 这些 | zhè xiē | [쩌 셰] |
| 이렇게 되니 | 这样一来 | zhè yàng yì lái | [쩌 양 이 라이] |
| 이렇게 | 这么 | zhè me | [쩌 머] |
| 이렇게 | 这样 | zhè yàng | [쩌 양] |
| 이렇다, 이렇게 이렇듯 | 如此 | rú cǐ | [루 츠] |
| 이로부터 | 从此 | cóng cǐ | [충 츠] |
| 이로써 볼 수 있다 알 수 있다 | 由此可见 | yóu cǐ kě jiàn | [유 츠 커 쩬] |
| 이로움과 폐단 | 利弊 | lì bì | [리 삐] |
| 이론 | 理论 | lǐ lùn | [리 룬] |
| 이루다, 성공하다 | 成 | chéng | [청] |
| 이륙하다 | 起飞 | qǐ fēi | [치 페이] |
| 이르다, 도달하다 | 够 | gòu | [꼬우] |
| 이른 새벽 | 凌晨 | líng chén | [링 천] |
| 이른 아침 | 清早 | qīng zǎo | [칭 자오] |
| 이른 아침 | 清晨 | qīng chén | [칭 천] |
| 이름 | 名字 | míng zi | [밍 즈] |

| 이름, 숫자, 크기, 날짜 | 号 | hào | [하오] |
| 이름순서 | 名次 | míng cì | [밍 츠] |
| 이름을 붙이다 | 命名 | mìng míng | [밍 밍] |
| 이름이 높다, 유명하다 | 闻名 | wén míng | [원 밍] |
| 이리, 승냥이 | 狼 | láng | [랑] |
| 이마, 일정한 수량 | 额 | é | [어] |
| 이모 | 姨 | yí | [이] |
| 이미 만들어지다 | 现成 | xiàn chéng | [쎈 청] |
| 이미 이렇게 된 이상 | 既然 | jì rán | [찌 란] |
| 이미 | 已经 | yǐ jīng | [이 징] |
| 이미, 벌써 | 早已 | zǎo yǐ | [자오이] |
| 이미 | 已 | yǐ | [이] |
| 이민 | 移民 | yí mín | [이 민] |
| 이밖에 | 此外 | cǐ wài | [츠 와이] |
| 이발 | 理发 | lǐ fà | [리 프아] |
| 이별하다 | 离别 | lí bié | [리 볘] |
| 이봐! 어이! | 嘿 | hēi | [헤이] |
| 이불 | 被子 | bèi zi | [뻬이 즈] |
| 이사 | 理事 | lǐ shì | [리 쓰] |
| 이사, 중역 | 董事 | dǒng shì | [둥 쓰] |
| 이삭 | 穗 | suì | [쑤이] |
| 이산화탄소 | 二氧化碳 | èr yǎng huà tàn | [얼 양 화 탄] |
| 이상 | 理想 | lǐ xiǎng | [리 샹] |
| 이상 | 以上 | yǐ shàng | [이 쌍] |
| 이상하다 | 异常 | yì cháng | [이 창] |
| 이슬람교 사원 | 清真寺 | qīng zhēn sì | [칭 전 쓰] |

| 이슬람교 | 伊斯兰教 | yī sī lán jiào | [이 스 란 쨔오] |
| 이식, 이자 | 利息 | lì xī | [리 시] |
| 이신작칙 | 以身作则 | yǐ shēn zuò zé | [이 선 쭤 저] |
| 이야기 | 故事 | gù shi | [꾸 스] |
| 이야기 나누다 | 交谈 | jiāo tán | [쟈오 탄] |
| 이어진 것에 쓰임 | 首 | shǒu | [소우] |
| 이와 같이 그러면, 이렇다면 | 这么着 | zhè me zhe | [쩌 머 저] |
| 이왕, 과거 | 以往 | yǐ wǎng | [이 왕] |
| 이외 | 以外 | yǐ wài | [이 와이] |
| 이용하다 | 利用 | lì yòng | [리 융] |
| 이웃 | 街坊 | jiē fang | [제 팡] |
| 이웃 | 邻 | lín | [린] |
| 이웃 | 邻居 | lín jū | [린 쥐] |
| 이유 | 理由 | lǐ yóu | [리 유] |
| 이유, 까닭 | 因 | yīn | [인] |
| 이윤 | 利润 | lì rùn | [리 룬] |
| 이익 | 盈利 | yíng lì | [잉 리] |
| 이익 | 赢利 | yíng lì | [잉 리] |
| 이익 | 利益 | lì yì | [리 이] |
| 이익, 이윤, 이로움 | 利 | lì | [리] |
| 이익금을 배당하다 | 分红 | fēn hóng | [프언 훙] |
| 이전 | 以前 | yǐ qián | [이 첸] |
| 이전, 종전 | 先前 | xiān qián | [셴 첸] |
| 이점 | 好处 | hǎo chù | [하오 추] |
| 이직 휴양하다 | 离休 | lí xiū | [리 시우] |
| 이집트(애급) | 埃及 | āi jí | [아이 지] |
| 이쪽 | 这边 | zhè biān | [쩌 볜] |

| 이치를 따지다 | 讲理 | jiǎng lǐ | [쟝 리] |
| 이탈하다 | 脱离 | tuō lí | [퉈 리] |
| 이하 | 以下 | yǐ xià | [이 쌰] |
| 이해 | 利害 | lì hài | [리 하이] |
| 이해가 안가다 | 不解 | bù jiě | [뿌 졔] |
| 이행하다 | 履行 | lǚ xíng | [뤼 싱] |
| 이행하다 | 理解 | lǐ jié | [리 졔] |
| 이혼하다 | 离婚 | lí hūn | [리 훈] |
| 이후 | 以后 | yǐ hòu | [이 호우] |
| 이후, 이다음 | 此后 | cǐ hòu | [츠 호우] |
| 익다, 숙성하다 숙련되다 | 熟 | shú | [수 렌] |
| 익숙하다 | 熟悉 | shú xì | [수 시] |
| 인국, 이웃나라 | 邻国 | líng guó | [린 궈] |
| 인(화학원소) | 磷 | lín | [린] |
| 인가하다 | 认可 | rèn kě | [러 커] |
| 인간 | 人间 | rén jiān | [런 젠] |
| 인격 | 人格 | rén gé | [런 거] |
| 인계받다 | 接班 | jiē bān | [졔 반] |
| 인공 | 人工 | rén gōng | [런 궁] |
| 인공적인 | 人造 | rén zào | [런 짜오] |
| 인구 | 人口 | rén kǒu | [런 코우] |
| 인권 | 人权 | rén quán | [런 췐] |
| 인내력, 지구력 | 耐力 | nài lì | [나이 리] |
| 인내성 있다 | 耐心 | nài xīn | [나이 신] |
| 인내하다, 억제하다 | 忍耐 | rěn nài | [런 나이] |
| 인도주의 | 人道主义 | rén dào zhǔ yì | [런 따오 주이] |
| 인력 | 人力 | rén lì | [런 리] |

|  |  |  |  |
|---|---|---|---|
| 인류 | 人类 | rén lèi | [런 레이] |
| 인물 | 任务 | rèn wù | [런 우] |
| 인민 | 人民 | rén mín | [런 민] |
| 인민폐 | 人民币 | rén mín bì | [런 민 삐] |
| 인사 | 人事 | rén shì | [런 쓰] |
| 인사 | 人士 | rén shì | [런 스] |
| 인사말을 나누다 | 寒暄 | hán xuān | [한 쒠] |
| 인사하다, 주의를 주다, 알리다 | 打招呼 | dǎ zhāo hu | [다 자오 후] |
| 인삼 | 人参 | rén shēn | [런 선] |
| 인상 | 印象 | yìn xiàng | [인 썅] |
| 인생 | 人生 | rén shēng | [런 성] |
| 인성 | 人性 | rén xìng | [런 씽] |
| 인소 | 因素 | yīn sù | [인 쑤] |
| 인솔하다, 영수하다, 알다 | 领 | lǐng | [링] |
| 인솔하다 | 率领 | shuài lǐng | [쒀이 링] |
| 인쇄 | 印刷 | yìn shuā | [인 쏴] |
| 인식하다 | 认识 | rèn shi | [런 스] |
| 인신 | 人身 | rén shēn | [런 선] |
| 인심 | 人心 | rén xīn | [런 신] |
| 인용하다 | 引用 | yǐn yòng | [인 융] |
| 인원 | 人员 | rén yuán | [런 웬] |
| 인위적인 | 人为 | rén wéi | [런 워이] |
| 인입하다 | 引入 | yǐn rù | [인 루] |
| 인자하다 | 仁慈 | rén cí | [런 이] |
| 인재 | 人才 | rén cái | [런 차이] |
| 인정 | 人情 | rén qíng | [런 칭] |

|  |  |  |  |
|---|---|---|---|
| 인정하다 | 认定 | rèn dìng | [런 띵] |
| 인지, 아닌지 | 是否 | shì fǒu | [쓰 포우] |
| 인질 | 人质 | rén zhì | [런 쯔] |
| 인체 | 人体 | rén tǐ | [런 티] |
| 인편에 전하다 | 捎 | shāo | [사오] |
| 일 | 活儿 | huór | [훨] |
| 일, 날 | 日 | rì | [르] |
| 일, 문제, 사건 | 事 | shì | [쓰] |
| 일거로 | 一举 | yì jǔ | [이 쥐] |
| 일관적이다 | 一贯 | yí guàn | [이 꽌] |
| 일광 | 日光 | rì guāng | [르 광] |
| 일군, 무리, 무더기 | 批 | pī | [피] |
| 일군, 성원, 명 | 员 | yuán | [웬] |
| 일군, 일, 인력, 공업 | 工 | gōng | [궁] |
| 일기 | 日期 | rì qī | [르 치] |
| 일깨우다, 조심시키다 | 提醒 | tíxǐng | [티 싱] |
| 일다, 일으키다 | 掀起 | xiān qǐ | [센 치] |
| 일단 | 一旦 | yí dàn | [이 딴] |
| 일단, 일행 | 一行 | yì háng | [이 항] |
| 일대(지역) | 一带 | yí dài | [이 따이] |
| 일련번호 | 编号 | biān hào | [삐엔 하오] |
| 일련의 | 一系列 | yí xì liè | [이 씨 레] |
| 일률적이다, 하나같다 | 一律 | yí lǜ | [이 뤼] |
| 일반적이다 | 一般 | yì bān | [이 반] |

| 일반적이다 | 通常 | tōng cháng | [퉁 창] |
| 일보 | 日报 | rì bào | [르 빠오] |
| 일본어 | 日文 | rì wén | [르 원] |
| 일본어 | 日语 | rì yǔ | [르 위] |
| 일부, 어떤 | 有些 | yǒu xiē | [유 세] |
| 일부 | 有(一)些 | yǒu(yì) xiē | [유(이) 세] |
| 일부러, 고의로 | 成心 | chéng xīn | [청 씬] |
| 일부러, 고의로 | 偏 | piān | [펜] |
| 일부러, 고의적으로 | 有意 | yǒu yì | [유 이] |
| 일부러, 공교롭게 | 偏偏 | piān piān | [펜 펜] |
| 일생 | 一生 | yì shēng | [이 성] |
| 일손 돕다 | 帮忙 | bāng máng | [방 망] |
| 일시 | 一时 | yì shí | [이 스] |
| 일시적, 잠시 | 暂时 | zàn shí | [잔 스] |
| 일심, 한마음 | 一心 | yì xīn | [이 신] |
| 일어나다 | 起 | qǐ | [치] |
| 일어나다 | 起来 | qǐ lái | [치 라이] |
| 일요일 | 星期日 | xīng qī rì | [싱 치 르] |
| 일요일 | 星期天 | xīng qī tiān | [싱 치 텐] |
| 일요일 | 礼拜日 | lǐ bài rì | [리 빠이 르] |
| 일요일 | 礼拜天 | lǐ bài tiān | [리 빠이 텐] |
| 일용 | 日用 | rì yòng | [르 융] |
| 일용품 | 日用品 | rì yòng pǐn | [르 융 핀] |
| 일을 보다 | 办事 | bàn shì | [빤 쓰] |
| 일을 시작하다 | 动工 | dòng gōng | [뚱 궁] |
| 일을 시작하다 | 开工 | kāi gōng | [카이 궁] |
| 일을 저지르다<br>소란을 피우다 | 闹事 | nào shì | [나오 쓰] |

|  |  |  |  |
|---|---|---|---|
| 일을 책임지고 맡다 | 包干儿 | bāo gānr | [바오 깐얼] |
| 일일이 | 一一 | yī yī | [이 이] |
| 일정 | 日程 | rì chéng | [르 청] |
| 일정하지 않다 | 不一定 | bù yí dìng | [뿌 이 띵] |
| 일찍부터, 이미 | 曾 | céng | [청] |
| 일찍이[이미] | 曾经 | céng jīng | [청 징] |
| 일찍 하다 | 早 | zǎo | [자오] |
| 일체 | 一切 | yí qiè | [이 체] |
| 일체의, 모든 | 所有 | suǒ yǒu | [숴 유] |
| 일치하다 갖추다, 이르다 | 齐 | qí | [치] |
| 일치하다 | 一致 | yī zhì | [이 쯔] |
| 일터, 직장 | 岗位 | gǎng wèi | [강 웨이] |
| 일하다, 노동하다 | 做工 | zuò gōng | [쭤 궁] |
| 일하다, 만들다 | 做 | zuò | [쭤] |
| 일하다 | 干活儿 | gàn huór | [깐 후얼] |
| 읽다, 공부하다 | 读 | dú | [두] |
| 잃다(길을) | 迷失 | mí shī | [미 스] |
| 잃다 | 丢失 | diū shī | [디우 스] |
| 잃다, 놓치다 | 失掉 | shī diào | [스 땨오] |
| 잃다, 분실하다 | 遗失 | yí shī | [이 스] |
| 잃다, 실수하다 | 失 | shī | [스] |
| 잃다 | 丢 | diū | [디우] |
| 잃어버리다 | 失去 | shī qù | [스 취] |
| 임대료 | 租金 | zū jīn | [주 진] |
| 임명하다 | 任命 | rèn mìng | [런 밍] |
| 임명하다, 허락하다 | 任 | rèn | [런] |
| 임무 | 任务 | rèn wù | [런 우] |

| | | | |
|---|---|---|---|
| ☐ 임상 | 临床 | lín chuáng | [린 촹] |
| ☐ 임시 | 临时 | lín shí | [린 스] |
| ☐ 임신하다 | 怀孕 | huái yùn | [화이 윈] |
| ☐ 임업 | 林业 | lín yè | [린 예] |
| ☐ 임하다, 이르다 | 临 | lín | [린] |
| ☐ 입, 주둥이 | 嘴 | zuǐ | [주이] |
| ☐ 입구 | 入口 | rù kǒu | [루 코우] |
| ☐ 입다, 신다 | 穿 | chuān | [촨] |
| ☐ 입방 | 立方 | lì fāng | [리 팡] |
| ☐ 입맞춤, 키스 | 吻 | wěn | [원] |
| ☐ 입술 | 嘴唇 | zuǐ chún | [주이 춘] |
| ☐ 입쌀 | 大米 | dà mǐ | [따 미] |
| ☐ 입에 물다 | 叼 | diāo | [댜오] |
| ☐ 입원하다 | 住院 | zhù yuàn | [쭈 웬] |
| ☐ 입을 열다 | 开口 | kāi kǒu | [카이 코우] |
| ☐ 입장 | 立场 | lì chǎng | [리 창] |
| ☐ 입경, 입국 | 入境 | rù jìng | [루 찡] |
| ☐ 입체 | 位体 | lì tǐ | [리 티] |
| ☐ 입학하다 | 入学 | rù xué | [루 쉐] |
| ☐ 잇다, 맞물리다 | 衔接 | xián jiē | [셴 제] |
| ☐ 잇달아, 연이어 | 相继 | xiāng jì | [샹 찌] |
| ☐ 있다 | 在 | zài | [짜이] |
| ☐ 있다, 소유하다 | 有 | yǒu | [유] |
| ☐ 잉크 | 墨水儿 | mò shuǐr | [뭐 쉘] |
| ☐ 잊다 | 忘记 | wàng jì | [왕 찌] |
| ☐ 잊어버리다 | 忘 | wàng | [왕] |
| ☐ 잎 | 叶子 | yè zi | [예 즈] |

# ㅈ (자)

|  |  |  |  |
|---|---|---|---|
| 기 | 自己 | zì jǐ | [쯔 지] |
| 자, 자대 | 尺 | chǐ | [츠] |
| 자 | 尺子 | chǐ zi | [츠 즈] |
| 자, 것 (접미사로 쓰임) | 者 | zhě | [저] |
| 자각적 | 自觉 | zì jué | [쯔 줴] |
| 자고로 | 自古 | zì gǔ | [쯔 구] |
| 자주, 늘 | 时时 | shí shí | [스 스] |
| 자극, 자극하다 | 刺激 | cì jī | [츠 지] |
| 자금 | 资金 | zī jīn | [즈 진] |
| 자금을 모으다 | 集资 | jí zī | [지 즈] |
| 자금을 조달하다 | 拨款 | bō kuǎn | [보 콴] |
| 자기 할 말이 없다 | 无话可说 | wú huà kě shuō | [우 화 커 쉬] |
| 자기, 도자기 | 瓷 | cí | [츠] |
| 자기, 자신 | 自 | zì | [쯔] |
| 자기, 자신 | 自我 | zì wǒ | [쯔 워] |
| 자기가 낳다 | 亲生 | qīn shēng | [친 성] |
| 자동적 | 自动 | zì dòng | [쯔 똥] |
| 자동차 | 汽车 | qì chē | [치 처] |
| 자라다, 증가하다 | 长 | zhǎng | [장] |
| 자력갱생 | 自力更生 | zì lì gēng shēng | [쯔 리 겅 성] |
| 자료 | 资料 | zī liào | [즈 랴오] |
| 자루 | 口袋 | kǒu dài | [코우 따이] |
| 자루 | 袋 | dài | [따이] |
| 자루 | 支 | zhī | [즈] |

| 자루, 줄기, 대 | 柄 | bǐng | [빙] |
| 자르다, 베다 | 剪 | jiǎn | [졘] |
| 자르다, 차단하다 멈추게 하다 | 截 | jié | [졔] |
| 자르다 | 斩 | zhǎn | [잔] |
| 자리, 좌석 | 座儿 | zuòr | [쭤] |
| 자리에 앉아 있다 | 在座 | zài zuò | [짜이 쭤] |
| 자만하다 | 自满 | zì mǎn | [쯔 만] |
| 자모 | 字母 | zì mǔ | [쯔 무] |
| 자문하다 | 咨询 | zī xún | [즈 쉰] |
| 자물쇠 | 锁 | suǒ | [쉬] |
| 자본 | 资本 | zī běn | [즈 번] |
| 자본가 | 资本家 | zī běn jiā | [즈 번 쟈] |
| 자본주의 | 资本主义 | zī běn zhǔ yì | [즈 번 주 이] |
| 자부, 자부하다 | 自豪 | zì háo | [쯔 하오] |
| 자비로 | 自费 | zì fèi | [쯔 페이] |
| 자사자리, 이기적이다 | 自私自利 | zì sī zì lì | [쯔 쓰 즈 리] |
| 자산 | 资产 | zī chǎn | [즈 찬] |
| 자산계급 | 资产阶级 | zī cǎn jiē jí | [즈 찬 졔 지] |
| 자살하다 | 自杀 | zì shā | [쯔 사] |
| 자상하게 돌보다 | 体贴 | tǐ tiē | [티 테] |
| 자상하다 | 慈祥 | cí xiáng | [츠 샹] |
| 자색, 보랏빛의 | 紫 | zǐ | [즈] |
| 자세 | 姿势 | zī shì | [즈 쓰] |
| 자세하고 확실하다 | 精确 | jīng què | [징 췌] |
| 자세히 | 仔细 | zǐ xì | [즈 씨] |
| 자손 | 子孙 | zǐ sūn | [즈 쑨] |

| 자신 | 信心 | xìn xīn | [씬 신] |
| 자신, 확신 | 把握 | bǎ wò | [바 워] |
| 자신 | 自身 | zì shēn | [쯔 선] |
| 자신하다, 스스로 믿다 | 自信 | zì xìn | [쯔 씬] |
| 자애롭다 | 慈爱 | cí'ài | [츠 아이] |
| 자연 | 自然 | zì rán | [쯔 란] |
| 자연발생적이다 | 自发 | zì fā | [즈 프아] |
| 자연히, 당연히 | 自 | zì | [쯔] |
| 자원 | 资源 | zī yuán | [즈 웬] |
| 자원하다 | 自愿 | zì yuàn | [쯔 웬] |
| 자위하다 | 自卫 | zì wèi | [쯔 워이] |
| 자유 시장 | 自由市场 | zì yóu shì chǎng | [쯔 유 쓰 창] |
| 자유 | 自由 | zì yóu | [쯔 유] |
| 자잘하게 부시다 | 破碎 | pò suì | [퍼 쑤이] |
| 자전 | 字典 | zì diǎn | [쯔 덴] |
| 자전거 | 自行车 | zì xíng chē | [쯔 싱 처] |
| 자제 | 子弟 | zǐ dì | [즈 띠] |
| 자주, 늘, 항상 | 时常 | shí cháng | [스 창] |
| 자주, 종종 | 往往 | wǎng wǎng | [왕 왕] |
| 자주적이다 자기 마음대로 하다 | 自主 | zì zhǔ | [쯔 주] |
| 자질구레하다 | 零碎 | líng suì | [링 쑤이] |
| 자철 | 磁铁 | cí tiě | [츠 테] |
| 자체모순이다 자가당착이다 | 自相矛盾 | zì xiāng máo dùn | [쯔 샹 모우 뚠] |
| 자치구 | 自治区 | zì zhì qū | [쯔 쯔 취] |
| 자치하다 | 自治 | zì zhì | [쯔 쯔] |

天

| 자태 | 恣态 | zī tài | [즈 타이] |
| 자학하다 | 自学 | zì xué | [쯔 쉐] |
| 작가 | 作家 | zuò jiā | [쭤 쟈] |
| 작자 | 作者 | zuò zhě | [쭤 저] |
| 작곡하다 | 谱曲 | pǔ qǔ | [푸 취] |
| 작년 | 去年 | qù nián | [취 녠] |
| 작렬하다 | 爆炸 | bào zhà | [빠오 짜] |
| 작문 | 作文 | zuò wén | [쭤 원] |
| 작법 | 做法 | zuò fǎ | [쭤 프아] |
| 작별을 고하다 | 告辞 | gào cí | [까오 츠] |
| 작업 | 作法 | zuò fǎ | [쭤 프아] |
| 작업 | 作业 | zuò yè | [쭤 예] |
| 작업순서 | 工序 | gōng xù | [궁 쒸] |
| 작용 | 作用 | zuò yòng | [쭤 융] |
| 작은 덩어리, 탄알 | 弹 | dàn | [딴] |
| 작전을 하다 | 作战 | zuò zhàn | [쭤 짠] |
| 작탄 | 炸弹 | zhà dàn | [짜 딴] |
| 작품 | 作品 | zuò pǐn | [쭤 핀] |
| 작풍, 태도 | 作风 | zuò fēng | [쭤 펑] |
| 잔돈 | 零钱 | líng qián | [링 쳰] |
| 잔소리하다 | 絮叨 | xù dao | [쒸 다오] |
| 잔업하다, 특근하다 | 加班 | jiā bān | [쟈반] |
| 잔여 | 残余 | cán yú | [찬 위] |
| 잔인하다, 단호한 | 狠 | hěn | [헌] |
| 잔인하다, 악독하다 | 狠毒 | hěn dú | [헌 두] |
| 잔인하다 | 残忍 | cán rěn | [찬 런] |
| 잔폭하다 | 残暴 | cán bào | [찬 빠오] |
| 잘못하다, 실수하다 | 误 | wù | [우] |

|  |  |  |  |
|---|---|---|---|
| 잘하다 | 好好儿 | hǎo hǎor | [하오 하오얼] |
| 잘못, 과실 | 不是 | bú shì | [부 쓰] |
| 잘못, 실수 | 讹 | é | [어] |
| 잠 | 觉 | jiào | [쨔오] |
| 잠그다, 감치다 | 锁 | suǒ | [쉬] |
| 잠기다 | 淹没 | yān mò | [옌 모] |
| 잠깐, ~커녕 고사하고 | 且 | qiě | [체] |
| 잠깐, 금방 곧 | 一会儿 | yí huìr | [이 훨] |
| 잠깐, 잠시 | 一旦 | yí dàn | [이 딴] |
| 잠깐, 잠시 | 片刻 | piàn kè | [펜 커] |
| 잠복하다, 매복하다 | 潜伏 | qián fú | [첸 푸] |
| 잠시, 당분간 | 暂且 | zàn qiě | [짠 체] |
| 잠시, 잠깐 | 姑且 | gū qiě | [구 체] |
| 잠시, 잠깐, 당분간 | 暂 | zàn | [짠] |
| 잠을 자다 | 睡觉 | shuì jiào | [쑤이 쨔오] |
| 잠자다 | 睡 | shuì | [쑤이] |
| 잠자리 | 蜻蜓 | qīng tíng | [칭 팅] |
| 잠재력 | 潜力 | qián lì | [첸 리] |
| 잡곡 | 粗粮 | cū liáng | [추 량] |
| 잡다, 난처하게 하다 | 拿 | ná | [나] |
| 잡다, 종사하다 행하다 | 操 | cāo | [차오] |
| 잡다, 쥐다 장악하다 | 抓 | zhuā | [좌] |
| 잡다, 쥐다, 장악하다 | 握 | wò | [워] |

|  |  |  |  |
|---|---|---|---|
| 잡다, 포착하다 | 捕捉 | bǔ zhuō | [부 줘] |
| 잡되다, 뒤섞이다 | 杂 | zá | [자] |
| 잡문 | 杂文 | zá wén | [자 원] |
| 잡아끌다, 지연하다 | 拖 | tuō | [퉈] |
| 잡아당기다, 비틀다 | 扳 | bān | [반] |
| 잡아당기다 | 拽 | zhuài | [쮀이] |
| 잡지 | 杂志 | zá zhì | [자 쯔] |
| 잡질 | 杂质 | zá zhì | [자 쯔] |
| 장(문장의 장수) | 章 | zhāng | [장] |
| 장(새), 바구니 | 笼子 | lóng zi | [룽 즈] |
| 장, 된장 | 酱 | jiàng | [쨩] |
| 장갑 | 手套 | shǒu tào | [소우 타오] |
| 장거리 | 长途 | cháng tú | [창 투] |
| 장관이다 | 壮观 | zhuàng guān | [쫭 관] |
| 장구하다 | 长久 | cháng jiǔ | [창 지우] |
| 장군 | 将军 | jiāng jūn | [쟝 쮠] |
| 장금 | 奖金 | jiǎng jīn | [쟝 진] |
| 장기 | 象棋 | xiàng qí | [썅 치] |
| 장기 | 长期 | cháng qī | [창 치] |
| 장기, 바둑 | 棋 | qí | [치] |
| 장난이 심하다 교활하다 | 调皮 | tiáo pí | [탸오 피] |
| 장난이 심하다 | 淘气 | táo qì | [타오 치] |
| 장난치다 잔꾀를 부리다 | 耍 | shuǎ | [솨] |
| 장래 | 将来 | jiāng lái | [쟝 라이] |
| 장려 | 奖励 | jiǎng lì | [쟝 리] |
| 장려하다, 칭찬하다 | 奖 | jiǎng | [쟝] |

|  |  |  |  |
|---|---|---|---|
| 장려하다 | 壮丽 | zhuàng lì | [쫭 리] |
| 장려하다 | 奖励 | jiǎng lì | [쟝 리] |
| 장렬하다 | 壮烈 | zhuàng liè | [쫭 레] |
| 장례 | 葬礼 | zàng lǐ | [짱 리] |
| 장면, 정경, 외관 | 场面 | chǎng miàn | [창 몐] |
| 장미 | 玫瑰 | méi gui | [메이 구이] |
| 장벽, 보호벽 | 屏障 | píng zhàng | [핑 쨩] |
| 장비 / 장비하다, 갖추다 | 装备 | zhuāng bèi | [쫭 뻬이] |
| 장사 | 生意 | shēng yì | [성 이] |
| 장사, 상업, 상인 | 商 | shāng | [상] |
| 장소 | 场所 | chǎng suǒ | [창 숴] |
| 장소, 경우, 상황 | 场合 | chǎng hé | [창 허] |
| 장소, 곳 | 所 | suǒ | [쉬] |
| 장소 | 场地 | chǎng dì | [창 띠] |
| 장수하다 | 长寿 | cháng shòu | [창 쏘우] |
| 장식, 장식하다 | 装饰 | zhuāng shì | [쫭 쓰] |
| 장악하다 | 掌握 | zhǎng wò | [장 워] |
| 장애, 장애하다 | 障碍 | zhàng'ài | [짱 아이] |
| 장엄하다 | 庄严 | zhuāng yán | [쫭 옌] |
| 장원하다 | 长远 | cháng yuǎn | [창 웬] |
| 장점, 훌륭한 점 | 长处 | cháng chù | [창 추] |
| 장정 | 长征 | cháng zhēng | [창 정] |
| 장정, 규약 | 章程 | zhāng chéng | [장 청] |
| 장중하다 | 庄重 | zhuāng zhòng | [쫭 쭝] |
| 장차, 또한 ~일 것이다 | 将 | jiāng | [쟝] |
| 장치, 장치하다 | 装置 | zhuāng zhì | [쫭 쯔] |

|  |  |  |  |
|---|---|---|---|
| 장학금 | 奖学金 | jiǎng xué jīn | [쟝 쉐 진] |
| 장화 | 靴子 | xuē zi | [쉐 즈] |
| 재, 먼지, 석회 | 灰 | huī | [후이] |
| 재간 | 才干 | cái gàn | [차이 깐] |
| 재간, 수단, 방법 | 一手 | yì shǒu | [이 소우] |
| 재고, 잔고 | 库存 | kù cún | [쿠 춘] |
| 재난, 불행 | 难 | nàn | [난] |
| 재난 | 灾难 | zāi nàn | [자이 난] |
| 재난으로 피난가다 | 逃荒 | táo huāng | [타오 황] |
| 재난을 당하다 | 遭殃 | zāo yāng | [자오 양] |
| 재능, 재주 | 才 | cái | [차이] |
| 재능 | 才能 | cái néng | [차이 넝] |
| 재능과 지혜 | 才智 | cái zhì | [차이 쯔] |
| 재단하다 덜다, 처리하다 | 裁 | cái | [차이] |
| 재담 | 相声 | xiàng sheng | [썅 셩] |
| 재력 | 财力 | cái lì | [차이 리] |
| 재료 | 材料 | cái liào | [차이 료우] |
| 재료, 사료 | 料 | liào | [랴오] |
| 재무 | 财务 | cái wù | [차이 우] |
| 재무와 회계 | 财会 | cái huì | [차이 후이] |
| 재물 | 财 | cái | [차이] |
| 재물로 돕다 | 资助 | zī zhù | [쯔 쭈] |
| 재미없다 | 没意思 | méi yì si | [메이 이 쓰] |
| 재미있다, 즐겁다 | 有意思 | yǒu yì si | [유 이 쓰] |
| 재미있다 | 有趣 | yǒu qù | [유 취] |
| 재배하다 | 栽培 | zāi péi | [자이 페이] |
| 재배하다 | 栽 | zāi | [자이] |

| 재봉, 재봉사 | 裁缝 | cái feng | [차이 펑] |
| 재부 | 财富 | cái fù | [차이 푸] |
| 재비 | 燕子 | yàn zi | [옌 즈] |
| 재빨리 | 赶紧 | gǎn jǐn | [간 진] |
| 재산 | 财产 | cái chǎn | [차이 찬] |
| 재삼, 거듭거듭 | 再三 | zài sān | [짜이 산] |
| 재생산 | 再生产 | zài shēng chǎn | [짜이 성 찬] |
| 재수가 없다 | 倒霉 | dǎo méi | [다오 메이] |
| 재작년 | 前年 | qián nián | [쳰 녠] |
| 재정 | 财政 | cái zhèng | [차이 쩡] |
| 재정과 경제 | 财经 | cái jīng | [차이 징] |
| 재조직하다, 개편하다 | 改组 | gǎi zǔ | [가이 주] |
| 재차, 다시, | 重 | chóng | [충] |
| 재판, 재판하다 | 裁判 | cái pàn | [차이 판] |
| 재해 | 灾害 | zāi hài | [자이 하이] |
| 재해, 재앙 | 灾 | zāi | [자이] |
| 재황 | 灾荒 | zāi huāng | [자이 황] |
| 쟁기 | 犁 | lí | [리] |
| 쟁론하다 | 争论 | zhēng lùn | [정 룬] |
| 쟁반, 접시 | 盘 | pán | [판] |
| 쟁의하다, 논쟁하다 | 争议 | zhēng yì | [정 이] |
| 쟁취하다 | 争取 | zhēng qǔ | [정 취] |
| 쟁탈하다 | 争夺 | zhēng duó | [정 둬] |
| 저것, 그것 | 那 | nà | [나] |
| 저고리 | 袄 | ǎo | [아오] |
| 저금하다 | 存款 | cún kuǎn | [춘 콴] |
| 저급하다 | 低级 | dī jí | [디 지] |

| 저기 | 那里 | nà lǐ | [나 리] |
| 저기 | 那儿 | nàr | [나 얼] |
| 저녁 밥 | 晚饭 | wǎn fàn | [완 프안] |
| 저녁 | 傍晚 | bàng wǎn | [빵 완] |
| 저녁밥, 만찬 | 晚餐 | wǎn cān | [완 찬] |
| 저녁 | 晚上 | wǎn shang | [완 상] |
| 저당하다, 구류하다 호송하다 | 押 | yā | [야] |
| 저도 모르게 ~어쩔 수 없이 | 不由得 | bù yóu dé | [뿌 유 더] |
| 저런! 야단났네! | 不得了 | bù dé liǎo | [뿌 더 료우] |
| 저명하다 | 著名 | zhù míng | [쭈 밍] |
| 저버리다, 헛되게 하다 | 辜负 | gū fù | [구 푸] |
| 저수지 | 水库 | shuǐ kù | [수이 쿠] |
| 저애하다 장대하다, 방해하다 | 阻碍 | zǔ'ài | [주 아이] |
| 저열하다 | 低劣 | dī liè | [디 레] |
| 저온 | 低温 | dī wēn | [디 원] |
| 저울 | 秤 | chèng | [청] |
| 저작 | 著作 | zhù zuò | [쭈 쭤] |
| 저작, 저술 | 著 | zhù | [쭈] |
| 저작하다, 저술하다 | 著 | zhù | [쭈] |
| 저장하다 | 储藏 | chǔ chǎng | [추 창] |
| 저지하다, 가로 막다 | 阻挡 | zǔ dǎng | [주 당] |
| 저지하다, 방해하다 | 阻挠 | zǔ náo | [주 나오] |
| 저지하다, 제지하다 | 阻挡 | zǔ dǎng | [주 다앙] |

| 저지하다 | 阻止 | zǔ zhǐ | [주 즈] |
| --- | --- | --- | --- |
| 저쪽[저] | 那边 | nà biān | [나 볜] |
| 저축하다 | 储存 | chǔ cún | [추 춘] |
| 저축하다 | 储蓄 | chǔ xù | [추 쒸] |
| 저항력, 저지력 | 阻力 | zǔ lì | [주 리] |
| 저항하다 | 抗击 | kàng jī | [캉 지] |
| 적 | 敌 | dí | [디] |
| 적 | 敌人 | dí rén | [디 런] |
| 적관 | 籍贯 | jí guàn | [지 관] |
| 적극성 | 积极性 | jī jí xìng | [지 지 씽] |
| 적극적이다 | 积极 | jī jí | [지 지] |
| 적다 | 少 | shǎo | [사오] |
| 적당하다, 적절하다 | 适宜 | shì yí | [쓰 이] |
| 적당히 | 适当 | shì dàng | [쓰 땅] |
| 적대시하다 | 敌视 | dí shì | [디 쓰] |
| 적대하다 | 敌对 | dí duì | [디 뚜이] |
| 적도 | 赤道 | chí dào | [츠 따오] |
| 적발하다 | 揭发 | jiē fā | [제 프아] |
| 적발하여 체포하다 | 破获 | pò huò | [퍼 훠] |
| 적시다 묻다, 덕을 보이다 | 沾 | zhān | [잔] |
| 적요 | 摘要 | zhāi yào | [자이 야오] |
| 적용하다 | 适用 | shì yòng | [쓰 융] |
| 적응하다 | 适应 | shì yìng | [쓰 잉] |
| 적자 | 赤字 | chì zì | [츠 쯔] |
| 적지 않다 | 不少 | bù shǎo | [뿌 사오] |
| 적합하다, 어울리다 | 称 | chēng | [청] |
| 적합하다 | 适合 | shì hé | [쓰 허] |

ㅈ

| 적합하다 | 合适 | hé shì | [허 쓰] |
| 전, 큰 건물 | 殿 | diàn | [뗀] |
| 전간 | 田间 | tián jiān | [텐 젠] |
| 전개하다 | 展开 | zhǎn kāi | [잔 카이] |
| 전개하다 | 开展 | kāi zhǎn | [카이 잔] |
| 전경 | 前景 | qián jǐng | [첸 징] |
| 전공하다 열심히 공부하다 | 攻读 | gōng dú | [궁 두] |
| 전구 | 灯泡 | dēng pào | [덩 파오] |
| 전기 | 前期 | qián qī | [첸 치] |
| 전기 | 传记 | zhuàn jì | [쫜 찌] |
| 전기 | 电 | diàn | [뗀] |
| 전기 | 电气 | diàn qì | [뗀 치] |
| 전기, 일대기 | 传 | zhuàn | [쫜] |
| 전기기구, 전기제품 | 电器 | diàn qì | [뗀 치] |
| 전기난로 | 电炉 | diàn lú | [뗀 루] |
| 전기버튼 | 电钮 | diàn niǔ | [뗀 니우] |
| 전기회로 | 电路 | diàn lù | [뗀 루] |
| 전단지 | 传单 | chuán dān | [촨 단] |
| 전달하다 | 传递 | chuán dì | [촨 띠] |
| 전달하다 | 转交 | zhuǎn jiāo | [좐 쟈오] |
| 전달하다 | 传达 | chuán dá | [촨 다] |
| 전달하다 | 转达 | zhuǎn dá | [좐 다] |
| 전담자 | 专人 | zhuān rén | [좐 런] |
| 전대미문의, 공전의 | 空前 | kōng qián | [쿵 첸] |
| 전도 | 前途 | qián tú | [첸 투] |
| 전도, 미래 | 前程 | qián chéng | [첸 청] |
| 전도하다 | 颠倒 | diān dǎo | [뗀 다오] |

250

| | | | |
|---|---|---|---|
| ☐ 전동기 | 电动机 | diàn dòng jī | [뗀 뚱 지] |
| ☐ 전등 | 电灯 | diàn dēng | [뗀 떵] |
| ☐ 전람 | 展览 | zhǎn lǎn | [잔 란] |
| ☐ 전략 | 战略 | zhàn lüè | [짠 뛔] |
| ☐ 전력, 모든 힘 | 全力 | quán lì | [췐 리] |
| ☐ 전력 | 电力 | diàn lì | [뗀 리] |
| ☐ 전령 | 电铃 | diàn líng | [뗀 링] |
| ☐ 전류 | 电流 | diàn liú | [뗀 리우] |
| ☐ 전망하다 | 展望 | zhǎn wàng | [잔 왕] |
| ☐ 전면적이다 | 全面 | quán miàn | [췐 몐] |
| ☐ 전문 | 专 | zhuān | [좐] |
| ☐ 전문가 | 专家 | zhuān jiā | [좐 쟈] |
| ☐ 전문기능 | 专长 | zhuān cháng | [좐 창] |
| ☐ 전문직 | 专门 | zhuān mén | [좐 먼] |
| ☐ 전문학과 | 专科 | zhuān kē | [좐 커] |
| ☐ 전민 | 全民 | quán mín | [췐 민] |
| ☐ 전반적이다<br>주도면밀하다 | 周 | zhōu | [조우] |
| ☐ 전변하다 | 转变 | zhuǎn biàn | [좐 뼨] |
| ☐ 전보 | 电报 | diàn bào | [뗀 빠오] |
| ☐ 전보를 보내다 | 致电 | zhì diàn | [쯔 뗀] |
| ☐ 전복하다 | 颠覆 | diān fù | [뎬 푸] |
| ☐ 전부 | 全部 | quán bù | [췐 뿌] |
| ☐ 전부, 일절 | 一概 | yí gài | [잉 까이] |
| ☐ 전사 | 战士 | zhàn shì | [짠 쓰] |
| ☐ 전선 | 前线 | qián xiàn | [쳰 쎈] |
| ☐ 전선 | 阵线 | zhèn xiàn | [쩐 쎈] |
| ☐ 전선, 전쟁터 | 战线 | zhàn xiàn | [짠 쎈] |

| 전선 | 电线 | diàn xiàn | [띠엔 쎈] |
| 전설 | 传说 | chán shuō | [촨 쉬] |
| 전송하다 | 传送 | chuán sòng | [촨 쏭] |
| 전수하다 | 传授 | chuán shòu | [촨 쏘우] |
| 전술 | 战术 | zhàn shù | [짠 쑤] |
| 전승하다 | 战胜 | zhàn shèng | [짠 썽] |
| 전시 판매하다 | 展销 | zhǎn xiāo | [잔 샤오] |
| 전시하다 | 展示 | zhǎn shì | [잔 쓰] |
| 전시하다 | 展出 | zhǎn chū | [잔 추] |
| 전시회 | 展览会 | zhǎn lǎn huì | [잔 란 후이] |
| 전심전의 | 全心全意 | quán xīn quán yì | [취엔 신 취엔 이] |
| 전압 | 电压 | diàn yā | [띠엔 야] |
| 전야 | 田野 | tián yě | [티엔 예] |
| 전업 | 专业 | zhuān yè | [좐 예] |
| 전업호, 전문업주 | 专业户 | zhuān yè hù | [좐 예 후] |
| 전역 | 战役 | zhàn yì | [짠 이] |
| 전염되다 | 传染 | chuán rǎn | [촨 란] |
| 전용이다 | 专用 | zhuān yòng | [좐 융] |
| 전우 | 战友 | zhàn yǒu | [짠 유] |
| 전원 | 电源 | diàn yuán | [띠엔 웬] |
| 전이하다 | 转移 | zhuǎn yí | [좐 이] |
| 전인, 앞 사람 | 前人 | qián rén | [치엔 런] |
| 전입하다 | 转入 | zhuǎn rù | [좐 루] |
| 전자 | 电子 | diàn zǐ | [띠엔 즈] |
| 전쟁 | 战争 | zhàn zhēng | [짠 정] |
| 전지, 배터리 | 电池 | diàn chí | [띠엔 츠] |
| 전진하다 | 前进 | qián jìn | [치엔 찐] |
| 전집 | 全集 | quán jí | [취엔 지] |

| 전차 | 电车 | diàn chē | [뗀 츠] |
| 전제 | 前提 | qián tí | [쳰 티] |
| 전체 | 全体 | quán tǐ | [췐 티] |
| 전체 | 整个 | zhěng gè | [정 거] |
| 전체의 국면, 전반형세 | 全局 | quán jú | [췐 쥐] |
| 전체의, 전부의 | 全 | quán | [췐] |
| 전체의, 총괄적인 | 总 | zhǒng | [중] |
| 전통 | 传统 | chuán tǒng | [촨 퉁] |
| 전투 | 战斗 | zhàn dòu | [짠 또우] |
| 전파하다, 전염되다 | 传 | chuán | [촨] |
| 전파하다 | 传播 | chuán bō | [촨 보] |
| 전표 | 发票 | fā piào | [프아 퍄우] |
| 전하여 알리다 | 转告 | zhuǎn gào | [좐 까오] |
| 전혀 어울리지 않다 | 格格不入 | gé gé bù rù | [거 거 뿌 루] |
| 전형, 전형적이다 | 典型 | diǎn xíng | [뗸 싱] |
| 전화 | 电话 | diàn huà | [뗸 화] |
| 전화하다 | 转化 | zhuǎn huà | [좐 화] |
| 전환되다 | 转折 | zhuǎn zhé | [좐 저] |
| 전환하다 | 转换 | zhuǎn huàn | [좐 환] |
| 전후 | 前后 | qián hòu | [쳰 호우] |
| 절, 사원 | 寺 | sì | [쓰] |
| 절다(다리) | 瘸 | qué | [췌] |
| 절대로(부정문) | 万万 | wàn wàn | [완 완] |
| 절대로, 정말(강조) | 可 | kě | [커] |
| 절대적 | 绝对 | jué duì | [쥐에 뚜이] |
| 절도하다, 훔치다 | 盗窃 | dào qiè | [따오 쳬] |
| 절망하다 | 绝望 | jué wàng | [쥐에 왕] |

| 절목 | 节目 | jié mù | [제 무] |
| 절박하다, 간절하다 | 急切 | jí qiè | [지 쳬] |
| 절반 | 一半 | yí bàn | [이 빤] |
| 절반, 중도 | 半截 | bàn jié | [뻰 졔] |
| 절실하다 | 切实 | qiè shí | [쳬 스] |
| 절약하다 | 节约 | jié yuē | [졔 웨] |
| 절연하다 | 绝缘 | jué yuán | [쥐 웬] |
| 절주 | 节奏 | jié zòu | [졔 쪼우] |
| 절취하다, 훔치다 | 窃取 | qiè qǔ | [쳬 취] |
| 젊다 | 年轻 | nián qīng | [녠 칭] |
| 점 | 点 | diǎn | [뎬] |
| 점거하다, 차지하다 | 占据 | zhàn jù | [짠 쥐] |
| 점검수리하다 | 检修 | jiǎn xiū | [졘 시우] |
| 점령하다, 차지하다 | 占 | zhàn | [짠] |
| 점령하다 | 霸占 | bà zhàn | [빠 짠] |
| 점령하다 | 占领 | zhàn lǐng | [짠 링] |
| 점명하다 | 点名 | diǎn míng | [뎬 밍] |
| 점수, 분수 | 分数 | fēn shù | [펀 쑤] |
| 점심 때 | 晌午 | xiǎng wǔ | [샹 우] |
| 점심밥 | 午饭 | wǔ fàn | [우 프안] |
| 점원 | 店员 | diàn yuán | [뗸 웬] |
| 점유하다, 의지하다 | 据 | jù | [쥐] |
| 점유하다, 침해하다 | 侵占 | qīn zhàn | [친 짠] |
| 점유하다 | 占有 | zhàn yǒu | [짠 유] |
| 점잖다 | 安详 | ān xiáng | [안 샹] |
| 점잖다 | 斯文 | sī wén | [스 원] |
| 점점 | 渐渐 | jiàn jiàn | [쪤 쪤] |
| 점점, 더욱 더, 날로 | 日益 | rì yì | [르 이] |

| | | | |
|---|---|---|---|
| ☐ 점점, 차츰 | 渐 | jiàn | [쩬] |
| ☐ 점찍다<br>가리키다, 건드리다 | 点 | diǎn | [뎬] |
| ☐ 점차 앞으로 나가다 | 循序渐进 | xún xù jiàn jìn | [쉰 쒸 쩬 찐] |
| ☐ 점차 증가하다 | 递增 | dì zēng | [띠 쩡] |
| ☐ 점차 | 逐渐 | zhú jiàn | [주 쩬] |
| ☐ 점철하다 | 点缀 | diǎn zuì | [뎬 쭈이] |
| ☐ 접견하다 | 接见 | jiē jiàn | [제 쩬] |
| ☐ 접근하다, 즉~이다 | 即 | jí | [지] |
| ☐ 접근하다 | 临近 | lín jìn | [찐 린] |
| ☐ 접근하다 | 接近 | jiē jìn | [제 찐] |
| ☐ 접다(여러 겹으로) | 叠 | dié | [데] |
| ☐ 접대하다 | 接待 | jiē dài | [제 따이] |
| ☐ 접수하다 | 接收 | jiē shōu | [제소우] |
| ☐ 접수하다 | 接受 | jiē shòu | [제 쏘우] |
| ☐ 접시 | 碟子 | dié zi | [데 즈] |
| ☐ 접시 | 盘子 | pán zi | [프안 즈] |
| ☐ 접촉하다, 느끼다 | 触 | chù | [추] |
| ☐ 접촉하다 | 接触 | jiē chù | [제 추] |
| ☐ 젓가락 | 筷子 | kuài zi | [콰이 즈] |
| ☐ 정 | 情 | qíng | [칭] |
| ☐ 정가 | 定价 | dìng jià | [띵 쨔] |
| ☐ 정감 | 情感 | qíng gǎn | [칭 간] |
| ☐ 정경 | 情景 | qíng jǐng | [칭 징] |
| ☐ 정교하다, 꼼꼼하다 | 讲究 | jiǎng jiù | [쟝 찌우] |
| ☐ 정교하다<br>똑똑하다, 정통하다 | 精 | jīng | [징] |
| ☐ 정교하다, 세밀하다 | 精致 | jīng zhì | [징 쯔] |

ㅈ

| | | | |
|---|---|---|---|
| ❏ 정권 | 政权 | zhèng quán | [쩡 췐] |
| ❏ 정규적이다 | 正规 | zhèng guī | [쩡 구이] |
| ❏ 정기 구독하다 | 订阅 | dìng yuè | [띵 웨] |
| ❏ 정기, 올바른 기풍 | 正气 | zhèng qì | [쩡 치] |
| ❏ 정기 | 定期 | dìng qī | [띵 치] |
| ❏ 정나미가 떨어지다 | 反感 | fǎn gǎn | [프안 간] |
| ❏ 정당 | 政党 | zhèng dǎng | [쩡 당] |
| ❏ 정당하다, 합법적이다 | 正当 | zhèng dàng | [쩡 당] |
| ❏ 정도 의리도 없다 | 无情无义 | wú qíng wú yì | [우 칭 우 이] |
| ❏ 정도 | 程度 | chéng dù | [청 뚜] |
| ❏ 정돈하다 | 整顿 | zhěng dùn | [정 뚠] |
| ❏ 정량 | 定量 | dìng liàng | [띵 량] |
| ❏ 정력 | 精力 | jīng lì | [징 리] |
| ❏ 정련하다 | 提炼 | tí liàn | [티 렌] |
| ❏ 정리, 법칙 | 定理 | dìng lǐ | [띵 리] |
| ❏ 정리하다 | 整理 | zhěng lǐ | [정 리] |
| ❏ 정말, 어지간히 | 够 | gòu | [꼬우] |
| ❏ 정말, 참 | 真是 | zhēn shì | [전 쓰] |
| ❏ 정말로, 진실로 | 真 | zhēn | [전] |
| ❏ 정말로 참(불안을 나타낼 때) | 真是的 | zhēn shì de | [전 스 더] |
| ❏ 정면 | 正面 | zhèng miàn | [쩡 몐] |
| ❏ 정미하다 | 精美 | jīng měi | [징 메이] |
| ❏ 정밀하다, 섬세하다 | 精细 | jīng xì | [징 씨] |
| ❏ 정밀하다 | 精密 | jīng mì | [징 미] |
| ❏ 정박하다, 머물다 | 停泊 | tíng bó | [팅 보] |
| ❏ 정변 | 政变 | zhèng biàn | [쩡 뻰] |
| ❏ 정보, 소식 | 情报 | qíng bào | [칭 빠오] |

| 정복하다 | 征服 | zhēng fú | [쩡 푸] |
| 정부 | 政府 | zhèng fǔ | [쩡 푸] |
| 정부관리, 기관 | 官 | guān | [관] |
| 정비례 | 正比 | zhèng bǐ | [쩡 비] |
| 정상운행기(편도) | 班机 | bān jī | [반 지] |
| 정상적이다 | 正常 | zhèng cháng | [쩡 창] |
| 정서 | 情绪 | qíng xù | [칭 쒸] |
| 정성을 하다 | 精心 | jīng xīn | [징 신] |
| 정수 | 精华 | jīng huá | [징 화] |
| 정수(수학) | 整数 | zhěng shù | [정 쑤] |
| 정시에 출퇴근 하다 | 坐班 | zuò bān | [쭤 반] |
| 정식적이다 | 正式 | zhèng shì | [쩡 쓰] |
| 믿을만 하다 | 可靠 | kě kào | [커 카오] |
| 정신 | 精神 | jīng shén | [징 런] |
| 정신, 뇌력 | 脑力 | nǎo lì | [나오 리] |
| 정신 | 精神 | jīng shén | [징 선] |
| 정신없이 어리둥절하다 | 如醉如痴 | rú zuì rú chī | [루 쭈이 루 츠] |
| 정신을 집중하다 주의하다 | 聚精会神 | jù jīng huì shén | [쮜 징 후이 선] |
| 정신을 차리다 정신이 맑다 | 清醒 | qīng xǐng | [칭 싱] |
| 정신적이다 | 精神 | jīng shen | [징 선] |
| 정액 | 定额 | dìng'é | [띵 어] |
| 정액외의 | 额外 | é wài | [어 와이] |
| 정액을 초과하다 | 超额 | chāo'é | [차오 어] |
| 정연하다, 규칙적이다 | 规则 | guī zé | [귀 저] |
| 정연하다 | 整齐 | zhěng qí | [정 치] |

ㅈ

|  |  |  |  |
|---|---|---|---|
| 정오, 한낮 | 中午 | zhōng wǔ | [중 우] |
| 정월 대보름 | 元宵 | yuán xiāo | [웬 샤오] |
| 정월 | 正月 | zhēng yuè | [정 웨] |
| 정의 | 定义 | dìng yì | [띵 이] |
| 정의, 정의롭다 | 正义 | zhèng yì | [쩡 이] |
| 정자 | 亭子 | tíng zi | [팅 즈] |
| 정절, 줄거리 | 情节 | qíng jié | [칭 제] |
| 정점 | 顶点 | dǐng diǎn | [딩 뗀] |
| 정정하다 | 更正 | gēng zhèng | [겅 쩡] |
| 정제하다, 단련하다 | 炼 | liàn | [롄] |
| 정중하다 | 郑重 | zhèng zhòng | [쩡 중] |
| 정지하다, 끝나다 | 终止 | zhōng zhǐ | [중 즈] |
| 정지하다 그치다 | 止 | zhǐ | [즈] |
| 정지하다 | 停止 | tíng zhǐ | [팅 즈] |
| 정착하다 | 定居 | dìng jū | [띵 쥐] |
| 정찰하다 | 侦察 | zhēn chá | [전 차] |
| 정책 | 政策 | zhèng cè | [쩡 처] |
| 정책을 결정하다 | 决策 | jué cè | [줴 처] |
| 정체 | 整体 | zhěng tǐ | [정 티] |
| 정체하다 | 停滞 | tíng zhì | [팅 쯔] |
| 정치 | 政治 | zhèng zhì | [쩡 쯔] |
| 정탐 | 侦探 | zhēn tàn | [전 탄] |
| 정통하다 | 精通 | jīng tōng | [징 퉁] |
| 정풍 | 整风 | zhěng fēng | [정 펑] |
| 정하다, 결정하다 | 定 | dìng | [띵] |
| 정하다, 예약하다 | 订 | dìng | [띵] |
| 정형 | 情形 | qíng xing | [칭 싱] |
| 정화하다 | 净化 | jìng huà | [찡 화] |

|  |  |  |  |
|---|---|---|---|
| 정확하다 | 正确 | zhèng què | [쩡 췌] |
| 정확하다 | 准 | zhǔn | [준] |
| 정황 | 情况 | qíng kuàng | [칭 쾅] |
| 젖 | 乳 | rǔ | [루] |
| 젖다, 습하다 | 湿 | shī | [스] |
| 제 눈으로 직접 | 亲眼 | qīn yǎn | [친 옌] |
| 제강 | 提纲 | tí gāng | [티 강] |
| 제거하다 | 扫除 | sǎo chú | [사오 추] |
| 제거하다, 없애다 | 解除 | jiě chú | [졔 추] |
| 제고하다 | 提高 | tí gāo | [티 가오] |
| 제공하다 | 提供 | tí gòng | [티 꿍] |
| 제국 | 帝国 | dì guó | [띠 궈] |
| 제국주의 | 帝国主义 | dì guó zhǔ yì | [띠 궈 주 이] |
| 제다, 달다 | 量 | liàng | [량] |
| 제도 | 制度 | zhì dù | [쯔 뚜] |
| 제때에 | 及时 | jí shí | [지 스] |
| 제때에, 기한대로 | 按期 | àn qī | [안 치] |
| 제때에 | 按时 | àn shí | [안 스] |
| 제련하다, 용해하다 | 冶炼 | yě liàn | [예 롄] |
| 제멋대로 행동하다 | 横行 | héng xíng | [헝 싱] |
| 제멋대로, 독단적으로 | 擅自 | shàn zì | [싼 쯔] |
| 제멋대로, 마구 | 乱 | luàn | [롼] |
| 제멋대로, 임의대로 | 任意 | rèn yì | [런 이] |
| 제멋대로 | 任性 | rèn xìng | [런 씽] |
| 제목 | 题目 | tí mù | [티 무] |
| 제목, 문제 | 题 | tí | [티] |
| 제발 | 千万 | qiān wàn | [첸 완] |

| 제방, 저습지, 탕 | 塘 | táng | [탕] |
| 제복 | 制服 | zhì fú | [쯔 푸] |
| 제시하다 | 提示 | tí shì | [티 쓰] |
| 제안 | 提案 | tí'àn | [티 안] |
| 제압하다, 진압하다 | 镇 | zhèn | [쩐] |
| 제약하다 | 制约 | zhì yuē | [쯔 웨] |
| 제외하다 | 除外 | chú wài | [추 와이] |
| 제의 | 提议 | tí yì | [티 이] |
| 제일의, 첫 째의, 이끄는 | 头 | tóu | [토우] |
| 제작하다 | 制作 | zhì zuò | [쯔 쭤] |
| 제재, 글감 | 题材 | tí cái | [티 차이] |
| 제재를 하다 | 制裁 | zhì cái | [쯔 차이] |
| 제정하다 | 制定 | zhì dìng | [쯔 띵] |
| 제조업자 | 厂商 | chǎng shāng | [창 상] |
| 제조하다 | 制造 | zhì zào | [쯔 짜오] |
| 제지하다, 저지하다 | 制止 | zhì zhǐ | [쯔 즈] |
| 제창하다 | 提倡 | tí chàng | [티 창] |
| 제출하다 | 提交 | tí jiāo | [티 쟈오] |
| 제출하다 | 递交 | dì jiāo | [띠 쟈오] |
| 제품 | 制品 | zhì pǐn | [쯔 핀] |
| 제품, 완제품 | 成品 | chéng pǐn | [청 핀] |
| 제한하다 | 限 | xiàn | [쎈] |
| 제한하다 | 限制 | xiàn zhì | [쎈 즈] |
| 조 | 兆 | zhào | [짜오] |
| 조 회 | 照会 | zhào huì | [짜오 후이] |
| 조, 그룹, 팀 | 组 | zǔ | [주] |
| 조, 낟알 | 谷子 | gǔ zi | [구 즈] |

| | | | |
|---|---|---|---|
| ☐ 조각 | 雕塑 | diāo sù | [댜오 쑤] |
| ☐ 조각, 조각하다 새기다 | 雕刻 | diāo kè | [댜오 커] |
| ☐ 조각, 쪽지 | 条子 | tiáo zi | [탸오 즈] |
| ☐ 조각하다 | 雕塑 | diāo sù | [댜오 쑤] |
| ☐ 조개껍질 | 贝壳 | bèi ké | [뻬이 커] |
| ☐ 조건 | 条件 | tiáo jiàn | [탸오 쪤] |
| ☐ 조국 | 祖国 | zǔ guó | [주 궈] |
| ☐ 조금, 약간 | 略微 | lüè wēi | [뤼 웨이] |
| ☐ 조금, 약간 | 些 | xiē | [셰] |
| ☐ 조금, 약간 | 稍 | shǎo | [사오] |
| ☐ 조금 | 一点儿 | yì diǎnr | [이 뎰] |
| ☐ 조금 | 稍微 | shāo wēi | [사오 웨이] |
| ☐ 조금도(전혀) ~없다 | 毫无 | háo wú | [하오 우] |
| ☐ 조금도 ~않다 | 毫不 | háo bù | [하오 뿌] |
| ☐ 조기 | 早期 | zǎo qī | [자오 치] |
| ☐ 조대 | 朝代 | cháo dài | [차오 따이] |
| ☐ 조례 | 条例 | tiáo lì | [탸오 리] |
| ☐ 조롱박 | 葫芦 | hú lu | [후 리] |
| ☐ 조류 | 潮流 | cháo liú | [차오 리우] |
| ☐ 조류, 가금류 | 禽 | qín | [친] |
| ☐ 조리 | 助理 | zhù lǐ | [쭈 리] |
| ☐ 조리, 순서 | 条理 | tiáo lǐ | [탸오 리] |
| ☐ 조립하다, 맞추다 | 装配 | zhuāng pèi | [쫭 페이] |
| ☐ 조만간 | 早晚 | zǎo wǎn | [자오 완] |
| ☐ 조명하다 | 照明 | zhào míng | [짜오 밍] |
| ☐ 조모 | 祖母 | zǔ mǔ | [주 무] |
| ☐ 조목, 항목 | 条文 | tiáo wén | [탸오 원] |

| 조밀하다 | 茂密 | mào mì | [마오 미] |
| 조밀하다 | 稠密 | chóu mì | [초우 미] |
| 조바심이 나다 | 急躁 | jí zào | [지 짜오] |
| 조부 | 祖父 | zǔ fù | [주 푸] |
| 조사하다 효과가 있다 | 验 | yàn | [옌] |
| 조사하다 | 调查 | diào chá | [띠아오 차] |
| 조사하여 밝히다 | 查明 | chá míng | [차 밍] |
| 심사하여 허가하다 | 审批 | shěn pī | [선 피] |
| 조소하다 | 嘲笑 | cháo xiào | [차오 쌰오] |
| 조수, 조류 | 潮 | cháo | [차오] |
| 조수 | 助手 | zhù shǒu | [쭈 소우] |
| 조심하다, 주의하다 | 留心 | liú xīn | [리우 신] |
| 조심하다 | 小心 | xiǎo xīn | [샤오 신] |
| 조야하다 제멋대로 하다 | 野 | yě | [예] |
| 조약 | 条约 | tiáo yuē | [탸오 웨] |
| 조언을 구하다, 의견을 묻다 | 请教 | qǐng jiào | [칭 쨔오] |
| 조용하게 | 悄悄 | qiāo qiāo | [챠오 챠오] |
| 조용하다, 따르다 | 从容 | cóng róng | [충 룽] |
| 조용하다 움직이지 않다 | 静 | jìng | [찡] |
| 조용하다 | 宁静 | níng jìng | [닝 찡] |
| 조용하다 | 平静 | píng jìng | [핑 찡] |
| 조우하다 | 遭遇 | zāo yù | [자오 위] |
| 조인하다 | 签定 | qiān dìng | [첸 띵] |
| 조작하다 | 操作 | cāo zuò | [차오 쭤] |
| 조잡하다, 허술하다 | 潦草 | liáo cǎo | [랴오 차오] |

| 조장 | 组长 | zǔ zhǎng | [주 장] |
| 조장하다 | 助长 | zhù zhǎng | [쭈 장] |
| 조절하다 | 调节 | tiáo jié | [탸오 졔] |
| 조절하다 | 调整 | tiáo zhěng | [탸오 정] |
| 조정하다, 중재하다 | 调解 | tiáo jiě | [탸오 졔] |
| 조제처방 | 配方 | pèi fāng | [페이 팡] |
| 조제하다, 조정하다 | 调剂 | tiáo jì | [탸오 찌] |
| 조종하다, 조작하다 | 操纵 | cāo zòng | [차오 쭝] |
| 조직 | 组织 | zǔ zhī | [주 즈] |
| 조직체, 공동체 | 社 | shè | [써] |
| 조짐, 흔적, 자취 | 迹象 | jì xiàng | [찌 썅] |
| 조치 | 措施 | cuò shī | [춰 스] |
| 조카 | 侄子 | zhí zi | [즈 즈] |
| 조합하다, 짜 맞추다 | 组合 | zǔ hé | [주 허] |
| 조항, 금액 | 款 | kuǎn | [콴] |
| 조항, 조목 | 条款 | tiáo kuǎn | [탸오 콴] |
| 저항 | 抵抗 | dǐ kàng | [디 캉] |
| 조형 | 造型 | zào xíng | [짜오 싱] |
| 조화롭다 | 融洽 | róng qià | [룽 챠] |
| 조화롭다 | 和谐 | hé xié | [허 셰] |
| 조화롭다 | 调和 | tiáo hé | [탸오 허] |
| 조화하다 | 协调 | xié tiáo | [셰 탸오] |
| 족하다, 충분하다 | 足 | zú | [주] |
| 존경하다, 올리다 | 敬 | jìng | [찡] |
| 존경하다 | 尊 | zūn | [준] |
| 존경하다 | 尊敬 | zūn jìng | [준 찡] |
| 존엄 | 尊严 | zūn yán | [준 옌] |

| | | | |
|---|---|---|---|
| 존재하다<br>모으다, 저축하다 | 存 | cún | [춘] |
| 존재하다 | 存在 | cún zài | [춘 짜이] |
| 존중하다 | 尊重 | zūn zhòng | [준 쫑] |
| 존칭 | 尊称 | zūn chēng | [준 청] |
| 졸렬하다, 나쁘다 | 劣 | liè | [례] |
| 졸업을 하다 | 毕业 | bì yè | [삐 예] |
| 졸업장 | 文凭 | wén píng | [원 핑] |
| 좀 약간 | 有(一)点儿 | yǒu(yī) diǎnr | [유(이) 뎰] |
| 좀, 일제히 | 一下, | yí xià | [이 쌰] |
| 좁다, 편협하다 | 狭窄 | xiá zhǎi | [샤 자이] |
| 좁다 | 窄 | zhǎi | [자이] |
| 좁쌀 | 小米 | xiǎo mǐ | [샤오 미] |
| 종교 | 宗教 | zōng jiào | [중 쨔오] |
| 종기, 부스럼 | 疮 | chuāng | [촹] |
| 종기, 응어리 | 疙瘩 | gē dā | [거 다] |
| 종년, 향년 | 终年 | zhōng nián | [중 녠] |
| 종단 | 终端 | zhōng duān | [조우 돤] |
| 종래, 여태 | 历来 | lì lái | [리 라이] |
| 종래로 없었다 | 从未 | cóng wèi | [충 워이] |
| 종류, ~번 | 番 | fān | [프안] |
| 종류, 같은 부류 | 类 | lèi | [레이] |
| 종류, 부류, 가지 | 种 | zhòng | [쫑] |
| 종류 | 种类 | zhǒng lèi | [중 레이] |
| 종류, 형태,<br>무엇이든 | 样 | yàng | [양] |
| 종사하다 | 从事 | cóng shì | [충 쓰] |
| 종신 | 终身 | zhōng shēn | [중 선] |

| 종양, 혹 | 肿瘤 | zhǒng liú | [중 리우] |
| 종업원 | 服务员 | fú wù yuán | [푸 우 웬] |
| 종이 | 纸 | zhǐ | [즈] |
| 종이 | 纸张 | zhǐ zhāng | [즈 장] |
| 종자 | 种子 | zhǒng zi | [중 즈] |
| 종자를 심다 | 种植 | zhòng zhí | [쫑 즈] |
| 종적 | 踪迹 | zōng jì | [중 찌] |
| 종전 | 从前 | cóng qián | [충 첸] |
| 종전대로 하다 | 照旧 | zhào jiù | [짜오 찌우] |
| 종전에 없었다 전례가 없다 | 前所未有 | qián suǒ wèi yǒu | [첸 쉬 웨이 유] |
| 종점 | 终点 | zhōng diǎn | [중 뎬] |
| 종족 | 种族 | zhǒng zhú | [중 주] |
| 종족, 족 | 族 | zú | [주] |
| 종지 | 宗旨 | zōng zhǐ | [중 즈] |
| 종파 | 宗派 | zōng pài | [중 파이] |
| 종합하다 | 综合 | zōng hé | [중 허] |
| 종횡을 엇갈리다 | 纵横 | zhòng héng | [쭝 헝] |
| 좋고 그름 | 好坏 | hǎo huài | [하오 화이] |
| 좋다, 양호하다 | 良 | liáng | [량] |
| 좋아하다, 애호하다 | 喜 | xǐ | [시] |
| 좋아하다 | 好 | hào | [하오] |
| 좋아하다 | 喜欢 | xǐ huān | [시 환] |
| 좋아하다 호감을 가지다 | 喜爱 | xǐ'ài | [시아이] |
| 좋은 기회 | 机遇 | jī yù | [지위] |
| 좋지 않다 | 破 | pò | [포] |
| 좌 | 左 | zuǒ | [줘] |

| 좌담하다 | 座谈 | zuò tán | [쭤 탄] |
| --- | --- | --- | --- |
| 좌석 | 坐位 | zuò wèi | [쭤 웨이] |
| 좌우명 | 座右铭 | zuò yòu míng | [쭤 유 밍] |
| 좌우하다 | 左右 | zuǒ yòu | [줘 유] |
| 좌절, 패배 | 挫折 | cuò zhé | [취 저] |
| 죄, 범죄, 잘못 | 罪 | zuì | [쭈이] |
| 죄를 지르다 | 犯罪 | fàn zuì | [프안 쭈이] |
| 죄명 | 罪名 | zuì míng | [쭈이 밍] |
| 죄상 | 罪状 | zuì zhuàng | [쭈이 쫭] |
| 죄송합니다 | 劳驾 | láo jià | [라오 쨔] |
| 죄악 | 罪恶 | zuì è | [쭈이 어] |
| 죄인, 범인 | 犯人 | fàn rén | [프안 런] |
| 죄형 | 罪行 | zuì xíng | [쭈이 싱] |
| 주 | 州 | zhōu | [쪼우] |
| 주관 | 主观 | zhǔ guān | [주 관] |
| 주관하다 | 主管 | zhǔ guǎn | [주 관] |
| 주구, 앞잡이 | 走狗 | zǒu gǒu | [조우 고우] |
| 주권, 주식 | 股票 | gǔ piào | [구 퍄오] |
| 주권 | 主权 | zhǔ quán | [주 췐] |
| 주기 | 周期 | zhōu qī | [조우 치] |
| 주다, ~에게 하다 | 给 | gěi | [게이] |
| 주다, 가르치다 | 授 | shòu | [쏘우] |
| 주다 | 给以 | gěi yǐ | [게이 이] |
| 주다, 초래하다 애쓰다 | 致 | zhì | [쯔] |
| 주다 | 给予 | jǐ yǔ | [지 위] |
| 주도 | 主导 | zhǔ dǎo | [주 다오] |
| 주도면밀하다 | 周到 | zhōu dào | [조우 따오] |

| 주도적이다 | 主导 | zhǔ dǎo | [주 다오] |
| 주동적이다 | 主动 | zhǔ dòng | [주 뚱] |
| 주력 | 主力 | zhǔ lì | [주 리] |
| 주련 | 对联 | duì lián | [뚜이 롄] |
| 주류 | 主流 | zhǔ liú | [주 리우] |
| 주름, 구김살 | 皱纹 | zhòu wén | [쪼우 원] |
| 주름살이 생기다 | 皱 | zhòu | [쪼우] |
| 주말 | 周末 | zhōu mò | [조우 모] |
| 주머니 | 兜儿 | dōur | [도우 얼] |
| 주먹, 권투 | 拳头 | quán tou | [쵄 토우] |
| 주목하다 | 注目 | zhù mù | [쭈 무] |
| 주문하여 구입하다 | 订购 | dìng gòu | [띵 꼬우] |
| 주밀하다 | 周密 | zhōu mì | [조우 미] |
| 주비하다 | 筹备 | chóu bèi | [초우 뻬이] |
| 주사를 놓다 | 注射 | zhù shè | [쭈 써] |
| 주사를 놓다 | 打针 | dǎ zhēn | [다 전] |
| 주석 | 注释 | zhù shì | [쭈 쓰] |
| 주석 | 主席 | zhǔ xí | [주 시] |
| 주소 | 住所 | zhù shuǒ | [쭈 쉬] |
| 주소 | 地址 | dì zhǐ | [띠 즈] |
| 주시하다 | 注视 | zhù shì | [쭈 쓰] |
| 주식 | 主食 | zhǔ shí | [주 스] |
| 주식자본 | 股份 | gǔ fèn | [구 프언] |
| 주야 | 昼夜 | zhòu yè | [쪼우 예] |
| 주요하다 | 主要 | zhǔ yào | [주 야오] |
| 주위 | 周围 | zhōu wéi | [조우 워이] |
| 주위, 둘레, 주 | 周 | zhōu | [조우] |
| 주의 | 主义 | zhǔ yì | [주 이] |

267

| | | | |
|---|---|---|---|
| ☐ 주의 깊게 듣다 | 倾听 | qīng tīng | [칭 팅] |
| ☐ 주의 사항, 준칙 | 须知 | xū zhī | [쉬 즈] |
| ☐ 주의하다, 조심하다 | 当心 | dāng xīn | [단 신] |
| ☐ 주의하다, 조심하다 | 留神 | liú shén | [리우 선] |
| ☐ 주의하다 | 留意 | liú yì | [리우 이] |
| ☐ 주의하다 | 注意 | zhù yì | [쭈 이] |
| ☐ 주인 | 东道主 | dōng dào zhǔ | [둥 따오 주] |
| ☐ 주인 | 主人 | zhǔ rén | [주 런] |
| ☐ 주인, 소유주 | 主 | zhǔ | [주] |
| ☐ 주인장 | 主人翁 | zhǔ rén wēng | [주 런 웡] |
| ☐ 주임 | 主任 | zhǔ rèn | [주 런] |
| ☐ 주장하다 | 主张 | zhǔ zhāng | [주 장] |
| ☐ 주재하다, 주관하다 | 主持 | zhǔ chí | [주 츠] |
| ☐ 주저앉다 | 蹲 | dūn | [둔] |
| ☐ 주저하다 | 踌躇 | chóu chú | [초우 추] |
| ☐ 주전자 | 壶 | hú | [후] |
| ☐ 주점, 술집 | 酒店 | jiǔ diàn | [지우 뗸] |
| ☐ 주정하다 | 酗酒 | xù jiǔ | [쒸 지우] |
| ☐ 주제 | 主题 | zhǔ tí | [주 티] |
| ☐ 주조하다 | 铸造 | zhù zào | [쭈 짜오] |
| ☐ 주조하다 | 铸 | zhù | [쭈] |
| ☐ 주주, 출자자 | 股东 | gǔ dōng | [구 둥] |
| ☐ 주체 | 主体 | zhǔ tǐ | [주 티] |
| ☐ 주최하다 | 主办 | zhǔ bàn | [주 빤] |
| ☐ 주택 | 住房 | zhù fang | [쭈 팡] |
| ☐ 주택 | 住宅 | zhù zhái | [쭈 자이] |
| ☐ 주파수 | 频率 | pín lǜ | [핀 뤼] |
| ☐ 주판 | 算盘 | suàn pán | [쏸 프안] |

| 주필, 주필하다 | 主编 | zhǔ biān | [주 볜] |
| 주해 | 注解 | zhù jiě | [쭈 졔] |
| 죽 | 粥 | zhōu | [조우] |
| 죽다 | 故 | gù | [꾸] |
| 죽다 | 死 | sǐ | [스] |
| 죽이다, 잡다 살해하다 | 杀 | shā | [사] |
| 준 우승자, 2위 | 亚军 | yà jūn | [야 쥔] |
| 준비하다 | 准备 | zhǔn bèi | [준 뻬이] |
| 준비하다 | 预备 | yù bèi | [위 뻬이] |
| 준수하다 | 遵守 | zūn shǒu | [준 소우] |
| 준엄하다, 호되다 | 严厉 | yán lì | [옌 리] |
| 준칙 | 准则 | zhǔn zé | [준 저] |
| 줄, 격자, 기준 | 格 | gé | [거] |
| 줄, 항렬, 직업 | 行 | háng | [항] |
| 줄곧 | 一直 | yì zhí | [이 즈] |
| 줄곧, 내내 | 一个劲儿 | yí gè jìnr | [이 꺼 찐얼] |
| 줄곧, 내내 | 一向 | yī xiàng | [이 쌍] |
| 줄기(식물) | 茎 | jīng | [징] |
| 줄기, 대 | 秆 | gān | [간] |
| 줄기, 가지, 대 | 梗 | gěng | [겅] |
| 줄어들다 축소하다, 움츠리다 | 缩 | suō | [쉬] |
| 줄을 서다 | 排队 | pái duì | [파이 뚜이] |
| 줄이다, 손해를 주다 | 损 | sǔn | [순] |
| 줍다, 고르다 | 捡 | jiǎn | [졘] |
| 중, 스님 | 和尚 | hé shàng | [허 쌍] |
| 중간 | 中间 | zhōng jiān | [중 졘] |

ㅈ

| 중간, 가운데 | 当中 | dāng zhōng | [당 중] |
| 중간, 속 안, 두 끝 사이 | 中 | zhōng | [중] |
| 중간상태 | 中游 | zhōng yóu | [중 유] |
| 중간에서, 가운데에서 | 从中 | cóng zhōng | [충 중] |
| 중개 판매하다 | 经销 | jīng xiāo | [징 샤오] |
| 중계방송하다 | 转播 | zhuǎn bō | [좐 보] |
| 중공업 | 重工业 | zhòng gōng yè | [쫑 궁 예] |
| 중국음식 | 中餐 | zhōng cān | [중 찬] |
| 중국인 | 华人 | huá rén | [화 런] |
| 중년 | 中年 | zhōng nián | [중 녠] |
| 중단하다 | 中断 | zhōng duàn | [중 똰] |
| 중대하다 | 重大 | zhòng dà | [쫑 따] |
| 중도 | 中途 | zhōng tú | [중 투] |
| 중도에서 그만두다 | 半途而废 | bàn tú ér fèi | [빤 투 얼 페이] |
| 중등이다 | 中等 | zhōng děng | [중 덩] |
| 중량 | 重量 | zhòng liàng | [쫑 량] |
| 중립, 중립하다 | 中立 | zhōng lì | [중 리] |
| 중문 | 中文 | zhōng wén | [중 원] |
| 중복하다 | 重复 | chóng fù | [충 푸] |
| 중부 | 中部 | zhōng bù | [중 뿌] |
| 중순 | 中旬 | zhōng xún | [중 쉰] |
| 중시하다 | 注重 | zhù zhòng | [쭈 쫑] |
| 중시하다 | 重视 | zhòng shì | [쫑 쓰] |
| 중심 | 中心 | zhōng xīn | [중 신] |
| 중심, 핵심 | 重心 | zhòng xīn | [쫑 신] |
| 중앙 | 中央 | zhōng yāng | [중 양] |

| 중약 | 中药 | zhōng yào | [중 야오] |
| 중얼거리다 | 叨唠 | dāo lao | [다오 라오] |
| 중요하다 | 重要 | zhòng yào | [쭝 야오] |
| 중점 | 重点 | zhòng diǎn | [쭝 뎬] |
| 중첩하다 | 重叠 | chóng dié | [충 뎨] |
| 중추, 추석 | 中秋 | zhōng qiū | [중 치우] |
| 중학 | 中学 | zhōng xué | [중 쉐] |
| 중형이다, 대형 | 重型 | zhòng xíng | [쭝 싱] |
| 중형이다 | 中型 | zhōng xíng | [중 싱] |
| 중히 여기다 | 讲究 | jiǎng jiu | [쟝 찌우] |
| 쥐 | 老鼠 | lǎo shǔ | [라오 수] |
| 쥐다, (소변을)누이다 장악하다, 지키다 | 把 | bǎ | [바] |
| 쥐다 장악하다, 파악하다 | 把握 | bǎ wò | [바 워] |
| 즉시 | 立即 | lì jí | [리 지] |
| 즉시, 곧 | 随即 | suí jí | [수이 지] |
| 즐거움, 재미 | 乐趣 | lè qù | [러 취] |
| 즐겁다, 기쁘다 | 可喜 | kě xǐ | [커 시] |
| 즐겁다, 유쾌하다 | 欢乐 | huān lè | [환 러] |
| 즐겁다 | 快乐 | kuài lè | [콰이 러] |
| 즐기다, 감상하다 | 欣赏 | xīn shǎng | [신 상] |
| 즐기다, 좋아하다 | 乐 | lè | [러] |
| 즙(과일, 식물) | 汁 | zhī | [즈] |
| 증가하다, 더하다 | 增 | zhēng | [정] |
| 증가하다 | 增加 | zēng jiā | [정 쟈] |
| 증강하다 | 增强 | zēng qiáng | [정 챵] |
| 증거 | 证据 | zhèng jù | [쩡 쮜] |

ㅈ

| 증건 | 证件 | zhèng jiàn | [쩡 찌엔] |
| 증기 | 汽 | qì | [치] |
| 증기 | 蒸气 | zhēng qì | [정 치] |
| 증명 | 证 | zhèng | [쩡] |
| 증명 | 证明 | zhèng míng | [쩡 밍] |
| 증명하다 | 证 | zhèng | [쩡] |
| 증명하다 | 证实 | zhèng shí | [쩡 스] |
| 증발하다 | 蒸发 | zhēng fā | [정 프아] |
| 증산하다 | 增产 | zēng chǎn | [정 찬] |
| 증서 | 证书 | zhèng shū | [쩡 수] |
| 증설하다 | 增设 | zhēng shè | [정 써] |
| 증송하다 | 赠送 | zèng sòng | [쩡 쑹] |
| 증오하다 | 痛恨 | tòng hèn | [퉁 헌] |
| 증원하다 | 增援 | zhēng yuán | [정 웬] |
| 증장하다 | 增长 | zēng zhǎng | [정 장] |
| 증정하다,기부하다 | 捐赠 | juān zhèng | [줸 쩡] |
| 증진하다 | 增进 | zēng jìn | [정 찐] |
| 지능 | 智能 | zhì néng | [쯔 넝] |
| 지각 | 知觉 | zhī jué | [즈 줴] |
| 지각하다 | 迟到 | chí dào | [츠 따오] |
| 지구 | 地球 | dì qiú | [띠 치우] |
| 지구 | 地区 | dì qū | [띠 취] |
| 지극히 빠르다 | 飞快 | fēi kuài | [페이 콰이] |
| 지극히 | 特此 | tè cǐ | [터 츠] |
| 지극히 | 极其 | jí qí | [지 치] |
| 지금, 바로 | 在 | zài | [짜이] |
| 지금, 이 때 | 此时 | cǐ shí | [츠 스] |
| 지금까지 ~아니하다 | 从没 | cóng méi | [충 메이] |

| 지금까지 | 至今 | zhì jīn | [쯔 진] |
| 지금까지 | 从来 | cóng lái | [충 라이] |
| 지금까지 ~아니하다 | 从不 | cóng bù | [충 뿌] |
| 지나가다 | 路过 | lù guò | [루 꿔] |
| 지나가다 | 过 | guò | [꿔] |
| 지나가다 | 过去 | guò qù | [꿔 취] |
| 지나치게 까다롭다 아리땁다 | 娇 | jiāo | [쨔오] |
| 지나치지 않는 | 不大 | bú dà | [부 따] |
| 지난 날 | 往日 | wǎng rì | [왕 르] |
| 지니다, 붙어 있다 이끌다, 양육하다 | 带 | dài | [따이] |
| 지대 | 地带 | dì dài | [띠 따이] |
| 지도 | 地图 | dì tú | [띠 투] |
| 지도, 가르침 | 教导 | jiào dǎo | [쨔오 다오] |
| 지도하다, 인도하다 | 指引 | zhǐ yǐn | [즈 인] |
| 지도하다 | 指导 | zhǐ dǎo | [즈 다오] |
| 지도하다 | 教导 | jiào dǎo | [쨔오 다오] |
| 지독하다, 악독하다 | 毒 | dú | [두] |
| 지레, | 杠杆 | gàng gǎn | [깡 간] |
| 지력 | 智力 | zhì lì | [쯔 리] |
| 지령 | 指令 | zhǐ lìng | [즈 링] |
| 지름길, 인도 | 便道 | biàn dào | [삐엔 따오] |
| 지리 | 地理 | dì lǐ | [띠 리] |
| 지면 | 地面 | dì miàn | [띠 몐] |
| 지명하다, 추천하다 | 提名 | tí míng | [티 밍] |
| 지방 | 脂肪 | zhī fang | [즈 팡] |
| 지방 | 地方 | dì fāng | [띠 팡] |

| | | | |
|---|---|---|---|
| ☐ 지배인 | 经理 | jīng lǐ | [징 리] |
| ☐ 지배하다 | 支配 | zhī pèi | [즈 페이] |
| ☐ 지부 | 支部 | zhī bù | [즈 뿌] |
| ☐ 지불하다, 교부하다 | 付 | fù | [푸] |
| ☐ 지불하다, 내다 | 交付 | jiāo fù | [쟈오 푸] |
| ☐ 지불하다 | 支付 | zhī fù | [즈 푸] |
| ☐ 지세 | 地势 | dì shì | [띠 쓰] |
| ☐ 지속하다 | 持续 | chí xù | [츠 쒸] |
| ☐ 지시를 내리다 | 批示 | pī shì | [피 쓰] |
| ☐ 지시하다, 지적하다 | 指点 | zhǐ diǎn | [즈 뗀] |
| ☐ 지시하다 | 指示 | zhǐ shì | [즈 쓰] |
| ☐ 지식 | 知识 | zhī shi | [즈 스] |
| ☐ 지식분자 | 知识分子 | zhī shi fèn zǐ | [즈 스 프언 즈] |
| ☐ 지연하다 | 拖延 | tuō yán | [퉈 옌] |
| ☐ 지우개 | 橡皮 | xiàng pí | [썅 피] |
| ☐ 지원 | 志愿 | zhì yuàn | [쯔 웬] |
| ☐ 지원하다 | 支援 | zhī yuán | [즈 웬] |
| ☐ 지위 | 地位 | dì wèi | [띠 워이] |
| ☐ 지적하다 | 指出 | zhǐ chū | [즈 추] |
| ☐ 지점 | 地点 | dì diǎn | [띠 뗀] |
| ☐ 지정하다 | 指定 | zhǐ dìng | [즈 띵] |
| ☐ 지조가 굳세 굴하지 않다 | 坚贞不屈 | jiān zhēn bù qū | [젠 전 뿌 취] |
| ☐ 지주, 받침대 | 支柱 | zhī zhù | [즈 쭈] |
| ☐ 지주 | 地主 | dì zhǔ | [띠 주] |
| ☐ 지지거나 부치다 달이다, 졸이다 | 煎 | jiān | [젠] |
| ☐ 지지하다 | 支持 | zhī chí | [즈 츠] |

|  |  |  |  |
|---|---|---|---|
| 지진 | 地震 | dì zhèn | [띠 쩐] |
| 지질 | 地质 | dì zhì | [띠 쯔] |
| 지체하다 | 耽误 | dān wu | [단 우] |
| 지쳐버리다 | 疲备 | pí bèi | [피 뻬이] |
| 지출 | 支出 | zhī chū | [즈 추] |
| 지출 | 开支 | kāi zhī | [카이 즈] |
| 지출하다 | 支出 | zhī chū | [즈 추] |
| 지침 | 指针 | zhǐ zhēn | [즈 쩐] |
| 지키다, 고수하다 | 保守 | bǎo shǒu | [바오 소우] |
| 지키다 돌보다, 준수하다 | 守 | shǒu | [소우] |
| 지키다, 방어하다 | 守卫 | shǒu wèi | [소우 웨이] |
| 지키다, 보호하다 | 捍卫 | hàn wèi | [한 웨이] |
| 지폐 | 钞票 | chāo piào | [차오 퍄오] |
| 지표 | 支票 | zhī piào | [즈 퍄오] |
| 지표 | 指标 | zhǐ biāo | [즈 뱌오] |
| 지하 | 地下 | dì xià | [띠 쌰] |
| 지하자원 | 矿藏 | kuàng cáng | [쾅 창] |
| 지하철 | 地铁 | dì tiě | [띠 테] |
| 지형 | 地形 | dì xíng | [띠 싱] |
| 지혜 | 智慧 | zhì huì | [쯔 후이] |
| 지휘 | 指挥 | zhǐ huī | [즈 후이] |
| 직경 | 直径 | zhí jìng | [즈 찡] |
| 직공 | 职工 | zhí gōng | [즈 꿍] |
| 직권 | 职权 | zhí quán | [즈 췐] |
| 직능 | 职能 | zhí néng | [즈 넝] |
| 직면하다 | 面临 | miàn lín | [몐 린] |
| 직무 | 职务 | zhí wù | [즈 우] |

|  |  |  |  |
|---|---|---|---|
| 직물을 짜다, 뜨개질 하다 | 织 | zhī | [즈] |
| 직선 | 直线 | zhí xiàn | [즈 쎈] |
| 직업 | 职业 | zhí yè | [즈 예] |
| 직원 | 职员 | zhí yuán | [즈 웬] |
| 직장 | 车间 | chē jiān | [처 젠] |
| 직접 맞대다 | 当面 | dāng miàn | [당 몐] |
| 직접적 | 直接 | zhí jiē | [즈 제] |
| 직종, 직업 | 行业 | háng yè | [항 예] |
| 직통이다 | 直达 | zhí dá | [즈 다] |
| 직할시 | 直辖市 | zhí xiá shì | [즈 샤 쓰] |
| 직함, 직명 | 职称 | zhí chēng | [즈 청] |
| 진공하다 | 进攻 | jìn gōng | [찐 궁] |
| 진귀하게 아끼다, 소중히 여기다 | 珍惜 | zhēn xī | [전 시] |
| 진귀하다 | 珍贵 | zhēn guì | [전 꾸이] |
| 진단하다 | 诊断 | zhěn duàn | [전 똰] |
| 진동하다, 지나치게 흥분하다 | 震 | zhèn | [쩐] |
| 진동하다, 흔들리다 | 颤动 | chàn dòng | [찬 똥] |
| 진동하다 | 震动 | zhèn dòng | [쩐 똥] |
| 진동하다 | 震荡 | zhèn dàng | [쩐 땅] |
| 진리 | 真理 | zhēn lǐ | [전 리] |
| 진보하다, 나아가다 | 上进 | shàng jìn | [쌍 찐] |
| 진보하다 | 进步 | jìn bù | [찐 뿌] |
| 진상 | 真相 | zhēn xiàng | [전 썅] |
| 진수하다 | 进修 | jìn xiū | [찐 시우] |
| 진술하다 | 申述 | shēn shù | [선 쑤] |

|  |  |  |  |
|---|---|---|---|
| 진술하다 | 陈述 | chén shù | [천 쑤] |
| 진시황 | 秦始皇 | qín shǐ huáng | [친 스 황] |
| 진실치 못하다 | 半真半假 | bàn zhēn bàn jiǎ | [빤 전 빤 쟈] |
| 진실하다, 성실하다 | 真诚 | zhēn chéng | [전 청] |
| 진실하다 | 真实 | zhēn shí | [전 스] |
| 진심 | 真心 | zhēn xīn | [전 신] |
| 진심이다 | 衷心 | zhōng xīn | [중 신] |
| 진압하다 | 镇压 | zhèn yā | [쩐 야] |
| 진열하다 | 陈列 | chén liè | [천 례] |
| 진영 | 阵营 | zhèn yíng | [쩐 잉] |
| 진용, 짜임새 | 阵容 | zhèn róng | [쩐 룽] |
| 진일보, 더 나아가서 | 进而 | jìn'ér | [찐 얼] |
| 진일보 | 进一步 | jìn yí bù | [찐 이 뿌] |
| 진입하다 | 进入 | jìn rù | [찐 루] |
| 진전되다 | 进展 | jìn zhǎn | [찐 잔] |
| 진정하게 | 真正 | zhēn zhèng | [전 쩡] |
| 진정하다, 침착하다 | 镇静 | zhèn jìng | [쩐 찡] |
| 진정하다 | 镇定 | zhèn dìng | [쩐 띵] |
| 진주 | 珍珠 | zhēn zhū | [전 주] |
| 진지, 참호 | 工事 | gōng shì | [궁 쓰] |
| 진지, 잠깐 동안 | 阵 | zhèn | [쩐] |
| 진지 | 阵地 | zhèn dì | [쩐 띠] |
| 진짜의, 제격이야 | 地道 | dì dào | [띠 따오] |
| 진찰 | 门诊 | mén zhěn | [먼 전] |
| 진행과정, 진전 | 进程 | jìn chéng | [찐 청] |
| 진행하다 | 进行 | jìn xíng | [찐 싱] |
| 진화 | 进化 | jìn huà | [찐 화] |

| 진흙 | 泥 | ní | [니] |
| 진흥시키다, 흥성하게 하다 | 振兴 | zhèn xīng | [쩐 싱] |
| 질, 성질 | 质 | zhì | [쯔] |
| 질기다, 오래가다 | 耐 | nài | [나이] |
| 질기다 | 结实 | jiē shí | [졔 스] |
| 질량 | 质量 | zhì liàng | [즈 량] |
| 질문하다, 알아보다 | 询问 | xún wèn | [쉰 원] |
| 질문하다 | 提问 | tí wèn | [티 원] |
| 질병 | 疾病 | jí bìng | [지 삥] |
| 질서 | 秩序 | zhì xù | [쯔 쉬] |
| 질서정연하다, 말끔하다 | 齐 | qí | [치] |
| 질소 | 氮 | dàn | [딴] |
| 질적 변화 | 质变 | zhì biàn | [쯔 삐엔] |
| 질주하다, 끓어오르다 | 奔腾 | bēn téng | [번 텅] |
| 질주하다 오르다, 비우다 | 腾 | téng | [텅] |
| 질투하다, 시기하다 | 嫉妒 | jí dù | [찌 뚜] |
| 짐 | 行李 | xíng li | [싱 리] |
| 짐, 책임, 부담 | 担子 | dàn zi | [딴 즈] |
| 짐승, 역축 | 牲口 | shēng kou | [성 코우] |
| 짐승이 울부짖다 크게 울리다 | 吼 | hǒu | [호우] |
| 짐을 내리다, 벗다 | 卸 | xiè | [쎄] |
| 식별하다, 분별하다 | 辨认 | biàn rèn | [삐엔 런] |
| 짐작하다, 예상하다 | 意料 | yì liào | [이 랴오] |

| 집 | 房子 | fáng zi | [팡 즈] |
| 집 주인 | 当家 | dāng jiā | [당 쟈] |
| 집, 가 | 家 | jiā | [쟈] |
| 집, 홀, 상점 | 馆 | guǎn | [관] |
| 집게 | 钳子 | qián zi | [쳰 즈] |
| 집게, 지갑 | 夹子 | jiā zi | [쟈 즈] |
| 집다, 빚다, 꼭 쥐다, 짜다 | 捏 | niē | [네] |
| 집다, 줍다, 모으다 | 拾 | shí | [스] |
| 집다(지팡이) | 拄 | zhǔ | [주] |
| 집단, 가장자리 | 帮 | bāng | [방] |
| 집단, 단체 | 集团 | jí tuán | [지 퇀] |
| 집세 | 房租 | fáng zū | [팡 주] |
| 집안, 집 | 房屋 | fáng wū | [팡 우] |
| 집정하다 | 执政 | zhí zhèng | [즈 쩡] |
| 집주인 | 房东 | fáng dōng | [팡 둥] |
| 집중하다 | 汇集 | huì jí | [후이 지] |
| 집중하다 | 集中 | jí zhōng | [지 중] |
| 집차 | 吉普车 | jí pǔ chē | [지 푸 처] |
| 집체 | 集体 | jí tǐ | [지 티] |
| 집합하다 | 集合 | jí hé | [지 허] |
| 집행하다 | 执行 | zhí xíng | [즈 싱] |
| 집회하다 | 集会 | jí huì | [지 후이] |
| 짓다, 세우다, 제안하다 | 建 | jiàn | [쪤] |
| 짓다, 제조하다, 날조하다 | 造 | zào | [짜오] |
| 짓밟다 | 践踏 | jiàn tà | [쪤 타] |

| | | | |
|---|---|---|---|
| 징 | 锣 | luó | [뤄] |
| 징벌하다, 처벌하다 | 惩 | chéng | [청] |
| 징벌하다 | 惩罚 | chéng fá | [청 프아] |
| 징수하다 | 征收 | zhēng shōu | [정 소우] |
| 징집하다 징수하다, 모집하다 | 征 | zhēng | [정] |
| 짙다, 정도가 강하다 | 浓 | nóng | [눙] |
| 짜다, 밀다, 붐비다 | 挤 | jǐ | [지] |
| 짜다, 조직하다 | 组 | zǔ | [주] |
| 짜다 | 榨 | zhà | [짜] |
| 짜다 | 咸 | xián | [셴] |
| 짜임새, 구조 | 格局 | gé jú | [거 쥐] |
| 짝, 한 쪽 | 只 | zhī | [즈] |
| 짧다, 단 | 短 | duǎn | [돤] |
| 쪽지 | 便条 | biàn tiáo | [삐 탸오] |
| 쫓아가다 | 追赶 | zuī gǎn | [주이 간] |
| 쫓아내다 | 撵 | niǎn | [녠] |
| 쭉 펴다 | 舒展 | shū zhǎn | [수 잔] |
| 쭉 ~에 이르다 | 直至 | zhí zhì | [즈 쯔] |
| 찌꺼기, 부스러기 | 渣 | zhā | [자] |
| 찌다, 김이 오르다 | 蒸 | zhēng | [정] |
| 찌르다, 헐뜯다 | 刺 | cì | [츠] |
| 찌르다 | 扎 | zhā | [자] |
| 찍다, 인화하다 | 印 | yìn | [인] |
| 찍다 | 砍 | kǎn | [칸] |
| 찍어 집다 | 叉 | chā | [차] |

| | | | |
|---|---|---|---|
| ☐ 찐빵 | 馒头 | mǎn tou | [만 토우] |
| ☐ 찢다, 째다, 뜯다 | 撕 | sī | [스] |
| ☐ 찧다, 부시다, 망치다 | 砸 | zá | [자] |
| ☐ 찧다, 빻다(절구) | 捣 | dǎo | [다오] |

ㅈ

# ᄎ (차)

| 차 | 茶 | chá | [차] |
| 차, 자동차 | 车 | chē | [처] |
| 차다 | 踢 | tī | [티] |
| 차단하다 | 隔绝 | gé jué | [거 줴] |
| 차라리 | 干脆 | gān cuì | [간 추이] |
| 차라리 ~하는 게 낫다 | 宁肯 | nìng kěn | [닝 컨] |
| 차라리 ~하는 게 낫다 | 宁愿 | nìng yuàn | [닝 웬] |
| 차량 | 车辆 | chē liàng | [처 량] |
| 차를 멈추다 | 刹车 | shā chē | [사 처] |
| 브레이크를 걸다 | | | |
| 차라리 ~하는 게 낫다 | 宁可 | nìng kě | [닝 커] |
| 차별 | 差别 | chā bié | [차 베] |
| 차수 | 次数 | cì shù | [츠 쑤] |
| 차이 | 差异 | chā yì | [차 이] |
| 차이가 있다 | 相差 | xiāng chà | [샹 차] |
| 차츰차츰 | 逐步 | zhú bù | [주 뿌] |
| 착수하다, 시작하다 | 着手 | zhuó shǒu | [줘 소우] |
| 착실하다 | 塌实 | tā shi | [타 스] |
| 마음이 놓다 | | | |
| 착실하다 | 认真 | rèn zhēn | [런 전] |
| 착오 | 错误 | cuò wù | [춰 우] |
| 착오 | 差错 | chā cuò | [차 춰] |
| 착취 | 剥削 | bō xuē | [보 쉐] |
| 찬동하다 | 赞同 | zàn tóng | [짠 퉁] |

| 찬란하다 | 灿烂 | càn làn | [찬 란] |
| 찬물 | 凉水 | liáng shuǐ | [량 수이] |
| 찬미하다, 찬양하다 | 赞美 | zàn měi | [짠 메이] |
| 찬성하다 | 赞成 | zàn chéng | [짠 청] |
| 찬양하다 | 赞赏 | zhàn shǎng | [짠 상] |
| 찬양하다 | 赞扬 | zàn yang | [짠 양] |
| 찬조, 지지 | 赞助 | zàn zhù | [짠 쭈] |
| 찬탄하다 | 赞叹 | zàn tàn | [짠 탄] |
| 찰나, 순간 | 刹那 | chà nà | [차 나] |
| 참가하다 | 参加 | cān jiā | [찬 쟈] |
| 참고 견디다 | 容忍 | róng rěn | [룽 런] |
| 참고하다, 거울로 삼다 | 借鉴 | jiè jiàn | [쩨 쪤] |
| 참고하다 | 参考 | cān kǎo | [찬 카오] |
| 참고하여 보다 | 参阅 | cān yuè | [찬 웨] |
| 참관하다 | 参观 | cān guān | [찬 관] |
| 참군하다 | 参军 | cān jūn | [찬 쥔] |
| 참다(대소변) 숨 막히다 | 憋 | biē | [볘] |
| 참다, 견디다 잔인하다 | 忍 | rěn | [런] |
| 참다 | 耐烦 | nài fán | [나이 프안] |
| 참대 | 竹子 | zú zi | [주 즈] |
| 참모, 참모하다 | 参谋 | cān móu | [찬 모우] |
| 참새 | 麻雀 | má què | [마 췌] |
| 참신하다 | 新颖 | xīn yǐng | [신 잉] |
| 참신하다 | 崭新 | zhǎn xīn | [잔 신] |
| 참아내다 | 忍受 | rěn shòu | [런 쏘우] |

ㅊ

|  |  |  |  |
|---|---|---|---|
| 참언 | 谗言 | chán yán | [찬 옌] |
| 참여하다 | 参与 | cān yù | [찬 위] |
| 참의원 | 参议院 | cān yì yuàn | [찬이 웬] |
| 참작하다, 알아서 하다 | 酌情 | zhuó qíng | [쥐 칭] |
| 참조하다 | 参照 | cān zhào | [찬 짜오] |
| 참지 못하다 | 不禁 | bù jīn | [부 찐] |
| 참혹하다 | 残酷 | cán kù | [찬 쿠] |
| 찻간 | 车厢 | chē xiāng | [처 샹] |
| 창 | 戈 | gē | [거] |
| 창, 창문 | 窗 | chuāng | [촹] |
| 창건하다 | 创建 | chuàng jiàn | [촹 쩬] |
| 창고 | 库 | kù | [쿠] |
| 창고 | 库房 | kù fáng | [쿠 팡] |
| 창고 | 仓库 | chāng kù | [창 쿠] |
| 창립하다 | 创立 | chuàng lì | [촹 리] |
| 창문 옆, 창가 | 窗口 | chuāng kǒu | [촹 코우] |
| 창문 | 窗户 | chuāng hu | [촹 후] |
| 창문턱 | 窗台 | chuāng tái | [촹 타이] |
| 창백하다 | 苍白 | cāng bái | [창 바이] |
| 창설하다, 일으키다 | 兴办 | xīng bàn | [싱 빤] |
| 창설하다 | 创办 | chuàng bàn | [촹 빤] |
| 창시하다 | 首创 | shǒu chuàng | [소우 촹] |
| 창신 | 创新 | chuàng xīn | [촹 신] |
| 창업하다 | 创业 | chuàng yè | [촹 예] |
| 창의, 창의하다 | 倡议 | chàng yì | [창 이] |
| 창자, 밸 | 肠 | cháng | [창] |
| 창작 | 创作 | chuàng zuò | [촹 쮜] |

| 창조 | 创造 | chuàng zào | [촹 짜오] |
| --- | --- | --- | --- |
| 창조하다 처음으로 만들다 | 创 | chuàng | [촹] |
| 찾다, 강구하다 | 谋求 | móu qiú | [모우 치우] |
| 찾다, 구하다 | 寻求 | xún qiú | [쉰 치우] |
| 찾다, 모아들이다 | 搜 | sōu | [소우] |
| 찾다, 방문하다 | 探 | tàn | [탄] |
| 돌입하다 | 闯 | chuàng | [촹] |
| 찾다, 추구하다 | 寻 | xún | [쉰] |
| 찾다 | 找 | zhǎo | [자오] |
| 찾다 | 寻找 | xún zhǎo | [쉰 자오] |
| 찾아볼 곳이다 | 查处 | chá chǔ | [차 추] |
| 채, 박자, | 拍子 | pāi zi | [파이 즈] |
| 채굴하다, 개발하다 | 开采 | kāi cǎi | [카이 차이] |
| 채납하다 | 采纳 | cǎi nà | [차이 나] |
| 채무 | 债务 | zhài wù | [짜이 우] |
| 채색 | 色彩 | sè cǎi | [써 차이] |
| 꽃 | 花 | huā | [화] |
| 채소 | 蔬菜 | shū cài | [수 차이] |
| 채용하다, 임용하다 | 录用 | lù yòng | [루 융] |
| 채용하다, 합격시키다 | 录取 | lù qǔ | [루 취] |
| 채용하다 | 采用 | cǎi yòng | [차이 융] |
| 채워넣다, 밀어넣다 | 塞 | sāi | [사이] |
| 채집하다 | 采集 | cǎi jí | [차이 지] |
| 채찍 | 鞭子 | biān zi | [볜 즈] |
| 책 | 本 | běn | [번] |
| 책 | 书本 | shū běn | [수 번] |

ㅊ

285

|  |  |  |  |
|---|---|---|---|
| 책가방 | 书包 | shū bāo | [수 바오] |
| 책략 | 策略 | cè lüè | [처 뤠] |
| 책망하다, 탓하다 | 责备 | zé bèi | [저 뻬이] |
| 책망하다 | 责怪 | zé guài | [저 꽈이] |
| 책임 | 责任 | zé rèn | [저 런] |
| 책임제 | 责任制 | zé rèn zhì | [저 런 쯔] |
| 책임지다 빚지다, 받다 | 负 | fù | [푸] |
| 책임지다 | 负责 | fù zé | [푸 저] |
| 처 | 妻子 | qī zi | [치 즈] |
| 처경, 처지, 상황 | 处境 | chǔ jìng | [추 찡] |
| 처녀 | 姑娘 | gū niang | [구 냥] |
| 처량하다 | 凄凉 | qī liáng | [치 량] |
| 처리하다 창설하다, 준비하다 | 办 | bàn | [빤] |
| 처리하다, 취급하다 | 办理 | bàn lǐ | [빤 리] |
| 처리하다 | 处理 | chù lǐ | [추 리] |
| 처방[약] | 处方 | chǔ fāng | [추 팡] |
| 처방 | 药方 | yào fāng | [야오 팡] |
| 처벌하다, 벌하다 | 罚 | fá | [프아] |
| 처벌하다 | 处罪 | chǔ fá | [추 프아] |
| 처벌하다 | 惩办 | chéng bàn | [청 빤] |
| 처분하다 | 处分 | chǔ fèn | [추 펀] |
| 처음, 시초, 개두 | 开头 | kāi tóu | [카이 토우] |
| 처음, 시초 | 起初 | qǐ chū | [치 추] |
| 처음 | 初 | chū | [추] |
| 처음부터 | 从头 | cóng tóu | [충 토우] |
| 처음부터, 끝까지 | 始终 | shǐ zhōng | [스 중] |

| 처음의, 최초의 | 初 | chū | [추] |
| 처참하다 | 凄惨 | qī cǎn | [치 찬] |
| 처치하다 | 处置 | chǔ zhì | [추 쯔] |
| 천, 헝겊 | 布 | bù | [뿌] |
| 천군만마 | 千军万马 | qiān jūn wàn mǎ | [첸 쥔 만 마] |
| 천당 | 天堂 | tiān táng | [텐 탕] |
| 천둥, 우레, 지뢰 | 雷 | léi | [레이] |
| 천명하다 | 阐明 | chǎn míng | [찬 밍] |
| 천문 | 天文 | tiān wén | [텐 원] |
| 천생이다, 타고나다 | 天生 | tiān shēng | [텐 성] |
| 천연 | 天然 | tiān rán | [텐 란] |
| 천연가스 | 天然气 | tiān rán qì | [텐 란 치] |
| 천재 | 天才 | tiān cái | [텐 차이] |
| 천주교 | 天主教 | tiān zhǔ jiào | [텐 주 쨔오] |
| 천지 | 天地 | tiān dì | [텐 띠] |
| 천지개벽 | 开天辟地 | kāi tiān pì dì | [카이 텐 피 띠] |
| 천진하다 | 天真 | tiān zhēn | [텐 전] |
| 천천히 | 徐徐 | xú xú | [쉬 쉬] |
| 천천히 | 缓缓 | huǎn huan | [환 환] |
| 천하 | 天下 | tiān xià | [텐 샤] |
| 치우다, 철수하다 | 撤 | cè | [처] |
| 철 | 铁 | tiě | [톄] |
| 철도 | 铁道 | tiě dào | [톄 따오] |
| 철로 | 铁路 | tiě lù | [톄 루] |
| 철저히 | 彻底 | chè dǐ | [처 디] |
| 철퇴하다, 철수하다 | 撤退 | chè tuì | [처 투이] |
| 철학 | 哲学 | zhé xué | [저 쉐] |
| 첨단 | 尖端 | jiān duān | [졘 똰] |

ㅊ

| 청, 큰방, 홀 | 厅 | tīng | [팅] |
| 청개구리 | 青蛙 | qīng wā | [칭 와] |
| 청결하다 | 清洁 | qīng jié | [칭 제] |
| 청년 | 青年 | qīng nián | [칭 녠] |
| 청렴결백하다 | 廉洁 | lián jié | [롄 제] |
| 청렴한 정치 | 廉政 | lián zhèng | [롄 쩡] |
| 청부 맡다, 도급받다 | 承包 | chéng bāo | [청 바오] |
| 청부 맡다 | 承办 | chéng bàn | [청 빤] |
| 청산하다, 정리하다 | 清 | qīng | [칭] |
| 청소하다, 소제하다 휘둘러보다 | 扫 | sǎo | [사오] |
| 청소하다 | 打扫 | dǎ sǎo | [다 사오] |
| 청시하다 지시를 바라다 | 请示 | qǐng shì | [칭 쓰] |
| 청원서를 제출하다 | 请愿 | qǐng yuàn | [칭 웬] |
| 청중 | 听众 | tīng zhòng | [팅 쭁] |
| 청첩 | 请帖 | qǐng tiě | [칭 톄] |
| 청첩장 | 请柬 | qǐng jiǎn | [칭 젠] |
| 청춘 | 青春 | qīng chūn | [칭 춘] |
| 청취하다, 듣다 | 听取 | tīng qǔ | [팅 취] |
| 체 | 筛子 | shāi zi | [사이 즈] |
| 체결하다 | 缔结 | dì jié | [띠 제] |
| 체계 | 体系 | tǐ xì | [티 씨] |
| 체력 | 体力 | tǐ lì | [티 리] |
| 체로 치다 | 筛 | shāi | [사이] |
| 체면 | 体面 | tǐ miàn | [티 몐] |
| 체면을 세우다 면목이 서다 | 露面 | lòu miàn | [로우 몐] |

| 체면을 차리다 | 爱面子 | ài miàn zi | [아이 몐 즈] |
| 체면적이다 | 体面 | tǐ miàn | [티 몐] |
| 체신 | 邮电 | yóu diàn | [유 뗸] |
| 체온 | 体温 | tǐ wēn | [티 원] |
| 체육 | 体育 | tǐ yù | [티 위] |
| 체육관 | 体育馆 | tǐ yù guǎn | [티 위 관] |
| 체육장 | 体育场 | tǐ yù chǎng | [티 위 창] |
| 체적 | 体积 | tǐ jī | [티 지] |
| 체제 | 体制 | tǐ zhì | [티 쯔] |
| 체조 | 体操 | tǐ cāo | [티 차오] |
| 체중 | 体重 | tǐ zhòng | [티 쭝] |
| 체질 | 体质 | tǐ zhì | [티 쯔] |
| 체크하다 | 勾 | gōu | [고우] |
| 체포하다, 잡다 | 捉 | zhuō | [줘] |
| 체포하다 | 逮捕 | dài bǔ | [따이 부] |
| 체험하다 | 体会 | tǐ huì | [티 후이] |
| 체험하다 | 体验 | tǐ yàn | [티 옌] |
| 체현하다, 구현하다 | 体现 | tǐ xiàn | [티 쎈] |
| 쳐들다, 열거하다 | 举 | jǔ | [쥐] |
| 쳐서 물리다 | 打败 | dǎ bài | [다 빠이] |
| 초 | 秒 | miǎo | [먀오] |
| 초과생산하다 | 超产 | chāo chǎn | [차오 찬] |
| 초과하다 | 超出 | chāo chū | [차오 추] |
| 초과하다 | 超过 | chāo guò | [차오 꿔] |
| 초급 | 初级 | chū jí | [추 지] |
| 초기 | 初期 | chū qī | [추 치] |
| 초대하다 | 招待 | zhāo dài | [자오 따이] |
| 초대회, 연회 | 招待会 | zhāo dài huì | [자오 따이 후이] |

| 초라하다, 누추하다 | 简陋 | jiǎn lòu | [젠 로우] |
| 초병 | 哨兵 | shào bīng | [싸오 빙] |
| 초보적이다 | 初步 | chū bù | [추 뿌] |
| 초빙하다, 고용하다 | 聘 | pìn | [핀] |
| 초빙하다 | 聘用 | pìn yòng | [핀 융] |
| 초빙하다 | 聘任 | pìn rèn | [핀 런] |
| 초빙하다 | 聘请 | pìn qǐng | [핀 칭] |
| 초빙하다 | 招聘 | zhāo pìn | [자오 핀] |
| 초상 | 肖像 | xiào xiàng | [쌰오 쌍] |
| 초생하다 | 招生 | zhāo shēng | [자오 성] |
| 초안, 원고 | 稿 | gǎo | [가오] |
| 초안 | 草案 | cǎo'àn | [차오 안] |
| 초안을 세우다 | 拟定 | nǐ dìng | [니 띵] |
| 초안을 잡다 | 起草 | qǐ cǎo | [치 차오] |
| 추측하다, | 拟 | nǐ | [니] |
| 초원 | 草原 | cǎo yuán | [차오 웬] |
| 초월하다 | 超越 | chāo yuè | [차오 웨] |
| 초점 | 焦点 | jiāo diǎn | [쟈오 뎬] |
| 초조하다 | 烦躁 | fán zào | [판 짜오] |
| 초조해하다, 애태우다 | 焦急 | jiāo jí | [쟈오 지] |
| 초중(중학교) | 初中 | chū zhōng | [추 중] |
| 초지 | 草地 | cáo dì | [차오 띠] |
| 초청에 응하다 | 应邀 | yìng yāo | [잉 야오] |
| 초청하다, 얻다 | 邀 | yāo | [야오] |
| 촉박하다, 짧다 | 短促 | duǎn cù | [똰 추] |
| 촉진하다 | 促 | cù | [추] |
| 촉진하다 | 促进 | cù jìn | [추 진] |

| 촘촘하다, 세심하다 | 密 | mì | [미] |
| 총 망 | 匆忙 | cōng máng | [충 망] |
| 총 | 枪 | qiāng | [챵] |
| 총각 | 小伙子 | xiǎo huǒ zi | [샤오 훠 즈] |
| 총결짓다 | 总结 | zǒng jié | [중 제] |
| 총계하다, 합계하다 | 总计 | zǒng jì | [중 찌] |
| 총괄하다 통일된 계획을 세우다 | 统筹 | tǒng chóu | [퉁 초우] |
| 총독 | 总督 | zǒng dū | [중 두] |
| 총리 | 总理 | zǒng lǐ | [중 리] |
| 총명하다 | 聪明 | cōng ming | [충 밍] |
| 총무 | 总务 | zǒng wù | [중 우] |
| 총사령 | 总司令 | zǒng sī lìng | [중 스 링] |
| 총살하다 | 枪毙 | qiāng bì | [챵 삐] |
| 총수 | 总数 | zǒng shù | [중 쑤] |
| 총액 | 总额 | zǒng'é | [중어] |
| 총적으로 말하면 | 总的来说 | zǒng de lái shuō | [중 더 라이 쉬] |
| 총적으로 말하면 요컨대 | 总之 | zhǒng zhī | [중 즈] |
| 총총하다 급하다 | 匆匆 | cōng cōng | [충 충] |
| 총통 | 总统 | zǒng tǒng | [중 퉁] |
| 총화, 총수 | 总和 | zǒng hé | [중 허] |
| 총회 | 全会 | quán huì | [췬 후이] |
| 촬영하다, 흡수하다 | 摄 | shè | [써] |
| 촬영하다 | 拍摄 | pāi shè | [파이 써] |
| 최고사령관 | 师 | shī | [스] |
| 최근 | 最近 | zuì jìn | [쭈이 찐] |
| 최근, 요즘 | 新近 | xīn jìn | [신 찐] |

|  |  |  |  |
|---|---|---|---|
| 최대한, 많아도 | 至多 | zhì duō | [쯔 뒤] |
| 최상의 | 上等 | shàng děng | [쌍 덩] |
| 최선을 다하다 | 尽力 | jìn lì | [찐 리] |
| 최소한 | 至少 | zhì shǎo | [쯔 사오] |
| 최초 | 最初 | zuì chū | [쭈이 추] |
| 최초의, 원시의 | 原始 | yuán shǐ | [웬 스] |
| 최후 | 最后 | zuì hòu | [쭈이 하오] |
| 추구하다 | 追求 | zhuī qiú | [주이 치우] |
| 추궁하다 | 追问 | zuī wèn | [주이 원] |
| 추대하다 | 爱戴 | ài dài | [아이 따이] |
| 추도하다 | 追悼 | zuī dào | [주이 따오] |
| 추동하다 | 推动 | tuī dòng | [투이 똥] |
| 추론하다 | 推论 | tuī lùn | [투이 룬] |
| 추리 | 推理 | tuī lǐ | [투이 리] |
| 추모하다 | 悼念 | diào niàn | [따오 녠] |
| 추산하다 | 推算 | tuī suàn | [투이 쏸] |
| 추상적이다 | 抽象 | chōu xiàng | [초우 썅] |
| 추세 | 趋势 | qū shì | [취 쓰] |
| 추악하다 | 丑恶 | chǒu'è | [초우 어] |
| 추적조사하다 | 追查 | zhuī chá | [주이 차] |
| 추적하다 | 跟踪 | gēn zōng | [건 쭝] |
| 추진하다 | 推行 | tuī xíng | [투이 싱] |
| 추진하다 | 推进 | tuī jìn | [투이 찐] |
| 추천하다, 천거하다 | 推荐 | tuī jiàn | [투이 쩬] |
| 추천하여 선발하다 | 推选 | tuī xuǎn | [투이 쉔] |
| 추측하다, 추량하다 | 猜想 | cāi xiǎng | [차이 샹] |
| 추측하다 | 推测 | tuī cè | [투이 처] |
| 추측하다 | 估计 | gū jì | [구 지] |

| 추태, 웃음거리 | 出洋相 | chū yáng xiàng | [추 양 썅] |
| 추하다 | 丑 | chǒu | [초우] |
| 축구 대 | 球队 | qiú duì | [치우 뚜이] |
| 축구 | 足球 | zú qiú | [주 치우] |
| 축구장 | 球场 | qiú chǎng | [치우 창] |
| 축복하다 | 祝福 | zhù fú | [쭈 푸] |
| 축사 | 贺词 | hè cí | [허 츠] |
| 축사를 드리다 | 致辞 | zhì cí | [쯔 츠] |
| 축산품 | 畜产品 | xù chǎn pǐn | [쒸 찬 핀] |
| 축소하다 | 缩小 | suō xiǎo | [쉬 샤오] |
| 축원, 축원하다 | 祝愿 | zhù yuàn | [쭈 웬] |
| 축적 | 积累 | jī lěi | [지 레이] |
| 축적하다, 모으다 | 攒 | zǎn | [잔] |
| 축하하다 | 庆贺 | qìng hè | [칭 허] |
| 축하하다 | 祝贺 | zhù hè | [쭈 허] |
| 출구 | 出口 | chū kǒu | [추 코우] |
| 출근하다 | 上班 | shàng bān | [쌍 반] |
| 출동하다 | 出动 | chū dòng | [추 뚱] |
| 출로 | 出路 | chū lù | [추 루] |
| 출발점 | 出发点 | chū fā diǎn | [추 프아 뗀] |
| 출발하다 | 启程 | qǐ chéng | [치 청] |
| 출발하다 | 出发 | chū fā | [추 프아] |
| 출생 | 出生 | chū shēng | [추 성] |
| 출석하다 | 出席 | chū xí | [추 시] |
| 출세하다 | 出世 | chū shì | [추 쓰] |
| 출신 | 出身 | chū shēn | [추 선] |
| 출연하다 | 扮演 | bàn yǎn | [빤 옌] |
| 출원을 하다 | 出院 | chū yuàn | [추 웬] |

|  |  |  |  |
|---|---|---|---|
| ☐ 출입하다 | 出入 | chū rù | [추 루] |
| ☐ 출장가다 | 出差 | chū chai | [추 차이] |
| ☐ 출중하다, 우수하다 | 高超 | gāo chāo | [가오 차오] |
| ☐ 출판하다 | 出版 | chū bǎn | [추 반] |
| ☐ 출품 | 出品 | chū pǐn | [추 핀] |
| ☐ 춤추다 | 舞 | wǔ | [우] |
| ☐ 춤추다 | 跳舞 | tiào wǔ | [탸오 우] |
| ☐ 춤추듯 날리다 | 飞舞 | fēi wǔ | [페이 우] |
| ☐ 춥다, 빈한하다 | 寒 | hán | [한] |
| ☐ 춥다, 차다 | 冷 | lěng | [렁] |
| ☐ 충당하다 | 充当 | chōng dāng | [충 당] |
| ☐ 충돌, 충돌하다 | 冲突 | chōng tū | [충 투] |
| ☐ 충만하다 | 充满 | chōng mǎn | [충 만] |
| ☐ 충분하다 | 雄厚 | xióng hòu | [슝 호우] |
| ☐ 충분하다 | 充分 | chōng fèn | [충 펀] |
| ☐ 충분히, 완전히 | 透 | tòu | [토우] |
| ☐ 충분히~할 수 있다 | 足以 | zú yǐ | [주 이] |
| ☐ 충성스럽고 절의가 있다 | 忠贞 | zhōng zhēn | [쭝 전] |
| ☐ 충성하다 | 忠诚 | zhōng chéng | [쭝 청] |
| ☐ 충실하다 | 忠实 | zhōng shí | [쭝 스] |
| ☐ 충실히, 충실히 하다 | 充实 | chōng shí | [충 스] |
| ☐ 충족하다 | 充足 | chōng zú | [충 주] |
| ☐ 취득하다 | 取得 | qǔ dé | [취 더] |
| ☐ 취미 | 趣味 | qù wèi | [취 워이] |
| ☐ 취미 | 爱好 | ài hào | [아이 하오] |
| ☐ 취사원 | 炊事员 | cuī shì yuán | [추이 쓰 웬] |
| ☐ 취소하다, 팔다 | 销 | xiāo | [샤오] |

|  |  |  |  |
|---|---|---|---|
| 취소하다, 해임하다 | 撤销 | chè xiāo | [처 샤오] |
| 취소하다 | 取消 | qǔ xiāo | [취 샤오] |
| 취약하다, 연약하다 | 脆弱 | cuì ruò | [추이 뤄] |
| 취업 | 就业 | jiù yè | [찌우 예] |
| 취업을 기다리다 | 待业 | dài yè | [따이 예] |
| 취임하다 | 上任 | shàng rèn | [쌍 런] |
| 취직하다 | 就职 | jiù zhí | [찌우즈] |
| 취하다 | 采取 | cǎi qǔ | [차이 취] |
| 측량하다 예측하다 | 测 | cè | [처] |
| 측량하다 | 测量 | cè liáng | [처량] |
| 측량하다 | 测试 | cè shì | [처쓰] |
| 측면 | 侧面 | cè miàn | [처 몐] |
| 측백나무 | 柏树 | bǎi shù | [바이 쑤] |
| 측정하다 | 测定 | cè dìng | [처 띵] |
| 무겁다, 겹 | 重 | zhòng | [쫑] |
| 층계, 섬들 | 台阶 | tái jiē | [타이 제] |
| 층집, 층 | 楼 | lóu | [로우] |
| 층집 | 楼房 | lóu fáng | [로우 팡] |
| 층차 | 层次 | céng cì | [청 츠] |
| 치켜세우다 | 吹捧 | chuī péng | [추이 펑] |
| 치다, 공격하다 | 击 | jī | [지] |
| 치다, 두드리다 | 敲 | qiāo | [챠오] |
| 치다, 두드리다 | 拍 | pāi | [파이] |
| 치료 효과 | 疗效 | liáo xiào | [랴오 샤오] |
| 치료하다 | 医治 | yī zhì | [이 쯔] |
| 치료하다 | 治疗 | zhì liáo | [쯔 랴오] |
| 치르다, 지출하다 | 付出 | fù chū | [푸 추] |
| 치밀하다 | 紧俏 | jǐn qiào | [진 챠오] |

| | | | |
|---|---|---|---|
| ☐ 치솟다, (주의)끌다 | 耸 | sǒng | [숭] |
| ☐ 치수, 사이즈 | 尺寸 | chǐ cùn | [츠 춘] |
| ☐ 치아, 이빨 | 牙齿 | yá chǐ | [야 츠] |
| ☐ 치안 | 治安 | zhì'ān | [즈 안] |
| ☐ 치약 | 牙膏 | yá gāo | [야 가오] |
| ☐ 치우다 | 收拾 | shōu shi | [소우 스] |
| ☐ 치켜세우다, 아첨하다 | 捧 | pěng | [펑] |
| ☐ 친구 | 朋友 | péng you | [펑 유] |
| ☐ 친밀하다 | 亲密 | qīn mì | [친 미] |
| ☐ 친밀하다 | 亲 | qīn | [친] |
| ☐ 친애하다 | 亲爱 | qīn'ài | [친 아이] |
| ☐ 친우 | 亲友 | qīn yǒu | [친 유] |
| ☐ 친인 | 亲人 | qīn rén | [친 런] |
| ☐ 친절하다 | 热心 | rè xīn | [러 신] |
| ☐ 친절하다, 다정하다 | 和气 | hé qi | [허 치] |
| ☐ 친절하다, 다정하다 | 亲热 | qīn rè | [친 러] |
| ☐ 친절하다 | 亲切 | qīn qiè | [친 쳬] |
| ☐ 친척 | 亲戚 | qīn qi | [친 치] |
| ☐ 친필 | 亲笔 | qīn bǐ | [친 비] |
| ☐ 친히 나서다 | 出面 | chū miàn | [추 몐] |
| ☐ 친히 쓰다 | 亲笔 | qīn bǐ | [친 비] |
| ☐ 친히, 몸소 | 亲身 | qīn shēn | [친 선] |
| ☐ 친히, 손수 | 亲手 | qīn shǒu | [친 소우] |
| ☐ 칠흑같이 어둡다 아주 검다 | 漆黑 | qī hēi | [치 허이] |
| ☐ 칠판 | 黑板 | hēi bǎn | [헤이 반] |
| ☐ 칠하다, 지우다 | 涂 | tú | [투] |

| | | | |
|---|---|---|---|
| ❏ 침 | 唾沫 | tuò mo | [퉈 모] |
| ❏ 침대 시트 | 床单 | chuáng dān | [촹 단] |
| ❏ 침대 | 床 | chuáng | [촹] |
| ❏ 침대자리 | 床位 | chuáng wèi | [촹 웨이] |
| ❏ 침략하다 | 侵略 | qīn lüè | [친 뤠] |
| ❏ 침묵하다 | 沉默 | chén mò | [천 모] |
| ❏ 침범하다 | 侵犯 | qīn fàn | [친 프안] |
| ❏ 침상, 침대 | 床铺 | chuáng pù | [촹 푸] |
| ❏ 침실 | 卧室 | wò shì | [워 쓰] |
| ❏ 침입하다 | 入侵 | rù qīn | [루 친] |
| ❏ 침입하다 | 侵入 | qīn rù | [친 루] |
| ❏ 침전, 침전하다 | 沉淀 | chén diàn | [천 뗀] |
| ❏ 침질과 뜸질 | 针灸 | zhēn jiǔ | [전 지우] |
| ❏ 침착하다 | 沉着 | chén zhuó | [천 줘] |
| ❏ 침투하다 | 渗透 | shèn tòu | [썬 토우] |
| ❏ 침해하다 | 侵害 | qīn hài | [친 하이] |
| ❏ 칫솔 | 牙刷 | yá shuā | [야 쇄] |
| ❏ 칭찬하고 격려하다 | 嘉奖 | jiā jiǎng | [쟈 쟝] |
| ❏ 칭찬하다 | 夸奖 | kuā jiǎng | [콰 쟝] |
| ❏ 칭찬하다 | 称赞 | chēng zàn | [청 짠] |
| ❏ 칭호 | 称号 | chēng hào | [청 하오] |

# ㅋ (카)

|  |  |  |  |
|---|---|---|---|
| 카드 | 卡片 | [kǎ piàn] | [카 피엔] |
| 카펫, 융단 | 地毯 | dì tǎn | [띠 탄] |
| 칼 | 刀 | dāo | [다오] |
| 칼 | 刀子 | dāo zi | [다오 즈] |
| 칼날 | 刀刃 | dāo rèn | [다오 런] |
| 칼로리 | 卡 | kǎ | [카] |
| 칼슘 | 钙 | gài | [까이] |
| 단원 | 单元 | dān yuán | [단 웬] |
| 커튼, 발 | 帘 | lián | [렌] |
| 커피 | 咖啡 | kā fēi | [카 페이] |
| 컴퓨터, 계산기 | 计算机 | jì suàn qì | [찌 쏸치] |
| 컴퓨터 | 电脑 | diàn nǎo | [뗀 나오] |
| 컵 | 杯子 | bēi zi | [베이 즈] |
| 커튼 | 窗帘 | chuāng lián | [촹 렌] |
| 컵, 잔 | 杯 | bēi | [베이] |
| 케이크 | 蛋糕 | dàn gāo | [딴 고우] |
| 코 | 鼻子 | bí zi | [비 즈] |
| 코끼리, 모습 | 象 | xiàng | [쌍] |
| 코치 | 教练 | jiào liàn | [짜오 롄] |
| 콘크리트 | 混凝土 | hùn níng tǔ | [훈 닝 투] |
| 콧물 | 鼻涕 | bí tì | [비 티] |
| 콩 | 豆子 | dòu zi | [또우 즈] |
| 콩물, 콩즙 | 豆浆 | dòu jiāng | [또우 쟝] |
| 쾌청하다 | 晴朗 | qíng lǎng | [칭 랑] |

| | | | |
|---|---|---|---|
| 쾌활하게 웃다 | 欢笑 | huān xiào | [환 쌰오] |
| 쾌활하다 | 快活 | kuài huo | [콰이 훠] |
| 크게 잘 못하다 | 糟糕 | zāo gāo | [자오 가오] |
| 크고 곧다<br>굳세고 힘 있다 | 挺拔 | tǐng bá | [팅 바] |
| 크고 곧다 | 挺 | tǐng | [팅] |
| 크다 | 大 | dà | [따] |
| 큰 건물 | 厦 | shà | [싸] |
| 큰 소리 지르다 | 嚷 | rāng | [랑] |
| 큰 소리 | 大声 | dà shēng | [따 셩] |
| 큰 아버지 | 伯伯 | bó bó | [보 보] |
| 큰 아버지 | 伯父 | bó fù | [보 푸] |
| 큰 어머님 | 大妈 | dà mā | [따 마] |
| 큰 어머님 | 老大妈 | lǎo dà mā | [라오 따 마] |
| 큰 친절, 깊은 호의 | 盛情 | shèng qíng | [쎵 칭] |
| 큰 거리 | 大街 | dà jiē | [따 제] |
| 큰길 | 大道 | dà dào | [따 따오] |
| 큰소리로 외치다 | 叫喊 | jiào hǎn | [쨔오 한] |
| 큰어머니 | 伯母 | bó mǔ | [보 무] |
| 큰형, 맏형 | 大哥 | dà gē | [따 거] |
| 키 작다, 낮다 | 矮 | ǎi | [아이] |
| 키 | 个子 | gè zi | [거 즈] |
| 키, 몸집, 개 개 | 个儿 | gèr | [껄] |
| 키, 방향타 | 舵 | duò | [뚸] |
| 키스 | 吻 | wěn | [원] |
| 킬로그램 | 公斤 | gōng jīn | [궁 진] |
| 킬로미터 | 公里 | gōng lǐ | [궁 리] |

# 트(타)

| | | | |
|---|---|---|---|
| 타격하다 | 打击 | dǎ jī | [다 지] |
| 타다, 가볍게 치다 쏘다 | 弹 | tán | [탄] |
| 타다, 불을 붙이다 | 燃 | rán | [란] |
| 타다, 이용하다 곱하다 | 乘 | chéng | [청] |
| 타다 | 骑 | qí | [치] |
| 타다 | 沏 | qī | [치] |
| 타당하다, 믿음직하다 | 稳妥 | wěn tuǒ | [원 퉈] |
| 타당하다, 알맞다 | 妥善 | tuǒ shàn | [퉈 싼] |
| 타당하다, 알맞다 | 妥当 | tuǒ dàng | [퉈 당] |
| 타당하다, 타결되다 | 妥 | tuǒ | [퉈] |
| 타도하다 | 打倒 | dǎ dǎo | [다 다오] |
| 타락하다 | 堕落 | duò luò | [뛰 러] |
| 타산하다 | 打算 | dǎ suàn | [다 쏸] |
| 타월 | 毛巾 | máo jīn | [마오 진] |
| 타원형 | 椭圆 | tuǒ yuán | [퉈 웬] |
| 타이르다, 가르치다 | 训 | xùn | [쒼] |
| 타인 | 他人 | tā rén | [타 런] |
| 타파하다, 때려 부수다 | 摧毁 | cuī huǐ | [추이 후이] |
| 타파하다 | 打破 | dǎ pò | [다 포] |
| 타협하다 | 妥协 | tuǒ xié | [퉈 세] |

|  |  |  |  |
|---|---|---|---|
| 탁구공 | 乒乓球 | pīng pāng qiú | [핑 팡 치우] |
| 탁아소 | 托儿所 | tuō'ér suǒ | [퉈 얼 쉬] |
| 탁월하다 | 卓越 | zhuó yuè | [줘 웨] |
| 탁자 | 桌子 | zhuō zi | [줘 즈] |
| 탄복하다 | 佩服 | pèi fú | [페이 푸] |
| 탄신, 생일 | 诞辰 | dàn chén | [딴 천] |
| 탄알 | 子弹 | zǐ dàn | [즈 딴] |
| 탄약 | 弹药 | dàn yào | [딴 야오] |
| 탄환하다 | 瘫痪 | tān huàn | [탄 환] |
| 탈락하다 | 脱落 | tuō luò | [퉈 뤄] |
| 탈세하다 | 漏税 | lòu shuì | [로우 수이] |
| 탈세하다 | 偷税 | tōu shuì | [토우 쑤이] |
| 탈취하다, 빼앗다 | 夺取 | duó qǔ | [둬 취] |
| 탐구하다 | 钻研 | zuān yán | [쫜 옌] |
| 탐내다, 동경하다 | 贪 | tān | [탄] |
| 탐방하다, 취재하다 | 采访 | cǎi fǎng | [차이 팡] |
| 탐사하다 | 勘探 | kān tàn | [칸 탄] |
| 탐색하다, 찾다 | 探索 | tàn suǒ | [탄 쉬] |
| 탐측하다 | 探测 | tàn cè | [탄 처] |
| 탑 | 塔 | tǎ | [타] |
| 탓하다, 의지하다 | 赖 | lài | [라이] |
| 태공 | 太空 | tài kōng | [타이 쿵] |
| 태도 | 态度 | tài du | [타이 뚜] |
| 태만하다 | 怠慢 | dài màn | [따이 만] |
| 태반, 대부분 | 大半 | dà bàn | [따 반] |
| 태양 | 太阳 | tài yang | [타이 양] |
| 태양에너지 | 太阳能 | tài yáng néng | [타이 양 넝] |
| 태어나다, 떨어지다 | 落地 | luò dì | [뤄 띠] |

三

|  |  |  |  |
|---|---|---|---|
| 태어나다 | 诞生 | dàn shēng | [딴 성] |
| 태업하다 | 怠工 | dài gōng | [따이 궁] |
| 태연자약하다 | 从容不迫 | cóng róng bù pò | [충 룽 부 퍼] |
| 태연하다 | 泰然 | tài rán | [타이 란] |
| 태우다, 헐뜯다, 파괴하다 | 毁 | huǐ | [후이] |
| 태우다, 굽다, 열나다 | 烧 | shāo | [사오] |
| 태워 없애다 | 烧毁 | shāo huǐ | [사오 후이] |
| 태평스럽다 | 太平 | tài píng | [타이 핑] |
| 태풍 | 台风 | tái fēng | [타이 펑] |
| 택시 | 出租汽车 | chū zū qì chē | [추 주 치 처] |
| 탱크 | 坦克 | tǎn kè | [탄 커] |
| 터널, 지하통로 | 隧道 | suì dào | [쑤이 따오] |
| 터무니없는 말을 하다 | 胡说 | hú shuō | [후 쉬] |
| 터지다, 폭파시키다, 왈칵하다 | 炸 | zhà | [짜] |
| 털, 모 | 毛 | máo | [마오] |
| 털실 | 毛线 | máo xiàn | [마오 쎈] |
| 테니스 | 网球 | wǎng qiú | [왕 치우] |
| 테두리, 테 | 框 | kuàng | [쾅] |
| 테이프 | 磁带 | cí dài | [츠 따이] |
| 테이프를 자르다 | 剪彩 | jiǎn cǎi | [젠 차이] |
| 텔레비전 | 电视 | diàn shì | [뗀 쓰] |
| 토끼 | 兔子 | tù zi | [투 즈] |
| 토론하다 | 讨论 | tǎo lùn | [타오 룬] |
| 토마토 | 番茄 | fān qié | [판 체] |
| 토마토 | 西红柿 | xī hóng shì | [시 훙 쓰] |

|  |  |  |  |
|---|---|---|---|
| 토벌하다, 책망하다, 빌다 | 讨 | tǎo | [타오] |
| 토속적이다, 촌스럽다 | 土 | tǔ | [투] |
| 토양, 흙 | 土壤 | tǔ rǎng | [투 랑] |
| 토의하다, 심의하다 | 商讨 | shāng tǎo | [상 타오] |
| 토지 | 土地 | tǔ dì | [투 띠] |
| 톱 | 锯 | jù | [쮜] |
| 톱니바퀴 | 齿轮 | chǐ lún | [츠 룬] |
| 톱질하다 | 锯 | jù | [쮜] |
| 통 | 桶 | tǒng | [퉁] |
| 통 | 筒 | tǒng | [퉁] |
| 통계 | 统计 | tǒng jì | [퉁 찌] |
| 통계를 하다 | 统计 | tǒng jì | [퉁 찌] |
| 통계수치, 데이터 | 数据 | shù jù | [쑤 쮜] |
| 통고, 통고하다 | 通告 | tōng gào | [퉁 까오] |
| 통과되다 | 通过 | tōng guò | [퉁 꿔] |
| 통로 | 通道 | tōng dào | [퉁 따오] |
| 통보, 통보하다 | 通报 | tōng bào | [퉁 빠오] |
| 통상을 하다, 무역을 하다 | 通商 | tōng shāng | [퉁 상] |
| 통속적, 세속의 | 俗 | sú | [수] |
| 통속적이다 | 通俗 | tōng sú | [퉁 수] |
| 통신 | 通讯 | tōng xùn | [퉁 쒼] |
| 통신구매하다 | 邮购 | yóu gòu | [유 꼬우] |
| 통신사 | 通讯社 | tōng xùn shè | [퉁 쒼써] |
| 통신을 하다 | 通信 | tōng xìn | [퉁 씬] |
| 통역원 | 译员 | yì yuán | [이 웬] |

E

| 통용하다 | 通用 | tōng yòng | [퉁 융] |
| 통일전선 | 统战 | tǒng zhàn | [퉁 짠] |
| 통일하다 | 统一 | tǒng yī | [퉁 이] |
| 통지하다 | 通知 | tōng zhī | [퉁 즈] |
| 통치 | 统治 | tǒng zhì | [퉁 쯔] |
| 통쾌하다 | 痛快 | tòng kuai | [퉁 콰이] |
| 통풍하다 | 通风 | tōng fēng | [퉁 펑] |
| 통하다, 쑤시다 | 通 | tōng | [퉁] |
| 통항하다 | 通航 | tōng háng | [퉁 항] |
| 통행하다 | 通行 | tōng xíng | [퉁 싱] |
| 통화팽창 | 通货膨胀 | tōng huò péng zhàng | [퉁 훠 펑 짱] |
| 툫아 오르다 높은 지위를 겨루다 | 攀 | pān | [프안] |
| 퇴근하다 | 下班 | xià bān | [쌰 반] |
| 퇴보하다 | 倒退 | dào tuì | [따오 투이] |
| 퇴보하다 | 退步 | tuì bù | [투이 뿌] |
| 퇴직하다 | 退休 | tuì xiū | [투이 시우] |
| 퇴출하다 | 退出 | tuì chū | [투이 추] |
| 투기매매를 하다 | 投机倒把 | tóu jī dǎo bǎ | [토우 지 다오 바] |
| 투기군 | 倒爷 | dǎo yé | [다오 예] |
| 투기하다 | 投机 | tóu jī | [토우 지] |
| 투명도 | 透明度 | tòu míng dù | [토우 밍 뚜] |
| 투명하다 | 透明 | tòu míng | [토우 밍] |
| 투입하다 | 投 | tóu | [토우] |
| 투입하다 | 投入 | tóu rù | [토우 루] |
| 투자하다 | 投资 | tóu zī | [토우 즈] |
| 투쟁하다 | 斗争 | dòu zhēng | [또우 정] |
| 투지 | 斗志 | dòu zhì | [또우 쯔] |

|  |  |  |  |
|---|---|---|---|
| 투척하다, 던지다 | 投掷 | tóu zhì | [토우 쯔] |
| 투철하다, 날카롭다 | 透彻 | tòu chè | [토우 처] |
| 투표하다 | 投票 | tóu piào | [토우 퍄오] |
| 투항하다 | 投降 | tóu xiáng | [토우 샹] |
| 튀기다 | 炸 | zhá | [자] |
| 튀다(물방울) | 溅 | jiàn | [쩬] |
| 트랙터 | 拖拉机 | tuō lā jī | [튀 라 지] |
| 트럭 | 卡车 | kǎ chē | [카 처] |
| 특구 | 特区 | tè qū | [터 취] |
| 특권 | 特权 | tè quán | [터 췐] |
| 특무, 스파이 | 特务 | tè wu | [터 우] |
| 특별제목 | 专题 | zhuān tí | [좐 티] |
| 특별하다, 전문적이다 | 专 | zhuān | [좐] |
| 특별하다 | 特殊 | tè shū | [터 수] |
| 특별히, 각별히 | 格外 | gé wài | [거 와이] |
| 특별히, 일부러 | 特意 | tè yì | [터 이] |
| 특별히, 전적으로 | 专程 | zhuān chéng | [좐 청] |
| 특별히, 특별하다 | 特别 | tè bié | [터 베] |
| 특별히, 훌륭하다 | 出色 | chū sè | [추 써] |
| 특별히 | 特 | tè | [터] |
| 특산 | 特产 | tè chǎn | [터 찬] |
| 특색 | 特色 | tè sè | [터 써] |
| 특색, 기분, 맛 | 风味 | fēng wèi | [펑 워이] |
| 특성 | 特性 | tè xìng | [터 씽] |
| 특점 | 特点 | tè diǎn | [터 뎬] |
| 특정적이다 | 特定 | tè dìng | [터 띵] |
| 특징 | 特征 | tè zhēng | [터 정] |

| | | | |
|---|---|---|---|
| 특출하다, 기묘하다 | **奇特** | qí tè | [치 터] |
| 특허 | **专利** | zhuān lì | [좐 리] |
| 특히 | **尤其** | yóu qí | [유 치] |
| 특히 우수하다 | **优异** | yōu yì | [유 이] |
| 특히, 각별히 | **特地** | tè dì | [터 이] |
| 튼튼하다, 착실하다 | **扎实** | zhā shi | [자 스] |
| 틀, 허세, 자세 | **架子** | jià zi | [쨔 즈] |
| 틀리다, 맞지 않다 | **不对** | bú duì | [부 뚜이] |
| 틀리다, 맞지 않다 | **差** | chà | [차] |
| 틀리다, 복잡하다 | **错** | cuò | [춰] |
| 틀리다, 부족하다 나쁘다 | **差** | chà | [차] |
| 틀림, 착오 | **错** | cuò | [춰] |
| 틀림없이, ~할 것이다 | **必将** | bì jiāng | [삐 징] |
| 틀림이 없다 | **没错** | méi cuò | [메이 춰] |
| 틀어막다 | **堵塞** | dǔ sè | [두 써] |
| 틈 | **空儿** | kòngr | [쿵 얼] |
| 틈, 간격 | **空隙** | kòng xì | [쿵 씨] |
| 틈을 내다 | **抽空** | chōu kòng | [초우 쿵] |
| 팀, 그룹, 대열 | **队** | duì | [뚜이] |

# 포(파)

| | | | |
|---|---|---|---|
| 파 | 葱 | cōng | [충] |
| 파, 파벌 | 派 | pài | [파이] |
| 파견하다, 보내다 | 派 | pài | [파이] |
| 파괴하다 | 破坏 | pò huài | [포 화이] |
| 파다(우물) | 掘 | jué | [줴] |
| 파다, 뚫다 | 凿 | záo | [자오] |
| 파다, 빼내다 | 刨 | páo | [파오] |
| 파다, 파서 뚫다 | 挖 | wā | [와] |
| 파도 | 波涛 | bō tāo | [보 타오] |
| 파도, 물결 | 浪 | làng | [랑] |
| 파도, 물결 | 波浪 | bō làng | [보 랑] |
| 파도와 조수(물결) | 浪潮 | làng cháo | [랑 차오] |
| 파리 | 蝇子 | yíng zi | [잉 즈] |
| 파리 | 苍蝇 | cāng ying | [창 잉] |
| 파벌 | 派别 | pài bié | [파이 베이] |
| 파산을 하다 | 破产 | pò chǎn | [포 찬] |
| 파업을 하다 | 罢工 | bà gōng | [빠 궁] |
| 파운드 | 英镑 | yīng bang | [잉 빵] |
| 파이프, 관 | 管子 | guǎ zi | [관 즈] |
| 파이프, 도관 | 管道 | guǎn dào | [관 따오] |
| 파종하다, 전파하다 | 播 | bō | [보] |
| 파종하다 | 播种 | bō zhòng | [보 쫑] |
| 파출소 | 派出所 | pài chū suǒ | [파이 추 쉬] |
| 판결, 결재 | 裁决 | cái jué | [차이 줴] |

|  |  |  |  |
|---|---|---|---|
| 판결하다, 선고하다 | 判处 | pàn chǔ | [프안 추] |
| 판결하다 | 判决 | pàn jué | [프안 쮀] |
| 판단 | 判断 | pàn duàn | [프안 똰] |
| 판로 | 销路 | xiāo lù | [샤오 루] |
| 판매하다 | 销售 | xiāo shòu | [샤오 쏘우] |
| 판매하다 | 售货 | shòu huò | [쏘우 훠] |
| 판정하다, 평가하다 | 评 | píng | [핑] |
| 판정하다 | 判定 | pàn dìng | [프안 띵] |
| 팔, 상박 | 臂 | bì | [삐] |
| 팔다 | 卖 | mài | [마이] |
| 팔다, 배반하다 | 出卖 | chū mài | [추 마이] |
| 팔다, 행하다 | 售 | shòu | [쏘우] |
| 팔다 | 出售 | chū shòu | [추 쏘우] |
| 팔뚝 | 胳膊 | gē bo | [거 보] |
| 팔에 걸다, 메다 | 挎 | kuà | [콰] |
| 패권 | 霸权 | bà quán | [빠 췐] |
| 패기, 의기 | 志气 | zhìqì | [쯔 치] |
| 패다, 쪼개다 | 劈 | pī | [피] |
| 패도적이다 | 霸道 | bà dào | [빠 따오] |
| 패배시키다 | 功克 | gōng kè | [궁 커] |
| 패배하다 | 败 | bài | [빠이] |
| 패장 | 排长 | pái zhǎng | [파이 장] |
| 팩스 | 传真 | chuán zhēn | [촨 전] |
| 팬 | 球迷 | qiú mí | [취우 미] |
| 팽창하다, 부풀다 | 胀 | zhàng | [짱] |
| 팽창하다 | 膨胀 | péng zhàng | [펑 짱] |
| 팽팽하다 급박하다, 궁색하다 | 紧 | jǐn | [진] |

| 페인트 | 油漆 | yóu qī | [유 치] |
| 펴다, 깔다 | 铺 | pū | [푸] |
| 펴다, 내밀다 | 伸 | shēn | [선] |
| 편견 | 偏见 | piān jiàn | [펜 쩬] |
| 편리하다 | 方便 | fāng biàn | [팡 삐엔] |
| 편리하다 | 便利 | biàn lì | [삐엔 리] |
| 편리하다 | 便 | biàn | [삐엔] |
| 편리하다 | 便于 | biàn yú | [삐엔 위] |
| 편면적 | 片面 | piàn miàn | [펜 멘] |
| 편안하다 | 舒适 | shū shì | [수 쓰] |
| 편제 | 编制 | biān zhì | [벤 쯔] |
| 편지 | 信件 | xìn jiàn | [씬 쪤] |
| 편지, 신용 | 信 | xìn | [씬] |
| 편지가 오다 | 来信 | lái xìn | [라이 씬] |
| 편지봉투 | 信封 | xìn fēng | [씬 펑] |
| 편집, 편집하다 | 编辑 | biān jí | [벤 지] |
| 편집자의 말 | 编者按 | biān zhě'àn | [벤 저 안] |
| 편차, 오차 | 偏差 | piān chā | [펜 차] |
| 편하다 | 舒服 | shū fu | [수 푸] |
| 편향 | 偏向 | piān xiàng | [펜 썅] |
| 펼쳐 보이다, 전시하다 | 展现 | zhǎn xiàn | [잔 쎈] |
| 펼치다, 발휘하다 | 施展 | shī zhǎn | [스 잔] |
| 평가, 평가하다 | 评价 | píng jià | [핑 쨔] |
| 평가절하하다 | 贬值 | biǎn zhí | [뻰 즈] |
| 평가추측하다 | 评估 | píng gū | [핑 구] |
| 평균 | 平均 | píng jūn | [핑 쮠] |
| 평등하다 | 平等 | píng děng | [핑 덩] |

ㅍ

309

|  |  |  |  |
|---|---|---|---|
| 평론, 평론하다 | 评论 | píng lùn | [핑 룬] |
| 평면 | 平面 | píng miàn | [핑 몐] |
| 평민 | 平民 | píng mín | [핑 민] |
| 평방 | 平方 | píng fāng | [핑 팡] |
| 평범하다, 보통이다 | 平凡 | píng fán | [핑 프안] |
| 평범하다 | 凡 | fán | [프안] |
| 평범하다 | 平常 | píng cháng | [핑 창] |
| 평상시, 평소 | 往常 | wǎng shì | [왕 쓰] |
| 평생직장(철밥통) | 铁饭碗 | tiě fàn wǎn | [테 프안 완] |
| 평선하다 | 评选 | píng xuǎn | [핑 쉔] |
| 평시 | 平时 | píng shí | [핑 스] |
| 평심하다 | 评审 | píng shěn | [핑 선] |
| 평안하다 | 平安 | píng'ān | [핑 안] |
| 평온하다 | 安稳 | ān wěn | [안 원] |
| 평온하다 | 平稳 | píng wěn | [핑 원] |
| 평원 | 平原 | píng yuán | [핑 웬] |
| 평일 | 平日 | píng rì | [핑 르] |
| 평정하다 | 评定 | píng dìng | [핑 띵] |
| 평탄하다 | 平坦 | píng tǎn | [핑 탄] |
| 평판, 명성 | 名声 | míng shēng | [밍 성] |
| 평판, 위신 | 声誉 | shēng yù | [성 위] |
| 평평하게 고르다 | 平整 | píng zhěng | [핑 정] |
| 평평하다, 평온하다 | 平 | píng | [핑] |
| 평행 | 平行 | píng xíng | [핑 싱] |
| 평형, 균형 | 平衡 | píng héng | [핑 헝] |
| 평화 | 和平 | hé píng | [허 핑] |
| 평화공존 | 和平共处 | hé píng gòng chǔ | [허 핑 꿍 추] |
| 평화조약 | 和约 | hé yuē | [허 웨] |

|  |  |  |  |
|---|---|---|---|
| 폐 | 肺 | fèi | [페이] |
| 폐기 | 废气 | fèi qì | [페 치] |
| 폐기하다, 파기하다 | 废除 | fèi chú | [페이 추] |
| 폐단 | 弊端 | bì duān | [삐 똰] |
| 폐를 끼치다, 방해하다 | 打饶 | dǎ rǎo | [다 라오] |
| 폐막 | 闭幕 | bì mù | [삐 무] |
| 폐막식 | 闭幕式 | bì mù shì | [삐 무 쓰] |
| 예물 | 礼物 | lǐ wù | [리 우] |
| 폐물, 무용지물 | 废物 | fèi wù | [페이 우] |
| 폐품 | 废品 | fèi pǐn | [페이 핀] |
| 폐해, 악폐 | 弊病 | bì bìng | [삐 삥] |
| 폐허 | 废墟 | fèi xū | [페이 쉬] |
| 포 | 埔 | pǔ | [푸] |
| 포, 갑, 봉지 | 包 | bāo | [바오] |
| 포고 | 布告 | bù gào | [뿌 까오] |
| 포괄하다 | 包括 | bāo kuò | [바오 쿼] |
| 포기하다 | 抛弃 | pāo qì | [파오 치] |
| 포기하다 | 放弃 | fàng qì | [팡 치] |
| 포도 | 葡萄 | pú táo | [푸 타오] |
| 포도당 | 葡萄糖 | pú tao táng | [푸 타오 탕] |
| 포로 | 俘虏 | fú lǔ | [푸 루] |
| 포만하다, 왕성하다 | 饱满 | bǎo mǎn | [바오 만] |
| 포부, 꿈 | 抱负 | bào fù | [빠오 푸] |
| 포위공격하다 | 围攻 | wéi gōng | [웨이 궁] |
| 포위하다 | 包围 | bāo wéi | [바오 웨이] |
| 포옹하다 | 拥抱 | yōng bào | [융 바오] |
| 포장하다 | 包装 | bāo zhuāng | [바오 좡] |

|  |  |  |  |
|---|---|---|---|
| 포치하다 | 布置 | bù zhì | [뿌 쯔] |
| 포커, 카드놀이 | 扑克 | pú kè | [푸 커] |
| 포크 | 叉子 | chā zi | [차 즈] |
| 포함하다 | 包含 | bāo hán | [바오 한] |
| 포화 | 炮火 | pào huǒ | [파오 훠] |
| 포화되다 | 饱和 | bǎo hé | [바오 허] |
| 폭(옷감, 그림에 쓰임) | 幅 | fú | [푸] |
| 폭격하다 | 轰炸 | hōng zhà | [훙 짜] |
| 폭도 | 幅度 | fú dù | [푸 뚜] |
| 폭동이다 | 暴动 | bào dòng | [빠오 똥] |
| 폭력 | 暴力 | bào lì | [빠오 리] |
| 폭로하다, 드러내다 | 泄露 | xiè lù | [쎄 루] |
| 폭로하다 | 揭露 | jiē lù | [제 루] |
| 폭로하다 | 暴露 | bào lù | [빠오 루] |
| 폭발하다 | 爆 | bào | [빠오] |
| 폭발하다 | 爆发 | bào fā | [빠오 프아] |
| 폭약 | 炸药 | zhà yào | [짜 야오] |
| 폭우 | 暴雨 | bào yǔ | [빠오 위] |
| 폭죽 | 爆竹 | bào zhú | [빠오 주] |
| 폭죽 | 鞭炮 | biān pào | [벤 파오] |
| 폭탄 | 炮弹 | pào dàn | [파오 딴] |
| 폭파하다 | 爆破 | bào pò | [빠오 퍼] |
| 폭포 | 瀑布 | pù bù | [푸 뿌] |
| 폭풍 | 风暴 | fēng bào | [펑 빠오] |
| 폭풍취우 | 暴风骤雨 | bào fēng zhòu yǔ | [빠오 펑 쪼우 위] |
| 표, 증권, 채권 | 券 | quàn | [쵄] |
| 표, 지표, 투표 | 票 | piào | [퍄오] |
| 표달하다 | 表达 | biǎo dá | [뱌오 다] |

| 표면 | 表面 | biǎo miàn | [뱌오 몐] |
| 표백하다, 물에 헹구다 | 漂 | piāo | [퍄오] |
| 표본 | 标本 | biāo běn | [뱌오 번] |
| 표시하다, 입찰하다 | 标 | biāo | [뱌오] |
| 표시하다 | 表示 | biǎo shì | [뱌오 쓰] |
| 표양하다 | 表扬 | biǎo yáng | [뱌오 양] |
| 표어, 플래카드 | 标语 | biāo yǔ | [뱌오 위] |
| 표정 | 面孔 | miàn kǒng | [몐 쿵] |
| 표정, 몸가짐 | 神态 | shén tài | [선 타이] |
| 표정, 안색, 태도 | 神气 | shén qì | [선 찌] |
| 표정 | 表情 | biǎo qíng | [뱌오 칭] |
| 표제 | 标题 | biāo tí | [뱌오 티] |
| 표준 | 标准 | biāo zhǔn | [뱌오 준] |
| 표준, 기준 | 准 | zhǔn | [준] |
| 표준어 | 普通话 | pǔ tōng huà | [푸 퉁 화] |
| 표지, 기호 | 标 | biāo | [뱌오] |
| 표지, 상징 | 标志 | biāo zhì | [뱌오 즈] |
| 표창하다 | 表彰 | biǎo zhāng | [뱌오 장] |
| 표현 | 表现 | biǎo xiàn | [뱌오 쎈] |
| 푸대접하다 | 亏待 | kuī dài | [쿠이 따이] |
| 푸르다 | 绿 | lǜ | [뤼] |
| 풀, 고무 | 胶 | jiāo | [쟈오] |
| 풀, 초 | 草 | cǎo | [차오] |
| 풀어주다 속박을 벗어던지다 | 撒 | sā | [사] |
| 풀이 죽다, 기가 죽다 | 泄气 | xiè qì | [씨에 치] |

|  |  |  |  |
|---|---|---|---|
| ☐ 품덕 | 品德 | pǐn dé | [핀 더] |
| ☐ 품삯, 보수 | 工钱 | gōng qian | [궁 첸] |
| ☐ 품종 | 品种 | pǐn zhǒng | [핀 중] |
| ☐ 품질 | 品质 | pǐn zhì | [핀 쯔] |
| ☐ 품질이 떨어지다 좋지 않다, 다음의 | 次 | cì | [츠] |
| ☐ 품평하다 | 品 | pǐn | [핀] |
| ☐ 품행 | 品行 | pǐn xíng | [핀 싱] |
| ☐ 풍격 | 风格 | fēng gé | [펑 거] |
| ☐ 풍경 | 风景 | fēng jǐng | [펑 징] |
| ☐ 풍경, 경치 | 风光 | fēng guāng | [펑 광] |
| ☐ 풍기 | 风气 | fēng qì | [펑 치] |
| ☐ 풍도 | 风度 | fēng dù | [펑 뚜] |
| ☐ 풍랑 | 风浪 | fēng làng | [펑 랑] |
| ☐ 풍력 | 风力 | fēng lì | [펑 리] |
| ☐ 풍만하다 | 丰满 | fēng mǎn | [펑 만] |
| ☐ 풍부하다 | 丰富 | fēng fù | [펑 푸] |
| ☐ 풍속 | 俗 | sú | [수] |
| ☐ 풍속 | 风俗 | fēng sú | [펑 수] |
| ☐ 풍자, 풍자하다 | 讽刺 | fěng cì | [펑 츠] |
| ☐ 풍작 | 丰产 | fēng chǎn | [펑 찬] |
| ☐ 풍작이다 | 丰收 | fēng shōu | [펑 소우] |
| ☐ 풍작이다 | 丰产 | fēng chǎn | [펑 찬] |
| ☐ 풍취, 재미 | 风趣 | fēng qù | [펑 취] |
| ☐ 프랑 | 法郎 | fǎ láng | [프아 랑] |
| ☐ 프랑스어 | 法文 | fǎ wén | [프아 원] |
| ☐ 프랑스어 | 法语 | fǎ yǔ | [프아 위] |
| ☐ 플라스틱 | 塑料 | sù liào | [쑤 랴오] |

| | | | |
|---|---|---|---|
| 피고 | 被告 | bèi gào | [뻬이 까오] |
| 피곤하다 | 疲乏 | pí fá | [피 프아] |
| 피곤하다 | 困 | kùn | [쿤] |
| 피곤하다 | 疲倦 | pí juàn | [피 쮄] |
| 피동적이다 | 被动 | bèi dòng | [뻬이 똥] |
| 피땀 | 血汗 | xuè hàn | [쉐 한] |
| 피로하다 | 疲劳 | pí láo | [피 라오] |
| 피리 | 笛子 | dí zi | [디 즈] |
| 피면하다 | 避免 | bì miǎn | [삐 몐] |
| 피부 | 皮肤 | pí fū | [피 푸] |
| 피아노 | 钢琴 | gāng qín | [깡 친] |
| 피아노(일반악기) | 琴 | qín | [친] |
| 피우다, 뽑다 | 抽 | chōu | [초우] |
| 피차, 상호 | 彼此 | bǐ cǐ | [비 츠] |
| 피하다, 숨다 방지하다 | 避 | bì | [삐 몐] |
| 피하다, 숨다 | 躲 | duǒ | [둬] |
| 피하다 | 躲避 | duǒ bì | [둬 삐] |
| 필경, 어차피 | 毕竟 | bì jìng | [삐 찡] |
| 필기 | 笔记 | bǐ jì | [비 찌] |
| 필기시험 | 笔试 | bǐ shì | [비 쓰] |
| 필름 | 胶片 | jiāo piàn | [쟈오 폔] |
| 필름 | 胶卷 | jiāo juǎn | [쟈오 줸] |
| 필사적으로 | 拼命 | pīn mìng | [핀 밍] |
| 필수이다 | 必修 | bì xiū | [삐 시우] |
| 필연적이다 | 必然 | bì rán | [삐 란] |
| 필요 없다, 쓸데없다 | 用不着 | yòng bu zháo | [융 부 쟈오] |

| | | | |
|---|---|---|---|
| ☐ 필요로 하다, 요구하다 | **要** | yào | [야오] |
| ☐ 필요로 하다 | **得** | děi | [더이] |
| ☐ 필요하다 | **需** | xū | [쉬] |
| ☐ 필요하다 | **必要** | bì yào | [삐 야오] |
| ☐ 필적 | **笔迹** | bǐ jì | [비 찌] |
| ☐ 핍박하다 | **逼迫** | bī pò | [비 퍼] |

# ㅎ (하)

|  |  |  |  |
|---|---|---|---|
| 해! 껄껄 | 呵 | hē | [허] |
| 하강하다, 낮아지다 | 下降 | xià jiàng | [쌰 쨩] |
| 하급 | 下级 | xià jí | [쌰 지] |
| 하나의, 홀수의 | 单 | dān | [단] |
| 하느님 | 老天爷 | lǎo tiān yé | [라오 톈 예] |
| 하는 김에 | 随手 | suí shǒu | [수이 소우] |
| 하늘 빛 | 天色 | tiān sè | [톈 써] |
| 하늘 | 天 | tiān | [톈] |
| 하늘 | 天空 | tiān kōng | [톈 쿵] |
| 하늘 | 天上 | tiān shàng | [톈 쌍] |
| 하늘과 땅처럼 영원하다 | 天长地久 | tiān cháng dì jiǔ | [톈 창 띠 지우] |
| 하다, 마련하다 | 搞 | gǎo | [가오] |
| 하다, 일하다 | 干 | gàn | [깐] |
| 하다, 제작하다 | 作 | zuò | [쭤] |
| 하달하다 | 下达 | xià dá | [쌰 다] |
| 하드웨어 | 硬件 | yìng jiàn | [잉 쩬] |
| 하루빨리 | 早日 | zǎo rì | [자오 르] |
| 하류 | 下游 | xià yóu | [쌰 유] |
| 하마터면 | 差点儿 | chà diǎnr | [차 뎰] |
| 하물며, 게다가 | 况且 | kuàng qiě | [쾅 쳬] |
| 하물며 | 何况 | hé kuàng | [허 쾅] |
| 하순 | 下旬 | xià xún | [쌰 쒼] |
| 하인 | 仆人 | pú rén | [푸 런] |
| 하지만, 그러나 | 但 | dàn | [딴] |

| | | | |
|---|---|---|---|
| 하찮아 하다, 경멸하다 | 屑 | xiè | [쎄] |
| 하하하 | 哈哈 | hā hā | [하 하] |
| 학과 | 学科 | xué kē | [쉐 커] |
| 학교 가다 | 上学 | shàng xué | [쌍 쉐] |
| 학교 | 学校 | xué xiào | [쉐 샤오] |
| 학교를 세우다 | 办学 | bàn xué | [빤 쉐] |
| 학기 | 学期 | xué qī | [쉐 치] |
| 학년 | 年级 | nián jí | [녠 지] |
| 학년 | 学年 | xué nián | [쉐 녠] |
| 학력 | 学历 | xué lì | [쉐 리] |
| 학문 | 学问 | xué wen | [쉐 원] |
| 학문, 학과, 학교 | 学 | xué | [쉐] |
| 학비 | 学费 | xué fèi | [쉐 페이] |
| 학생 | 学生 | xué shēng | [쉐 성] |
| 학설 | 学说 | xué shūo | [쉐 쉬] |
| 학술 | 学术 | xué shù | [쉐 쑤] |
| 학습 | 学习 | xué xí | [쉐 시] |
| 학업을 마치다 | 结业 | jié yè | [제 예] |
| 학원 | 学院 | xué yuàn | [쉐 웬] |
| 학원생 | 学员 | xué yuán | [쉐 웬] |
| 학위 | 学位 | xué wèi | [쉐 워이] |
| 학자 | 学者 | xué zhě | [쉐 저] |
| 학제 | 学制 | xué zhì | [쉐 쯔] |
| 학파 | 学派 | xué pài | [쉐 파이] |
| 학회, 학술단체 | 学会 | xué huì | [쉐 후이] |
| 한하다 | 限于 | xiàn yú | [쎈 위] |
| 한솥밥 | 大锅饭 | dà guō fàn | [따궈 프안] |

|  |  |  |  |
|---|---|---|---|
| 한 조, 한 세트 | 成套 | chéng tào | [청 타오] |
| 한 가지 뛰어난 재주 | 一技之长 | yí jì zhī cháng | [이 찌 즈 창] |
| 한가하다 | 闲 | xián | [셴] |
| 한간 | 汉奸 | hàn jiān | [한 젠] |
| 한결 같다 | 一定 | yī dìng | [이 띵] |
| 한계, 경계 | 界限 | jiè xiàn | [쩨 쎈] |
| 한곳에 모으다 | 凑合 | còu hé | [초우 허] |
| 한곳으로 밀리다 | 拥挤 | yō jǐ | [융 지] |
| 한나절 | 半天 | bàn tiān | [빤 텐] |
| 한담, 잡담 | 闲话 | xián huà | [셴 화] |
| 한담하다 | 谈天 | tán tiān | [탄 텐] |
| 한담하다 | 聊 | liáo | [랴오] |
| 한담하다 | 聊天儿 | liáo tiānr | [랴오 텔] |
| 한데 모이다 송금하다 | 汇 | huì | [후이] |
| 한도 | 限度 | xiàn dù | [쎈 뚜] |
| 한도, 한계 | 极限 | jí xiàn | [지 쎈] |
| 한랭하다 | 寒冷 | hán lěng | [한 렁] |
| 한바탕, 한동안 | 一阵 | yí zhèn | [이 쩐] |
| 한방의, 한의사 | 中医 | zhōng yī | [중 이] |
| 한번, 한차례 | 一度 | yí dù | [이 뚜] |
| 한숨쉬다, 감탄하다 | 叹 | tàn | [탄] |
| 한숨쉬다, 한숨소리 | 叹气 | tàn qì | [탄 치] |
| 한스럽지 않을 수 없다 유감스럽지 않을 수 없다 | 恨不得 | hèn bu de | [헌 뿌 더] |
| 한어 | 汉语 | hàn yǔ | [한 위] |
| 한자 | 汉字 | hàn zì | [한 쯔] |
| 한자리에 모이다 | 团聚 | tuán yuán | [퇀 웬] |

ㅎ

|  |  |  |  |
|---|---|---|---|
| 한재, 가뭄피해 | 旱灾 | hàn zāi | [한 자이] |
| 한쪽 | 一边 | yì biān | [이 벤] |
| 한쪽, 한옆 | 一旁 | yì páng | [이 팡] |
| 한평생, 일생 | 一辈子 | yí bèi zi | [이 뻬이 즈] |
| 반공격 | 反攻 | fǎn gōng | [판안 궁] |
| 한학 | 汉学 | hàn xué | [한 쉐] |
| 할 능력이 있다 | 能够 | néng gòu | [넝 꼬우] |
| 할 수 있다 | 得以 | dé yǐ | [더 이] |
| 할 수 있다 | 可以 | kě yǐ | [커 이] |
| 할 수 있다 | 能 | néng | [넝] |
| 할 수가 없다 | 不得 | bù dé | [뿌 더] |
| 할머니 | 奶奶 | nǎi nai | [나이 나이] |
| 할머니, 어머님 | 老大娘 | lǎo dà niáng | [라오 따 냥] |
| 할머니, 젖 | 奶 | nǎi | [나이] |
| 할아버지 | 爷爷 | yé ye | [예 예] |
| 할아버지 | 老大爷 | lǎo dà ye | [라오 따 예] |
| 함 수 | 函授 | hán shòu | [한 쏘우] |
| 함, 상자, 곽 | 盒 | hé | [허] |
| 함께 모여 즐기다 | 联欢 | lián huān | [렌 환] |
| 함께 하다 | 同步 | tóng bù | [퉁 뿌] |
| 함께, 같이, 일제히 | 齐 | qí | [치] |
| 함께, 전부, 같이 | 共 | gòng | [꿍] |
| 함께 | 一起 | yì qǐ | [이 치] |
| 함께 | 一块儿 | yí kuàir | [이 콰이얼] |
| 함께 | 一齐 | yì qí | [이 치] |
| 함량 | 含量 | hán liàng | [한 량] |
| 함부로 꾀하다 | 妄图 | wàng tú | [왕 투] |
| 함부로 | 胡乱 | hú luàn | [후 롼] |

320

|  |  |  |  |
|---|---|---|---|
| 함유되다 | 含有 | hán yǒu | [한 유] |
| 함유하다 입에 머금다, 품다, 내포하다 | 含 | hán | [한] |
| 함의 | 涵义 | hán yì | [한 이] |
| 함의 | 含义 | hán yì | [한 이] |
| 합격 | 及格 | jí gé | [지 거] |
| 합격 | 合格 | hé gé | [허 거] |
| 합격하다 | 及格 | jí gé | [지 거] |
| 합격하다 | 合格 | hé gé | [허 거] |
| 합계하다 | 共计 | gòng jì | [꽁 찌] |
| 합금 | 合金 | hé jīn | [허 진] |
| 합동 | 合同 | hé tong | [허 퉁] |
| 합리하다 | 合理 | hé lǐ | [허 리] |
| 합법적이다 | 合法 | hé fǎ | [허 프아] |
| 합병하다 | 合并 | hé bìng | [허 삥] |
| 합영하다 | 合营 | hé yíng | [허 잉] |
| 합성, 합성하다 | 合成 | hé chéng | [허 청] |
| 합자 | 合资 | hé zī | [허 즈] |
| 합작하다 | 合作 | hé zuò | [허 쭤] |
| 합창 | 合唱 | hé chàng | [허 창] |
| 합치다, 취합하다 | 总 | zǒng | [중] |
| 합치다, 통합하다 | 并 | bìng | [삥] |
| 합하다, 닫다 | 合 | hé | [허] |
| 항공 | 航空 | háng kōng | [항 쿵] |
| 항구 | 口岸 | kǒu'àn | [코우 안] |
| 항구, 부두 | 海港 | hǎi gǎng | [하이 강] |
| 항구, 항만 | 港 | gǎng | [강] |

321

| 항구 | 港口 | gǎng kǒu | [강 코우] |
| 항렬 | 行列 | háng liè | [항 례] |
| 항목 | 项目 | xiàng mù | [썅 무] |
| 항선 | 航线 | háng xiàn | [항 쎈] |
| 항성 | 恒星 | héng xīng | [헝 싱] |
| 항아리, 단지, 독 | 缸 | gāng | [강] |
| 항운 | 航运 | háng yùn | [항 윈] |
| 항의, 항의하다 | 抗议 | kàng yì | [캉 이] |
| 항전 | 抗战 | kàng zhàn | [캉 짠] |
| 항해, 항해하다 | 航海 | háng hǎi | [항 하이] |
| 항해를 유도하다 | 导航 | dǎo háng | [다오 항] |
| 항행하다 | 航行 | háng xíng | [항 싱] |
| 해결하다 | 解决 | jiě jué | [제 줴] |
| 해고하다, 추방하다 | 开除 | kāi chú | [카이 추] |
| 해고하다 | 解雇 | jiě gù | [제 꾸] |
| 해군 | 海军 | hǎi jūn | [하이 쥔] |
| 해답하다 | 解答 | jiě dá | [제 다] |
| 해동하다 | 融化 | róng huà | [룽 화] |
| 해롭다, 해치다 | 害 | hài | [하이] |
| 해를 끼치다 | 危害 | wēi hài | [웨이 하이] |
| 해마다 | 连年 | lián nián | [롄 녠] |
| 해면, 수면 | 海面 | hǎi miàn | [하이 몐] |
| 해바라기 꽃 | 葵花 | kuí huā | [쿠이 화] |
| 해바라기 씨, 박씨 | 瓜子 | guā zǐ | [과 즈] |
| 해발 | 海拔 | hǎi bá | [하이 바] |
| 해방 | 解放 | jiě fàng | [팡] |
| 해방군 | 解放军 | jiě fàng jūn | [제 팡 쥔] |
| 해변, 해안 | 海滨 | hǎi bīn | [하이 빈] |

| 해부하다 | 解剖 | jiě pōu | [제 포우] |
| 해산하다 | 解散 | jiě sàn | [제 싼] |
| 해석하다 | 解释 | jiě shì | [제 쓰] |
| 해소하다, 제거하다 | 消除 | xiāo chū | [샤오 추] |
| 해안 | 海岸 | hǎi'àn | [하이 안] |
| 해야 한다 | 该 | gāi | [가이] |
| 해양 | 海洋 | hái yáng | [하이 양] |
| 해외 | 海外 | hǎi wài | [하이 와이] |
| 해충 | 害虫 | hài chóng | [하이 충] |
| 해치다 | 祸害 | huò hài | [훠 하이] |
| 해협 | 海峡 | hǎi xiá | [하이 샤] |
| 핵무기 | 核武器 | hé wǔ qì | [허 우 치] |
| 핵심 | 核心 | hé xīn | [허 신] |
| 햇빛 | 阳光 | yáng guāng | [양 광] |
| 햇수, 여러 해 | 年头儿 | nián tóur | [녠 토우] |
| 행군하다 | 行军 | xíng jūn | [싱 쥔] |
| 행동하다 | 行动 | xíng dòng | [싱 뚱] |
| 행방, 간곳 | 下落 | xià luò | [샤 뤄] |
| 행복 | 幸福 | xìng fú | [씽 푸] |
| 행복하다 | 美好 | měi hǎo | [메이 하오] |
| 행사하다 | 行使 | xíng shǐ | [싱 스] |
| 행성 | 行星 | xíng xīng | [싱 싱] |
| 행실, 거동 | 行径 | xíng jìng | [싱 찡] |
| 행위 | 行为 | xíng wéi | [싱 웨이] |
| 행인 | 行人 | xíng rén | [싱 런] |
| 행정 | 行政 | xíng zhèng | [싱 쩡] |
| 향기 | 香味 | xiāng wèi | [샹 웨이] |
| 향기롭다 | 芬芳 | fēn fāng | [프언 팡] |

|  |  |  |  |
|---|---|---|---|
| 향기롭다 | 香 | xiāng | [샹] |
| 향락하다 | 享乐 | xiǎng lè | [샹 러] |
| 향수 | 享受 | xiǎng shòu | [샹 쏘우] |
| 향유하다 즐기다 | 享有 | xiǎng yǒu | [샹 유] |
| 향촌 | 乡村 | xiāng cūn | [샹 춘] |
| 향촌 | 乡 | xiāng | [샹] |
| 향하다, 편들다 | 向 | xiàng | [썅] |
| 향해서, 대해서 | 冲 | chòng | [충] |
| 허(후회나 놀람) | 咳 | hāi | [하이] |
| 허가증, 면허증 | 执照 | zhí zhào | [즈 짜오] |
| 허가하다, 허락하다 | 容许 | róng xǔ | [룽 쉬] |
| 허가하다 | 许可 | xǔ kě | [쉬 커] |
| 허가하다 | 准许 | zhǔn xǔ | [준 쉬] |
| 허락하다, 승낙하다 | 许 | xǔ | [쉬] |
| 허락하다, 의거하다 | 准 | zhǔn | [준] |
| 허락하다 | 允许 | yǔn xǔ | [윈 쉬] |
| 허리 굽혀 절하다 | 鞠躬 | jū gōng | [쥐 궁] |
| 허리 | 腰 | yāo | [야오] |
| 허비하다, 소모하다 | 耗费 | hào fèi | [하오 페이] |
| 허심하다 | 虚心 | xū xīn | [쉬 신] |
| 허약하다 | 虚 | xū | [쉬] |
| 허용하지 않다 | 不容 | bù róng | [뿌 룽] |
| 허용하지 않다 | 不许 | bù xǔ | [뿌 쉬] |
| 허위 날조하다 | 弄虚作假 | nòng xū zuò jiǎ | [눙 쉬 쭤 쟈] |
| 허위이다 위선적이다 | 虚伪 | xū wěi | [쉬 워이] |
| 허위적이다 | 虚假 | xū jiǎ | [쉬 쟈] |
| 허튼 소리 | 废话 | fèi huà | [페이 화] |

| 허풍을 떨다 | 吹牛 | chuī niú | [추이 뉴] |
| --- | --- | --- | --- |
| 헌법 | 宪法 | xiàn fǎ | [쏀 프아] |
| 헌신하다 | 献身 | xiàn shēn | [쏀 선] |
| 헐겁다, 느슨하다 | 松 | sōng | [숭] |
| 헐떡거리다 숨차다 | 喘 | chuǎn | [촨] |
| 억울하다 | 冤枉 | yuān wàng | [웬 왕] |
| 헛되이, 거저 | 白 | bái | [바이] |
| 헛되이, 공연히 | 干 | gān | [간] |
| 헛되이 거저 | 白白 | bái bái | [바이 바이] |
| 헤엄치다 | 游 | yóu | [유] |
| 혀 | 舌头 | shé tou | [서 토우] |
| 혁명 | 革命 | gé mìng | [거 밍] |
| 혁신 | 革新 | gé xīn | [거 신] |
| 현 행적 | 现行 | xiàn xíng | [쏀 싱] |
| 현(중국 행정구 이름) | 县 | xiàn | [쏀] |
| 현, 활시위 | 弦 | xiá | [샤] |
| 현금 | 现金 | xiàn jīn | [쏀 싱] |
| 현금 | 现钱 | xiàn qián | [쏀 쪤] |
| 현금과 바꾸다 | 兑换 | duì huàn | [뚜이 환] |
| 현금화하다, 이행하다 | 兑现 | duì xiàn | [뚜이 쏀] |
| 현대 | 现代 | xiàn dài | [쏀 따이] |
| 현대화, 현대화 되다 | 现代化 | xiàn dài huà | [쏀 따이 화] |
| 현미경 | 显微镜 | xiǎn wēi jìng | [셴 워이 찡] |
| 현상 | 状况 | zhuàng kuàng | [쫭 쾅] |
| 현상 | 现象 | xiàn xiàng | [쏀 썅] |
| 현실 | 现实 | xiàn shí | [쏀 스] |

ㅎ

325

| 현장 | 现场 | xiàn chǎng | [쎈 창] |
| 현장 | 工地 | gōng dì | [꽁 띠] |
| 현재 | 当前 | dāng qián | [당 쳰] |
| 현재 | 现在 | xiàn zài | [쎈 짜이] |
| 현저하다, 저명하다 | 著 | zhù | [쭈] |
| 현저하다 | 显著 | xiǎn zhù | [셴 쭈] |
| 현지 방송하다, 직접 파종하다 | 直播 | zhí bō | [즈 보] |
| 혈 | 血 | xuě | [쉐] |
| 혈, 소굴, 구멍 | 穴 | xué | [쉐] |
| 혈관 | 血管 | xuè guǎn | [쉐 관] |
| 혈압 | 血压 | xuè yā | [쉐 야] |
| 혈액 | 血液 | xuě yè | [쉐 예] |
| 협곡, 골짜기 | 峡 | xiá | [샤] |
| 협곡 | 峡谷 | xiá gǔ | [샤 구] |
| 협상하다 | 协商 | xié shāng | [셰 상] |
| 협애하다 | 狭隘 | xiá'ài | [샤 아이] |
| 협의 | 协议 | xié yì | [셰 이] |
| 협의하다, 교섭하다 | 磋商 | cuō shāng | [춰 상] |
| 협정 | 协定 | xié dìng | [셰 띵] |
| 협작하다 | 协作 | xié zuò | [셰 쭤] |
| 협조하다 | 协助 | xié zhù | [셰 쭈] |
| 협회 | 协会 | xié huì | [셰 후이] |
| 형 | 兄 | xiōng | [슝] |
| 형님 | 哥哥 | gē gē | [거 거] |
| 형태, 모양 | 形 | xíng | [싱] |
| 형벌, 형구 | 刑 | xíng | [싱] |
| 형법 | 刑法 | xíng fǎ | [싱 프아] |

|  |  |  |  |
|---|---|---|---|
| 형사 | 刑事 | xíng shì | [싱 쓰] |
| 형상 | 形象 | xíng xiàng | [싱 썅] |
| 형성하다 | 形成 | xíng chéng | [싱 청] |
| 형세 | 形势 | xíng shì | [싱 쓰] |
| 형수님 | 嫂子 | sǎo zi | [사오 즈] |
| 형식 | 形式 | xíng shì | [싱 쓰] |
| 형용하다 | 形容 | xíng róng | [싱 룽] |
| 형이상학 | 形而上学 | xíng'ér shàng xué | [싱 얼 쌍 쉐] |
| 형제 | 兄弟 | xiōng dì | [슝 띠] |
| 형제 | 弟兄 | dì xiong | [띠 슝] |
| 형태, 모양 | 形态 | xíng tài | [싱 타이] |
| 형편, 정도 | 地步 | dì bù | [띠 뿌] |
| 형호 | 型号 | xíng hào | [싱 하오] |
| 호감 | 好感 | hǎo gǎn | [하오 간] |
| 호구 | 户口 | hù kǒu | [후 코우] |
| 호기심이 많다 | 好奇 | hào qí | [하오 치] |
| 호두 | 核桃 | hé tāo | [허 타오] |
| 호미, 괭이 | 锄 | chú | [추] |
| 호소하다 요청하다 | 呼吁 | hū yù | [후 위] |
| 호소하다 | 号召 | hào zhào | [하오 짜오] |
| 호수, 늪 | 湖 | hú | [후] |
| 호응하다, 어울리다 | 照应 | zhào ying | [짜오 잉] |
| 호응하다 | 响应 | xiǎng yìng | [샹 잉] |
| 호전되다 | 好转 | hǎo zhuǎn | [하오 좐] |
| 호주 | 澳洲 | ào zhōu | [아오 조우] |
| 호칭 | 号称 | hào chēng | [하오 청] |
| 호칭 | 称呼 | chēng hu | [청 후] |
| 호화롭다 | 豪华 | háo huá | [하오 화] |

| 호흡하다 | 呼 | hū | [후] |
| 큰 소리로 외치다 | | | |
| 호흡하다 | 呼吸 | hū xī | [후 시] |
| 혹시, 아마, 어쩌면 | 或 | huò | [훠] |
| 다른, 딴 | 别 | bié | [볘] |
| 혹시 | 或者 | huò zhě | [훠 저] |
| 아니면, 그래도 | 还是 | hái shì | [하이 쓰] |
| 혹은, 또는 | 或是 | huò shi | [훠 쓰] |
| 혹은, 또는 ~이거나 | 或 | huò | [훠] |
| 혼란스럽다, | 迷 | mí | [미] |
| 미혹되다 | | | |
| 혼란을 야기하다 | 扰乱 | rǎo luàn | [라오 롼] |
| 혼란하다, | 乱 | luàn | [롼] |
| 무질서하다 | | | |
| 혼란하다 | 混乱 | hùn luàn | [훈 롼] |
| 혼미 | 昏迷 | hūn mí | [훈 미] |
| 혼방 | 混纺 | hùn fǎng | [훈 팡] |
| 혼인 | 婚姻 | hūn yīn | [훈 인] |
| 혼잣말로 중얼거리다 | 自言自语 | zì yán zì yǔ | [쯔 옌 쯔 위] |
| 혼탁하다 | 混浊 | hùn zhuó | [훈 줘] |
| 혼합물 | 混合物 | hùn hé wù | [훈 허 우] |
| 혼합하다 섞다 | 混合 | hùn hé | [훈 허] |
| 홀가분하다 | 轻松 | qīng sōng | [칭 쑹] |
| 홀로, 오직 | 单 | dān | [단] |
| 홀로, 혼자 | 独自 | dú zì | [두 쯔] |
| 홀시하다 | 忽视 | hū shì | [후 쓰] |
| 홀아버지, | 光棍儿 | guāng guìr | [광 꾸얼] |
| 남자 독신자 | | | |

| 홍수 | 洪水 | hóng shuǐ | [홍 수이] |
| 홍수를 예방하다 | 防汛 | fáng xùn | [퐝 쒼] |
| 홍차 | 红茶 | hóng chá | [홍 차] |
| 홍콩 화폐 | 港币 | gǎng bì | [강 삐] |
| 화, 재난 | 祸害 | huò hai | [휘 하이] |
| 화, 재앙 | 祸 | huò | [휘] |
| 화가 | 画家 | huà jiā | [화 쟈] |
| 화교 | 华侨 | huá qiáo | [화 챠오] |
| 화내다, 성내다 | 怒 | nù | [누] |
| 화려하다 | 华丽 | huá lì | [화 리] |
| 화력 | 火力 | huǒ lì | [훠 리] |
| 화를 내다, 성질을 내다 | 发脾气 | fā pí qi | [프아 피 치] |
| 화를 내다 | 发火 | fā huǒ | [프아 훠] |
| 화를 내다 | 生气 | shēng qì | [셩 치] |
| 화면 | 画面 | huà miàn | [화 몐] |
| 화목하다 | 和睦 | hé mù | [허 무] |
| 화물, 상품, 물품 | 货 | huò | [훠] |
| 화물 | 货物 | huò wù | [훠 우] |
| 화보 | 画报 | huà bào | [화 빠오] |
| 화산 | 火山 | huǒ shān | [훠 산] |
| 화살 | 箭 | jiàn | [쪤] |
| 화석 | 化石 | huà shí | [화 스] |
| 화약 | 火药 | huǒ yào | [훠 야오] |
| 화염, 불꽃 | 火焰 | huǒ yàn | [훠 옌] |
| 화염하다 | 化验 | huà yàn | [화 옌] |
| 화원 | 花园 | huā yuán | [화 웬] |
| 화장실 | 厕所 | cè suǒ | [처 쉬] |
| 화장하다 | 化妆 | huà zhuāng | [화 쫭] |

|  |  |  |  |
|---|---|---|---|
| 화재 | 火灾 | huǒ zāi | [훠 자이] |
| 성냥 | 火柴 | huǒ chái | [훠 차이] |
| 화제 | 话题 | huà tí | [화 티] |
| 화폐 | 币 | bì | [삐] |
| 화폐 | 货币 | huò bì | [훠 삐] |
| 화학 | 化学 | huà xué | [화 쒜] |
| 화학공업 | 化工 | huà gōng | [화 궁] |
| 화학섬유 | 化纤 | huà xiān | [화 셴] |
| 화합하다 | 化合 | huà hé | [화 허] |
| 화해하다 | 和解 | hé jiě | [허 졔] |
| 확건하다 | 扩建 | kuò jiàn | [쿼 쪤] |
| 확대하다 | 放大 | fàng dà | [팡 따] |
| 확대하다 | 扩大 | kuò dà | [쿼 따] |
| 확립하다 | 确立 | què lì | [쮀 리] |
| 확보하다 | 确保 | què bǎo | [쮀 바오] |
| 확산하다 | 扩散 | kuò sàn | [쿼 싼] |
| 확실하다 | 确切 | què qiè | [쮀 쳬] |
| 확실하다 | 确凿 | què záo | [쮀 자오] |
| 확실히 | 的确 | dí què | [디 쮀] |
| 확실히 | 就是 | jiù shì | [찌우 쓰] |
| 확실히 | 确实 | què shí | [쮀 스] |
| 확인하다 | 确认 | què rèn | [쮀 런] |
| 확장하다 | 扩展 | kuò zǎn | [쿼 잔] |
| 확장하다 | 扩张 | kuò zhāng | [쿼 장] |
| 확정하다 | 确定 | què dìng | [쮀 띵] |
| 확충하다 | 推广 | tuī guǎng | [투이 광] |
| 확확(소리) | 哗哗 | huā huā | [화 화] |
| 환경 | 环境 | huán jìng | [환 찡] |

330

|  |  |  |  |
|---|---|---|---|
| 환등, 슬라이드 | 幻灯 | huàn dēng | [환 떵] |
| 환산하다, 상당하다 | 折合 | zhé hé | [저 허] |
| 환상, 환상하다 | 幻想 | huàn xiǎng | [환 샹] |
| 환송하다 | 欢送 | huān sòng | [환 쏭] |
| 환영하다 | 欢迎 | huān yíng | [환 잉] |
| 환원하다, 복원하다 | 还原 | huán yuán | [환 웬] |
| 환율 | 汇率 | huì lǜ | [후이 뤼] |
| 환자 | 病号 | bìng hào | [삥 하오] |
| 환자 | 患者 | huàn zhě | [환 저] |
| 환절 | 环节 | huán jié | [환 제] |
| 환호하다 | 欢呼 | huān hū | [환 후] |
| 활기 넘치다 | 热闹 | rè nao | [러 나오] |
| 활기차게 발전하다 | 欣欣向荣 | xīn xīn xiàng róng | [신 신 썅 룽] |
| 활동하다 | 活动 | huó dòng | [훠 똥] |
| 활력 | 活力 | huó lì | [훠 리] |
| 활발하다 | 活泼 | huó po | [훠 포] |
| 활발하다 | 活跃 | huó yuè | [훠 웨] |
| 활성화하다 | 搞活 | gǎo huó | [가오 훠] |
| 활주로, 트랙 | 跑道 | pǎo dào | [파오 따오] |
| 떠들석하다 | 吵闹 | chǎo nào | [차오 나오] |
| 활짝 피다 | 盛开 | shèng kāi | [썽 카이] |
| 황금 | 黄金 | huáng jīn | [황 진] |
| 황당하다 | 荒唐 | huāng táng | [황 탕] |
| 황망히 | 慌忙 | huāng máng | [황 망] |
| 황량하다 | 荒凉 | huāng liáng | [황 량] |
| 황무지를 개간하다 | 开垦 | kāi kěn | [카이 컨] |
| 황송합니다, 별 말씀을 다 하십니다 | 不敢当 | bù gǎn dāng | [뿌 간 당] |

ㅎ

|  |  |  |  |
|---|---|---|---|
| 황제 | 皇帝 | huáng dì | [황 띠] |
| 황지 | 荒地 | huāng dì | [황 띠] |
| 황폐하다, 황량하다 | 荒 | huāng | [황] |
| 황혼 | 黄昏 | huáng hūn | [황 훈] |
| 황후 | 皇后 | huáng hòu | [황 호우] |
| 회개하다 | 悔改 | huǐ gǎi | [후이 가이] |
| 회견하다 | 会见 | huì jiàn | [후이 쩬] |
| 회계 | 会计 | huì jì | [후이 찌] |
| 회고하다 | 回顾 | huí gù | [후이 꾸] |
| 회담 | 会谈 | huì tán | [후이 탄] |
| 회답 | 回答 | huí dá | [후이 다] |
| 회동하다 | 会同 | huì tóng | [후이 퉁] |
| 회보, 회보하다 | 汇报 | huì bào | [후이 빠오] |
| 회복되다 | 恢复 | huī fù | [후이 푸] |
| 회사 | 公司 | gōng sī | [궁 스] |
| 회상하다 | 回想 | huí xiǎng | [후이 샹] |
| 회색의, 실망하다 | 灰 | huī | [후이] |
| 회수하다, 취소하다 | 收回 | shōu huí | [소우 후이] |
| 회수하다 | 回收 | huí shōu | [후이 소우] |
| 회신 | 回信 | huí xìn | [후이 신] |
| 회억하다 | 回忆 | huí yì | [후이 이] |
| 회원 | 会员 | huì yuán | [후이 웬] |
| 회의 | 会议 | huì yì | [후이 이] |
| 회의 하다 | 开会 | kāi huì | [카이 후이] |
| 회의에 참가하다 | 与会 | yù huì | [위 후이] |
| 회의장 | 会场 | huì chǎng | [후이 창] |

|  |  |  |  |
|---|---|---|---|
| 회전하다, 구르다 | 滚动 | gǔn dòng | [군 뚱] |
| 회전하다, 돌다 | 旋 | xuán | [쉔] |
| 회피하다 | 回避 | huí bì | [후이 삐] |
| 회화 | 会话 | huì huà | [후이 화] |
| 회화(그림) | 绘画 | huì huà | [후이 화] |
| 획득하다, 수확하다, 붙잡다 | 获 | huò | [훠] |
| 획득하다 | 获取 | huò qǔ | [훠 취] |
| 획득하다 | 获得 | huò dé | [훠 더] |
| 획분하다 | 划分 | huà fēn | [화 프언] |
| 획책하다 | 策划 | cè huà | [처 화] |
| 탐오 | 贪污 | tān wū | [탄 우] |
| 효과 | 效果 | xiào guǒ | [쌰오 궈] |
| 효과를 보다 | 见效 | jiàn xiào | [쪤 쌰오] |
| 효능이 있다 | 功效 | gōng xiào | [궁 쌰오] |
| 효력 | 效力 | xiào lì | [쌰오 리] |
| 효력을 잃다 | 失效 | shī xiào | [스 쌰오] |
| 효력이 생기다 | 生效 | shēng xiào | [셩 쌰오] |
| 효소, 발효 | 酶 | méi | [메이] |
| 효순하다 | 孝顺 | xiào shùn | [쌰오 쑨] |
| 효율 | 效率 | xiào lǜ | [쌰오 뤼] |
| 효익 | 效益 | xiào yì | [쌰오 이] |
| 후과 | 后果 | hòu guǒ | [호우 궈] |
| 후근 | 后勤 | hòu qín | [호우 친] |
| 후기 | 后期 | hòu qī | [호우 치] |
| 후년 | 后年 | hòu nián | [호우 녠] |
| 후대 | 后代 | hòu dài | [호우 따이] |
| 후면, 배후 | 背面 | bèi miàn | [뻬이 몐] |

333

|  |  |  |  |
|---|---|---|---|
| 후방 | 后方 | hòu fāng | [호우 팡] |
| 후보하다 | 候补 | hòu bǔ | [호우 부] |
| 후비다, 새기다 | 抠 | kōu | [코우] |
| 후선인 | 候选人 | hòu xuǎn rén | [호우 쉔 런] |
| 후에 | 后来 | hòu lái | [호우 라이] |
| 후퇴하다 | 后退 | hòu tuì | [호우 투이] |
| 회전하다, 빙빙돌다 | 旋转 | xuán zhuǎn | [쉔 좐] |
| 후회하다, 뉘우치다 | 悔 | huǐ | [후이] |
| 후회하다 | 后悔 | hòu huǐ | [호우 후이] |
| 훈련시키다 | 培训 | péi xùn | [페이 쉰] |
| 훈련하다 | 操练 | cāo liàn | [차오 렌] |
| 훈련하다 | 训练 | xùn liàn | [쉰 렌] |
| 훌륭하다 강하다, 좋다 | 棒 | bàng | [빵] |
| 훌륭하다, 아름답다 | 佳 | jiā | [쟈] |
| 훌륭한 가운데 결함이 있다 | 美中不足 | měi zhōng bù zú | [메이 중 뿌 주] |
| 훑어보다, 관찰하다 | 打量 | dǎ liang | [다 량] |
| 훔치다 | 偷窃 | tōu qiè | [토우 취] |
| 훔치다 | 盗 | dào | [따오] |
| 훔치다 | 偷 | tōu | [토우] |
| 훼멸하다 | 毁灭 | huǐ miè | [후이 메] |
| 세내다 | 租 | zū | [주] |
| 훼손하다 | 毁坏 | huǐ huài | [후이 화이] |
| 쟁반 | 盘 | pán | [프안] |
| 휘날리다 | 飘扬 | piāo yang | [퍄오 양] |
| 휘두르다, 팽개치다 | 甩 | shuǎi | [솨이] |
| 휘두르다 | 抡 | lūn | [룬] |
| 휘발유 | 汽油 | qì yóu | [치 유] |

| 휘젓다 | 搅 | jiǎo | [쟈오] |
| 휘황찬란하다 | 辉煌 | huī huáng | [후이 황] |
| 획획(바람) | 呼 | hū | [후] |
| 획획(소리) | 呼呼 | hū hū | [후 후] |
| 휴가기간, 방학 | 假期 | jià qī | [쨔 치] |
| 휴가를 신청하다 | 请假 | qǐng jià | [칭 쨔] |
| 휴가신청서 | 假条 | jià tiáo | [쨔 탸오] |
| 휴대하다 | 携带 | xié dài | [셰 따이] |
| 휴식하다 | 休息 | xiū xi | [시우 시] |
| 휴양하다 | 休养 | xiū yǎng | [시우 양] |
| 흉 | 匈 | xiōng | [슝] |
| 흉노(중국고대민족) | 匈奴 | xiōngnú | [슝 누] |
| 흉맹스럽다 | 凶猛 | xiōng měng | [슝 멍] |
| 흉악하다, 사악한 | 恶 | è | [어] |
| 흉악하다 | 凶恶 | xiōng'è | [슝 어] |
| 흉터 | 伤痕 | shāng hén | [상 헌] |
| 흉터, 허물 | 疤 | bā | [바] |
| 흉하다 | 难看 | nán kàn | [난 칸] |
| 흉하다 | 凶 | xiōng | [슝] |
| 흐르는 물 | 流水 | liú shuǐ | [리우 수이] |
| 흐르다, 떠돌다 | 流 | liú | [리우] |
| 흐르다 | 流动 | liú dòng | [리우 뚱] |
| 흐리다, 엉큼하다 | 阴 | yīn | [인] |
| 흐린 날 | 阴天 | yīn tiān | [인 톈] |
| 흑백 | 黑白 | hēi bái | [허이 바이] |
| 흔들거리다, 동요하다 | 摇摆 | yáo bǎi | [야오 바이] |
| 흔들거리다 | 摆动 | bǎi dòng | [바이 뚱] |

| 흔들다, 흔들리다 | 晃 | huàng | [황] |
| --- | --- | --- | --- |
| 흔들다 | 晃 | huàng | [황] |
| 흔들다 휘두르다 | 挥 | huī | [후이] |
| 흔들다 | 摇 | yáo | [야오] |
| 흔들다 | 摇晃 | yáo huàng | [야오 황] |
| 흔들리다 어슬렁거리다 | 荡 | dàng | [땅] |
| 흔들리다 요동치다 | 颠簸 | diān bǒ | [뗸 보] |
| 흔적 | 痕迹 | hén jì | [헌 찌] |
| 흔히 있는 일 가정의 일상생활 | 家常 | jiā cháng | [쟈 창] |
| 흙, 진흙 | 泥土 | ní tǔ | [니 투] |
| 흠이 있다, 잔여의 | 残 | cán | [찬] |
| 흡사~와 같다 | 好比 | hǎo bǐ | [하오 비] |
| 흡수하다 | 吸收 | xī shōu | [시 소우] |
| 흡인하다 | 吸引 | xī yǐn | [시 인] |
| 흡독하다 | 吸毒 | xī dú | [시 두] |
| 흡취하다 | 吸取 | xī qǔ | [시 취] |
| 흥기하다 | 兴起 | xīng qǐ | [싱 치] |
| 흥미 진지하다 | 津津有味 | jīn jīn yǒu wèi | [진 진 유 워이] |
| 흥분되다 | 兴奋 | xìng fèn | [씽 프언] |
| 흥성하다 | 兴 | xīng | [싱] |
| 흥취 | 兴趣 | xìng qù | [씽 취] |
| 흥취를 느끼다 흥미를 갖다 | 感兴趣 | gǎn xìng qù | [간 씽 취] |
| 흩다, 분산시키다 | 散 | sǎn | [산] |
| 흩어지게 하다 | 分散 | fēn sàn | [프언 싼] |

| 흩어지다, 배포하다, 없애다 | 散 | sàn | [싼] |
| --- | --- | --- | --- |
| 희귀하다 | 名贵 | míng guì | [밍 꾸이] |
| 희극 | 戏剧 | xì jù | [씨 쮜] |
| 희다 | 白 | bái | [바이] |
| 희롱하다, 가지고 놀다 | 玩弄 | wán nòng | [완 눙] |
| 희롱하다 | 逗 | dòu | [또우] |
| 희망 | 希望 | xī wàng | [시 왕] |
| 희미하다, 혼미하다 | 昏 | hūn | [훈] |
| 희사 | 喜事 | xǐ shì | [시 쓰] |
| 희색, 단순한 야채, 요소 | 素 | sù | [쑤] |
| 희생하다 | 牺牲 | xī shēng | [시 성] |
| 희소식, 기쁜 소식 | 喜讯 | xǐ xùn | [시 쒼] |
| 힐끗 보다 | 瞥 | piē | [폐] |
| 힘내다, 파이팅 | 加油 | jiā yóu | [쟈 유] |
| 힘 | 力气 | lì qi | [리 치] |
| 힘쓰다 | 力争 | lì zhēng | [리 정] |
| 힘 있다, 웅장하다 | 雄壮 | xióng zhuàng | [슝 쫭] |
| 힘, 의욕, 흥미 | 劲 | jìn | [찐] |
| 힘 | 力 | lì | [리] |
| 힘껏, 전력 | 竭力 | jié lì | [제 리] |
| 힘껏, 힘 | 干劲 | gàn jìn | [깐 찐] |
| 힘들다, 피곤하다 | 累 | lèi | [레이] |
| 힘들다, 힘겹다 | 吃力 | chī lì | [츠 리] |
| 힘써 배우다 | 用工 | yòng gōng | [융 궁] |
| 힘써 ~하려고 도모하다 | 力图 | lì tú | [리 투] |

ㅎ

| 힘을 내다 | 用力 | yòng lì | [융 리] |
| 힘을 다하다 | 使劲 | shǐ jìn | [스 찐] |
| 힘을 들이다 애를 쓰다 | 费力 | fèi lì | [페이 리] |

# 부록

| | | | |
|---|---|---|---|
| ☐ 그 다음에 | 之后 | zhī hòu | [즈 호우] |
| ☐ 그 사이에 | 之间 | zhī jiān | [즈 젠] |
| ☐ 그 전에 | 之前 | zhī qián | [즈 첸] |
| ☐ 가지, 건 | 件 | jiàn | [쩬] |
| ☐ 각 | 角 | jiǎo | [쟈오] |
| ☐ 각 | 刻 | kē | [커] |
| ☐ 개비 | 根 | gēn | [건] |
| 개(가늘고 긴 것) | | | |
| ☐ ~과 함께, | 连同 | lián tóng | [롄 퉁] |
| ~과 같이 | | | |
| ☐ ~과, ~와 | 跟 | gēn | [건] |
| ☐ 권 | 卷 | juǎn | [쥬엔] |
| ☐ 권, 본 | 本 | běn | [번] |
| ☐ 그 때에, ~때에 | 当~的时候 | dāng~de shí hou | [당~더 스 호우] |
| ☐ 그 아래에 | 之下 | ~zhī xià | [즈 쌰] |
| ☐ 그 중에 | 之中 | ~zhī zhōng | [즈 중] |
| ☐ 그것으로 말하자면 | 拿~来说 | ná~lái shuō | [나 라이 쉬] |
| ~에 의하면 | | | |
| ☐ 그램(g) | 克 | kē | [커] |
| ☐ 그렇다면~ | 的话 | de huà | [더 화] |
| ☐ 그렇지 않으면 | 要不是 | yào bu shì | [야오 부 쓰] |
| 그렇지 않았더라면 | | | |
| ☐ 그렇지 않으면 | 要不然 | yào bu rán | [야오 부 란] |
| ☐ 그루 | 棵 | kē | [커] |

339

|  |  |  |  |
|---|---|---|---|
| 기, 학기 | 期 | qī | [치] |
| ~까지, ~에 이르러 | 至 | zhì | [쯔] |
| ~까지 | 为止 | wéi zhǐ | [위이 즈] |
| ~까지 | 止 | zhǐ | [즈] |
| ~까지도, 심지어 | 甚至于 | shèn zhì yú | [썬 쯔 위] |
| 꿰미, ~줄 | 串 | chuàn | [촨] |
| 끼(식사) | 顿 | dùn | [뚠] |
| 년, ~세 | 岁 | suì | [쑤이] |
| 당하다, ~에게 | 被 | bèi | [뻬이] |
| ~대해서 말한다면, ~에 말하면 | 对~来说 | duì~lái shuō | [뚜이~라이 쉬] |
| 더미 | 堆 | duī | [두이] |
| 덩이, 조각, 원 | 块 | kuài | [콰이] |
| ~도 못하다 | 不至于 | bú zhì yú | [부 쯔 위] |
| 동, ~좌, ~하나 | 座 | zuò | [쭤] |
| 될 수 있다 | 好说 | hǎo shuō | [하오 쉬] |
| 두다, 설치하다 마음에 품다 | 安 | ān | [안] |
| ~에 따라서, ~을 본 따서 | 随着 | suí zhe | [수이 저] |
| 때(사건 발생시간) | 当 | dāng | [당] |
| 때, 때에 이르러 | 等到 | děng dào | [덩 또우] |
| ~때문에, ~으로써, ~에 | 由 | yóu | [요우] |
| 떨어져 있다 ~사이에 | 距 | jù | [쮜] |
| ~라 부르다 | 叫做 | jiào zuò | [쨔오 쮜] |
| ~라 할지라도 | 尽管 | jìn guǎn | [찐 관] |

|  |  |  |  |
|---|---|---|---|
| ~라고는 할 수 없다 | 不见得 | bú jiàn de | [부 쪤 더] |
| ~라면 | 假定 | jiǎ dìng | [쟈 띵] |
| ~랑 ~도, ~하고 ~하면서 | 连~带~ | lián~dài~ | [롄 따이] |
| 량(차량) | 辆 | liàng | [량] |
| ~로 되게 하다 | 养成 | yǎng chéng | [양 청] |
| ~로 되다 | 成为 | chéng wéi | [청 웨이] |
| ~로 말하면 ~에 대해 말하더라도 | 至于 | zhì yú | [쯔 위] |
| ~로 여기다 | 当作 | dāng zuò | [당 쭤] |
| ~로 하다 | 作为 | zuò wéi | [쭤 웨이] |
| ~로, ~쪽으로 | 往 | wǎng | [왕] |
| ~를 따르다 | 沿 | yán | [옌] |
| ~를 위주로 하다 | 为首 | wéi shǒu | [웨이 소우] |
| ~를 위하여 | 为了 | wèi le | [웨이 러] |
| ~를 잡다(물고기) | 捕捞 | bǔ lāo | [뿌 라오] |
| 마디, 일부분 | 节 | jié | [졔] |
| 마침 | 好在 | hǎo zài | [하오 짜이] |
| 말할 것도 없고 | 别说 | bié shuō | [볘 숴] |
| 매우~하다 | ~得很~ | de hěn | [더 헌] |
| 면, 개 | 面 | miàn | [몐] |
| 몫 | 笔 | bǐ | [비] |
| ~못 하다, ~않다 | 莫 | mò | [모] |
| 무 | 亩 | mǔ | [무] |
| 무더기 | 摊 | tān | [탄] |
| 뭉치, 덩어리 | 团 | tuán | [퇀] |
| 방울, 물방울 | 滴 | dī | [디] |
| 번, 회 | 遍 | biàn | [뼨] |

|  |  |  |  |
|---|---|---|---|
| 벌, 쌍, 조 | 副 | fù | [푸] |
| ~보면, 말하자면 | ~来看(来讲)~ | ~lái kàn(lái jiǎng)~ | [라이 칸(라이 쟝)] |
| 본, 책 | 本 | běn | [번] |
| ~부터 | 从 | cóng | [충] |
| 분 | 位 | wèi | [웨이] |
| 분의~ | ~分之 | ~fēn zhī | [펀 즈] |
| ~뿐만 아니라 | 不光 | bù guāng | [뿌 꽝] |
| ~뿐만 아니라 | 不单 | bù dān | [뿌 단] |
| ~뿐만 아니라 | 不只 | bù zhǐ | [뿌 즈] |
| 세대, 또래 | 辈 | bèi | [뻬이] |
| 세트, 부 | 份 | fèn | [펀] |
| 세트, 벌, 조 | 套 | tào | [토우] |
| 쌍 | 双 | shuāng | [쏴앙] |
| ~아니면 ~이다 | 不是~就是 | bú shì~jiùshì | [부쓰~찌우 쓰] |
| ~아닌, 없었던 | 不曾 | bù céng | [뿌 청] |
| ~않았다, ~없다 | 没 | méi | [메이] |
| 알, 톨, 발 | 粒 | lì | [리] |
| ~에 관하여 ~에 의하면 | 就 | jiù | [찌우] |
| ~에 까지 | 到~为止 | dào~wéi zhǐ | [따오~웨이 즈] |
| ~에 능숙하다 | 善于 | shàn yú | [싼 위] |
| ~에 따라, ~로 | 以 | yǐ | [이] |
| ~에 따라 | 鉴于 | jiàn yú | [쪤 위] |
| ~에 따라서 | 如 | rú | [루] |
| ~에 맞다 | 合乎 | hé hū | [허 후] |

|  |  |  |  |
|---|---|---|---|
| ~에 부끄럽지 않다 | 不愧 | bú kuì | [부 쿠이] |
| ~에 비하여, ~보다 도 | 比 | bǐ | [비] |
| ~에 위치하다 | 位于 | wèi yú | [웨이 위] |
| ~에 의하다, ~으로 여기다 | 本着 | běn zhe | [번 저] |
| ~에 의하여, ~하게 하다 | 叫 | jiào | [짜오] |
| ~에 이르다 | 直到 | zhí dào | [즈 따오] |
| ~에 있다 | 在于 | zài yú | [짜이 위] |
| ~에 충성하다 | 忠于 | zhōng yú | [중 위] |
| ~에, ~에 대한 | 对 | duì | [뚜이] |
| ~에, ~에게, ~로부터 | 于 | yú | [위] |
| ~에, ~에서 | 在 | zài | [짜이] |
| ~에게, ~을 위하여 | 为 | wèi | [웨이] |
| ~에게, ~을 향하여 | 给 | gěi | [게이] |
| ~에도 막론하고 | 别管 | bié guǎn | [볘 관] |
| ~에서 출발하다 | 从~出发 | cóng~chū fā | [충~추 프아] |
| ~에서, ~까지 | 一~就 | yī~jiù | [이~찌우] |
| ~에서, ~로부터 | 离 | lí | [리] |
| ~에서부터~ | 从~起 | cóng~qǐ | [충~치] |
| ~와 같다, ~에 미치다 | 如 | rú | [루] |
| ~와 같다 | 犹如 | yóu rú | [유 루] |
| ~와 같다 | ~似的~ | ~shì de~ | [쓰~더] |
| ~와 같다 | 等于 | děng yú | [덩 위] |

| | | | |
|---|---|---|---|
| ☐ ~와 같다 | **好象** | hǎo xiàng | [하오 쌍] |
| ☐ ~와 같은 | **般** | bān | [반] |
| ☐ ~와(과) | **与** | yǔ | [위] |
| ☐ ~와, ~과<br>~함께, ~마찬가지로 | **同** | tóng | [퉁] |
| ☐ ~와 | **和** | hé | [허] |
| ☐ ~위에 | **~之上** | ~zhī shàng | [~즈 쌍] |
| ☐ ~원 | **元** | yuán | [웬] |
| ☐ ~으로 향하다 | **朝** | cháo | [초우] |
| ☐ ~으로, ~로써<br>~을, ~를 | **将** | jiāng | [쟝] |
| ☐ ~으로부터,<br>~이래로 | **打** | dǎ | [다] |
| ☐ ~으로써, ~가지고 | **拿** | ná | [나] |
| ☐ ~을 기한으로 하다 | **为期** | wéi qī | [워이 치] |
| ☐ ~을 따르다<br>~에 비추다 | **依照** | yīzhào | [이 짜오] |
| ☐ ~을 막론하고,<br>~든지 | **不论** | bù lùn | [부 룬] |
| ☐ ~을 수록<br>~하면 할수록 더 | **越~越~** | yuè~yuè~ | [웨~웨~] |
| ☐ ~을 수록 | **愈~愈~** | yù~yù~ | [위~위~] |
| ☐ ~을 잡다,<br>~으로 만들다 | **据** | jù | [쮜] |
| ☐ ~을 제외하고 | **除** | chú | [추] |
| ☐ 더 한층<br>점점 | **越来越~**<br>yuè lái yuè~ | | [웨 라이 웨] |
| ☐ ~을 주다, | **予以** | yǔ yǐ | [위 이] |

344

| | | | |
|---|---|---|---|
| ☐ ~을 향하여 | 往 | wǎng | [왕] |
| ☐ ~을 향하여 | 照 | zhào | [짜오] |
| ~대로 | | | |
| ☐ ~을(에) 따라서 | 顺 | shùn | [쑨] |
| ☐ ~와 같은 | ~之类~ | ~zhī lèi~ | [~즈 레이~] |
| ☐ ~의 신분으로 | 作为 | zuò wéi | [쭤 웨이] |
| ☐ ~의 안쪽 | ~之内~ | zhī nèi | [~즈 네이~] |
| ☐ ~의 | 之 | zhī | [즈] |
| ☐ ~의 하나이다 | ~之一~ | zhī yi | [~즈 이~] |
| ☐ ~이 되다 | 当 | dāng | [당] |
| ☐ ~이다 | 乃 | nǎi | [나이] |
| ☐ ~이다(동사의 강조) | 是 | shì | [쓰] |
| ☐ ~이라도 | 就是 | jiù shì | [찌우 쓰] |
| ☐ ~이르게 하다 | 致使 | zhì shǐ | [쯔 스] |
| ☐ ~이와 동시에 | 与此同时 | yǔ cǐ tóng shí | [위 츠 퉁 스] |
| ☐ ~이외, 이 밖에 | ~之外 | ~zhī wài | [~즈 와이] |
| ☐ ~이지만~ | 虽说 | suī shuō | [스웨이 쉬] |
| 비록 ~일지라도 | | | |
| ☐ ~일 뿐이다 | 而已 | ér yǐ | [얼 이] |
| ☐ ~일지라도 | 纵然 | zòng rán | [쭝 란] |
| ☐ 자 | 尺 | chǐ | [츠] |
| ☐ 자루 | 袋 | dài | [따이] |
| ☐ 자루, 대, 자루 | 枝 | zhī | [즈] |
| ☐ 잔, 컵 | 杯 | bēi | [베이] |
| ☐ 장 | 张 | zhāng | [장] |
| ☐ 접시, 쟁반 | 盘 | pán | [프안] |
| ☐ 정(꼭대기 있는 물건) | 顶 | dǐng | [딩] |

345

|  |  |  |  |
|---|---|---|---|
| ~정도에 | 至于 | zhī yú | [쯔 위] |
| 조각, 알, 편 | 片 | piàn | [펜] |
| ~조차, ~가지도 | 尚且 | shàng qiě | [쌍 체] |
| ~조차도, ~까지도 | 连~都(也) | lián~dōu(yě) | [~렌~도우(예)] |
| ~조차도, ~마저 | 甚至 | shèn zhì | [썬쯔] |
| ~조차도 ~못하다 | 甚而至于 | shèn'er zhì yú | [썬 얼 쯔 위] |
| 좋지 않다 | 不宜 | bù yí | [뿌 이] |
| 줄 | 排 | pái | [파이] |
| 줄, 열 | 列 | liè | [레] |
| 주식, 허벅다리 | 股 | gǔ | [구] |
| ~지 모르다 | 不定 | bú dìng | [부 띵] |
| 집, 채 | 家 | jiā | [쟈] |
| 차 | 次 | cì | [츠] |
| 채, 소 | 所 | suǒ | [쉐] |
| 책 | 册 | cè | [처] |
| ~처하다 | 处于 | chǔ yú | [추 위] |
| ~처럼, ~와 같이 | 像 | xiàng | [썅] |
| 척 | 艘 | sōu | [소우] |
| 촌 | 寸 | cùn | [춘] |
| 층 | 层 | céng | [청] |
| 칸 | 间 | jiān | [젠] |
| 크다 | 大于 | dà yú | [따 위] |
| 타다, 이용하다 | 趁 | chèn | [천] |
| 톤 | 吨 | dūn | [둔] |
| 통, 봉지 | 封 | fēng | [펑] |
| 파운드 | 磅 | bàng | [빵] |

|  |  |  |  |
|---|---|---|---|
| 패 | 伙 | huǒ | [훠] |
| 페이지 | 页 | yè | [예] |
| 편 | 篇 | piān | [펜] |
| 편, 대 | 台 | tái | [타이] |
| 필(말) | 匹 | pǐ | [피] |
| ~하게 되다, ~하는 | 所 | suǒ | [쉬] |
| ~하게 하다 / ~을 시키다 | 令 | lìng | [링] |
| ~하게 하다 / ~한 결과를 낳다 | 使得 | shǐ de | [스 더] |
| ~하게 하다 / ~하도록 재촉하다 | 促使 | cù shǐ | [추 스] |
| ~하게 해주다 | 随 | suí | [스 웨이] |
| ~하고 ~하다 / ~할 뿐만 아니라 또한 | 既~又~ | jì~yòu~ | [찌~유우] |
| ~하기 보다는 / ~하느니 차라리 | 与其 | yǔ qí | [위 치] |
| ~하기 어렵다 | 难以 | nán yǐ | [난 이] |
| ~하기 원하다 / ~여기다 | 乐意 | lè yì | [러 이] |
| ~하기만 하면 / 오직 ~이라면 | 只要 | zhǐ yào | [즈~요우] |
| ~하는 김에 | 顺便 | shùn biàn | [쑨 삐엔] |
| ~하는 김에 | 趁 | chèn | [천] |
| ~하도록, ~하기 위하여 | 以便 | yǐ biàn | [이 삐엔] |
| ~하든지 / ~하든지, ~혹은 | 要不 | yào bù | [야오 뿌] |

|  |  |  |  |
|---|---|---|---|
| ~하든지~하든지 그렇지 않으면 | 要么 | yào me | [야오 머] |
| ~하려 하다 | 要 | yào | [야오] |
| ~하려고 하다 | 愿 | yuàn | [웬] |
| ~하면, ~하다 | 则 | zé | [저] |
| ~하면서, ~하다 | 且 | qiě | [체] |
| ~하면서, ~하다 | 边~边~ | biān~biān~ | [볜~볜~] |
| ~하여도 | 任凭 | rèn píng | [런 핑] |
| ~하자, ~곧 | 一~也 | yī~yě | [이~예] |
| ~하면서, ~일면 | 一边~一边 | yí biàn~yí biàn~ | [이 뼨~이 뼨] |
| ~하지 말라 | 不要 | bú yào | [부 요우] |
| ~하지 말라 | 不必 | bú bì | [부 삐] |
| ~하지 않기 위해 ~을 피하기 위해 | 免得 | miǎn dé | [몐 더] |
| ~하지 않기 위해 ~하지 않도록 | 省得 | shěng de | [성 더] |
| ~하지 않도록 ~않기 위해서 | 以免 | yǐ miǎn | [이 몐] |
| ~하지 않으면 안된다 | 不可 | bù kě | [뿌 커] |
| ~하지 않을 수 없다 | 忍不住 | rěn bu zhù | [런 부 쭈] |
| ~한 이상은, ~또한 | 既 | jì | [찌] |
| ~한번 | 下 | xià | [쌰] |
| ~할 가치가 있다 | 值 | zhí | [즈] |
| ~할 길이 없다 | 无从 | wú cóng | [우 충] |
| ~할 방법이 없다 | 无法 | wú fǎ | [우 프아] |
| ~할 뿐만 아니라 또한 | 除了~以外, chú le~yǐ wài | | [추러 ~이 와이] |

| | | | |
|---|---|---|---|
| ▫ ~할 생각이 있다 | 有意 | yǒu yì | [유우 이] |
| ▫ ~할 수 있다<br>~할 만하다 | 可 | kě | [커] |
| ▫ ~할 줄 알다 | 会 | huì | [훼이] |
| ▫ ~할 지언즉, 역시 | 就是~也~<br>jiù shì~yě | | [찌우쓰~예~] |
| ▫ ~할 차례다, 빚지다 | 该 | gāi | [가이] |
| ▫ ~할 필요없다 | 甭 | béng | [벙] |
| ▫ ~합하여<br>~을 포함시켜 | 连 | lián | [렌] |
| ▫ ~항목 | 项 | xiàng | [썅] |
| ▫ ~해를 끼치다<br>~할 수 있다 | 害 | hài | [하이] |
| ▫ ~해야만 | 只有 | zhǐ yǒu | [즈 유우] |
| ▫ 헥타르 | 公顷 | gōng qǐng | [궁 칭] |
| ▫ 호 | 号 | hào | [하오] |
| ▫ 회 | 回 | huí | [훼이] |
| ▫ 회, 번, 차 | 场 | chǎng | [창] |
| ▫ 회, 차, 도 | 度 | dù | [뚜] |
| ▫ 회기(계) | 届 | jiè | [쩨] |
| ▫ 후에 | 过 | guò | [꿔] |
| ▫ ~에 따라<br>~에 비추어 | 按照 | àn zhào | [안 쪼우] |
| ▫ ~에서, ~부터 | 自从 | zì cóng | [쯔 추웅] |
| ▫ ~을 통하여<br>~에 의하여 | 通过 | tōng guò | [퉁 꿔] |
| ▫ ~때문에<br>~로 인하여 | 由于 | yóu yú | [유우 위] |

349

| | | | |
|---|---|---|---|
| ☐ ~에 지나지 않다 | **不过** | bú guò | [부 꿔] |
| ☐ 옆에, 옆 | **靠** | kào | [카오] |
| ☐ ~에 대하여 | **关于** | guān yú | [관 위] |

■ 숫자

| | | | |
|---|---|---|---|
| ☐ 1, 일 | **壹(一)** | yī | [이] |
| ☐ 2, 이, 둘 | **贰(二)** | èr | [얼] |
| ☐ 3, 삼, 셋 | **叁(三)** | sān | [산] |
| ☐ 4, 사 | **肆(四)** | sì | [쓰] |
| ☐ 5, 오 | **伍(五)** | wǔ | [우] |
| ☐ 6, 육 | **陆(六)** | liù | [리우] |
| ☐ 7, 칠 | **柒(七)** | qī | [치] |
| ☐ 8, 팔 | **捌(八)** | bā | [바] |
| ☐ 9, 구 | **玖(九)** | jiǔ | [지우] |
| ☐ 10, 십 | **拾(十)** | shí | [스] |

■ 기본회화

| | | |
|---|---|---|
| 요즈음 어떻게 지내세요? | **你最近好嗎?** | [니선티하오마] |
| 잘 지내고 있어요. | **我身体好** | [선티헌하오] |
| 잘 쉬셨습니까? | **休息得好吗** | [슈시더하오마] |
| 오랜만입니다. | **好久不见** | [하오지우부지앤] |
| 축하합니다. | **祝贺你** | [쭈허니] |
| 너무좋습니다. | **太好了** | [타이하오러] |
| 처음뵙겠습니다. | **初次見面** | [추츠쪤몐] |
| 네. | **是** | [쓰] |

| | | |
|---|---|---|
| ☐ 좋아요. | **可以** | [허이] |
| ☐ 좋습니다. | **好** | [하오] |
| ☐ 훌륭해요. | **太好了** | [타이하오러] |
| ☐ 아뇨. | **不是** | [부쓰] |
| ☐ 아뇨 괜찮습니다. | **不用了** | [부용러] |
| ☐ 몇시입니까? | **几点了** | [지댄러] |
| ☐ 10시입니다. | **十点** | [스댄] |
| ☐ 모두 얼마 입니까? | **总共是多少?** | [쭝꿍스사오첸] |
| ☐ 나는 한국인입니다. | **我是韓國人** | [워쓰한궈런] |
| ☐ 안녕하세요. | **再見** | [짜이젠] |

| | | |
|---|---|---|
| ☐ 나는 당신을 사랑합니다. | **我爱你** | [워아이니] |
| ☐ 무얼 드시겠습니까? | **您要什么** | [닌야오선머] |
| ☐ 잠깐 기다려주세요. | **稍等一下.** | [샤오 덩 이시아] |
| ☐ 먼저가세요. | **淸先走** | [칭셴조우] |
| ☐ 몇사람? | **几位** | [지워이] |
| ☐ 몇 개? | **几个** | [지꺼] |
| ☐ 그럴 필요가 없습니다. | **不必了** | [부삐러] |
| ☐ 새해 복많이 받으세요. | **新年好** | [신녠하오] |
| ☐ 안녕하세요. | **你好/您好** | [니하오] |
| ☐ 감사합니다. | **謝謝** | [쎄세] |

| | | |
|---|---|---|
| ☐ 아가씨. | 小姐 | [샤오제] |
| ☐ 냉수. | 冰水 | [삥수이] |
| ☐ 미안합니다. | 對不起 | [뚸이부치] |
| ☐ 얼마입니까? | 多少錢 | [둬사오첸] |
| ☐ 날씨가 좋군요. | 天气也很好嗎 | [탄티헌하오마] |
| ☐ 날씨가 흐리군요. | 天阴了 | [탼인러] |
| ☐ 많이 먹었습니다. | 吃了不少。 | [츨말뿌샤] |
| ☐ 말좀 물읍시다. | 清河 | [칭원] |

Chinese-Korean Dictionary

스피드
중한 中韓
기초단어
사전

中国语
韩国语

# 차 례

| | |
|---|---|
| A_a | 3 |
| B_b | 6 |
| C_c | 26 |
| D_d | 47 |
| E_e | 69 |
| F_f | 71 |
| G_g | 84 |
| H_h | 104 |
| J_j | 120 |
| K_k | 147 |
| L_l | 156 |
| M_m | 172 |
| N_n | 183 |
| O_o | 190 |
| P_p | 191 |
| Q_q | 200 |
| R_r | 214 |
| S_s | 220 |
| T_t | 247 |
| W_w | 261 |
| X_x | 272 |
| Y_y | 291 |
| Z_z | 316 |

# A_a

- ā 啊 [아] 오!
- Ā lā bō wén 阿拉伯文 [아라보원] 아랍문
- Ā lā bō yǔ 阿拉伯语 [아라보위] 아랍어
- ā yí 阿姨 [아이] 아주머니, 보모
- āi 哎 [아이] 의아하거나 불만을 나타 날 때
- āi 挨 [아이] 가까이 가다, 달라붙다, 차례를 따르다
- ǎi 矮 [아이] 키 작다, 낮다
- ài 爱 [아이] 사랑하다
- ài hào 爱好 [아이 하오] 애호하다
- ài hào 爱好 [아이 하오] 취미
- ài hù 爱护 [아이 후] 애호하다
- ài qíng 爱情 [아이 칭] 애정
- ài rén 爱人 [아이 런] 애인, 처
- āi yā 哎呀 [아이 야] 아이고
- àn 暗 [안] 어둡다
- àn 岸 [안] 언덕, 강기슭
- àn 按 [안] 누르다, ~에 따라서
- ān jìng 安静 [안 찡] 안정적이다
- ān pái 安排 [안 파이] 안배하다
- ān quán 安全 [안 췐] 안전하다
- àn shí 按时 [안 스] 제때에
- ān wèi 安慰 [안 워이] 위안하다
- ān xīn 安心 [안 신] 안심하다

3

| | | | |
|---|---|---|---|
| ☐ àn zhào | 按照 | [안 쪼우] | ~에 따라, ~에 비추어 |
| ☐ āi | 唉 | [아이] | 예 (대답) |
| ☐ ái | 癌 | [아이] | 암 |
| ☐ ài dài | 爱戴 | [아이 따이] | 추대하다, 애대하다 |
| ☐ āi dào | 哀掉 | [아이 따오] | 애도하다 |
| ☐ āi jí | 埃及 | [아이 지] | 이집트(애급) |
| ☐ ài miàn zi | 爱面子 | [아이 몐 즈] | 체면을 차리다 |
| ☐ āi qiú | 哀求 | [아이 치유] | 애걸하다 |
| ☐ ài shì | 碍事 | [아이 쓰] | 거치적거리다, 방해되다 |
| ☐ ài xī | 爱惜 | [아이 시] | 아낌, 애석함 |
| ☐ āi yō | 哎哟 | [아이 요] | 에이, 어 |
| ☐ ài zī bìng | 艾滋病 | [아이 즈 삥] | 에이즈 |
| ☐ àn' àn | 暗暗 | [안 안] | 슬며시, 몰래 |
| ☐ ān | 安 | [안] | 안정하다, 편안히 안정시키다 |
| ☐ àn | 案 | [안] | 사건, 공문, 제안 |
| ☐ ān | 安 | [안] | ~두다, 설치하다 마음에 품다 |
| ☐ àn dàn | 暗淡 | [안 딴] | 암담하다 |
| ☐ ān dìng | 安定 | [안 띵] | 안정하다 |
| ☐ ān dìng | 安定 | [안 띵] | 안정시키다 |
| ☐ àn jiàn | 案件 | [안 쪤] | 안건 |
| ☐ àn láo fēn pèi | 按劳分配 | [안 라오 프언 페이] | 노동에 따라 분배하다 |
| ☐ ān níng | 安宁 | [안 닝] | 안정되다 |
| ☐ àn qī | 按期 | [안 치] | 제때에, 기한대로 |
| ☐ àn qíng | 案情 | [안 칭] | 사건 내용, 경위 |
| ☐ ān quán gǎn | 安全感 | [안 췐 간] | 안전감 |

| | | | |
|---|---|---|---|
| àn shā | 暗杀 [안 사] | 암살하다 | |
| àn shì | 暗示 [안 쓰] | 암시하다 | |
| ān wěn | 安稳 [안 원] | 평온하다 | |
| ān xiáng | 安详 [안 샹] | 점잖다 | |
| ān zhì | 安置 [안 쯔] | 안치하다 | |
| àn zhōng | 暗中 [안 중] | 암중, 암암리 | |
| ān zhuāng | 安装 [안 쫭] | 설치하다, 가설하다 | |
| áng guì | 昂贵 [앙 꾸이] | 매우 비싸다 | |
| áng yáng | 昂扬 [앙 양] | 앙양되다 | |
| āo | 凹 [아오] | 오목하다 | |
| ǎo | 袄 [아오] | 저고리(중국) | |
| áo | 熬 [아오] | 끓이다, 달이다 | |
| | | 참고 견디다 | |
| ào mì | 奥秘 [아오 미] | 신비 | |
| ào zhōu | 澳洲 [아오 조우] | 호주 | |

A_a

# B_b

| | | |
|---|---|---|
| ☐ bà | 坝 [빠] | 댐, 제방 |
| ☐ bà | 罢 [빠] | 그만두다, 끝냄 |
| ☐ bá | 拔 [바] | 뽑다 |
| ☐ bā | 扒 [바] | 벗기다, 허물다, 붙잡다 |
| ☐ bā | 疤 | 흉터, 허물 |
| ☐ bǎ | 把 [바] | 쥐다, (소변을) 누이다<br>장악하다, 지키다 |
| ☐ ba | 吧 [바] | 문장 끝에서 청이나 명령을 나타낸다 (문장 휴지) |
| ☐ bā | 捌(八) [바] | 8, 팔 |
| ☐ bǎ | 把 [바] | 자루가 있는 가구에 쓰임 |
| ☐ bà ba | 爸爸 [빠 바] | 아빠 |
| ☐ bǎ bǐng | 把柄 [바 빙] | 손잡이 |
| ☐ bà dào | 霸道 [빠 따오] | 패도적이다 |
| ☐ bà gōng | 罢工 [빠 궁] | 파업을 하다 |
| ☐ bǎ guān | 把关 [바 관] | 엄밀히 점검하다<br>관문을 지키다 |
| ☐ bā jie | 巴结 [바 제] | 아첨하다, 환심을 사다 |
| ☐ bā lěi wǔ | 芭蕾舞 [바 레이 우] | 발레 |
| ☐ bà quán | 霸权 [빠 췐] | 패권 |
| ☐ bǎ shou | 把手 [바 소우] | 손잡이 |
| ☐ bǎ wò | 把握 [바 워] | 자신, 확신 |
| ☐ bǎ wò | 把握 [바 워] | 쥐다, 장악하다, 파악하다 |
| ☐ bǎ xì | 把戏 [바 씨] | 속임수, 수작 |

| | | | |
|---|---|---|---|
| ☐ bà zhàn | 霸占 [빠 짠] | 점령하다 | |
| ☐ bǎ | 把 [바] | 목적어를 동사 앞에 전치사 킬 때 ~을(를) | |
| ☐ bái | 白 [바이] | 희다 | |
| ☐ bái | 白 [바이] | 헛되이, 거저 | |
| ☐ bǎi | 摆 [바이] | 배열하다 | |
| ☐ bài | 拜 [바이] | (예절의 경우) 배 | |
| ☐ bài | 败 [빠이] | 패배하다 | |
| ☐ bāi | 掰 [바이] | 물건을 쪼개다, 까다 | |
| ☐ bái bái | 白白 [바이 바이] | 헛되이 거저 | |
| ☐ bǎi bèi | 百倍 [바이 뻬이] | 백배하다 | |
| ☐ bái cài | 白菜 [바이 차이] | 배추 | |
| ☐ bǎi dòng | 摆动 [바이 뚱] | 흔들거리다 | |
| ☐ bài fǎng | 拜访 [빠이 팡] | 예방하다, 방문하다 | |
| ☐ bǎi fēn bǐ | 百分比 [바이 프언 비] | 백분비 | |
| ☐ bǎi huā qí fàng | 百花齐放 [바이 화 치 팡] | 백화제방 (중국) | |
| ☐ bài huài | 败坏 [빠이 화이] | 손상시키다 나쁘다 | |
| ☐ bài huì | 拜会 [빠이 후이] | 방문하다, 뵙다 | |
| ☐ bǎi huò | 百货 [바이 훠] | 백화 (상품) | |
| ☐ bǎi jiā zhēng míng | 百家争鸣 [바이 쟈 정 밍] | 백가쟁명 (중국) | |
| ☐ bái jiǔ | 白酒 [바이 지우] | 소주 (백주) | |
| ☐ bài nián | 拜年 [빠이 녠] | 세배하다 | |
| ☐ bǎi shù | 柏树 [바이 쑤] | 측백나무 | |
| ☐ bái tiān | 白天 [바이 텐] | 낮 | |
| ☐ bǎi tuō | 摆脱 [바이 퉈] | 벗어나다 | |

B_b

| | | | |
|---|---|---|---|
| ☐ bàn | 瓣 [빤] | 꽃잎, 파편, 판막 |
| ☐ bàn | 伴 [빤] | 료, 동반자 |
| ☐ bàn | 扮 [빤] | 분장하다, 얼굴표정을 짓다 |
| ☐ bān | 扳 [반] | 잡아당기다, 비틀다 |
| ☐ bān | 般 [반] | ~와 같은 |
| ☐ bān | 搬 [반] | 옮기다 |
| ☐ bǎn | 板 [반] | 널판자 |
| ☐ bàn | 办 [빤] | 처리하다, 창설하다, 준비하다 |
| ☐ bān | 斑 [반] | 얼룩, 반점 |
| ☐ bàn | 半 [빤] | 반, 절반 |
| ☐ bàn | 拌 [빤] | 버무리다 |
| ☐ bàn biān tiān | 半边天 [빤 벤 텐] | 하늘의 한 부문<br>사회의 한 부문 |
| ☐ bān bù | 颁布 [반 뿌] | 반포하다 |
| ☐ bàn dǎo | 半岛 [빤 다오] | 반도 |
| ☐ bàn dǎo tǐ | 半导体 [빤 다오 티] | 반도체 |
| ☐ bàn fǎ | 办法 [빤 프아] | 방법 |
| ☐ bān fā | 颁发 [반 프아] | 수여하다, 하달하다 |
| ☐ bàn gōng | 办公 [빤 궁] | 공무를 보다 |
| ☐ bàn gōng shì | 办公室 [빤 궁 쓰] | 사무실 |
| ☐ bān jī | 班机 [반 지] | 정상운행기(편도) |
| ☐ bàn jié | 半截 [빤 제] | 절반, 중도 |
| ☐ bàn jìng | 半径 [빤 찡] | 반경 |
| ☐ bàn lǐ | 办理 [빤 리] | 처리하다, 취급하다 |
| ☐ bàn lǚ | 伴侣 [빤 뤼] | 반려, 동반자 |
| ☐ bàn lù | 半路 [빤 루] | 도중 |
| ☐ bàn shì | 办事 [빤 쓰] | 일을 보다 |
| ☐ bàn shù | 半数 [빤 쑤] | 반수 |

| | | | |
|---|---|---|---|
| bàn suí | 伴随 [빤 수이] | 동반하다 |
| bàn tiān | 半天 [빤 텐] | 한나절 |
| bàn tú ér fèi | 半途而废 [빤 투얼 페이] | 중도에서 그만두다 |
| bàn xué | 办学 [빤 쉐] | 학교를 세우다 |
| bàn yǎn | 扮演 [빤 옌] | 출연하다 |
| bàn yè | 半夜 [빤 예] | 심야 |
| bān yùn | 搬运 [반 윈] | 운송하다 |
| bān zhǎng | 班长 [반 장] | 반장 |
| bàn zhēn bàn jiǎ | 半真半假 [빤 전 빤 쟈] | 진실치 못하다 |
| bàn zòu | 伴奏 [빤 쪼우] | 반주하다 |
| bǎng | 绑 [방] | 묶다, 결박하다 |
| bàng | 棒 [빵] | 훌륭하다, 강하다, 좋다 |
| bāng | 帮 [방] | 돕다 |
| bàng | 棒 [빵] | 막대기, 곤봉 |
| bàng | 磅 [빵] | ~파운드 |
| bāng | 帮 [방] | 집단, 가장자리, 결사 |
| bǎng jià | 绑架 [방 쨔] | 유괴하다, 납치하다 |
| bāng máng | 帮忙 [방 망] | 일손 돕다 |
| bàng qiú | 棒球 | 야구 |
| bàng wǎn | 傍晚 [빵 완] | 저녁 |
| bǎng yàng | 榜样 [방 양] | 본보기 |
| bāng zhù | 帮助 [방 쭈] | 방조하다 |
| bǎo | 饱 [바오] | 실컷, 족히 |
| bāo | 剥 [바오] | 벗기다, 까다, 바르다 |
| bāo | 包 [바오] | 포, 갑, 봉지 |
| bāo | 包 [바오] | 싸다 |

| | | | |
|---|---|---|---|
| ☐ bǎo | 宝 [바오] | | 보배 |
| ☐ bǎo | 饱 [바오] | | 배부르다, 속이 차다 |
| ☐ bào | 报 [빠오] | | 알리다, 보답하다 |
| ☐ bào | 爆 [빠오] | | 폭발하다 |
| ☐ bǎo | 保 [바오] | | 보호하다, 보증하다 |
| ☐ bāo bàn | 包办 [바오 빤] | | 도맡아 하다 |
| ☐ bǎo bèi | 宝贝 [바오 뻬이] | | 보배 |
| ☐ bǎo chí | 保持 [바오 츠] | | 유지하다 |
| ☐ bào chóu | 报仇 [빠오 초우] | | 복수를 하다 |
| ☐ bào chou | 报酬 [빠오 초우] | | 보수, 사례금 |
| ☐ bǎo cún | 保存 [바오 춘] | | 보존하다 |
| ☐ bào dá | 报答 [빠오 다] | | 보답하다 |
| ☐ bào dào | 报道 [빠오 따오] | | 등록하다, 도착하다 |
| ☐ bào dào | 报道 [빠오 따오] | | 보도하다 |
| ☐ bào dòng | 暴动 [빠오 뚱] | | 폭동이다 |
| ☐ bào fā | 爆发 [빠오 프아] | | 폭발하다 |
| ☐ bào fēng zhòu yǔ | 暴风骤雨 [빠오 펑 쪼우 위] | | 폭풍취우 |
| ☐ bào fù | 抱负 [빠오 프우] | | 포부 (꿈) |
| ☐ bāo fu | 包袱 [바오 푸] | | 보따리 |
| ☐ bào fù | 报复 [빠오 푸] | | 보복, 복복하다 |
| ☐ bāo gānr | 包干儿 [바오 간얼] | | 일을 책임지고 맡다 |
| ☐ bào gào | 报告 [빠오 까오] | | 보고 |
| ☐ bǎo guǎn | 保管 [바오 관] | | 보관, 보관하다 |
| ☐ bǎo guì | 宝贵 [바오 꾸이] | | 보귀하다 |
| ☐ bāo hán | 包含 [바오 한] | | 포함하다 |
| ☐ bǎo hé | 饱和 [바오 허] | | 포화되다 |
| ☐ bǎo hu | 保护 [바오 후] | | 보호하다 |

| | | | |
|---|---|---|---|
| bǎo jiàn | 宝剑 [바오 쩬] | | 보검 |
| bǎo jiàn | 保建 [바오 쩬] | | 보건하다 |
| bào kān | 报刊 [빠오 칸] | | 간행물 |
| bào kǎo | 报考 [빠오 카오] | | 시험에 응시하다 |
| bǎo kù | 宝库 [바오 쿠] | | 보물창고 |
| bāo kuò | 包括 [바오 쿼] | | 포괄하다 |
| bǎo lěi | 堡垒 [바오 레이] | | 보루 |
| bào lì | 暴力 [빠오 리] | | 폭력 |
| bǎo liú | 保留 [바오 리우] | | 보류하다 |
| bào lù | 暴露 [빠오 루] | | 폭로하다 |
| bǎo mǎn | 饱满 [바오 만] | | 포만하다, 왕성하다 |
| bǎo mì | 保密 [바오 미] | | 비밀을 지키다 |
| bào míng | 报名 [빠오 밍] | | 신청을 하다 |
| bǎo mǔ | 保姆 [바오 무] | | 보모 |
| bào pò | 爆破 [빠오 퍼] | | 폭파하다 |
| bào qiàn | 抱歉 [빠오 첸] | | 미안하다 |
| bào shè | 报社 [빠오 써] | | 신문사 |
| bǎo shí | 宝石 [바오 스] | | 보석 |
| bǎo shǒu | 保守 [바오 소우] | | 지키다, 고수하다 |
| bǎo shǒu | 保守 [바오 소우] | | 보수적이다 |
| bāo wéi | 包围 [바오 워이] | | 포위하다 |
| bǎo wèi | 保卫 [바오 워이] | | 보위하다 |
| bǎo wēn | 保温 [바오 원] | | 보온하다 |
| bǎo xiǎn | 保险 [바오 셴] | | 보험 |
| bǎo xiǎn | 保险 [바오 셴] | | 안전하다 |
| bào xiāo | 报销 [빠오 샤오] | | 결산받다, 없애다 |
| bǎo yǎng | 保养 [바오 양] | | 보양하다, 부양하다 |
| bào yǔ | 暴雨 [빠오 위] | | 폭우 |

B_b

| | | | |
|---|---|---|---|
| ☐ bào yuàn | 抱怨 | [빠오 웬] | 원망하다 |
| ☐ bào zhà | 爆炸 | [빠오 짜] | 작렬하다 |
| ☐ bǎo zhàng | 保障 | [바오 짱] | 보장, 보장하다 |
| ☐ bǎo zhèng | 保证 | [바오 쩡] | 보증하다 |
| ☐ bǎo zhì | 致 | [바오 쯔] | 야기하다, 유발하다 |
| ☐ bào zhǐ | 报纸 | [빠오 즈] | 신문지 |
| ☐ bǎo zhòng | 保重 | [바오 쫑] | 몸조심하다 |
| ☐ bào zhú | 爆竹 | [빠오 주] | 폭죽 |
| ☐ bāo zhuāng | 包装 | [빠오 좡] | 포장하다 |
| ☐ báo zi | 雹子 | [바오 즈] | 우박 |
| ☐ bāo zi | 包子 | [빠오 즈] | 만두 |
| ☐ bāo | 包 | [바오] | 보자기, 봉지, 꾸러미 |
| ☐ bào | 报 | [빠오] | 신문, 소식, 전보 |
| ☐ bào | 抱 | [빠오] | 안다, 싸다 |
| ☐ báo | 薄 | [바오] | 야박하다, 경미하다 |
| ☐ bēi'āi | 悲哀 | [베이 아이] | 슬프다, 애통하다 |
| ☐ bēi | 碑 | [베이] | 비석, 비 |
| ☐ bèi | 背 | [뻬이] | 업다, 지다 |
| ☐ bēi | 杯 | [베이] | 컵, 잔 |
| ☐ bèi | 辈 | [뻬이] | 무리, 또래, 세대 |
| ☐ běi | 北 | [베이] | 북(쪽) |
| ☐ bèi | 倍 | [뻬이] | 배 |
| ☐ bēi bāo | 背包 | [베이 바오] | 배낭, 침낭 |
| ☐ bēi bǐ | 卑鄙 | [베이 비] | 비열하다 |
| ☐ běi bian | 北边 | [베이 벤] | 북쪽 |
| ☐ běi bù | 北部 | [베이 뿌] | 북부 |
| ☐ bēi cǎn | 悲惨 | [베이 찬] | 비참하다 |
| ☐ bèi dòng | 被动 | [뻬이 똥] | 피동적이다 |

| | | | |
|---|---|---|---|
| běi fāng | 北方 | [베이 징] | 북방 |
| bēi fèn | 悲愤 | [베이 프언] | 슬프고 분하다 |
| bèi gào | 被告 | [뻬이 까오] | 피고 |
| bēi guān | 悲观 | [베이 관] | 비관하다 |
| bèi hòu | 背后 | [뻬이 호우] | 배후 |
| bèi jǐng | 背景 | [뻬이 징] | 배경 |
| bēi jù | 悲剧 | [베이 쥐] | 비극 |
| bèi ké | 贝壳 | [뻬이 커] | 조개껍질 |
| bèi miàn | 背面 | [뻬이 몐] | 후면, 배면 |
| běi miàn | 北面 | [베이 몐] | 북쪽 |
| bèi pàn | 背叛 | [뻬이 프안] | 배반하다 |
| bèi pò | 被迫 | [뻬이 풔] | 강요를 당하다 |
| bēi shāng | 悲伤 | [베이 상] | 슬프고 마음이 쓰리다 |
| bèi shù | 倍数 | [뻬이 쑤] | 배수 |
| bèi sòng | 背诵 | [뻬이 쏭] | 암송하다 |
| bēi tòng | 悲痛 | [베이 퉁] | 비통하다 |
| bèi xīn | 背心 | [뻬이 신] | 러닝셔츠 |
| bèi yòng | 备用 | [뻬이 융] | 비축하다, 예비해두다 |
| bēi zi | 杯子 | [베이 즈] | 컵 |
| bèi zi | 被子 | [뻬이 즈] | 이불 |
| bēi | 杯 | [베이] | ~잔, ~컵 |
| bèi | 背 | [뻬이] | 등, 뒤, 안쪽 |
| bèi | 被 | [뻬이] | ~당하다, ~에게 |
| bèi | 辈 | [뻬이] | ~세대, ~또래 |
| bēn | 奔 | [번] | 달리다 |
| běn | 本 | [번] | 근본, 책, 밑천 |
| bēn | 奔 | [번] | 내달리다 |
| běn | 本 | [번] | 책 (본) |

B_b

| | | |
|---|---|---|
| ☐ běn | **本** [번] | 본래의, 원래의 |
| ☐ běn | **本** [번] | ~본, ~책 |
| ☐ běn | **本** [번] | ~권~본 |
| ☐ bēn chí | **奔驰** [번 츠] | 내달리다, 질주하다 |
| ☐ bèn dàn | **笨蛋** [뻔 딴] | 바보, 멍청이 |
| ☐ běn lái | **本来** [번 라이] | 본래의 |
| ☐ běn lǐng | **本领** [번 링] | 본령 |
| ☐ běn néng | **本能** [번 능] | 본능 |
| ☐ bēn pǎo | **奔跑** [번 파오] | 빨리 뛰다 |
| ☐ běn qián | **本钱** [번 첸] | 본전 |
| ☐ běn rén | **本人** [번 런] | 본인, 그 자신 |
| ☐ běn shēn | **本身** [번 선] | 그 자신, 본신 |
| ☐ běn shì | **本事** [번 쓰] | 능력 |
| ☐ bēn téng | **奔腾** [번 텅] | 질주하다, 끓어오르다 |
| ☐ běn xìng | **本性** [번 씽] | 본성 |
| ☐ běn zhe | **本着** [번 저] | ~에 의하다, ~여기다 |
| ☐ běn zhì | **本质** [번 쯔] | 본질 |
| ☐ bèn zhòng | **笨重** [뻔 쭝] | 육중하다 |
| ☐ bèn zhuō | **笨拙** [뻔 쥐] | 서툴다, 우둔하다 |
| ☐ běn zi | **本子** [번 즈] | 공책 |
| ☐ bèn | **笨** [뻔] | 우둔하다, 서투르다, 어리석다 |
| ☐ bèng | **蹦** [뻥] | 뛰어오르다 |
| ☐ béng | **甭** [벙] | ~할 필요 없다 |
| ☐ bēng dài | **绷带** [벙 따이] | 붕대 |
| ☐ bēng kuì | **崩溃** [벙 쿠이] | 붕괴되다, 파산하다 |
| ☐ bēng | **绷** [벙] | 갑자기 튀어오르다 |
| ☐ bì | **臂** [삐] | 팔, 상박 |
| ☐ bì | **币** [삐] | 화폐 |

B_b

| | | | |
|---|---|---|---|
| bì | 壁 [삐] | | 벽, 담 |
| bǐ | 笔 [비] | | 붓, 필획 |
| bì | 避 [삐 멘] | | 피하다, 숨다, 방지하다 |
| bǐ | 比 [비] | | ~에 비하여, ~보다 도 |
| bǐ | 彼 [비] | | 그것, 저것, 그, 상대방 |
| bì | 必 [삐] | | 반드시, 꼭, 틀림없이 |
| bì | 闭 [삐] | | 닫다, 다물다, 막히다 |
| bī | 逼 [비] | | 강박하다, 독촉하다, 핍박하다 |
| bǐ | 比 [비] | | 비교하다, 겨루다 |
| bǐ | 笔 [비] | | ~묶 |
| bì bìng | 弊病 [삐 삥] | | 폐해, 폐단 |
| bǐ cǐ | 彼此 [비 츠] | | 피차, 상호 |
| bì dìng | 必定 [삐 띵] | | 꼭, 반드시 |
| bì duān | 弊端 [삐 똰] | | 폐단 |
| bǐ fāng | 比方 [비 팡] | | 비유 |
| bǐ fēn | 比分 [비 프언] | | 득점 |
| bǐ jì | 笔迹 [비 찌] | | 필적 |
| bǐ jì | 笔记 [비 찌] | | 필기 |
| bǐ jià | 比价 [비 쨔] | | 비교가격 |
| bì jiāng | 必将 [비 쟝] | | 틀림없이, ~할 것이다 |
| bǐ jiào | 比较 [비 쨔오] | | 비교적 |
| bǐ jiào | 比较 [비 쨔오] | | 비교하다 |
| bī jìn | 逼近 [비 찐] | | 바싹 접근하다 |
| bì jìng | 毕竟 [삐 찡] | | 필경, 어차피 |
| bǐ lì | 比例 [비 리] | | 비례 |
| bì lǜ | 碧绿 [삐 뤼] | | 검푸르다 |
| bì miǎn | 避免 [삐 멘] | | 피면하다 |
| bì mù | 闭幕 [삐 무] | | 폐막되었다 |

| | | | |
|---|---|---|---|
| bì mù shì | 闭幕式 | [삐 무 쓰] | 폐막식 |
| bī pò | 逼迫 | [비 퍼] | 핍박하다 |
| bì rán | 必然 | [삐 란] | 필연적이다 |
| bǐ rú | 比如 | [비 루] | 예를 들다 |
| bǐ sài | 比赛 | [비 싸이] | 시합하다 |
| bì sè | 闭塞 | [삐 써] | 막히다 |
| bǐ shì | 笔试 | [비 쓰] | 필기시험 |
| bí tì | 鼻涕 | [비 티] | 콧물 |
| bì xiū | 必修 | [삐 시우] | 필수이다 |
| bì xū | 必须 | [삐 쉬] | 반드시 |
| bì xū | 必须 | [삐 쉬] | 반드시 해야 한다 |
| bì yào | 必要 | [삐 야오] | 필요하다 |
| bì yè | 毕业 | [삐 예] | 졸업을 하다 |
| bǐ yù | 比喻 | [비 위] | 비유하다 |
| bǐ yù | 比喻 | [비 위] | 비유 |
| bǐ zhí | 笔直 | [비 즈] | 똑바르다, 매우 곧다 |
| bǐ zhòng | 比重 | [비 쫑] | 비중 |
| bí zi | 鼻子 | [비 즈] | 코 |
| biàn | 遍 | [뻰] | 두루, 널리 |
| biān | 边 | [뻰] | 가장자리, 변경, 한계 |
| biàn | 便 | [삐] | 곧, 즉, 바로 |
| biǎn | 扁 | [삐] | 납작하다, 평평하다 |
| biàn | 便 | [삐] | 편리하다 |
| biàn | 便 | [삐] | 비록, ~일지라도 |
| biàn | 变 | [삐] | 변하다 |
| biān | 遍 | [삐] | 두루, 온통 |
| biàn | 编 | [뻰] | 엮다, 편집하다, 꾸미다 |
| biàn | 遍 | [삐] | ~번, 회 |

| | | | |
|---|---|---|---|
| ☐ biàn bié | 辨别 [삐에 베] | 분간하다 |
| ☐ biān cè | 鞭策 [삔 처] | 말채찍, 채찍질하다 |
| ☐ biàn chéng | 变成 [삐엔 청] | 변화시키다 |
| ☐ biàn dào | 便道 [삐엔 따오] | 지름길, 인도 |
| ☐ biǎn dī | 贬低 [볜 디] | 얕잡아보다 |
| ☐ biàn dì | 遍地 [삐엔 띠] | 도처에, 곳곳에 |
| ☐ biàn dòng | 变动 [삐엔 뚱] | 변동, 변동하다 |
| ☐ biān fáng | 边防 [볜 팡] | 변방 |
| ☐ biàn gé | 变革 [삐엔 거] | 변혁, 변혁하다 |
| ☐ biàn gēng | 变更 [삐엔 겅] | 변경하다 |
| ☐ biān hào | 编号 [볜 하오] | 일련번호 |
| ☐ biàn hù | 辩护 [삐엔 후] | 변호하다 |
| ☐ biàn huà | 变化 [삐엔 화] | 변화하다 |
| ☐ biàn huàn | 变换 [삐엔 환] | 변환하다 |
| ☐ biān jí | 编辑 [볜 지] | 편집, 편집하다 |
| ☐ biān jiāng | 边疆 [볜 쟝] | 변강 |
| ☐ biàn jiě | 辩解 [삐엔 제] | 변명하다 |
| ☐ biān jiè | 边界 [볜 쩨] | 변계 |
| ☐ biān jìng | 边境 [볜 찡] | 변경 |
| ☐ biàn lì | 便利 [삐엔 리] | 편리하다 |
| ☐ biàn lùn | 辩论 [삐엔 론] | 변론, 논쟁, 변론하다 논쟁하다 |
| ☐ biān pào | 鞭炮 [볜 파오] | 폭죽 |
| ☐ biàn qiān | 变迁 [삐엔 첸] | 변천 |
| ☐ biàn rèn | 辨认 [삐엔 런] | 분별하다, 식별하다 |
| ☐ biàn tiáo | 便条 [삐엔 탸오] | 쪽지 |
| ☐ biàn xíng | 变形 [삐엔 싱] | 변형되다 |
| ☐ biǎn yì | 贬义 [볜 이] | 부정의 의미 |

B_b

| | | | |
|---|---|---|---|
| ☐ biàn yú | 便于 [삐 위] | | 편리하다 |
| ☐ biān yuán | 边缘 [삐 웬] | | 모서리, 주변 |
| ☐ biān zhě'àn | 编者按 [삐엔 저 안] | | 편집자의 말 |
| ☐ biàn zhèng | 辩证 [삐엔 쩡] | | 변증법적이다 |
| ☐ biàn zhèng | 辩证 [삐엔 쩡] | | 변증하다 |
| ☐ biàn zhèng fǎ | 辩证法 [삐엔 쩡 프아] | | 변증법 |
| ☐ biān zhì | 编制 [삐엔 쯔] | | 편제 |
| ☐ biǎn zhí | 贬值 [삐엔 즈] | | 평가절하하다 |
| ☐ biàn zhì | 变质 [삐엔 쯔] | | 변질하다 |
| ☐ biān zhì | 编制 [삐엔 쯔] | | 엮다, 편성하다 |
| ☐ biān zi | 鞭子 [삐엔 즈] | | 채찍 |
| ☐ biàn zi | 辫子 [삐엔 즈] | | 땋은 머리 |
| ☐ biān biān | 边边 [삐엔 삐엔] | | ~하면서, ~하다 |
| ☐ biāo | 标 [뱌오] | | 표지, 기호 |
| ☐ biāo | 标 [뱌오] | | 표시하다, 입찰하다 |
| ☐ biǎo | 表 [뱌오] | | 겉, 본보기, 표, 시계 |
| ☐ biāo běn | 标本 [뱌오 번] | | 표본 |
| ☐ biǎo dá | 表达 [뱌오 다] | | 표달하다 |
| ☐ biāo diǎn | 标点 [뱌오 뎬] | | 구두점 |
| ☐ biǎo miàn | 表面 [뱌오 몐] | | 표면 |
| ☐ biǎo míng | 表明 [뱌오 밍] | | 밝히다 |
| ☐ biǎo qíng | 表情 [뱌오 칭] | | 표정 |
| ☐ biǎo shì | 表示 [뱌오 쓰] | | 표시하다 |
| ☐ biāo tí | 标题 [뱌오 티] | | 표제 |
| ☐ biǎo xiàn | 表现 [뱌오 셴] | | 표현 |
| ☐ biǎo yǎn | 表演 [뱌오 옌] | | 공연하다 |
| ☐ biǎo yáng | 表扬 [뱌오 양] | | 표양하다 |
| ☐ biāo yǔ | 标语 [뱌오 위] | | 표어, 플래카드 |

| | | | |
|---|---|---|---|
| biǎo zhāng | 表彰 [뱌오 장] | 표창하다 |
| biāo zhì | 标志 [뱌오 즈] | 표지, 상징 |
| biāo zhì | 标志 [뱌오 쯔] | 명시하다, 상징하다 |
| biāo zhǔn | 标准 [뱌오 준] | 표준 |
| biē | 憋 [볘] | (대소변을) 참다, 숨막히다 |
| bié | 别 [볘] | 구별하다, 꽂다 |
| bié | 别 [볘] | 딴, 다른 |
| bié chù | 别处 [볘 추] | 다른 곳 |
| bié de | 别的 [볘 더] | 다른 것 |
| bié guǎn | 别管 [볘 관] | 상관하지말라 |
| biè niu | 别扭 [뼤 뉴] | 어색하다, 괴팍하다 |
| bié rén | 别人 [볘 런] | 다른 사람 |
| bié shuō | 别说 [볘 쉬] | ~말할 것도 없고 |
| bié zì | 别字 [볘 쯔] | 오자 |
| bīn guǎn | 宾馆 [빈 관] | 영빈관 |
| bǐng | 饼 [빙] | 구운 납작한 떡 |
| bīng | 兵 [빙] | 사병, 병 |
| bǐng | 丙 [빙] | 병, 셋째 |
| bǐng | 柄 [빙] | 자루, 줄기, 대 |
| bìng | 病 [삥] | 병, 질병 |
| bìng | 并 [삥] | 합치다, 통합하다 |
| bìng | 并 [삥] | 그리고, 또 |
| bìng | 病 [삥] | 앓다, 아프다 |
| bìng chóng hài | 病虫害 [삥 충 하이] | 병충해 |
| bìng chuáng | 病床 [삥 촹] | 병상 |
| bìng cún | 并存 [삥 춘] | 병존하다 |
| bìng dú | 病毒 [삥 두] | 병독 |
| bìng fáng | 病房 [삥 팡] | 병실 |

| | | | |
|---|---|---|---|
| ☐ bǐng gān | 饼干 [빙 간] | 과자 |
| ☐ bīng gùr | 冰棍儿 [빙 꿀] | 아이스케이크 |
| ☐ bìng hào | 病号 [삥 하오] | 환자 |
| ☐ bīng ji líng | 冰淇淋 [빙 치 링] | 아이스크린 |
| ☐ bìng jūn | 病菌 [삥 쥔] | 병균 |
| ☐ bìng liè | 并列 [삥 레] | 병렬하다 |
| ☐ bìng pái | 并排 [삥 파이] | 나란히 열을 짓다 |
| ☐ bīng qī líng | 冰淇淋 [삥 치 링] | 아이스크림 |
| ☐ bìng qiě | 并且 [삥 체] | 뿐만 아니라 |
| ☐ bìng qíng | 病情 [삥 칭] | 병세 |
| ☐ bìng rén | 病人 [삥 런] | 병인 |
| ☐ bīng xiāng | 冰箱 [빙 샹] | 냉장고 |
| ☐ bǐng xìng | 秉性 [빙 씽] | 성격 |
| ☐ bīng | 冰 [빙] | 얼음 |
| ☐ bìng | 并 [삥] | 동시에, 나란히, 함께 |
| ☐ bō | 拨 [보] | 돌리다, 따돌리다 |
| ☐ bō | 播 [보] | 파종하다, 전파하다 |
| ☐ bó bó | 伯伯 [보 보] | 큰 아버지 |
| ☐ bō cài | 菠菜 [보 차이] | 시금치 |
| ☐ bó chì | 驳斥 [보 츠] | 반박하다, 논박하다 |
| ☐ bō dòng | 波动 [보 똥] | 곡선변동을 하다 |
| ☐ bó dòu | 搏斗 [보 또우] | 박투하다 |
| ☐ bō fàng | 播放 [보 팡] | 방송하다 |
| ☐ bó fù | 伯父 [보 프우] | 큰 아버지 |
| ☐ bō kuǎn | 拨款 [보 콴] | 자금을 조달하다 |
| ☐ bó lǎn huì | 博览会 [보 란 후이] | 박람회 |
| ☐ bō làng | 波浪 [보 랑] | 파도, 물결 |
| ☐ bō lí | 玻璃 [보 리] | 유리 |

| | | | |
|---|---|---|---|
| bó mó | 薄膜 | [보 뭐] | 얇은 막, 필름 |
| bó mǔ | 伯母 | [보 무] | 큰어머니 |
| bó ruò | 薄弱 | [보 뤄] | 박약하다 |
| bó shì | 博士 | [보 쓰] | 박사 |
| bō sòng | 播送 | [보 쏭] | 방송하다 |
| bō tāo | 波涛 | [보 타오] | 파도 |
| bó wù guǎn | 博物馆 | [보우 관] | 박물관 |
| bō xuē | 剥削 | [보 쉐] | 착취 |
| bō yīn | 播音 | [보 인] | 방송하다 |
| bō zhòng | 播种 | [보 쭝] | 파종하다 |
| bó zi | 脖子 | [보우 즈] | 목 |
| bù'ān | 不安 | [뿌 안] | 불안하다 |
| bǔ | 卜 | [부] | 예측하다, 고르다 |
| bù | 埠 | [뿌] | 부두, 고장 |
| bǔ | 补 | [부] | 보충하다, 깁다, 보양하다 |
| bǔ | 捕 | [부] | 붙잡다, 체포하다 |
| bù | 布 | [뿌] | 천, 헝겊 |
| bù | 步 | [뿌] | 걸음, 단계, 상태 |
| bù | 不 | [뿌] | (부정문에 사용) ~않다 |
| bù bēi bù kàng | 不卑不亢 | [뿌 베이 뿌 캉] | 비굴하지도 거만하지도 않다 |
| bù bǐ | 不比 | [뿌 비] | 비할 수 없다, 같지 않다 |
| bú bì | 不必 | [부 삐] | ~하지 말라 |
| bù bīng | 步兵 | [뿌 빙] | 보병 |
| bù céng | 不曾 | [뿌 청] | ~아닌, 없었던 |
| bǔ cháng | 补偿 | [부 창] | 보상하다 |
| bǔ chōng | 补充 | [부 충] | 보충하다 |
| bù cí ér bié | 不辞而别 | [뿌 츠 얼 베] | 아무 말 없이 떠나다 |

| | | | |
|---|---|---|---|
| bú cuò | **不错** [부 춰] | 괜찮다 |
| bú dà | **不大** [부 따] | 지나치지 않는 |
| bù dān | **不单** [뿌 딴] | …에 그치지 않다 |
| bú dàn | **不但** [부 딴] | 뿐만 아니라 |
| bú dàng | **不当** [부 땅] | 부당하다, 타당치 않다 |
| bù dé | **不得** [뿌 더] | 할 수가 없다 |
| bù dé bù | **不得不** [뿌 더 뿌] | 부득불 어찌할 수 없다 |
| bù dé liǎo | **不得了** [뿌 더 랴오] | 대단하다, 매우 심하다 |
| bù dé liǎo | **不得了** [뿌 더 료우] | 저런! 야단났네! |
| bù dé yǐ | **不得已** [뿌 더 이] | 부득이 하다, 하는 수 없이 |
| bù děng | **不等** [뿌 덩] | 기다리지 않다 |
| bú dìng | **不定** [부 띵] | ~지 모르다 |
| bú duàn | **不断** [부 똰] | 부단히 |
| bù duì | **部队** [뿌 뚜이] | 부대 (군대) |
| bú duì | **不对** [부 뚜이] | 틀리다, 맞지 않다 |
| bù fá | **步伐** [뿌 프아] | 보조, 걸음걸이 |
| bù fǎ | **不法** [뿌 프아] | 불법적이다 |
| bù fáng | **不妨** [뿌 팡] | 무방한데, 괜찮은데 |
| bù fen | **部分** [뿌 펀] | 부분 |
| bù gǎn dāng | **不敢当** [뿌 간 당] | 황송합니다, 별 말씀을 다 하십니다 |
| bù gào | **布告** [뿌 까오] | 포고 |
| bù gōng | **不公** [뿌 궁] | 불공평하다 |
| bú gòu | **不够** [부 꼬우] | 부족하다, 모자라다 |
| bú gù | **不顾** [부 꾸] | 돌보지 않다 고려하지 않다 |
| bù guǎn | **不管** [뿌 관] | 관계하다 |
| bù guāng | **不光** [뿌 광] | ~뿐만 아니라 |
| bú guò | **不过** [부 꿔] | 그런데, 단지 |

22

| | | | |
|---|---|---|---|
| bú guò | 不过 [부 꿔] | ~에 지나지 않다 |
| bù hǎo yì si | 不好意思 [뿌 하오 이 스] | 부끄러워하다, 죄송하다 |
| bù jiàn | 部件 [뿌 쪤] | 부품(조립) |
| bú jiàn | 不见 [부 쪤] | 보이지 않다 |
| bú jiàn de | 不见得 [부 쪤 더] | ~라고는 할 수 없다 |
| bù jiě | 不解 [뿌 제] | 이해가 안 가다 |
| bù jīn | 不禁 [부 찐] | 참지 못하다 |
| bù jǐn | 不仅 [부 진] | 뿐만 아니라 |
| bǔ jiù | 补救 [부 찌우] | 보완하다, 만회하다 |
| bù jiǔ | 不久 [뿌 지우] | 오래지 않아 |
| bù jú | 布局 [뿌 쥐] | 구성, 배치 |
| bù jué | 不觉 [뿌 줴] | 모르는 사이에 |
| bù kān | 不堪 [뿌 칸] | 견딜 수 없다 |
| bù kě | 不可 [뿌 커] | ~하지 않으면 안된다 |
| bǔ kè | 补课 [부 커] | 보충수업하다 |
| bú kuì | 不愧 [부 쿠이] | ~에 부끄럽지 않다, ~답다 |
| bǔ lāo | 捕捞 [부 라오] | (물고기를) 잡다 |
| bú lì | 不利 [부 리] | 불리하다 |
| bù liáng | 不良 [뿌 량] | 불량하다 |
| bù liào | 不料 [뿌 랴오] | 뜻밖에, 의외에 |
| bù lùn | 不论 [부 룬] | ~을 막론하고, ~든지 |
| bù mǎn | 不满 [뿌 만] | 불만족하다 |
| bù mén | 部门 [뿌 먼] | 부문 |
| bù miǎn | 不免 [뿌 몐] | 면할 수 없다 |
| bù píng | 不平 [뿌 핑] | 불공평하다 |
| bù rán | 不然 [뿌 란] | 그렇지 않으면 |
| bù róng | 不容 [뿌 룽] | 허용하지 않다 |

| | | | |
|---|---|---|---|
| ☐ bù rú | 不如 [뿌 루] | 만 못하다 |
| ☐ bù shǎo | 不少 [뿌 샤오] | 적지 않다 |
| ☐ bù shí | 不时 [뿌 스] | 이따금, 때때로 |
| ☐ bú shì | 不是 [부 쓰] | 아니다 |
| ☐ bú shì ma | 不是吗 [부 쓰 마] | 그렇지 않은가 |
| ☐ bú shì~ér shì | 不是~而是~ [부 쓰~얼 쓰] | ~아니면,~일 것이다 |
| ☐ bú shì~jiù shì | 不是~就是~ [부 쓰~찌우 쓰] | ~아니면 ~이다 |
| ☐ bù shǔ | 部署 [뿌 수] | 배치, 배치하다, 안배하다 |
| ☐ bǔ tiē | 补贴 [부 테] | 보조금 |
| ☐ bù tíng | 不停 [뿌 팅] | 멈춤이 없다 |
| ☐ bù tóng | 不同 [뿌 퉁] | 부동하다 |
| ☐ bù wèi | 部位 [뿌 위] | 부위 |
| ☐ bù xī | 不惜 [뿌 시] | 아끼지 않다, 꺼리지 않다 |
| ☐ bǔ xí | 补习 [부 시] | 보습하다 |
| ☐ bú xiàng huà | 不像话 [부 쌍 화] | 말도 안 되다, 잘 못가다 |
| ☐ bù xiāng shàng xià | 不相上下 [뿌 샹 쌍 쌰] | 엇비슷하다 |
| ☐ bù xíng | 步行 [뿌 싱] | 보행하다 |
| ☐ bù xíng | 不行 [뿌 싱] | 안 된다 |
| ☐ bù xìng | 不幸 [뿌 싱] | 불행하다 |
| ☐ bù xiǔ | 不朽 [뿌 시유] | 불행하다, 불운하다 |
| ☐ bù xǔ | 不许 [뿌 쉬] | 허용하지 않다 |
| ☐ bù yán ér yù | 不言而喻 [뿌 옌 얼 위] | 말하지 않아도 안다 |
| ☐ bú yào | 不要 [부 요우] | ~하지 말라 |
| ☐ bú yào jǐn | 不要紧 [부 야오 진] | 괜찮다, 상관없다 |

| | | | |
|---|---|---|---|
| bù yí | 不宜 [뿌 이] | ~좋지 않다 |
| bù yí dìng | 不一定 [뿌 이 띵] | 일정하지 않다, 한결 같지 않다 |
| bú yòng | 不用 [부 융] | 사용하지 않다 |
| bù yóu dé | 不由得 [뿌 유 더] | 저도 모르게, ~어쩔 수 없이 |
| bú zài hu | 不在乎 [부 짜이 후] | 아무렇지도 않다 |
| bù zěn me yang | 不怎么样 [뿌 전 머 양] | 좋지도 않다 |
| bù zhǎng | 部长 [뿌 쟝] | 부장 |
| bù zhèng zhī fēng | 不正之风 [뿌 쩡 즈 펑] | 부정기풍 |
| bù zhì | 布置 [뿌 쯔] | 포치하다 |
| bù zhǐ | 不止 [뿌 즈] | 멈춤이 없다 |
| bù zhǐ | 不只 [뿌 즈] | ~뿐만 아니라 |
| bù zhī bù jué | 不知不觉 [뿌 즈 뿌 줴] | 부지불각 |
| bú zhì yú | 不至于 [부 쯔 위] | ~도 못하다 |
| bù zhòu | 步骤 [뿌 쪼우] | 순서, 절차 |
| bǔ zhù | 补助 [부 쭈] | 보조 |
| bǔ zhù | 补助 [부 쭈] | 보조해주다 |
| bú zhù | 不住 [부 쭈] | 그치지 않다 |
| bǔ zhuō | 捕捉 [부 줘] | 잡다, 포착하다 |
| bù zi | 步子 [뿌 즈] | 걸음, 단계, 정도 |
| bù zú | 不足 [뿌 주] | 부족하다 |

# C_c

| | | | |
|---|---|---|---|
| □ cài | 菜 [차이] | 야채, 요리 |
| □ cái | 才 [차이] | 방금, 이제 막 |
| □ cái liào | 材料 [차이 료우] | 재료 |
| □ cáng | 藏 [창] | 숨다, 숨기다, 간수하다 |
| □ cáo dì | 草地 [차오 띠] | 초지 |
| □ cā | 擦 [차] | 닦다, 칠하다, 문지르다 |
| □ cāi | 猜 [차이] | 알아맞히다, 추측하다 |
| □ cāi xiǎng | 猜想 [차이 샹] | 추측하다, 추량하다 |
| □ cān guān | 参观 [찬 관] | 참관하다 |
| □ cān jiā | 参加 [찬 쟈] | 참가하다 |
| □ cān tīng | 餐厅 [찬 팅] | 식당 |
| □ cāo chǎng | 操场 [차오 창] | 운동장 |
| □ cǎi | 踩 [차이] | 밟다 |
| □ cǎi | 采 [차이] | 따다, 채취하다 |
| □ cǎi gòu | 采购 [차이 꼬우] | 사들이다 |
| □ cǎi qǔ | 采取 [차이 취] | 취하다 |
| □ cǎi yòng | 采用 [차이 융] | 채용하다 |
| □ cǎi sè | 彩色 [차이 써] | 색깔 |
| □ cǎo | 草 [차오] | 풀, 초 |
| □ cǎo yuán | 草原 [차오 웬] | 초원 |
| □ ce | 册 [처] | ~책 |
| □ cè yàn | 测验 [처 옌] | 측험하다 |
| □ cè suǒ | 厕所 [처 쉬] | 화장실 |
| □ céng | 曾 [청] | 일찍부터, 이미 |

| | | |
|---|---|---|
| céng | 层 [청] | ~층 |
| céng jīng | 曾经 [청 징] | 일찍이, 이미 |
| chà | 差 [차] | 틀리다, 맞지 않다 |
| chà | 差 [차] | 다르다, 차이가 지다 |
| chà | 差 [차] | 틀리다, 부족하다, 나쁘다 |
| chà bu duō | 差不多 [차 부 둬] | 거의 비슷하다, 웬만하다 |
| chà bu duō | 差不多 [차 부 둬] | 대강, 거의 |
| chà diǎnr | 差点儿 [차 뎰] | 하마터면 |
| chà diǎnr | 差点儿 [차 뎰] | 약간 못하다 |
| chá | 茶 [차] | 차 |
| chá | 查 [차] | 검사하다, 조사하다, 찾아보다 |
| cháng | 常 [창] | 늘 |
| cháng | 长 [창] | 길다 |
| cháng | 尝 [창] | 맛보다 경험하다 |
| cháng cháng | 常常 [창 창] | 늘 |
| cháng qī | 长期 [창 치] | 장기 |
| cháng tú | 长途 [창 투] | 장거리 |
| cháo | 朝 [조우] | ~으로 향하다 |
| cháo shī | 潮湿 [차오 스] | 습기, 습기차다 |
| chā | 插 [차] | 꼽다 |
| chāi | 拆 [차이] | 뜯다 |
| chāo | 抄 [차오] | 베끼다, 수사 검거하다 |
| chāo guò | 超过 [차오 꿔] | 초과하다 |
| chāo xiě | 抄写 [차오 세] | 베껴 쓰다 |
| chāo | 超 [차오] | 넘다, 뛰어 넘다 |
| chāo'é | 超额 [차오 어] | 정액을 초과하다 |
| chāo piào | 钞票 [차오 파우] | 지폐 |
| chā zi | 叉子 [차 즈] | 포크 |

| | | | |
|---|---|---|---|
| ☐ chǎn shēng | 产生 [찬 셩] | | 산생하다 |
| ☐ chǎng | 场 [창] | | ~회, ~번, 차 |
| ☐ chǎng dì | 场地 [창 띠] | | 장소 |
| ☐ chǎng hé | 场合 [창 허] | | 장소, 경우, 상황 |
| ☐ chǎng miàn | 场面 [창 몐] | | 장면, 정경, 외관 |
| ☐ chǎng zhǎng | 厂长 [창 장] | | 공장장 |
| ☐ chǎn liàng | 产量 [찬 량] | | 산량 |
| ☐ chǎn pǐn | 产品 [찬 핀] | | 산품 |
| ☐ chǎo | 吵 [차오] | | 시끄럽다, 말다툼하다 |
| ☐ chǎo jià | 吵架 [차오 쨔] | | 다투다 |
| ☐ chē | 车 [처] | | 차 |
| ☐ chà | 岔 [차] | | 갈라지다 |
| ☐ chà nà | 刹那 [차 나] | | 찰나, 순간 |
| ☐ chà yì | 诧异 [차 이] | | 의아하게 여기다 |
| ☐ chàn | 颤 [찬] | | 떨다, 진동하다 |
| ☐ chàn dòng | 颤动 [찬 똥] | | 진동하다, 흔들리다 |
| ☐ chàn dǒu | 颤抖 [찬 도우] | | 부들부들 떨다 |
| ☐ chàng tōng | 畅通 [창 퉁] | | 마음껏 이야기 하다 |
| ☐ chàng xiāo | 畅销 [창 쇼우] | | 매상이 좋다 |
| ☐ chàng yì | 倡议 [창 이] | | 창의, 창의하다 |
| ☐ chá chù | 查处 [차 추] | | 찾아볼 곳이다 |
| ☐ chá guǎn | 茶馆 [차 관] | | 다방, 차집 |
| ☐ chá huà huì | 茶话会 [차 화 후이] | | 다과회 |
| ☐ chá huò | 查获 [차 훠] | | 수색해 내다 |
| ☐ chá míng | 查明 [차 밍] | | 조사하여 밝히다 |
| ☐ chá yuè | 查阅 [차 웨] | | 검열하다 |
| ☐ chá yè | 茶叶 [차 예] | | 찻잎 |
| ☐ chán | 馋 [찬] | | 게걸스럽다 |

| | | | |
|---|---|---|---|
| ☐ chán | 缠 [찬] | 둘둘 감다, 얽히다 |
| ☐ chán | 蝉 [찬] | 매미 |
| ☐ chán shuō | 传说 [찬 쉬] | 전설 |
| ☐ chán yán | 谗言 [찬 옌] | 참언 |
| ☐ cháng | 肠 [창] | 창자, 밸 |
| ☐ cháng | 偿 [창] | 보상하다, 변상하다 |
| ☐ cháng chù | 长处 [창 추] | 장점, 훌륭한 점 |
| ☐ cháng duǎn | 长短 [창 돤] | 길이, 장점과 단점 |
| ☐ cháng dù | 长度 [창 뚜] | 길이 |
| ☐ cháng guī | 常规 [창 구이] | 상규, 관례 |
| ☐ cháng huán | 偿还 [창 환] | 상환하다 |
| ☐ cháng jiàn | 常见 [창 쩬] | 늘 볼 수 있다 |
| ☐ cháng jiǔ | 长久 [창 지우] | 장기적이다 |
| ☐ cháng nián | 常年 [창 녠] | 오랜 기간 |
| ☐ cháng shì | 尝试 [창 쓰] | 시험해보다 |
| ☐ cháng shì | 尝试 [창 쓰] | 시험, 경험 |
| ☐ cháng shí | 常识 [창 스] | 상식 |
| ☐ cháng shòu | 长寿 [창 쏘우] | 장수하다 |
| ☐ cháng wù | 常务 [창 우] | 상무 |
| ☐ cháng yuǎn | 长远 [창 웬] | 장원하다 |
| ☐ cháng yòng | 常用 [창 융] | 상용적이다 |
| ☐ cháng zhēng | 长征 [창 정] | 장정(중국) |
| ☐ cháo | 潮 [차오] | 조수, 조류, ~운동 |
| ☐ cháo dài | 朝代 [차오 따이] | 조대 |
| ☐ cháo liú | 潮流 [차오 류] | 조류 |
| ☐ cháo xiào | 嘲笑 [차오 쏘우] | 조소하다 |
| ☐ chā | 叉 [차] | 찍어 집다 |
| ☐ chā bié | 差别 [차 베] | 차별 |

C_c

| | | | |
|---|---|---|---|
| ☐ chā cuò | 差错 | [차 춰] | 착오 |
| ☐ chā jù | 差距 | [차 쮜] | 격차 |
| ☐ chā yì | 差异 | [차 이] | 차이 |
| ☐ chā yāng | 插秧 | [차 양] | 모내기 하다 |
| ☐ chā zuǐ | 插嘴 | [차 주이] | 말참견하다 |
| ☐ chān | 搀 | [찬] | 부축하다, 섞다 |
| ☐ chān | 掺 | [찬] | 섞다, 타다 |
| ☐ chāng kuáng | 猖狂 | [창 쾅] | 미친 듯이 날뛰다 |
| ☐ chāng kù | 仓库 | [창 쿠] | 창고 |
| ☐ chāng shèng | 昌盛 | [창 썽] | 번창하다 |
| ☐ chāo chū | 超出 | [차오 추] | 초과하다 |
| ☐ chāo chǎn | 超产 | [차오 찬] | 초과생산하다 |
| ☐ chāo jí | 超级 | [차오 지] | 뛰어나다, 초급 (슈퍼), 초 |
| ☐ chāo yuè | 超越 | [차오 웨] | 초월하다 |
| ☐ chě | 扯 | [처] | 당기다, 찢다, 잡담하다 |
| ☐ chǎn | 铲 | [찬] | 깎다, 치다, 파다 |
| ☐ chǎn dì | 产地 | [찬 띠] | 산지 |
| ☐ chǎn míng | 阐明 | [찬 밍] | 천명하다 |
| ☐ chǎn qū | 产区 | [찬 취] | 생산구 (지역) |
| ☐ chǎn shù | 阐述 | [찬 쑤] | 명백히 논술하다 |
| ☐ chǎn wù | 产物 | [찬 우] | 산물 |
| ☐ chǎn yè | 产业 | [찬 예] | 산업 |
| ☐ chǎn zhí | 产值 | [찬 즈] | 생산가치, 생산고 |
| ☐ chǎn | 产 | [찬] | 낳다, 생산하다 |
| ☐ chǎng fang | 厂房 | [창 팡] | 공장, 작업장 |
| ☐ chǎng jiā | 厂家 | [창 쟈] | 공장 |
| ☐ chǎng shāng | 厂商 | [창 상] | 제조업자 |
| ☐ chǎng suǒ | 场所 | [창 쉬] | 장소 |

| | | | |
|---|---|---|---|
| ☐ chǎo | 炒 [차오] | | 볶다 |
| ☐ chǎo nào | 吵闹 [차오 나오] | | 활짝 열다 툭 털어 놓다 |
| ☐ chǎo zuǐ | 吵嘴 [차오 주이] | | 말다툼하다, 언쟁하다 |
| ☐ cài dān | 菜单 [차이 단] | | 메뉴 |
| ☐ càn làn | 灿烂 [찬 란] | | 찬란하다 |
| ☐ cái | 才 [차이] | | 재능, 재주 |
| ☐ cái | 财 [차이] | | 재물 |
| ☐ cái | 裁 [차이] | | 재단하다, 덜다, 처리하다 |
| ☐ cái chǎn | 财产 [차이 찬] | | 재산 |
| ☐ cái feng | 裁缝 [차이 펑] | | 재봉, 재봉사 |
| ☐ cái fù | 财富 [차이 푸] | | 재부 |
| ☐ cái gàn | 才干 [차이 깐] | | 재간 |
| ☐ cái huì | 财会 [차이 후이] | | 재무와 회계 |
| ☐ cái jué | 裁决 [차이 줴] | | 판결, 결재 |
| ☐ cái jīng | 财经 [차이 징] | | 재정과 경제 |
| ☐ cái jūn | 裁军 [차이 쥔] | | 군축하다 |
| ☐ cái lì | 财力 [차이 리] | | 재력 |
| ☐ cái néng | 才能 [차이 넝] | | 재능 |
| ☐ cái pàn | 裁判 [차이 프안] | | 재판, 재판하다 |
| ☐ cái wù | 财务 [차이 우] | | 재무 |
| ☐ cái yóu | 柴油 [차이 유] | | 디젤유 |
| ☐ cái zhèng | 财政 [차이 쩡] | | 재정 |
| ☐ cái zhì | 才智 [차이 쯔] | | 재능과 지혜 |
| ☐ cán | 残 [찬] | | 흠이 있다, 잔여의 |
| ☐ cán | 蚕 [찬] | | 누에 |
| ☐ cán bào | 残暴 [찬 빠오] | | 잔혹하다 |
| ☐ cán jí | 残疾 [찬 지] | | 불구자 |
| ☐ cán kuì | 惭愧 [찬 쿠이] | | 부끄럽다, 죄송스럽다 |

C_c

| | | | |
|---|---|---|---|
| ☐ cán kù | 残酷 [찬 쿠] | 참혹하다 |
| ☐ cán rěn | 残忍 [찬 런] | 잔인하다 |
| ☐ cán yú | 残余 [찬 위] | 잔여 |
| ☐ cáo | 曹 [차오] | 조 (성씨) |
| ☐ cáo | 槽 [차오] | 구유, 고랑, 홈 |
| ☐ cè | 侧 [처] | 옆, 곁, 측면 |
| ☐ cè | 侧 [처] | 기울이다, 치우치다 |
| ☐ cè | 测 [처] | 측량하다 예측하다 |
| ☐ cè | 撤 [처] | 치우다, 철수하다 |
| ☐ cè dìng | 测定 [처 띵] | 측정하다 |
| ☐ cè huà | 策划 [처 화] | 획책하다 |
| ☐ cè liáng | 测量 [처 량] | 측량하다 |
| ☐ cè lüè | 策略 [처 뤠] | 책략 |
| ☐ cè miàn | 侧面 [처 몐] | 측면 |
| ☐ cè shì | 测试 [처 쓰] | 측량하다 |
| ☐ cè suàn | 测算 [처 쏸] | 예측하다 |
| ☐ cèng | 蹭 [청] | 문지르다, 질질 끌다 |
| ☐ céng chū bù qióng | 层出不穷 [청 추 뿌 치융] | 잇달아 나타나서 끝이 없다 |
| ☐ céng cì | 层次 [청 츠] | 층차 |
| ☐ cāi cè | 猜测 [차이 처] | 알아맞히다 |
| ☐ cān | 餐 [찬] | 요리, 식사 |
| ☐ cān | 餐 [찬] | (음식을) 먹다 |
| ☐ cān chē | 餐车 [찬 처] | 식당차 |
| ☐ cān jūn | 参军 [찬 쥔] | 참군하다 |
| ☐ cān kǎo | 参考 [찬 카오] | 참고하다 |
| ☐ cān móu | 参谋 [찬 모우] | 참모, 참모하다 |
| ☐ cān yì yuàn | 参议院 [찬 이 웬] | 참의원 |

| | | | |
|---|---|---|---|
| cān yù | 参与 [찬 위] | | 참여하다 |
| cān zhào | 参照 [찬 자오] | | 참조하다 |
| cāng | 舱 [창] | | 선창, 객실 |
| cāng bái | 苍白 [창 바이] | | 창백하다 |
| cāng cù | 仓促 [창 추] | | 급하다, 창졸히 |
| cāng ying | 苍蝇 [창 잉] | | 파리 |
| cāo liàn | 操练 [차오 렌] | | 훈련하다 |
| cāo láo | 操劳 [차오 라오] | | 과로하다 |
| cāo xīn | 操心 [차오 신] | | 마음이 쓰이다, 심려하다 |
| cāo zuò | 操作 [차오 쭤] | | 조작하다 |
| cāo zòng | 操纵 [차오 쫑] | | 조종하다, 조작하다 |
| cāo | 操 [차오] | | 잡다, 종사하다, 행하다 |
| cǎi fǎng | 采访 [차이 팡] | | 탐방하다, 취재하다 |
| cǎi jí | 采集 [차이 지] | | 채집하다 |
| cǎi nà | 采纳 [차이 나] | | 채납하다 |
| cǎn | 惨 [찬] | | 비참하다, 잔인하다 |
| cǎo shuài | 草率 [차오 솨이] | | 거칠다 |
| cǎo'àn | 草案 [차오 안] | | 초안 |
| chē chuáng | 车床 [처 촹] | | 선반기 |
| chè dǐ | 彻底 [처 디] | | 철저히 |
| chē jiān | 车间 [처 젠] | | 직장 |
| chē liàng | 车辆 [처 량] | | 차량 |
| chè tuì | 撤退 [처 투이] | | 철퇴하다, 철수하다 |
| chē xiāng | 车厢 [처 샹] | | 찻간 |
| chè xiāo | 撤销 [처 샤오] | | 취소하다, 해임하다 |
| chē zhàn | 车站 [처 짠] | | 역전 |
| chén | 沉 [천] | | 심하다, 깊다 |
| chèn | 趁 [천] | | ~하는 김에 |

C_c

| | | | |
|---|---|---|---|
| ☐ chèn | 趁 [천] | | ~타다, 이용하다 |
| ☐ chén diàn | 沉淀 [천 띈] | | 침전, 침전하다 |
| ☐ chén jìng | 沉静 [천 찡] | | 고요하다, 차분하다 |
| ☐ chén jiù | 陈旧 [천 찌우] | | 낡다, 케케묵다 |
| ☐ chén liè | 陈列 [천 레] | | 진열하다 |
| ☐ chén mèn | 沉闷 [천 먼] | | 음울하다, 침울하다, 꿍하다 |
| ☐ chén mò | 沉默 [천 모] | | 침묵하다 |
| ☐ chèn shān | 衬衫 [천 산] | | 셔츠 |
| ☐ chén shù | 陈述 [천 쑤] | | 진술하다 |
| ☐ chén sī | 沉思 [천 스] | | 깊이 생각하다, 숙고하다 |
| ☐ chén tòng | 沉痛 [천 퉁] | | 심각하다, 쓰라리다 |
| ☐ chén tǔ | 尘土 [천 투] | | 먼지 |
| ☐ chèn xīn | 称心 [천 신] | | 마음에 맞다, 만족하다 |
| ☐ chèn yī | 衬衣 [천 이] | | 내의 |
| ☐ chén zhòng | 沉重 [천 쭝] | | 심하다, 무겁다 |
| ☐ chén zhuó | 沉着 [천 쥐] | | 침착하다 |
| ☐ chēng | 撑 [청] | | 버티다, 꽉 채우다 |
| ☐ chéng | 成 [청] | | 한어에서는 %에 해당 |
| ☐ chēng | 称 [청] | | 적합하다, 어울리다 |
| ☐ chéng | 成 [청] | | 이루다, 성공하다 |
| ☐ chéng | 城 [청] | | 성, 성시 |
| ☐ chéng | 乘 [청] | | 타다, 이용하다, 곱하다 |
| ☐ chéng | 惩 [청] | | 징벌하다, 처벌하다 |
| ☐ chéng | 盛 [청] | | 물건을 담다, 넣다 |
| ☐ chéng bàn | 承办 [청 빤] | | 청부 맡다 |
| ☐ chéng bàn | 惩办 [청 빤] | | 처벌하다 |
| ☐ chéng bāo | 承包 [청 바오] | | 청부맡다, 도급받다 |
| ☐ chéng běn | 成本 [청 번] | | 성분, 원가 |

| | | | |
|---|---|---|---|
| ☐ chéng dān | 承担 [청 단] | 담당하다, 맡다 |
| ☐ chéng dù | 程度 [청 뚜] | 정도 |
| ☐ chéng fá | 惩罚 [청 프아] | 징벌하다 |
| ☐ chéng fèn | 成分 [청 펀] | 성분 |
| ☐ chéng fèn | 成份 [청 펀] | 성분 |
| ☐ chéng gōng | 成功 [청 궁] | 성공 |
| ☐ chēng hào | 称号 [청 하오] | 칭호 |
| ☐ chēng hu | 称呼 [청 후] | 호칭 |
| ☐ chēng hu | 称呼 [청 후] | 부르다, 일컫다 |
| ☐ chéng jì | 成绩 [청 찌] | 성적 |
| ☐ chéng jī | 乘机 [청 지] | 기회를 타서 |
| ☐ chéng jiāo | 成交 [청 쟈오] | 거래가 성립되다 |
| ☐ chéng jiù | 成就 [청 찌우] | 성취 |
| ☐ chéng kè | 乘客 [청 커] | 승객 |
| ☐ chéng kěn | 诚恳 [청 컨] | 성실하다 |
| ☐ chéng lì | 成立 [청 리] | 성립하다 |
| ☐ chéng pǐn | 成品 [청 핀] | 제품, 완제품 |
| ☐ chéng qiān shàng wàn | 成千上万 [청 첸 쌍 완] | 수천수만이다, 많고 많다 |
| ☐ chéng qīng | 澄清 [청 칭] | 맑게 하다, 해명하다 |
| ☐ chéng rén | 成人 [청 런] | 성인 |
| ☐ chéng rèn | 承认 [청 런] | 승인하다 |
| ☐ chéng shí | 诚实 [청 스] | 성실하다 |
| ☐ chéng shì | 城市 [청 쓰] | 상시 |
| ☐ chéng shòu | 承受 [청 쏘우] | 감당하다, 이겨내다 |
| ☐ chéng shú | 成熟 [청 수] | 성숙했다 |
| ☐ chéng tào | 成套 [청 타오] | 한 조, 한 세트 |
| ☐ chéng tiān | 成天 [청 텐] | 온 하루 |

| | | | |
|---|---|---|---|
| ☐ chéng wéi | 成为 [청 워이] | ~로 되다 |
| ☐ chéng wù yuán | 乘务员 [청 우 웬] | 승무원 |
| ☐ chéng xiàn | 呈现 [청 쎈] | 나타나다 |
| ☐ chéng xiào | 成效 [청 쌰오] | 성과, 효과 |
| ☐ chéng xīn | 成心 [청 신] | 일부러, 고의로 |
| ☐ chéng xīn chéng yì | 诚心诚意 [청 신 청 이] | 성심성의 |
| ☐ chéng xù | 程序 [청 쒸] | 순서, 프로그램 |
| ☐ chéng yì | 诚意 [청 이] | 성의 |
| ☐ chéng yǔ | 成语 [청 위] | 성어 |
| ☐ chéng yuán | 成员 [청 웬] | 성원 |
| ☐ chēng zàn | 称赞 [청 짠] | 칭찬하다 |
| ☐ chéng zhǎng | 成长 [청 장] | 성장 |
| ☐ chéng zhèn | 城镇 [청 쩐] | 도시 (성진) |
| ☐ chéng zhì | 诚挚 [청 쯔] | 성실하고 진지하다 |
| ☐ chéng | 呈 [청] | 나타나다, 드리다 |
| ☐ chèng | 秤 [청] | 저울 |
| ☐ chí | 池 [츠] | 늪, 못 |
| ☐ chī | 吃 [츠] | 먹다 |
| ☐ chí | 迟 [츠] | 늦다, 느리다 |
| ☐ chǐ | 尺 [츠] | 자, 자대 |
| ☐ chǐ | 尺 [츠] | ~자 |
| ☐ chì bǎng | 翅膀 [츠 방] | 날개 |
| ☐ chǐ cùn | 尺寸 [츠 춘] | 치수, 사이즈 |
| ☐ chí dào | 赤道 [츠 따오] | 적도 |
| ☐ chí dào | 迟到 [츠 따오] | 지각하다 |
| ☐ chí huǎn | 迟缓 [츠 환] | 느리다, 완만하다 |

| | | | |
|---|---|---|---|
| ☐ chī jīng | 吃惊 [츠 징] | 깜짝 놀라다 |
| ☐ chí jiǔ | 持久 [츠 지우] | 오래 지속되다 |
| ☐ chī kǔ | 吃苦 [츠 쿠] | 괴로움을 견디다 |
| ☐ chī kuī | 吃亏 [츠 쿠이] | 손해를 보다 |
| ☐ chī lì | 吃力 [츠 리] | 힘들다, 힘겹다 |
| ☐ chǐ lún | 齿轮 [츠 룬] | 톱니바퀴, 기어 |
| ☐ chí tang | 池塘 [츠 탕] | 늪, 못 |
| ☐ chí xù | 持续 [츠 쉬] | 지속하다 |
| ☐ chì zì | 赤字 [츠 쯔] | 적자 |
| ☐ chǐ zi | 尺子 [츠 즈] | 자 |
| ☐ chòng | 冲 [충] | 향해서, 대해서 |
| ☐ chóng | 重 [충] | 재차, 다시, |
| ☐ chōng | 冲 [충] | 물 부어 씻다, 돌진하다 |
| ☐ chōng | 冲 [충] | 돌진하다, 물을 부어 씻다, 부딪치다 |
| ☐ chóng bài | 崇拜 [충 빠이] | 숭배하다 |
| ☐ chōng dāng | 充当 [충 당] | 충당하다 |
| ☐ chóng dié | 重叠 [충 뎨] | 중첩하다 |
| ☐ chōng fèn | 充分 [충 펀] | 충분하다 |
| ☐ chōng fēng | 冲锋 [충 펑] | 돌격하다 |
| ☐ chóng fù | 重复 [충 푸] | 중복하다 |
| ☐ chóng gāo | 崇高 [충 가오] | 숭고하다 |
| ☐ chóng jìng | 崇敬 [충 찡] | 숭배하고 존경하다 |
| ☐ chōng mǎn | 充满 [충 만] | 충만하다 |
| ☐ chōng pèi | 充沛 [충 페이] | 넘쳐흐르다, 왕성하다 |
| ☐ chōng pò | 冲破 [충 퍼] | 돌파하다 |
| ☐ chóng shēn | 重申 [충 선] | 거듭 천명하다 |
| ☐ chōng shí | 充实 [충 스] | 충실히, 충실히 하다 |

C_c

| | | | |
|---|---|---|---|
| ☐ chōng tū | 冲突 [충 투] | 충돌, 충돌하다 |
| ☐ chóng xīn | 重新 [충 신] | 다시, 새로이 |
| ☐ chóng zi | 虫子 [충 즈] | 벌레 |
| ☐ chōng zú | 充足 [충 주] | 충족하다 |
| ☐ chǒu'è | 丑恶 [초우어] | 추악하다 |
| ☐ chōu | 抽 [초우] | 피우다, 뽑다, 수축하다 |
| ☐ chóu | 仇 [초우] | 원한, 원수 |
| ☐ chǒu | 丑 [초우] | 추하다 |
| ☐ chóu | 愁 [초우] | 근심하다, 걱정하다 |
| ☐ chòu | 臭 [초우] | 구리다, 더럽다 |
| ☐ chóu bèi | 筹备 [초우 뻬이] | 준비하다 |
| ☐ chóu chú | 踌躇 [초우 추] | 주저하다 |
| ☐ chóu hèn | 仇恨 [초우 헌] | 원한, 증오 |
| ☐ chóu jiàn | 筹建 [초우 쩬] | 건설을 계획하다 |
| ☐ chōu kòng | 抽空 [초우 쿵] | 틈을 내다 |
| ☐ chóu mì | 稠密 [초우 미] | 조밀하다 |
| ☐ chōu tì | 抽屉 [초우 티] | 서랍 |
| ☐ chōu xiàng | 抽象 [초우 썅] | 추상적이다 |
| ☐ chōu yān | 抽烟 [초우 옌] | 담배를 피우다 |
| ☐ chóu zi | 绸子 [초우 즈] | 비단 |
| ☐ chù | 触 [추] | 접촉하다, 느끼다 |
| ☐ chū | 初 [추] | 처음 |
| ☐ chú | 除 [추] | ~을 제외하고 |
| ☐ chū | 初 [추] | 처음의, 최초의, 원래의 |
| ☐ chú | 锄 [추] | 김매다, 없애다 |
| ☐ chù | 处 [추] | 다른 사람과 함께 지내다 |
| ☐ chúfēi | 除非 [추 페이] | 오로지, ~해야만 |
| ☐ chú | 锄 [추] | 호미, 괭이 |

| | | | |
|---|---|---|---|
| ☐ chù | 处 [추] | 곳, 장소 |
| ☐ chū bǎn | 出版 [추 반] | 출판하다 |
| ☐ chǔ bèi | 储备 [추 뻬이] | 비축하다 |
| ☐ chū bù | 初步 [추 뿌] | 초보적이다 |
| ☐ chū chai | 出差 [추 차이] | 출장가다 |
| ☐ chū chǎn | 出产 [추 찬] | 산출되다, 출산 |
| ☐ chù chù | 处处 [추 추] | 도처에, 어디든지 |
| ☐ chú cǐ zhī wài | 除此之外 [추 츠 즈 와이] | 이것 이외에 |
| ☐ chǔ cún | 储存 [추 춘] | 저축하다 |
| ☐ chū dòng | 出动 [추 똥] | 출동하다 |
| ☐ chǔ fá | 处罚 [추 프아] | 처벌하다 |
| ☐ chū fā | 出发 [추 프아] | 출발하다 |
| ☐ chū fā diǎn | 出发点 [추 프아 뎬] | 출발점 |
| ☐ chù fàn | 触犯 [추 프안] | 범하다 |
| ☐ chū fǎng | 出访 [추 팡] | 방문하다 |
| ☐ chǔ fāng | 处方 [추 팡] | 처방(약) |
| ☐ chú fáng | 厨房 [추 팡] | 부엌 |
| ☐ chǔ fèn | 处分 [추 펀] | 처분하다 |
| ☐ chū jí | 初级 [추 지] | 초급 |
| ☐ chū jìng | 出境 [추 찡] | 국경을 나가다 |
| ☐ chǔ jìng | 处境 [추 찡] | 처지, 상황, 상태 |
| ☐ chǔ jué | 处决 [추 줴] | 사형하다 |
| ☐ chū kǒu | 出口 [추 코우] | 수출하다, 출구 |
| ☐ chū lái | 出来 [추 라이] | 나오다 |
| ☐ chú leyǐ wài | 除了以外 [추 러이 와이] | ~할 뿐만 아니라 또한 (역시) |
| ☐ chù lǐ | 处理 [추 리] | 처리하다 |

C_c

| | | | |
|---|---|---|---|
| ☐ chū lù | 出路 | [추 루] | 출로 |
| ☐ chū mài | 出卖 | [추 마이] | 팔다, 배반하다 |
| ☐ chū mén | 出门 | [추 먼] | 밖으로 나가다, 외출하다 |
| ☐ chū miàn | 出面 | [추 몐] | 친히 나서다 |
| ☐ chū míng | 出名 | [추 밍] | 유명해지다 |
| ☐ chū nán tí | 出难题 | [추 난 티] | 거북하게 만들다, 어려운 문제를 내다 |
| ☐ chū pǐn | 出品 | [추 핀] | 출품 |
| ☐ chū qī | 初期 | [추 치] | 초기 |
| ☐ chū qù | 出去 | [추 취] | 나가다 |
| ☐ chū rù | 出入 | [추 루] | 출입하다 |
| ☐ chū sè | 出色 | [추 써] | 특별히, 훌륭하다 |
| ☐ chū shēn | 出身 | [추 선] | 출신 |
| ☐ chū shén | 出神 | [추 선] | 멍청해지다 |
| ☐ chū shēng | 出生 | [추 성] | 출생 |
| ☐ chū shì | 出世 | [추 쓰] | 출세하다 |
| ☐ chú shī | 厨师 | [추 스] | 요리사 |
| ☐ chū shì | 出事 | [추 쓰] | 사고가 발생하다 |
| ☐ chū shòu | 出售 | [추 쏘우] | 팔다 |
| ☐ chú wài | 除外 | [추 와이] | 제외하다 |
| ☐ chū xi | 出息 | [추 시] | 발전성, 장래성 |
| ☐ chū xí | 出席 | [추 시] | 출석하다 |
| ☐ chú xī | 除夕 | [추 시] | 섣달 그믐밤 |
| ☐ chū xiàn | 出现 | [추 쏀] | 나타나다 |
| ☐ chǔ chǎng | 储藏 | [추 창] | 저장하다 |
| ☐ chǔ xù | 储蓄 | [추 쉬] | 저축하다 |
| ☐ chū yáng xiàng | 出洋相 | [추 양 쌍] | 추태, 웃음꺼리 |

| | | |
|---|---|---|
| chǔ yú | 处于 [추 위] | ~처하다 |
| chū yuàn | 出院 [추 웬] | 출원을 하다 |
| chǔ zhì | 处置 [추 쯔] | 처치하다 |
| chū zhōng | 初中 [추 중] | 초중(중학교) |
| chū zu | 出租 [추 주] | 세주다, 세를 놓다 |
| chū zū qì chē | 出租汽车 [추 주 치 처] | 택시 |
| chuān | 穿 [촨] | 입다, 신다 |
| chuán | 船 [촨] | 배, 선박 |
| chuǎn | 喘 [촨] | 헐떡거리다 숨차다 |
| chuán | 传 [촨] | 전파하다, 전염되다 |
| chuàn | 串 [촨] | ~꿰미, ~줄 ,꿰다, 어긋나다 |
| chuán bō | 传播 [촨 보] | 전파하다 |
| chuán bó | 船舶 [촨 보] | 선박 |
| chuán dá | 传达 [촨 다] | 전달하다 |
| chuán dān | 传单 [촨 단] | 전단지 |
| chuán dì | 传递 [촨 띠] | 건네다 |
| chuān liú bù xī | 川流不息 [촨 류 뿌 시] | 냇물처럼 끊임 없이 오가다 |
| chuán rǎn | 传染 [촨 란] | 전염되다 |
| chuán shòu | 传授 [촨 쏘우] | 전수하다 |
| chuán sòng | 传送 [촨 쏭] | 전송하다 |
| chuán tǒng | 传统 [촨 퉁] | 전통 |
| chuàngyè | 创业 [촹 예] | 창업하다 |
| chuán zhēn | 传真 [촨 전] | 팩스 |
| chuán zhī | 船只 [촨 즈] | 배, 선박 |
| chuāng | 窗 [촹] | 창, 창문 |
| chuāng lián | 窗帘 [촹 렌] | 커튼 |

C_c

| | | | |
|---|---|---|---|
| ☐ chuàng xīn | 创新 [촹 신] | | 새것을 창조하다 |
| ☐ chuàng | 闯 [촹] | | 찾다, 방문하다 |
| ☐ chuāng | 疮 [촹] | | 종기, 부스럼 |
| ☐ chuáng | 床 [촹] | | 침대 |
| ☐ chuàng | 创 [촹] | | 창조하다, 처음으로 만들다 |
| ☐ chuàng bàn | 创办 [촹 빤] | | 창설하다 |
| ☐ chuáng dān | 床单 [촹 단] | | 침대 시트 |
| ☐ chuāng hu | 窗户 [촹 후] | | 창문 |
| ☐ chuàng jiàn | 创建 [촹 찌엔] | | 창건하다 |
| ☐ chuāng kǒu | 窗口 [촹 코우] | | 창문 옆, 창가 |
| ☐ chuàng lì | 创立 [촹 리] | | 창립하다 |
| ☐ chuáng pù | 床铺 [촹 푸] | | 침상, 침대 |
| ☐ chuāng tái | 窗台 [촹 타이] | | 창문턱 |
| ☐ chuáng wèi | 床位 [촹 웨이] | | 침대자리 |
| ☐ chuàng xīn | 创新 [촹 신] | | 창신 |
| ☐ chuàng zào | 创造 [촹 짜오] | | 창조 |
| ☐ chuàng zuò | 创作 [촹 쭤] | | 창작 |
| ☐ chuī | 吹 [추이] | | 불다 |
| ☐ chuí | 捶 [추이] | | 두드리다, 다듬질을 하다 |
| ☐ chuí | 锤 [추이] | | 망치 |
| ☐ chuí | 垂 [추이] | | 드리우다, 접근하다 |
| ☐ chuī pěng | 吹捧 [추이 펑] | | 치켜세우다 |
| ☐ chuī niú | 吹牛 [추이 뉴] | | 허풍을 떨다 |
| ☐ chuí zhí | 垂直 [추이 즈] | | 수직 |
| ☐ chǔn | 蠢 [춘] | | 어리석다, 우둔하다 |
| ☐ chūn | 春 [춘] | | 봄 |
| ☐ chún | 纯 [춘] | | 순수하다, 숙련되다 |
| ☐ chūn jì | 春季 [춘 찌] | | 봄철(춘계) |

| | | | |
|---|---|---|---|
| ☐ chún cuì | 纯粹 [춘 추이] | 순수하다, 오로지 |
| ☐ chūn gēng | 春耕 [춘 겅] | 봄갈이 |
| ☐ chún jié | 纯洁 [춘 제] | 순결하다 |
| ☐ chūn jié | 春节 [춘 제] | 설, 춘절 |
| ☐ chūn tiān | 春天 [춘 톈] | 봄 |
| ☐ cí'ài | 慈爱 [츠 아이] | 자애롭다 |
| ☐ cí | 词 [츠] | 단어, 사 |
| ☐ cí | 辞 [츠] | 말, 언사 |
| ☐ cí | 雌 [츠] | 암컷 |
| ☐ cí | 瓷 [츠] | 자기, 도자기 |
| ☐ cì | 刺 [츠] | 가시, 바늘 |
| ☐ cì | 刺 [츠] | 찌르다, 헐뜯다 |
| ☐ cǐ | 此 [츠] | 이것, 이 |
| ☐ cì | 次 [츠] | 품질이 떨어지다, 좋지 않다 다음의 |
| ☐ cì | 次 [츠] | ~차 |
| ☐ cí dài | 磁带 [츠 따이] | 테이프 |
| ☐ cí diǎn | 词典 [츠 뎬] | 사전 |
| ☐ cǐ hòu | 此后 [츠 호우] | 이후, 이다음 |
| ☐ cì hou | 伺候 [츠 호우] | 시중들다, 돌보다 |
| ☐ cí huì | 词汇 [츠 후이] | 어휘 |
| ☐ cì jī | 刺激 [츠 지] | 자극, 자극하다 |
| ☐ cí jù | 词句 [츠 쥐] | 어구 |
| ☐ cǐ kè | 此刻 [츠 커] | 이 시각 |
| ☐ cì pǐn | 次品 [츠 핀] | 불량품 |
| ☐ cǐ shí | 此时 [츠 스] | 지금, 이 때 |
| ☐ cì shù | 次数 [츠 쑤] | 차수 |
| ☐ cí tiě | 磁铁 [츠 톄] | 자철 |

C_c

| | | | |
|---|---|---|---|
| ☐ cǐ wài | 此外 | [츠 와이] | 이밖에 |
| ☐ cí xiáng | 慈祥 | [츠 샹] | 자상하다 |
| ☐ cì xù | 次序 | [츠 쉬] | 순서, 차례 |
| ☐ cì yào | 次要 | [츠 야오] | 차요적인 |
| ☐ cí zhí | 辞职 | [츠 즈] | 사직을 하다 |
| ☐ cóng'ér | 从而 | [충얼] | 따라서 |
| ☐ cóng | 丛 | [충] | 숲, 무리, 떼 |
| ☐ cōng | 葱 | [충] | 파 |
| ☐ cóng bù | 从不 | [충 뿌] | 지금까지~아니하다 |
| ☐ cóng cǐ | 从此 | [충 츠] | 이로부터 |
| ☐ cōng cōng | 匆匆 | [충 충] | 총총하다 급하다 |
| ☐ cóng lái | 从来 | [충 라이] | 지금까지 |
| ☐ cōng máng | 匆忙 | [충 망] | 총망 |
| ☐ cóng méi | 从没 | [충 메이] | 지금까지 ~아니하다 |
| ☐ cōng ming | 聪明 | [충 밍] | 총명하다 |
| ☐ cóng qián | 从前 | [충 첸] | 종전 |
| ☐ cóng róng | 从容 | [충 룽] | 조용하다, 여유가 있다 |
| ☐ cóng róng bù pò | 从容不迫 | [충 룽 뿌 퍼] | 태연자약하다 |
| ☐ cóng shì | 从事 | [충 쓰] | 종사하다 |
| ☐ cóng tóu | 从头 | [충 토우] | 처음부터 |
| ☐ cóng wèi | 从未 | [충 웨] | 종래로 없었다 |
| ☐ cóng xiǎo | 从小 | [충 샤오] | 어릴 때부터 |
| ☐ cóng zhōng | 从中 | [충 중] | 중간에서, 가운데에서 |
| ☐ cóng | 从 | [충] | ~부터 |
| ☐ cóngchū fā | 从出发 | [충추 프아] | ~에서 출발하다 |
| ☐ cóng~qǐ | 从~起 | [충 ~ 치] | ~에서부터 |
| ☐ cóng~kàn lái | 从~看~ | [충 칸 라이] | ~부터 보아서 |

| | | | |
|---|---|---|---|
| còu | 凑 [초우] | 모으다, 틈타다 |
| còu hé | 凑合 [초우 허] | 한곳에 모으다 |
| còu qiǎo | 凑巧 [초우 챠오] | 공교롭게, 때마침 |
| cù | 促 [추] | 진하다 |
| cū | 粗 [추] | 굵다, 조잡하다, 상스럽다 |
| cù | 醋 [추] | 식초 |
| cūxīn | 粗心 [추신] | 세심하지 못하다, 부주의 하다 |
| cū bào | 粗暴 [추 빠오] | 거칠다, 난폭하다 |
| cù jìn | 促进 [추 진] | 촉진하다 |
| cū liáng | 粗粮 [추 량] | 잡곡 |
| cū lǔ | 粗鲁 [추 루] | 우악스럽다, 거칠다 |
| cù shǐ | 促使 [추 스] | ~하게 하다 하도록 재촉하다 |
| cū xì | 粗细 [추 씨] | 굵고 가는 것 |
| cuàn | 窜 [촨] | 싸다, 싸매다, 휘감다 |
| cuì | 脆 [추이] | 부서지기 쉽다, 바삭바삭하다 |
| cuī | 崔 [추이] | 최 (성씨) |
| cuī | 摧 [추이] | 때려부수다, 좌절시키다 |
| cuī cán | 摧残 [추이 찬] | 심한 손상을 주다 |
| cuī huǐ | 摧毁 [추이 후이] | 타파하다, 때려부수다 |
| cuì lǜ | 翠绿 [추이 뤼] | 새파랗다 (비취색) |
| cuì ruò | 脆弱 [추이 뤄] | 취약하다, 연약하다 |
| cuī shì yuán | 炊事员 [추이 쓰 웬] | 취사원 |
| cún | 存 [춘] | 존재하다, 모으다, 저축하다 |
| cùn | 寸 [춘] | ~촌 |
| cún fàng | 存放 [춘 팡] | 맡겨두다 |
| cún kuǎn | 存款 [춘 콴] | 저금하다 |
| cún zài | 存在 [춘 짜이] | 존재하다 |
| cūn zhuāng | 村庄 [춘 좡] | 마을, 촌락 |

| | | | |
|---|---|---|---|
| ☐ cūn zi | 村子 [춘 즈] | | 마을 |
| ☐ cuò | 错 [춰] | | 틀리다, 복잡하다 |
| ☐ cuò | 错 [춰] | | 틀림, 착오 |
| ☐ cuō | 搓 [춰] | | 비비다 |
| ☐ cuò | 错 [춰] | | 엇갈리다, 문지르다 |
| ☐ cuō shāng | 磋商 [춰 상] | | 협의하다, 교섭하다 |
| ☐ cuò shī | 措施 [춰 스] | | 조치 |
| ☐ cuò wù | 错误 [춰 우] | | 착오 |
| ☐ cuò zhé | 挫折 [춰 저] | | 좌절, 패배 |
| ☐ cuò zì | 错字 [춰 쯔] | | 오자, 틀린 글자 |

# D_d

| | | | |
|---|---|---|---|
| ☐ dǎ | 打 [다] | 치다, 때리다 |
| ☐ dá | 达 [다] | 도달하다, 전달하다, 통하다 |
| ☐ dá | 答 [다] | 대답하다 |
| ☐ dà | 大 [따] | 크다, 대 |
| ☐ dǎ | 打 [다아] | 때리다, 치다, 만들다 |
| ☐ dā | 搭 [다] | 세우다, 걸치다, 보태다 |
| ☐ dá àn | 答案 [다 안] | 답안 |
| ☐ dǎ bài | 打败 [다 빠이] | 쳐서 물리다 |
| ☐ dà bàn | 大半 [따 빤] | 대개, 대체로 |
| ☐ dà bàn | 大半 [따 반] | 태반, 대부분 |
| ☐ dǎ bàn | 打扮 [다 빤] | 분장하다 |
| ☐ dā bǎo | 担保 [단 바오] | 담보하다 |
| ☐ dà bāo xiǎo lǎn | 大包小揽 [따 바오 샤오 란] | 뿌듯이 끌어안다 |
| ☐ dà biàn | 大便 [따 뻰] | 대변 |
| ☐ dá biàn | 答辩 [다 뻰] | 답변하다 |
| ☐ dà chén | 大臣 [따 천] | 대신 |
| ☐ dá chéng | 达成 [다 청] | 달성하다 |
| ☐ dà dà | 大大 [따 따] | 대단히, 엄청나게 |
| ☐ dà dǎn | 大胆 [따 단] | 대담하다 |
| ☐ dá dào | 达到 [다 따오] | 달성하다 |
| ☐ dà dào | 大道 [따 따오] | 큰길 |
| ☐ dǎ dǎo | 打倒 [다 다오] | 타도하다 |
| ☐ dà dì | 大地 [따 띠] | 대지 |

| | | | |
|---|---|---|---|
| ☐ dà dōu | 大都 [따 도우] | 대개, 대체로 |
| ☐ dà duì | 大队 [따 뚜이] | 대부대 |
| ☐ dà duō | 大多 [따 둬] | 대부분, 거의 다 |
| ☐ dà duō shù | 大多数 [둬 쑤] | 대다수 |
| ☐ dǎ fā | 打发 [다 프야] | 보내다, 가게하다 |
| ☐ dà fang | 大方 [따 팡] | 시원스럽다, 의젓하다 |
| ☐ dá fù | 答复 [다 푸] | 답 복 |
| ☐ dà gài | 大概 [따 까이] | 대강의 |
| ☐ dà gē | 大哥 [따 거] | 큰형, 맏형 |
| ☐ dà gōng wú sī | 大公无私 [따 궁 우 스] | 대공무사하다 |
| ☐ dà guō fàn | 大锅饭 [따 궈 프안] | 한 솥밥 |
| ☐ dà huì | 大会 [따 후이] | 대회 |
| ☐ dà huǒr | 大伙儿 [따 훨] | 여럿이 |
| ☐ dǎ jī | 打击 [다 지] | 타격하다 |
| ☐ dǎ jià | 打架 [다 쨔] | 싸움하다, 싸우다 |
| ☐ dà jiā | 大家 [따 쟈] | 모든 사람 |
| ☐ dǎ jiāo dao | 打交道 [다 쟈오 다오] | 왕래하다, 교제하다, 사귀다 |
| ☐ dà jie | 大街 [따 졔] | 큰거리 |
| ☐ dà jú | 大局 [따 쥐] | 대세 |
| ☐ dá juàn | 答卷 [다 쮄] | 답안지 |
| ☐ dà lì | 大力 [따 리] | 강력하게, 크게 |
| ☐ dà lǐ shí | 大理石 [따 리 스] | 대리석 |
| ☐ dà liàng | 大量 [따 량] | 대량적 |
| ☐ dǎ liang | 打量 [다 량] | 훑어보다, 관찰하다 |
| ☐ dǎ liè | 打猎 [다 례] | 사냥하다 |
| ☐ dà lù | 大陆 [따 루] | 대륙 |
| ☐ dà mā | 大妈 [따 마] | 큰 어머님 |

| | | | |
|---|---|---|---|
| ☐ dà mǐ | 大米 [따 미] | 입쌀 |
| ☐ dà mǔ zhǐ | 大拇指 [따 무 즈] | 엄지손가락 |
| ☐ dà nǎo | 大脑 [따 나오] | 대뇌 |
| ☐ dà niáng | 大娘 [따 냥] | 어머님 (존칭) |
| ☐ dà pào | 大炮 [따 파오] | 대포 |
| ☐ dā pèi | 搭配 [다 페이] | 배합하다, 결합하다 |
| ☐ dà pī | 大批 [따 피] | 대량의 |
| ☐ dǎ pò | 打破 [다 포] | 타파하다 |
| ☐ dà qì yā | 大气压 [따 치 야] | 대기압 |
| ☐ dǎ rǎo | 打扰 [다 라오] | 폐를 끼치다, 방해하다 |
| ☐ dà rén | 大人 [따 런] | 대인, 성인 |
| ☐ dà sǎo | 大嫂 [따 사오] | 아주머님 |
| ☐ dǎ sǎo | 打扫 [다 사오] | 청소하다 |
| ☐ dà shà | 大厦 [따 싸] | 빌딩 |
| ☐ dà shēng | 大声 [따 성] | 큰 소리 |
| ☐ dà shǐ | 大使 [따 스] | 대사 |
| ☐ dà shǐ guǎn | 大使馆 [따 스 관] | 대사관 |
| ☐ dà sì | 大肆 [따 쓰] | 마구, 제멋대로 |
| ☐ dǎ suàn | 打算 [다 쏸] | 타산하다 |
| ☐ dà tǐ | 大体 [따 티] | 대체로 |
| ☐ dǎ tīng | 打听 [다 팅] | 알아보다 |
| ☐ dà tóng xiǎo yì | 大同小异 [따 퉁 샤오 이] | 대동소이 |
| ☐ dà wú wèi | 大无畏 [따 우 웨이] | 그 어떤 두려움도 없다 |
| ☐ dà xiǎo | 大小 [따 샤오] | 대소 |
| ☐ dà xíng | 大型 [따 싱] | 대형의 |
| ☐ dà xué | 大学 [따 쉐] | 대학 |
| ☐ dà yàn | 大雁 [따 옌] | 기러기 |

| | | | |
|---|---|---|---|
| ☐ dà ye | **大爷** [따 예] | | 큰아버님 |
| ☐ dà yī | **大衣** [따 이] | | 외투 |
| ☐ dà yì | **大意** [따 이] | | 대의, 큰 뜻 |
| ☐ dā yìng | **答应** [다 잉] | | 대답하다 |
| ☐ dà yǒu kě wéi | **大有可为** [따 유 커 웨이] | | 발전할 여지가 있다 |
| ☐ dà yú | **大于** [따 위] | | ~크다 |
| ☐ dà yuē | **大约** [따 웨] | | 대략 |
| ☐ dǎ zhàng | **打仗** [다 짱] | | 싸우다, 전쟁하다 |
| ☐ dǎ zhāo hu | **打招呼** [다 자오 후] | | 인사하다, 주의를 주다, 알리다 |
| ☐ dǎ zhēn | **打针** [다 전] | | 주사를 놓다 |
| ☐ dà zhì | **大致** [따 쯔] | | 대체적이다 |
| ☐ dà zhì | **大致** [따 쯔] | | 대체로, 대강 |
| ☐ dà zhòng | **大众** [따 쫑] | | 대중 |
| ☐ dà zì rán | **大自然** [따 쯔 란] | | 대자연 |
| ☐ dài | **袋** [따이] | | 자루 |
| ☐ dài | **代** [따이] | | 대신하다, 대리하다 |
| ☐ dài | **戴** [따이] | | 쓰다 |
| ☐ dài | **待** [따이] | | 기다리다 |
| ☐ dāi | **呆** [다이] | | 머무르다 |
| ☐ dài | **带** [따이] | | 지니다, 붙어 있다 이끌다, 양육하다 |
| ☐ dài | **袋** [따이] | | ~자루 |
| ☐ dài | **贷** [따이] | | 책임을 전가하다 |
| ☐ dài | **代** [따이] | | 대, 시대, 세대 |
| ☐ dài bàn | **代办** [따이 빤] | | 대리, 대사 |
| ☐ dài bàn | **代办** [따이 빤] | | 대신처리하다 |

| | | | |
|---|---|---|---|
| ☐ dài biǎo | 代表 | [따이 뱌오] | 대표 |
| ☐ dài bǔ | 逮捕 | [따이 부] | 체포하다 |
| ☐ dài dòng | 带动 | [따이 똥] | 이끌다, 대동하다 |
| ☐ dài fu | 大夫 | [따이 푸] | 의사 |
| ☐ dài gōng | 怠工 | [따이 궁] | 태업하다 |
| ☐ dài hào | 代号 | [따이 하오] | 부호, 약호 |
| ☐ dài jià | 代价 | [따이 쨔] | 대가 |
| ☐ dài jìn | 带劲 | [따이 찐] | 멋있다, 신나다 |
| ☐ dài kuǎn | 贷款 | [따이 콴] | 대부금 |
| ☐ dài lǐ | 代理 | [따이 리] | 대리하다 |
| ☐ dài lǐng | 带领 | [따이 링] | 이끌다 인솔하다 |
| ☐ dài màn | 怠慢 | [따이 만] | 태만하다 |
| ☐ dài shù | 代数 | [따이 쑤] | 대수 |
| ☐ dài tì | 代替 | [따이 티] | 대체하다 |
| ☐ dài tóu | 带头 | [따이 토우] | 앞장서다, 솔선수범하다 |
| ☐ dǎi tú | 歹徒 | [다이 투] | 악당, 깡패 |
| ☐ dài yè | 待业 | [따이 예] | 취업을 기다리다 |
| ☐ dài yù | 待遇 | [따이 위] | 대우, 급료 |
| ☐ dàir | 带儿 | [따이 얼] | 띠, 벨트, 타이어 |
| ☐ dàn | 担 | [딴] | ~단 |
| ☐ dàn | 氮 | [딴] | 질소 |
| ☐ dǎn | 胆 | [단] | 쓸개, 담력, 용기 |
| ☐ dān | 单 | [단] | 하나의, 홀수의 |
| ☐ dàn | 弹 | [딴] | 작은 덩어리, 탄알 |
| ☐ dàn | 但 | [딴] | 하지만, 그러나 |
| ☐ dān | 丹 | [단] | 단, 붉은 |
| ☐ dān | 担 | [단] | 맡다, 메다 |
| ☐ dàn | 蛋 | [딴] | 알, 알 모양의 것 |

D_d

| | | | |
|---|---|---|---|
| ☐ dàn | 淡 [딴] | | 싱겁다, 부진하다, 의미 없다, 얇다 |
| ☐ dān | 单 [단] | | 홀로, 오직 |
| ☐ dàn bái zhì | 蛋白质 [딴 바이 쯔] | | 단백질 |
| ☐ dàn chén | 诞辰 [딴 천] | | 탄신, 생일 |
| ☐ dān chún | 单纯 [단 춘] | | 단순하다 |
| ☐ dān cí | 单词 [단 츠] | | 단어 |
| ☐ dān diào | 单调 [단 땨오] | | 단조롭다 |
| ☐ dān dú | 单独 [단 두] | | 단독으로, 혼자서 |
| ☐ dān fù | 担负 [단 푸] | | 부담하다, 맡다 |
| ☐ dàn gāo | 蛋糕 [딴 고우] | | 케이크 |
| ☐ dàn jì | 淡季 [딴 찌] | | 불경기 계절 |
| ☐ dǎn liàng | 胆量 [단 량] | | 담량 |
| ☐ dǎn qiè | 胆怯 [단 체] | | 비겁하다, 겁에 질리다 |
| ☐ dān rèn | 担任 [단 런] | | 담임하다 |
| ☐ dàn shēng | 诞生 [딴 셩] | | 태어나다 |
| ☐ dàn shì | 但是 [딴 쓰] | | 그러나 |
| ☐ dàn shuǐ | 淡水 [딴 수이] | | 담수 |
| ☐ dān wèi | 单位 [단 워이] | | 단위 |
| ☐ dān wu | 耽误 [단 우] | | 지체하다 |
| ☐ dànyào | 弹药 [탄야오] | | 탄약 |
| ☐ dān xīn | 担心 [단 신] | | 근심하다 |
| ☐ dān yōu | 担忧 [단 유] | | 염려하다 |
| ☐ dān yuán | 单元 [단 웬] | | 단원 |
| ☐ dàn zi | 担子 [단 즈] | | 짐, 책임, 부담 |
| ☐ dǎn zi | 胆子 [단 즈] | | 담력, 쓸개 |
| ☐ dǎng | 党 [당] | | 당, 당파 |
| ☐ dāng | 当 [당] | | 담당하다, 책임지다 |

| | | | |
|---|---|---|---|
| dāng | 当 [당] | | ~이 되다 |
| dāng | 当 [당] | | 삼다, 간주하다 |
| dǎng | 挡 [당] | | 막다, 가리다 |
| dàng | 荡 [당] | | 흔들리다, 어슬렁거리다 |
| dāng | 当 [당] | | ~때 (사건 발생 시간) |
| dàng àn | 档案 [당 안] | | 당안, 파일 |
| dāng chǎng | 当场 [당 창] | | 당장, 즉석에서 |
| dāng chū | 当初 [당 추] | | 맨 처음, 당초 |
| dàng cì | 档次 [당 츠] | | 등급 |
| dāng dài | 当代 [당 따이] | | 당대 |
| dāng dì | 当地 [당 띠] | | 당지 |
| dāng jiā | 当家 [당 쟈] | | 집 주인 |
| dāng jú | 当局 [당 쥐] | | 당국 |
| dāng miàn | 当面 [당 멘] | | 직접 맞대다 |
| dāng nián | 当年 [당 녠] | | 당년 |
| dǎng pài | 党派 [당 파이] | | 당파 |
| dāng qián | 当前 [당 쳰] | | 현재 |
| dāng rán | 当然 [당 란] | | 당연하다 |
| dāng shí | 当时 [당 스] | | 당시 |
| dāng shì rén | 当事人 [당 쓰 런] | | 당사자 |
| dāng tiān | 当天 [당 트] | | 당일 |
| dǎng wěi | 党委 [당 워이] | | 당위 |
| dāng xīn | 当心 [당 신] | | 주의하다, 조심하다 |
| dǎng xìng | 党性 [당 씽] | | 당성 |
| dāng xuǎn | 当选 [당 쉔] | | 당선되다 |
| dǎng yuán | 党员 [당 웬] | | 당원 |
| dǎng zhāng | 党章 [당 장] | | 당장 |
| dāng zhōng | 当中 [당 중] | | 중간, 가운데 |

| | | | |
|---|---|---|---|
| ☐ dāng zuò | 当作 [당 쭤] | ~로 여기다 | |
| ☐ dāngde shí hou | 当的时候 [당 더 스 호우] | ~그 때에, ~때에 | |
| ☐ dào | 到 [따오] | 도착하다, 향하다 | |
| ☐ dǎo | 岛 [다오] | 섬, 도 | |
| ☐ dào | 道 [따오] | 약간, 조금 | |
| ☐ dào | 道 [따오] | 길, 도로 | |
| ☐ dǎo | 倒 [다오] | 거꾸로 되다, 붓다 | |
| ☐ dào | 盗 [따오] | 훔치다 | |
| ☐ dào | 道 [따오] | (이어진 것에 쓰임) ~개 | |
| ☐ dāo | 刀 [다오] | 칼 | |
| ☐ dào | 道 [따오] | 말하다, 생각하다 | |
| ☐ dǎo | 捣 [절구] | 찧다, 빻다 | |
| ☐ dǎo | 倒 [다오] | 넘어지다, 무너지다 | |
| ☐ dǎo bì | 倒闭 [다오 삐] | 도산하다, 닫다 | |
| ☐ dào chù | 到处 [따오 추] | 도처에 | |
| ☐ dào dá | 到达 [따오 다] | 도달하다 | |
| ☐ dǎo dàn | 导弹 [다오 딴] | 유도탄, 미사일 | |
| ☐ dǎo dàn | 捣蛋 [다오 딴] | 말썽부리다 | |
| ☐ dào dé | 道德 [따오 더] | 도덕 | |
| ☐ dào dǐ | 到底 [따오 디] | 도대체 | |
| ☐ dǎo guǐ | 搞鬼 [다오 구이] | 음모를 꾀하다 | |
| ☐ dǎo háng | 导航 [다오 항] | 항해를 유도하다 | |
| ☐ dào lái | 到来 [따오 라이] | 도래하다 | |
| ☐ dāo lao | 叨唠 [다오 라오] | 중얼거리다 | |
| ☐ dào li | 道理 [따오 리] | 도리 | |
| ☐ dào lù | 道路 [따오 루] | 도로 | |
| ☐ dào lù | 道路 [따오 루] | 길 | |

| | | | |
|---|---|---|---|
| ☐ dǎo luàn | 捣乱 [다오 롼] | 성가시게 하다 |
| ☐ dǎo méi | 倒霉 [다오 메이] | 재수가 없다 |
| ☐ dào qī | 到期 [따오 치] | 기한이 되다 |
| ☐ dào qiàn | 道歉 [따오 첸] | 사과하다 |
| ☐ dào qiè | 盗窃 [따오 체] | 절도하다, 훔치다 |
| ☐ dāo rèn | 刀刃 [다오 런] | 칼날 |
| ☐ dǎo shī | 导师 [다오 스] | 도사, 스승 |
| ☐ dào shì | 倒是 [따오 쓰] | 오히려, 도대체 |
| ☐ dǎo teng | 倒腾 [다오 텅] | 옮기다 |
| ☐ dǎo tǐ | 导体 [다오 티] | 도체 |
| ☐ dào tuì | 倒退 [따오 투이] | 퇴보하다 |
| ☐ dǎo yǎn | 导演 [다오 옌] | 연출 |
| ☐ dǎo yé | 倒爷 [다오 예] | 투기군 |
| ☐ dǎo yóu | 导游 [다오 유] | 가이드 |
| ☐ dǎo yǔ | 岛屿 [다오 위] | 도서 |
| ☐ dào zi | 稻子 [따오 즈] | 벼 |
| ☐ dāo zi | 刀子 [따오 즈] | 칼 |
| ☐ dào~wéi zhǐ | 到~为止 [따오 웨이 즈] | ~에 까지 |
| ☐ de | 的 [더] | 한국에서 흔히 쓰이는 「~의, ~은」 등의 역할을 하는 조사 |
| ☐ de | 得 [더] | 결과나 가능, 정도를 나타내기 위해 보어 사이에 쓰임 |
| ☐ de | 地 [더] | 부사적 작용을 하는 조사 |
| ☐ dé bìng | 得病 [더 삥] | 병을 얻다, 병에 걸리다 |
| ☐ dé bù cháng shī | 得不偿失 [더 뿌 창 스] | 얻는 것보다 잃는 것이 많다 |
| ☐ dé dào | 得到 [더 따오] | 얻다 |

| | | | |
|---|---|---|---|
| ☐ de hěn | ~得很 | [더 헌] | 매우 ~하다 |
| ☐ de huà | 的话 | [더 화] | 그렇다면 |
| ☐ dé le | 得了 | [더 러] | 됐다 |
| ☐ dé lì | 得力 | [더 리] | 유능하다 |
| ☐ dé wén | 德文 | [더 원] | 독일어 |
| ☐ dé yǐ | 得以 | [더 이] | 할 수 있다 |
| ☐ dé yì | 得意 | [더 이] | 의기양양하다 |
| ☐ dé yǔ | 德语 | [더 위] | 독일어 |
| ☐ dé zuì | 得罪 | [더 쭈이] | 남을 상하게 하다 |
| ☐ děi | 得 | [더이] | 필요로 하다 |
| ☐ děng | 等 | [덩] | 기다리다 |
| ☐ dēng | 灯 | [덩] | 등 |
| ☐ dēng | 蹬 | [덩] | 발로 디디다 |
| ☐ děng | 等 | [덩] | 등급 |
| ☐ dēng | 登 | [덩] | 오르다, 기록하다 |
| ☐ dèng | 瞪 | [떵] | 노려보다, 눈을 크게 뜨다 |
| ☐ dèng | 邓 | [떵] | 등 (성씨) |
| ☐ děng dài | 等待 | [덩 따이] | 기다리다 |
| ☐ děng dào | 等到 | [덩 또우] | ~때, ~때에 이르러 |
| ☐ děng hòu | 等候 | [덩 호우] | 기다리다, 대기하다 |
| ☐ dēng huǒ | 灯火 | [덩 훠] | 등불 |
| ☐ dēng jì | 登记 | [덩 찌] | 등기하다 |
| ☐ děng jí | 等级 | [덩 지] | 등급 |
| ☐ dēng long | 灯笼 | [덩 룽] | 등불초롱, 랜턴 |
| ☐ dēng lù | 登陆 | [덩 루] | 상륙하다 |
| ☐ dēng pào | 灯泡 | [덩 파오] | 전구 |
| ☐ děng yú | 等于 | [덩 위] | ~와 같다 |
| ☐ dèng zi | 凳子 | [떵 즈] | 걸상 |

| | | | |
|---|---|---|---|
| ☐ dī | 滴 [디] | | 떨어지다 |
| ☐ dǐ | 底 [디] | | 밑, 아래 |
| ☐ dī | 堤 [디] | | 둑, 제방, 땜 |
| ☐ dì | 地 [띠] | | 땅 |
| ☐ dī | 低 [디] | | 낮추다, 숙이다 |
| ☐ dí | 敌 [디] | | 싸우다, 대항하다 |
| ☐ dǐ | 抵 [디] | | 떠받치다, 막다, 맞먹다 도착하다 |
| ☐ dī | 滴 [디] | | (비, 방울, 물이) 떨어지다 |
| ☐ dí | 敌 [디] | | 적 |
| ☐ dì | 递 [띠] | | 넘겨주다, 전해주다 |
| ☐ dī | 低 [디] | | 낮다 |
| ☐ dì bǎn | 地板 [띠 반] | | 마루 |
| ☐ dì bù | 地步 [띠 뿌] | | 형편, 정도 |
| ☐ dǐ dá | 抵达 [디 다] | | 도착하다 |
| ☐ dì dài | 地带 [띠 따이] | | 지대 |
| ☐ dì dào | 地道 [띠 따오] | | 진짜의, 제격이야 |
| ☐ dì di | 弟弟 [띠 디] | | 남동생 |
| ☐ dì diǎn | 地点 [띠 뗀] | | 지점 |
| ☐ dí duì | 敌对 [디 뚜이] | | 적대하다 |
| ☐ dì fāng | 地方 [띠 팡] | | 지방 |
| ☐ dì guó | 帝国 [띠 궈] | | 제국 |
| ☐ dì guó zhǔ yì | 帝国主义 [띠 궈 주 이] | | 제국주의 |
| ☐ dī jí | 低级 [디 지] | | 저급하다 |
| ☐ dì jiāo | 递交 [띠 쟈오] | | 제출하다 |
| ☐ dì jié | 缔结 [띠 제] | | 체결하다 |
| ☐ dǐ kàng | 抵抗 [디 캉] | | 저항하다 |

D_d

| | | | |
|---|---|---|---|
| ☐ dì lǐ | 地理 | [띠 리] | 지리 |
| ☐ dī liè | 低劣 | [디 레] | 저열하다 |
| ☐ dí lún | 涤纶 | [디 룬] | 테릴런(terylene) |
| ☐ dì miàn | 地面 | [띠 멘] | 지면 |
| ☐ dǐ piàn | 底片 | [디 펜] | 사진, 원판 |
| ☐ dì qiú | 地球 | [띠 치우] | 지구 |
| ☐ dì qū | 地区 | [띠 취] | 지구 |
| ☐ dí què | 的确 | [디 췌] | 확실히 |
| ☐ dí què liáng | 的确良 | [디 췌 량] | 데이크런 |
| ☐ dí rén | 敌人 | [디 런] | 적 |
| ☐ dí shì | 敌视 | [디 쓰] | 적대시하다 |
| ☐ dì shì | 地势 | [띠 쓰] | 지세 |
| ☐ dì tǎn | 地毯 | [띠 탄] | 카펫, 융단 |
| ☐ dì tiě | 地铁 | [띠 테] | 지하철 |
| ☐ dì tú | 地图 | [띠 투] | 지도 |
| ☐ dì wèi | 地位 | [띠 워이] | 지위 |
| ☐ dī wēn | 低温 | [디 원] | 저온 |
| ☐ dǐ xià | 底下 | [디 쌰] | 밑 |
| ☐ dī xià | 低下 | [디 쌰] | 낮다, 비천하다 |
| ☐ dì xià | 地下 | [띠 쌰] | 지하 |
| ☐ dì xíng | 地形 | [띠 싱] | 지형 |
| ☐ dì xiong | 弟兄 | [띠 슝] | 형제 |
| ☐ dì zēng | 递增 | [띠 정] | 점차 증가하다 |
| ☐ dì zhèn | 地震 | [띠 쩐] | 지진 |
| ☐ dǐ zhì | 抵制 | [디 쯔] | 막다, 배척하다 |
| ☐ dì zhì | 地质 | [띠 쯔] | 지질 |
| ☐ dì zhǐ | 地址 | [띠 즈] | 주소 |
| ☐ dì zhǔ | 地主 | [띠 주] | 지주 |

| | | | |
|---|---|---|---|
| ☐ dí zi | 笛子 [디 즈] | 피리 |
| ☐ diàn | 电 [뗸] | 전기 |
| ☐ diàn | 殿 [뗸] | 전, 큰 건물 |
| ☐ diǎn | 点 [뗸] | 점 |
| ☐ diàn | 店 [뗸] | 상점, 가게 |
| ☐ diān | 掂 [뗸] | (무게를) 가늠해 보다 |
| ☐ diǎn | 点 [뗸] | 점찍다, 가리키다, 건드리다 |
| ☐ diàn | 垫 [뗸] | 깔다, 받치다, 돈을 대신 치르다 |
| ☐ diàn bào | 电报 [뗸 빠오] | 전보 |
| ☐ diàn bīng xiāng | 电冰箱 [뗸 빙 샹] | 냉장고 |
| ☐ diān bǒ | 颠簸 [뗸 보] | 흔들리다, 요동치다 |
| ☐ diàn chē | 电车 [뗸 츠] | 전차 |
| ☐ diàn chí | 电池 [뗸 츠] | 전지, 배터리 |
| ☐ diān dǎo | 颠倒 [뗸 다오] | 전도하다 |
| ☐ diàn dēng | 电灯 [뗸 등] | 전등 |
| ☐ diàn dìng | 奠定 [뗸 띵] | 다지다, 안정시키다 |
| ☐ diàn dòng jī | 电动机 [뗸 똥 지] | 전동기 |
| ☐ diàn fěn | 淀粉 [뗸 프언] | 녹말, 전분 |
| ☐ diàn fēng shàn | 电风扇 [뗸 펑 싼] | 선풍기 |
| ☐ diān fù | 颠覆 [뗸 푸] | 전복하다 |
| ☐ diàn huà | 电话 [뗸 화] | 전화 |
| ☐ diǎn huǒ | 点火 [뗸 훠] | 불을 붙이다 |
| ☐ diàn jì | 惦记 [뗸 찌] | 늘 생각하다 염려하다 |
| ☐ diǎn lǐ | 典礼 [뗸 리] | 의식, 전례 |
| ☐ diàn lì | 电力 [뗸 리] | 전력 |

| | | | |
|---|---|---|---|
| ☐ diàn líng | 电铃 [뗀 링] | 전령 |
| ☐ diàn liú | 电流 [뗀 리우] | 전류 |
| ☐ diàn lú | 电炉 [뗀 루] | 전기난로 |
| ☐ diàn lù | 电路 [뗀 루] | 전기회로 |
| ☐ diǎn míng | 点名 [뗀 밍] | 점명하다 |
| ☐ diàn nǎo | 电脑 [뗀 나오] | 컴퓨터 |
| ☐ diàn niǔ | 电钮 [뗀 뉴] | 전기버튼 |
| ☐ diàn qì | 电气 [뗀 치] | 전기 |
| ☐ diàn qì | 电器 [뗀 치] | 전기기구, 전기제품 |
| ☐ diǎn rán | 点燃 [뗀 란] | 불을 붙이다, 점화하다 |
| ☐ diàn shàn | 电扇 [뗀 싼] | 선풍기 |
| ☐ diàn shì | 电视 [뗀 쓰] | 텔레비전 |
| ☐ diàn shì tái | 电视台 [뗀 쓰 타이] | TV 방송국 |
| ☐ diàn tái | 电台 [뗀 타이] | 방송국 |
| ☐ diàn tī | 电梯 [뗀 티] | 엘리베이터, 승강기 |
| ☐ diàn xiàn | 电线 [뗀 쎈] | 전선 |
| ☐ diǎn xīn | 点心 [뗀 신] | 과자 |
| ☐ diǎn xíng | 典型 [뗀 싱] | 전형, 전형적이다 |
| ☐ diàn yā | 电压 [뗀 야] | 전압 |
| ☐ diàn yǐng | 电影 [뗀 잉] | 영화 |
| ☐ diàn yǐng yuàn | 电影院 [뗀 잉 웬] | 영화관 |
| ☐ diàn yuán | 电源 [뗀 웬] | 전원 |
| ☐ diàn yuán | 店员 [뗀 웬] | 점원 |
| ☐ diǎn zhōng | 点钟 [뗀 중] | 시, 시간 |
| ☐ diàn zǐ | 电子 [뗀 즈] | 전자 |
| ☐ diǎn zi | 点子 [뗀 즈] | 요점, 방책, 점 |
| ☐ diǎn zuì | 点缀 [뗀 쭈이] | 점철하다 |

| | | | |
|---|---|---|---|
| ☐ diāo | 刁 [땨오] | 교활하다, 간교하다 |
| ☐ diào | 吊 [땨오] | 매달다, 들어올리다, 애도하다 |
| ☐ diào | 掉 [땨오] | 떨어지다 |
| ☐ diāo | 叼 [땨오] | 입에 물다 |
| ☐ diào | 钓 [땨오] | 낚다, 낚시하다 |
| ☐ diào | 调 [땨오] | 이동하다, 바꾸다 |
| ☐ diào chá | 调查 [땨오 차] | 조사하다 |
| ☐ diào dòng | 调动 [땨오 뚱] | 이동하다, 동원하다 |
| ☐ diào dù | 调度 [땨오 뚜] | 배치하다, 통제하다 |
| ☐ diào huàn | 调换 [땨오 환] | 교환하다 |
| ☐ diāo kè | 雕刻 [땨오 커] | 조각, 조각하다, 새기다 |
| ☐ diào niàn | 悼念 [땨오 녠] | 추모하다 |
| ☐ diāo sù | 雕塑 [땨오 쑤] | 조각, 조각하다 |
| ☐ diē | 爹 [뎨] | 아버지, 아빠 |
| ☐ dié | 叠 [뎨] | (여러 겹으로) 접다 |
| ☐ diē | 跌 [뎨] | 넘어지다, 떨어지다 |
| ☐ dié zi | 碟子 [뎨 즈] | 접시 |
| ☐ dìng'é | 定额 [띵 어] | 정액 |
| ☐ dìng | 定 [띵] | 정하다, 결정하다 |
| ☐ dīng | 盯 [딩] | 응시하다, 주시하다 |
| ☐ dīng | 钉 [딩] | 바짝 따르다, 독촉하다 |
| ☐ dīng | 丁 [딩] | 성인남자, 식구수, 네 번째 |
| ☐ dìng | 订 [띵] | 정하다, 예약하다 |
| ☐ dīng | 钉 [딩] | 박다, 달다 |
| ☐ dǐng | 顶 [딩] | 매우, 대단히 |
| ☐ dǐng | 顶 [딩] | ~정 (꼭대기 있는 물건) |
| ☐ dǐng | 顶 [딩] | 꼭대기, 정상, 대신하다, 상당하다 |

| | | | |
|---|---|---|---|
| ☐ dǐng | 顶 [딩] | | (머리에) 이다, 들어올리다 |
| ☐ dǐng diǎn | 顶点 [딩 뎬] | | 정점 |
| ☐ dìng diǎn | 定点 [띵 뎬] | | 시간을 정하다 |
| ☐ dǐng duān | 顶端 [딩 돤] | | 꼭대기, 끝 |
| ☐ dìng gòu | 订购 [띵 꼬우] | | 주문하여 구입하다 |
| ☐ dìng hūn | 订婚 [띵 훈] | | 약혼을 하다 |
| ☐ dìng huò | 订货 [띵 훠] | | 물품을 주문하다 |
| ☐ dìng jià | 定价 [띵 쨔] | | 정가 |
| ☐ dìng jū | 定居 [띵 쥐] | | 정착하다 |
| ☐ dìng lǐ | 定理 [띵 리] | | 정리, 법칙 |
| ☐ dìng liàng | 定量 [띵 량] | | 정량 |
| ☐ dìng lǜ | 定律 [띵 뤼] | | 법칙 |
| ☐ dìng qī | 定期 [띵 치] | | 정기 |
| ☐ dìng xìng | 定性 [띵 씽] | | 성분을 결정하다 |
| ☐ dìng yì | 定义 [띵 이] | | 정의 |
| ☐ dìng yuè | 订阅 [띵 웨] | | 정기 구독하다 |
| ☐ dīng zhǔ | 叮嘱 [딩 주] | | 신신 당부하다 |
| ☐ dīng zi | 钉子 [딩 즈] | | 못 |
| ☐ diū | 丢 [디우] | | 잃다 |
| ☐ diū rén | 丢人 [디우 런] | | 망신당하다, 체면 깎이다 |
| ☐ diū shī | 丢失 [디우 스] | | 잃다 |
| ☐ dōng | 冬 [둥] | | 겨울 |
| ☐ dòng | 栋 [뚱] | | 기념배지 |
| ☐ dòng | 冻 [뚱] | | 얼다 |
| ☐ dòng | 洞 [뚱] | | 동굴, 구멍 |
| ☐ dōng | 东 [둥] | | 동(쪽) |
| ☐ dòng | 动 [뚱] | | 움직이다 |
| ☐ dǒng | 懂 [둥] | | 알다 |

| | | | |
|---|---|---|---|
| ☐ dōng běi | 东北 [둥 베이] | 동북 |
| ☐ dōng bēn xī zǒu | 东奔西走 [둥 번 시 조우] | 동분서주하다 |
| ☐ dōng biān | 东边 [둥 볜] | 동쪽 |
| ☐ dōng bu | 东部 [둥 뿌] | 동부 |
| ☐ dōng dào zhǔ | 东道主 [둥 다오 주] | 주인, 동도주 |
| ☐ dǒng de | 懂得 [둥 더] | 알다 |
| ☐ dōng fāng | 东方 [둥 팡] | 동방 |
| ☐ dòng gōng | 动工 [뚱 궁] | 일을 시작하다 |
| ☐ dōng guā | 冬瓜 [둥 과] | 동과, 호박 |
| ☐ dōng jì | 冬季 [둥 찌] | 겨울철, 동계 |
| ☐ dòng jī | 动机 [뚱 지] | 동기 |
| ☐ dòng jié | 冻结 [뚱 제] | 동결되다 |
| ☐ dòng jing | 动静 [뚱 찡] | 동정 |
| ☐ dòng lì | 动力 [뚱 리] | 동력 |
| ☐ dòng luàn | 动乱 [뚱 롼] | 동란, 난리, 분쟁 |
| ☐ dòng mài | 动脉 [뚱 마이] | 동맥 |
| ☐ dōng miàn | 东面 [둥 몐] | 동쪽 |
| ☐ dōng nán | 东南 [둥 난] | 동남 |
| ☐ dòng rén | 动人 [뚱 런] | 감동적이다 |
| ☐ dòng shēn | 动身 [뚱 선] | 떠나다, 일을 시작하다 |
| ☐ dǒng shì | 董事 [둥 쓰] | 이사, 중역 |
| ☐ dǒng shì | 懂事 [둥 쓰] | 사리에 밝다 철이 들다 |
| ☐ dòng shǒu | 动手 [뚱 소우] | 손대다, 착수하다 |
| ☐ dòng tài | 动态 [뚱 타이] | 동태 |
| ☐ dōng tiān | 冬天 [둥 톈] | 겨울 |
| ☐ dòng wù | 动物 [뚱 우] | 동물 |

| | | | |
|---|---|---|---|
| ☐ dòng wù yuán | 动物园 | [똥 우 웬] | 동물원 |
| ☐ dōng xi | 东西 | [둥 시] | 물건 |
| ☐ dòng dàng | 动荡 | [똥 땅] | 불안하다, 출렁이다 |
| ☐ dòng yáo | 动摇 | [똥 요우] | 동요하다 |
| ☐ dòng yòng | 动用 | [똥 융] | 유용하다 |
| ☐ dòng yuán | 动员 | [똥 웬] | 동원하다 |
| ☐ dòng zuò | 动作 | [똥 쭤] | 동작 |
| ☐ dōu | 都 | [도우] | 모두 |
| ☐ dōu | 兜 | [도우] | 싸다, 둘러싸다 |
| ☐ dòu | 斗 | [또우] | 싸우다 |
| ☐ dǒu | 陡 | [도우] | 가파르다, 험하다 |
| ☐ dòu | 逗 | [도우] | 희롱하다 |
| ☐ dǒu | 抖 | [도우] | 떨다, 털다, 정신차리다, 우쭐대다 |
| ☐ dòu fu | 豆腐 | [또우 푸] | 두부 |
| ☐ dòu jiāng | 豆浆 | [또우 쟝] | 콩물, 콩즙 |
| ☐ dòu zhēng | 斗争 | [또우 정] | 투쟁하다 |
| ☐ dòu zhì | 斗志 | [또우 쯔] | 투지 |
| ☐ dòu zi | 豆子 | [또우 즈] | 콩 |
| ☐ dōur | 兜儿 | [도우얼] | 주머니 |
| ☐ dú | 独 | [두] | 혼자이다, 유일하다 |
| ☐ dú | 毒 | [두] | 독 |
| ☐ dú | 毒 | [두] | 지독하다, 악독하다 |
| ☐ dú | 毒 | [두] | 독살하다 |
| ☐ dǔ | 堵 | [두] | 막다 |
| ☐ dù | 度 | [뚜] | ~회, ~차, ~도 |
| ☐ dǔ | 赌 | [두] | 도박하다, 내기하다 |

| | | | |
|---|---|---|---|
| ☐ dù | 镀 [뚜] | 도금하다 | |
| ☐ dù | 度 [뚜] | 도 | |
| ☐ dù | 度 [뚜] | (세월을) 보내다 | |
| ☐ dù | 渡 [뚜] | 건너다, 겪다 | |
| ☐ dú | 读 [두] | 읽다, 공부하다 | |
| ☐ dǔ bó | 赌博 [두 보] | 도박하다 | |
| ☐ dú cái | 独裁 [두 차이] | 독재하다 | |
| ☐ dù chuán | 渡船 [뚜 촨] | 나룻배 | |
| ☐ dū cù | 督促 [두 추] | 독촉하다, 재촉하다 | |
| ☐ dù guò | 度过 [뚜 꿔] | 과도하다 | |
| ☐ dú hài | 毒害 [두 하이] | 독해하다 | |
| ☐ dù jué | 杜绝 [뚜 쮀] | 두절하다, 끊다 | |
| ☐ dù kǒu | 渡口 [뚜 코우] | 나루터 | |
| ☐ dú lì | 独立 [두 리] | 독립하다 | |
| ☐ dú lì zì zhǔ | 独立自主 [두 리 쯔 주] | 독립자주 | |
| ☐ dú pǐn | 毒品 [두 핀] | 독품 | |
| ☐ dǔ sè | 堵塞 [두 써] | 틀어막다 | |
| ☐ dū shì | 都市 [두 쓰] | 도시 | |
| ☐ dú shū | 读书 [두 수] | 공부하다, 책을 읽다 | |
| ☐ dú tè | 独特 [두 터] | 독특하다 | |
| ☐ dú wù | 读物 [두 우] | 서적 | |
| ☐ dú xìng | 毒性 [두 씽] | 독성 | |
| ☐ dú zhě | 读者 [두 저] | 독자 | |
| ☐ dú zì | 独自 [두 쯔] | 홀로, 혼자 | |
| ☐ dù zi | 肚子 [뚜 쯔] | 배 | |
| ☐ duǎn | 短 [똰] | 짧다, 단 | |
| ☐ duān | 端 [똰] | 나르다, 받쳐 들다 | |

D_d

| | | | |
|---|---|---|---|
| ☐ duàn | 断 [똰] | | 끊다 |
| ☐ duān | 端 [똰] | | 끝, 시작, 이유 |
| ☐ duàn | 段 [똰] | | 부분, 토막 |
| ☐ duǎn chù | 短处 [똰 추] | | 단점 |
| ☐ duǎn cù | 短促 [똰 추] | | 촉박하다, 짧다 |
| ☐ duàn dìng | 断定 [똰 띵] | | 단정하다 |
| ☐ duàn duàn xù xù | 断断续续 [똰 똰 쉬 쉬] | | 단속적으로 |
| ☐ duàn jué | 断绝 [똰 줴] | | 단절하다 |
| ☐ duàn liàn | 锻炼 [똰 롄] | | 단련하다 |
| ☐ duǎn qī | 短期 [똰 치] | | 단기 |
| ☐ duǎn zàn | 短暂 [똰 짠] | | 시간이 짧다 |
| ☐ duàn zi | 缎子 [똰 즈] | | 단자, 공단(비단) |
| ☐ duì'àn | 对岸 [뚜이 안] | | 대안 |
| ☐ duī | 堆 [뚜이] | | 무더기, 더미 |
| ☐ duī | 堆 [뚜이] | | 무지다, 쌓다 |
| ☐ duì | 对 [뚜이] | | 쌍, 짝, 대칭 |
| ☐ duì | 队 [뚜이] | | 팀, 그룹, 대열 |
| ☐ duī | 堆 [뚜이] | | ~더미 |
| ☐ duì | 对 [뚜이] | | 옳다, 정확하다 |
| ☐ duì | 对 [뚜이] | | 대하다, 맞추다, 대답하다 |
| ☐ duì | 对 [뚜이] | | ~에, ~에 대한 |
| ☐ duì bǐ | 对比 [뚜이 비] | | 대비 |
| ☐ duì bu qǐ | 对不起 [뚜이 부 치] | | 미안하다 |
| ☐ duì cè | 对策 [뚜이 처] | | 대책 |
| ☐ duì chèn | 对称 [뚜이 천] | | 대칭되다 |
| ☐ duì dài | 对待 [뚜이 따이] | | 대하다 |
| ☐ duì de qǐ | 对得起 [뚜이 더 치] | | 떳떳하다, 면목이 서다 |

| | | |
|---|---|---|
| duì fāng | 对方 [뚜이 팡] | 대방 |
| duì fu | 对付 [뚜이 푸] | 대처하다 |
| duì huà | 对话 [뚜이 화] | 대화하다 |
| duì huàn | 兑换 [뚜이 환] | 현금과 바꾸다 |
| duī jī | 堆积 [두이 지] | 쌓아올리다 |
| duì kàng | 对抗 [뚜이 캉] | 대항하다 |
| duì le | 对了 [뚜이 러] | 옳다, 맞다 |
| duì lì | 对立 [뚜이 리] | 대립시키다 |
| duì lián | 对联 [뚜이 렌] | 주련 |
| duì mén | 对门 [뚜이 먼] | 맞은편 |
| duì miàn | 对面 [뚜이 몐] | 맞은편 |
| duì tóu | 对头 [뚜이 토우] | 옳다, 정상적이다 |
| duì wu | 队伍 [뚜이 우] | 대오 |
| duì xiàn | 兑现 [뚜이 쎈] | 현금화하다, 이행하다 |
| duì xiàng | 对象 [뚜이 썅] | 대상 |
| duì yìng | 对应 [뚜이 잉] | 대응하다 |
| duì yú | 对于 [뚜이 위] | 대하여, 대한 |
| duì yuán | 队员 [뚜이 웬] | 대원 |
| duì zhǎng | 队长 [뚜이 장] | 대장 |
| duì zhào | 对照 [뚜이 짜오] | 대조하다 |
| duì~lái shuō | 对~来说 [뚜이 라이 쉬] | ~대해 말한다면,~에 말하면 |
| dūn | 蹲 [둔] | 주저앉다 |
| dūn | 吨 [둔] | ~톤 |
| dùn | 顿 [뚠] | ~끼 (식사) |
| dùn | 顿 [뚠] | 갑자기 |
| duō | 多 [뚸] | 얼마나 |
| duò | 舵 [뚸] | 키, 방향타 |

D_d

| | | | |
|---|---|---|---|
| ☐ duǒ | 朵 [둬] | | 송이 |
| ☐ duò | 跺 [둬] | | 발을 구르다 |
| ☐ duǒ | 躲 [둬] | | 피하다, 숨다 |
| ☐ duó | 夺 [둬] | | 강제로 빼앗다, 쟁취하다 |
| ☐ duō bàn | 多半 [둬 빤] | | 대개, 아마 |
| ☐ duō bàn | 多半 [둬 빤] | | 대다수 |
| ☐ duǒ bì | 躲避 [둬 삐] | | 피하다 |
| ☐ duǒ cáng | 躲藏 [둬 창] | | 숨다 |
| ☐ duó dé | 夺得 [둬 더] | | 빼앗다, 쟁취하다 |
| ☐ duō kuī | 多亏 [둬 쿠이] | | 덕분에, 다행히 |
| ☐ duō láo duō dé | 多劳多得 [둬 라오 둬 더] | | 일할만큼 가지다, 많이 일하면 많이 얻는다 |
| ☐ duò luò | 堕落 [둬 뤄] | | 타락하다 |
| ☐ duō me | 多么 [둬 머] | | 얼마나 |
| ☐ duó qǔ | 夺取 [둬 취] | | 탈취하다, 빼앗다 |
| ☐ duō shao | 多少 [둬 사오] | | 얼마 |
| ☐ duō shù | 多数 [둬 쑤] | | 다수 |
| ☐ duō suo | 哆嗦 [둬 쉬] | | 떨다 |
| ☐ duō yú | 多余 [둬 위] | | 여분의, 군더더기의 |

# E_e

| | | | |
|---|---|---|---|
| è | 饿 [어] | | 배고프다 |
| è | 饿 [어] | | 굶다, 굶주리다 |
| é | 鹅 [어] | | 거위 |
| è huà | 恶化 [어 화] | | 악화하다 |
| è liè | 恶劣 [어 레] | | 악렬하다 |
| ér | 而 [얼] | | 그러나, ~지만 |
| èr | 贰(二) [얼] | | 2, 이, 둘 |
| ěr duo | 耳朵 [얼 둬] | | 귀 |
| ér qiě | 而且 [얼 체] | | 뿐만 아니라 |
| ér tóng | 儿童 [얼 퉁] | | 아동 |
| ér zi | 儿子 [얼 즈] | | 아들 |
| é'wén | 俄文 [어 원] | | 러시아문 |
| è | 恶 [어] | | 사악한, 흉악하다, |
| é | 讹 [어] | | 잘못, 실수 |
| é | 讹 [어] | | 강요하다 |
| é | 额 [어] | | 이마, 일정한 수량 |
| ě xin | 恶心 [어 신] | | 속이 메스껍다 |
| è dú | 恶毒 [어 두] | | 악독하다 |
| é wài | 额外 [어 와이] | | 정액외의 |
| è xìng | 恶性 [어 씽] | | 악성이다 |
| é zi | 蛾子 [어 즈] | | 나방 |
| ēn'ài | 恩爱 [언 아이] | | 부부간의 애정 |
| ēn | 恩 [언] | | 은혜, 호의 |
| ēn rén | 恩人 [언 런] | | 은인 |

| | | |
|---|---|---|
| ☐ ér hòu | **而后** [얼 호우] | 다음, 나중에 |
| ☐ ér nǚ | **儿女** [얼 뉘] | 아들, 딸 |
| ☐ èr yǎng huà tàn | **二氧化碳** [얼 양 화 탄] | 이산화탄소 |
| ☐ ér yǐ | **而已** [얼 이] | ~일 뿐이다 |

# F_f

| | | | |
|---|---|---|---|
| ☐ fá | 伐 [프아] | | 베다, 벌하다 |
| ☐ fǎ | 法 [프아] | | 법 |
| ☐ fā | 发 [프아] | | 보내다, 발생하다, 느끼다 |
| ☐ fá | 罚 [프아] | | 처벌하다, 벌하다 |
| ☐ fā biǎo | 发表 [프아 뱌오] | | 발표하다 |
| ☐ fā bìng | 发病 [프아 삥] | | 병이 나다, 발병하다 |
| ☐ fā bù | 发布 [프아 뿌] | | 선포하다 |
| ☐ fā cái | 发财 [프아 차이] | | 많은 돈을 벌다 |
| ☐ fā chóu | 发愁 [프아 초우] | | 걱정하다, 근심하다 |
| ☐ fā chū | 发出 [프아 추] | | 보내다 |
| ☐ fā dá | 发达 [프아 다] | | 발달하다 |
| ☐ fā diàn | 发电 [프아 뗀] | | 발전하다 |
| ☐ fǎ dìng | 法定 [프아 띵] | | 법적인, 법정의 |
| ☐ fā dòng | 发动 [프아 똥] | | 발동하다 |
| ☐ fā dǒu | 发抖 [프아 도우] | | 떨다 |
| ☐ fā fèn tú qiáng | 发奋图强 [프아 프언 투 챵] | | 분발하여 부강을 도모하다 |
| ☐ fǎ guān | 法官 [프아 관] | | 법관 |
| ☐ fǎ guī | 法规 [프아 구이] | | 법규, 규율 |
| ☐ fā huī | 发挥 [프아 후이] | | 발휘하다 |
| ☐ fā huǒ | 发火 [프아 훠] | | 화를 내다 |
| ☐ fā jué | 发觉 [프아 줴] | | 발각하다 |
| ☐ fá kuǎn | 罚款 [프아 콴] | | 벌금을 물다, 벌금을 내다 |
| ☐ fǎ láng | 法郎 [프아 랑] | | 프랑 |

| | | | |
|---|---|---|---|
| ☐ fǎ lìng | 法令 [프아 링] | 법령 |
| ☐ fǎ lǜ | 法律 [프아 뤼] | 법률 |
| ☐ fā míng | 发明 [밍] | 발명 |
| ☐ fā pí qi | 发脾气 [프아 피 치] | 화를 내다, 성질을 내다 |
| ☐ fā piào | 发票 [프아 퍄오] | 전표, 송장 |
| ☐ fā qǐ | 发起 [프아 치] | 발기하다 |
| ☐ fā rè | 发热 [프아 러] | 열이 나다 |
| ☐ fǎ rén | 法人 [프아 런] | 법인 |
| ☐ fā shāo | 发烧 [프아 사오] | 열이 나다 |
| ☐ fā shè | 发射 [프아 써] | 발사하다 |
| ☐ fā shēng | 发生 [프아 성] | 발생하다 |
| ☐ fā shì | 发誓 [프아 쓰] | 서약하다, 맹세하다 |
| ☐ fǎ tíng | 法庭 [프아 팅] | 법정 |
| ☐ fǎ wén | 法文 [프아 원] | 프랑스어 |
| ☐ fā xiàn | 发现 [프아 쎈] | 발견 |
| ☐ fā xíng | 发行 [프아 싱] | 발행하다 |
| ☐ fā yán | 发炎 [프아 옌] | 염증을 일으키다 |
| ☐ fā yán | 发言 [프아 옌] | 발언을 하다 |
| ☐ fā yáng | 发扬 [프아 양] | 발양하다 |
| ☐ fā yáng guāng dà | 发扬光大 [프아 양 광 따] | 광대하게 발양하다 |
| ☐ fā yù | 发育 [프아 위] | 발육하다 |
| ☐ fǎ yǔ | 法语 [프아 위] | 프랑스어 |
| ☐ fǎ yuàn | 法院 [프아 웬] | 법원 |
| ☐ fǎ zé | 法则 [프아 저] | 법칙 |
| ☐ fā zhǎn | 发展 [프아 잔] | 발전 |
| ☐ fǎ zhì | 法制 [프아 쯔] | 법제 |
| ☐ fǎ zi | 法子 [프아 즈] | 방법, 방식 |

| | | | |
|---|---|---|---|
| ☐ fǎn'ér | 反而 [프안 얼] | 오히려, 반대로 |
| ☐ fán | 繁 [프안] | 많다, 번잡하다 |
| ☐ fān | 番 [프안] | 종류, ~번 |
| ☐ fán | 凡 [프안] | 모두, 무릇 |
| ☐ fán | 凡 [프안] | 속세, 인간세상 |
| ☐ fǎn | 反 [프안] | 반대로, 도리어 |
| ☐ fàn | 泛 [프안] | 뜨다, 물이지다 |
| ☐ fàn | 饭 [프안] | 밥, 식사 |
| ☐ fǎn | 返 [프안] | 되돌아가다 |
| ☐ fán | 凡 [프안] | 평범하다 |
| ☐ fān | 帆 [프안] | 돛 |
| ☐ fān | 翻 [프안] | 뒤집다, 넘다, 번역하다 |
| ☐ fàn | 犯 [프안] | 어기다, 발명하다 |
| ☐ fán | 烦 [프안] | 번거롭게 하다 |
| ☐ fán | 烦 [프안] | 답답하다, 괴롭다, 성가시다 |
| ☐ fǎn bó | 反驳 [프안 보] | 반박하다 |
| ☐ fǎn cháng | 反常 [프안 창] | 비정상적이다 |
| ☐ fàn chóu | 范畴 [프안 초우] | 범주 |
| ☐ fān chuan | 帆船 [프안 환] | 범선 |
| ☐ fǎn dào | 反倒 [프안 따오] | 반대로 |
| ☐ fàn diàn | 饭店 [프안 뗸] | 식당 |
| ☐ fǎn dòng | 反动 [프안 뚱] | 반동적 |
| ☐ fǎn duì | 反对 [프안 뚜이] | 반대하다 |
| ☐ fán duō | 繁多 [프안 둬] | 번잡하다 |
| ☐ fàn fǎ | 犯法 [프안 프아] | 법에 위반되다 |
| ☐ fǎn fù | 反复 [프안 푸] | 반복하여 |
| ☐ fǎn gǎn | 反感 [프안 관] | 정나미가 떨어지다 |
| ☐ fǎn gé mìng | 反革命 [프안 거 밍] | 반혁명 |

| | | |
|---|---|---|
| ☐ fǎn gōng | 反攻 [프안 궁] | 역습하다, 반공하다 |
| ☐ fàn guǎn | 饭馆 [프안 관] | 음식점, 식당 |
| ☐ fán huá | 繁华 [프안 화] | 번화하다 |
| ☐ fǎn huí | 返回 [프안 후이] | 되돌아오다 |
| ☐ fàn hún | 犯浑 [프안 훈] | 어리석게 범하다, 온통 저지르다 |
| ☐ fǎn jī | 反击 [프안 지] | 반격, 반격하다 |
| ☐ fǎn kàng | 反抗 [프안 캉] | 반항하다 |
| ☐ fǎn kuì | 反馈 [프안 쿠이] | 귀환하다, 피드백 |
| ☐ fàn làn | 泛滥 [프안 란] | 범람하다 |
| ☐ fàn mài | 贩卖 [프안 마이] | 팔다 |
| ☐ fán máng | 繁忙 [프안 망] | 분망하다, 바쁘다 |
| ☐ fán mèn | 烦闷 [프안 먼] | 번민하다 |
| ☐ fǎn miàn | 反面 [프안 몐] | 반면 |
| ☐ fán nǎo | 烦恼 [프안 나오] | 번뇌, 걱정 |
| ☐ fān qié | 番茄 [프안 체] | 토마토 |
| ☐ fàn rén | 犯人 [프안 런] | 죄인, 범인 |
| ☐ fán róng | 繁荣 [프안 룽] | 번영하다 |
| ☐ fǎn shè | 反射 [프안 써] | 반사하다 |
| ☐ fān shēn | 翻身 [프안 선] | 몸을 돌리다, 해방시키다 |
| ☐ fán shì | 凡是 [프안 쓰] | 무릇, 모두 |
| ☐ fǎn sī | 反思 [프안 스] | 돌이켜 생각하다 |
| ☐ fán tǐ zì | 繁体字 [프안 티 쯔] | 번체자 |
| ☐ fàn wǎn | 饭碗 [프안 완] | 밥사발 |
| ☐ fàn wéi | 范围 [프안 웨이] | 범위 |
| ☐ fǎn wèn | 反问 [프안 원] | 반문하다 |
| ☐ fān yì | 翻译 [프안 이] | 번역 |
| ☐ fǎn yìng | 反映 [프안 잉] | 반영하다 |

| | | | |
|---|---|---|---|
| ☐ fǎn yìng | 反应 | [프안 잉] | 반응 |
| ☐ fán zào | 烦躁 | [프안 짜오] | 초조하다 |
| ☐ fǎn zhèng | 反正 | [판 쩡] | 어쨌든 |
| ☐ fǎn zhī | 反之 | [프안 즈] | 반면에, 이와 반대로 |
| ☐ fán zhí | 繁殖 | [프안 즈] | 번식하다 |
| ☐ fán zhòng | 繁重 | [프안 쭝] | (일. 임무 등이) 많고 무겁다 |
| ☐ fàn zuì | 犯罪 | [프안 쭈이] | 죄를 지르다 |
| ☐ fāng'àn | 方案 | [팡 안] | 방안 |
| ☐ fáng 'ài | 妨碍 | [팡 아이] | 방애하다 |
| ☐ fǎng | 纺 | [팡] | 실을 뽑다, 잣다 |
| ☐ fāng | 方 | [팡] | 방향, 측, 편, 방도 |
| ☐ fāng | 方 | [팡] | 네모지다 |
| ☐ fáng | 防 | [팡] | 막다, 방어하다, 방지하다 |
| ☐ fàng | 放 | [팡] | 놓다, 풀어주다, 쏘다 |
| ☐ fāng biàn | 方便 | [팡 삐엔] | 편리하다 |
| ☐ fāng chéng | 方程 | [팡 청] | 방정식 |
| ☐ fàng dà | 放大 | [팡 따] | 확대하다 |
| ☐ fáng dōng | 房东 | [팡 뚱] | 집주인 |
| ☐ fāng fǎ | 方法 | [팡 프아] | 방법 |
| ☐ fǎng fú | 仿佛 | [팡 푸] | 방불케 하다 |
| ☐ fáng hù | 防护 | [프아 후] | 방어하여 지키다 |
| ☐ fàng jià | 放假 | [팡 쨔] | 방학하다 |
| ☐ fáng jiān | 房间 | [팡 젠] | 방 |
| ☐ fāng miàn | 方面 | [멘] | 방면, 분야 |
| ☐ fàng qì | 放弃 | [팡 치] | 포기하다 |
| ☐ fàng shè | 放射 | [팡 써] | 방사하다 |
| ☐ fāng shì | 方式 | [팡 쓰] | 방식 |
| ☐ fáng shǒu | 防守 | [팡 소우] | 수비하다, 막아 지키다 |

F-f

| | | |
|---|---|---|
| ▫ fàng shǒu | 放手 [팡 소우] | 손을 때다, 마음 놓고 하다 |
| ▫ fàng sōng | 放松 [팡 숭] | 늦추다, 느슨하게 하다 |
| ▫ fǎng wèn | 访问 [팡 원] | 방문하다 |
| ▫ fáng wū | 房屋 [팡 우] | 집안, 집 |
| ▫ fáng xiàn | 防线 [팡 쎈] | 방어선 |
| ▫ fāng xiàng | 方向 [팡 쌍] | 방향 |
| ▫ fàng xīn | 放心 [팡 신] | 마음을 놓다 |
| ▫ fàng xué | 放学 [팡 쉐] | 수업을 다 마치다, 방과하다 |
| ▫ fáng xùn | 防汛 [팡 쒼] | 홍수를 예방하다 |
| ▫ fáng yì | 防疫 [팡 이] | 방역하다 |
| ▫ fàng yìng | 放映 [팡 잉] | 상영하다 |
| ▫ fáng yù | 防御 [팡 위] | 방어, 방어하다 |
| ▫ fāng zhēn | 方针 [팡 전] | 방침 |
| ▫ fáng zhǐ | 防止 [방 즈] | 방지하다 |
| ▫ fǎng zhī | 纺织 [팡 즈] | 방직 |
| ▫ fáng zhì | 防治 [팡 쯔] | 예방 치료, 퇴치 |
| ▫ fáng zi | 房子 [팡 즈] | 집 |
| ▫ fáng zū | 房租 [팡 주] | 집세 |
| ▫ fé jiào | 佛教 [프어 쨔오] | 불교 |
| ▫ fēi | 非 [페이] | 아니다, 없다, 반대이다 |
| ▫ fèi | 废 [페이] | 쓸데없다, 쓰이지 않다 |
| ▫ fèi | 肺 [페이] | 폐 |
| ▫ fèi | 费 [페이] | 쓰다, 지불하다 |
| ▫ féi | 肥 [페이] | 살찌다, 비옥하다, 크다 |
| ▫ fèi | 费 [페이] | 요금, 수수료, 비용 |
| ▫ fēi | 飞 [페이] | 날다 |
| ▫ fèi | 费 [페이] | 낭비하다 |
| ▫ fěi bàng | 诽谤 [페이 빵] | 비방하다 |

| | | | |
|---|---|---|---|
| ☐ fēi cháng | 非常 | [페이 창] | 매우 |
| ☐ fèi chú | 废除 | [페이 추] | 폐기하다, 파기하다 |
| ☐ fēi chuán | 飞船 | [페이 촨] | 비행선 |
| ☐ fēi fǎ | 非法 | [페이 프아] | 비법, 비법하다 |
| ☐ fèi huà | 废话 | [페이 화] | 허튼 소리 |
| ☐ fēi jī | 飞机 | [페이 지] | 비행기 |
| ☐ fēi kuài | 飞快 | [페이 콰이] | 매우 빠르게, 쏜살같이 |
| ☐ fēi kuài | 飞快 | [페이 콰이] | 지극히 빠르다 |
| ☐ fèi lì | 费力 | [페이 리] | 힘을 들이다, 애를 쓰다 |
| ☐ féi liào | 肥料 | [페이 랴오] | 비료 |
| ☐ fèi pǐn | 废品 | [페이 핀] | 폐품 |
| ☐ fèi qì | 废气 | [페이 치] | 폐기 |
| ☐ fèi téng | 沸腾 | [페이 텅] | 부글부글 끓다, 떠들썩하다 |
| ☐ fěi tú | 匪徒 | [페이 투] | 비적 |
| ☐ féi wò | 肥沃 | [페이 워] | 비옥하다 |
| ☐ fèi wù | 废物 | [페이 우] | 폐물, 무용지물 |
| ☐ fēi wǔ | 飞舞 | [페이 우] | 춤추듯 날리다 |
| ☐ fēi xiáng | 飞翔 | [페이 샹] | 날다 |
| ☐ fēi xíng | 飞行 | [페이 싱] | 비행하다 |
| ☐ fèi xū | 废墟 | [페이 쉬] | 폐허 |
| ☐ fèi yòng | 费用 | [페이 융] | 비용 |
| ☐ fēi yuè | 飞跃 | [페이 웨] | 비약하다 |
| ☐ féi zào | 肥皂 | [페이 짜오] | 비누 |
| ☐ fēi bù kě | 非不可 | [페이 뿌 커] | 반드시 ~해야 한다<br>~하지 않으면 안 된다 |
| ☐ fēi ~ cái ~ | 非~才~ | [페이 차이] | 반드시 ~해야 한다 |
| ☐ fén | 坟 | [펀] | 무덤, 묘지 |
| ☐ fèn | 粪 | [펀] | 배설물, 똥 |

| | | | |
|---|---|---|---|
| ☐ fěn | 粉 [펀] | | 가루, 분 |
| ☐ fēn | 分 [펀] | | 나누다, 가리다, 할당하다 |
| ☐ fèn | 份 [펀] | | ~세트, ~부 |
| ☐ fēn | 分 [펀] | | 분, 분수, 점수, 득점 |
| ☐ fěn bǐ | 粉笔 [펀 비] | | 분필 |
| ☐ fēn biàn | 分辨 [펀 삐엔] | | 구별하다 |
| ☐ fēn bié | 分别 [펀 베] | | 분별하다 |
| ☐ fēn bù | 分布 [펀 뿌] | | 분포하다 널려있다 |
| ☐ fēn cùn | 分寸 [펀 춘] | | 분수, 분별 |
| ☐ bān zi | 班子 [반 즈] | | 그룹, 부 |
| ☐ fèn dòu | 奋斗 [펀 또우] | | 분투하다 |
| ☐ fēn duì | 分队 [펀 뚜이] | | 분대 |
| ☐ fēn fāng | 芬芳 [펀 팡] | | 향기롭다 |
| ☐ fēn fēn | 纷纷 [펀 펀] | | 분분히 |
| ☐ fēn fù | 吩咐 [펀 푸] | | 분부하다 |
| ☐ fēn gōng | 分工 [펀] | | 분업(을 하다) |
| ☐ fèn hèn | 愤恨 [프언 헌] | | 분노하고 원망하다 |
| ☐ fēn hóng | 分红 [프언 훙] | | 이익금을 배당하다 |
| ☐ fēn huà | 分化 [프언 화] | | 갈라지다 |
| ☐ fēn jiě | 分解 [펀 제] | | 분해하다 |
| ☐ fēn lèi | 分类 [펀 레이] | | 분류하다 |
| ☐ fēn lí | 分离 [펀 리] | | 분리하다 |
| ☐ fēn liàng | 分量 [펀 량] | | 분량 |
| ☐ fēn liè | 分裂 [펀 레] | | 분열하다 |
| ☐ fēn mì | 分泌 [펀 미] | | 분비하다 |
| ☐ fēn míng | 分明 [펀 밍] | | 분명하다 |
| ☐ fěn mò | 粉末 [프언 뭐] | | 분말 |
| ☐ fēn mǔ | 分母 [프언 무] | | 분모 |

| | | | |
|---|---|---|---|
| ☐ fén mù | 坟墓 [프언 무] | 묘, 무덤 |
| ☐ fèn nù | 愤怒 [펀 누] | 분노하다 |
| ☐ fēn pèi | 分配 [펀 페이] | 분배하다 |
| ☐ fēn pī | 分批 [프언 피] | 여럿으로 나누다 |
| ☐ fēn qí | 分歧 [프언 치] | 분기 |
| ☐ fēn qī | 分期 [프언 치] | 단계별로, 할부로 하다 |
| ☐ fēn qīng | 分清 [프언 칭] | 뚜렷이 구분하다 |
| ☐ fēn sàn | 分散 [프언 싼] | 흩어지게 하다, 분산시키다 |
| ☐ fēn shù | 分数 [펀 쑤] | 점수, 분수 |
| ☐ fěn suì | 粉碎 [펀 쑤이] | 분쇄하다, 감히 |
| ☐ fèn wài | 分外 [프언 와이] | 본분 외 |
| ☐ fēn xī | 分析 [프언 시] | 분석하다 |
| ☐ fèn yǒng | 奋勇 [프언 융] | 용기를 내다 |
| ☐ fèn zhàn | 奋战 [프언 짠] | 분전하다 |
| ☐ fēn zhī~ | 分之~ [펀 즈] | ~분의~ |
| ☐ fēn zhōng | 分钟 [펀 중] | 분 (시간) |
| ☐ fēn zǐ | 分子 [펀 즈] | 분자 |
| ☐ fēng | 疯 [펑] | 미치다, 실성하다 |
| ☐ féng | 缝 [펑] | 꿰매다, 수놓다 |
| ☐ fēng | 蜂 [펑] | 벌, 꿀벌 |
| ☐ fèng | 缝 [펑] | 갈라진 자리, 이음새, 틈기 |
| ☐ fēng | 封 [펑] | 봉인하다, 수여하다, 봉하다 |
| ☐ féng | 逢 [펑] | 상봉하다, 만나다 |
| ☐ fēng | 封 [펑] | ~통, ~봉지 |
| ☐ féng | 冯 [펑] | 풍 (성씨) |
| ☐ fēng bào | 风暴 [펑 빠오] | 폭풍 |
| ☐ fēng bì | 封闭 [펑 삐] | 봉쇄하다 |
| ☐ fēng chǎn | 丰产 [펑 찬] | 풍작 |

F-f

| | | | |
|---|---|---|---|
| ☐ fēng chǎn | 丰产 [펑 찬] | 풍작이다 |
| ☐ fěng cì | 讽刺 [펑 츠] | 풍자, 풍자하다 |
| ☐ fēng dù | 风度 [펑 뚜] | 풍도 |
| ☐ fēng fù | 丰富 [펑 푸] | 풍부하다 |
| ☐ fēng gé | 风格 [펑 거] | 풍격 |
| ☐ fēng guāng | 风光 [펑 광] | 풍경, 경치 |
| ☐ fèng huáng | 凤凰 [펑 황] | 봉황 |
| ☐ fēng jiàn | 封建 [펑 쩬] | 봉건 |
| ☐ fēng jǐng | 风景 [펑 징] | 풍경 |
| ☐ fēng kuáng | 疯狂 [펑 쾅] | 미친듯하다, 발광적이다 |
| ☐ fēng làng | 风浪 [펑 랑] | 풍랑 |
| ☐ fēng lì | 锋利 [펑 리] | 예리하다 |
| ☐ fēng lì | 风力 [펑 리] | 풍력 |
| ☐ fēng mǎn | 丰满 [펑 만] | 풍만하다 |
| ☐ fēng mì | 蜂蜜 [펑 미] | 꿀 |
| ☐ fēng qì | 风气 [펑 치] | 풍기 |
| ☐ fēng qù | 风趣 [펑 취] | 풍취, 재미 |
| ☐ fēng shā | 风沙 [펑 사] | 모래 바람 |
| ☐ fēng shàng | 风尚 [펑 쌍] | 기풍, 풍조 |
| ☐ fēng shōu | 丰收 [펑 소우] | 풍작이다 |
| ☐ fēng sú | 风俗 [펑 수] | 풍속 |
| ☐ fēng suǒ | 封锁 [펑 쉬] | 봉쇄하다 |
| ☐ fēng wèi | 风味 [펑 워이] | 특색, 기분, 맛 |
| ☐ fēng xiǎn | 风险 [펑 셴] | 위험 |
| ☐ fèng xiàn | 奉献 [펑 쎈] | 삼가 바치다 |
| ☐ fèng xíng | 奉行 [펑 씽] | 신봉하다 |
| ☐ fēng zheng | 风筝 [펑 정] | 연 |
| ☐ fēng zi | 疯子 [펑 즈] | 미치광이 |

| | | | |
|---|---|---|---|
| ☐ fǒu | 否 [포우] | | 부정하다, 아니다 |
| ☐ fǒu dìng | 否定 [포 띵] | | 부정하다 |
| ☐ fǒu jué | 否决 [포 줴] | | 부결하다 |
| ☐ fǒu rèn | 否认 [포 런] | | 부인하다 |
| ☐ fǒu zé | 否则 [포우 저] | | 그렇지 않으면 |
| ☐ fù | 赴 [푸] | | 가다, 참석하다 |
| ☐ fú | 扶 [푸] | | 부축하다, 돕다 |
| ☐ fú | 服 [푸] | | 복용하다, 복종하다 |
| ☐ fú | 浮 [푸] | | 뜨다, 헤엄치다 |
| ☐ fù | 副 [푸] | | 대리의, 보조적인 |
| ☐ fù | 复 [푸] | | 반복하다, 회복되다 |
| ☐ fú | 伏 [푸] | | 엎드리다, 잠복하다 |
| ☐ fù | 腹 [푸] | | 배, 복부, 위 |
| ☐ fú | 福 [푸] | | 복, 행복 |
| ☐ fǔ | 俯 [푸] | | 숙이다, 굽히다 |
| ☐ fù | 副 [푸] | | ~벌, ~쌍, ~조 |
| ☐ fù | 付 [푸] | | 지불하다, 교부하다 |
| ☐ fù | 负 [푸] | | 책임지다 빚지다 받다 |
| ☐ fù | 富 [푸] | | 부유하다 |
| ☐ fú | 幅 [푸] | | (옷감, 그림에 쓰임) ~폭 |
| ☐ fǔ bài | 腐败 [푸 빠이] | | 부패하다 |
| ☐ fù bì | 复辟 [푸 삐] | | 복벽하다 |
| ☐ fù chū | 付出 [푸 추] | | 치르다, 지출하다 |
| ☐ fú cóng | 服从 [푸 충] | | 복종하다 |
| ☐ fù dài | 附带 [푸 따이] | | 덧붙이다 |
| ☐ fù dān | 负担 [푸 단] | | 부담, 부담이다 |
| ☐ fǔ dǎo | 辅导 [푸 다오] | | 보도 |
| ☐ fú diāo | 浮雕 [푸 땨오] | | 돌을 새김, 부조 |

F-f

| | | | |
|---|---|---|---|
| ☐ fú dòng | 浮动 [푸 뚱] | 떠다니다 |
| ☐ fú dù | 幅度 [푸 뚜] | 폭도 |
| ☐ fū fù | 夫妇 [푸 푸] | 부부 |
| ☐ fù gài | 覆盖 [푸 까이] | 가리다, 덮다 |
| ☐ fú hào | 符号 [푸 하오] | 부호 |
| ☐ fú hé | 符合 [푸 허] | 부합하다 |
| ☐ fù hè | 附和 [푸 허] | 부화하다 |
| ☐ fǔ huà | 腐化 [푸 화] | 부패하다, 타락하다 |
| ☐ fù huó | 复活 [푸 훠] | 부활하다 |
| ☐ fù huó jié | 复活节 [푸 훠 제] | 부활절 |
| ☐ fù jiā | 附加 [푸 쟈] | 덧붙이다, 부가하다 |
| ☐ fù jìn | 附近 [푸 찐] | 부근 |
| ☐ fù kuǎn | 付款 [푸 콴] | 금액을 지불하다 |
| ☐ fǔ làn | 腐烂 [푸 란] | 썩다, 부패해지다 |
| ☐ fú lì | 福利 [푸 리] | 복리 |
| ☐ fú lǔ | 俘虏 [푸 루] | 포로 |
| ☐ fù nǚ | 妇女 [푸 뉘] | 부녀 |
| ☐ fǔ qi | 福气 [푸 치] | 복, 행운 |
| ☐ fú qì | 服气 [푸 치] | 굴복하다 |
| ☐ fū qī | 夫妻 [푸 치] | 부처 |
| ☐ fù qiáng | 富强 [푸 챵] | 부강하다 |
| ☐ fù qīn | 父亲 [푸 친] | 아버지 |
| ☐ fù rén | 妇人 [푸 런] | 부인 |
| ☐ fū rén | 夫人 [푸 런] | 부인 |
| ☐ fù shāng | 负伤 [푸 샹] | 상처를 입다 |
| ☐ fú shè | 辐射 [푸 써] | 복사하다, 방사하다 |
| ☐ fǔ shí | 腐蚀 [푸 스] | 부식하다 |
| ☐ fù shí | 副食 [푸 스] | 부식 |

| | | | |
|---|---|---|---|
| ☐ fù shǔ | 附属 [푸 수] | 부속되다 |
| ☐ fù shu | 复述 [푸 쑤] | 복술하다 |
| ☐ fú wù | 服务 [프 우] | 복무하다 |
| ☐ fú wù yuán | 服务员 [푸 우 웬] | 종업원 |
| ☐ fù xí | 复习 [푸 시] | 복습하다 |
| ☐ fù xīng | 复兴 [푸 흥] | 부흥하다 |
| ☐ fǔ xiǔ | 腐朽 [푸 시우] | 썩어 문드러지다, 퇴폐적이다 |
| ☐ fū yǎn | 敷衍 [푸 옌] | 대강하다 |
| ☐ fǔ yǎng | 抚养 [푸 양] | 부양하다 |
| ☐ fù yè | 副业 [푸 예] | 부업 |
| ☐ fù yìn | 复印 [푸 인] | 복사하다 |
| ☐ fù yǒu | 富有 [푸 요우] | 부유하다, 풍부하다 |
| ☐ fù yu | 富余 [푸 위] | 여유가 있다 |
| ☐ fù yù | 富裕 [푸 위] | 넉넉하다, 풍족하다 |
| ☐ fù yù | 赋予 [푸 위] | 부여하다주다 |
| ☐ fǔ yù | 抚育 [푸 위] | 보살피다, 부육하다 |
| ☐ fù za | 复杂 [푸 자] | 복잡하다 |
| ☐ fù zé | 负责 [푸 저] | 책임지다 |
| ☐ fù zhì | 制 [푸 쯔] | 복제하다 |
| ☐ fǔ zhù | 助 [푸 쭈] | 보조하다 |
| ☐ fú zhuāng | 服装 [푸 좡] | 복장 |
| ☐ fǔ zi | 斧子 [푸 즈] | 도끼 |
| ☐ fù zuò yòng | 副作用 [푸 쮜 융] | 부작용 |

F-f

# G_g

| | | | |
|---|---|---|---|
| ☐ gān | 竿 [간] | | 막대, 장대 |
| ☐ gāi | 该 [가이] | | 당해, 이것 |
| ☐ gài | 钙 [까이] | | 칼슘 |
| ☐ gǎi | 改 [가이] | | 고치다, 바꾸다 |
| ☐ gāi | 该 [가이] | | 해야 한다 |
| ☐ gài | 盖 [까이] | | 덮다, 감추다 |
| ☐ gāi | 该 [가이] | | ~할 차례다, 빚지다 |
| ☐ gāi | 该 [가이] | | 이것, 저것, 당해 |
| ☐ gǎi biàn | 改变 [가이 삔] | | 개변 |
| ☐ gǎi biān | 改编 [가이 삔] | | 개편하다, 각색하다 |
| ☐ gǎi gé | 改革 [가이 거] | | 개혁 |
| ☐ gǎi jiàn | 改建 [가이 쩬] | | 개건하다 |
| ☐ gǎi jìn | 改进 [가이 찐] | | 개진하다 |
| ☐ gài kuàng | 概况 [까이 쾅] | | 개황 |
| ☐ gài kuò | 概括 [까이 쿼] | | 개괄하다 |
| ☐ gǎi liáng | 改良 [가이 량] | | 개량하다, 개선하다 |
| ☐ gài niàn | 概念 [까이 녠] | | 개념 |
| ☐ gǎi shàn | 改善 [가이 싼] | | 개선하다 |
| ☐ gǎi xié guī zhèng | 改邪归正 [가이 세 구이 쩡] | | 잘못을 고치고 바른 길로 돌아오다 |
| ☐ gǎi zào | 改造 [가이 짜오] | | 개조하다 |
| ☐ gǎi zhèng | 改正 [가이 쩡] | | 개정하다 |
| ☐ gài zi | 盖子 [까이 즈] | | 덮개 |
| ☐ gǎi zǔ | 改组 [가이 주] | | 재조직하다, 개편하다 |

| | | | |
|---|---|---|---|
| ☐ gān | 甘 [간] | | 달콤하다, 기꺼이 |
| ☐ gǎn | 赶 [간] | | 따라잡다, 뒤쫓다 |
| ☐ gān | 干 [간] | | 마르다, 텅 비다 |
| ☐ gǎn | 感 [간] | | (접미사) ~감 |
| ☐ gàn | 干 [깐] | | 하다, 일하다 |
| ☐ gān | 秆 [간] | | 줄기, 대 |
| ☐ gān | 干 [간] | | 헛되이, 공연히 |
| ☐ gān | 杆 [간] | | 막대기 |
| ☐ gān | 肝 [간] | | 간, 간장 |
| ☐ gǎn | 敢 [간] | | 감히 |
| ☐ gǎn | 敢 [간] | | 감히~하다 |
| ☐ gān bēi | 干杯 [간 베이] | | 건배하다 |
| ☐ gàn bù | 干部 [깐 뿌] | | 간부 |
| ☐ gān cuì | 干脆 [간 추이] | | 명쾌하다 |
| ☐ gān cuì | 干脆 [간 추이] | | 차라리 |
| ☐ gǎn dào | 感到 [간 따오] | | 느끼다 |
| ☐ gǎn dòng | 感动 [간 뚱] | | 감동하다 |
| ☐ gān hàn | 干旱 [간 한] | | 가물다 |
| ☐ gǎn huà | 感化 [간 화] | | 감화하다 |
| ☐ gàn huór | 干活儿 [깐 훨] | | 일하다 |
| ☐ gǎn jī | 感激 [간 지] | | 감격 |
| ☐ gàn jìn | 干劲 [깐 찐] | | 힘껏, 힘 |
| ☐ gǎn jǐn | 赶紧 [간 진] | | 재빨리 |
| ☐ gān jìng | 干净 [간 찡] | | 깨끗하다 |
| ☐ gǎn jué | 感觉 [간 줴] | | 감각 |
| ☐ gǎn kǎi | 感慨 [간 카이] | | 감개무량하다 |
| ☐ gǎn kuài | 赶快 [간 콰이] | | 빨리 |
| ☐ gàn ma | 干吗 [깐 마] | | 왜 |

| | | | |
|---|---|---|---|
| gǎn máng | 赶忙 [간 망] | | 서둘러, 급히, 바삐 |
| gǎn mào | 感冒 [간 모] | | 감기 |
| gǎn qíng | 感情 [간 칭] | | 감정 |
| gǎn rǎn | 感染 [간 란] | | 감염되다, 감화하다 |
| gǎn shàng | 赶上 [간 쌍] | | 따라 잡다 |
| gān shè | 干涉 [간 써] | | 간섭하다 |
| gǎn shòu | 感受 [간 쏘우] | | 감수하다 |
| gàn xiàn | 干线 [깐 쎈] | | 간선 (교통) |
| gǎn xiǎng | 感想 [간 샹] | | 감상 |
| gǎn xiè | 感谢 [간 쎄] | | 감사하다 |
| gān xīn | 甘心 [간 신] | | 기꺼이 하다, 달갑게 하다 |
| gǎn xìng qù | 感兴趣 [간 씽 취] | | 흥취를 느끼다, 흥미를 갖다 |
| gān yán | 肝炎 [간 옌] | | 간염 |
| gǎn yú | 敢于 [간 위] | | 대담하게, 감히 |
| gān yù | 干预 [간 위] | | 관여하다, 참견하다 |
| gān zào | 干燥 [간 짜오] | | 건조하다 |
| gān zhè | 甘蔗 [간 쩌] | | 사탕수수 |
| gāng | 刚 [강] | | 방금, 이제 |
| gāng | 钢 [강] | | 강철 |
| gāng | 缸 [강] | | 항아리, 단지, 독 |
| gǎng | 港 [강] | | 항구, 항만 |
| gāng | 纲 [강] | | 강, 벼리, 중요한 부분 |
| gǎng bì | 港币 [강 삐] | | 홍콩 화폐 |
| gāng bǐ | 钢笔 [강 비] | | 만년필 |
| gāng cái | 钢材 [강 차이] | | 강재 |
| gāng cái | 刚才 [강 차이] | | 금방 |
| gàng gǎn | 杠杆 [강 간] | | 지레, 지렛대 |
| gāng gāng | 刚刚 [강 강] | | 방금 |

| | | | |
|---|---|---|---|
| ☐ gǎng kǒu | 港口 [강 코우] | 항구 |
| ☐ gāng lǐng | 纲领 [강 링] | 령 |
| ☐ gāng qín | 钢琴 [강 친] | 피아노 |
| ☐ gǎng wèi | 岗位 [강 웨이] | 일터, 직장 |
| ☐ gāng yào | 纲要 [강 야오] | 강요, 개요 |
| ☐ gǎo | 稿 [가오] | 초안, 원고 |
| ☐ gāo | 高 [고우] | 높다 |
| ☐ gǎo | 搞 [가오] | 하다, 마련하다 |
| ☐ gào | 告 [까오] | 알리다, 고발하다, 선언하다 |
| ☐ gào bié | 告别 [가오 베] | 고별하다 |
| ☐ gāo chǎn | 高产 [가오 찬] | 높은 생산량 |
| ☐ gāo cháo | 高潮 [가오 차오] | 고조 |
| ☐ gāo chāo | 高超 [가오 차오] | 출중하다, 우수하다 |
| ☐ gào cí | 告辞 [까오 츠] | 작별을 고하다 |
| ☐ gāo dà | 高大 [고우 따] | 높고 크다 |
| ☐ gāo dǎng | 高档 [고우 당] | 고급적이다 |
| ☐ gāo děng | 高等 [가오 덩] | 고급적이다 |
| ☐ gāo děng | 高等 [가오 덩] | 고등, 고급 |
| ☐ gāo dī | 高低 [고우 디] | 고저 |
| ☐ gāo dù | 高度 [가오 뚜] | 고도 |
| ☐ gāo fēng | 高峰 [가오 펑] | 고봉 |
| ☐ gāo guì | 高贵 [고우 꾸이] | 고귀하다 |
| ☐ gǎo huó | 搞活 [고우 훠] | 활성화하다 |
| ☐ gāo jí | 高级 [가오 지] | 고급적이다 |
| ☐ gǎo jiàn | 稿件 [고우 쩬] | 원고 |
| ☐ gào jiè | 告诫 [까오 쩨] | 경고하다, 훈계하다 |
| ☐ gāo kǎo | 高考 [가오 카오] | 대학입시 시험 |
| ☐ gāo liang | 高粱 [가오 량] | 수수, 고량 |

G_g

| | | | |
|---|---|---|---|
| ☐ gāo míng | 高明 | [가오 밍] | 고명하다 |
| ☐ gāo shàng | 高尚 | [가오 쌍] | 고상하다 |
| ☐ gāo shāo | 高烧 | [가오 사오] | 고열 |
| ☐ gāo sù | 高速 | [가오 쑤] | 고속적인 |
| ☐ gào sù | 告诉 | [까오 쑤] | 알리다 |
| ☐ gāo wēn | 高温 | [가오 원] | 고온 |
| ☐ gāo xìng | 高兴 | [가오 씽] | 기쁘다 |
| ☐ gāo xuè yā | 高血压 | [가오 쉐 야] | 고혈압 |
| ☐ gāo yā | 高压 | [가오 야] | 고압 |
| ☐ gāo yuán | 高原 | [가오 웬] | 고원 |
| ☐ gāo zhǎng | 高涨 | [가오 장] | 등귀, 급증 |
| ☐ gǎo zhǐ | 稿纸 | [가오 즈] | 원고지 |
| ☐ gāo zhōng | 高中 | [가오 중] | 고중(고등학교) |
| ☐ gào zhuàng | 告状 | [가오 쫭] | 고소하다, 고자질하다 |
| ☐ gǎo zi | 稿子 | [가오 즈] | 원고 |
| ☐ gè | 各 | [꺼] | 여럿 |
| ☐ gē | 戈 | [거] | 창, 괴 (성씨) |
| ☐ gē | 割 | [거] | 베다 |
| ☐ gě | 葛 | [거] | 갈 (성씨) |
| ☐ gé | 格 | [거] | 줄, 격자, 기준 |
| ☐ gè | 各 | [꺼] | 각각 |
| ☐ gé | 隔 | [거] | 막다, 분리하다, 사이 두다 |
| ☐ gē | 搁 | [거] | 놓다, 내버려두다 |
| ☐ gè | 个 | [꺼] | 개 |
| ☐ gè bèn qián chéng | 各奔前程 | [꺼 뻔 첸 청] | 각기 자기의 목표를 향해서 가다 |
| ☐ gé bì | 隔壁 | [거 삐] | 옆집 |
| ☐ gē bì | 戈壁 | [거 삐] | (몽골족 어음) 사막지대를 말함 |

| | | | |
|---|---|---|---|
| ☐ gè bié | 各别 [꺼 베] | 개별적이다 |
| ☐ gè bié | 个别 [꺼 베] | 개별적이다 |
| ☐ gē bo | 胳膊 [꺼 보] | 팔뚝 |
| ☐ gē chàng | 歌唱 [꺼 창] | 노래를 부르다 |
| ☐ gē dā | 疙瘩 [꺼 다] | 종기, 응어리 |
| ☐ gē ge | 哥哥 [꺼 거] | 형님 |
| ☐ gé gé bù rù | 格格不入 [거 거 뿌 루] | 전혀 어울리지 않다 |
| ☐ gè háng gè yè | 各行各业 [꺼 항 꺼 예] | 여러 가지 직업 |
| ☐ gé hé | 隔阂 [거 허] | 간격, 틈, 장벽 |
| ☐ gè jiè | 各界 [꺼 쩨] | 각계 |
| ☐ gé jú | 格局 [거 쥐] | 짜임새, 구조 |
| ☐ gē jù | 歌剧 [거 쮜] | 가극, 오페라 |
| ☐ gé jué | 隔绝 [거 쮀] | 차단하다 |
| ☐ gé lí | 隔离 [거 리] | 격리하다 |
| ☐ gé mìng | 革命 [거 밍] | 혁명 |
| ☐ gē qǔ | 歌曲 [거 취] | 가곡 |
| ☐ gè rén | 个人 [꺼 런] | 개인 |
| ☐ gé shì | 格式 [거 쓰] | 격식 |
| ☐ gè shì gè yàng | 各式各样 [꺼 쓰 꺼 양] | 각양각색 |
| ☐ gē shǒu | 歌手 [거 소우] | 가수 |
| ☐ gē sòng | 歌颂 [거 쏭] | 노래하다, 찬양하다 |
| ☐ gè tǐ | 个体 [꺼 티] | 개체 |
| ☐ gè tǐ hù | 个体户 [꺼 티 후] | 개체호 |
| ☐ gé wài | 格外 [거 와이] | 특별히, 각별히 |
| ☐ gé xīn | 革新 [거 신] | 혁신 |

G_g

| | | | |
|---|---|---|---|
| ☐ gē xīng | 歌星 [거 싱] | 가수, 스타 |
| ☐ gè xìng | 个性 [꺼 씽] | 개성 |
| ☐ gē yǒng | 歌咏 [거 융] | 가창, 합창 |
| ☐ gè zhǒng | 各种 [꺼 주웅] | 각종 |
| ☐ gè zì | 各自 [꺼 쯔] | 각자 |
| ☐ gè zi | 个子 [거 즈] | 키 |
| ☐ gē zi | 鸽子 [거 즈] | 비둘기 |
| ☐ gěi | 给 [게이] | 주다, ~에게 하다 |
| ☐ gěi | 给 [게이] | ~에게, ~을 향하여 |
| ☐ gěi yǐ | 给以 [게이 이] | 주다, 데모하다 |
| ☐ gēn | 跟 [건] | 따르다 |
| ☐ gēn | 跟 [건] | 신굽, 꿈치 |
| ☐ gēn | 根 [건] | ~개비, ~개 (가늘고 긴) |
| ☐ gēn | 跟 [건] | ~과, ~와 |
| ☐ gēn | 根 [건] | 뿌리, 근원 |
| ☐ gēn běn | 根本 [건 번] | 근본 |
| ☐ gēn jù | 根据 [건 쮜] | 근거하다 |
| ☐ gēn jù dì | 根据地 [건 쮜 띠] | 근거지 |
| ☐ gēn qián | 跟前 [건 첸] | 곁 |
| ☐ gēn shēn dì gù | 根深蒂固 [건 선 띠 꾸] | 뿌리깊다 |
| ☐ gēn suí | 跟随 [건 수이] | 뒤따르다 |
| ☐ gēn tou | 跟头 [건 토우] | 꿈치 |
| ☐ gēn yuán | 根源 [건 웬] | 근원 |
| ☐ gēn zōng | 跟踪 [건 중] | 추적하다 |
| ☐ gěng | 耿 [경] | 경 (성씨) |
| ☐ gèng | 更 [껑] | 더욱더, 더욱 |
| ☐ gěng | 梗 [경] | 줄기, 가지, 대 |

| | | | |
|---|---|---|---|
| ☐ gēng | 耕 [경] | | 밭을 갈다 |
| ☐ gēng dì | 耕地 [경 띠] | | 경작하다 |
| ☐ gēng dì | 耕地 [경 띠] | | 경지 |
| ☐ gēng gǎi | 更改 [경 가이] | | 변경하다 |
| ☐ gēng huàn | 更换 [경 환] | | 바꾸다 |
| ☐ gèng jiā | 更加 [껑 쟈] | | 더욱더 |
| ☐ gēng xīn | 更新 [경 신] | | 갱신하다 |
| ☐ gēng zhèng | 更正 [경 쩡] | | 정정하다 |
| ☐ gēng zhòng | 耕种 [경 중] | | 경작하다 |
| ☐ gèr | 个儿 [껄] | | 키, 몸집, 개 개 |
| ☐ gōng'ān | 公安 [궁 안] | | 공안 |
| ☐ gōng | 公 [궁] | | 공공의, 공정하다 |
| ☐ gōng | 公 [궁] | | 공무, 공사 |
| ☐ gōng | 弓 [궁] | | 궁, 활 |
| ☐ gōng | 宫 [궁] | | 궁전 |
| ☐ gòng | 共 [꿍] | | 함께, 전부, 같이 |
| ☐ gōng | 攻 [궁] | | 공격하다, 연구하다 |
| ☐ gōng | 供 [궁] | | 공급하다 |
| ☐ gǒng | 汞 [궁] | | 수은 |
| ☐ gǒng | 拱 [궁] | | 구부리다, 헤집다, 싹트다 |
| ☐ gōng | 功 [궁] | | 공격하다, 연구하다 |
| ☐ gōng | 工 [궁] | | 일군, 일, 인력, 공업 |
| ☐ gōng bù | 公布 [궁 뿌] | | 공포하다 |
| ☐ gòng bú yìng qiú | 供不应求 [궁 부 잉 치우] | | 공급이 부족하다 |
| ☐ gòng chǎn dǎng | 共产党 [꿍 찬 당] | | 공산당 |
| ☐ gòng chǎn | 共产主义 | | 공산주의 |

| | | | |
|---|---|---|---|
| | zhǔ yì | [꿍 찬 주이] | |
| ☐ | gōng chǎng | 工厂 [꿍 창] | 공장 |
| ☐ | gōng chéng | 工程 [꿍 청] | 공정 |
| ☐ | gōng chéng shī | 工程师 [꿍 청 스] | 엔지니어 |
| ☐ | gōng chǐ | 公尺 [꿍 츠] | 미터(m) |
| ☐ | gōng dào | 公道 [꿍 따오] | 공정하다 |
| ☐ | gōng dì | 工地 [쎈 창] | 현장 |
| ☐ | gōng diàn | 宫殿 [꿍 뗸] | 궁전 |
| ☐ | gōng dú | 攻读 [꿍 두] | 전공하다, 열심히 공부하다 |
| ☐ | gōng fèi | 公费 [꿍 페이] | 국비, 관비 |
| ☐ | gōng fēn | 公分 [꿍 프언] | 센티미터(cm) |
| ☐ | gōng fu | 工夫 [꿍 푸] | 노력 (시간) |
| ☐ | gōng fu | 工夫 [꿍 푸] | 시간 |
| ☐ | gōng gào | 公告 [꿍 까오] | 공고 |
| ☐ | gōng bào | 公报 [꿍 빠오] | 성명, 관보 |
| ☐ | gōng gòng | 公共 [꿍 꿍] | 공공 |
| ☐ | gōng gòng qì chē | 公共汽车 [꿍 꿍 치 처] | 버스 |
| ☐ | gǒng gù | 巩固 [꿍 꾸] | 공고하다 |
| ☐ | gōng guān | 公关 [공 관] | 공공관계 |
| ☐ | gōng guān | 攻关 [꿍 관] | 공격하다 |
| ☐ | gòng hé guó | 共和国 [꿍 허 귀] | 공화국 |
| ☐ | gōng huì | 工会 [꿍 후이] | 노동조합 |
| ☐ | gōng jì | 功绩 [꿍 찌] | 공적 |
| ☐ | gòng jì | 共计 [꿍 찌] | 합계하다 |
| ☐ | gōng jī | 攻击 [꿍 지] | 공격, 공격하다 |
| ☐ | gōng jǐ | 供给 [꿍 지] | 공급하다 |

| | | | |
|---|---|---|---|
| ☐ gōng jīn | 公斤 | [궁 진] | 킬로그램 |
| ☐ gōng jìng | 恭敬 | [궁 찡] | 공경하다 |
| ☐ gōng jù | 工具 | [궁 쮜] | 공구 |
| ☐ gōng jù shū | 工具书 | [궁 쮜 수] | 공구서적 |
| ☐ gōng kāi | 公开 | [궁 카이] | 공개하다 |
| ☐ gōng kè | 功课 | [궁 커] | 공부, 과제 |
| ☐ gōng kè | 功克 | [궁 커] | 패배시키다 |
| ☐ gōng láo | 功劳 | [궁 라오] | 공로, 공훈 |
| ☐ gōng lǐ | 公里 | [궁 리] | 킬로미터 |
| ☐ gōng ling | 工龄 | [궁 링] | 근무연한 |
| ☐ gōng lù | 公路 | [궁 루] | 도로 |
| ☐ gōng mín | 公民 | [궁 민] | 공민 |
| ☐ gòng míng | 共鸣 | [궁 밍] | 공명 |
| ☐ gōng néng | 功能 | [궁 넝] | 기능, 효능 |
| ☐ gōng píng | 公平 | [궁 핑] | 공평하다 |
| ☐ gōng qian | 工钱 | [궁 첸] | 품삯, 보수 |
| ☐ gōng qǐng | 公顷 | [궁 칭] | ~헥타르 |
| ☐ gòng qīng tuán | 共青团 | [꿍 칭 퇀] | 공청단 (중국) |
| ☐ gōng rán | 公然 | [궁 란] | 공공연히 |
| ☐ gōng rèn | 公认 | [궁 런] | 공인하다 |
| ☐ gōng  rén | 工人 | [궁 런] | 노동자 |
| ☐ gōng rén jiē jí | 工人阶级 | [궁 런 제 지] | 노동계급 |
| ☐ gōng shè | 公社 | [궁 써] | 공사 (중국) |
| ☐ gōng shì | 工事 | [궁 쓰] | 공사(작업) |
| ☐ gōng shì | 公式 | [궁 쓰] | 공식 |
| ☐ gōng sī | 公司 | [궁 스] | 회사 |

G_g

| | | | |
|---|---|---|---|
| ☐ gòng tóng | 共同 | [꿍 퉁] | 공동으로 |
| ☐ gōng wù | 公务 | [궁 우] | 공무 |
| ☐ gòng xiàn | 贡献 | [꿍 쎈] | 공헌하다 |
| ☐ gòng xiāo | 供销 | [꿍 샤오] | 공급하고 판매하다 |
| ☐ gōng xiào | 功效 | [궁 샤오] | 효능이 있다 |
| ☐ gòng xìng | 共性 | [꿍 씽] | 공성 |
| ☐ gōng xù | 工序 | [궁 쒸] | 작업순서 |
| ☐ gōng yè | 工业 | [궁 예] | 공업 |
| ☐ gōng yì pǐn | 工艺品 | [궁 이 핀] | 공예품 |
| ☐ gōng yìng | 供应 | [궁 잉] | 공급하다 |
| ☐ gōng yòng | 公用 | [궁 융] | 공용 |
| ☐ gōng yòng | 公用 | [궁 융] | 여럿이 쓰다 |
| ☐ gōng yòng diàn huà | 公用电话 | [궁 융 뗀 화] | 공중전화 |
| ☐ gōng yǒu | 公有 | [궁 유] | 공유하다 |
| ☐ gōng yǒu zhì | 公有制 | [궁 유 쯔] | 공유제 |
| ☐ gōng yuán | 公园 | [궁 웬] | 공원 |
| ☐ gōng yuán | 公元 | [궁 웬] | 서기 (기원) |
| ☐ gōng yuē | 公约 | [궁 웨] | 공약 |
| ☐ gōng zài | 公债 | [궁 짜이] | 공채 |
| ☐ gōng zhèng | 公正 | [궁 쩡] | 공정하다 |
| ☐ gōng zhèng | 公证 | [궁 쩡] | 공증 |
| ☐ gōng zi | 工资 | [궁 즈] | 노임, 임금 |
| ☐ gōng zuò | 工作 | [궁 쭤] | 사업 |
| ☐ gōu | 勾 | [고우] | 체크하다 |
| ☐ gòu | 够 | [꼬우] | 넉넉하다, 충분하다 |
| ☐ gōu | 沟 | [고우] | 골, 도랑, 홈 |
| ☐ gòu | 购 | [꼬우] | 구매하다, 사들이다 |

| | | | |
|---|---|---|---|
| ☐ gǒu | 狗 [고우] | | 개 |
| ☐ gòu | 够 [꼬우] | | 정말, 어지간히 |
| ☐ gōu | 钩 [고우] | | 낚다, 체크하다 |
| ☐ gòu | 够 [꼬우] | | 많다, 넉넉하다 |
| ☐ gòu chéng | 构成 [꼬우 쳥] | | 구성하다 |
| ☐ gōu jié | 勾结 [고우 제] | | 결탁하다, 공모하다 |
| ☐ gòu mǎi | 购买 [꼬우 마이] | | 구매하다 |
| ☐ gòu mǎi lì | 购买力 [꼬우 마이 리] | | 구매력 |
| ☐ gòu sī | 构思 [꼬우 스] | | 구상하다 |
| ☐ gōu tōng | 沟通 [고우 퉁] | | 소통하다, 통하다 |
| ☐ gòu xiǎng | 构想 [꼬우 샹] | | 구상하다 |
| ☐ gòu zào | 构造 [꼬우 짜오] | | 구조 |
| ☐ gōu zi | 钩子 [고우 즈] | | 갈고리 |
| ☐ gù | 故 [꾸] | | 오래되다 |
| ☐ gù | 故 [꾸] | | 고의로, 짐짓 |
| ☐ gù | 故 [꾸] | | 죽다 |
| ☐ gù | 雇 [꾸] | | 고용하다 |
| ☐ gǔ | 骨 [구] | | 뼈 |
| ☐ gǔ | 鼓 [구] | | 북 |
| ☐ gǔ | 古 [구] | | 옛날의, 고대의 |
| ☐ gù | 顾 [꾸] | | 돌보다, 고려하다 |
| ☐ gǔ | 鼓 [구] | | 고무하다, 북돋우다 |
| ☐ gǔ | 股 [구] | | ~줄기, ~무리 |
| ☐ gù | 故 [꾸] | | 사고, 친구 |
| ☐ gù bu de | 顾不得 [꾸 부 더] | | 돌볼 수 없다, 감당해 낼 수 없다 |
| ☐ gǔ chuī | 鼓吹 [구 추이] | | 고취하다 |
| ☐ gǔ dài | 古代 [구 따이] | | 고대 |

G_g

| | | | |
|---|---|---|---|
| ☐ gū dān | 孤单 [구 단] | 외롭다, 고독하다 |
| ☐ gǔ diǎn | 古典 [구 뎬] | 고전 |
| ☐ gù dìng | 固定 [꾸 띵] | 고정시키다, 정착시키다 |
| ☐ gǔ dōng | 股东 [구 둥] | 주주, 출자자 |
| ☐ gǔ dòng | 鼓动 [구 둥] | 고무하다, 선동하다 |
| ☐ gū dú | 孤独 [구 두] | 고독하다 |
| ☐ gǔ fèn | 股份 [구 프언] | 주식자본 |
| ☐ gū fù | 辜负 [구 푸] | 저버리다, 헛되게 하다 |
| ☐ gǔ gàn | 骨干 [구 깐] | 골간 |
| ☐ gū gu | 姑姑 [구 구] | 고모 |
| ☐ gǔ guài | 古怪 [구 꽈이] | 기괴하다, 기이하다 |
| ☐ gǔ jì | 古迹 [구 찌] | 고적 |
| ☐ gū jì | 估计 [구 지] | 추측하다 |
| ☐ gù kè | 顾客 [꾸 커] | 손님 |
| ☐ gǔ lǎo | 古老 [구 라오] | 오래되다 |
| ☐ gǔ lì | 鼓励 [구 리] | 고무하다 |
| ☐ gū lì | 孤立 [구 리] | 고립되다 |
| ☐ gù lǜ | 顾虑 [꾸 뤼] | 고려하다, 주저하다 |
| ☐ gū niang | 姑娘 [구 냥] | 처녀 |
| ☐ gǔ piào | 股票 [구 표우] | 주권, 주식 |
| ☐ gū qiě | 姑且 [구 체] | 잠시, 잠깐 |
| ☐ gù quán dà jú | 顾全大局 [꾸 췐 따 쥐] | 대국을 고려하다 |
| ☐ gù rán | 固然 [꾸 란] | 비록, 물론 |
| ☐ gǔ rén | 古人 [구 런] | 옛사람, 고민 |
| ☐ gǔ ròu | 骨肉 [구 로우] | 골육, 뼈와 살 |
| ☐ gù shi | 故事 [꾸 스] | 이야기 |
| ☐ gù tǐ | 固体 [꾸 티] | 고체 |

| | | | |
|---|---|---|---|
| ☐ gǔ tou | 骨头 [구 토우] | 뼈 |
| ☐ gǔ wén | 古文 [구 원] | 고문 |
| ☐ gù wèn | 顾问 [꾸 원] | 고문 |
| ☐ gǔ wǔ | 鼓舞 [구 우] | 고무하다 |
| ☐ gù xiāng | 故乡 [꾸 샹] | 고향 |
| ☐ gù yì | 故意 [꾸 이] | 고의로, 일부러 |
| ☐ gù yōng | 雇佣 [꾸 융] | 고용하다 |
| ☐ gù yǒu | 固有 [꾸 유] | 고유의 |
| ☐ gù yuán | 雇员 [꾸 웬] | 고용인 |
| ☐ gù zhàng | 故障 [꿍 짱] | 고장 |
| ☐ gǔ zhǎng | 鼓掌 [구 장] | 박수치다 |
| ☐ gù zhí | 固执 [꾸 즈] | 고집하다 |
| ☐ gǔ zi | 谷子 [구 즈] | 조, 낟알 |
| ☐ guā | 瓜 [과] | 과실 (수박, 참외 등) |
| ☐ guā | 刮 [과] | 깎다, 벗기다 |
| ☐ guà | 挂 [꽈] | 매달리다, 걸다 |
| ☐ guā fēn | 瓜分 [과 프언] | 분할하다 |
| ☐ guǎ fù | 寡妇 [과 푸] | 과부 |
| ☐ guà gōu | 挂钩 [꽈 고우] | 연결하다, 연계를 맺다 |
| ☐ guà hào | 挂号 [꽈 하오] | 등기로 부치다 |
| ☐ guà niàn | 挂念 [꽈 녠] | 근심하다, 염려하다 |
| ☐ guā zǐ | 瓜子 [과 즈] | 해바라기 씨, 박씨 |
| ☐ guài | 怪 [꽈이] | 꽤, 상당히 |
| ☐ guài | 怪 [꽈이] | 나무라다, 원망하다 |
| ☐ guǎi | 拐 [과이] | 돌다, 절룩거리다, 유괴하다 |
| ☐ guài | 怪 [꽈이] | 괴상하다, 이상하다 |
| ☐ guāi | 乖 [과이] | 얌전하다, 착하다 |
| ☐ guài bu de | 怪不得 [꽈이 부 더] | 그러면, 그렇지 |

G_g

| | | | |
|---|---|---|---|
| ☐ guǎi wār | 拐弯儿 [과이 왈] | | 굽이를 돌다, 모퉁이 |
| ☐ guān | 关 [관] | | 닫다 |
| ☐ guàn | 灌 [관] | | 물을 대다, 관개하다 |
| ☐ guǎn | 管 [관] | | 관리하다, 단속하다 |
| ☐ guàn | 罐 [관] | | 깡통, 단지 |
| ☐ guān | 关 [관] | | 관문, 난관, 어려움 |
| ☐ guàn | 惯 [관] | | 습관이 되다 |
| | | | 버릇없이 굴다 |
| ☐ guān | 观 [관] | | 보다 |
| ☐ guān | 官 [관] | | 정부관리, 기관 |
| ☐ guǎn | 馆 [관] | | 집, 홀, 상점 |
| ☐ guān bì | 关闭 [관 삐] | | 닫다, 폐업하다 |
| ☐ guān cai | 棺材 [관 차이] | | 관, 널 |
| ☐ guān cè | 观测 [관 처] | | 관측하다 |
| ☐ guān chá | 观察 [관 차] | | 관찰하다 |
| ☐ guàn chè | 贯彻 [관 처] | | 관철하다 |
| ☐ guǎn dào | 管道 [관 따오] | | 파이프, 도관 |
| ☐ guān diǎn | 观点 [관 뗀] | | 관점 |
| ☐ guān fāng | 官方 [관 팡] | | 관방, 정부 |
| ☐ guàn gài | 灌溉 [관 까이] | | 관개하다 |
| ☐ guān guāng | 观光 [관 광] | | 관광하다 |
| ☐ guān huái | 关怀 [관 화이] | | 관심하다, 배려하다 |
| ☐ guān jiàn | 关键 [관 쩬] | | 관건 |
| ☐ guān jié yán | 关节炎 [관 제 옌] | | 관절염 |
| ☐ guàn jūn | 冠军 [관 쥔] | | 우승 |
| ☐ guān kàn | 观看 [관 칸] | | 관람하다 관찰하다 |
| ☐ guàn lì | 惯例 [관 리] | | 관례 |
| ☐ guǎn lǐ | 管理 [관 리] | | 관리하다 |

| | | | |
|---|---|---|---|
| ☐ guān liáo zhǔ yì | 官僚主义 [관 랴오 주 이] | | 관료주의 |
| ☐ guàn mù | 灌木 [관 무] | | 관목 |
| ☐ guān niàn | 观念 [관 녠] | | 관념 |
| ☐ guān qiè | 关切 [관 체] | | 관심을 갖다, 정이 두텁다 |
| ☐ guān shǎng | 观赏 [관 상] | | 관상하다 |
| ☐ guān tóu | 关头 [관 토우] | | 고비, 전환점 |
| ☐ guān xì | 关系 [관 씨] | | 관계 |
| ☐ guǎn xiá | 管辖 [관 샤] | | 관할하다 |
| ☐ guān xīn | 关心 [관 신] | | 관심 |
| ☐ guàn yòng yǔ | 惯用语 [관 융 위] | | 관용어 |
| ☐ guān yú | 关于 [관 위] | | 에 대하여 |
| ☐ guān yuán | 官员 [관 웬] | | 관원 |
| ☐ guān zhào | 关照 [관 짜오] | | 보살피다 |
| ☐ guān zhòng | 观众 [관 쫑] | | 관중 |
| ☐ guǎn zi | 管子 [관 즈] | | 파이프, 관 |
| ☐ guāng | 光 [광] | | 드러내다, 벌거벗다 |
| ☐ guāng | 光 [광] | | 단지, 오직, 홀로 |
| ☐ guāng | 光 [광] | | 빛, 광경 |
| ☐ guāng | 光 [광] | | 빛, 빛남, 밝음 |
| ☐ guǎng | 广 [광] | | 광활하다, 많다 |
| ☐ guāng | 光 [광] | | 광택나다, 드러내다, 조금도 |
| ☐ guàng | 逛 [꽝] | | 거닐다, 놀러 다니다 |
| ☐ guāng | 光 [광] | | 매끄럽다, 조금도 남지 않다 |
| ☐ guǎng bō | 广播 [광 보] | | 방송하다 |
| ☐ guāng cǎi | 光彩 [광 차이] | | 광채 |
| ☐ guǎng cháng | 广场 [광 창] | | 광장 |
| ☐ guǎng dà | 广大 [광 따] | | 광대하다 |

| | | | |
|---|---|---|---|
| ☐ guǎng fàn | 广泛 [광 프안] | 광범히 |
| ☐ guǎng gào | 广告 [광 까오] | 광고 |
| ☐ guāng gùnr | 光棍儿 [광 꾸이얼] | 홀아버지, 남자 독신자 |
| ☐ guāng huá | 光滑 [광 화] | 매끄럽다, 광택이 난다 |
| ☐ guāng huī | 光辉 [광 후이] | 광휘 |
| ☐ guǎng kuò | 广阔 [광 쿼] | 광활하다 |
| ☐ guāng liàng | 光亮 [광 량] | 밝고 빛나다 |
| ☐ guāng lín | 光临 [광 린] | 왕림하다 |
| ☐ guāng máng | 光芒 [광 망] | 빛발, 빛 |
| ☐ guāng míng | 光明 [광 밍] | 광명 |
| ☐ guāng róng | 光荣 [광 룽] | 영광스럽다 |
| ☐ guāng xiàn | 光线 [광 쎈] | 광선 |
| ☐ guǐ | 鬼 [구이] | 귀신, 유령 |
| ☐ guī | 硅 [구이] | 실리콘, 규소 |
| ☐ guì | 贵 [꾸이] | 귀하다, 고귀한, 높은 |
| ☐ guì | 跪 [꾸이] | 무릎 꿇다 |
| ☐ guī | 归 [구이] | 되돌아가다, ~으로 속하다 |
| ☐ guī | 龟 [구이] | 거북 |
| ☐ guì bīn | 贵宾 [꾸이 빈] | 귀빈 |
| ☐ guǐ dào | 轨道 [구이 따오] | 궤도 |
| ☐ guī dìng | 规定 [구이 띵] | 규정하다 |
| ☐ guī fàn | 规范 [구이 프안] | 규범적이다 |
| ☐ guī gé | 规格 [구이 거] | 규격 |
| ☐ guī gēn dào dǐ | 归根到底 [구이 건 따오 디] | 결국 |
| ☐ guì guān | 桂冠 [구이 관] | 월계관 |
| ☐ guī huà | 规划 [구이 화] | 계획, 기획 |
| ☐ guī huà | 规划 [구이 화] | 규획 |

| | | | |
|---|---|---|---|
| ☐ guī huán | 归还 [구이 환] | | 되돌려주다 반환하다 |
| ☐ guī jié | 归结 [구이 제] | | 귀결하다 |
| ☐ guī ju | 规矩 [구이 쥐] | | 규격 |
| ☐ guī jù | 规矩 [구이 쮜] | | 규칙, 표준 |
| ☐ guī lǜ | 规律 [구이 뤼] | | 규율 |
| ☐ guī mó | 规模 [구이 모] | | 규모 |
| ☐ guī nà | 归纳 [구이 나] | | 귀납하다 |
| ☐ guī nü | 闺女 [구이 뉘] | | 규수, 처녀, 딸 |
| ☐ guì tái | 柜台 [꾸이 타이] | | 매대, 카운터 |
| ☐ guì xìng | 贵性 [꾸이 씽] | | 성함이 어떻게 되십니까? |
| ☐ guī zé | 规则 [궤 저] | | 정연하다, 규칙적이다 |
| ☐ guī zé | 规则 [구이 저] | | 규칙 |
| ☐ guì zhòng | 贵重 [꾸이 쭝] | | 귀중하다 |
| ☐ guì zi | 柜子 [꾸이 즈] | | 궤짝 |
| ☐ guǐ zi | 鬼子 [구이 즈] | | 귀신 |
| ☐ guì zú | 贵族 [꾸이 주] | | 귀족 |
| ☐ gǔn | 滚 [군] | | 구르다, 꺼져버려 |
| ☐ gǔn dòng | 滚动 [군 둥] | | 회전하다, 구르다 |
| ☐ gùn zi | 棍子 [꾼 즈] | | 몽둥이, 막대기 |
| ☐ guò | 过 [꿔] | | 지나가다 |
| ☐ guò | 过 [꿔] | | ~후에 |
| ☐ guó | 国 [꿔] | | 국, 나라 |
| ☐ guǒ | 裹 [궈] | | 싸다, 싸매다, 휘감다 |
| ☐ guō | 郭 [궈] | | 곽 (성씨) |
| ☐ guò | 过 [꿔] | | 동태조사, 동작의 완료를 나타낸다 |
| ☐ guō | 锅 [궈] | | 솥 |
| ☐ guó chǎn | 国产 [궈 찬] | | 국산 |

G_g

| | | | |
|---|---|---|---|
| ☐ guò chéng | 过程 | [궈 청] | 과정 |
| ☐ guò dù | 过度 | [궈 뚜] | 과도하다 |
| ☐ guò duàn | 果断 | [궈 똰] | 과단성이 있다 |
| ☐ guó fǎ | 国法 | [궈 프아] | 국법 |
| ☐ gúo fang | 国防 | [궈 팡] | 국방 |
| ☐ guò fèn | 过分 | [궈 펀] | 과분하다 |
| ☐ guò hòu | 过后 | [궈 호우] | 그 뒤, 나중에 |
| ☐ guó huì | 国会 | [궈 후이] | 국회 |
| ☐ guó jì | 国际 | [궈 찌] | 국제 |
| ☐ guó jí | 国籍 | [궈 지] | 국적 |
| ☐ guó jì fǎ | 国际法 | [궈 찌 프아] | 국제법 |
| ☐ guó jì zhǔ yì | 国际主义 | [궈 찌 주 이] | 국제주의 |
| ☐ guó jiā | 国家 | [궈 쟈] | 국가 |
| ☐ guó kù quàn | 国库券 | [궈 쿠 췐] | 국고채권 |
| ☐ guò lái | 过来 | [궈 라이] | 다가오다, 건너오다 |
| ☐ guó lì | 国力 | [궈 리] | 국력 |
| ☐ guò lǜ | 过虑 | [궈 뤼] | 여과하다, 거르다 |
| ☐ guō lú | 锅炉 | [궈 루] | 보일러 |
| ☐ guó mín | 国民 | [궈 민] | 국민, 시민 |
| ☐ guó mǐn dǎng | 国民党 | [궈 민 당] | 국민당 |
| ☐ guò nián | 过年 | [궈 녠] | 설을 쇠다 |
| ☐ guó qí | 国旗 | [궈 치] | 국기 |
| ☐ guó qíng | 国情 | [궈 칭] | 국정 |
| ☐ guó qìng jié | 国庆节 | [궈 칭 제] | 국경절 |
| ☐ guò qù | 过去 | [궈 취] | 지나가다 |
| ☐ guò qù | 过去 | [궈 취] | 과거 |

| | | | |
|---|---|---|---|
| ☐ guǒ rán | 果然 [궈 란] | 과연 |
| ☐ guǒ shí | 果实 [궈 스] | 과실 |
| ☐ guò shī | 过失 [궈 스] | 과실 |
| ☐ guǒ shù | 果树 [궈 쑤] | 과수, 과일나무 |
| ☐ guó tǔ | 国土 [궈 투] | 국토 |
| ☐ guó wáng | 国王 [궈 왕] | 국왕 |
| ☐ guò wèn | 过问 [궈 원] | 따져묻다 |
| ☐ guó wù yuàn | 国务院 [궈 우 웬] | 국무원 |
| ☐ guó yíng | 国营 [궈 잉] | 국영 |
| ☐ guó yǒu | 国有 [궈 유] | 국유 |
| ☐ guò yú | 过于 [궈 위] | 과도하게, 지나치게 |

# H_h

| | | | |
|---|---|---|---|
| ☐ hā hā | 哈哈 [하 하] | 하하 (웃는 소리) |
| ☐ hǎi'àn | 海岸 [하이 안] | 해안 |
| ☐ hǎi | 海 [하이] | 바다 |
| ☐ hāi | 咳 [하이] | 허 (후회나, 놀람) |
| ☐ hài | 害 [하이] | 해롭다, 해치다 |
| ☐ hài | 害 [하이] | 손해, 재해 |
| ☐ hái | 还 [하이] | 여전히, 더욱이, 조차 |
| ☐ hài | 害 [하이] | 해를 끼치다, ~할 수 있다 |
| ☐ hǎi bá | 海拔 [하이 바] | 해발 |
| ☐ hǎi bīn | 海滨 [하이 빈] | 해변, 해안 |
| ☐ hài chóng | 害虫 [하이 충] | 해충 |
| ☐ hài chù | 害处 [하이 추] | 손해 |
| ☐ hǎi gǎng | 海港 [하이 강] | 항구, 부두 |
| ☐ hái guān | 海关 [하이 관] | 세관 |
| ☐ hǎi jūn | 海军 [하이 쮠] | 해군 |
| ☐ hǎi miàn | 海面 [하이 멘] | 해면, 수면 |
| ☐ hài pà | 害怕 [하이 파] | 무섭다 |
| ☐ hái shì | 还是 [하이 쓰] | 역시 |
| ☐ hái shì | 还是 [하이 쓰] | 혹은, 아니면 |
| ☐ hǎi wài | 海外 [하이 와이] | 해외 |
| ☐ hǎi xiá | 海峡 [하이 샤] | 해협 |
| ☐ hài xiū | 害羞 [하이 시우] | 수줍어하다 |
| ☐ hái yáng | 海洋 [하이 양] | 해양 |
| ☐ hái zi | 孩子 [하이 즈] | 아이 |

| | | | |
|---|---|---|---|
| ☐ hán | 寒 [한] | 춥다, 빈한하다 |
| ☐ hàn | 汗 [한] | 땀 |
| ☐ hàn | 旱 [한] | 가물다 |
| ☐ hǎn | 喊 [한] | 고함치다 부르다 |
| ☐ hán | 含 [한] | 함유하다, 입에 머금다, 품다, 내포하다 |
| ☐ hàn | 焊 [한] | 용접하다, 땜질하다 |
| ☐ hán hú | 含糊 [한 후] | 모호하다, 소홀히 하다 |
| ☐ hán jià | 寒假 [한 쨔] | 겨울방학 |
| ☐ hǎn jiàn | 罕见 [한 쪤] | 보기 드물다 |
| ☐ hàn jiān | 汉奸 [한 쪤] | 한간 |
| ☐ hǎn jiào | 喊叫 [한 쨔오] | 외치다, 아우성치다 |
| ☐ hán lěng | 寒冷 [한 렁] | 한랭하다 |
| ☐ hán liàng | 含量 [한 량] | 함량 |
| ☐ hán shòu | 函授 [한 쏘우] | 함수 |
| ☐ hàn wèi | 捍卫 [한 워이] | 지키다, 보호하다 |
| ☐ hán xuān | 寒暄 [한 쉔] | 인사말을 나누다 |
| ☐ hàn xué | 汉学 [한 쉐] | 한학 |
| ☐ hán yì | 含义 [한 이] | 함의 |
| ☐ hán yì | 涵义 [한 이] | 함의 |
| ☐ hán yǒu | 含有 [한 유] | 함유되다 |
| ☐ hàn yǔ | 汉语 [한 위] | 한어 |
| ☐ hàn zāi | 旱灾 [한 자이] | 한재, 가뭄피해 |
| ☐ hàn zì | 汉字 [한 쯔] | 한자 |
| ☐ háng | 行 [항] | 줄, 항렬, 직업 |
| ☐ háng | 行 [항] | 열을 이룬 행 |
| ☐ hàng | 唱 [창] | 노래하다, 크게 외치다 |
| ☐ háng chéng | 行程 [항 청] | 노정 |

H_h

| | | | |
|---|---|---|---|
| ☐ háng dào | 航道 [항 따오] | 수로 |
| ☐ háng hǎi | 航海 [항 하이] | 항해, 항해하다 |
| ☐ háng kōng | 航空 [항 쿵] | 항공 |
| ☐ háng liè | 行列 [항 레] | 항렬 |
| ☐ háng tiān | 航天 [항 텐] | 우주비행 |
| ☐ háng xiàn | 航线 [항 쎈] | 항선 |
| ☐ háng xíng | 航行 [항 싱] | 항행하다 |
| ☐ háng yè | 行业 [항 예] | 직종, 직업 |
| ☐ háng yùn | 航运 [항 윈] | 항운 |
| ☐ hǎo | 好 [하오] | 많이, 잘 |
| ☐ hào | 耗 [하오] | 소비하다, 시간을 끌다 |
| ☐ hào | 好 [하오] | 좋아하다 |
| ☐ hào | 号 [하오] | 이름, 숫자, 크기, 날짜 |
| ☐ hào | 号 [하오] | ~호 |
| ☐ hǎo bǐ | 好比 [하오 비] | 흡사~와 같다 |
| ☐ háo bù | 毫不 [하오 뿌] | 조금도 ~않다 |
| ☐ hào chēng | 号称 [하오 청] | 호칭 |
| ☐ hǎo chī | 好吃 [하오 츠] | 맛있다 |
| ☐ hǎo chù | 好处 [하오 추] | 이점 |
| ☐ hǎo duō | 好多 [하오 둬] | 많다 |
| ☐ hào fèi | 耗费 [하오 페이] | 허비하다, 소모하다 |
| ☐ hǎo gǎn | 好感 [하오 간] | 호감 |
| ☐ hào hào dàng dàng | 浩浩荡荡 [하오 하오 땅 땅] | 도도하다 |
| ☐ hǎo hǎor | 好好儿 [하오 하올] | 잘 하다 |
| ☐ háo huá | 豪华 [하오 화] | 호화롭다 |
| ☐ hǎo huài | 好坏 [하오 화이] | 좋고 그름 |
| ☐ hǎo jiǔ | 好久 [하오 지우] | 오랫동안 |

| | | | |
|---|---|---|---|
| hǎo kàn | 好看 | [하오 칸] | 보기 좋다 |
| hào kè | 好客 | [하오 커] | 손님을 반갑게 대하다 |
| hào mǎ | 号码 | [하오 마] | 번호 |
| háo mǐ | 毫米 | [하오 미] | 밀리미터(mm) |
| hào qí | 好奇 | [하오 치] | 호기심이 많다 |
| hǎo róng yì | 好容易 | [하오 룽 이] | 겨우 |
| hǎo shuō | 好说 | [하오 쉬] | ~이(가) 될 수 있다 |
| hǎo tīng | 好听 | [하오 팅] | 듣기 좋다 |
| hǎo wánr | 好玩儿 | [하오 왈] | 놀기 좋다, 재미있다, 멋지다 |
| háo wú | 毫无 | [하오 우] | 조금도(전혀) ~없다 |
| hǎo xiàng | 好象 | [하오 썅] | ~와 같다 |
| hǎo xiē | 好些 | [하오 셰] | 많은 |
| hǎo yàng de | 好样的 | [하오 양 더] | 기개가 있다, 보람이 있다 |
| hǎo zài | 好在 | [하오 짜이] | ~마침 |
| hào zhào | 号召 | [하오 짜오] | 호소하다 |
| hǎo zhuǎn | 好转 | [하오 좐] | 호전되다 |
| hé'ǎi | 和蔼 | [허 아이] | 상냥하다 |
| hé | 何 | [허] | (질문을 나타냄) 누구, 언제 |
| hē | 喝 | [허] | 마시다 |
| hé | 核 | [허] | 씨(과일), 핵 |
| hē | 呵 | [허] | 하! 껄껄 |
| hé | 河 | [허] | 강, 하천 |
| hé | 合 | [허] | 합하다, 닫다 |
| hé | 盒 | [허] | 함, 상자, 곽 |
| hè | 赫 | [허] | 뚜렷하다, 성대하다 |
| hé | 和 | [허] | ~와 |
| hé bì | 何必 | [허 삐] | 구태여, 하필 |
| hé bìng | 合并 | [허 삥] | 합병하다 |

H_h

| | | | |
|---|---|---|---|
| ☐ hé bù | 何不 | [허 뿌] | 왜 ~하지 않겠는가 |
| ☐ hé cháng | 何尝 | [허 창] | 왜 ~않겠는가 |
| ☐ hé chàng | 合唱 | [허 창] | 합창 |
| ☐ hé chéng | 合成 | [허 청] | 합성, 합성하다 |
| ☐ hè cí | 贺词 | [허 츠] | 축사 |
| ☐ hé dào | 河道 | [허 따오] | 강줄기 |
| ☐ hé děng | 何等 | [허 덩] | 어떤, 얼마나 |
| ☐ hé fǎ | 合法 | [허 프아] | 합법적이다 |
| ☐ hé gé | 合格 | [허 거] | 합격하다 |
| ☐ hé gé | 合格 | [허 거] | 합격 |
| ☐ hè hè yǒu míng | 赫赫有名 | [허 허 유 밍] | 명성이 혁혁하다 |
| ☐ hé hū | 合乎 | [허 후] | ~에 맞다 |
| ☐ hé huā | 荷花 | [허 화] | 연꽃 |
| ☐ hé huǒ | 合伙 | [허 훠] | 동업하다 |
| ☐ hé jiě | 和解 | [허 제] | 화해하다 |
| ☐ hé jīn | 合金 | [허 진] | 합금 |
| ☐ hé kǔ | 何苦 | [허 쿠] | 무엇 때문에 |
| ☐ hé kuàng | 何况 | [허 쾅] | 하물며 |
| ☐ hé lǐ | 合理 | [허 리] | 합리하다 |
| ☐ hé liú | 河流 | [허 류] | 강 |
| ☐ hé miáo | 禾苗 | [허 먀오] | 볏모, 싹 |
| ☐ hé mù | 和睦 | [허 무] | 화목하다 |
| ☐ hé píng | 和平 | [허 핑] | 평화 |
| ☐ hé píng gòng chǔ | 和平共处 | [허 핑 꿍 추] | 평화공존 |
| ☐ hé qi | 和气 | [허 치] | 친절하다, 다정하다 |
| ☐ hé qíng hé lǐ | 合情合理 | [허 칭 허 리] | 도리에 맞다 |

| | | |
|---|---|---|
| hé shàng | 和尚 [허 쌍] | 중, 스님 |
| hé shì | 合适 [허 쓰] | 적합하다 |
| hé suàn | 合算 [허 솬] | 수지맞다, 덕 되다 |
| hé tāo | 核桃 [허 타오] | 호두 |
| hé tong | 合同 [허 퉁] | 합동 |
| hé wǔ qì | 核武器 [허 우 치] | 핵무기 |
| hé xié | 和谐 [허 세] | 조화롭다 |
| hé xīn | 核心 [허 신] | 핵심 |
| hé yíng | 合营 [허 잉] | 합병하다 |
| hé yuē | 和约 [허 웨] | 평화조약 |
| hé zī | 合资 [허 즈] | 합자 |
| hé zuò | 合作 [허 쭤] | 합작하다 |
| hēi àn | 黑暗 [헤이 안] | 어둡다 |
| hēi | 嘿 [헤이] | 이봐! 어이! |
| hēi | 黑 [헤이] | 검다, 어둡다 |
| hēi bái | 黑白 [헤이 바이] | 흑백 |
| hēi bǎn | 黑板 [헤이 반] | 칠판 |
| hēi yè | 黑夜 [헤이 예] | 어두운 밤 |
| hèn | 恨 [헌] | 미워하다 |
| hěn | 狠 [헌] | 잔인하다, 단호한 |
| hěn | 很 [헌] | 매우, 몹시, 아주 |
| hèn bu de | 恨不得 [헌 뿌 더] | 한스럽지 않을 수 없다<br>유감스럽지 않을 수 없다 |
| hěn dú | 狠毒 [헌 두] | 잔인하다, 악독하다 |
| hén jì | 痕迹 [헌 찌] | 흔적 |
| hěn xīn | 狠心 [헌 신] | 마음이 모질다 |
| héng | 横 [헝] | 가혹하다, 뜻밖이다 |
| héng | 横 [헝] | 관통하다 |

H_h

| | | | |
|---|---|---|---|
| ☐ héng | 横 [헝] | 가로지르다 |
| ☐ hēng | 哼 [헝] | 신음 소리, 신음 소리내다 |
| ☐ héng xīng | 恒星 [헝 싱] | 항성 |
| ☐ héng xíng | 横行 [헝 싱] | 제멋대로 행동하다 |
| ☐ hōng | 烘 [훙] | 말리우거나 데우다 |
| ☐ hǒng | 哄 [훙] | 얼리다, 달래다 |
| ☐ hóng | 红 [훙] | 붉다 |
| ☐ hóng | 虹 [훙] | 무지개 |
| ☐ hóng chá | 红茶 [훙 차] | 홍차 |
| ☐ hóng dà | 宏大 [훙 따] | 웅대하다, 거대하다 |
| ☐ hōng dòng | 轰动 [훙 둥] | 물의를 일으키다 |
| ☐ hōng hōng liè liè | 轰轰烈烈 [훙 훙 레 레] | 열광적이다 |
| ☐ hóng lǐng jīn | 红领巾 [훙 링 진] | 붉은 넥타이 (중국) |
| ☐ hǒng qí | 红旗 [훙 치] | 붉은 기 |
| ☐ hóng shuǐ | 洪水 [훙 수이] | 홍수 |
| ☐ hóng wěi | 宏伟 [훙 워이] | 위대하다, 장엄하다 |
| ☐ hōng zhà | 轰炸 [훙 짜] | 폭격하다 |
| ☐ hǒu | 吼 [호우] | 짐승이 울부짖다, 크게 울리다 |
| ☐ hóu | 侯 [호우] | 후 (성씨) |
| ☐ hòu | 厚 [호우] | 두껍다, 깊다, 많다 |
| ☐ hòu | 后 [호우] | 뒤, 후 |
| ☐ hòu bian | 后边 [호우 볜] | 뒤 |
| ☐ hòu bǔ | 候补 [호우 부] | 후보하다 |
| ☐ hòu dài | 后代 [호우 따이] | 후대 |
| ☐ hòu dù | 厚度 [호우 뚜] | 두께 |
| ☐ hòu fāng | 后方 [호우 팡] | 후방 |

| | | | |
|---|---|---|---|
| ☐ hòu guǒ | 后果 [호우 궈] | | 후과 |
| ☐ hòu huǐ | 后悔 [호우 후이] | | 후회하다 |
| ☐ hòu lái | 后来 [호우 라이] | | 후에 |
| ☐ hóu lóng | 喉咙 [호우 룽] | | 목구멍 |
| ☐ hòu mian | 后面 [호우 몐] | | 뒤쪽 |
| ☐ hòu nián | 后年 [호우 녠] | | 후년 |
| ☐ hòu qī | 后期 [호우 치] | | 후기 |
| ☐ hòu qín | 后勤 [호우 친] | | 후근 |
| ☐ hòu tái | 后台 [호우 타이] | | 배후 지지세력, 무대 뒤 |
| ☐ hòu tiān | 后天 [호우 톈] | | 모레 |
| ☐ hòu tou | 后头 [호우 토우] | | 뒤쪽 |
| ☐ hòu tuì | 后退 [호우 투이] | | 후퇴하다 |
| ☐ hòu xuǎn rén | 候选人 [호우 쉔 런] | | 후선인 |
| ☐ hóu zi | 猴子 [호우 즈] | | 원숭이 |
| ☐ hú | 壶 [후] | | 주전자 |
| ☐ hú | 胡 [후] | | 마음대로, 엉터리로 |
| ☐ hù | 护 [후] | | 보호하다, 감싸주다 |
| ☐ hú | 糊 [후] | | 붙이다, 바르다 |
| ☐ hú | 湖 [후] | | 호수, 늪 |
| ☐ hū | 呼 [후] | | 호흡하다, 큰 소리로 외치다 |
| ☐ hù | 户 [후] | | 가족, 세대, 문, 구좌 |
| ☐ hū | 呼 [후] | | 휙휙 (바람소리) |
| ☐ hù | 沪 [후] | | 상해의 별칭 |
| ☐ hú dié | 蝴蝶 [후 뎨] | | 나비 |
| ☐ hū hū | 呼呼 [후 후] | | 휙휙 (목소리) |
| ☐ hù jù | 沪剧 [후 쮜] | | 상해의 지방 희곡 |
| ☐ hù kǒu | 户口 [후 코우] | | 호구 |
| ☐ hú lái | 胡来 [후 라이] | | 생각없이 함부로 하다 |

| | | | |
|---|---|---|---|
| ☐ hú li | 狐狸 [후 리] | | 여우, |
| ☐ hù lì | 互利 [후 리] | | 상호이익 |
| ☐ hú lu | 葫芦 [후 루] | | 조롱박 |
| ☐ hú luàn | 胡乱 [후 롼] | | 함부로 |
| ☐ hū lüè | 忽略 [후 뤠] | | 소홀히 하다 |
| ☐ hū rán | 忽然 [후 란] | | 갑자기 |
| ☐ hū shēng | 呼声 [후 성] | | 고함소리, 부르는 소리 |
| ☐ hù shi | 护士 [후 쓰] | | 간호사 |
| ☐ hū shì | 忽视 [후 쓰] | | 홀시하다 |
| ☐ hú shuō | 胡说 [후 쉬] | | 터무니없는 말을 하다 |
| ☐ hú tòng | 胡同 [후 퉁] | | 골목, 작은 거리 |
| ☐ hú tu | 糊涂 [후 투] | | 어리석다 |
| ☐ hū xī | 呼吸 [후 시] | | 호흡하다 |
| ☐ hù xiāng | 互相 [후 샹] | | 서로, 상호 |
| ☐ hū xiào | 呼啸 [후 쌰오] | | 소리를 지르다 |
| ☐ hū yù | 呼吁 [후 위] | | 호소하다 요청하다 |
| ☐ hù zhào | 护照 [후 짜오] | | 여권 |
| ☐ hù zhù | 互助 [후 쭈] | | 서로 돕다 |
| ☐ hú zi | 胡子 [후 즈] | | 수염 |
| ☐ huā | 花 [화] | | 소비하다 |
| ☐ huà | 划 [화] | | 긋다, 나누다, 계획하다 |
| ☐ huā | 花 [화] | | 소비하다 소모하다 |
| ☐ huā | 花 [화] | | 채색의, 다채로운 |
| ☐ huá | 滑 [화] | | 미끄럽다 교활하다 |
| ☐ huà | 划 [화] | | 선 긋다, 나누다, 계획하다 |
| ☐ huà | 画 [화] | | 그림을 그리다 |
| ☐ huà | 话 [화] | | 말 |
| ☐ huà bào | 画报 [화 빠오] | | 화보 |

| | | | |
|---|---|---|---|
| ☐ huá bīng | 滑冰 | [화 빙] | 스케이팅 |
| ☐ huā duǒ | 花朵 | [화 둬] | 꽃봉오리, 꽃송이 |
| ☐ huà féi | 化肥 | [화 페이] | 비료, 화학비료 |
| ☐ huā fèi | 花费 | [화 페이] | 소비, 소비하다 |
| ☐ huà fēn | 划分 | [화 프언] | 구분하다, 구획하다 |
| ☐ huà gōng | 化工 | [화 궁] | 화학공업 |
| ☐ huà hé | 化合 | [화 허] | 화합하다 |
| ☐ huā huā | 哗哗 | [화 화] | 확확 (목소리) |
| ☐ huà jiā | 画家 | [화 쟈] | 화가 |
| ☐ huà jù | 话剧 | [화 쮜] | 연극 |
| ☐ huá lì | 华丽 | [화 리] | 화려하다 |
| ☐ huà miàn | 画面 | [화 몐] | 화면 |
| ☐ huá qiáo | 华侨 | [화 챠오] | 화교 |
| ☐ huá rén | 华人 | [화 런] | 중국인 |
| ☐ huā sè | 花色 | [화 써] | 무늬와 색깔, 종류 |
| ☐ huà shé tiān zú | 画蛇添足 | [화 서 톈 주] | 뱀을 그리는데 다리를 그려 넣다, 쓸데없는 짓을 하여 일을 그르치다 |
| ☐ huā shēng | 花生 | [화 성] | 땅콩 |
| ☐ huà shí | 化石 | [화 스] | 화석 |
| ☐ huà tí | 话题 | [화 티] | 화제 |
| ☐ huā wén | 花纹 | [화 원] | 꽃무늬 |
| ☐ huà xiān | 化纤 | [화 셴] | 화학섬유 |
| ☐ huà xue | 化学 | [화 쉐] | 화학 |
| ☐ huá xuě | 滑雪 | [화 쉐] | 스키를 타다 |
| ☐ huà yàn | 化验 | [화 옌] | 화염하다 |
| ☐ huā yang | 花样 | [화 양] | 가짓수, 종류, 디자인 |
| ☐ huā yuán | 花园 | [화 왠] | 화원 |

H_h

| | | | |
|---|---|---|---|
| ☐ huà zhuāng | 化妆 [화 쫭] | 화장하다 |
| ☐ huài | 坏 [화이] | 나쁘다 |
| ☐ huái | 怀 [화이] | 가슴, 품, 마음, 생각 |
| ☐ huài | 坏 [화이] | 고장나다 |
| ☐ huái | 淮 [화이] | 회 (물 이름) |
| ☐ huài chù | 坏处 [화이 추] | 나쁜 점 |
| ☐ huài dàn | 坏蛋 [화이 딴] | 악당, 나쁜 놈 |
| ☐ huái hé | 淮河 [화이 허] | 회하 (중국) |
| ☐ huái niàn | 怀念 [화이 녠] | 그리워하다, 생각하다 |
| ☐ huái shù | 槐树 [화이 쑤] | 괴목, 홰나무 |
| ☐ huái yí | 怀疑 [화이 이] | 의심하다, 회의하다 |
| ☐ huái yùn | 怀孕 [화이 윈] | 임신하다 |
| ☐ huǎn | 缓 [환] | 더디다, 느리다 |
| ☐ huàn | 换 [환] | 바꾸다, 교환하다 |
| ☐ huàn | 唤 [환] | 외치다, 부르다 |
| ☐ huàn | 患 [환] | 앓다, (병에) 걸리다 |
| ☐ huán | 环 [환] | 고리, 굴렁쇠 (달) 무리 |
| ☐ huán | 还 [환] | 갚다, 돌려줘다, 보답하다 |
| ☐ huàn dēng | 幻灯 [환 덩] | 환등, 슬라이드 |
| ☐ huān hū | 欢呼 [환 후] | 환호하다 |
| ☐ huǎn huan | 缓缓 [환 환] | 천천히 |
| ☐ huán jié | 环节 [환 제] | 환절 |
| ☐ huán jìng | 环境 [환 찡] | 환경 |
| ☐ huān lè | 欢乐 [환 러] | 즐겁다, 유쾌하다 |
| ☐ huǎn màn | 缓慢 [환 만] | 완만하다, 느리다 |
| ☐ huàn qǔ | 换取 [환 취] | 바꾸어 가지다 |
| ☐ huān sòng | 欢送 [환 쏭] | 환송하다 |
| ☐ huān xǐ | 欢喜 [환 시] | 기쁘다, 즐겁다 |

| | | | |
|---|---|---|---|
| huàn xiǎng | 幻想 [환 샹] | | 환상, 환상하다 |
| huān xiào | 欢笑 [환 쌰오] | | 쾌활하게 웃다 |
| huān yíng | 欢迎 [환 잉] | | 환영하다 |
| huán yuán | 还原 [환 웬] | | 환원하다, 복원하다 |
| huàn zhě | 患者 [환 저] | | 환자 |
| huáng | 黄 [황] | | 누렇다 |
| huàng | 晃 [황] | | 흔들다 |
| huàng | 晃 [황] | | 흔들다, 흔들리다 |
| huāng | 慌 [황] | | 당황하다, 허둥대다 |
| huāng | 荒 [황] | | 황폐하다, 황량하다 |
| huáng chóng | 蝗虫 [황 충] | | 메뚜기 |
| huāng dì | 荒地 [황 띠] | | 황지 |
| huáng dì | 皇帝 [황 띠] | | 황제 |
| huáng guā | 黄瓜 [황 과] | | 오이 |
| huáng hòu | 皇后 [황 호우] | | 황후 |
| huáng hūn | 黄昏 [황 훈] | | 황혼 |
| huáng jīn | 黄金 [황 진] | | 황금 |
| huāng liáng | 荒凉 [황 량] | | 황량하다 |
| huāng luàn | 慌乱 [황 란] | | 당황하다 |
| huāng máng | 慌忙 [황 망] | | 황당히 |
| huāng miù | 荒谬 [황 뮤우] | | 엉터리없다 |
| huáng pú jiāng | 黄浦江 [황 푸 쟝] | | 황포강 (중국) |
| huáng pǔ jūn xiào | 黄埔军校 [황 푸 쥔 쌰오] | | 황포군관학교 (중국) |
| huáng sè | 黄色 [황 써] | | 누른색 |
| huāng táng | 荒唐 [황 탕] | | 황당하다 |
| huáng yóu | 黄油 [황 유] | | 버터 |

| | | | |
|---|---|---|---|
| ☐ huāng zhāng | 慌张 [황 장] | 당황하다 |
| ☐ huàr | 画儿 [활] | 그림 |
| ☐ huì | 汇 [후이] | 한데 모이다, 송금하다 |
| ☐ huì | 会 [후이] | 알다, ~할 줄 안다, 능숙하다 |
| ☐ huì | 会 [훼이] | ~할 줄 알다 |
| ☐ huí | 回 [휘이] | ~회 |
| ☐ huí | 回 [후이] | 되돌아오다 |
| ☐ huī | 灰 [후이] | 재, 먼지, 석회 |
| ☐ huǐ | 毁 [후이] | 태우다, 헐뜯다, 파괴하다 |
| ☐ huì | 绘 [후이] | 그림 그리다, 도안하다 |
| ☐ huī | 灰 [후이] | 회색의, 실망하다 |
| ☐ huǐ | 悔 [후이] | 후회하다, 뉘우치다 |
| ☐ huī | 挥 [후이] | 흔들다 휘두르다 |
| ☐ huì bào | 汇报 [후이 빠오] | 회보, 회보하다 |
| ☐ huí bì | 回避 [후이 삐] | 회피하다 |
| ☐ huì chǎng | 会场 [후이 창] | 회의장 |
| ☐ huī chén | 灰尘 [후이 천] | 먼지 |
| ☐ huí dá | 回答 [후이 다] | 회답 |
| ☐ huī fù | 恢复 [후이 푸] | 회복되다 |
| ☐ huǐ gǎi | 悔改 [후이 가이] | 회개하다 |
| ☐ huí gù | 回顾 [후이 꾸] | 회고하다 |
| ☐ huǐ hèn | 悔恨 [후이 헌] | 깊이 후회하다 |
| ☐ huì huà | 会话 [후이 화] | 회화 |
| ☐ huì huà | 绘画 [후이 화] | 회화 |
| ☐ huǐ huài | 毁坏 [후이 화이] | 훼손하다 |
| ☐ huī huáng | 辉煌 [후이 황] | 휘황찬란하다 |
| ☐ huī huò | 挥霍 [후이 훠] | 돈을 헤프게 쓰다 |
| ☐ huí jī | 回击 [후이 지] | 반격하다 |

| | | | |
|---|---|---|---|
| huì jí | 汇集 [후이 지] | 집중하다 |
| huì jiàn | 会见 [후이 쩬] | 회견하다 |
| huì kuǎn | 汇款 [후이 콴] | 돈을 부치다, 송금하다 |
| huí lái | 回来 [후이 라이] | 돌아오다 |
| huì lǜ | 汇率 [후이 뤼] | 환율 |
| huì lù | 贿赂 [후이 루] | 수뢰하다 |
| huǐ miè | 毁灭 [후이 몌] | 훼멸하다 |
| huí qù | 回去 [후이 취] | 되돌아가다 |
| huí shōu | 回收 [후이 소우] | 회수하다 |
| huì tán | 会谈 [후이 탄] | 회담 |
| huì tóng | 会同 [후이 퉁] | 회동하다 |
| huí tóu | 回头 [후이 토우] | 머리를 돌리다, 후회하다 |
| huì wù | 会晤 [후이 우] | 만나다, 대면하다 |
| huí xiǎng | 回想 [후이 샹] | 회상하다 |
| huí xìn | 回信 [후이 신] | 회신 |
| huī xīn | 灰心 [후이 신] | 실망하다, 의기소침하다 |
| huì yì | 会议 [후이 이] | 회의 |
| huí yì | 回忆 [후이 이] | 회억하다 |
| huì yuán | 会员 [후이 웬] | 회원 |
| hūn | 昏 [훈] | 희미하다, 혼미하다 |
| hūn | 昏 [훈] | 의식을 잃다, 기절하다 |
| hùn | 混 [훈] | 뒤섞다, 허송세월하다, 지내다 |
| hùn fǎng | 混纺 [훈 팡] | 혼방 |
| hùn hé | 混合 [훈 허] | 혼합하다 섞다 |
| hùn hé wù | 混合物 [훈 허 우] | 혼합물 |
| hùn luàn | 混乱 [훈 롼] | 혼란하다 |
| hūn mí | 昏迷 [훈 미] | 혼미 |
| hùn níng tǔ | 混凝土 [훈 닝 투] | 콘크리트 |

H_h

| | | | |
|---|---|---|---|
| ☐ hún shēn | 混身 | [훈 선] | 온몸 |
| ☐ hùn xiáo | 混淆 | [훈 샤오] | 뒤섞이다, 모호하게 하다 |
| ☐ hūn yīn | 婚姻 | [훈 인] | 혼인 |
| ☐ hùn zhuó | 混浊 | [훈 줘] | 혼탁하다 |
| ☐ huǒ | 伙 | [훠] | ~패 |
| ☐ huò | 祸 | [훠] | 화, 재앙 |
| ☐ huò | 获 | [훠] | 획득하다, 수확하다, 붙잡다 |
| ☐ huò | 或 | [훠] | 혹은, 또는 ~이거나 |
| ☐ huò | 或 | [훠] | 혹시, 아마, 어쩌면 |
| ☐ huó | 活 | [훠] | 살다, 생활하다 |
| ☐ huō | 豁 | [훠] | 갈라터지다 |
| ☐ huó | 活 | [훠] | 살아있다, 움직이다 |
| ☐ huò | 货 | [훠] | 화물, 상품, 물품 |
| ☐ huǒ bàn | 伙伴 | [훠 빤] | 동료, 동반자 파트너 |
| ☐ huò bì | 货币 | [훠 삐] | 화폐 |
| ☐ huǒ chái | 火柴 | [훠 차이] | 성냥, 땔나무 |
| ☐ huǒ chē | 火车 | [훠 처] | 기차 |
| ☐ huò dé | 获得 | [훠 더] | 획득하다 |
| ☐ huó dòng | 活动 | [훠 똥] | 활동하다 |
| ☐ huò duō huò shǎo | 或多或少 | [훠 뒤 훠 사오] | 많거나 적다 |
| ☐ huó gāi | 活该 | [훠 가이] | 마땅하다, 싸다 |
| ☐ huò hai | 祸害 | [훠 하이] | 화, 재난, 해치다 |
| ☐ huǒ jì | 伙计 | [훠 찌] | 동료, 놈 |
| ☐ huǒ jiàn | 火箭 | [훠 쩬] | 로켓 |
| ☐ huǒ lì | 火力 | [훠 리] | 화력 |
| ☐ huó lì | 活力 | [훠 리] | 활력 |
| ☐ huó po | 活泼 | [훠 포] | 활발하다 |

| | | | |
|---|---|---|---|
| ☐ huò qǔ | 获取 [훠 취] | 획득하다 |
| ☐ huǒ shān | 火山 [훠 산] | 화산 |
| ☐ huǒ shí | 伙食 [훠 스] | 식사 |
| ☐ huò shi | 或是 [훠 스] | 혹은, 또는 |
| ☐ huò wù | 货物 [훠 우] | 화물 |
| ☐ huò xǔ | 或许 [훠 쉬] | 아마, 어쩌면 |
| ☐ huǒ yàn | 火焰 [훠 옌] | 화염, 불꽃 |
| ☐ huǒ yào | 火药 [훠 야오] | 화약 |
| ☐ huó yuè | 活跃 [훠 웨] | 활발하다 |
| ☐ huó yuè | 活跃 [훠 웨] | 생기를 불어넣다 |
| ☐ huǒ zāi | 火灾 [훠 자이] | 화재 |
| ☐ huò zhe | 或者 [훠 저] | 혹시 |
| ☐ huǒr | 活儿 [훨] | 일 |

H_h

# J_j

- jī' è     **饥饿** [지 어]     굶주리다
- jì     **季** [찌]     계절, 계
- jí     **集** [지]     시장, 묶음, 집
- jì     **继** [찌]     계속하다, 이어지다
- jǐ     **几** [지]     몇
- jì     **忌** [찌]     시기하다, 꺼리다, 포기하다
- jī     **积** [지]     쌓다
- jī     **机** [지]     기계, 비행기, 기회
- jí     **及** [지]     그리고, ~와, ~및
- jì     **翼** [찌]     기(성씨) 하북성 별명
- jí     **极** [지]     극히, 매우, 아주
- jí     **级** [지]     등급 등위
- jì     **计** [찌]     계획하다, 헤아리다, 계산하다
- jī     **激** [지]     솟구치다, 자극하다
- jì     **寄** [찌]     보내다, 맡기다, 의존하다
- jí     **即** [지]     접근하다, 즉~이다
- jī     **击** [지]     치다, 공격하다
- jǐ     **挤** [지]     짜다, 밀다, 붐비다
- jì     **既** [찌]     ~한 이상은, ~또한
- jì     **记** [찌]     기억하다, 필기하다
- jí     **急** [지]     급하다
- jí     **集** [지]     모이다, 수집하다
- jī     **鸡** [지]     닭
- jī běn     **基本** [지 번]     기본적이다

| | | | |
|---|---|---|---|
| ☐ jí bié | 级别 [지 볘] | 급별 |
| ☐ jí bìng | 疾病 [지 삥] | 질병 |
| ☐ jī céng | 基层 [지 청] | 기층 |
| ☐ jī chǎng | 机场 [지 창] | 비행장 |
| ☐ jī chē | 机车 [지 처] | 기관차, 엔진 |
| ☐ jì chéng | 继承 [찌 청] | 계승하다 |
| ☐ jī chǔ | 基础 [지 추] | 기초 |
| ☐ jī chuáng | 机床 [지 황] | 공작기계 |
| ☐ jī dàn | 鸡蛋 [지 딴] | 계란 |
| ☐ jì de | 记得 [찌 더] | 기억되다 |
| ☐ jī dì | 基地 [지 띠] | 기지 |
| ☐ jī dòng | 激动 [지 뚱] | 격동하다 |
| ☐ jī dòng | 机动 [지 뚱] | 기동적이다, 기민하다 |
| ☐ jì dù | 季度 [찌 뚜] | 계도 |
| ☐ jí dù | 嫉妒 [지 뚜] | 질투하다, 시기하다 |
| ☐ jí dù | 极度 [지 뚜] | 극도로 |
| ☐ jī dū jiào | 基督教 [지 두 쨔오] | 기독교 |
| ☐ jí duān | 极端 [지 똰] | 극단적이다 |
| ☐ jī fā | 激发 [지 프아] | 격발하다 |
| ☐ jí gé | 及格 [지 거] | 합격 |
| ☐ jí gé | 及格 [지 거] | 합격하다 |
| ☐ jī gòu | 机构 [지 꼬우] | 기구, 기관, 단체 |
| ☐ jí guàn | 籍贯 [지 꽌] | 적관 |
| ☐ jī guān | 机关 [지 꽌] | 기관 |
| ☐ jī guāng | 激光 [지 꽝] | 격광 |
| ☐ jì hào | 记号 [찌 하오] | 기호 |
| ☐ jī hé | 几何 [지 허] | 기하 |
| ☐ jí hé | 集合 [지 허] | 집합하다 |

| | | | |
|---|---|---|---|
| ☐ jī hū | **几乎** [지 후] | | 거의 |
| ☐ jì huà | **计划** [찌 화] | | 계획 |
| ☐ jī huì | **机会** [지 후이] | | 기회 |
| ☐ jí huì | **集会** [지 후이] | | 집회하다 |
| ☐ jī jí | **积极** [지 지] | | 적극적이다 |
| ☐ jī jí xìng | **积极性** [지 지 씽] | | 적극성 |
| ☐ jí jiāng | **即将** [지 쟝] | | 곧, 멀지 않아 |
| ☐ jì jiào | **计较** [찌 쨔오] | | 따지다, 타산하다 |
| ☐ jì jié | **季节** [찌 제] | | 계절 |
| ☐ jī jīn | **基金** [지 진] | | 기금 |
| ☐ jì jìng | **寂静** [찌 찡] | | 고요하다 |
| ☐ jí jù | **急剧** [지 쥐] | | 급격히, 갑자기 |
| ☐ jí le~ | **极了~** [지 러] | | 매우~, 극히~ |
| ☐ jī lěi | **积累** [지 레이] | | 축적 |
| ☐ jī lì | **激励** [지 리] | | 격려하다 |
| ☐ jí lì | **极力** [지 리] | | 극력 |
| ☐ jǐ liang | **脊梁** [지 량] | | 등어리, 등뼈 |
| ☐ jī liè | **激烈** [지 레] | | 격렬하다 |
| ☐ jī líng | **机灵** [지 링] | | 민첩하다, 기민하다 |
| ☐ jì lǜ | **纪律** [찌 뤼] | | 기율 |
| ☐ jì lù | **记录** [찌 루] | | 기록 |
| ☐ jí máng | **急忙** [지 망] | | 급히 |
| ☐ jī mì | **机密** [지 미] | | 기밀 |
| ☐ jì mò | **寂寞** [찌 뭐] | | 심심하다, 고독하다 |
| ☐ jì néng | **技能** [찌 넝] | | 기능 |
| ☐ jì niàn | **纪念** [찌 녠] | | 기념 |
| ☐ jì niàn pǐn | **纪念品** [찌 녠 핀] | | 기념품 |
| ☐ jí pǔ chē | **吉普车** [지 푸 처] | | 집차 |

| | | | |
|---|---|---|---|
| ☐ jī qì | 机器 [지 치] | 기계, 기구 |
| ☐ jí qí | 极其 [지 치] | 지극히 |
| ☐ jī qiāng | 机枪 [지 관챵] | 기관총 |
| ☐ jì qiǎo | 技巧 [찌 챠오] | 기교 |
| ☐ jí qiè | 急切 [지 쳬] | 절박하다, 간절하다 |
| ☐ jī qíng | 激情 [지 칭] | 격정 |
| ☐ jì rán | 既然 [찌 란] | 이미 이렇게 된 이상 |
| ☐ jī ròu | 肌肉 [지 로우] | 근육, 살 |
| ☐ jí shì | 集市 [지 스] | 시장 |
| ☐ jí shì | 及时 [지 스] | 제때에 |
| ☐ jí shǐ | 即使 [지 스] | 설사~일지라도 |
| ☐ jí shǐ | 即使 [지 스] | 설령, ~일지라도 |
| ☐ jì shù | 技术 [찌 쑤] | 기술 |
| ☐ jì shù yuán | 技术员 [찌 쑤 웬] | 기술원 |
| ☐ jī sù | 激素 [지 쑤] | 격소 |
| ☐ jì suàn | 计算 [찌 쏸] | 계산 |
| ☐ jì suàn qì | 计算机 [찌 쏸 치] | 컴퓨터, 계산기 |
| ☐ jī tǐ | 机体 [지 티] | 기체 |
| ☐ jí tǐ | 集体 [지 티] | 집체 |
| ☐ jí tuán | 集团 [지 퇀] | 집단, 단체 |
| ☐ jì tuō | 寄托 [찌 퉈] | 기탁하다 |
| ☐ jí xiàn | 极限 [지 쏀] | 한도, 한계 |
| ☐ jì xiàng | 迹象 [찌 썅] | 조짐, 흔적, 자취 |
| ☐ jí xiáng | 吉祥 [지 샹] | 길하다, 상서롭다 |
| ☐ jī xiào | 讥笑 [지 쌰오] | 비웃다, 조롱하다 |
| ☐ jī xiè | 机械 [지 쎼] | 기계 |
| ☐ jì xìng | 记性 [찌 씽] | 기억력 |
| ☐ jí xū | 急需 [지 쉬] | 급히 필요로 하다 |

| | | | |
|---|---|---|---|
| ☐ jì xù | 继续 [찌 쒸] | 계속하다 |
| ☐ jī yā | 积压 [지 야] | 쌓이다 |
| ☐ jì yào | 纪要 [찌 야오] | 기요 |
| ☐ jì yì | 记忆 [찌 이] | 기억하다 |
| ☐ jì yì lì | 记忆力 [찌 이 리] | 기억력 |
| ☐ jí yóu | 集邮 [지 유] | 우표를 수집하다 |
| ☐ jí yú | 急于 [지 위] | 성급하다 |
| ☐ jǐ yǔ | 给予 [지 위] | 주다 |
| ☐ jī yù | 机遇 [지 위] | 좋은 기회 |
| ☐ jì zǎi | 记载 [찌 자이] | 기재하다 |
| ☐ jí zào | 急躁 [지 짜오] | 조바심이 나다 |
| ☐ jí zǎo | 及早 [지 자오] | 빨리, 일찍 |
| ☐ jì zhě | 记者 [찌 저] | 기자 |
| ☐ jī zhì | 机智 [지 쯔] | 기지가 있다 슬기롭다 |
| ☐ jí zhōng | 集中 [지 중] | 집중하다 |
| ☐ jì zhōng píng yuán | 翼中平原 [찌 중 핑 웬] | 기중평원 (중국) |
| ☐ jí zī | 集资 [지 즈] | 자금을 모으다 |
| ☐ jìyě | 既也 [찌 예] | 반드시~ 해야만 한다 ~하지 않으면 안 된다 |
| ☐ jìyòu | 既又 [찌 유우] | ~하고 ~하다 ~할 뿐만 아니라 또한 |
| ☐ jiǎ | 假 [쟈] | 명일, 휴가, 가짜 |
| ☐ jiǎ | 假 [쟈] | 만약, 가령 |
| ☐ jiǎ | 甲 [쟈아] | 갑, 첫째, 각질 |
| ☐ jià | 价 [쨔] | 값 |
| ☐ jiā | 家 [쟈] | 집, 가 |
| ☐ jiā | 佳 [쟈] | 훌륭하다, 아름답다 |

| | | | |
|---|---|---|---|
| ☐ jià | 架 [쨔] | (비행기 등을 세는 양사) 대, 틀 |
| ☐ jià | 架 [쨔] | 가설하다, 부축하다 |
| ☐ jià | 嫁 [쨔] | 시집가다, 전가하다 |
| ☐ jiā | 加 [쟈] | 더하다, 보태다 |
| ☐ jiā | 夹 [쟈] | 끼우다, 집다, 끼다 |
| ☐ jiá | 颊 [쟈] | 뺨 |
| ☐ jià | 驾 [쨔] | 수레에 메우다, 운전하다 |
| ☐ jiā | 家 [쟈] | ~집, ~채 |
| ☐ jiǎ | 假 [쟈] | 거짓의, 가짜의, 엉터리다 |
| ☐ jiǎ bǎn | 甲板 [쟈 반] | 갑판 |
| ☐ jiā bān | 加班 [쟈 반] | 잔업하다, 특근하다 |
| ☐ jiā cháng | 家常 [쟈 창] | 흔히 있는 일, 가정 일상생활 |
| ☐ jiā chù | 家畜 [쟈 추] | 가축 |
| ☐ jiǎ dìng | 假定 [쟈 띵] | 가정하다, ~라면 |
| ☐ jià gé | 价格 [쟈 거] | 가격 |
| ☐ jiā gōng | 加工 [쟈 궁] | 가공을 하다 |
| ☐ jiā huo | 家伙 [쟈 훠] | 녀석, 가재도구 |
| ☐ jiā jí | 加急 [쟈 지] | 다그치다 |
| ☐ jiā jiǎng | 嘉奖 [쟈 쟝] | 칭찬하고 격려하다 |
| ☐ jiā jǐn | 加紧 [쟈 진] | 강화하다, 다그치다 |
| ☐ jiā jù | 家具 [쟈 쮜] | 가구 |
| ☐ jiǎ mào | 假冒 [쟈 마오] | 가장하다 |
| ☐ jià qī | 假期 [쨔 치] | 휴가기간, 방학 |
| ☐ jià qián | 价钱 [쟈 쳰] | 가격, 값 |
| ☐ jiā qiáng | 加强 [쟈 챵] | 강강하다 |
| ☐ jiā rè | 加热 [쟈 러] | 가열하다 |
| ☐ jiǎ rú | 假如 [쟈 루] | 만약, 가령 |
| ☐ jiā rù | 加入 [쟈 루] | 가입하다 |

| | | | |
|---|---|---|---|
| ☐ jiǎ ruò | 假若 [쟈 뤄] | | 만약, 만일 |
| ☐ jiǎ shè | 假设 [쟈 써] | | 가정, 가정하면 |
| ☐ jiā shēn | 加深 [쟈 선] | | 가심하다 |
| ☐ jià shǐ | 驾驶 [쟈 스] | | 운전하다 |
| ☐ jiǎ shǐ | 假使 [쟈 스] | | 만약, 가령 |
| ☐ jiā shǔ | 家属 [쟈 수] | | 가족 |
| ☐ jiā sù | 加速 [쟈 쑤] | | 가속하다, 속도를 높이다 |
| ☐ jià tiáo | 假条 [쟈 탸오] | | 휴가신청서 |
| ☐ jiā tíng | 家庭 [쟈 팅] | | 가정 |
| ☐ jiā wù | 家务 [쟈 우] | | 가무, 가사 |
| ☐ jiā xiāng | 家乡 [쟈 샹] | | 고향 |
| ☐ jiā yǐ | 加以 [쟈 이] | | 더욱이 |
| ☐ jiā yóu | 加油 [쟈 유] | | 힘내다, 파이팅 |
| ☐ jiā yù hù xiǎo | 家喻户晓 [쟈 위 후 샤오] | | 누구나 다 알고 있다 |
| ☐ jiā zá | 夹杂 [쟈 자] | | 뒤섞이다 |
| ☐ jiā zhǎng | 家长 [쟈 장] | | 가장 |
| ☐ jià zhí | 价值 [쟈 즈] | | 가치 |
| ☐ jiā zhòng | 加重 [쟈 쫑] | | 가중하다 |
| ☐ jiǎ zhuāng | 假装 [쟈 쫭] | | 가장하다 |
| ☐ jiā zi | 夹子 [쟈 즈] | | 집게, 지갑 |
| ☐ jià zi | 架子 [쟈 즈] | | 틀, 허세, 자세 |
| ☐ jiā jù | 加剧 [쟈 쮜] | | 격화하다, 심해지다 |
| ☐ jiān | 奸 [젠] | | 간사하다, 교활하다 |
| ☐ jiàn | 箭 [쩬] | | 화살 |
| ☐ jiàn | 渐 [쩬] | | 점점, 차츰 |
| ☐ jiān | 煎 [젠] | | 지지거나 부치다, 달이다, 졸이다 |

| | | | |
|---|---|---|---|
| ☐ jiǎn | 捡 [젠] | 줍다, 고르다 |
| ☐ jiàn | 建 [쩬] | 짓다, 세우다, 제안하다 |
| ☐ jiān | 肩 [젠] | 어깨 |
| ☐ jiān | 兼 [젠] | 겸하다, 겸유하다 |
| ☐ jiǎn | 剪 [젠] | 자르다, 베다 |
| ☐ jiān | 尖 [젠] | 뾰족하다, 날카롭다 |
| ☐ jiǎn | 碱 [젠] | 염기, 알칼리, 소다 |
| ☐ jiǎn | 拣 [젠] | 고르다, 선택하다 |
| ☐ jiǎn | 茧 [젠] | 누에고치, 굳은 살 |
| ☐ jiàn | 见 [쩬] | 보다, 만나 보다 |
| ☐ jiān | 间 [젠] | ~칸 |
| ☐ jiàn | 件 [쩬] | ~가지, ~건 |
| ☐ jiǎn | 减 [젠] | 감하다 |
| ☐ jiàn | 溅 [쩬] | (물방울이) 튀다 |
| ☐ jiān bǎng | 肩膀 [젠 방] | 어깨 |
| ☐ jiǎn biàn | 简便 [젠 뻰] | 간편하다 |
| ☐ jiàn bié | 鉴别 [쩬 비에] | 감별하다 |
| ☐ jiǎn cǎi | 剪彩 [젠 차이] | 테이프를 자르다 |
| ☐ jiǎn cè | 检测 [젠 처] | 검측하다 |
| ☐ jiǎn chá | 检察 [젠 차] | 검사하다 |
| ☐ jiān chá | 监察 [젠 차] | 감찰하다 |
| ☐ jiǎn chá | 检查 [젠 차] | 검사하다 |
| ☐ jiǎn chǎn | 减产 [젠 찬] | 감산하다 |
| ☐ jiǎn chēng | 简称 [젠 청] | 간칭하다 |
| ☐ jiǎn chēng | 简称 [젠 청] | 간칭 |
| ☐ jiān chí | 坚持 [젠 츠] | 견지하다 |
| ☐ jiǎn dān | 简单 [젠 단] | 간단하다 |
| ☐ jiǎn dāo | 剪刀 [젠 다오] | 가위 |

| | | | |
|---|---|---|---|
| ☐ jiǎn dī | 减低 [젠 디] | | 낮아지게 줄이다 |
| ☐ jiān dìng | 坚定 [젠 띵] | | 견정히 |
| ☐ jiàn dìng | 鉴定 [쩬 띵] | | 감정, 평가 |
| ☐ jiān dū | 监督 [젠 두] | | 감독하다 |
| ☐ jiān duān | 尖端 [젠 똰] | | 첨단 |
| ☐ jiǎn duǎn | 简短 [젠 똰] | | 간결하다 |
| ☐ jiàn gé | 间隔 [쩬 거] | | 간격, 사이 |
| ☐ jiān gù | 坚固 [젠 꾸] | | 견고하다 |
| ☐ jiǎn huà | 简化 [젠 화] | | 간소화하다 |
| ☐ jiàn jiàn | 渐渐 [쩬 쩬] | | 점점 |
| ☐ jiàn jiāo | 建交 [쩬 쟈오] | | 국교를 수립하다 |
| ☐ jiàn jiē | 间接 [쩬 제] | | 간접적 |
| ☐ jiàn jiě | 见解 [쩬 제] | | 견해 |
| ☐ jiān jù | 艰巨 [젠 쮜] | | 간거하다 |
| ☐ jiǎn jǔ | 检举 [젠 쥐] | | 검거하다 |
| ☐ jiān jué | 坚决 [젠 줴] | | 견결히 |
| ☐ jiàn kāng | 健康 [쩬 캉] | | 건강 |
| ☐ jiān kǔ | 艰苦 [젠 쿠우] | | 고생스럽다, 고달프다 |
| ☐ jiàn lì | 建立 [쩬 리] | | 건립하다 |
| ☐ jiǎn lòu | 简陋 [젠 로우] | | 초라하다, 누추하다 |
| ☐ jiàn měi | 健美 [쩬 메이] | | 건강하고 아름답다 |
| ☐ jiàn miàn | 见面 [쩬 몐] | | 만나보다 |
| ☐ jiān miè | 歼灭 [젠 몌] | | 몰살하다, 섬멸하다 |
| ☐ jiǎn míng | 简明 [젠 밍] | | 간명하게 |
| ☐ jiān nán | 艰难 [젠 난] | | 어렵다, 힘들다 |
| ☐ jiàn pán | 键盘 [쩬 프안] | | 건반 |
| ☐ jiān qiáng | 坚强 [젠 챵] | | 견강히 |
| ☐ jiǎn qīng | 减轻 [젠 칭] | | 경감하다 |

| | | |
|---|---|---|
| jiàn quán | 健全 [찐 췐] | 건전하다, 온전하다 |
| jiàn quán | 健全 [찐 췐] | 완비하다 건전하게 하다 |
| jiān rèn | 兼任 [젠 런] | 겸임하다 |
| jiān rèn | 坚韧 [젠 런] | 강인하다, 완강하다 |
| jiān ruì | 尖锐 [젠 루이] | 뾰족하고 날카롭다 |
| jiǎn ruò | 减弱 [젠 뤄] | 쇠약해지다 |
| jiǎn shǎo | 减少 [젠 소우] | 감소하다 |
| jiàn shè | 建设 [찐 써] | 건설 |
| jiān shí | 坚实 [젠 스] | 견실하다 |
| jiān shì | 监视 [젠 쓰] | 감시하다 |
| jiàn shí | 见识 [찐 스] | 견식 |
| jiàn tà | 践踏 [찐 타] | 짓밟다 |
| jiǎn tǎo | 检讨 [젠 타오] | 검토, 자기반성 |
| jiǎn tǐ zì | 简体字 [젠 티 쯔] | 간자체 |
| jiān xiǎn | 艰险 [젠 난] | 어려움과 위험 |
| jiàn xiào | 见效 [찐 쌰오] | 효과를 보다 |
| jiān xìn | 坚信 [젠 씬] | 굳게 믿다 |
| jiǎn xiū | 检修 [젠 시우] | 점검수리하다 |
| jiǎn yàn | 检验 [젠 옌] | 검증하다, 검험하다 |
| jiǎn yào | 简要 [젠 야오] | 간단하고 요점이 있다 |
| jiǎn yì | 简易 [젠 이] | 간이다, 간단하고 쉽다 |
| jiàn yì | 建议 [찐 이] | 건의하다 |
| jiān yìng | 坚硬 [젠 잉] | 단단하다, 딱딱하다 |
| jiān yù | 监狱 [젠 위] | 감옥 |
| jiàn yú | 鉴于 [찐 위] | ~에 따라, ~을 감안하여 |
| jiàn zào | 建造 [찐 짜오] | 세우다, 건조하다 |
| jiān zhēn bù qū | 坚贞不屈 [젠 전 뿌 취] | 지조가 굳세어 굴하지 않다 |

| | | | |
|---|---|---|---|
| jiǎn zhí | 简直 | [젠 즈] | 완전히, 그야말로 |
| jiàn zhù | 建筑 | [젠 쭈] | 건축 |
| jiàn zhuàng | 健壮 | [젠 쫭] | 건강하다 |
| jiān zi | 尖子 | [젠 즈] | 뾰족한 부분, 으뜸 |
| jiǎng | 蒋 | [쟝] | 장 (성씨) |
| jiāng | 僵 | [쟝] | 뻣뻣하다, 장벽에 부딪치다 |
| jiàng | 降 | [쨩] | 떨어지다, 내리다, 내려가다 |
| jiāng | 江 | [쟝] | 강, 하천 |
| jiǎng | 奖 | [쟝] | 장려하다, 칭찬하다 |
| jiāng | 姜 | [쟝] | 생강, 강 (성씨) |
| jiāng | 将 | [쟝] | ~으로, ~로써, ~을, ~를 |
| jiāng | 将 | [쟝] | 장차, 또한, ~일 것이다 |
| jiǎng | 桨 | [쟝] | 노, 노대 |
| jiàng | 酱 | [쨩] | 장, 된장 |
| jiāngjūn | 将军 | [쟝 쥔] | 장군 |
| jiǎngtáng | 讲堂 | [쟝 탕] | 강당 |
| jiǎng | 奖 | [쟝] | 상, 표창 |
| jiàng dī | 降低 | [쨩 디] | 낮추다 |
| jiǎng huà | 讲话 | [쟝 화] | 연설하다 |
| jiàng jià | 降价 | [쨩 쨔] | 값을 내리다 |
| jiǎng jiě | 讲解 | [쟝 제] | 강해하다 |
| jiǎng jīn | 奖金 | [쟝 진] | 장금 |
| jiāng jìn | 将近 | [쟝 찐] | 거의 ~달하다, 거의 ~가깝다 |
| jiǎng jiu | 讲究 | [쟝 찌우] | 중히 여기다 |
| jiǎng jiù | 讲究 | [쟝 찌우] | 정교하다, 꼼꼼하다 |
| jiǎng kè | 讲课 | [쟝 커] | 강의하다, 수업하다 |
| jiāng lái | 将来 | [쟝 라이] | 장래 |
| jiǎng lì | 奖励 | [쟝 리] | 장려 |

| | | | |
|---|---|---|---|
| ☐ jiǎng lì | 奖励 [쟝 리] | 장려하다 |
| ☐ jiǎng lǐ | 讲理 [쟝 리] | 이치를 따지다 |
| ☐ jiàng lín | 降临 [쟝 린] | 강림하다, 찾아오다 |
| ☐ jiàng luò | 降落 [쟝 뤄] | 낙하하다 |
| ☐ jiǎng pǐn | 奖品 [쟝 핀] | 상품 |
| ☐ jiǎng shù | 讲述 [쟝 쑤] | 강술하다 |
| ☐ jiǎng xué jīn | 奖学金 [쟝 쉐.진] | 장학금 |
| ☐ jiǎng yǎn | 讲演 [쟝 옌] | 강연하다 |
| ☐ jiāng yào | 将要 [쟝 야오] | 곧(막) 하려 한다 |
| ☐ jiǎng yì | 讲义 [쟝 이] | 강의안 |
| ☐ jiàng yóu | 酱油 [쟝 유우] | 간장 |
| ☐ jiǎng zhuàng | 奖状 [쟝 쫭] | 상장 |
| ☐ jiǎng zuò | 讲座 [쟝 쭤] | 강좌 |
| ☐ jiāo'ào | 骄傲 [쟈오 아오] | 교오하다 |
| ☐ jiāo | 娇 [쟈오] | 지나치게 까다롭다 |
| ☐ jiǎo | 搅 [쟈오] | 휘젓다 |
| ☐ jiǎo | 角 [쟈오] | 뿔, 각 |
| ☐ jiāo | 交 [쟈오] | 내다, 사귀다 |
| ☐ jiáo | 嚼 [쟈오] | 씹다 |
| ☐ jiǎo | 绞 [쟈오] | 비틀다, 교수형에 처하다 |
| ☐ jiǎo | 脚 [쟈오] | 발 |
| ☐ jiào | 叫 [쨔오] | ~에 의하여, 하게 하다 |
| ☐ jiào | 叫 [쨔오] | 외치다, 고함치다, 부르다 |
| ☐ jiāo | 教 [쟈오] | 가르치다 |
| ☐ jiāo | 浇 [쟈오] | 물을 주다, 물을 뿌리다 |
| ☐ jiǎo | 缴 [쟈오] | 물다, 바치다, 걷다 |
| ☐ jiāo | 胶 [쟈오] | 풀, 고무 |
| ☐ jiào | 觉 [쨔오] | 잠 |

| | | | |
|---|---|---|---|
| ☐ jiào | 较 [쨔오] | | 분명하다, 뚜렷하다 |
| ☐ jiào | 较 [쨔오] | | 비교하다, 견주다 |
| ☐ jiǎo | 角 [쟈오] | | ~각 |
| ☐ jiào | 较 [쨔오] | | 비교적, 좀, 보다 |
| ☐ jiǎo bàn | 搅拌 [쟈오 빤] | | 이기다 |
| ☐ jiǎo bù | 脚步 [쟈오 뿌] | | 발걸음 |
| ☐ jiào cái | 教材 [쨔오 차이] | | 교재 |
| ☐ jiāo chā | 交叉 [쟈오 차] | | 교차되다 |
| ☐ jiào chē | 轿车 [쨔오 처] | | 승용차 |
| ☐ jiāo cuò | 交错 [쟈오 춰] | | 교착하다, 엇갈리다 |
| ☐ jiāo dài | 交代 [쟈오 따이] | | 교대하다 |
| ☐ jiào dǎo | 教导 [쨔오 다오] | | 지도하다 |
| ☐ jiào dǎo | 教导 [쨔오 다오] | | 지도, 가르침 |
| ☐ jiāo diǎn | 焦点 [쟈오 뎬] | | 초점 |
| ☐ jiāo diǎn | 交点 [쟈오 뎬] | | 서로 사귀는 점 |
| ☐ jiǎo dù | 角度 [쟈오 뚜] | | 각도 |
| ☐ jiāo fù | 交付 [쟈오 푸] | | 지불하다, 내다 |
| ☐ jiāo guàn | 浇灌 [쟈오 꽌] | | 물을 주다, 관개하다 |
| ☐ jiào hǎn | 叫喊 [쨔오 한] | | 큰소리로 외치다 |
| ☐ jiǎo huá | 狡猾 [쟈오 화] | | 교활하다 |
| ☐ jiào huan | 叫唤 [쨔오 환] | | 외치다, 고함치다 |
| ☐ jiāo huàn | 交换 [쟈오 환] | | 교환하다 |
| ☐ jiào huì | 教会 [쨔오 후이] | | 교회 |
| ☐ jiāo jì | 交际 [쟈오 찌] | | 교제 |
| ☐ jiāo jí | 焦急 [쟈오 지] | | 초조해하다, 애 태우다 |
| ☐ jiāo juǎn | 胶卷 [쟈오 쮄] | | 필름 |
| ☐ jiào liàn | 教练 [쨔오 렌] | | 코치 |
| ☐ jiào liàng | 较量 [쨔오 량] | | 겨루다, 비교하다 |

| | | | |
|---|---|---|---|
| jiāo liú | 交流 | [쟈오 리우] | 교류하다 |
| jiǎo luò | 角落 | [쟈오 뤄] | 구석, 궁벽한 곳 |
| jiǎo nà | 缴纳 | [쟈오 나] | 납부하다 |
| jiāo piàn | 胶片 | [쟈오 펜] | 필름 |
| jiāo qì | 娇气 | [쟈오 치] | 까다롭다 |
| jiāo qū | 郊区 | [쟈오 취] | 교외 |
| jiào rǎng | 叫嚷 | [쟈오 랑] | 고함치다, 떠들어대다 |
| jiāo shè | 交涉 | [쟈오 써] | 교섭하다 |
| jiào shì | 教室 | [쨔오 쓰] | 교실 |
| jiào shī | 教师 | [쨔오 스] | 교사 |
| jiāo shǒu | 交手 | [쟈오 소우] | 서로 박투하다 |
| jiào shòu | 教授 | [쟈오 쏘우] | 교수 |
| jiào suō | 教唆 | [쟈오 쉬] | 교사하다 |
| jiāo tán | 交谈 | [쟈오 탄] | 이야기 나누다 |
| jiāo tàn | 焦炭 | [쟈오 탄] | 코크스 |
| jiào táng | 教堂 | [쟈오 탕] | 교회당 |
| jiāo tì | 交替 | [쟈오 티] | 교체하다 |
| jiào tiáo | 教条 | [쟈오 탸오] | 교조 |
| jiāo tōng | 交通 | [쟈오 퉁] | 교통 |
| jiāo wǎng | 交往 | [쟈오 왕] | 교제하다 |
| jiào xué | 教学 | [쨔오 쉐] | 교학 |
| jiào xùn | 教训 | [쨔오 쒼] | 교훈 |
| jiào yán shì | 教研室 | [쨔오 옌 쓰] | 교연실 |
| jiào yǎng | 教养 | [쨔오 양] | 교양 |
| jiāo yì | 交易 | [쟈오 이] | 교역, 무역 |
| jiào yù | 教育 | [쟈오 위] | 교육 |
| jiào yuán | 教员 | [쟈오 웬] | 교원 |
| jiǎo zi | 饺子 | [쟈오 즈] | 물만두 |

| | | |
|---|---|---|
| jiào zuò | 叫做 [쨔오 쭤] | ~라고 부르다 |
| jiē | 皆 [제] | 모두, 전부 |
| jiē | 结 [제] | 열매 맺다 열리다 |
| jié | 结 [제] | 매다, 매듭짓다, 끝맺다 |
| jié | 节 [제] | 요약하다, 절약하다 |
| jiē | 接 [제] | 가까이 접근하다, 접수하다 |
| jiě | 解 [제] | 가르다, 열다, 해석하다 |
| jiè | 届 [쩨] | ~회기(계) |
| jié | 节 [제] | ~마디(일부분) |
| jiē | 衔 [제] | 머금다, 입에 물다 |
| jiē | 街 [제] | 거리 |
| jié | 劫 [제] | 강탈하다, 협박하다 |
| jié | 截 [제] | 자르다, 차단하다, 멈추게 하다 |
| jiè | 借 [쩨] | 빌리다 |
| jié | 节 [제] | 명절, 음률, 마디 |
| jiē | 揭 [제] | 벗기다, 뜯다, 까발리다, 높이 들다 |
| jiè | 界 [쩨] | 경계, 범위, 집단 |
| jié bái | 洁白 [제 바이] | 새하얗다 결백하다 |
| jiē bān | 接班 [제 반] | 인계받다 |
| jiē céng | 阶层 [제 청] | 계층 |
| jié chí | 劫持 [제 츠] | 납치하다 |
| jié chū | 杰出 [제 추] | 걸출하다 |
| jiě chú | 解除 [제 추] | 제거하다 없애다 |
| jiē chù | 接触 [제 추] | 접촉하다 |
| jiě dá | 解答 [제 다] | 해답하다 |
| jiē dài | 接待 [제 따이] | 접대하다 |
| jiē dào | 街道 [제 따오] | 거리 |

| | | | |
|---|---|---|---|
| ☐ jiē dào | 接到 | [제 따오] | 받다 |
| ☐ jiē duàn | 阶段 | [제 똰] | 단계 |
| ☐ jiē èr lián sān | 接二连三 | [제 얼 렌 산] | 끊임없이, 연달아 |
| ☐ jiē fā | 揭发 | [제 프아] | 적발하다 |
| ☐ jiē fang | 街坊 | [제 팡] | 이웃 |
| ☐ jiě fàng | 解放 | [제 팡] | 해방 |
| ☐ jiě fàng jūn | 解放军 | [제 팡 쥔] | 해방군 |
| ☐ jié gòu | 结构 | [제 꼬우] | 구조 |
| ☐ jiě gù | 解雇 | [제 꾸] | 해고하다 |
| ☐ jiē guǒ | 结果 | [제 궈] | 결과 |
| ☐ jié guǒ | 结果 | [제 궈] | 결과 |
| ☐ jié he | 结合 | [제 허] | 결합하다 |
| ☐ jié hūn | 结婚 | [제 허] | 결혼 |
| ☐ jiē jí | 阶级 | [제 지] | 계단 |
| ☐ jiè jiàn | 借鉴 | [쩨 쩬] | 참고하다, 거울로 삼다 |
| ☐ jiē jiàn | 接见 | [제 쩬] | 접견하다 |
| ☐ jiě jie | 姐姐 | [제 제] | 누님 |
| ☐ jiē jìn | 接近 | [제 찐] | 접근하다 |
| ☐ jié jīng | 结晶 | [제 징] | 결정 |
| ☐ jié jú | 结局 | [제 쥐] | 결국 |
| ☐ jiě jué | 解决 | [제 쮜] | 해결하다 |
| ☐ jiè kǒu | 借口 | [쩨 코우] | 구실, 핑계 |
| ☐ jié lì | 竭力 | [제 리] | 힘껏, 진력 |
| ☐ jiē lián | 接连 | [제 렌] | 끊임없이, 잇따라 |
| ☐ jiē lù | 揭露 | [제 루] | 폭로하다 |
| ☐ jié lùn | 结论 | [제 룬] | 결론 |
| ☐ jié mù | 节目 | [제 무] | 절목 |

J j

| | | |
|---|---|---|
| jié néng | 节能 [제 넝] | 에너지를 아끼다 |
| jiě pōu | 解剖 [제 포우] | 해부하다 |
| jiē qià | 接洽 [제 챠] | 상담하다, 합의하다 |
| jié rì | 节日 [제 르] | 명절 |
| jiě sàn | 解散 [제 싼] | 해산하다 |
| jiè shào | 介绍 [쩨 싸오] | 소개 |
| jié shěng | 节省 [제 셩] | 아끼다 |
| jiē shí | 结实 [제 스] | 질기다 |
| jiē shì | 揭示 [제 쓰] | 알리다, 드러내다 |
| jiě shì | 解释 [제 쓰] | 해석하다 |
| jiē shōu | 接收 [제 소우] | 접수하다 |
| jiē shòu | 接受 [제 쏘우] | 접수하다 |
| jié shù | 结束 [쑤] | 결속 |
| jié suàn | 结算 [제 쏸] | 결산보다 |
| jiē tóu | 街头 [제 토우] | 가두 |
| jiè xiàn | 界限 [쩨 쎈] | 한계, 경계 |
| jiè xiàn | 界线 [쩨 쎈] | 계선 |
| jiè yán | 戒严 [쩨 옌] | 계엄령을 내리다 |
| jié yè | 结业 [제 예] | 학업을 끝마치다 |
| jié yù | 节育 [제 위] | 산아제한 |
| jié yuē | 节约 [제 웨] | 절약하다 |
| jiē zhe | 接着 [제 저] | 받다 |
| jié zhǐ | 截止 [제 즈] | 마감하다(짓다) |
| jiè zhù | 借助 [쩨 쭈] | 도움을 빌다 |
| jié zòu | 节奏 [제 쪼우] | 절주 |
| jié zuò | 杰作 [제 쭤] | 걸작 |
| jìn'ér | 进而 [찐 얼] | 진일보, 더 나아가서 |
| jīn 'é | 金额 [진 어] | 금액 |

| | | |
|---|---|---|
| ☐ jǐn | 仅 [진] | 단지, 다만, 겨우 |
| ☐ jīn | 筋 [진] | 근육, 힘줄 |
| ☐ jīn | 斤 [진] | 근 (무게) |
| ☐ jìn | 禁 [찐] | 금지하다, 감금하다 |
| ☐ jìn | 浸 [찐] | (물에) 담그다 |
| ☐ jǐn | 紧 [진] | 팽팽하다, 급박하다, 궁색하다 |
| ☐ jìn | 近 [찐] | 가깝다, 접근하다 |
| ☐ jìn | 劲 [찐] | 힘, 의욕, 흥미 |
| ☐ jìn | 尽 [찐] | 다 쓰다, 최선을 다하다 |
| ☐ jìn | 进 [찐] | 들어가다 |
| ☐ jìn bù | 进步 [찐 뿌] | 진보하다 |
| ☐ jìn chéng | 进程 [찐 청] | 진행과정, 진전 |
| ☐ jìn dài | 近代 [찐 따이] | 근대 |
| ☐ jìn gōng | 进攻 [찐 궁] | 진공하다 |
| ☐ jǐn guǎn | 尽管 [찐 관] | 얼마든지 |
| ☐ jǐn guǎn | 尽管 [찐 관] | ~라 할지라도 |
| ☐ jīn hòu | 今后 [진 호우] | 금후 |
| ☐ jìn huà | 进化 [찐 화] | 진화 |
| ☐ jīn huáng | 金黄 [진 황] | 누렇다 |
| ☐ jǐn jí | 紧急 [진 지] | 긴급하다 |
| ☐ jǐn jǐn | 仅仅 [진 진] | 겨우, 다만 |
| ☐ jīn jīn yǒu wèi | 津津有味 [진 진 유 워이] | 흥미 진지하다 |
| ☐ jìn kǒu | 进口 [찐 코우] | 수입, 수입하다 |
| ☐ jǐn kuài | 尽快 [찐 콰이] | 되도록 빨리 |
| ☐ jìn lái | 近来 [찐 라이] | 근래 |
| ☐ jìn lái | 进来 [찐 라이] | 들어오다 |
| ☐ jìn lì | 尽力 [찐 리] | 최선을 다하다 |

| | | | |
|---|---|---|---|
| ☐ jìn liàng | 尽量 [찐 량] | 되도록 |
| ☐ jǐn mì | 紧密 [진 미] | 긴밀하다 |
| ☐ jìn nián | 近年 [찐 녠] | 근년 |
| ☐ jīn nián | 今年 [진 녠] | 금년 |
| ☐ jīn pái | 金牌 [진 파이] | 금메달 |
| ☐ jǐn pò | 紧迫 [진 퍼] | 긴박하다 |
| ☐ jìn qī | 近期 [찐 치] | 근간 |
| ☐ jīn qián | 金钱 [진 첸] | 금전 |
| ☐ jǐn qiào | 紧俏 [진 챠오] | 치밀하다 |
| ☐ jìn qū | 禁区 [찐 취] | 금구 |
| ☐ jìn qǔ | 进取 [찐 취] | 꾸준히 하다 |
| ☐ jìn qù | 进去 [찐 취] | 들어가다 |
| ☐ jīn rì | 今日 [진 르] | 오늘, 금일 |
| ☐ jīn róng | 金融 [진 룽] | 금융 |
| ☐ jìn rù | 进入 [찐 루] | 진입하다 |
| ☐ jǐn shèn | 谨慎 [진 썬] | 신중하다, 조심하다 |
| ☐ jìn shēng | 晋升 [찐 성] | 승진하다 |
| ☐ jìn shì | 近视 [찐 쓰] | 근시 |
| ☐ jīn shǔ | 金属 [진 수] | 금속 |
| ☐ jìn sì | 近似 [찐 쓰] | 근사하다 |
| ☐ jǐn suō | 紧缩 [진 쒀] | 긴축하다, 줄이다 |
| ☐ jīn tiān | 今天 [진 톈] | 오늘 |
| ☐ jīn tiē | 津贴 [진 톄] | 수당 |
| ☐ jìn tóu | 劲头 [찐 토우] | 에너지 |
| ☐ jìn xíng | 进行 [찐 싱] | 진행하다 |
| ☐ jǐn xiù | 锦绣 [진 씨우] | 금수 |
| ☐ jìn xiū | 进修 [찐 시우] | 진수하다 |
| ☐ jìn yí bù | 进一步 [찐 이 뿌] | 진일보 |

| | | | |
|---|---|---|---|
| ☐ jīn yú | 金鱼 [진 위] | 금붕어 |
| ☐ jìn zhǎn | 进展 [찐 잔] | 진전되다 |
| ☐ jǐn zhāng | 紧张 [진 장] | 긴장하다 |
| ☐ jìn zhǐ | 禁止 [찐 즈] | 금지하다 |
| ☐ jìng'ài | 敬爱 [찡 아이] | 경애하다 |
| ☐ jīng | 惊 [징] | 놀라다, 경악하다 |
| ☐ jǐng | 景 [징] | 경치, 상황, 배경 |
| ☐ jìng | 境 [징] | 경계, 형편, 처지 |
| ☐ jìng | 净 [징] | 완전히, 단지, 거의 |
| ☐ jīng | 经 [징] | 경과하다, 통과하다 |
| ☐ jìng | 竟 [찡] | 결국, 끝내, 의외에 |
| ☐ jīng | 精 [징] | 정교하다, 똑똑하다, 정통하다 |
| ☐ jǐng | 井 [징] | 우물 |
| ☐ jìng | 静 [징] | 조용하다, 움직이지 않다 |
| ☐ jìng | 敬 [찡] | 존경하다, 올리다 |
| ☐ jìng | 净 [찡] | 깨끗하다, 순수하다 |
| ☐ jīng | 茎 [징] | (식물의) 줄기 |
| ☐ jǐng | 颈 [징] | 목 |
| ☐ jīng cǎi | 精彩 [징 차이] | 멋지다 |
| ☐ jǐng chá | 警察 [징 차] | 경찰 |
| ☐ jīng cháng | 经常 [징 창] | 경상적 |
| ☐ jīng dǎ xì shuàn | 精打细算 [징 다 씨 쏸] | 면밀한 계산 |
| ☐ jìng dì | 境地 [찡 띠] | 경지 |
| ☐ jīng diǎn | 经典 [징 뗀] | 경전 |
| ☐ jīng dòng | 惊动 [징 뚱] | 놀라게 하다 귀찮게 하다 |
| ☐ jìng ér yuǎn zhī | 敬而远之 [찡 얼 웬 즈] | 경원하다 |

J_j

| | | | |
|---|---|---|---|
| ☐ jīng fèi | 经费 | [징 페이] | 경비 |
| ☐ jǐng gào | 警告 | [징 까우] | 경고 |
| ☐ jīng guò | 经过 | [징 꿔] | 경과하다 |
| ☐ jìng huà | 净化 | [찡 화] | 정화하다 |
| ☐ jīng huá | 精华 | [징 화] | 정수 |
| ☐ jīng huāng | 惊慌 | [징 황] | 경악하다 |
| ☐ jīng jì | 经济 | [징 찌] | 경제 |
| ☐ jīng jiǎn | 精简 | [징 젠] | 간소화하다 |
| ☐ jǐng jiè | 警戒 | [징 쩨] | 경계하다 |
| ☐ jìng jiè | 境界 | [찡 쩨] | 경계 |
| ☐ jīng jīng yè yè | 兢兢业业 [징 징 예 예] | | 신중하고 조심스럽게 맡은 일을 열심히 하다 |
| ☐ jìng jiǔ | 敬酒 | [찡 지우] | 술을 권하다 |
| ☐ jīng jù | 京剧 | [징 쮜] | 경극 |
| ☐ jìng lǐ | 敬礼 | [찡 리] | 경례 |
| ☐ jīng lǐ | 经理 | [징 리] | 지배인 |
| ☐ jīng lì | 经历 | [징 리] | 경력 |
| ☐ jīng lì | 精力 | [징 리] | 정력 |
| ☐ jīng měi | 精美 | [징 메이] | 정미하다 |
| ☐ jīng mì | 精密 | [징 미] | 정밀하다 |
| ☐ jīng qí | 惊奇 | [징 치] | 놀랍고도 이상하다 |
| ☐ jìng qiāo qiāo | 静悄悄 | [찡 챠오 챠오] | 아주 고요하다 |
| ☐ jīng què | 精确 | [징 췌] | 자세하고 확실하다 |
| ☐ jìng rán | 竟然 | [찡 란] | 밖에도, 다만 |
| ☐ jīng rén | 惊人 | [징 런] | 놀랍다 |
| ☐ jìng sài | 竞赛 | [찡 싸이] | 경기 |
| ☐ jǐng sè | 景色 | [징 써] | 경색, 경치 |
| ☐ jīng shāng | 经商 | [징 샹] | 상업을 경영하다 |

| | | | |
|---|---|---|---|
| ☐ jīng shen | 精神 [징 선] | | 정신적이다 |
| ☐ jīng shén | 精神 [징 선] | | 정신 |
| ☐ jīng shén | 精神 [징 리] | | 정신 |
| ☐ jīng shòu | 经受 [징 쏘우] | | 겪다, 경험하다 |
| ☐ jǐng tì | 警惕 [징 티] | | 경각심을 가지다 |
| ☐ jīng tōng | 精通 [징 퉁] | | 정통하다 |
| ☐ jìng tóu | 镜头 [찡 토우] | | 렌즈, 화면 |
| ☐ jǐng wèi | 警卫 [징 워이] | | 경비하다, 경위하다 |
| ☐ jǐng wù | 景物 [징 우] | | 경물 |
| ☐ jīng xì | 京戏 [징 씨] | | 경극 |
| ☐ jīng xì | 精细 [징 씨] | | 정밀하다, 섬세하다 |
| ☐ jǐng xiàng | 景象 [징 쌍] | | 광경, 경관, 상태 |
| ☐ jīng xiāo | 经销 [징 샤오] | | 중개 판매하다 |
| ☐ jīng xīn | 精心 [징 신] | | 정성을 하다 |
| ☐ jìng xuǎn | 竞选 [찡 쉔] | | 경선하다 |
| ☐ jīng yà | 惊讶 [징 야] | | 놀랍다 |
| ☐ jīng yàn | 经验 [징 옌] | | 경험 |
| ☐ jīng yì qiú jīng | 精益求精 [징 이 치우 징] | | 더 잘 하려고 애쓰다 |
| ☐ jīng yíng | 经营 [징 잉] | | 경영하다 |
| ☐ jīng yú | 鲸鱼 [징 위] | | 고래 |
| ☐ jìng zhēng | 竞争 [찡 정] | | 경쟁, 경쟁하다 |
| ☐ jīng zhì | 精致 [징 쯔] | | 정교하다, 세밀하다 |
| ☐ jìng zi | 镜子 [찡 즈] | | 거울 |
| ☐ jiǔ | 酒 [지우] | | 술 |
| ☐ jiù | 旧 [찌우] | | 낡다, 헐다 |
| ☐ jiǔ | 久 [지우] | | 오랫동안, 오래전 |
| ☐ jiù | 救 [찌우] | | 구조하다, 돕다 |

J_j

| | | | |
|---|---|---|---|
| ☐ jiù | 就 [찌우] | | 가까이 하다, 종사하다, 곁들이다 |
| ☐ jiù | 就 [찌우] | | 가령, ~라 일지라도 |
| ☐ jiǔ | 玖(九) [지우] | | 9, 구 |
| ☐ jiū | 揪 [지우] | | 꼭 붙잡다 끌어당기다 |
| ☐ jiù | 就 [찌우] | | ~에 관하여 ~에 의하면 |
| ☐ jiù | 就 [찌우] | | 곧, 바로 |
| ☐ jiù cān | 就餐 [찌우 찬] | | 식사하다 |
| ☐ jiù dì | 就地 [찌우 띠] | | 그 자리에서, 현장에서 |
| ☐ jiǔ diàn | 酒店 [지우 뗸] | | 주점, 술집 |
| ☐ jiū fēn | 纠纷 [지우 펀] | | 분규, 다툼 |
| ☐ jiǔ huì | 酒会 [지우 후이] | | 소연, 파티 |
| ☐ jiù jì | 救济 [찌우 찌] | | 구제하다 |
| ☐ jiù jìn | 就近 [찌우 찐] | | 근방에서, 근처에서 |
| ☐ jiū jìng | 究竟 [지우 찡] | | 구경 |
| ☐ jiǔ jīng | 酒精 [지우 찡] | | 알코올, 주정 |
| ☐ jiù jiu | 舅舅 [찌우 찌우] | | 외삼촌 |
| ☐ jiù mu | 舅母 [찌우 무] | | 외숙모 |
| ☐ jiù shì | 就是 [찌우 쓰] | | 확실히 |
| ☐ jiù shì | 就是 [찌우 쓰] | | ~이라도 |
| ☐ jiù shì shuō | 就是说 [찌우 쓰 쉬] | | 말하자면 |
| ☐ jiù shì~yě | 就是~也~ [찌우쓰예] | | ~할 지언정, 역시 |
| ☐ jiù suàn | 就算 [찌우 쏸] | | 가령~이라도 |
| ☐ jiù yè | 就业 [찌우 예] | | 취업 |
| ☐ jiù zāi | 救灾 [찌우 자이] | | 구재하다 |
| ☐ jiū zhèng | 纠正 [쥐 쩡] | | 규정하다 |
| ☐ jiù zhí | 就职 [찌우 즈] | | 취직하다 |
| ☐ jiū zhù | 居住 [쥐 쭈] | | 거주하다 |

| | | | |
|---|---|---|---|
| ☐ jù | 据 [쮜] | | 점유하다, 의지하다 |
| ☐ jù | 聚 [쮜] | | 모으다, 집합하다 |
| ☐ jù | 锯 [쮜] | | 톱질하다 |
| ☐ jù | 拒 [쮜] | | 거부하다 |
| ☐ jù | 距 [쮜] | | ~떨어져 있다, ~사이에 |
| ☐ jù | 具 [쮜] | | (탁상시계) 하나 |
| ☐ jù | 句 [쮜] | | 구 (문장, 시) |
| ☐ jú | 局 [쥐] | | 국 (행정) 제한 |
| ☐ jù | 剧 [쮜] | | 극 |
| ☐ jù | 据 [쮜] | | ~을 잡다, ~로 만들다 |
| ☐ jū | 居 [쮜] | | 거주하다, 점유하다 |
| ☐ jǔ | 举 [쥐] | | 쳐들다, 열거하다 |
| ☐ jù | 锯 [쮜] | | 톱 |
| ☐ jǔ bàn | 举办 [쥐 빤] | | 개최하다, 거행하다 |
| ☐ jù bèi | 具备 [쮜 뻬이] | | 구비하다 가지다 |
| ☐ jù běn | 剧本 [쮜 번] | | 극본 |
| ☐ jú bù | 局部 [쥐 뿌] | | 국부 |
| ☐ jù chǎng | 剧场 [쮜 창] | | 극장 |
| ☐ jù dà | 巨大 [쮜 따] | | 거대하다 |
| ☐ jù diǎn | 据点 [쮜 덴] | | 거점 |
| ☐ jǔ dòng | 举动 [쥐 뚱] | | 거동 |
| ☐ jū gōng | 鞠躬 [쮜 궁] | | 허리 굽혀 절하다 |
| ☐ jú huā | 菊花 [쥐 화] | | 국화꽃 |
| ☐ jù huì | 聚会 [쮜 후이] | | 모임을 갖다 |
| ☐ jù jí | 聚集 [쮜 지] | | 모으다, 집합시키다 |
| ☐ jù jīng huì shén | 聚精会神 [쮜 징 후이 선] | | 정신을 집중하다, 주의하다 |
| ☐ jù jué | 拒绝 [쮜 줴] | | 거절하다 |

| | | | |
|---|---|---|---|
| ☐ jù lè bù | 俱乐部 | [쮜 러 뿌] | 클럽, 구락부 |
| ☐ jù lí | 距离 | [쮜 리] | 떨어져 있어 |
| ☐ jù lí | 距离 | [쮜 리] | 거리 |
| ☐ jù liè | 剧烈 | [쮜 레] | 극렬하다 |
| ☐ jū liú | 拘留 | [쮜 류] | 구류하다 |
| ☐ jú miàn | 局面 | [쮜 멘] | 국면 |
| ☐ jū mín | 居民 | [쮜 민] | 거민, 주민 |
| ☐ jū rán | 居然 | [쮜 란] | 뜻밖에, 뻔뻔스럽다 |
| ☐ jú shì | 局势 | [쮜 쓰] | 상황, 정세 |
| ☐ jū shì | 居室 | [쮜 쓰] | 거실 |
| ☐ jǔ shì wén míng | 举世闻名 | [쮜 쓰 원 밍] | 온 세상에 알려지다 |
| ☐ jū shù | 拘束 | [쮜 쑤] | 강제하다, 불편하다 |
| ☐ jù shuō | 据说 | [쮜 쉬] | 듣건대 |
| ☐ jù tǐ | 具体 | [쮜 티] | 구체적이다 |
| ☐ jù tuán | 剧团 | [쮜 퇀] | 극단 |
| ☐ jù xī | 据悉 | [쮜 시] | 아는 바에 의하면 |
| ☐ jú xiàn | 局限 | [쮜 쎈] | 국한하다 |
| ☐ jǔ xíng | 举行 | [쮜 싱] | 거행하다 |
| ☐ jù yǒu | 具有 | [쮜 요우] | 구비하다 |
| ☐ jù yuàn | 剧院 | [쮜 웬] | 극장 |
| ☐ jú zhǎng | 局长 | [쮜 장] | 국장 |
| ☐ jú zi | 橘子 | [쮜 즈] | 귤 |
| ☐ jù zi | 句子 | [쮜 즈] | 문장 |
| ☐ jú zi | 桔子 | [쮜 즈] | 귤 |
| ☐ juàn | 圈 | [쮌] | 우리, 돼지우리 |
| ☐ juǎn | 卷 | [쮌] | 말다, 휩쓸다 |
| ☐ juǎn | 卷 | [쮌] | ~권 |

| | | | |
|---|---|---|---|
| juān kuǎn | 捐款 [쮄 콴] | 기부금, 헌납금 |
| juān xiàn | 捐献 [쮄 쎈] | 기부하다, 기증하다 |
| juān zhèng | 捐赠 [쮄 쩡] | 증정하다 기부하다 |
| jué | 绝 [쮀] | 써버린, 궁지 |
| jué | 掘 [쮀] | 파다 (우물) |
| jué | 决 [쮀] | 결정하다, 어기다, 총살하다 |
| jué | 决 [쮀] | 결코, 절대로 |
| jué | 觉 [쮀] | 느끼다, 알아차리다 |
| jué bù | 决不 [쮀 뿌] | 결코 ~않다 |
| jué cè | 决策 [쮀 처] | 정책을 결정하다 |
| jué chá | 觉察 [쮀 차] | 간파하다 알아차리다 |
| jué de | 觉得 [쮀 더] | 느끼다 |
| jué dìng | 决定 [쮀 띵] | 결정하다 |
| jué duì | 绝对 [쮀 뚜이] | 절대적 |
| jué kǒu | 决口 [쮀 코우] | 뚫어진 구멍 |
| jué sài | 决赛 [쮀 싸이] | 결승전 |
| jué shuàn | 决算 [쮀 쏸] | 결산하다 |
| jué wàng | 绝望 [쮀 왕] | 절망하다 |
| jué wù | 觉悟 [쮀 우] | 각오 |
| jué xīn | 决心 [쮀 신] | 결심 |
| jué xǐng | 觉醒 [쮀 씽] | 각성하다 |
| jué yì | 决议 [쮀 이] | 결의 |
| jué yuán | 绝缘 [쮀 웬] | 절연하다 |
| jué zhàn | 决战 [쮀 짠] | 결전 |
| jùn | 俊 [쮠] | 예쁘다 |
| jūn | 均 [쮠] | 균일하다, 균등하다 |
| jūn | 军 [쮠] | 군대 |
| jūn | 匀 [쮠] | 고르게 하다 |

| | | |
|---|---|---|
| ☐ jūn | **君** [쥔] | 군, 군주, 임금 |
| ☐ jūn | **菌** [쥔] | 균류, 세균 |
| ☐ jūn bèi | **军备** [쥔 뻬이] | 군비 |
| ☐ jūn duì | **军队** [쥔 뚜이] | 군대 |
| ☐ jūn fá | **军阀** [쥔 프아] | 군벌 |
| ☐ jūn guān | **军官** [쥔 관] | 군관, 장교 |
| ☐ jūn jiàn | **军舰** [쥔 쪤] | 군함 |
| ☐ jūn rén | **军人** [쥔 런] | 군인 |
| ☐ jūn shì | **军事** [쥔 쓰] | 군사 |
| ☐ jūn yī | **军医** [쥔 이] | 군의 |
| ☐ jūn yòng | **军用** [쥔 융] | 군용품 |
| ☐ jūn yún | **均匀** [쥔 윈] | 균일하다, 고르다 |
| ☐ jūn zhuāng | **军装** [쥔 좡] | 군복, 제복 |

# K_k

| | | |
|---|---|---|
| kǎ | 卡 [카] | 칼로리 |
| kǎ chē | 卡车 [카 처] | 트럭 |
| kā fēi | 咖啡 [카 페이] | 커피 |
| kǎ piàn | 卡片 [카 펜] | 카드 |
| kāi yè chē | 开夜车 [카이 예 처] | (공부, 사업으로) 밤을 새우다 |
| kāi bàn | 开办 [카이 빤] | 열다 |
| kāi cǎi | 开采 [카이 차이] | 채굴하다, 개발하다 |
| kāi chu | 开除 [카이 추] | 해고하다, 추방하다 |
| kāi dāo | 开刀 [카이 다오] | 수술을 하다, 공개하다 |
| kāi dòng | 开动 [카이 뚱] | 가동하다, 움직이다 |
| kāi fā | 开发 [카이 프아] | 개발하다 |
| kāi fàn | 开饭 [카이 프안] | 식사 할 때가 되다 |
| kāi fàng | 开放 [카이 팡] | 개방하다 |
| kāi gōng | 开工 [카이 궁] | 일을 시작하다 |
| kāi guān | 开关 [카이 관] | 스위치 |
| kāi huì | 开会 [카이 후이] | 회의 하다 |
| kāi kè | 开课 [카이 커] | 수업을 시작하다 |
| kāi kěn | 开垦 [카이 컨] | 황무지를 개간하다 |
| kāi kǒu | 开口 [카이 코우] | 입을 열다, 말하게 하다 |
| kāi kuò | 开阔 [카이 쿼] | 넓다, 광활하다 |
| kāi lǎng | 开朗 [카이 랑] | 명랑하고 낙관적이다 |
| kāi míng | 开明 [카이 밍] | 개명하다 |
| kāi mù | 开幕 [카이 무] | 막을 열다 |
| kāi pì | 开辟 [카이 피] | 개척하다 |

| | | | |
|---|---|---|---|
| ☐ kāi shè | 开设 [카이 써] | | 개설하다 |
| ☐ kāi shǐ | 开始 [카이 스] | | 시작하다 |
| ☐ kāi shuǐ | 开水 [카이 수이] | | 끓는 물 |
| ☐ kāi tiān pì dì | 开天辟地 [카이 텐 피띠] | | 천지개벽 |
| ☐ kāi tóu | 开头 [카이 토우] | | 처음, 시초, 개두 |
| ☐ kāi tuò | 开拓 [카이 퉈] | | 개척하다 |
| ☐ kāi wán xiào | 开玩笑 [카이 완 쌰오] | | 농담하다, 웃기다, 놀리다 |
| ☐ kāi xīn | 开心 [카이 신] | | 기쁘다, 즐겁다 |
| ☐ kǎi xuán | 凯旋 [카이 쉔] | | 개선하다 |
| ☐ kāi yǎn | 开演 [카이 옌] | | 공연을 시작하다 |
| ☐ kāi zhǎn | 开展 [카이 잔] | | 전개하다 |
| ☐ kāi zhī | 开支 [카이 즈] | | 지출 |
| ☐ kàn | 看 [칸] | | 보다 |
| ☐ kǎn | 砍 [칸] | | 찍다 |
| ☐ kàn bìng | 看病 [칸 삥] | | 병을 보이다 |
| ☐ kàn bu qǐ | 看不起 [칸 부 치] | | 경멸하다 |
| ☐ kàn dài | 看待 [카이 따이] | | 다루다, 취급하다 |
| ☐ kān dēng | 刊登 [칸 덩] | | 게재하다, 싣다 |
| ☐ kàn fǎ | 看法 [칸 프아] | | 견해 |
| ☐ kàn jiàn | 看见 [칸 쩬] | | 보았다 |
| ☐ kàn lái | 看来 [칸 라이] | | 보기에 |
| ☐ kàn qǐ lái | 看起来 [칸 치 라이] | | 보아하니 |
| ☐ kān tàn | 勘探 [칸 탄] | | 탐사하다 |
| ☐ kàn wàng | 看望 [칸 왕] | | 바라보다 |
| ☐ kān wù | 刊物 [칸 우] | | 간물 |
| ☐ kàn yàng zi | 看样子 [칸 양 즈] | | 모양을 보다, 추세를 보다 |
| ☐ kàn zuò | 看做 [칸 쮜] | | 보고하다 |

| | | | |
|---|---|---|---|
| ☐ káng | 扛 [캉] | 메다, 맡다 |
| ☐ kāng | 糠 [캉] | 겨, 기울 |
| ☐ kàng | 炕 [캉] | 온돌 |
| ☐ kàng hàn | 抗旱 [캉 한] | 가뭄과 싸우다 |
| ☐ kàng jī | 抗击 [캉 지] | 저항하다 |
| ☐ kāng kǎi | 慷慨 [캉 카이] | 강개하다, 후하게 대하다 |
| ☐ kàng yì | 抗议 [캉 이] | 항의, 항의하다 |
| ☐ kàng zhàn | 抗战 [캉 짠] | 항전 |
| ☐ kào | 靠 [카오] | ~옆에 |
| ☐ kǎo | 考 [카오] | 시험치다, 고증하다 |
| ☐ kào | 靠 [카오] | 기대다, 의지하다 |
| ☐ kǎo | 烤 [카오] | 굽다, 쬐다 |
| ☐ kǎo chá | 考察 [카오 차] | 고찰하다, 시찰하다 |
| ☐ kǎo gǔ | 考古 [카오 구] | 고고, 옛것을 고찰하다 |
| ☐ kǎo hé | 考核 [카오 허] | 심사하다, 시험보다 |
| ☐ kào jìn | 靠近 [카오 찐] | 가깝게 접근하다 |
| ☐ kǎo lǜ | 考虑 [카오 뤼] | 고려하다 |
| ☐ kǎo qǔ | 考取 [카오 취] | 시험을 쳐서 녹취되다 |
| ☐ kǎo shì | 考试 [카오 쓰] | 시험 |
| ☐ kǎo yàn | 考验 [카오 옌] | 고험 |
| ☐ kě | 渴 [커] | 간절히 |
| ☐ kè | 客 [커] | 손님, 객 |
| ☐ ké | 壳 [커] | 껍질 |
| ☐ kè | 刻 [커] | 세기다 |
| ☐ kē | 磕 [커] | (단단한 것에) 부딪치다 |
| ☐ kě | 可 [커] | 절대로, 정말 (강조) |
| ☐ kē | 科 [커] | 과 (학문의 한 분과) |
| ☐ kē | 棵 [커] | ~그루 |

| | | | |
|---|---|---|---|
| ☐ kě | 可 [커] | | ~할 수 있다, ~할 만하다 |
| ☐ kě | 渴 [커] | | 갈증나다 |
| ☐ kē | 刻 [커] | | 시각, 시각, 새기다 |
| ☐ kē | 克 [커] | | 그램 (g) |
| ☐ kē | 课 [커] | | 과목, 수업 |
| ☐ kē | 颗 [커] | | 개, 알 |
| ☐ kě ài | 可爱 [커 아이] | | 사랑스럽다 |
| ☐ kè běn | 课本 [커 번] | | 교과서 |
| ☐ kě bu shì | 可不是 [커 부 쓰] | | 그렇지 않다, 그렇지 않으면 |
| ☐ kè chē | 客车 [커 처] | | 여객 열차 |
| ☐ kè chéng | 课程 [커 청] | | 교육과정 |
| ☐ kè fú | 克服 [커 푸] | | 극복하다 |
| ☐ kě gē kě qì | 可歌可泣 [커 거 커 치] | | 눈물겹다 |
| ☐ kě guān | 可观 [커 관] | | 가관이다 |
| ☐ kè guān | 客观 [커 관] | | 객관 |
| ☐ kě guì | 可贵 [커 꾸이] | | 소중하다, 귀중하다 |
| ☐ kē jì | 科技 [커 찌] | | 과학기술 |
| ☐ kě jiàn | 可见 [커 쪤] | | 알 수 있는 바, 보다시피 |
| ☐ kě kào | 可靠 [커 카오] | | 정식적이다 |
| ☐ kě kǒu | 可口 [커 코우] | | 맛있다, 입에 맞다 |
| ☐ kè kǔ | 刻苦 [커 쿠] | | 고생하다 참아내다 |
| ☐ kē lì | 颗粒 [커 리] | | 낟알 |
| ☐ kě lián | 可怜 [커 롄] | | 가련하다 |
| ☐ kē mù | 科目 [커 무] | | 과목 |
| ☐ kě néng | 可能 [커 능] | | 아마도 |
| ☐ kě néng | 可能 [커 능] | | 가능하다 |
| ☐ kě néng xìng | 可能性 [커 넝 씽] | | 가능성 |

| | | | |
|---|---|---|---|
| kě pà | 可怕 | [커 파] | 무섭다 |
| kē pǔ | 科普 | [커 퓌] | 과학 보급 |
| kè qi | 客气 | [커 치] | 사양하다 |
| kě qiǎo | 可巧 | [커 챠오] | 공교롭게도, 때마침 |
| kè rén | 客人 | [커 런] | 손님 |
| kè shí | 课时 | [커 스] | 수업시간 |
| kě shì | 可是 | [커 쓰] | 그러나 |
| kě shì | 可是 | [커 쓰] | 그러나 |
| ké sou | 咳嗽 | [커 숴] | 기침하다 |
| kè táng | 课堂 | [커 탕] | 수업시간 |
| kè tí | 课题 | [커 티] | 과제 |
| kè tīng | 客厅 | [커 팅] | 객실, 응접실 |
| kě wàng | 渴望 | [커 왕] | 갈망하다 |
| kè wén | 课文 | [커 원] | 과문, 본문 |
| kě wù | 可恶 | [커 우] | 얄밉다, 가증스럽다 |
| kě xǐ | 可喜 | [커 시] | 즐겁다, 기쁘다 |
| kě xī | 可惜 | [커 시] | 아쉽다, 섭섭하다 |
| kě xiǎng ér zhī | 可想而知 [커 샹 얼 즈] | | 생각해도 알 수 있다 |
| kě xiào | 可笑 | [커 샤오] | 가소롭다 우습다 |
| kě xíng | 可行 | [커 싱] | 가능하다, 할만하다 |
| kē xué | 科学 | [커 쉐] | 과학 |
| kē xué jiā | 科学家 | [커 쉐 쟈] | 과학자 |
| kē xué yuàn | 科学院 | [커 쉐웬] | 과학원 |
| kē yán | 科研 | [커 옌] | 과학연구 |
| kě yǐ | 可以 | [커 이] | 괜찮다 |
| kě yǐ | 可以 | [커 이] | 할 수 있다 |
| kě yǐ | 可以 | [커 이] | 가능 |

K_k

| | | | |
|---|---|---|---|
| ☐ kē zhǎng | 科长 [커 장] | 과장 |
| ☐ kěn | 啃 [컨] | 쏠다, 갉아먹다, 몰두하다 |
| ☐ kěn | 肯 [컨] | 기꺼이 ~하려 하다 |
| ☐ kěn dìng | 肯定 [컨 띵] | 긍정적이다 |
| ☐ kěn qiè | 恳切 [컨 체] | 간절하다, 진지하다 |
| ☐ kěn qiú | 恳求 [컨 치우] | 간청하다 |
| ☐ kēng | 坑 [컹] | 구덩이, 갱도 |
| ☐ kēng | 坑 [컹] | 구덩이에 파묻다, 함정에 빠뜨리다 |
| ☐ kǒng | 孔 [쿵] | 공(성), 구멍 |
| ☐ kōng | 空 [쿵] | 비어있는, 공허한 |
| ☐ kōng | 空 [쿵] | 비우다, 공백으로 하다 |
| ☐ kòng bái | 空白 [쿵 바이] | 공백 |
| ☐ kǒng bù | 恐怖 [쿵 뿌] | 공포 |
| ☐ kōng dòng | 空洞 [쿵 똥] | 비어있다 |
| ☐ kōng huà | 空话 [쿵 화] | 빈말 |
| ☐ kōng jiān | 空间 [쿵 젠] | 공간 |
| ☐ kǒng jù | 恐惧 [쿵 쮜] | 공포 |
| ☐ kōng jūn | 空军 [쿵 쥔] | 공군 |
| ☐ kǒng pà | 恐怕 [쿵 파] | 아마 ~일 것이다 |
| ☐ kōng qì | 空气 [쿵 치] | 공기 |
| ☐ kōng qián | 空前 [쿵 첸] | 전대미문의, 공전의 |
| ☐ kǒng què | 孔雀 [쿵 췌] | 공작새 |
| ☐ kòng sù | 控诉 [쿵 쑤] | 고소하다 |
| ☐ kōng tiáo | 空调 [쿵 탸오] | 에어컨 |
| ☐ kòng xì | 空隙 [쿵 씨] | 틈, 간격 |
| ☐ kōng xiǎng | 空想 [쿵 샹] | 공상, 공상하다 |
| ☐ kòng xīn | 空心 [쿵 신] | 속이 비였다 |

| | | | |
|---|---|---|---|
| kōng xū | 空虚 [쿵 쉬] | | 공허하다 |
| kòng zhì | 控制 [쿵 쯔] | | 공제하다 |
| kōng zhōng | 空中 [쿵 중] | | 공중 |
| kòngr | 空儿 [쿵 얼] | | 틈 |
| kǒu'àn | 口岸 [코우 안] | | 항구 |
| kòu | 扣 [코우] | | 달다, 압류하다, 값을 깎다 |
| kōu | 抠 [코우] | | 후비다, 새기다 |
| kǒu dài | 口袋 [코우 따이] | | 자루 |
| kǒu hào | 口号 [코우 하오] | | 구호 |
| kǒu qì | 口气 [커오 치] | | 어조, 말씨 |
| kǒu qiāng | 口腔 [코우 창] | | 구강 |
| kǒu shì | 口试 [코우 쓰] | | 구두시험 |
| kǒu tóu | 口头 [코우 토우] | | 구두 |
| kǒu yǔ | 口语 [코우 위] | | 구어 |
| kǔ | 苦 [쿠] | | 쓰다, 고통스럽다, 고생하다<br>꾸준히, 끈기 있게 |
| kū | 哭 [쿠] | | 울다, |
| kū | 枯 [쿠] | | 시들다, 마르다 |
| kù | 库 [쿠] | | 창고 |
| kù cún | 库存 [쿠 춘] | | 재고, 잔고 |
| kù fáng | 库房 [쿠 팡] | | 창고 |
| kū long | 窟窿 [쿠 룽] | | 구멍 |
| kǔ nàn | 苦难 [쿠 난] | | 고난 |
| kǔ nǎo | 苦恼 [쿠 나오] | | 고뇌하다 |
| kū zào | 枯燥 [쿠 짜오] | | 말라빠지다 |
| kù zi | 裤子 [쿠 즈] | | 바지 |
| kuǎ | 垮 [콰] | | 붕괴하다 |
| kuā | 夸 [콰] | | 과장하다, 칭찬하다 |

K_k

| | | | |
|---|---|---|---|
| ☐ kuà | 挎 [콰] | | 팔에 걸다, 메다 |
| ☐ kuà | 跨 [콰] | | 뛰어넘다, 걸치다 |
| ☐ kuā jiǎng | 夸奖 [콰 쟝] | | 칭찬하다 |
| ☐ kuài | 块 [콰이] | | 덩어리, 조각 |
| ☐ kuài | 快 [콰이] | | 빠르다, 시원스럽다 |
| ☐ kuài | 块 [콰이] | | ~덩이, ~조각, ~원 |
| ☐ kuài cān | 快餐 [콰이 찬] | | 스낵, 즉석 음식 |
| ☐ kuài huo | 快活 [콰이 훠] | | 쾌활하다 |
| ☐ kuài lè | 快乐 [콰이 러] | | 즐겁다 |
| ☐ kuài sù | 快速 [콰이 쑤] | | 속도가 빠르다 |
| ☐ kuài zi | 筷子 [콰이 즈] | | 젓가락 |
| ☐ kuǎn | 款 [콴] | | 조항, 금액 |
| ☐ kuān | 宽 [콴] | | 넓다 |
| ☐ kuān chǎng | 宽敞 [콴 창] | | 널찍하다 |
| ☐ kuān dà | 宽大 [콴 따] | | 관대하다 |
| ☐ kuān guǎng | 宽广 [콴 광] | | 넓다 |
| ☐ kuān kuò | 宽阔 [콴 쿼] | | 널찍하다 넓다 |
| ☐ kuāng | 筐 [쾅] | | 광주리 |
| ☐ kuàng | 矿 [쾅] | | 광상, 광물 |
| ☐ kuàng | 框 [쾅] | | 테두리, 테 |
| ☐ kuàng cáng | 矿藏 [쾅 창] | | 지하자원 |
| ☐ kuàng chǎn | 矿产 [쾅 찬] | | 광산물 |
| ☐ kuáng fēng | 狂风 [쾅 펑] | | 광풍 |
| ☐ kuàng gōng | 旷工 [쾅 궁] | | 무단결근하다 |
| ☐ kuàng jǐng | 矿井 [쾅 징] | | 광정 |
| ☐ kuàng kè | 旷课 [쾅 커] | | 무단결석하다 |
| ☐ kuàng qiě | 况且 [쾅 쳬] | | 하물며, 게다가 |
| ☐ kuàng qū | 矿区 [쾅 취] | | 광산구 |

| | | | |
|---|---|---|---|
| ☐ kuàng shān | 矿山 [쾅 산] | | 광산 |
| ☐ kuàng shí | 矿石 [쾅 스] | | 광석 |
| ☐ kuáng wàng | 狂妄 [쾅 왕] | | 방자하고 오만하다 |
| ☐ kuàng wù | 矿物 [쾅 우] | | 광물 |
| ☐ kuī | 亏 [쿠이] | | 부족하다, 모자라다 |
| | | | 밑지게 하다, 손해보다 |
| ☐ kuī dài | 亏待 [쿠이 따이] | | 푸대접하다 |
| ☐ kuí huā | 葵花 [쿠이 화] | | 해바라기 꽃 |
| ☐ kuī sǔn | 亏损 [쿠이 순] | | 결손을 보다 손실보다 |
| ☐ kǔn | 捆 [쿤] | | 묶다 |
| ☐ kùn | 困 [쿤] | | 피곤하다 |
| ☐ kùn | 困 [쿤] | | 고생하다 |
| ☐ kūn chóng | 昆虫 [쿤 충] | | 곤충 |
| ☐ kùn kǔ | 困苦 [쿤 쿠] | | 어렵다 |
| ☐ kùn nàn | 困难 [쿤 난] | | 곤란 |
| ☐ kuò | 阔 [쿼] | | 넓다, 넉넉하다 |
| ☐ kuò dà | 扩大 [쿼 따] | | 확대하다 |
| ☐ kuò jiàn | 扩建 [쿼 쩬] | | 확장하다, 증축하다 |
| ☐ kuò sàn | 扩散 [쿼 싼] | | 확산하다 |
| ☐ kuò zǎn | 扩展 [쿼 잔] | | 확장하다 |
| ☐ kuò zhāng | 扩张 [쿼 장] | | 확장하다 |

K_k

# L_l

| | | |
|---|---|---|
| □ là | **辣** [라] | 맵다 |
| □ là | **落** [라] | 빠뜨리다 |
| □ la | **啦** [라] | 감탄이나 의문을 나타내는 어미조사 |
| □ lā | **拉** [라] | 끌다, 당기다, 연루시키다 |
| □ lǎ ba | **喇叭** [라 바] | 나팔 |
| □ lā jī | **垃圾** [라 지] | 쓰레기 |
| □ là jiāo | **辣椒** [라 쟈오] | 고추 |
| □ lá nián | **来年** [라이 녠] | 내년 |
| □ lā sà | **拉萨** [라 싸] | 라싸 (티베트족 어음, 중국 지명) |
| □ là yuè | **腊月** [라 웨] | 섣달 |
| □ là zhú | **蜡烛** [라 주] | 양초, 초 |
| □ lài | **赖** [라이] | 탓하다, 의지하다 |
| □ lǎi | **来** [라이] | 오다 |
| □ lái | **来** [라이] | 수의 정도쯤을 나타냄 |
| □ lái | **来** [라이] | 화자의 접근, 동작의 결과를 나타냄 |
| □ lái bīn | **来宾** [라이 빈] | 내빈 |
| □ lái bù jí | **来不及** [라이 뿌 지] | 미처 미치지 못하다 |
| □ lái de jí | **来得及** [라이 더 지] | 늦지 않다 |
| □ lái fǎng | **来访** [라이 방] | 내방하다 |
| □ lái huí | **来回** [라이 후이] | 왔다 갔다 하다, 왕복하다 |
| □ lái huí lái qù | **来回来去** [라이 후이 라이 취] | 오고가다 |

| | | | |
|---|---|---|---|
| ☐ lái kàn lái jiǎng | 来看来讲 [라이 칸 라이 장] | | ~보면, 말하자면 |
| ☐ lái kè | 来客 [라이 커] | | 손님, 내빈 |
| ☐ lái lì | 历 [라이 리] | | 내력 |
| ☐ lái lín | 来临 [라이 린] | | 다가오다, 이르다 |
| ☐ lái shuō | 来说 [라이 쉬] | | 말하자면 |
| ☐ lái wǎng | 来往 [라이 왕] | | 내왕 |
| ☐ lái wǎng | 来往 [라이 왕] | | 내왕하다 |
| ☐ lái xìn | 来信 [라이 씬] | | 편지가 오다 |
| ☐ lái yuán | 来源 [라이 웬] | | 내원 |
| ☐ lái zì | 来自 [라이 쯔] | | ~에서 오다 |
| ☐ làn | 烂 [란] | | 낡다, 헐다 |
| ☐ lán | 蓝 [란] | | 남색의, 남빛의 |
| ☐ lǎn | 懒 [란] | | 게으르다 나른하다 |
| ☐ lán | 拦 [란] | | 가로막다, 저지하다 |
| ☐ làn | 烂 [란] | | 썩다, 흐물흐물하다 |
| ☐ lǎn duò | 懒惰 [란 뛰] | | 나태하다, 게으르다 |
| ☐ lán gān | 栏杆 [란 간] | | 난간 |
| ☐ lán qiú | 篮球 [란 치우] | | 농구 |
| ☐ lán zi | 篮子 [란 즈] | | 바구니 |
| ☐ làng | 浪 [랑] | | 파도, 물결 |
| ☐ láng | 狼 [랑] | | 이리, 승냥이 |
| ☐ láng bèi | 狼狈 [랑 뻬이] | | 궁지에 빠지다, 낭패하다 |
| ☐ làng cháo | 浪潮 [랑 차오] | | 파도와 조수 (물결) |
| ☐ lǎng dú | 朗读 [랑 두] | | 낭독하다 |
| ☐ làng fèi | 浪费 [랑 페이] | | 낭비하다 |
| ☐ làng màn | 浪漫 [랑 만] | | 낭만적이다 |
| ☐ lǎng sòng | 朗诵 [랑 쏭] | | 낭송하다 |

| | | | |
|---|---|---|---|
| ☐ láo | 牢 [라오] | | 굳다, 견고하다 |
| ☐ lāo | 捞 [라오] | | 건지다, 얻다 |
| ☐ lào | 涝 [라오] | | 물에 잠기다 |
| ☐ lǎo | 老 [라오] | | 늙다, 오래되다, 언제나 |
| ☐ lǎo bǎi xìng | 老百姓 [라오 바이 씽] | | 백성 |
| ☐ lǎo bǎn | 老板 [라오 반] | | 상점주인 |
| ☐ lǎo chéng | 老成 [라오 청] | | 노숙하다, 노련하다 |
| ☐ lǎo dà mā | 老大妈 [라오 따 마] | | 큰 어머님 |
| ☐ lǎo dà niáng | 老大娘 [라오 따 냥] | | 할머니, 어머님 |
| ☐ lǎo dà ye | 老大爷 [라오 따 예] | | 할아버지 |
| ☐ láo dòng | 劳动 [라오 뚱] | | 노동 |
| ☐ láo dòng lì | 劳动力 [라오 뚱 리] | | 노동력 |
| ☐ láo fang | 牢房 [라오 팡] | | 감옥 |
| ☐ láo gù | 牢固 [라오 꾸] | | 견고하다, 확고하다 |
| ☐ lǎo hàn | 老汉 [라오 한] | | (남자) 노인, 사나이 |
| ☐ lǎo hǔ | 老虎 [라오 후] | | 범 |
| ☐ lǎo huà | 老化 [라오 화] | | 노화되다 |
| ☐ láo jì | 牢记 [라오 찌] | | 깊이 마음에 새기다 명심하다 |
| ☐ lǎo jiā | 老家 [라오 쟈] | | 옛집 |
| ☐ láo jià | 劳驾 [라오 쨔] | | 죄송합니다 |
| ☐ lǎo lao | 姥姥 [라오 라오] | | 외할머니 |
| ☐ lǎo nián | 老年 [라오 녠] | | 늙은이, 노년 |
| ☐ lǎo po | 老婆 [라오 퍼] | | 노파, 마누라, 처 |
| ☐ lǎo rén | 老人 [라오 런] | | 노인 |
| ☐ lǎo rén jiā | 老人家 [라오 런 쟈] | | 어르신네, 어른 |
| ☐ láo sāo | 牢骚 [라오 사오] | | 불평, 불안 |
| ☐ lǎo shì | 老是 [라오 쓰] | | 늘 |
| ☐ lǎo shi | 老实 [라오 스] | | 노실하다 |

| | | | |
|---|---|---|---|
| ☐ lǎo shī | 老师 [라오 스] | | 선생님 |
| ☐ lǎo shǔ | 老鼠 [라오 수] | | 쥐 |
| ☐ lǎo tài pó | 老太婆 [라오 타이 퍼] | | 늙은 여인 |
| ☐ lǎo tài tài | 老太太 [라오 타이 타이] | | 노파, 할머니 |
| ☐ lǎo tiān yé | 老天爷 [라오 톈 예] | | 하느님 |
| ☐ lǎo tóur | 老头儿 [로우 톨] | | 영감, 늙은이 |
| ☐ lǎo xiāng | 老乡 [라오 샹] | | 동향인, 한 고향사람 |
| ☐ lǎo ye | 老爷 [라오 예] | | 어르신네, 나리, 주인 |
| ☐ lǎo yí bèi | 老一辈 [라오 이 뻬이] | | 선배, 대선배 |
| ☐ lè | 乐 [러] | | 즐기다, 좋아하다 |
| ☐ le | 了 [러] | | 문장 끝에서 동작, 변화가 이미 완료되었음을 나타냄 |
| ☐ lè guān | 乐观 [러 관] | | 낙관적이다 |
| ☐ lè qù | 乐趣 [러 취] | | 즐거움, 재미 |
| ☐ lè yì | 乐意 [러 이] | | ~하기 원하다, ~여기다 |
| ☐ lěi | 垒 [레이] | | (돌, 흙을) 쌓다 |
| ☐ lèi | 类 [레이] | | 유사하다, 닮다 |
| ☐ léi | 雷 [레이] | | 천둥, 우레, 지뢰 |
| ☐ lèi | 类 [레이] | | 종류, 같은 부류 |
| ☐ lèi | 累 [레이] | | 힘들다, 피곤하다 |
| ☐ léi dá | 雷达 [레이 다] | | 레이더 |
| ☐ lèi sì | 类似 [레이 쓰] | | 비슷한 것 같다 |
| ☐ lèi xíng | 类型 [레이 싱] | | 유형 |
| ☐ léi yǔ | 雷雨 [레이 위] | | 뇌우, 소나기 |
| ☐ lèng | 愣 [렁] | | 멍하다, 멍청하다 |
| ☐ lěng | 冷 [렁] | | 춥다, 차다 |
| ☐ léng | 棱 [렁] | | 모서리, 모퉁이 |

| | | | |
|---|---|---|---|
| ☐ lèng | 愣 [렁] | | 어리둥절 해하다 |
| ☐ lěng dàn | 冷淡 [렁 딴] | | 냉대하다 푸대접하다 |
| ☐ lěng dàn | 冷淡 [렁 딴] | | 쓸쓸하다, 냉담하다 |
| ☐ lěng jìng | 冷静 [렁 찡] | | 냉정하다 |
| ☐ lěng què | 冷却 [렁 췌] | | 냉각하다 |
| ☐ lěng yǐn | 冷饮 [렁 인] | | 냉음료, 차가운 음료 |
| ☐ lǐ | 礼 [리] | | 예, 예절 |
| ☐ lǐ | 里 [리] | | 안, 속 |
| ☐ lí | 犁 [리] | | 쟁기 |
| ☐ lǐ | 里 [리] | | 거리 단위 (500m) |
| ☐ lì | 力 [리] | | 힘 |
| ☐ lì | 例 [리] | | 예 |
| ☐ lì | 利 [리] | | 이익, 이윤, 이로움 |
| ☐ lí | 梨 [리] | | 배, 배나무 |
| ☐ lí | 离 [리] | | ~에서, ~로부터 |
| ☐ lì | 立 [리] | | 세우다, 성립하다 |
| ☐ lí | 离 [리] | | 떠나다, 갈라지다 |
| ☐ lì | 粒 [리] | | ~알, ~톨, ~발 |
| ☐ lǐ | 理 [리] | | 결, 무늬, 도리 |
| ☐ lí ba | 篱笆 [리 바] | | 울타리 |
| ☐ lǐ bài | 礼拜 [리 빠이] | | 예배 |
| ☐ lǐ bài rì | 礼拜日 [리 빠이 르] | | 일요일 |
| ☐ lǐ bài tiān | 礼拜天 [리 빠이 텐] | | 일요일 |
| ☐ lì bì | 利弊 [리 삐] | | 이로움과 폐단 |
| ☐ lǐ biān | 里边 [리 볜] | | 안쪽 |
| ☐ lí bié | 离别 [리 볘] | | 이별하다 |
| ☐ lǐ cǎi | 理睬 [리 차이] | | 거들떠 보다, 상대하다 |
| ☐ lì chǎng | 立场 [리 창] | | 입장 |

| | | |
|---|---|---|
| ☐ lì dài | 历代 [리 따이] | 역대 |
| ☐ lǐ fà | 理发 [리 프아] | 이발 |
| ☐ lì fāng | 立方 [리 팡] | 입방 |
| ☐ lì fāng mǐ | 立方米 [리 팡 미] | 입방미터 m(3) |
| ☐ lì hài | 利害 [리 하이] | 이해 |
| ☐ lì hai | 厉害 [리 하이] | 사납다 |
| ☐ lǐ huì | 理会 [리 후이] | 거들떠보다 |
| ☐ lí hūn | 离婚 [리 훈] | 이혼하다 |
| ☐ lì jí | 立即 [리 지] | 즉시 |
| ☐ lì jiāo qiáo | 立交桥 [리 쟈오 챠오] | 입체교차교 |
| ☐ lǐ jié | 礼节 [리 제] | 예절 |
| ☐ lǐ jié | 理解 [리 제] | 이행하다 |
| ☐ lí kāi | 离开 [리 카이] | 떠나다 |
| ☐ lì kè | 立刻 [리 커] | 당장 |
| ☐ lì lái | 历来 [리 라이] | 종래, 여태 |
| ☐ lì liang | 力量 [리 량] | 역량 |
| ☐ lǐ lùn | 理论 [리 룬] | 이론 |
| ☐ lǐ mào | 礼貌 [리 마오] | 예절 |
| ☐ lí mǐ | 厘米 [리 미] | 센티미터 |
| ☐ lǐ miàn | 里面 [리 몐] | 안쪽 |
| ☐ lí míng | 黎明 [리 밍] | 여명 |
| ☐ lì nián | 历年 [리 녠] | 예년, 여러 해 |
| ☐ lǐ pǐn | 礼品 [리 핀] | 선물, 예물 |
| ☐ lì qi | 力气 [리 치] | 힘 |
| ☐ lì qīng | 沥青 [리 칭] | 역청, 아스팔트 |
| ☐ lì qiú | 力求 [리 치우] | 애써 추구하다 |
| ☐ lì rú | 例如 [리 루] | 여컨대 |
| ☐ lì rùn | 利润 [리 룬] | 이윤 |

| | | | |
|---|---|---|---|
| ☐ lǐ shì | 理事 [리 쓰] | 이사 |
| ☐ lì shǐ | 历史 [리 스] | 역사 |
| ☐ lǐ suǒ dāng rán | 理所当然 [리 쉬 당 란] | 당연한 이치다 |
| ☐ lì suǒ néng jí | 力所能及 [리 쉬 넝 지] | 능히 할 수 있다<br>능력에 따라 할 수 있다 |
| ☐ lǐ táng | 礼堂 [리 탕] | 예당 |
| ☐ lì tǐ | 位体 [리 티] | 입체 |
| ☐ lǐ tou | 里头 [리 토우] | 안 |
| ☐ lì tú | 力图 [리 투] | 힘써 ~하려고 도모하다 |
| ☐ lì wài | 例外 [리 와이] | 예외이다 |
| ☐ lǐ wù | 礼物 [리 우] | 폐물 |
| ☐ lì xī | 利息 [리 시] | 이식, 이자 |
| ☐ lǐ xiǎng | 理想 [리 샹] | 이상 |
| ☐ lí xiū | 离休 [리 시우] | 휴양하다 |
| ☐ lì yì | 利益 [리 이] | 이익 |
| ☐ lì yòng | 利用 [리 융] | 이용하다 |
| ☐ lǐ yóu | 理由 [리 유] | 이유 |
| ☐ lì zhēng | 力争 [리 정] | 힘쓰다 |
| ☐ lì zhī | 荔枝 [리 즈] | 여지 (과일) |
| ☐ lǐ zhí qì zhuàng | 理直气壮 [리 즈 치 쫭] | 떳떳하다 |
| ☐ lì zi | 栗子 [리 즈] | 밤 |
| ☐ lì zi | 例子 [리 즈] | 예 |
| ☐ liǎ | 俩 [랴] | 둘, 이 영 |
| ☐ liàn'ài | 恋爱 [롄 아이] | 연애 |
| ☐ liàn | 恋 [롄] | 연애하다 |
| ☐ lián | 帘 [롄] | 커튼, 발 |

| | | | |
|---|---|---|---|
| ☐ liàn | 炼 [롄] | | 정제하다, 단련하다 |
| ☐ liàn | 练 [롄] | | 연습하다 |
| ☐ lián | 联 [롄] | | 연합하다, 연결하다 |
| ☐ liǎn | 脸 [롄] | | 얼굴 |
| ☐ lián | 连 [롄] | | ~을 합해, ~을 포함시켜 |
| ☐ lián | 连 [롄] | | 연결하다, 잇다 |
| ☐ lián | 连 [롄] | | 계속하여, 연이어, ~조차도 |
| ☐ lián bāng | 联邦 [롄 방] | | 연방 |
| ☐ liàn bīng | 练兵 [롄 빙] | | 연병, 군사훈련 |
| ☐ lián dāo | 镰刀 [롄 다오] | | 낫 |
| ☐ lián duì | 连队 [롄 뚜이] | | 부대 |
| ☐ lián gǔn dài pá | 连滚带爬 [롄 군 따이 파] | | 구르고 기다 |
| ☐ lián hé | 联合 [롄 허] | | 연합하다 |
| ☐ lián huān | 联欢 [롄 환] | | 함께 모여 즐기다 |
| ☐ lián jià | 廉价 [롄 쨔] | | 염가 |
| ☐ lián jié | 廉洁 [롄 제] | | 청렴결백하다 |
| ☐ lián jiē | 连接 [롄 제] | | 연접하다, 서로 잇닿다 |
| ☐ lián lián | 连连 [롄 롄] | | 계속하여, 연이어 |
| ☐ lián luò | 联络 [롄 뤄] | | 연락하다, 접촉하다 |
| ☐ lián máng | 连忙 [롄 망] | | 얼른, 급히 |
| ☐ lián méng | 联盟 [롄 멍] | | 연맹 |
| ☐ lián mián | 连绵 [롄 몐] | | 끊이지 않다 |
| ☐ lián nián | 连年 [롄 녠] | | 해마다 |
| ☐ liǎn pén | 脸盆 [롄 펀] | | 세숫대야 |
| ☐ liǎn sè | 脸色 [롄 써] | | 낯 색 |
| ☐ lián tóng | 连同 [롄 퉁] | | ~과 함께, ~과 같이 |
| ☐ liàn xí | 练习 [롄 시] | | 연습하다 |

| | | | |
|---|---|---|---|
| lián xì | 联系 | [롄 씨] | 연계하다 |
| lián xiǎng | 联想 | [롄 샹] | 연상하다 |
| lián xù | 连续 | [롄 쒸] | 연속하다 |
| lián xù jù | 连续剧 | [롄 쒸 쮜] | 연속극 |
| lián yè | 连夜 | [롄 예] | 밤새도록, 밤 내내 |
| lián zhèng | 廉政 | [롄 쩡] | 청렴한 정치 |
| lián zǐ | 莲子 | [롄 즈] | 연밥 |
| liàn zi | 链子 | [롄 즈] | 쇠사슬 |
| liándōu(yě) | 连都(也) | [롄 도우(예)] | ~조차도, ~까지도 |
| lián~dài | 连~带~ | [롄 따이] | ~랑 ~도, ~하고 ~하면서 |
| liáng | 量 | [량] | 재다, 달다 |
| liàng | 亮 | [량] | 밝히다, 나타내다 |
| liǎng | 两 | [량] | 둘 |
| liáng | 良 | [량] | 좋다, 양호하다 |
| liàng | 凉 | [량] | 식히다 |
| liàng | 晾 | [량] | 말리다 |
| liàng | 亮 | [량] | 밝다 |
| liàng | 量 | [량] | 양, 분량, 한도 |
| liáng | 凉 | [량] | 서늘하다, 선선하다 |
| liáng | 梁 | [량] | 대들보 |
| liàng | 辆 | [량] | ~량 (차량) |
| liàng guāng | 亮光 | [량 꽝] | 밝은 빛 |
| liáng hǎo | 良好 | [량 하오] | 양호하다 |
| liǎng jí | 两极 | [량 지] | 양극 |
| liàng jiě | 谅解 | [량 제] | 양해하다 |
| liǎng kǒu zi | 两口子 | [량 코우 즈] | 두 내외, 부부간 |
| liáng kuài | 凉快 | [량 콰이] | 시원하다 |

| | | |
|---|---|---|
| liǎng pang | 两旁 [량 팡] | 양쪽 |
| liáng shi | 粮食 [량 스] | 양식 |
| liǎng shǒu | 两手 [량 소우] | 두 손 |
| liáng shuǐ | 凉水 [량 수이] | 찬물 |
| liáng xīn | 良心 [량 신] | 양심 |
| liáng zhǒng | 良种 [량 중] | 우량종 |
| liáo | 聊 [랴오] | 한담하다 |
| liào | 料 [랴오] | 재료, 사료 |
| liào | 料 [랴오] | 예상하다, 추측하다 |
| liǎo | 了 [랴오] | 알다, 끝나다, ~할 수 있다 |
| liǎo bu qǐ | 了不起 [랴오 부 치] | 대단하다 |
| liáo cǎo | 潦草 [랴오 차오] | 조잡하다, 허술하다 |
| liǎo jiě | 了解 [랴오 제] | 요해하다 |
| liáo kuò | 辽阔 [랴오 쿼] | 끝없이 넓다 |
| liáo tiānr | 聊天儿 [랴오 텔] | 한담하다 |
| liáo xiào | 疗效 [랴오 쌰오] | 치료 효과 |
| liáo yǎng | 疗养 [랴오 양] | 요양하다 |
| liè | 劣 [레] | 졸렬하다, 나쁘다 |
| liè | 裂 [레] | 갈라지다, 금이 가다 |
| liè | 列 [레] | ~줄, ~열 |
| liè | 列 [레] | 늘어놓다, 열거하다, 끼워넣다 |
| liè chē | 列车 [레 처] | 열차 |
| liè huǒ | 烈火 [레 훠] | 열화 |
| liè jiǔ | 列举 [레 쥐] | 열거하다 |
| liè rén | 猎人 [레 런] | 사냥꾼 |
| liè rù | 列入 [레 루] | 끼워넣다 |
| liè shì | 烈士 [레 쓰] | 열사 |
| liè xí | 列席 [레 시] | 옵서버로 참석하다 |

| | | | |
|---|---|---|---|
| ☐ lín | 磷 [린] | | 인 (화학원소) |
| ☐ lín | 淋 [린] | | (비를) 맞다, 젖다 |
| ☐ lín | 临 [린] | | 임하다, 이르다 |
| ☐ lín | 邻 [린] | | 이웃 |
| ☐ lín chǎng | 林场 [린 창] | | 삼림을 육성하는 장소 |
| ☐ lín chuáng | 临床 [린 촹] | | 임상 |
| ☐ lín jìn | 临近 [린 찐] | | 접근하다 |
| ☐ lín jū | 邻居 [린 쥐] | | 이웃 |
| ☐ lín qū | 林区 [린 취] | | 임구 |
| ☐ lín shí | 临时 [린 스] | | 임시 |
| ☐ lín yè | 林业 [린 예] | | 임업 |
| ☐ líng | 灵 [링] | | 예민하다, 효력이 있다 |
| ☐ lìng | 另 [링] | | 달리, 다른 |
| ☐ lìng | 令 [링] | | ~하게 하다, ~을 시키다 |
| ☐ lìng | 另 [링] | | 별도로, 다른 |
| ☐ líng | 零 [링] | | 영 |
| ☐ líng | 铃 [링] | | 방울, 종 |
| ☐ lǐng | 领 [링] | | 인솔하다, 영수하다, 알다 |
| ☐ lǐng | 岭 [링] | | 고개, 큰 산맥 |
| ☐ líng chén | 凌晨 [링 천] | | 이른 새벽 |
| ☐ lǐng dǎo | 领导 [링 다오] | | 령도 |
| ☐ líng guó | 邻国 [링 궈] | | 인국, 이웃나라 |
| ☐ lǐng huì | 领会 [링 후이] | | 깨닫다, 이해하다 |
| ☐ líng hún | 灵魂 [링 훈] | | 영혼 |
| ☐ líng huó | 灵活 [링 훠] | | 영활하다 |
| ☐ líng jiàn | 零件 [링 쩬] | | 부속품 |
| ☐ líng lì | 伶俐 [링 리] | | 영리하다 |
| ☐ líng lóng | 玲珑 [링 룽] | | 영롱하다 |

| | | | |
|---|---|---|---|
| ☐ líng mǐn | 灵敏 [링 민] | 예민하다 |
| ☐ líng qián | 零钱 [링 첸] | 잔돈 |
| ☐ líng qiǎo | 灵巧 [링 챠오] | 민첩하고 교묘하다 |
| ☐ lǐng shì | 领事 [링 쓰] | 영사, 영사관 |
| ☐ líng shòu | 零售 [링 쏘우] | 소매하다 |
| ☐ líng suì | 零碎 [링 쑤이] | 자질구레하다 |
| ☐ lǐng tǔ | 领土 [링 투] | 영토 |
| ☐ lìng wài | 另外 [링 와이] | 그 밖의 |
| ☐ lǐng xiān | 领先 [링 셴] | 앞서다, 리드하다 |
| ☐ líng xīng | 零星 [링 싱] | 보잘것없다 |
| ☐ lǐng xiù | 领袖 [링 씨우] | 수령 |
| ☐ lǐng yù | 领域 [링 위] | 영역 |
| ☐ lǐng zi | 领子 [링 즈] | 깃, 칼라 |
| ☐ liú | 刘 [리우] | 유 (성씨) |
| ☐ liǔ | 旅 [리우] | 여단 |
| ☐ liú | 留 [리우] | 머무르다, 키우다, 받다 |
| ☐ liù | 陆(六) [리우] | 6, 육 |
| ☐ liú | 流 [리우] | 흐르다, 떠돌다 |
| ☐ liū | 溜 [리우] | 미끄러지다, 몰래 빠져 나가다 |
| ☐ liú chuán | 流传 [리우 촨] | 유전하다 널리 퍼지다 |
| ☐ liú dòng | 流动 [리우 뚱] | 흐르다 |
| ☐ liú kòu | 流寇 [리우 코우] | 유구, 유적 |
| ☐ liú làng | 流浪 [리우 랑] | 유랑하다, 방랑하다 |
| ☐ liú lì | 流利 [리우 리] | 유창하다 |
| ☐ liú liàn | 留恋 [리우 롄] | 그리워하다 |
| ☐ liú lù | 流露 [리우 루] | 무의식중 나타내다 |
| ☐ liú máng | 流氓 [리우 망] | 건달, 부랑자 |

| | | | |
|---|---|---|---|
| ☐ liú niàn | 留念 | [리우 볜] | 기념으로 남기다 |
| ☐ liú shén | 留神 | [리우 션] | 주의하다, 조심하다 |
| ☐ liú shù | 柳树 | [리우 쑤] | 버드나무 |
| ☐ liú shuǐ | 流水 | [리우 수이] | 유수 |
| ☐ liú shuǐ | 流水 | [리우 수이] | 흐르는 물 |
| ☐ liú suān | 硫酸 | [류 솬] | 유산 |
| ☐ liú tōng | 流通 | [류 퉁] | 유통하다 |
| ☐ liú xīn | 留心 | [류 신] | 조심하다, 주의하다 |
| ☐ liú xíng | 流行 | [리우 싱] | 유행하다, 성행하다 |
| ☐ liú xué | 留学 | [리우 쉐] | 유학 |
| ☐ liú xué shēng | 留学生 | [리우 쉐셩] | 유학생 |
| ☐ liú yì | 留意 | [류 이] | 주의하다 |
| ☐ liú yù | 流域 | [리우 위] | 유역 |
| ☐ lǒng | 拢 | [룽] | 끌어안다 집계하다 |
| ☐ lóng | 聋 | [룽] | 귀가 먹다 |
| ☐ lóng | 龙 | [룽] | 용 (추상적인 것) |
| ☐ lǒng duàn | 垄断 | [룽 똰] | 농단하다, 독점하다 |
| ☐ lóng tóu | 龙头 | [룽 토우] | 수도꼭지 |
| ☐ lǒng zhào | 笼罩 | [룽 짜오] | 덮어씌우다 |
| ☐ lóng zhòng | 隆重 | [룽 쫑] | 성대하다 |
| ☐ lóng zi | 笼子 | [룽 즈] | (새)장, 바구니 |
| ☐ lǒu | 搂 | [로우] | 긁어모으다, 끌어올리다 |
| ☐ lòu | 漏 | [로우] | 새다, 빠지다 |
| ☐ lou | 喽 | [로우] | 了와 같이 쓰임 |
| ☐ lóu | 楼 | [로우] | 층집, 층 |
| ☐ lóu dào | 楼道 | [로우 따오] | 복도, 층집통로 |
| ☐ lóu fáng | 楼房 | [로우 팡] | 층집 |
| ☐ lòu miàn | 露面 | [로우 몐] | 체면을 세우다, 면목이 서다 |

| | | | |
|---|---|---|---|
| ☐ lòu shuì | 漏税 [로우 쑤이] | 탈세하다 |
| ☐ lóu tī | 楼梯 [로우 티] | 계단 |
| ☐ lú | 卢 [루] | 로 (성씨) |
| ☐ lù | 露 [루] | 나타내다, 드러내다 |
| ☐ lù | 路 [루] | 길 |
| ☐ lǜ | 率 [뤼] | 비율, 율 |
| ☐ lǚ | 铝 [뤼] | 알루미늄 |
| ☐ lǚ | 驴 [뤼] | 당나귀 |
| ☐ lù | 露 [루] | 나타내다, 드러내다 |
| ☐ lù | 鹿 [루] | 사슴 |
| ☐ lǚ | 吕 [뤼] | 여 (성씨) |
| ☐ lù | 录 [루] | 기록하다, 녹음하다 |
| ☐ lǜ | 绿 [뤼] | 푸르다 |
| ☐ lù | 陆 [루] | 육지, 땅 |
| ☐ lù chéng | 路程 [루 청] | 노정 |
| ☐ lǚ cì | 屡次 [뤼 츠] | 누차, 여러 번 |
| ☐ lù dì | 陆地 [루 띠] | 육지 |
| ☐ lǚ diàn | 旅店 [뤼 뗸] | 여관 |
| ☐ lǚ guǎn | 旅馆 [뤼 관] | 여관 |
| ☐ lù guò | 路过 [루 꿔] | 지나가다 |
| ☐ lǜ huà | 绿化 [뤼 화] | 녹화하다 |
| ☐ lù jūn | 陆军 [육 쿤] | 육군 |
| ☐ lǚ kè | 旅客 [뤼 커] | 여객 |
| ☐ lù kǒu | 路口 [루 코위] | 길 입구, 건널목 |
| ☐ lù miàn | 路面 [루 몐] | 길바닥 |
| ☐ lù qǔ | 录取 [루 취] | 채용하다, 합격시키다 |
| ☐ lù shang | 路上 [루 샹] | 노상 |
| ☐ lǜ shī | 律师 [뤼 스] | 변호사 |

| | | | |
|---|---|---|---|
| ☐ lǚ tú | 旅途 [뤼 투] | | 여정 |
| ☐ lù xiàn | 路线 [루 쎈] | | 노선 |
| ☐ lù xiàng | 录像 [루 쌍] | | 녹화 |
| ☐ lǚ xíng | 履行 [뤼 싱] | | 이행하다 |
| ☐ lǚ xíng | 旅行 [뤼 싱] | | 여행하다 |
| ☐ lù xù | 陆续 [루 쒸] | | 끊임없이 |
| ☐ lù yīn | 录音 [루 인] | | 녹음하다 |
| ☐ lù yīn jī | 录音机 [루 인 지] | | 녹음기 |
| ☐ lù yòng | 录用 [루 융] | | 채용하다, 임용하다 |
| ☐ lǚ yóu | 旅游 [뤼 유] | | 여행, 관광 |
| ☐ lǚ yóu | 旅游 [뤼 유] | | 여행하다 |
| ☐ lǚ yóu ye | 旅游业 [뤼 유 예] | | 관광업 |
| ☐ lù zi | 路子 [루 즈] | | 길 |
| ☐ lú zi | 炉子 [루 즈] | | 난로, 화로 |
| ☐ luǎn | 卵 [롼] | | 알, 난자 |
| ☐ luàn | 乱 [롼] | | 제멋대로, 마구 |
| ☐ luàn | 乱 [롼] | | 혼란하다, 무질서하다 |
| ☐ luàn qī bā zāo | 乱七八糟 [롼 치 바 자오] | | 엉망진창이다 |
| ☐ lüè | 略 [뤠] | | 생략하다 |
| ☐ lüè duó | 掠夺 [뤠 둬] | | 약탈하다, 수탈하다 |
| ☐ lüè wēi | 略微 [뤠 워이] | | 조금, 약간 |
| ☐ lūn | 抡 [룬] | | 휘두르다 |
| ☐ lùn | 论 [룬] | | 의견, 견해, 의론 |
| ☐ lùn | 论 [룬] | | 논하다, 의논하다, 따지다 |
| ☐ lún chuán | 轮船 [룬 촨] | | 기선 |
| ☐ lùn diǎn | 论点 [룬 뎬] | | 논점 |
| ☐ lún kuò | 轮廓 [룬 쿼] | | 윤곽 |

| | | | |
|---|---|---|---|
| ☐ lún liú | **轮流** [룬 리우] | 돌아가며 하다 |
| ☐ lùn shù | **论述** [룬 쑤] | 논술하다 |
| ☐ lùn wén | **论文** [룬 원] | 논문 |
| ☐ lùn zhèng | **论证** [룬 쩡] | 논증하다 |
| ☐ lún zi | **轮子** [룬 즈] | 바퀴 |
| ☐ luó | **锣** [뤄] | 징 |
| ☐ luò | **落** [뤄] | 떨어지다 |
| ☐ luó bō | **萝卜** [뤄 붜] | 무 |
| ☐ luò chéng | **落成** [뤄 청] | 낙성하다 |
| ☐ luò dì | **落地** [뤄 띠] | 땅에 떨어지다 |
| ☐ luò hòu | **落后** [뤄 하오] | 낙후하다 |
| ☐ luó ji | **逻辑** [뤄 지] | 논리 |
| ☐ luó kuāng | **箩筐** [뤄 쾅] | (큰) 광주리 |
| ☐ luó liè | **罗列** [뤄 레] | 나열하다 |
| ☐ luò shí | **落实** [뤄 써] | 확실히 하다 |
| ☐ luó sī dīng | **螺丝钉** [뤄 스 딩] | 나사못 |
| ☐ luò tuo | **骆驼** [뤄 퉈] | 낙타 |
| ☐ luò xuǎn | **落选** [뤄 쉔] | 낙선되다 |
| ☐ luó zi | **骡子** [뤄 즈] | 노새 |

# M_m

| | | | |
|---|---|---|---|
| ☐ mǎ dá | 马达 [마 따] | 모터 |
| ☐ mǎ chē | 马车 [마 처] | 마차 |
| ☐ má dài | 麻袋 [마 다이] | 마대 |
| ☐ má bì | 麻痹 [마 삐] | 경계를 늦추다 마비시키다, 무디게 하다 |
| ☐ má | 麻 [마] | 삼 |
| ☐ mǎ hū | 马虎 [마 후] | 소홀하다 |
| ☐ má fan | 麻烦 [마 프안] | 성가시다 |
| ☐ mà | 骂 [마] | 욕하다 |
| ☐ ma | 嘛 [마] | 문장 끝에서 사실을 강조 |
| ☐ mǎ kè | 马克 [마 커] | 마르크 (독일 화폐단위) |
| ☐ mǎ kè sī zhǔ yì | 马克思主义 [마 커 스 주이] | 마르크스주의 |
| ☐ mǎ lì | 马力 [마 리] | 마력 |
| ☐ mǎ líng shǔ | 马铃薯 [마 링 수] | 감자 |
| ☐ mǎ lù | 马路 [마 루] | 대로 |
| ☐ mā ma | 妈妈 [마 마] | 어머니 |
| ☐ má mù | 麻木 [마 무] | 마비되다 |
| ☐ má què | 麻雀 [마 췌] | 참새 |
| ☐ mǎ shàng | 马上 [마 쌍] | 곧 |
| ☐ mǎ tou | 码头 [마 토우] | 부두 |
| ☐ mǎ xì | 马戏 [마 씨] | 곡마, 서커스 |
| ☐ mǎ yǐ | 蚂蚁 [마 이] | 개미 |
| ☐ má zuì | 麻醉 [마쭈이] | 마취하다 |

| | | | |
|---|---|---|---|
| ☐ mái | 埋 [마이] | | 묻다 |
| ☐ mǎi | 买 [마이] | | 사다 |
| ☐ mài | 卖 [마이] | | 팔다 |
| ☐ mài | 迈 [마이] | | 내디디다 |
| ☐ mài bó | 脉膊 [마이 보] | | 맥박 |
| ☐ mài guó | 卖国 [마이 궈] | | 매국이다 |
| ☐ mǎi mài | 买卖 [마이 마이] | | 매매 |
| ☐ mái mò | 埋没 [마이 뭐] | | 매몰하다 |
| ☐ mái tóu | 埋头 [마이 토우] | | 몰두하다, 정신을 집중하다 |
| ☐ mái yuàn | 埋怨 [마이 웬] | | 원망하다 |
| ☐ màn | 慢 [만] | | 뜨다, 느리다 |
| ☐ màn | 漫 [만] | | 범람하다, 침수하다 |
| ☐ mán | 瞒 [만] | | 감추다, 속이다 |
| ☐ mǎn | 满 [만] | | 그득하다, 만족하다 |
| ☐ màn cháng | 漫长 [만 창] | | 멀다, 지루하다 |
| ☐ mǎn huái | 满怀 [만 화이] | | 가슴이 꽉 차다 |
| ☐ mǎn qiāng | 满腔 [만 창] | | 만강 |
| ☐ mǎn tou | 馒头 [만 토우] | | 찐빵 |
| ☐ màn xìng | 慢性 [만 씽] | | 만성적이다 |
| ☐ màn yán | 蔓延 [만 옌] | | 만연하다 |
| ☐ mǎn yì | 满意 [만 이] | | 만족스럽다 |
| ☐ mǎn yuè | 满月 [만 웨] | | 만 한달이 되다 |
| ☐ mǎn zú | 满足 [만 주] | | 만족하다 |
| ☐ máng | 忙 [망] | | 바쁘다 |
| ☐ máng cóng | 盲从 [망 충] | | 맹종하다, 적대하다 |
| ☐ máng lù | 忙碌 [망 루] | | 분망하다, 바쁘다 |
| ☐ máng máng | 茫茫 [망 망] | | 아득하다, 망망하다 |
| ☐ máng mù | 盲目 [망 무] | | 맹목적이다 |

M_m

| | | | |
|---|---|---|---|
| ☐ máng rán | 茫然 [망 란] | | 망연하다, 막연하다 |
| ☐ máng rén | 盲人 [망 런] | | 맹인, 봉사 |
| ☐ mǎo | 毛 [마오] | | 털, 모 |
| ☐ máo | 毛 [마오] | | 元의 10분의 1, 십전 |
| ☐ mào | 冒 [마오] | | 내뿜다, 위험을 무릅쓰다 |
| ☐ māo | 猫 [마오] | | 고양이 |
| ☐ máo bǐ | 毛笔 [마오 비] | | 붓 |
| ☐ mǎo bìng | 毛病 [마오 삥] | | 고장 |
| ☐ máo dùn | 矛盾 [마오 뚠] | | 모순 |
| ☐ mào jìn | 冒进 [마오 찐] | | 무모하게 급진하다 |
| ☐ máo jīn | 毛巾 [마오 진] | | 타월 |
| ☐ mào mì | 茂密 [마오 미] | | 조밀하다 |
| ☐ mào pái | 冒牌 [마오 파이] | | 모조하다, 위조하다 |
| ☐ mào shèng | 茂盛 [마오 씽] | | 무성하다 |
| ☐ máo tái jiǔ | 茅台酒 [마오 타이 지우] | | 모태주 |
| ☐ mào xiǎn | 冒险 [마오 셴] | | 모험하다 |
| ☐ máo xiàn | 毛线 [마오 쎈] | | 털실 |
| ☐ mào yì | 贸易 [마오 이] | | 무역 |
| ☐ máo yī | 毛衣 [마오 이] | | 스웨터 |
| ☐ máo zé dōng sī xiǎng | 毛泽东思想 [마오 저 둥 스 샹] | | 모택동사상 |
| ☐ mào zi | 帽子 [마오 즈] | | 모자 |
| ☐ méi | 枚 [메이] | | (기념배지) ~하나, ~매 |
| ☐ méi | 煤 [메이] | | 석탄 |
| ☐ méi | 没 [메이] | | 없다 |
| ☐ měi | 每 [메이] | | 매, 각 |
| ☐ méi | 霉 [메이] | | 곰팡이 |

| | | | |
|---|---|---|---|
| ☐ měi | 每 [메이] | 마다, 때, 늘 |
| ☐ méi | 没 [메이] | ~않았다, ~없다 |
| ☐ měi | 镁 [메이] | 마그네슘 |
| ☐ méi | 酶 [메이] | 효소, 발효 |
| ☐ měi | 美 [메이] | 예쁘다, 아름답다 |
| ☐ méi chī méi chuān | 没吃没穿 [메이 츠 메이 촨] | 먹고 입지도 않다, 아끼다 |
| ☐ méi cuò | 没错 [메이 춰] | 틀림이 없다 |
| ☐ měi dé | 美德 [메이 더] | 미덕 |
| ☐ měi guān | 美观 [메이 관] | 미적이다, 아름답다 |
| ☐ méi guān xi | 没关系 [메이 관 씨] | 상관없다, 별 것이 아니다 |
| ☐ méi gui | 玫瑰 [메이 구이] | 장미 |
| ☐ měi hǎo | 美好 [메이 하오] | 행복하다 |
| ☐ méi huā | 梅花 [메이 화] | 매화 |
| ☐ méi jiè | 媒介 [메이 찌] | 매개 |
| ☐ měi lì | 美丽 [메이 리] | 아름답다 |
| ☐ měi mǎn | 美满 [메이 만] | 만족스럽다, 행복하다 |
| ☐ méi mao | 眉毛 [메이 마오] | 눈썹 |
| ☐ mèi mei | 妹妹 [메이 메이] | 여동생 |
| ☐ měi miào | 美妙 [메이 먀오] | 미묘하다 |
| ☐ méi qì | 煤气 [메이 치] | 가스 |
| ☐ méi shén me | 没什么 [메이 선 머] | 괜찮다, 별것이다 |
| ☐ méi shìr | 没事儿 [메이 쓰 얼] | 괜찮다, 별일 없다 |
| ☐ měi shù | 美术 [메이 쑤] | 미술 |
| ☐ méi shuō de | 没说的 [메이 쉬 더] | 나무랄 데 없다 |
| ☐ méi tóu | 眉头 [메이 토우] | 미간 |
| ☐ méi yì si | 没意思 [메이 이 쓰] | 재미없다 |
| ☐ méi yòng | 没用 [메이 융] | 쓸모없다 |

M_m

| | | | |
|---|---|---|---|
| ☐ méi yǒu | 没有 [메이 유] | 없다 |
| ☐ méi yǒu | 没有 [메이 요우] | 아니 |
| ☐ měi yuán | 美元 [메이 웬] | 달러 |
| ☐ méi zhé | 没辙 [메이 저] | 방법이 없다 |
| ☐ měi zhōng bù zú | 美中不足 [메이 중 뿌 주] | 훌륭한 가운데 결함이 있다 |
| ☐ mèn | 闷 [먼] | 숨막히다 |
| ☐ mèn | 闷 [먼] | 숨막히다, 소리가 약해지다 |
| ☐ mèn | 闷 [먼] | 꽉 닫다 |
| ☐ mén dāng hù duì | 门当户对 [먼 당 후 뚜이] | 문벌이 걸맞다 |
| ☐ mén kǒu | 门口 [먼 코우] | 문 앞 |
| ☐ mén shì bù | 门市部 [먼 쓰 뿌] | 소매부 |
| ☐ mén zhěn | 门诊 [먼 전] | 진찰 |
| ☐ mèng | 孟 [멍] | 맹 (성씨) |
| ☐ méng | 蒙 [멍] | 가리다, 덮다 받다 |
| ☐ mèng | 梦 [멍] | 꿈, 몽 |
| ☐ měng liè | 猛烈 [멍 레] | 맹렬하다 |
| ☐ měng rán | 猛然 [멍 란] | 갑자기, 돌연히 |
| ☐ mèng xiǎng | 梦想 [멍 샹] | 몽상 |
| ☐ méng yá | 萌芽 [멍야] | 맹아 |
| ☐ mǐ | 米 [미] | 미터 (m) |
| ☐ mì | 蜜 [미] | 꿀 |
| ☐ mī | 眯 [미] | 실눈을 뜨다, 졸다 |
| ☐ mí | 迷 [미] | 혼란스럽다, 미혹되다 |
| ☐ mǐ | 米 [미] | 쌀 |
| ☐ mì | 密 [미] | 촘촘하다, 세심하다 |
| ☐ mí bǔ | 弥补 [미부] | 보충하고 고치다 |

| | | | |
|---|---|---|---|
| ☐ mì dù | 密度 [미 뚜] | | 밀도 |
| ☐ mǐ fàn | 米饭 [미 프안] | | 쌀밥 |
| ☐ mì fēng | 蜜蜂 [미 펑] | | 벌꿀 |
| ☐ mì fēng | 密封 [미 펑] | | 밀봉하다 |
| ☐ mí hú | 迷糊 [미 후] | | 멍하게 하다 |
| ☐ mí huò | 迷惑 [미 훠] | | 아리송하다, 미혹되다 |
| ☐ mí màn | 弥漫 [미 만] | | 널리 퍼지다 |
| ☐ mì mì | 秘密 [미 미] | | 비밀 |
| ☐ mì qiè | 密切 [미 체] | | 밀접하다 |
| ☐ mí shī | 迷失 [길을] | | 잃다 |
| ☐ mì shū | 秘书 [미 수] | | 비서 |
| ☐ mì shū zhǎng | 秘书长 [미 수 장] | | 비서장 |
| ☐ mí xìn | 迷信 [미 씬] | | 미신 |
| ☐ mí yǔ | 谜语 [미 위] | | 속담 |
| ☐ miàn | 面 [몐] | | 면, 얼굴, 표면 |
| ☐ mián | 棉 [몐] | | 면 |
| ☐ miǎn | 免 [몐] | | 면제되다, 해임하다 |
| ☐ miàn | 面 [몐] | | ~면, ~개 |
| ☐ miàn bāo | 面包 [몐 바오] | | 빵 |
| ☐ miàn bāo chē | 面包车 [몐 바오 처] | | 소형버스, 봉고차 |
| ☐ miǎn chú | 免除 [몐 추] | | 면제하다 |
| ☐ miǎn dé | 免得 [몐 더] | | ~하지 않기 위해, 피하기 위해 |
| ☐ miàn duì | 面对 [몐 뚜이] | | 대면하다 |
| ☐ miǎn fèi | 免费 [몐 페이] | | 면비 |
| ☐ miàn fěn | 面粉 [몐 펀] | | 밀가루 |
| ☐ mián huā | 棉花 [몐 화아] | | 목화 |
| ☐ miàn jī | 面积 [몐 지] | | 면적 |
| ☐ miàn kǒng | 面孔 [몐 쿵] | | 표정 |

M_m

| | | | |
|---|---|---|---|
| ☐ miǎn lì | 勉励 [몐 리] | | 격려하다 |
| ☐ miàn lín | 面临 [몐 린] | | 직면하다 |
| ☐ miàn mào | 面貌 [몐 마오] | | 면모 |
| ☐ miàn miàn jù dào | 面面俱到 [몐 몐 쮜 따오] | | 여러 방면으로 돌보다 |
| ☐ miàn mù | 面目 [몐 무] | | 면목 |
| ☐ miàn qián | 面前 [몐 쳰] | | 앞, 면전 |
| ☐ miǎn qiǎng | 勉强 [몐 챵] | | 무리하다, 억지쓰다 |
| ☐ miǎn qiǎng | 勉强 [몐 챵] | | 강요하다 |
| ☐ miàn róng | 面容 [몐 룽] | | 얼굴 |
| ☐ miàn tiáor | 面条儿 [몐 탸오얼] | | 국수 |
| ☐ mián yī | 棉衣 [몐 이] | | 솜옷 |
| ☐ miàn zi | 面子 [몐 즈] | | 겉, 면목 |
| ☐ miáo | 苗 [먀오] | | 싹, 새싹 |
| ☐ miào | 妙 [먀오] | | 교묘하다, 좋다 |
| ☐ miǎo | 秒 [먀오] | | 초 |
| ☐ miào | 庙 [먀오] | | 사원, 장 |
| ☐ miáo | 描 [먀오] | | 베끼다, 덧그리다 |
| ☐ miáo huì | 描绘 [먀오 후이] | | 묘사하다 |
| ☐ miáo shù | 描述 [먀오 쑤] | | 서술하다 |
| ☐ miǎo xiǎo | 渺小 [먀오 샤오] | | 보잘것없다 |
| ☐ miáo xiě | 描写 [먀오 셰] | | 묘사하다 |
| ☐ miè | 灭 [몌] | | 끄다, 없애다 |
| ☐ miè shì | 蔑视 [먀오 쓰] | | 멸시하다 |
| ☐ miè wáng | 灭亡 [몌 왕] | | 멸망하다, 사라지다 |
| ☐ mín bīng | 民兵 [민 빙] | | 민병(국민무력조직) |
| ☐ mǐn gǎn | 敏感 [민 간] | | 민감하다 |
| ☐ mín hang | 民航 [민 항] | | 민항 |

| | | | |
|---|---|---|---|
| mín jiān | 民间 | [민 젠] | 민간 |
| mǐn jié | 敏捷 | [민 제] | 민첩하다 |
| mǐn ruì | 敏锐 | [민 루이] | 예민하다 |
| mín yì | 民意 | [민 이] | 여론 |
| mín yòng | 民用 | [민 용] | 시민용 |
| mín zhòng | 民众 | [민 쫑] | 민중 |
| mín zhǔ | 民主 | [민 쥐] | 민주 |
| mín zú | 民族 | [민 쥐] | 민족 |
| míng'é | 名额 | [밍 어] | 명액 |
| mìng | 命 | [밍] | 명령하다 |
| mìng | 命 | [밍] | 운 |
| míng | 鸣 | [밍] | 목소리를 내다, 감정을 드러내다 |
| míng bai | 明白 | [밍 바이] | 명백히 |
| míng bai | 明白 | [밍 바이] | 알다 |
| míng chēng | 名称 | [밍 청] | 명칭 |
| míng cì | 名次 | [밍 츠] | 이름순서 |
| míng dān | 名单 | [밍 단] | 명단 |
| míng fù qí shí | 名副其实 | [밍 푸 치 스] | 이름과 사실이 부합하다 |
| míng guì | 名贵 | [밍 꾸이] | 희귀하다 |
| míng liàng | 明亮 | [밍 량] | 밝다 |
| mìng lìng | 命令 | [밍 링] | 명령 |
| mìng míng | 命名 | [밍 밍] | 이름을 붙이다 |
| míng míng | 明明 | [밍 밍] | 분명하게, 의심없이 |
| míng nián | 明年 | [밍 녠] | 명년 |
| míng pái | 名牌 | [밍 파이] | 명패 |
| míng què | 明确 | [밍 췌] | 명확하다 |

| | | | |
|---|---|---|---|
| ☐ míng rén | 名人 [밍 런] | 명인 |
| ☐ míng shèng | 名胜 [밍 썽] | 명승 |
| ☐ míng shēng | 名声 [밍 성] | 평판, 명성 |
| ☐ mìng tí | 命题 [밍 티] | 명제 |
| ☐ míng tiān | 明天 [밍 텐] | 내일 |
| ☐ míng xiǎn | 明显 [밍 셴] | 명확하다 |
| ☐ míng xìn piàn | 明信片 [밍 씬 펜] | 엽서 |
| ☐ míng xīng | 明星 [밍 싱] | 스타, 명성 |
| ☐ míng yì | 名义 [밍 이] | 명의, 명칭 |
| ☐ míng yù | 名誉 [밍 위] | 명성, 명예 |
| ☐ mìng yùn | 命运 [밍 윈] | 운명 |
| ☐ míng zi | 名字 [밍 즈] | 이름 |
| ☐ miù lùn | 谬论 [뮤 룬] | 거짓이론 |
| ☐ mò | 莫 [모] | ~못 하다, ~않다 |
| ☐ mò | 墨 [모] | 먹, 잉크 |
| ☐ mó | 膜 [모] | 막, 얇은 껍질 |
| ☐ mò | 末 [모] | 말, 분말 |
| ☐ mǒ | 抹 [모] | 바르다, 지우다 |
| ☐ móu | 谋 [모] | 의논하다, 모색하다 |
| ☐ mō | 摸 [모] | 만지다, 더듬다 |
| ☐ mó | 磨 [모] | 갈다 |
| ☐ mó bù | 抹布 [모 뿌] | 걸레, 행주 |
| ☐ mó chā | 摩擦 [모 차] | 마찰하다 |
| ☐ mó fàn | 模范 [모 프안] | 모범 |
| ☐ mó fǎng | 模仿 [모 팡] | 모방하다 |
| ☐ mó gu | 蘑菇 [모 구] | 버섯 |
| ☐ mó guǐ | 魔鬼 [모 구이] | 마귀 |
| ☐ mó hú | 模糊 [모 후] | 모호하다 |

| | | | |
|---|---|---|---|
| ☐ mò míng qí miào | 莫名其妙 [모 밍 치 묘우] | 알다가도 모를 일이다 | |
| ☐ mò mò | 默默 [모 모] | 묵묵히, 조용히 | |
| ☐ mǒ shā | 抹杀 [모 사] | 말살하다 | |
| ☐ mò shēng | 陌生 [모 성] | 낯설다, 생소하다 | |
| ☐ mó shì | 模式 [모 쓰] | 모식 | |
| ☐ mó shù | 魔术 [모 쑤] | 마술 | |
| ☐ mò shuǐr | 墨水儿 [모 쉴] | 잉크 | |
| ☐ mō suǒ | 摸索 [모 쉬] | 모색하다 | |
| ☐ mó tuō chē | 摩托车 [뭐 퉈 처] | 오토바이 | |
| ☐ mó xíng | 模型 [모 싱] | 모형 | |
| ☐ mǒu | 某 [모우] | 어떤, 아무, 모 | |
| ☐ móu qiú | 谋求 [모우 치우] | 찾다, 강구하다 | |
| ☐ mǒu xiē | 某些 [모우 세] | 어떤, 어떠한 | |
| ☐ mù | 墓 [무] | 무덤, 묘, 능 | |
| ☐ mǔ | 母 [무] | 엄마, 암컷 | |
| ☐ mù | 目 [무] | 눈, 조목 | |
| ☐ mǔ | 亩 [무] | ~무 | |
| ☐ mù biāo | 目标 [무 뱌오] | 목표 | |
| ☐ mù cái | 木材 [무 차이] | 목재 | |
| ☐ mù chǎng | 牧场 [무 창] | 목장 | |
| ☐ mù dì | 目的 [무 띠] | 목적 | |
| ☐ mù dǔ | 目睹 [무 두] | 목격하다 | |
| ☐ mù guāng | 目光 [무 광] | 시야, 식견 | |
| ☐ mù jiàng | 木匠 [무 쨩] | 목공 | |
| ☐ mù lù | 目录 [무 루] | 목록 | |
| ☐ mù mín | 牧民 [무 민] | 목민 | |
| ☐ mù qián | 目前 [무 첸] | 목적 | |

| | | |
|---|---|---|
| ☐ mǔ qīn | **母亲** [무 친] | 어머님 |
| ☐ mù qū | **牧区** [무 취] | 목축 구역 |
| ☐ mù sī lín | **穆斯林** [무스 린] | 모슬렘, 회교도 |
| ☐ mù tou | **木头** [무 토우] | 목재 |
| ☐ mú yàng | **模样** [무 양] | 모양 |
| ☐ mù yè | **牧业** [무 예] | 목축업 |
| ☐ mù zhōng wú rén | **目中无人** [무 중 우 런] | 안하무인 |

# N_n

| | | | |
|---|---|---|---|
| □ na | 哪 [나] | | 어기조사 |
| □ nà | 那 [나] | | 저것, 그것 |
| □ ná | 拿 [나] | | ~으로써, ~가지고 |
| □ ná | 拿 [나] | | 잡다, 난처하게 하다 |
| □ nà | 那 [나] | | 그러면, 그렇다면 |
| □ nà | 呐 [나] | | 떠들다 |
| □ nǎ | 哪 [나] | | 어디 |
| □ nà biān | 那边 [나 삔] | | 저쪽, 저 |
| □ nǎ ge | 哪个 [나 거] | | 어느 것 |
| □ nà ge | 那个 [나 거] | | 그것 |
| □ nà lǐ | 那里 [나 리] | | 저기 |
| □ nǎ li | 哪里 [나 리] | | 어디 |
| □ nà me | 那么 [나 머] | | 그러면 |
| □ nà me | 那么 [나 머] | | 그렇게 |
| □ ná mènr | 纳闷儿 [나 머얼] | | 답답하다, 의아하다 |
| □ nǎ pà | 哪怕 [나 패] | | 설령, 가령 |
| □ nà shí | 那时 [나 스] | | 그때 |
| □ nà shuì | 纳税 [나 쑤이] | | 납세하다 |
| □ nǎ xiē | 哪些 [나 세] | | 어느 것 |
| □ nà xiē | 那些 [나 세] | | 그것들 |
| □ nà yàng | 那样 [나 양] | | 그렇게 |
| □ ná~lái shuō | 拿~来说 [나 라이 쉐] | | ~것으로 말하자면, ~에 의하면 |
| □ nǎi | 乃 [나이] | | 그래서 |

| | | | |
|---|---|---|---|
| ☐ nǎi | 奶 [나이] | 할머니, 젖 |
| ☐ nǎi | 乃 [나이] | ~이다 |
| ☐ nài | 耐 [나이] | 질기다, 오래가다 |
| ☐ nài fán | 耐烦 [나이 프안] | 참다 |
| ☐ nǎi fěn | 奶粉 [나이 프언] | 분유 |
| ☐ nài lì | 耐力 [나이 리] | 인내력, 지구력 |
| ☐ nǎi nai | 奶奶 [나이 나이] | 할머니 |
| ☐ nài xīn | 耐心 [나이 신] | 인내성 있다 |
| ☐ nài yòng | 耐用 [나이 융] | 오래 쓰다 |
| ☐ nán | 南 [난] | 남쪽 |
| ☐ nàn | 难 [난] | 재난, 불행 |
| ☐ nán | 难 [난] | 어렵다, 나쁘다 |
| ☐ nán biān | 南边 [난 벤] | 남쪽 |
| ☐ nán bù | 南部 [난 뿌] | 남부 |
| ☐ nán dào | 难道 [난 따오] | 설마 ~하겠는가? |
| ☐ nán dé | 难得 [난 더] | 얻기 어렵다, 드물다 |
| ☐ nán dù | 难度 [난 뚜] | 난도 |
| ☐ nán fāng | 南方 [난 팡] | 남방 |
| ☐ nán guài | 难怪 [난 꽈이] | 당연하다, 이상할 것 없다 |
| ☐ nán guài | 难怪 [난 꽈이] | 과연, 어쩐지 |
| ☐ nán guān | 难关 [난 관] | 난관 |
| ☐ nán guò | 难过 [난 꿔] | 괴롭다 |
| ☐ nán kān | 难堪 [난 칸] | 난처하다, 난감하다 |
| ☐ nán kàn | 难看 [난 칸] | 흉하다 |
| ☐ nán miǎn | 难免 [난 몐] | 피할 수 없다 |
| ☐ nán miàn | 南面 [난 몐] | 남쪽 |
| ☐ nàn mín | 难民 [난 민] | 난민 |
| ☐ nán rén | 男人 [난 런] | 남자 |

| | | |
|---|---|---|
| nán shòu | 难受 [난 쏘우] | 불편하다 |
| nán tí | 难题 [난 티] | 난제 |
| nán xìng | 男性 [난 씽] | 남성 |
| nán yǐ | 难以 [난 이] | ~하기 어렵다 |
| nán zǐ | 男子 [난 즈] | 남자 |
| nào | 闹 [나오] | 시끄럽다 |
| nào | 闹 [나오] | 소란을 일으키다, 발생하다 |
| nǎo dai | 脑袋 [나오 다이] | 머리 |
| nǎo huǒ | 恼火 [나오 휘] | 성내다, 화내다 |
| nǎo jīn | 脑筋 [나오 진] | 두뇌, 사상 |
| nǎo lì | 脑力 [나오 리] | 정신, 뇌력 |
| nào shì | 闹事 [나오 쓰] | 일을 저지르다, 소란을 피우다 |
| nào xiào hua | 闹笑话 [나오 샤오 화] | 웃음거리가 되다, 어리석은 실수를 하다 |
| nào zhē wánr | 闹着玩儿 [나오 저 왈] | 농담하다 |
| nǎo zi | 脑子 [나오 즈] | 뇌, 머리 |
| nàr | 那儿 [날] | 저기 |
| ne | 呢 [너] | 의문문 끝에서 의문의 어기를 나타냄 |
| nèi | 内 [네이] | 내 |
| nèi bù | 内部 [네이 뿌] | 내부 |
| nèi dì | 内地 [네이 띠] | 내지 |
| nèi gé | 内阁 [네이 거] | 내각 |
| nèi hang | 内行 [네이 항] | 내항, 숙련공 |
| nèi kē | 内科 [네이 커] | 내과 |
| nèi mù | 内幕 [네이 모] | 내막 |
| nèi róng | 内容 [네이 룽] | 내용 |
| nèi xīn | 内心 [네이 신] | 내심 |

N_n

185

| | | | |
|---|---|---|---|
| ☐ nèi zài | 内在 | [네이 짜이] | 내재적이다 |
| ☐ nèi zhàn | 内战 | [네이 짠] | 내전 |
| ☐ nèi zhàng | 内脏 | [네이 짱] | 내장 |
| ☐ nèi zhèng | 内政 | [네이 쩡] | 내정 |
| ☐ nèn | 嫩 | [넌] | 여리다, 엷다 |
| ☐ néng | 能 | [넝] | 맞다, 순서대로 |
| ☐ néng | 能 | [넝] | 할 수 있다 |
| ☐ néng | 能 | [넝] | 능력, 기술, 에너지 |
| ☐ néng gàn | 能干 | [넝 깐] | 능력이 있다 |
| ☐ néng gē shàn wǔ | 能歌善舞 | [넝 거 싼 우] | 노래도 잘 하고 춤도 잘 추다 |
| ☐ néng gòu | 能够 | [넝 꼬우] | 할 능력이 있다 |
| ☐ néng lì | 能力 | [넝 리] | 능력 |
| ☐ néng liàng | 能量 | [넝 랑] | 에너지 |
| ☐ néng shǒu | 能手 | [넝 소우] | 능수 |
| ☐ néng yuán | 能源 | [넝 웬] | 능원 |
| ☐ ńg | 嗯 | [엉] | 응 (대답, 수락을 나타냄) |
| ☐ nǐ | 拟 | [니] | 초안하다, ~하려 하다 |
| ☐ ní | 泥 | [니] | 진흙 |
| ☐ nǐ | 你 | [니] | 너, 당신 |
| ☐ nǐ dìng | 拟定 | [니 띵] | 초안을 세우다 |
| ☐ nì liú | 逆流 | [니 리우] | 역류 |
| ☐ ní lóng | 尼龙 | [니 룽] | 나일론 |
| ☐ nǐ men | 你们 | [니 먼] | 너희들 |
| ☐ ní tǔ | 泥土 | [니 투] | 흙, 진흙 |
| ☐ nián | 年 | [녠] | 년, 해 |
| ☐ niàn | 念 | [녠] | 그리워하다, 공부하다, 읽다 |
| ☐ niǎn | 捻 | [녠] | 비틀다, (실)꼬다 |

| | | |
|---|---|---|
| niǎn | 撵 [녠] | 쫓아내다 |
| nián dài | 年代 [녠 따이] | 년대 |
| nián dù | 年度 [녠 뚜] | 연도 |
| nián jí | 年级 [녠 지] | 학년 |
| nián jì | 年纪 [녠 찌] | 연세 |
| nián líng | 年龄 [녠 링] | 연령 |
| nián qīng | 年轻 [녠 칭] | 젊다 |
| niàn shū | 念书 [녠 수] | 공부하다, 학교에 다니다 |
| niàn tou | 念头 [녠 토우] | 생각, 사고 |
| nián tóur | 年头儿 [녠 토얼] | 햇수, 여러 해, 시절 |
| niáng | 娘 [냥] | 어머니, 젊은 여자 |
| niàng | 酿 [냥] | 양조하다, 만들다 |
| niào | 尿 [뇨우] | 오줌, 오줌을 누다 |
| niǎo | 鸟 [냐오] | 새 |
| niē | 捏 [녜] | 집다, 빚다, 꼭 쥐다, 짜다 |
| niè | 聂 [녜] | 섭 (성씨) |
| niē zào | 捏造 [녜 짜오] | 날조하다 |
| nín | 您 [닌] | 당신, 너 |
| nǐng | 拧 [닝] | 비틀다, 꼬집다 |
| níng gù | 凝固 [닝 꾸] | 응고하다 |
| níng jié | 凝结 [닝 제] | 응결하다 |
| níng jìng | 宁静 [닝 찡] | |
| nìng kě | 宁可 [닝 커] | 차라리 ~하는 것이 낫다 |
| nìng kěn | 宁肯 [닝 컨] | ~하는 게 낫다 |
| níng méng | 柠檬 [닝 멍] | 레몬 |
| níng shì | 凝视 [닝 쓰] | 응시하다, 뚫어지게 바라보다 |
| nìng yuàn | 宁愿 [닝 웬] | 차라리 ~하는 것이 낫다 |
| niú | 牛 [니우] | 소 |

| | | | |
|---|---|---|---|
| ◻ niǔ | 扭 [니우] | 돌리다, 비틀다 |
| ◻ niǔ kòur | 纽扣儿 [니우 나이] | 단추 |
| ◻ niú nǎi | 牛奶 [니우 나이] | 우유 |
| ◻ niǔ zhuǎn | 扭转 [뉴 촨] | 돌리다, 전환하다 |
| ◻ nóng | 浓 [눙] | 짙다 정도가 강하다 |
| ◻ nòng | 弄 [눙] | 만들다, 다루다, 장만하다 |
| ◻ nóng chǎn | 农产 [눙 찬] | 농호 |
| ◻ nóng chǎn pǐn | 农产品 [눙 찬 핀] | 농산품 |
| ◻ nóng chǎng | 农场 [눙 창] | 농장 |
| ◻ nóng cūn | 农村 [눙 춘] | 농촌 |
| ◻ nóng dù | 浓度 [눙 뚜] | 농도 |
| ◻ nóng hòu | 浓厚 [눙 호우] | 농후하다 |
| ◻ nóng jù | 农具 [눙 쮜] | 농구 |
| ◻ nóng mào shì chǎng | 农贸市场 [눙 마오 쓰 창] | 농산물 시장 |
| ◻ nóng mín | 农民 [눙 민] | 농민 |
| ◻ nóng tián | 农田 [눙 텐] | 농경지, 농토 |
| ◻ nòng xū zuò jiǎ | 弄虚作假 [눙 쉬 쬐 쟈] | 허위 날조하다 |
| ◻ nóng yào | 农药 [눙 야오] | 농약 |
| ◻ nóng yè | 农业 [눙 예] | 농업 |
| ◻ nóng zuò wù | 农作物 [눙 쬐 우] | 농작물 |
| ◻ nǚ'ér | 女儿 [뉘 얼] | 딸 |
| ◻ nù | 怒 [누] | 화내다, 성내다 |
| ◻ nù hǒu | 怒吼 [누 호우] | 노호하다 |
| ◻ nù huǒ | 怒火 [누 훠] | 분노의 불길 |
| ◻ nǔ lì | 努力 [누 리] | 노력하다 |

| | | | |
|---|---|---|---|
| ☐ nú lì | 奴隶 [누 리] | 노예 |
| ☐ nǚ rén | 女人 [뉘 런] | 여인 |
| ☐ nǚ shì | 女士 [뉘 쓰] | 여사 |
| ☐ nǚ xìng | 女性 [뉘 씽] | 여성 |
| ☐ nú yì | 奴役 [누 이] | 노예로 부리다 |
| ☐ nǚ zi | 女子 [뉘 즈] | 여자 |
| ☐ nuǎn | 暖 [놘] | 따스하다 |
| ☐ nuǎn he | 暖和 [놘 허] | 따뜻하다 |
| ☐ nuǎn huo | 暖和 [놘 훠] | 따뜻하다 |
| ☐ nuǎn qì | 暖气 [놘 치] | 스팀 |
| ☐ nuǎn shuǐ píng | 暖水瓶 [놘 수이 핑] | 보온병 |
| ☐ nuó | 挪 [눠] | 옮기다, 움직이다 |

# O_o

- ō  噢 [오]  오!
- ò  哦 [오]  오!
- ōu  欧 [오]  유럽
- ǒu'ěr  偶尔 [오우 얼]  가끔, 때때로
- ōu dǎ  殴打 [오우 다]  구타하다
- ǒu tù  呕吐 [오우 투]  구토하다
- ǒu rán  偶然 [오우 란]  우연하다

# P_p

- pā 趴 [파] 엎드리다
- pá 扒 [파] 긁어모으다
- pá 爬 [파] 기다, 기어오르다
- pà 怕 [파] 무서워하다, 두려워하다
- pà 怕 [파] 아마~일 것이다
- pái 牌 [파이] 간판, 상표
- pāi 拍 [파이] 치다, 두드리다
- pài 派 [파이] 파견하다, 보내다
- pái 排 [파이] ~줄
- pài 派 [파이] 파, 파벌
- pài bié 派别 [파이 베] 파별
- pái zhǎng 排长 [파이 장] 패장
- pái chì 排斥 [파이 츠] 배격하다
- pái chú 排除 [파이 추] 배척하다
- pài chū suǒ 派出所 [파이 추 쉬] 파출소
- pái duì 排队 [파이 뚜이] 줄을 서다
- pái huái 徘徊 [파이 화이] 배회하다
- pái jǐ 排挤 [파이 지] 밀어내다
- pái liè 排列 [파이 레] 순서대로 배열하다
- pái qiú 排球 [파이 치우] 배구
- pāi shè 拍摄 [파이 써] 촬영하다
- pāi zhào 拍照 [파이 짜오] 사진을 찍다
- pāi zi 拍子 [파이 즈] 채, 박자, 타깃
- pái zi 牌子 [파이 즈] 상표, 표

| | | | |
|---|---|---|---|
| ☐ pàn | 盼 [프안] | 바라보다, 갈망하다 |
| ☐ pān | 攀 [프안] | 높아 오르다, 높은 지위를 겨루다 |
| ☐ pàn | 畔 [프안] | 가장자리, 주위 |
| ☐ pán | 盘 [프안] | 쟁반, 접시 |
| ☐ pān | 潘 [프안] | 반 (성씨) |
| ☐ pán | 盘 [프안] | ~접시, ~쟁반, 휘감다, 조사하다, 정리하다 |
| ☐ pàn biàn | 叛变 [프안 삐엔] | 배반하다 |
| ☐ pàn chǔ | 判处 [프안 추] | 판결하다, 선고하다 |
| ☐ pān dēng | 攀登 [프안 덩] | 오르다, 올라가다 |
| ☐ pàn dìng | 判定 [프안 띵] | 판정하다 |
| ☐ pàn duàn | 判断 [프안 똰] | 판단 |
| ☐ pàn jué | 判诀 [프안 쮀] | 판결하다 |
| ☐ pàn tú | 叛徒 [프안 투] | 반역자 |
| ☐ pàn wàng | 盼望 [프안 왕] | 바라다 |
| ☐ pán xuán | 盘旋 [프안 쉔] | 빙빙 돌다 |
| ☐ pán zi | 盘子 [프안 즈] | 접시 |
| ☐ páng | 旁 [팡] | 옆, 다른 |
| ☐ pàng | 胖 [팡] | 살찌다, 뚱뚱하다 |
| ☐ páng biān | 旁边 [팡 볜] | 옆 |
| ☐ páng dà | 庞大 [팡 따] | 방대하다 |
| ☐ pàng zi | 胖子 [팡 즈] | 뚱보 |
| ☐ pào | 泡 [파오] | 거품 |
| ☐ pào | 炮 [파오] | 대포, 포 |
| ☐ pào | 泡 [파오] | 담그다 |
| ☐ pāo | 抛 [파오] | 던지다, 따돌리다 |
| ☐ pǎo | 跑 [파오] | 뛰다 |

| | | | |
|---|---|---|---|
| ☐ páo | 刨 [파오] | | 파다, 빼내다 |
| ☐ pǎo bù | 跑步 [파오 뿌] | | 달리다 |
| ☐ pào dàn | 炮弹 [파오 딴] | | 폭탄 |
| ☐ pǎo dào | 跑道 [파오 따오] | | 활주로, 트랙 |
| ☐ pào huǒ | 炮火 [파오 훠] | | 포화 |
| ☐ pào mò | 泡沫 [파오 뭐] | | 거품 |
| ☐ pāo qì | 抛弃 [파오 치] | | 포기하다 |
| ☐ pèi'ǒu | 配偶 [페이 오우] | | 배우자 |
| ☐ pèi | 配 [페이] | | 배합하다, 결합하다, 어울리다, 할당하다 |
| ☐ péi | 陪 [페이] | | 배상하다, 손해보다 |
| ☐ péi | 陪 [페이] | | 수행하다, 동반하다 |
| ☐ pèi bèi | 配备 [페이 뻬이] | | 배치하다, 분배하다 |
| ☐ péi cháng | 赔偿 [페이 창] | | 배상하다 |
| ☐ pèi fāng | 配方 [페이 팡] | | 조제처방 |
| ☐ pèi fú | 佩服 [페이 푸] | | 탄복하다 |
| ☐ pèi hé | 配合 [페이 허] | | 배합하다 |
| ☐ péi kuǎn | 赔款 [페이 콴] | | 배상하다 |
| ☐ pèi tào | 配套 [페이 타오] | | 세트를 만들다 |
| ☐ péi tóng | 陪同 [페이 퉁] | | 배동, 배동하다 |
| ☐ péi xùn | 培训 [페이 쒼] | | 훈련시키다 |
| ☐ péi yǎng | 培养 [페이 양] | | 배양하다 |
| ☐ péi yù | 培育 [페이 위] | | 육성하다 |
| ☐ pēn | 喷 [펀] | | 내뿜다, 분출하다 |
| ☐ pén dì | 盆地 [펀 띠] | | 분지 |
| ☐ pēn shè | 喷射 [펀 써] | | 내뿜다 |
| ☐ péng | 棚 [펑] | | 막, 천막 |
| ☐ pèng | 碰 [펑] | | 부딪치다, 만지다 |

| | | | |
|---|---|---|---|
| ☐ pěng | 捧 [펑] | | 치켜세우다, 아첨하다 |
| ☐ péng | 彭 [펑] | | 팽 (성씨) |
| ☐ péng bó | 蓬勃 [펑 보] | | 왕성하다, 활기 있다 |
| ☐ pèng dīng zi | 碰钉子 [펑 띵 즈] | | 봉변을 당하다, 거절당하다 |
| ☐ pèng jiàn | 碰见 [펑 쩬] | | 우연히 만나다 |
| ☐ pēng rèn | 烹饪 [펑 런] | | 요리를 하다 |
| ☐ pēng tiáo | 烹调 [펑 탸오] | | 요리하다 |
| ☐ péng you | 朋友 [펑 유] | | 친구 |
| ☐ péng zhàng | 膨胀 [펑 짱] | | 팽창하다 |
| ☐ pí | 皮 [피] | | 껍질, 가죽 |
| ☐ pī | 批 [피] | | 결제하다, 비평하다 |
| ☐ pī | 坯 [피] | | 굽지 않은 벽돌, 기와, 도자기 등 |
| ☐ pī | 劈 [피] | | 패다, 쪼개다 |
| ☐ pì | 屁 [피] | | 방귀 |
| ☐ pī | 批 [피] | | 무리, 무더기 |
| ☐ pī | 披 [피] | | (어깨에) 걸치다 |
| ☐ pǐ | 匹 [피] | | ~필 (말) |
| ☐ pí bèi | 疲备 [피 뻬이] | | 지쳐버리다 |
| ☐ pí dài | 皮带 [피 따이] | | 벨트 |
| ☐ pí fá | 疲乏 [피 프아] | | 피곤하다 |
| ☐ pī fā | 批发 [피 프아] | | 도매하다 |
| ☐ pī fù | 批复 [피 프우] | | 보고서에 답하다, 결제하다 |
| ☐ pí fū | 皮肤 [피 푸] | | 피부 |
| ☐ pī gǎi | 批改 [피 가이] | | 바로 잡다 |
| ☐ pì gu | 屁股 [피 구] | | 엉덩이 |
| ☐ pí jiǔ | 啤酒 [피 지우] | | 맥주 |
| ☐ pí juàn | 疲倦 [피 쮠] | | 피곤하다 |

| | | |
|---|---|---|
| pí láo | 疲劳 [피 라오] | 피로하다 |
| pī pàn | 批判 [피 프안] | 비판 |
| pī píng | 批评 [피 핑] | 비평 |
| pí qi | 脾气 [피 치] | 성격 |
| pì rú | 譬如 [피 루] | 예를 들어, 이를테면 |
| pī shì | 批示 [피 쓰] | 지시를 내리다 |
| pī zhǔn | 批准 [피 준] | 비준하다 |
| piān | 偏 [펜] | 일부러, 고의로 |
| piàn | 骗 [펜] | 속이다 |
| piān | 偏 [펜] | 기울이다, 치우치다 |
| piàn | 片 [펜] | ~조각, ~알, ~편 |
| piàn | 片 [펜] | 얇은 조각 |
| piān | 篇 [펜] | 편 |
| piān chā | 偏差 [펜 차] | 편차, 오차 |
| piān jiàn | 偏见 [펜 쪤] | 편견 |
| piàn kè | 片刻 [펜 커] | 잠깐, 잠시 |
| piàn miàn | 片面 [펜 멘] | 단면적 |
| piān pì | 偏僻 [펜 피] | 외지다, 편벽하다 |
| piān piān | 偏偏 [펜 펜] | 일부러, 공교롭게 |
| piān xiàng | 偏向 [펜 썅] | 편향 |
| piān xiàng | 偏向 [펜 썅] | 두둔하다 |
| pián yi | 便宜 [펜 이] | 싸다 |
| piāo | 漂 [퍄오] | 표백하다, 물에 행구다 |
| piào | 票 [퍄오] | 표, 지표, 투표 |
| piāo | 飘 [퍄오] | 나부끼다, 펄럭이다 |
| piào liang | 漂亮 [퍄오 량] | 예쁘다 |
| piāo yang | 飘扬 [퍄오 양] | 휘날리다 |
| piē | 瞥 [페] | 힐끗 보다 |

P_p

| | | | |
|---|---|---|---|
| piě | 撇 [폐] | | 버리다, 떼어내다 |
| pín | 贫 [핀] | | 가난하다, 수다하다 |
| pǐn | 品 [핀] | | 품평하다 |
| pìn | 聘 [핀] | | 초빙하다, 고용하다 |
| pīn | 拼 [핀] | | 연접하다, 목숨을 내걸다 |
| pīn bó | 拼搏 [핀 보] | | 목숨 걸고 싸우다 |
| pǐn cháng | 品尝 [핀 창] | | 맛보다, 시식하다 |
| pǐn dé | 品德 [핀 더] | | 품덕 |
| pín fá | 贫乏 [핀 프아] | | 빈번하다 |
| pín fán | 频繁 [핀 프안] | | 빈번하다 |
| pín kǔ | 贫苦 [핀 쿠] | | 가난하다 |
| pín lǜ | 频率 [핀 뤼] | | 주파수 |
| pín mín | 贫民 [핀 민] | | 빈민 |
| pīn mìng | 拼命 [핀 밍] | | 필사적으로 |
| pīn mìng | 拼命 [핀 밍] | | 목숨을 내걸다 |
| pìn qǐng | 聘请 [핀 칭] | | 초빙하다 |
| pín qióng | 贫穷 [핀 츙] | | 빈궁하다, 가난하다 |
| pìn rèn | 聘任 [핀 런] | | 초빙하다 |
| pín tuán | 贫团 [핀 퇀] | | 빈곤하다 |
| pǐn xíng | 品行 [핀 싱] | | 품행 |
| pìn yòng | 聘用 [핀 융] | | 초빙하다 |
| pǐn zhì | 品质 [핀 쯔] | | 품질 |
| pǐn zhǒng | 品种 [핀 중] | | 품종 |
| píng'ān | 平安 [핑 안] | | 평안하다 |
| píng | 瓶 [핑] | | 병 |
| píng | 评 [핑] | | 판정하다, 평가하다 |
| píng | 凭 [핑] | | 의지하다, 의거하다 |
| píng | 平 [핑] | | 평평하다, 평온하다 |

| | | |
|---|---|---|
| píng bǐ | 评比 [핑 비] | 비교하여 평가하다 |
| píng cháng | 平常 [핑 창] | 평범하다 |
| píng děng | 平等 [핑 덩] | 평등하다 |
| píng dìng | 评定 [핑 띵] | 평정하다 |
| píng fán | 平凡 [핑 프안] | 평범하다, 보통이다 |
| píng fāng | 平方 [핑 팡] | 평방 |
| píng gū | 评估 [핑 구] | 평가추측하다 |
| píng guǒ | 苹果 [핑 궈] | 사과 |
| píng héng | 平衡 [핑 헝] | 균형적이다 |
| píng héng | 平衡 [핑 헝] | 평형, 균형 |
| píng jià | 评价 [핑 쨔] | 평가, 평가하다 |
| píng jìng | 平静 [핑 찡] | 조용하다 |
| píng jūn | 平均 [핑 쥔] | 평균 |
| píng lùn | 评论 [핑 룬] | 평론, 평론하다 |
| píng miàn | 平面 [핑 몐] | 평면 |
| píng mín | 平民 [핑 민] | 평민 |
| pīng pāng qiú | 乒乓球 [핑 팡 치우] | 탁구공 |
| píng rì | 平日 [핑 르] | 평일 |
| píng shěn | 评审 [핑 선] | 평심하다 |
| píng shí | 平时 [핑 스] | 평시 |
| píng shuǐ xiāng féng | 萍水相逢 [핑 수이 샹 펑] | 우연히 만나다 |
| píng tǎn | 平坦 [핑 탄] | 평탄하다 |
| píng wěn | 平稳 [핑 원] | 평온하다 |
| píng xíng | 平行 [핑 싱] | 평행 |
| píng xíng | 平行 [핑 싱] | 대등하다, 동등하다 |
| píng xuǎn | 评选 [핑 쉔] | 심사하여 뽑다, 선정하다 |

P_p

| | | | |
|---|---|---|---|
| ☐ píng yuán | 平原 [핑 웬] | 평원 |
| ☐ píng zhàng | 屏障 [핑 짱] | 장벽, 보호벽 |
| ☐ píng zhěng | 平整 [핑 정] | 고르다, 평탄하다 |
| ☐ píng zhěng | 平整 [핑 정] | 평평하게 고르다 |
| ☐ píng zi | 瓶子 [핑 즈] | 병 |
| ☐ pō | 颇 [퍼] | 몹시, 상당히 |
| ☐ pō | 泼 [포] | 물을 뿌리다 |
| ☐ pō | 坡 [포] | 비탈 |
| ☐ pò | 破 [포] | 좋지 않다 |
| ☐ pò | 破 [퍼] | 깨뜨리다, 가르다, 쳐부수다 |
| ☐ pò chǎn | 破产 [포 찬] | 파산을 하다 |
| ☐ pò chú | 破除 [포 추] | 버리다 |
| ☐ pò hài | 迫害 [포 하이] | 박해하다 |
| ☐ pò huài | 破坏 [포 화이] | 파괴하다 |
| ☐ pò huò | 破获 [포 훠] | 적발하여 체포하다 |
| ☐ pò jiù | 破旧 [포 찌우] | 낡다 |
| ☐ pò làn | 破烂 [퍼 란] | 남루하다, 낡아빠지다 |
| ☐ pò liè | 破裂 [포 레] | 파열하다, 깨지다 |
| ☐ pó po | 婆婆 [포 포] | 시어머니, 파파 |
| ☐ pò qiè | 迫切 [포 체이] | 박절히 |
| ☐ pò shǐ | 迫使 [포 스] | 강요하다 |
| ☐ pò suì | 破碎 [포 쑤이] | 자잘하게 부시다 |
| ☐ pǔ | 埔 [푸] | 포 |
| ☐ pǔ | 谱 [푸] | 목표, 표, 견본, 기준 |
| ☐ pū | 铺 [푸] | 펴다, 깔다 |
| ☐ pū | 扑 [푸] | 몰두하다, 진동하다, 엎드리다 |
| ☐ pǔ biàn | 普遍 [푸 뻰] | 보편적이다 |
| ☐ pù bù | 瀑布 [푸 뿌] | 폭포 |

| | | |
|---|---|---|
| ☐ pǔ chá | **普查** [푸 차] | 보편적인 조사 |
| ☐ pǔ jí | **普及** [푸 지] | 보급하다, 일반화하다 |
| ☐ pú kè | **扑克** [푸 커] | 포커, 카드놀이 |
| ☐ pū miè | **扑灭** [푸 메] | 박멸하다, 없애다 |
| ☐ pǔ qǔ | **谱曲** [푸 취] | 작곡하다 |
| ☐ pú rén | **仆人** [푸 런] | 하인 |
| ☐ pǔ shí | **朴实** [푸 스] | 검소하다, 성실하다 |
| ☐ pǔ sù | **朴素** [푸 쑤] | 소박하다 |
| ☐ pú táo | **葡萄** [푸 타오] | 포도 |
| ☐ pú tao táng | **葡萄糖** [푸 타오 탕] | 포도당 |
| ☐ pǔ tōng | **普通** [푸 퉁] | 보통이다 |
| ☐ pǔ tōng huà | **普通话** [푸 퉁 화] | 표준어 |

P_p

# Q_q

| | | | |
|---|---|---|---|
| ☐ qí | 棋 [치] | 장기, 바둑 |
| ☐ qī | 期 [치] | 기간, 시기, 기일 |
| ☐ qī | 漆 [치] | 옻칠, 래커, 페인트 |
| ☐ qí | 其 [치] | 그, 그것, 그들, 그것의 |
| ☐ qí | 骑 [치] | 타다 |
| ☐ qǐ | 起 [치] | 일어나다 |
| ☐ qì | 砌 [치] | (벽돌, 돌을) 쌓다 |
| ☐ qì | 气 [치] | 성내다, 화내다 |
| ☐ qí | 沏 [치] | 타다 |
| ☐ qí | 齐 [치] | 일치하다, 갖추다, 이르다 |
| ☐ qí | 齐 [치] | 함께, 같이, 일제히 |
| ☐ qì | 汽 [치] | 증기 |
| ☐ qī | 期 [치] | ~기, ~학기 |
| ☐ qī | 柒(七) [치] | 7, 칠 |
| ☐ qì | 气 [치] | 공기, 가스, 숨, 냄새, 원기 |
| ☐ qí | 齐 [치] | 질서정연하다, 말끔하다 |
| ☐ qì | 器 [치] | 기구, 그릇, 신체기관 |
| ☐ qì cái | 器材 [치 차이] | 기재 |
| ☐ qī cǎn | 凄惨 [치 찬] | 처참하다 |
| ☐ qǐ cǎo | 起草 [치 차오] | 초안을 잡다 |
| ☐ qì chē | 汽车 [치 처] | 자동차 |
| ☐ qǐ chéng | 启程 [치 쳥] | 출발하다 |
| ☐ qǐ chū | 起初 [치 추] | 처음, 시초 |
| ☐ qì chuǎn | 气喘 [치 촨] | 숨을 헐떡거리다 |

| | | | |
|---|---|---|---|
| ☐ qǐ chuáng | 起床 [치 촹] | 기상하다 |
| ☐ qí cì | 其次 [치 츠] | 부차적 |
| ☐ qī dài | 期待 [치 따이] | 기대하다 |
| ☐ qǐ diǎn | 起点 [치 뎬] | 기점 |
| ☐ qǐ fā | 启发 [치 프아] | 계발 |
| ☐ qǐ fēi | 起飞 [치 페이] | 이륙하다 (도약의 시작) |
| ☐ qì fēn | 气氛 [치 펀] | 기분 |
| ☐ qì fèn | 气愤 [치 펀] | 분개하다, 분노하다 |
| ☐ qǐ fú | 起伏 [치 푸] | 올라갔다 내려갔다 하다 |
| ☐ qī fu | 欺负 [치 푸] | 얕보다, 업신여기다 |
| ☐ qì gài | 气概 [치 까이] | 기개 |
| ☐ qì gōng | 气功 [치 궁] | 기공, 기합술 |
| ☐ qí guài | 奇怪 [치 꽈이] | 괴상하다 |
| ☐ qì guān | 器官 [치 관] | 기관 |
| ☐ qí hào | 旗号 [치 하오] | 깃발 |
| ☐ qī hēi | 漆黑 [치 허이] | 칠흑같이 어둡다, 아주 검다 |
| ☐ qǐ hòng | 起哄 [치 훙] | 떠들어 대다, 소란을 피우다 |
| ☐ qì hòu | 气候 [치 호우] | 기후 |
| ☐ qí huā yì cǎo | 奇花异草 [치 화 이 차오] | 기이한 꽃과 풀 |
| ☐ qí jì | 奇迹 [치 찌] | 기적 |
| ☐ qī jiān | 其间 [치 젠] | 기간 |
| ☐ qī jiān | 期间 [치 젠] | 기간 |
| ☐ qǐ jìn | 起劲 [치 찐] | 기운차다 |
| ☐ qì jù | 器具 [치 쮜] | 기구, 용기 |
| ☐ qī kān | 期刊 [치 칸] | 기간, 간행물 |
| ☐ qǐ lái | 起来 [치 라이] | 일어나다 |
| ☐ qì lì | 气力 [치 리] | 기력 |

| | | | |
|---|---|---|---|
| ☐ qī liáng | 凄凉 [치 량] | 처량하다 |
| ☐ qì liú | 气流 [치 리우] | 기류 |
| ☐ qǐ mǎ | 起码 [치 마] | 기본적이다 |
| ☐ qí miào | 奇妙 [치 묘우] | 기묘하다 |
| ☐ qí páo | 旗袍 [치 파오] | 치포 (중국) |
| ☐ qī piàn | 欺骗 [치 펜] | 속이다 |
| ☐ qì pò | 气魄 [치 퍼] | 기백, 패기 |
| ☐ qì qiú | 气球 [치 치우] | 기구 |
| ☐ qǐ qiú | 乞求 [치 치우] | 구걸하다 |
| ☐ qí quán | 齐全 [치 췐] | 완전히 갖추다 |
| ☐ qǐ shēn | 起身 [치 선] | 몸을 일으키다, 자리에서 일어나다 |
| ☐ qì shì | 气势 [치 쓰] | 기세 |
| ☐ qí shì | 视 [치 쓰] | 기시하다 |
| ☐ qǐ shì | 启事 [치 쓰] | 공고, 고시, 광고 |
| ☐ qǐ shì | 启示 [치 쓰] | 계시하다 |
| ☐ qí shí | 其实 [치 스] | 실은, 사실상 |
| ☐ qì shuǐ | 汽水 [치 수이] | 사이다 |
| ☐ qǐ sù | 起诉 [치 쑤] | 기소하다 |
| ☐ qí tā | 其他 [치 타] | 기타 |
| ☐ qí tè | 奇特 [치 터] | 특출하다, 기묘하다 |
| ☐ qì tǐ | 气体 [치 티] | 기체 |
| ☐ qǐ tú | 企图 [치 투] | 꾀하다 |
| ☐ qī wàng | 期望 [치 왕] | 기대하다 |
| ☐ qì wèi | 气味 [치 워이] | 냄새, 성미, 성격 |
| ☐ qì wēn | 气温 [치 원] | 기온 |
| ☐ qì xī | 气息 [치 시] | 숨, 호흡, 냄새 |
| ☐ qī xiàn | 期限 [치 쎈] | 기한 |

| | | | |
|---|---|---|---|
| ☐ qì xiàng | 气象 [치 썅] | 날씨 |
| ☐ qì xiàng | 气象 [치 썅] | 기상 |
| ☐ qì xiè | 器械 [치 쎄] | 기계, 가구 |
| ☐ qì yā | 气压 [치 야] | 기압 |
| ☐ qǐ yè | 企业 [치 예] | 기업 |
| ☐ qǐ yì | 起义 [치 이] | 기의 |
| ☐ qì yóu | 汽油 [치 유] | 휘발유 |
| ☐ qǐ yǒu cǐ lǐ | 岂有此理 [치 유 츠 리] | 어찌 이럴 수가 있는가? |
| ☐ qí yú | 其余 [치 위] | 나머지 |
| ☐ qǐ yuán | 起源 [치 웬] | 기원 |
| ☐ qí zhì | 旗帜 [치 쯔] | 기치 |
| ☐ qí zhōng | 其中 [치 중] | 그 중 |
| ☐ qī zi | 妻子 [치 즈] | 처 |
| ☐ qí zi | 旗子 [치 즈] | 깃발 |
| ☐ qī zuǐ bā shé | 七嘴八舌 [치 주이 바 서] | 여럿이 왁자지껄 이야기 하다 |
| ☐ qiā | 掐 [챠] | 끊다 |
| ☐ qià dàng | 恰当 [챠 땅] | 알맞다, 적절하다 |
| ☐ qià dào hǎo chù | 恰到好处 [챠 따오 하오 추] | 알맞다, 때마침 |
| ☐ qià hǎo | 恰好 [챠 하오] | 바로, 때마침 |
| ☐ qià qià | 恰恰 [챠 챠] | 꼭, 바로, 마침 |
| ☐ qià qiǎo | 恰巧 [챠 챠오] | 때마침 |
| ☐ qià rú qí fēn | 恰如其分 [챠 루 치 프언] | 꼭 적합하다 |
| ☐ qià tán | 洽谈 [챠 탄] | 상담하다 |
| ☐ qiān | 铅 [첸] | 납 (금속) |

| | | | |
|---|---|---|---|
| ☐ qiàn | 嵌 [첸] | | 새겨 넣다, 끼워 넣다 |
| ☐ qiān | 牵 [첸] | | 끌다, 잡아당기다 |
| ☐ qián | 前 [첸] | | 앞 |
| ☐ qiàn | 欠 [첸] | | 빚지다, 모자라다 |
| ☐ qiǎn | 浅 [첸] | | 얕다, 색이연하다 |
| ☐ qiān | 迁 [첸] | | 옮기다, 변천하다 |
| ☐ qián bèi | 前辈 [첸 뻬이] | | 선배 |
| ☐ qiān bǐ | 铅笔 [첸 비] | | 연필 |
| ☐ qián biān | 前边 [첸 볜] | | 앞쪽 |
| ☐ qiān chě | 牵扯 [첸 처] | | 연루되다 |
| ☐ qián chéng | 前程 [첸 청] | | 전도, 미래 |
| ☐ qiān dìng | 签定 [첸 띵] | | 조인하다 |
| ☐ qiān fā | 签发 [첸 프아] | | 서명하여 발급하다 |
| ☐ qián fāng | 前方 [첸 팡] | | 앞, 앞쪽 |
| ☐ qiān fāng bǎi jì | 千方百计 [천 방 바이 찌] | | 온갖 방법을 다하다 |
| ☐ qián fú | 潜伏 [첸 푸] | | 잠복하다, 매복하다 |
| ☐ qián fù hòu jì | 前赴后继 [첸 푸 호우 찌] | | 희생을 무릅쓰고 용감히 나가다 |
| ☐ qián hòu | 前后 [첸 호우] | | 전후 |
| ☐ qián jìn | 前进 [첸 찐] | | 전진하다 |
| ☐ qián jǐng | 前景 [첸 징] | | 전경 |
| ☐ qiān jiù | 迁就 [첸 찌우] | | 양보하다 |
| ☐ qiān jūn wàn mǎ | 千军万马 [첸 쥔 완 마] | | 천군만마 |
| ☐ qiān kè | 千克 [첸 커] | | 1000g |
| ☐ qián lì | 潜力 [첸 리] | | 잠재력 |
| ☐ qián liè | 前列 [첸 레] | | 앞줄 |

| | | | |
|---|---|---|---|
| ❏ qián miàn | 前面 [첸 몐] | | 앞쪽 |
| ❏ qiān míng | 签名 [첸 밍] | | 서명하다 |
| ❏ qián nián | 前年 [첸 녠] | | 재작년 |
| ❏ qián qī | 前期 [첸 치] | | 전기 |
| ❏ qián rén | 前人 [첸 런] | | 전인, 앞 사람 |
| ❏ qiān shǔ | 签署 [첸 수] | | 서명하다 |
| ❏ qián suǒ wèi yǒu | 前所未有 [첸 쉬 웨이 유] | | 종전에 없었다, 전례가 없다 |
| ❏ qián tí | 前提 [첸 티] | | 전체 |
| ❏ qián tiān | 前天 [첸 톈] | | 그저께 |
| ❏ qián tou | 前头 [첸 토우] | | 앞쪽 |
| ❏ qián tú | 前途 [첸 투] | | 전도 |
| ❏ qiān wǎ | 千瓦 [첸 와] | | 킬로와트 |
| ❏ qiān wàn | 千万 [첸 완] | | 제발 |
| ❏ qián wǎng | 前往 [첸 왕] | | 앞으로 가다 |
| ❏ qián xiàn | 前线 [첸 쎈] | | 전선 |
| ❏ qiān xū | 谦虚 [첸 쉬] | | 겸허하다 |
| ❏ qiān xùn | 谦逊 [첸 쒼] | | 겸손하다 |
| ❏ qiàn yì | 歉意 [첸 이] | | 미안함, 유감의 뜻 |
| ❏ qiān yǐn | 牵引 [첸 인] | | 끌다, 견인하다 |
| ❏ qiǎn zé | 谴责 [첸 저] | | 규탄하다, 견책하다 |
| ❏ qiān zhèng | 签证 [첸 쩡] | | 비자, 비자하다 |
| ❏ qiān zhì | 牵制 [첸 쯔] | | 견제하다 |
| ❏ qián zi | 钳子 [첸 즈] | | 집게 |
| ❏ qiān zì | 签字 [첸 쯔] | | 서명하다 |
| ❏ qiāng | 枪 [챵] | | 총 |
| ❏ qiāng | 腔 [챵] | | 구강, 곡조, 말투 |
| ❏ qiǎng | 强 [챵] | | 억지로 하다, 무리하게 하다 |

| | | | |
|---|---|---|---|
| ☐ qiáng | 强 [챵] | | 강하다, 우월하다, ~보다 조금 더 |
| ☐ qiáng | 墙 [챵] | | 벽, 담벼락 |
| ☐ qiǎng | 抢 [챵] | | 빼앗다, 탈취하다, 서두르다 |
| ☐ qiáng bì | 墙壁 [챵 삐] | | 벽 |
| ☐ qiāng bì | 枪毙 [챵 삐] | | 총살하다 |
| ☐ qiáng dà | 强大 [챵 따] | | 강대하다 |
| ☐ qiáng dào | 强盗 [챵 따오우] | | 강도 |
| ☐ qiáng diào | 强调 [챵 땨오] | | 강조하다 |
| ☐ qiáng dù | 强度 [챵 뚜] | | 강도 |
| ☐ qiáng huà | 强化 [챵 화] | | 강화하다 |
| ☐ qiǎng jié | 抢劫 [챵 졔] | | 강렬하다 |
| ☐ qiǎng jiù | 抢救 [챵 찌우] | | 구조하다 |
| ☐ qiáng liè | 强烈 [챵 례] | | 강렬하다 |
| ☐ qiáng pò | 强迫 [챵 풔] | | 강박하다, 강요하다 |
| ☐ qiáng shèng | 强盛 [챵 썽] | | 강대하고 번영하다 |
| ☐ qiáng zhì | 强制 [챵 쯔] | | 강제하다, 강압하다 |
| ☐ qiào | 翘 [챠오] | | 머리를 들다, 치켜들다 |
| ☐ qiáo | 桥 [챠오] | | 다리 |
| ☐ qiāo | 敲 [챠오] | | 치다, 두드리다 |
| ☐ qiǎo | 巧 [챠오] | | 솜씨 있다, 다행이다 |
| ☐ qiáo | 瞧 [챠오] | | 보다, 구경하다 |
| ☐ qiāo | 锹 [챠오] | | 삽 |
| ☐ qiáo bāo | 侨胞 [챠오 바오] | | 교포 |
| ☐ qiáo liáng | 桥梁 [챠오 량] | | 교량 |
| ☐ qiǎo miào | 巧妙 [챠오 먀오] | | 교묘하다 |
| ☐ qiāo qiāo | 悄悄 [챠오 챠오] | | 조용하게 |
| ☐ qiáo zhuāng | 乔装 [챠오 쫭] | | 가장하다 |

| | | | |
|---|---|---|---|
| ☐ qiē | 切 [체] | | 끊다, 자르다 |
| ☐ qiě | 且 [체] | | ~하면서, ~하다 |
| ☐ qiě | 且 [체] | | 잠깐, ~커녕 고사하고 |
| ☐ qiè qǔ | 窃取 [체 취] | | 절취하다, 훔치다 |
| ☐ qiè shí | 切实 [체 스] | | 절실하다 |
| ☐ qiè tīng | 窃听 [체 팅] | | 엿듣다, 도청하다 |
| ☐ qié zi | 茄子 [체 즈] | | 가지 |
| ☐ qīn'ài | 亲爱 [친 아이] | | 친애하다 |
| ☐ qín | 勤 [친] | | 부지런하다, 근면하다 |
| ☐ qīn | 亲 [친] | | 친밀하다 |
| ☐ qín | 琴 [친] | | 피아노 (일반악기) |
| ☐ qín | 禽 [친] | | 조류 (가금류) |
| ☐ qín | 秦 [친] | | 진 (성씨) |
| ☐ qīn bǐ | 亲笔 [친 비] | | 친필, 친히 쓰다 |
| ☐ qín cài | 芹菜 [친 차이] | | 샐러리 |
| ☐ qīn fàn | 侵犯 [친 프안] | | 침범하다 |
| ☐ qín fèn | 勤奋 [친 프언] | | 근면하다 |
| ☐ qín gōng jiǎn xué | 勤工俭学 [친 궁 젠 쉐] | | 검공검학 |
| ☐ qīn hài | 侵害 [친 하이] | | 침해하다 |
| ☐ qín jiǎn | 勤俭 [친 젠] | | 근검하다 |
| ☐ qín kěn | 勤恳 [친 컨] | | 근면성실하다 |
| ☐ qín láo | 勤劳 [친 라오] | | 부지런히 일하다 |
| ☐ qīn lüè | 侵略 [친 뤠] | | 침략하다 |
| ☐ qīn mì | 亲密 [친 미] | | 친밀하다 |
| ☐ qīn pèi | 钦佩 [친 페이] | | 경복하다, 탄복하다 |
| ☐ qīn qi | 亲戚 [친 치] | | 친척 |
| ☐ qīn qie | 亲切 [친 체] | | 친절하다 |

| | | | |
|---|---|---|---|
| ☐ qīn rè | 亲热 [친 러] | | 친절하다, 다정하다 |
| ☐ qīn rén | 亲人 [친 런] | | 친인 |
| ☐ qīn rù | 侵入 [친 루] | | 침입하다 |
| ☐ qīn shēn | 亲身 [친 선] | | 친히, 몸소 |
| ☐ qīn shēng | 亲生 [친 성] | | 자기가 낳다 |
| ☐ qīn shí | 侵蚀 [친 스] | | 침식하다 |
| ☐ qín shǐ huáng | 秦始皇 [친 스 황] | | 진시황 |
| ☐ qīn shǒu | 亲手 [친 소우] | | 친히, 손수 |
| ☐ qīn yǎn | 亲眼 [친 옌] | | 제 눈으로 직접 |
| ☐ qīn yǒu | 亲友 [친 유] | | 친우 |
| ☐ qīn zhàn | 侵占 [친 짠] | | 점유하다, 침해하다 |
| ☐ qīn zì | 亲自 [친 쯔] | | 몸소 |
| ☐ qíng | 情 [칭] | | 정 |
| ☐ qīng | 清 [칭] | | 맑다, 깨끗하다 |
| ☐ qíng | 晴 [칭] | | 맑은, 맑게 갠 |
| ☐ qīng | 清 [칭] | | 청산하다, 정리하다 |
| ☐ qīng | 氢 [칭] | | 수소 |
| ☐ qǐng | 请 [칭] | | 요청하다, 부탁하다, 부르다 |
| ☐ qīngyì | 轻易 [칭 이] | | 쉽사리, 좀처럼 |
| ☐ qīng | 轻 [칭] | | 가볍다, 줄이다 |
| ☐ qíng bào | 情报 [칭 빠오] | | 정보, 소식 |
| ☐ qīng biàn | 轻便 [칭 삐엔] | | 간편하다 |
| ☐ qīng cài | 青菜 [칭 차이] | | 야채 |
| ☐ qīng chá | 清查 [칭 차] | | 낱낱이 조사하다 |
| ☐ qīng chén | 清晨 [칭 천] | | 이른 아침 |
| ☐ qīng chú | 清除 [칭 추] | | 없애다 |
| ☐ qīng chu | 清楚 [칭 추] | | 뚜렷하다 |
| ☐ qīng chūn | 青春 [칭 춘] | | 청춘 |

| | | | |
|---|---|---|---|
| ☐ qíng gǎn | 情感 [칭간] | 정감 |
| ☐ qīng gōng yè | 轻工业 [칭 궁 예] | 경공업 |
| ☐ qìng hè | 庆贺 [칭 허] | 축하하다 |
| ☐ qǐng jià | 请假 [칭 쨔] | 휴가를 신청하다 |
| ☐ qǐng jiǎn | 请柬 [칭 젠] | 청첩장 |
| ☐ qǐng jiào | 请教 [칭 쨔오] | 조언을 구하다, 의견을 묻다 |
| ☐ qíng jié | 情节 [칭 제] | 정절, 줄거리 |
| ☐ qīng jié | 清洁 [칭 제] | 청결하다 |
| ☐ qíng jǐng | 情景 [칭 징] | 정경 |
| ☐ qǐng kè | 请客 [칭 커] | 손님을 대접하다 |
| ☐ qīng kuài | 轻快 [칭 콰이] | 경쾌함 |
| ☐ qíng kuàng | 情况 [칭 쾅] | 정황 |
| ☐ qíng lǎng | 晴朗 [칭 랑] | 쾌청하다 |
| ☐ qíng lǐ | 情理 [칭 리] | 도리, 사리 |
| ☐ qīng lǐ | 清理 [칭 리] | 깨끗이 정리하다 |
| ☐ qīng nián | 青年 [칭 녠] | 청년 |
| ☐ qǐng qiú | 请求 [칭 치우] | 부탁하다 |
| ☐ qīng shì | 轻视 [칭 쓰] | 경시하다 |
| ☐ qǐng shì | 请示 [칭 쓰] | 청시하다 지시를 바라다 |
| ☐ qīng sōng | 轻松 [칭 숭] | 홀가분하다 |
| ☐ qíng tiān | 晴天 [칭 텐] | 갠 날, 맑은 날 |
| ☐ qǐng tiě | 请帖 [칭 테] | 청첩 |
| ☐ qīng tíng | 蜻蜓 [칭 팅] | 잠자리 |
| ☐ qīng tīng | 倾听 [칭 팅] | 주의 깊게 듣다 |
| ☐ qīng wā | 青蛙 [칭 와] | 청개구리 |
| ☐ qīng wēi | 轻微 [칭 워이] | 경미하다, 가볍다 |
| ☐ qǐng wèn | 请问 [칭 원] | 묻다 |
| ☐ qīng xī | 清晰 [칭 시] | 뚜렷하다, 분명하다 |

Q_q

| | | | |
|---|---|---|---|
| ☐ qīng xiàng | **倾向** [칭 쌍] | | 경향 |
| ☐ qīng xiàng | **倾向** [칭 쌍] | | 마음이 쏠리다, 편들다 |
| ☐ qīng xié | **倾斜** [칭 세] | | 경사지다 |
| ☐ qīng xīn | **清新** [칭 신] | | 맑고 시원하다 |
| ☐ qīng xǐng | **清醒** [칭 싱] | | 정신을 차리다, 정신이 맑다 |
| ☐ qíng xing | **情形** [칭 싱] | | 정형 |
| ☐ qíng xù | **情绪** [칭 쒸] | | 정서 |
| ☐ qīng yì | **轻易** [칭 이] | | 수월하게 하다 |
| ☐ qǐng yuàn | **请愿** [칭 웬] | | 청원서를 제출하다 |
| ☐ qīng zǎo | **清早** [칭 자오] | | 이른 아침 |
| ☐ qīng zhēn sì | **清真寺** [칭 전 쓰] | | 이슬람교 사원 |
| ☐ qìng zhù | **庆祝** [칭 쭈] | | 경축하다 |
| ☐ qióng | **穷** [츙] | | 가난하다, 궁하다 |
| ☐ qióng kǔ | **穷苦** [츙 쿠] | | 가난하다, 고달프다 |
| ☐ qióng rén | **穷人** [츙 런] | | 가난한 사람 |
| ☐ qiú | **球** [치우] | | 공, 뽈 |
| ☐ qiú | **求** [치우] | | 구하다, 요청하다, 부탁하다 |
| ☐ qiū | **秋** [치우] | | 가을 |
| ☐ qiú chǎng | **球场** [치우 창] | | 축구장 |
| ☐ qiú dé | **求得** [치우 더] | | 요구를 바라다 |
| ☐ qiú duì | **球队** [치우 뚜이] | | 축구팀 |
| ☐ qiū jì | **秋季** [치우 찌] | | 가을철 |
| ☐ qiū ling | **丘陵** [치우 링] | | 구릉 |
| ☐ qiú mí | **球迷** [치우 미] | | 팬 |
| ☐ qiū shōu | **秋收** [치우 소우] | | ~가을걷이를 하다 |
| ☐ qiū tiān | **秋天** [치우 톈] | | 가을 |
| ☐ qú | **渠** [취] | | 도랑, 수로 |
| ☐ qǔ | **娶** [취] | | 아내를 얻다 |

| | | | |
|---|---|---|---|
| ☐ qū | 区 [취] | | 구, 구역 |
| ☐ qù | 去 [취] | | 가다 |
| ☐ qǔ | 取 [취] | | 가지다, 노리다, 취하다 |
| ☐ qū bié | 区别 [취 베] | | 구별 |
| ☐ qǔ dài | 取代 [취 따이] | | 대신하다, 대리하다 |
| ☐ qú dào | 渠道 [취 따오] | | 관계, 수로, 경로 |
| ☐ qǔ dé | 取得 [취 더] | | 취득하다 |
| ☐ qū fēn | 区分 [취 프언] | | 구분하다 |
| ☐ qū fú | 屈服 [취 푸] | | 굴복하다 |
| ☐ qù nián | 去年 [취 녠] | | 작년 |
| ☐ qū shì | 趋势 [취 쓰] | | 추세 |
| ☐ qù shì | 去世 [취 쓰] | | 서거하다 |
| ☐ qù wèi | 趣味 [취 워이] | | 취미 |
| ☐ qū xiàn | 曲线 [취 쎈] | | 곡선 |
| ☐ qū xiàng | 趋向 [취 쌍] | | 경향, 추세 |
| ☐ qǔ xiāo | 取消 [취 샤오] | | 취소하다 |
| ☐ qū yù | 区域 [취 위] | | 구역 |
| ☐ qū zhé | 曲折 [취 저] | | 구불구불하다, 삐뚤어지다 |
| ☐ qū zhú | 驱逐 [취 주] | | 몰아내다 |
| ☐ qǔ zi | 曲子 [취 즈] | | 곡 (음악) |
| ☐ quán | 全 [쵄] | | 전체의, 전부의 |
| ☐ quǎn | 犬 [쵄] | | 개 |
| ☐ quàn | 券 [쵄] | | 표, 증권, 채권 |
| ☐ quàn | 劝 [쵄] | | 권하다 |
| ☐ quān | 圈 [쵄] | | 원, 바퀴, 순환 |
| ☐ quán | 泉 [쵄] | | 샘 |
| ☐ quán | 权 [쵄] | | 권리, 힘, 유리한 입장 |
| ☐ quán bù | 全部 [쵄 뿌] | | 전부 |

| | | | |
|---|---|---|---|
| ☐ quán dōu | 全都 [췐 도우] | 모조리, 전부 |
| ☐ quàn gào | 劝告 [췐 까오] | 권고 |
| ☐ quán huì | 全会 [췐 후이] | 총회 |
| ☐ quán jí | 全集 [췐 지] | 전집 |
| ☐ quán jú | 全局 [췐 쥐] | 전체의 국면, 전반 형세 |
| ☐ quán lì | 全力 [췐 리] | 전력, 모든 힘 |
| ☐ quán lì | 权力 [췐 리] | 권력 |
| ☐ quán lì yǐ fù | 全力以赴 [췐 리 이 푸] | 모든 힘을 다하다 |
| ☐ quán miàn | 全面 [췐 멘] | 전면적이다 |
| ☐ quán mín | 全民 [췐 민] | 전민 |
| ☐ quàn shuō | 劝说 [췐 쉬] | 설득하다 |
| ☐ quān tào | 圈套 [췐 타오] | 원, 고리모양의 것 |
| ☐ quán tǐ | 全体 [췐 티] | 전체 |
| ☐ quán tou | 拳头 [췐 토우] | 주먹, 권투 |
| ☐ quán wēi | 权威 [췐 워이] | 권위 |
| ☐ quán xiàn | 权限 [췐 쎈] | 권한 |
| ☐ quán xīn quán yì | 全心全意 [췐 신 췐 이] | 전심전의 |
| ☐ quán yì | 权益 [췐 이] | 권익 |
| ☐ quān zi | 圈子 [췐 즈] | 원, 테두리 |
| ☐ quàn zǔ | 劝阻 [췐 주] | 말리다, 단념시키다 |
| ☐ què | 却 [췌] | 그러나, 반대로 |
| ☐ qué | 瘸 [췌] | (다리를) 절다 |
| ☐ quē | 缺 [췌] | 모자라다, 부족하다 |
| ☐ què bǎo | 确保 [췌 바오] | 확보하다 |
| ☐ quē diǎn | 缺点 [췌 뗀] | 결점 |
| ☐ què dìng | 确定 [췌 띵] | 확정하다 |

| | | | |
|---|---|---|---|
| ☐ quē fá | 缺乏 [췌 프아] | 결핍하다 |
| ☐ quē kǒu | 缺口 [췌 코우] | 단점, 흠 |
| ☐ què lì | 确立 [췌 리] | 확립하다 |
| ☐ què qiè | 确切 [췌 체] | 확실하다 |
| ☐ què rèn | 确认 [췌 런] | 확인하다 |
| ☐ quē shǎo | 缺少 [췌 사오] | 부족하다 |
| ☐ què shí | 确实 [췌 스] | 확실히 |
| ☐ quē xí | 缺席 [췌 시] | 결석하다 |
| ☐ quē xiàn | 缺陷 [췌 쎈] | 결함, 약점 |
| ☐ què záo | 确凿 [췌 자오] | 확실하다 |
| ☐ qún | 群 [췬] | 무리, 떼 |
| ☐ qún dǎo | 群岛 [췬 다오] | 군도 |
| ☐ qún tǐ | 群体 [췬 티] | 군체 |
| ☐ qún zhòng | 群众 [췬 쫑] | 대중 |
| ☐ qún zi | 裙子 [췬 즈] | 치마, 스커트 |

Q_q

# R_r

| | | | |
|---|---|---|---|
| ☐ rán'ér | 然而 [란 얼] | | 그렇지만 |
| ☐ rán | 燃 [란] | | 타다, 불을 붙이다 |
| ☐ rǎn | 染 [란] | | 물들이다, (병에) 걸리다 |
| ☐ rán hòu | 然后 [란 허우] | | 그 다음에 |
| ☐ rán liào | 燃料 [란 랴오] | | 연료 |
| ☐ rǎn liào | 染料 [란 럐우] | | 염료 |
| ☐ rán shāo | 燃烧 [란 사오] | | 불타다 |
| ☐ ràng | 让 [랑] | | 양보하다, 전하다, ~시키다 |
| ☐ rāng | 嚷 [랑] | | 큰 소리 지르다 |
| ☐ ràng bù | 让步 [랑 뿌] | | 양보하다 |
| ☐ ráo | 饶 [라오] | | 용서하다 |
| ☐ rào | 绕 [라오] | | 우회하다, 감돌다 |
| ☐ rǎo luàn | 扰乱 [라오 롼] | | 혼란을 야기하다 |
| ☐ rè'ài | 热爱 [러 아이] | | 열애하다 |
| ☐ rě | 惹 [러] | | 야기하다, 성나게 하다, 일으키다 |
| ☐ rè | 热 [러] | | 덥다, 열렬하다 |
| ☐ rè cháo | 热潮 [러 차오] | | 열조 |
| ☐ rè dài | 热带 [러 따이] | | 열대 |
| ☐ rè lèi yíng kuàng | 热泪盈眶 [러 레이 잉 쾅] | | 감격의 눈물이 흐르다 |
| ☐ rè liàng | 热量 [러 량] | | 열량 |
| ☐ rè liè | 热烈 [러 레] | | 열렬히 |
| ☐ rè nao | 热闹 [러 나오] | | 활기 넘치다 |

| | | |
|---|---|---|
| rè qíng | 热情 [러 칭] | 열정 |
| rè shuǐ píng | 热水瓶 [러 수이 핑] | 보온병 |
| rè xīn | 热心 [러 신] | 친절하다 |
| rěn | 忍 [런] | 참다, 견디다, 잔인하다 |
| rèn | 任 [런] | 임명하다, 허락하다 |
| rèn | 认 [런] | 알아보다, 확인하다 |
| rěn bu zhù | 忍不住 [런 부 쭈] | 참을 수 없다 |
| rén cái | 人才 [런 차이] | 인재 |
| rén cí | 仁慈 [런 츠] | 인자하다 |
| rén dào zhǔ yì | 人道主义 [런 따오 주 이] | 인도주의 |
| rèn de | 认得 [런 더] | 알다 |
| rèn dìng | 认定 [런 띵] | 인정하다 |
| rén gé | 人格 [런 거] | 인격 |
| rén gōng | 人工 [런 궁] | 인공 |
| rèn hé | 任何 [런 허] | 어떠한 |
| rén jiā | 人家 [런 쟈] | 남 |
| rén jiān | 人间 [런 졘] | 인간 |
| rén jūn | 人均 [런 쥔] | 일인당 평균의 준말 |
| rèn kě | 认可 [런 커] | 인가하다 |
| rén kǒu | 人口 [런 코우] | 인구 |
| rén lèi | 人类 [런 레이] | 인류 |
| rén lì | 人力 [런 리] | 인력 |
| rén men | 人们 [런 먼] | 사람들 |
| rén mín | 人民 [런 민] | 인민 |
| rén mín bì | 人民币 [런 민 삐] | 인민폐 |
| rèn mìng | 任命 [런 밍] | 임명하다 |
| rěn nài | 忍耐 [런 나이] | 인내하다, 억제하다 |

| | | | |
|---|---|---|---|
| ☐ rèn píng | 任凭 [런 핑] | 마음대로 하게 하다 |
| ☐ rén qíng | 人情 [런 칭] | 인정 |
| ☐ rén quán | 人权 [런 췐] | 인권 |
| ☐ rén qún | 人群 [런 췬] | 뭇사람, 무리 |
| ☐ rén shēn | 人参 [런 선] | 인삼 |
| ☐ rén shēn | 人身 [런 선] | 인신 |
| ☐ rén shēng | 人生 [런 성] | 인생 |
| ☐ rén shì | 人事 [런 쓰] | 인사 |
| ☐ rén shì | 人士 [런 쓰] | 인사 |
| ☐ rèn shi | 认识 [런 스] | 인식하다 |
| ☐ rěn shòu | 忍受 [런 쏘우] | 참아내다 |
| ☐ rén tǐ | 人体 [런 티] | 인체 |
| ☐ rén wéi | 人为 [런 워이] | 인위적인 |
| ☐ rèn wéi | 认为 [런 워이] | 생각하다 |
| ☐ rèn wù | 任务 [런 우] | 인물 |
| ☐ rèn wù | 任务 [런 우] | 임무 |
| ☐ rén xīn | 人心 [런 신] | 인심 |
| ☐ rén xìng | 人性 [런 씽] | 인성 |
| ☐ rèn xìng | 任性 [런 씽] | 제멋대로 |
| ☐ rèn yì | 任意 [런 이] | 제멋대로, 임의대로 |
| ☐ rén yuán | 人员 [런 웬] | 인원 |
| ☐ rén zào | 人造 [런 짜오] | 인공적인 |
| ☐ rèn zhēn | 认真 [런 전] | 착실하다 |
| ☐ rén zhì | 人质 [런 쯔] | 인질 |
| ☐ réng | 仍 [렁] | 여전히, 아직도 |
| ☐ rēng | 扔 [렁] | 내던지다 |
| ☐ réng jiù | 仍旧 [렁 찌우] | 여전히, 아직도 |
| ☐ réng jiù | 仍旧 [렁 찌우] | 여전히, 변함없다 |

| | | | |
|---|---|---|---|
| □ réng rán | 仍然 [렁 란] | 여전히 |
| □ rì | 日 [르] | 일, 날 |
| □ rì bào | 日报 [르 빠오] | 일보 |
| □ rì cháng | 日常 [르 창] | 매일의 |
| □ rì chéng | 日程 [르 청] | 일정 |
| □ rì guāng | 日光 [르 광] | 일광 |
| □ rì qī | 日期 [르 치] | 일기 |
| □ rì wén | 日文 [르 원] | 일본어 |
| □ rì yè | 日夜 [르 예] | 밤낮, 주야 |
| □ rì yì | 日益 [르 이] | 점점, 더욱 더, 날로 |
| □ rì yòng | 日用 [르 융] | 일용 |
| □ rì yòng pǐn | 日用品 [르 융 핀] | 일용품 |
| □ rì yǔ | 日语 [르 위] | 일본어 |
| □ rì yuán | 日元 [르 웬] | 엔 (일본 화폐단위) |
| □ rì zi | 日子 [르 즈] | 날, 날짜 |
| □ róng | 熔 [룽] | 녹이다 |
| □ róng | 容 [룽] | 수용하다, 허락하다 |
| □ róng | 溶 [룽] | 녹다, 용해되다 |
| □ róng | 绒 [룽] | 부드러운 털 |
| □ róng huà | 溶化 [룽 화] | 용해되다 |
| □ róng huà | 融化 [룽 화] | 해동하다, 녹다 |
| □ róng jī | 容积 [룽 지] | 용적 |
| □ róng jiě | 溶解 [룽 제] | 용해하다 |
| □ róng liàng | 容量 [룽 량] | 용량 |
| □ róng nà | 容纳 [룽 나] | 용납하다 |
| □ róng qì | 容器 [룽 치] | 용기 |
| □ róng qià | 融洽 [룽 챠] | 조화롭다 |
| □ róng rěn | 容忍 [룽 런] | 참고 견디다 |

| | | | |
|---|---|---|---|
| ☐ róng xìng | 荣幸 [룽 씽] | 영광스럽다 |
| ☐ róng xǔ | 容许 [룽 쉬] | 허가하다, 허락하다 |
| ☐ róng yè | 溶液 [룽 예] | 용액 |
| ☐ róng yì | 容易 [룽 이] | 쉽다 |
| ☐ róng yù | 荣誉 [룽 위] | 영예, 명예 |
| ☐ róu | 揉 [로우] | 비비다, 문지르다 |
| ☐ ròu | 肉 [로우] | 고기 |
| ☐ róu hé | 柔和 [로우 허] | 부드럽다, 온화하다 |
| ☐ róu ruǎn | 柔软 [로우 롼] | 부드럽다, 유연하다 |
| ☐ rú | 如 [루] | ~와 같다, 미치다 |
| ☐ rú | 如 [루] | ~에 따라서, 대로, 만약 |
| ☐ rǔ | 乳 [루] | 젖 |
| ☐ rù | 入 [루] | 들어가다, 참가하다 |
| ☐ rú cǐ | 如此 [루 츠] | 이렇다, 이렇게, 이렇듯 |
| ☐ rú guǒ | 如果 [루 궈] | 만약 |
| ☐ rú hé | 如何 [루 허] | 어떻게 |
| ☐ rú jīn | 如今 [루 진] | 오늘날 |
| ☐ rù jìng | 入境 [루 찡] | 입경하다 |
| ☐ rù kǒu | 入口 [루 코우] | 입구 |
| ☐ rù qīn | 入侵 [루 친] | 침입하다 |
| ☐ rù shǒu | 入手 [루 소우] | 개시하다, 착수하다 |
| ☐ rú tong | 如同 [루 퉁] | 마치 ~같다 |
| ☐ rú tóng | 如同 [루 퉁] | 같다 |
| ☐ rú xià | 如下 [루 쓰] | 아래와 같다 |
| ☐ rù xué | 入学 [루 쉐] | 입학하다 |
| ☐ rú yì | 如意 [루 이] | 뜻대로 따르다 |
| ☐ rú zuì rú chī | 如醉如痴 [루 쭈이 루 츠] | 정신없이 어리둥절하다 |

| | | |
|---|---|---|
| ☐ ruǎn | **软** [롼] | 부드럽다, 여리다 |
| ☐ ruǎn jiàn | **软件** [롼 쩬] | 소프트웨어 |
| ☐ ruǎn ruò | **软弱** [롼 뤄] | 연약하다 |
| ☐ ruì lì | **锐利** [루이 리] | 예리하다 |
| ☐ ruì xuě | **瑞雪** [루이 쉐] | 서설 (때맞추어 내리는 눈) |
| ☐ ruò | **若** [뤄] | 만약 |
| ☐ ruò | **弱** [뤄] | 약하다 |
| ☐ ruò diǎn | **弱点** [뤄 뎬] | 약점 |

R_r

# S_s

| | | | |
|---|---|---|---|
| ☐ sǎ | 洒 [사아] | | 물을 뿌리다 |
| ☐ sā | 撒 [사] | | 풀어주다, 속박을 벗어던지다 |
| ☐ sā huǎng | 撒谎 [사아 황] | | 거짓말을 하다 |
| ☐ sāi | 腮 [사이] | | 뺨, 볼 |
| ☐ sāi | 塞 [사이] | | 채워넣다, 밀어넣다 |
| ☐ sài | 赛 [싸이] | | 시합하다, 겨루다 |
| ☐ sǎn | 伞 [산] | | 우산 |
| ☐ sǎn | 散 [산] | | 흩다, 분산시키다 |
| ☐ sàn | 散 [싼] | | 분산하다, 흩어지다 |
| ☐ sàn | 散 [싼] | | 흩어지다, 배포하다, 없애다 |
| ☐ sān | 叁(三) [산] | | 3, 삼, 셋 |
| ☐ sàn bù | 散布 [싼 뿌] | | 산포하다, 퍼뜨리다 |
| ☐ sàn bù | 散步 [싼 뿌] | | 산보하다 |
| ☐ sàn fā | 散发 [싼 프아] | | 발산하다 |
| ☐ sān fān wǔ cì | 三番五次 [산 프안 우 츠] | | 여러 번, 재삼재사 |
| ☐ sān jiǎo | 三角 [산 쟈오] | | 삼각 |
| ☐ sǎn wén | 散文 [산 원] | | 산문 |
| ☐ sàng shī | 丧失 [쌍 스] | | 상실하다 잃다 |
| ☐ sāng shù | 桑树 [상 쑤] | | 뽕나무 |
| ☐ sǎng zi | 嗓子 [상 즈] | | 목(구멍) |
| ☐ sǎo | 扫 [사오] | | 청소하다, 소제하다, 휘둘러보다 |
| ☐ sǎo chú | 扫除 [사오 추] | | 제거하다 |

| | | | |
|---|---|---|---|
| ▫ sǎo zi | 嫂子 | [사오 즈] | 형수님 |
| ▫ sè cǎi | 色彩 | [써 차이] | 채색 |
| ▫ sēn lín | 森林 | [선 린] | 삼림 |
| ▫ shè huì zhǔ yì | 社会主义 | [써 후이 주 이] | 사회주의 |
| ▫ shā | 沙 | [사] | 모래, 낟알 |
| ▫ shā | 砂 | [사] | 모래 |
| ▫ shǎ | 傻 | [사] | 어리석다, 멍청하다 |
| ▫ shà | 厦 | [싸] | 큰 건물 |
| ▫ shā | 纱 | [사] | 실, 뜨개실, 거즈 |
| ▫ shā | 杀 | [사] | 죽이다, 잡다, 살해하다 |
| ▫ shā chē | 刹车 | [사 처] | 차를 멈추다, 브레이크를 걸다 |
| ▫ shā fā | 沙发 | [사 프아] | 소파 |
| ▫ shā hài | 杀害 | [사 하이] | 살해하다, 죽이다 |
| ▫ shā mò | 沙漠 | [사 뭐] | 사막 |
| ▫ shā tān | 沙滩 | [사 탄] | 모래톱, 백사장 |
| ▫ shā tǔ | 沙土 | [사 투] | 모래 흙 |
| ▫ shā zi | 沙子 | [사 즈] | 모래 |
| ▫ shǎ zi | 傻子 | [사 즈] | 바보, 멍청이 |
| ▫ shāi | 筛 | [사이] | 체로 치다, 체질하다 |
| ▫ shài | 晒 | [싸이] | 볕에 말리다, 내리 비추다 |
| ▫ shāi zi | 筛子 | [사이 즈] | 체 |
| ▫ shàn | 善 | [싼] | 선량하다 |
| ▫ shān | 删 | [산] | 삭제하다, 줄이다, 빼버리다 |
| ▫ shǎn | 陕 | [산] | 섬 (중국 섬서성) |
| ▫ shǎn | 闪 | [산] | 번뜩이다, 재빨리 피하다 |
| ▫ shàn cháng | 擅长 | [싼 창] | 뛰어나다 |
| ▫ shān dì | 山地 | [산 띠] | 산지 |

S_s

| | | | |
|---|---|---|---|
| shǎn diàn | 闪电 | [산 뗸] | 번개 |
| shān fēng | 山峰 | [산 펑] | 산봉우리 |
| shān gāng | 山冈 | [산 강] | 낮은 언덕, 구릉 |
| shān gōu | 山沟 | [산 고우] | 산골 |
| shān gǔ | 山谷 | [산 구] | 산곡 |
| shān hé | 山河 | [산 허] | 산하, 강산 |
| shān hú | 珊瑚 | [산 후] | 산호초 |
| shān jiǎo | 山脚 | [산 쟈오] | 산기슭 |
| shàn liáng | 善良 | [싼 량] | 선량하다 |
| shān lǐng | 山岭 | [산 링] | 산봉우리 |
| shān mài | 山脉 | [산 마이] | 산맥 |
| shān qū | 山区 | [산 취] | 산구 |
| shān shuǐ | 山水 | [산수이] | 산수 |
| shǎn shuò | 闪烁 | [산 쉬] | 반짝이다, 모호하다 |
| shān tóu | 山头 | [산 토우] | 산의 정상, 꼭대기 |
| shān yāo | 山腰 | [산 야오] | 산허리, 산중턱 |
| shǎn yào | 闪耀 | [산 야오] | 빛을 내다 |
| shàn yú | 善于 | [싼 위] | ~에 능숙하다 |
| shàn zi | 扇子 | [싼 즈] | 부채 |
| shàn zì | 擅自 | [싼 쯔] | 제멋대로, 독단적으로 |
| shàng | 上 | [쌍] | 올라가다 |
| shàng | 上 | [쌍] | 위쪽 |
| shāng | 商 | [상] | 장사, 상업, 상인 |
| shāng | 伤 | [상] | 상처입다, 슬프다 |
| shàng | 尚 | [상] | 아직, 여전히 |
| shǎng | 赏 | [상] | 감상하다, 즐기다 |
| shàng bān | 上班 | [쌍 반] | 출근하다 |
| shàng bào | 上报 | [쌍 빠오] | 상부에 보고하다, 신문에 나다 |

| | | | |
|---|---|---|---|
| ☐ shàng biān | 上边 | [쌍 볜] | 위쪽 |
| ☐ shāng biāo | 商标 | [상 뱌오] | 상표 |
| ☐ shàng céng | 上层 | [쌍 청] | 상층 |
| ☐ shāng chǎng | 商场 | [상 창] | 시장 |
| ☐ shàng dàng | 上当 | [쌍 땅] | 속다 |
| ☐ shàng děng | 上等 | [쌍 덩] | 최상의 |
| ☐ shàng dì | 上帝 | [상 띠] | 상제, 하느님 |
| ☐ shāng diàn | 商店 | [상 뗸] | 상점 |
| ☐ shāng hài | 伤害 | [상 하이] | 상해하다, 해치다 |
| ☐ shāng hén | 伤痕 | [상 헌] | 흉터 |
| ☐ shàng jí | 上级 | [쌍 지] | 상급 |
| ☐ shàng jiāo | 上交 | [쌍 쟈오] | 올려 바치다 |
| ☐ shàng jìn | 上进 | [쌍 찐] | 진보하다, 나아가다 |
| ☐ shàng kè | 上课 | [쌍 커] | 수업을 하다 |
| ☐ shàng kōng | 上空 | [쌍 쿵] | 상공 |
| ☐ shàng lái | 上来 | [쌍 라이] | 올라오다 |
| ☐ shāng liang | 商量 | [상 량] | 상의하다 |
| ☐ shàng mian | 上面 | [쌍 몐] | 위쪽 |
| ☐ shāng nǎo jīn | 伤脑筋 | [상 나오 찐] | 골머리 앓다, 골치가 아프다 |
| ☐ shāng pǐn | 商品 | [상 핀] | 상품 |
| ☐ shàng qiě | 尚且 | [쌍 체] | ~조차, ~가지도 |
| ☐ shàng qù | 上去 | [쌍 취] | 올라가다 |
| ☐ shāng què | 商榷 | [상 췌] | 검토하다 |
| ☐ shāng rén | 商人 | [상 런] | 상인 |
| ☐ shàng rèn | 上任 | [쌍 런] | 취임하다 |
| ☐ shàng shēng | 上升 | [쌍 성] | 상승하다 |
| ☐ shàng shù | 上述 | [쌍 쑤] | 상술 |

S_s

| | | | |
|---|---|---|---|
| shàng shù | 上述 [쌍 쑤] | 위에서 말하다 |
| shàng sù | 上诉 [쌍 쑤] | (상급에) 상소하다 |
| shàng tái | 上台 [쌍 타이] | 무대에 오르다, 관직에 오르다 |
| shāng tǎo | 商讨 [상 타오] | 토의하다, 심의하다 |
| shàng tou | 上头 [쌍 토우] | 상급, 상사 |
| shàng wǔ | 上午 [쌍 우] | 오전 |
| shàng xià | 上下 [쌍 쌰] | 상하 |
| shāng xīn | 伤心 [상 신] | 슬퍼하다 |
| shàng xué | 上学 [쌍 쉐] | 학교 가다 |
| shàng xún | 上旬 [쌍 쉰] | 상순 |
| shāng yè | 商业 [상 예] | 상업 |
| shàng yī | 上衣 [쌍 이] | 웃옷 |
| shāng yì | 商议 [상 이] | 상의하다 |
| shàng yóu | 上游 [쌍 유] | 상류, 높은 지위 |
| shāng yuán | 伤员 [상 웬] | 부상자 |
| shàng zhǎng | 上涨 [쌍 장] | 오르다 |
| shǎo | 少 [사오] | 적다 |
| shāo | 稍 [사오] | 조금, 약간 |
| shāo | 梢 [사오] | 끝 (나뭇가지) |
| shāo | 捎 [사오] | 인편에 전하다 |
| shǎo | 少 [사오] | 부족하다, 결핍하다 |
| shāo | 烧 [사오] | 태우다, 굽다, 열나다 |
| shāo bǐng | 烧饼 [사오 빙] | 구운 호떡 |
| shào bīng | 哨兵 [싸오 빙] | 초병 |
| shāo huǐ | 烧毁 [사오 후이] | 태워 없애다 |
| shǎo liàng | 少量 [사오 량] | 소량적이다 |
| shào nián | 少年 [싸오 녠] | 소년 |

| | | | |
|---|---|---|---|
| ☐ shào nǚ | 少女 | [싸오 뉘] | 소녀 |
| ☐ shǎo shù | 少数 | [사오 쑤] | 소수 |
| ☐ shǎo shù mín zhú | 少数民族 | [사오 쑤 민 주] | 소수민족 |
| ☐ shāo wēi | 稍微 | [사오 웨이] | 조금 |
| ☐ shào xiān duì | 少先队 | [싸오 셴 뚜이] | 소선대 |
| ☐ sháo zi | 勺子 | [사오 즈] | 국자 |
| ☐ shè | 社 | [써] | 조직체, 공동체(중국) |
| ☐ shé | 蛇 | [서] | 뱀, 사 |
| ☐ shè | 摄 | [써] | 촬영하다, 흡수하다 |
| ☐ shè | 设 | [써] | 계획하다, 세우다, 배치하다 |
| ☐ shě | 舍 | [서] | 버리다, 기부하다 |
| ☐ shè | 射 | [써] | 쏘다, 발사하다, 분사하다, 방사하다 |
| ☐ shè bèi | 设备 | [써 베이] | 설비 |
| ☐ shě bu de | 舍不得 | [서 부 더] | 아까워하다 |
| ☐ shē chǐ | 奢侈 | [서 츠] | 사치스럽다 |
| ☐ shě dé | 舍得 | [서 더] | 기꺼이 주다, 아까워하지 않다 |
| ☐ shè fǎ | 设法 | [써 프아] | 방법을 강구하다 |
| ☐ shè huì | 社会 | [써 후이] | 사회 |
| ☐ shè jī | 射击 | [써 지] | 사격, 사격하다 |
| ☐ shè jì | 设计 | [써 찌] | 설계 |
| ☐ shè jí | 涉及 | [써 지] | 언급되다, 관련되다 |
| ☐ shè lì | 设立 | [써 리] | 설립하다 |
| ☐ shè lùn | 社论 | [써 룬] | 사론 |
| ☐ shé qíng | 神情 | [써 칭] | 안색, 표정, 기색 |
| ☐ shè shì | 摄氏 | [써 쓰] | 섭씨 |

| | | | |
|---|---|---|---|
| ☐ shè shī | 设施 [써 스] | 시설, 설비 |
| ☐ shè shī | 设置 [써 스] | 설치하다 |
| ☐ shé tou | 舌头 [서 토우] | 혀 |
| ☐ shè wài | 涉外 [써 와이] | 섭외 |
| ☐ shè xiǎng | 设想 [써 샹] | 상상하다, 고려하다 |
| ☐ shè yǐng | 摄影 [써 잉] | 사진을 찍다, 영화를 촬영하다 |
| ☐ shè yuán | 社员 [써 웬] | 사원, 농민 |
| ☐ shēn'ào | 深奥 [선 아오] | 심오하다 |
| ☐ shèn'er | 甚而 [썬 얼] | 심지어 |
| ☐ shèn'er zhì yú | 甚而至于 [썬 얼 쯔 위] | ~조차도 ~못하다 |
| ☐ shěn | 沈 [선] | 심 (성씨) |
| ☐ shèn | 渗 [썬] | 스며 나오다, 새다 |
| ☐ shēn | 伸 [선] | 펴다, 내밀다 |
| ☐ shén | 神 [선] | 신, 정신, 안색 |
| ☐ shěn | 审 [선] | 심사하다, 심리하다 |
| ☐ shēn | 深 [선] | 깊다 |
| ☐ shēn biān | 身边 [선 벤] | 신변 |
| ☐ shēn cái | 身材 [선 차이] | 몸집, 체격 |
| ☐ shěn chá | 审查 [선 차] | 심사하다, 조사하다 |
| ☐ shēn chén | 深沉 [선 천] | 깊다 |
| ☐ shēn chù | 深处 [선 추] | 심처 |
| ☐ shěn dìng | 审定 [선 띵] | 검토해서 승인하다 |
| ☐ shēn dù | 深度 [선 뚜] | 심도 |
| ☐ shēn fen | 身分 [선 펀] | 신분 |
| ☐ shēn hòu | 深厚 [썬 호우] | 심후한 |
| ☐ shén huà | 神话 [선 화] | 신화 |

| | | | |
|---|---|---|---|
| ☐ shēn huà | 深化 | [선 화] | 심화하다 |
| ☐ shén jīng | 神经 | [선 징] | 신경 |
| ☐ shēn kè | 深刻 | [선 커] | 심각하다 |
| ☐ shěn lǐ | 审理 | [선 리] | 심리하다 |
| ☐ shén me | 什么 | [선 머] | 무엇 |
| ☐ shén me de | 什么的 | [선 머 더] | 등등, 기타 |
| ☐ shěn měi | 审美 | [선 미] | 심미하다 |
| ☐ shén mì | 神秘 | [선 미] | 신비하다, 불가사이하다 |
| ☐ shěn pàn | 审判 | [선 프안] | 심판하다 |
| ☐ shěn pī | 审批 | [선 피] | 조사하여 승인하다 |
| ☐ shén qí | 神奇 | [선 치] | 신가하다, 놀랍다 |
| ☐ shén qì | 神气 | [선 씨] | 표정, 안색, 태도 |
| ☐ shén qì | 神气 | [선 치] | 기운차다, 뽐내다 |
| ☐ shēn qiǎn | 深浅 | [선 첸] | 깊이 |
| ☐ shēn qiè | 深切 | [선 체] | 심절하다 |
| ☐ shēn qǐng | 申请 | [선 칭] | 신청하다 |
| ☐ shēn qíng | 深情 | [선 칭] | 깊은 정 |
| ☐ shēn rù | 深入 | [선 루] | 심입하다 |
| ☐ shén sè | 神色 | [선 써] | 안색, 표정 |
| ☐ shén shèng | 神圣 | [선 썽] | 신성하다, 성스럽다 |
| ☐ shēn shì | 绅士 | [선 쓰] | 신사 |
| ☐ shēn shǒu | 伸手 | [선 소우] | 손을 뻗다 |
| ☐ shēn shù | 申述 | [선 쑤] | 진술하다 |
| ☐ shén tài | 神态 | [선 타이] | 표정, 몸가짐 |
| ☐ shēn tǐ | 身体 | [선 티] | 신체 |
| ☐ shèn tòu | 渗透 | [선 토우] | 침투하다 |
| ☐ shén xiān | 神仙 | [선 셴] | 신선 |
| ☐ shēn xìn | 深信 | [선 씬] | 깊이 믿다 |

| | | | |
|---|---|---|---|
| shěn xùn | 审讯 | [선 쉰] | 심문하다 |
| shèn yán | 肾炎 | [썬 옌] | 신장염 |
| shēn yè | 深夜 | [선 예] | 심야, 밤중 |
| shěn yì | 审议 | [선 이] | 심의하다 |
| shēn yín | 呻吟 | [선 인] | 신음하다 |
| shēn yuǎn | 深远 | [선 웬] | 심원하다 |
| shēn zhǎn | 伸展 | [선잔] | 뻗다, 넓히다 |
| shèn zhì | 甚至 | [썬 쯔] | 심지어, 조차 |
| shèn zhì | 甚至 | [썬 쯔] | ~조차도, ~마저 |
| shèn zhì yú | 甚至于 | [썬 쯔 위] | ~까지도, ~심지어 |
| shēn zhòng | 深重 | [선 쭝] | 심중하다 |
| shèn zhòng | 慎重 | [썬 쭝] | 신중하다, 분별 있다 |
| shēn zi | 身子 | [선 즈] | 몸, 신체 |
| shěn zi | 婶子 | [선 즈] | 숙모, 아주머니 |
| shēng | 生 | [성] | 생명, 살림, 학생 |
| shèng | 盛 | [썽] | 융성하다, 왕성하다 |
| shěng | 省 | [성] | 아끼다, 생략하다 |
| shēng | 升 | [성] | 올라가다, 승진시키다 |
| shèng | 剩 | [썽] | 남다 |
| shēng | 声 | [성] | 소리, 음조, 명성 |
| shèng | 胜 | [썽] | 승리하다, ~보다 낫다 |
| shēng | 生 | [성] | 낳다, 피우다 |
| shěng | 省 | [성] | 성 (지방 행정단위) |
| shēng | 声 | [성] | (발언의 빈도) ~마다 |
| shēng bìng | 生病 | [성 삥] | 병이 들다 |
| shēng chǎn | 生产 | [성 찬] | 생산하다 |
| shèng chǎn | 盛产 | [썽 찬] | 많이 나다, 풍부하다 |
| shēng chǎn lì | 生产力 | [성 찬 리] | 생산력 |

| | | | |
|---|---|---|---|
| ☐ shēng chǎn lǜ | 生产率 | [성 찬 뤼] | 생산율 |
| ☐ shēng chù | 牲畜 | [성 추] | 성축 |
| ☐ shēng cí | 生词 | [성 츠] | 새단어 |
| ☐ shēng cún | 生存 | [성 춘] | 생존하다 |
| ☐ shèng dà | 盛大 | [썽 따] | 성대하다, 번창하다 |
| ☐ shèng dàn jié | 圣诞节 | [썽 딴 제] | 성탄절 |
| ☐ shěng de | 省得 | [성 더] | ~하지 않기 위해서, ~하지 않도록 |
| ☐ shēng diào | 声调 | [성 따오] | 성조 |
| ☐ shēng dòng | 生动 | [성 뚱] | 생동하다 |
| ☐ shěng huì | 省会 | [성 후이] | 성소재지 (중국) |
| ☐ shēng huó | 生活 | [성 훠] | 생활 |
| ☐ shēng jī | 生机 | [성 지] | 생기 |
| ☐ shèng kāi | 盛开 | [썽 카이] | 활짝 피다 |
| ☐ shēng kou | 牲口 | [성 코우] | 짐승, 역축 |
| ☐ shēng lǐ | 生理 | [성 리] | 생리 |
| ☐ shèng lì | 胜利 | [썽 리] | 승리하다 |
| ☐ shěng lüè | 省略 | [성 뤼] | 생략하다 |
| ☐ shēng mìng | 生命 | [성 밍] | 생명 |
| ☐ shēng míng | 声明 | [성 밍] | 성명 |
| ☐ shēng mìng lì | 生命力 | [성 밍 리] | 생명력 |
| ☐ shēng pà | 生怕 | [성 파] | 두려워, 염려되어 |
| ☐ shēng qì | 生气 | [성 치] | 화를 내다 |
| ☐ shēng qián | 生前 | [성 첸] | 생전 |
| ☐ shèng qíng | 盛情 | [썽 칭] | 큰 친절, 깊은 호의 |
| ☐ shēng rén | 生人 | [성 런] | 낯선 사람 |
| ☐ shēng rì | 生日 | [성 르] | 생일 |
| ☐ shēng shì | 声势 | [성 쓰] | 성세, 기세 |

| | | | |
|---|---|---|---|
| ☐ shēng shū | 生疏 | [성 수] | 생소하다 |
| ☐ shēng tài | 生态 | [성 타이] | 생태 |
| ☐ shēng wù | 生物 | [성 우] | 생물 |
| ☐ shēng xiào | 生效 | [성 쌰오] | 효력이 생기다 |
| ☐ shèng xíng | 盛行 | [썽 싱] | 성행하다 |
| ☐ shēng xué | 升学 | [성 쉐] | 승학, 진학하다, 상급 학교에 들어가다 |
| ☐ shēng yì | 生意 | [성 이] | 장사 |
| ☐ shēng yīn | 声音 | [성 인] | 소리 |
| ☐ shèng yǔ | 剩余 | [썽 위] | 남았다 |
| ☐ shēng yù | 声誉 | [성 위] | 평판, 위신 |
| ☐ shēng yù | 生育 | [성 위] | 생육하다 |
| ☐ shèng yú | 剩余 | [썽 위] | 나머지, 잉여 |
| ☐ shēng zhǎng | 生长 | [성 장] | 생장하다 |
| ☐ shěng zhǎng | 省长 | [성 장] | 성장 (중국 행정) |
| ☐ shēng zhí | 生殖 | [성 즈] | 생식이다 |
| ☐ shéng zi | 绳子 | [성 즈] | 끈, 밧줄 |
| ☐ shí'ér | 时而 | [스 얼] | 때로, 이따금, 때로는 |
| ☐ shí | 实 | [스] | 사실의, 충실하다 |
| ☐ shī | 师 | [스] | 최고사령관 |
| ☐ shǐ | 驶 | [스] | 운전하다, 달리다 |
| ☐ shì | 市 | [쓰] | 시장, 도시 |
| ☐ shì | 式 | [스] | 양식, 격식, 의식 |
| ☐ shí | 时 | [스] | 시간, 때 |
| ☐ shī | 施 | [스] | 시행하다, 부여하다 |
| ☐ shǐ | 屎 | [스] | 대변, 똥 |
| ☐ shí | 食 | [스] | 먹다 |
| ☐ shí | 识 | [스] | 알다, 식별하다 |

| | | | |
|---|---|---|---|
| ☐ shǐ | 史 [스] | | 역사 |
| ☐ shì | 事 [쓰] | | 일, 문제, 사건, 종사 |
| ☐ shí | 拾 [스] | | 집다, 줍다, 모으다 |
| ☐ shī | 失 [스] | | 잃다, 실수하다 |
| ☐ shī | 师 [스] | | 스승, 사부 |
| ☐ shī | 湿 [스] | | 젖다, 습하다 |
| ☐ shì | 视 [스] | | 보다, 살피다 |
| ☐ shì | 试 [쓰] | | 시험하다, 해보다 |
| ☐ shǐ | 使 [스] | | 사용하다, 보내다, 시키다 |
| ☐ shì | 世 [쓰] | | 세계, 시대, 생애 |
| ☐ shí | 拾(十) [스] | | 10, 십 |
| ☐ shǐ | 始 [스] | | 시작하다, 착수하다 |
| ☐ shì | 是 [쓰] | | ~이다 (동사의 강조) |
| ☐ shì | 室 [쓰] | | 방, 실 |
| ☐ shì | 试 [쓰] | | 시험 |
| ☐ shī | 诗 [스] | | 시, 시가 |
| ☐ shī bài | 失败 [스 빠이] | | 실패 |
| ☐ shì bì | 势必 [쓰 삐] | | 반드시, 꼭 |
| ☐ shì biàn | 事变 [쓰 삐엔] | | 사변 |
| ☐ shí bié | 识别 [스 베] | | 식별하다 |
| ☐ shì bīng | 士兵 [쓰 빙] | | 사병 |
| ☐ shì chá | 视察 [쓰 차] | | 시찰하다 |
| ☐ shí cháng | 时常 [스 창] | | 자주, 늘, 항상 |
| ☐ shì chǎng | 市场 [쓰 창] | | 시장 |
| ☐ shì dài | 世代 [쓰 따이] | | 세대 |
| ☐ shí dài | 时代 [스 따이] | | 시대 |
| ☐ shì dàng | 适当 [쓰 땅] | | 적당히 |
| ☐ shì de | 似的 [쓰 더] | | ~와 같다 |

| | | | |
|---|---|---|---|
| ☐ shì de | 是的 [쓰 더] | 맞다, 옳다 |
| ☐ shǐ de | 使得 [스 더] | ~하게 하다<br>~한 결과를 낳다 |
| ☐ shī diào | 失掉 [스 땨오] | 잃다, 놓치다 |
| ☐ shī dù | 湿度 [스 뚜] | 습도 |
| ☐ shì fàn | 示范 [쓰 판] | 시범하다 |
| ☐ shī fàn | 师范 [스 판] | 사범 |
| ☐ shì fàng | 释放 [쓰 팡] | 석방하다 |
| ☐ shī féi | 施肥 [스 페이] | 비료를 쓰다 |
| ☐ shì fēi | 是非 [쓰 페이] | 시비, 옳고 그름, 언쟁 |
| ☐ shí fēn | 十分 [스 펀] | 매우 |
| ☐ shì fǒu | 是否 [쓰 포우] | 인지, 아닌지 |
| ☐ shī fu | 师傅 [스 푸] | 사부 |
| ☐ shī gē | 诗歌 [스 거] | 시가, 시 |
| ☐ shī gōng | 施工 [스 궁] | 공사에 착수하다 |
| ☐ shì gù | 事故 [쓰 꾸] | 사고 |
| ☐ shí guāng | 时光 [스 꽝] | 시간, 세월 |
| ☐ shì hé | 适合 [쓰 허] | 적합하다 |
| ☐ shí hou | 时候 [스 호우] | 때 |
| ☐ shì hòu | 侍候 [쓰 호우] | 시중들다 |
| ☐ shí huà | 实话 [스 화] | 바른 말, 실화 |
| ☐ shí huī | 石灰 [스 후이] | 석회 |
| ☐ shí huì | 实惠 [스 후이] | 실속 있는 |
| ☐ shí jì | 实际 [스 찌] | 실제 |
| ☐ shì jì | 事迹 [쓰 찌] | 사적 |
| ☐ shì jì | 世纪 [쓰 찌] | 세기 |
| ☐ shí jī | 时机 [스 지] | 기회, 좋은 순간 |
| ☐ shī jiā | 施加 [스 지] | (압력을) 가하다 |

| | | | |
|---|---|---|---|
| ☐ shí jiān | 时间 | [스 젠] | 시간 |
| ☐ shì jiàn | 事件 | [쓰 쩬] | 사건 |
| ☐ shí jiàn | 实践 | [스 쩬] | 실천하다 |
| ☐ shǐ jié | 使节 | [스 제] | 사절 |
| ☐ shì jiè | 世界 | [쓰 쩨] | 세계 |
| ☐ shí jie | 时节 | [스 제] | 계절, 철 |
| ☐ shì jiè guān | 世界观 | [쓰 쩨 관] | 세계관 |
| ☐ shǐ jìn | 使劲 | [스 찐] | 힘을 다하다 |
| ☐ shì juàn | 试卷 | [쓰 쮌] | 시험지 |
| ☐ shì jué | 视觉 | [쓰 쮀] | 시각 |
| ☐ shí kè | 时刻 | [스 커] | 시각 |
| ☐ shí kuàng | 实况 | [스 쾅] | 실황, 실제상황 |
| ☐ shí lì | 实力 | [스 리] | 실력 |
| ☐ shì lì | 视力 | [쓰 리] | 시력 |
| ☐ shì lì | 势力 | [쓰 리] | 세력 |
| ☐ shǐ liào | 史料 | [스 랴오] | 사료, 역사적 재료 |
| ☐ shí máo | 时髦 | [스 마오] | 유행하는, 패션 |
| ☐ shī mián | 失眠 | [스 몐] | 실면, 불면, 실면하다 |
| ☐ shì mín | 市民 | [쓰 민] | 시민 |
| ☐ shǐ mìng | 使命 | [스 밍] | 사명 |
| ☐ shí pǐn | 食品 | [스 핀] | 식품 |
| ☐ shí qī | 时期 | [스 치] | 시기 |
| ☐ shì qing | 事情 | [쓰 칭] | 사정 |
| ☐ shī qù | 失去 | [스 취] | 잃어버리다 |
| ☐ shí quán shí měi | 十全十美 | [스 췐 스 메이] | 완벽하다 |
| ☐ shī rén | 诗人 | [스 런] | 시인 |
| ☐ shī rùn | 湿润 | [스 룬] | 상쾌하다, 쾌적하다 |

| | | | |
|---|---|---|---|
| ☐ shí shì | 时事 [스 쓰] | | 시사 |
| ☐ shì shí | 事实 [쓰 스] | | 사실 |
| ☐ shī shì | 失事 [스 쓰] | | 불의의 사고를 당하다 |
| ☐ shí shí | 时时 [스 스] | | 자극, 늘 |
| ☐ shì shì | 逝世 [쓰 쓰] | | 서거하다 |
| ☐ shí shī | 实施 [스 스] | | 실행하다, 실시하다 |
| ☐ shí shì qiú shì | 实事求是 [스 쓰 치우 쓰] | | 실사구시 |
| ☐ shì tài | 事态 [쓰 타이] | | 사태 |
| ☐ shí táng | 食堂 [스 탕] | | 식당 |
| ☐ shī tǐ | 尸体 [스 티] | | 사체 |
| ☐ shí tǐ | 实体 [스 티] | | 실체 |
| ☐ shí tou | 石头 [스 토우] | | 돌 |
| ☐ shī wàng | 失望 [스 왕] | | 실망하다 |
| ☐ shì wēi | 示威 [쓰 워이] | | 시위하다, 과시하다 |
| ☐ shí wù | 实物 [스 우] | | 실물 |
| ☐ shī wù | 失误 [스 우] | | 실수하다 |
| ☐ shì wù | 事物 [쓰 우] | | 사물 |
| ☐ shì wù | 事务 [쓰 우] | | 사무 |
| ☐ shí wù | 食物 [스 우] | | 음식물 |
| ☐ shí xí | 实习 [스 시] | | 실습하다 |
| ☐ shì xiān | 事先 [쓰 셴] | | 미리, 사전에 |
| ☐ shíxiàn | 实现 [스 쎈] | | 실현하다 |
| ☐ shì xiàn | 视线 [쓰 쎈] | | 시선 |
| ☐ shì xiàng | 事项 [쓰 쌍] | | 사항 |
| ☐ shī xiào | 失效 [스 쌰오] | | 효력을 잃다 |
| ☐ shì xiào fēi xiào | 似笑非笑 [쓰 쌰오 페이 쌰오] | | 웃는 듯 마는듯하다 |

| | | | |
|---|---|---|---|
| ☐ shī xíng | 施行 [스싱] | 시행하다, 실시하다 |
| ☐ shì xíng | 试行 [쓰싱] | 시험으로 해보다 |
| ☐ shí xíng | 实行 [스싱] | 실행하다 |
| ☐ shī xué | 失学 [스쉐] | 배움의 기회를 잃다 |
| ☐ shì yán | 誓言 [쓰옌] | 맹세, 서약 |
| ☐ shí yàn | 实验 [스옌] | 실험 |
| ☐ shì yàn | 试验 [쓰옌] | 시험 |
| ☐ shì yang | 式样 [쓰양] | 양식 |
| ☐ shì yè | 事业 [쓰예] | 사업 |
| ☐ shì yě | 视野 [쓰예] | 시야 |
| ☐ shī yè | 失业 [스예] | 실업 |
| ☐ shì yí | 适宜 [쓰이] | 적당하다, 적절하다 |
| ☐ shì yì tú | 示意图 [쓰이투] | 설명도, 약도 |
| ☐ shì yìng | 适应 [쓰잉] | 적응하다 |
| ☐ shí yòng | 食用 [스융] | 식용하다 |
| ☐ shì yòng | 适用 [쓰융] | 적용하다 |
| ☐ shǐ yòng | 使用 [스융] | 사용하다 |
| ☐ shì yòng | 试用 [쓰융] | 실용이다 |
| ☐ shí yòng | 实用 [스융] | 실용적인 |
| ☐ shí yóu | 石油 [스유] | 석유 |
| ☐ shí yù | 食欲 [스위] | 식욕 |
| ☐ shī yuē | 失约 [스웨] | 약속을 어기다, 위약하다 |
| ☐ shí zài | 实在 [스짜이] | 실제적이다 |
| ☐ shī zhǎn | 施展 [스잔] | 펼치다, 발휘하다 |
| ☐ shī zhǎng | 师长 [스장] | 사장 |
| ☐ shì zhǎng | 市长 [쓰장] | 시장 |
| ☐ shí zhì | 实质 [스쯔] | 실질 |
| ☐ shì zhì | 试制 [쓰쯔] | 시험제작하다 |

S_s

| | | |
|---|---|---|
| ☐ shǐ zhōng | 始终 [스 중] | 처음부터 끝까지 내내 |
| ☐ jǔ shì zhǔ mù | 举世瞩目 [쥐 쓰 주 무] | 온 세상이 주목하다 |
| ☐ shí zhuāng | 时装 [스 좡] | 유행복, 최신패션 |
| ☐ shī zi | 狮子 [스 즈] | 사자 |
| ☐ shī zōng | 失踪 [스 중] | 실종되다 |
| ☐ shí zú | 十足 [스 주] | 완전하다, 철저하다, 넘쳐흐르다 |
| ☐ shì lì | 事例 [스 리] | 사례 |
| ☐ shòu | 授 [쏘우] | 주다, 가르치다 |
| ☐ shòu | 瘦 [쏘우] | 여위다, 품이 작다 |
| ☐ shǒu | 守 [소우] | 지키다, 돌보다, 준수하다 |
| ☐ shòu | 售 [쏘우] | 팔다, 행하다 |
| ☐ shōu | 收 [소우] | 받는다, 모으다, 끝맺다, 걷잡다 |
| ☐ shòu | 受 [쏘우] | 받다, 입다, 견디다 |
| ☐ shǒu | 首 [소우] | 머리, 제일의 |
| ☐ shǒu biǎo | 手表 [소우 뱌오] | 손목시계 |
| ☐ shōu cáng | 收藏 [소우 창] | 수장하다 |
| ☐ shōu cheng | 收成 [소우 청] | 수확, 작황 |
| ☐ shǒu chuàng | 首创 [소우 촹] | 창시하다 |
| ☐ shǒu diàn | 手电 [소우 뗸] | 손전등 |
| ☐ shǒu dū | 首都 [소우 두] | 수도 |
| ☐ shǒu duàn | 手段 [소우 똰] | 수단 |
| ☐ shǒu fǎ | 手法 [소우 프아] | 수법 |
| ☐ shǒu fǎ | 守法 [소우 프아] | 법률을 준수하다 |
| ☐ shōu fù | 收复 [소우 푸] | 되찾다, 회복하다 |
| ☐ shōu gē | 收割 [소우 거] | 수확하다 |

| | | | |
|---|---|---|---|
| ☐ shǒu gōng | 手工 [소우 궁] | 수공 |
| ☐ shōu gòu | 收购 [소우 꼬우] | 구입하다 |
| ☐ shōu huí | 收回 [소우 후이] | 회수하다, 취소하다 |
| ☐ shōu huò | 收获 [소우 훠] | 수확 |
| ☐ shòu huò | 售货 [쏘우 훠] | 판매하다 |
| ☐ shōu jí | 收集 [소우 지] | 수집하다 |
| ☐ shǒu jīn | 手巾 [소우 진] | 손수건 |
| ☐ shǒu juàn | 手绢 [소우 쮄] | 손수건 |
| ☐ shǒu lǐng | 首领 [소우 링] | 수령, 영수 |
| ☐ shǒu liú dàn | 手榴弹 [소우 리우 딴] | 수류탄 |
| ☐ shòu mìng | 寿命 [쏘우 밍] | 수명 |
| ☐ shǒu nǎo | 首脑 [소우 나오] | 수뇌 |
| ☐ shǒu pà | 手帕 [소우 파] | 손수건 |
| ☐ shǒu qiāng | 手枪 [소우 챵] | 권총 |
| ☐ shōu rù | 收入 [소우 루] | 수입 |
| ☐ shòu shāng | 受伤 [쏘우 샹] | 상처를 입다 |
| ☐ shǒu shì | 手势 [소우 쓰] | 손짓, 손시늉 |
| ☐ shōu shi | 收拾 [소우 스] | 치우다 |
| ☐ shǒu shù | 手术 [소우 쑤] | 수술 |
| ☐ shōu suō | 收缩 [소우 쉬] | 수축하다, 축소하다 |
| ☐ shǒu tào | 手套 [소우 타오] | 장갑 |
| ☐ shǒu wèi | 守卫 [소우 웨이] | 지키다, 방어하다 |
| ☐ shǒu xiān | 首先 [소우 셴] | 맨 먼저 |
| ☐ shǒu xiàng | 首相 [소우 썅] | 수상 |
| ☐ shǒu xù | 手续 [소우 쒸] | 수속 |
| ☐ shǒu yào | 首要 [소우 야오] | 으뜸의, 주요한 |
| ☐ shōu yì | 收益 [소우 이] | 수익 |
| ☐ shǒu yì | 手艺 [소우 이] | 수예, 솜씨, 기량 |

| | | | |
|---|---|---|---|
| ☐ shōu yīn jī | 收音机 [소우 인지] | | 라디오 |
| ☐ shòu yǔ | 授予 [쏘우 위] | | 수여하다 |
| ☐ shǒu zhǎng | 首长 [소우 장] | | 수상 |
| ☐ shōu zhī | 收支 [소우 즈] | | 수입과 지출 |
| ☐ shǒu zhǐ | 手指 [소우 즈] | | 손가락 |
| ☐ shù é | 数额 [쑤어] | | 액수, 정액 |
| ☐ shǔ | 数 [수] | | 셈을 세다 |
| ☐ shù | 竖 [수] | | 수직의, 직접의 |
| ☐ shù | 数 [쑤] | | 숫자 |
| ☐ shū | 梳 [수] | | 빗다 |
| ☐ shǔ | 属 [수] | | 속, 부류, 가족 |
| ☐ shù | 竖 [쑤] | | 곤두세우다 |
| ☐ shú | 熟 [수] | | 익다, 숙성하다, 숙련되다 |
| ☐ shù | 树 [쑤] | | 나무, 수목 |
| ☐ shū | 输 [수] | | 수송하다, 나르다, 지다 |
| ☐ shū bāo | 书包 [수 바오] | | 책가방 |
| ☐ shū běn | 书本 [수 번] | | 책 |
| ☐ shū cài | 蔬菜 [수 차이] | | 채소 |
| ☐ shū chàng | 舒畅 [수 창] | | 상쾌하다, 쾌적하다 |
| ☐ shū chū | 输出 [수 추] | | 수출하다 |
| ☐ shū diàn | 书店 [수 땐] | | 서점 |
| ☐ shū fǎ | 书法 [수 프아] | | 서법 |
| ☐ shù fù | 束缚 [쑤 푸] | | 속박하다, 얽어매다 |
| ☐ shū fu | 舒服 [수 푸] | | 편하다 |
| ☐ shù gàn | 树干 [쑤 깐] | | 나무줄기 |
| ☐ shū hu | 疏忽 [수 후] | | 경솔하다 |
| ☐ shū jì | 书记 [수 찌] | | 서기 |
| ☐ shū jí | 书籍 [수 지] | | 서적 |

| | | | |
|---|---|---|---|
| ☐ shǔ jià | 暑假 [수 쨔] | 여름방학 |
| ☐ shū jià | 书架 [수 쨔] | 서가 |
| ☐ shù jù | 数据 [쑤 쮜] | 통계수치, 데이터 |
| ☐ shù lì | 树立 [쑤 리] | 수립하다 |
| ☐ shú liàn | 熟练 [수 롄] | 숙련하다 |
| ☐ shù liàng | 数量 [쑤 량] | 수량 |
| ☐ shù lín | 树林 [쑤 린] | 수림 |
| ☐ shū miàn | 书面 [수 몐] | 서면 |
| ☐ shù mù | 数目 [쑤 무] | 수, 수량 |
| ☐ shù mù | 树木 [쑤 무] | 수목 |
| ☐ shū rù | 输入 [수 루] | 수입하다 |
| ☐ shū shì | 舒适 [수 쓰] | 편안하다 |
| ☐ shū shu | 叔叔 [수 수] | 삼촌 |
| ☐ shū sòng | 输送 [수 쑹] | 수송하다 |
| ☐ shú xī | 熟悉 [수 시] | 익숙하다 |
| ☐ shū xiě | 书写 [수 세] | 쓰다, 서사하다 |
| ☐ shū xìn | 书信 [수 씬] | 서신 |
| ☐ shù xué | 数学 [쑤 쉐] | 수학 |
| ☐ shǔ yú | 属于 [수 위] | 속하다 |
| ☐ shū zhǎn | 舒展 [수 잔] | 쭉 펴다 |
| ☐ shū zi | 梳子 [수 즈] | 빗 |
| ☐ shù zi | 数字 [쑤 즈] | 숫자 |
| ☐ shuǎ | 耍 [솨] | 장난치다, 잔꾀를 부리다 |
| ☐ shuā | 刷 [솨] | 닦다, 솔질하다 |
| ☐ shuā zi | 刷子 [솨 즈] | 솔 |
| ☐ shuāi | 摔 [솨이] | 넘어지다, 내던지다 |
| ☐ shuǎi | 甩 [솨이] | 휘두르다, 팽개치다, 두고 가다 |

S_s

| | | | |
|---|---|---|---|
| ☐ shuāi lǎo | 衰老 [쑤이 라오] | 노쇠하다 |
| ☐ shuài lǐng | 率领 [쑤이 링] | 인솔하다 |
| ☐ shuāi ruò | 衰弱 [쑤이 뤄] | 쇠약하다 |
| ☐ shuān | 拴 [촨] | 붙들어 매다, 동여매다 |
| ☐ shuàn shù | 算数 [쑨 쑤] | 수를 세다 |
| ☐ shuāng | 霜 [솽] | 서리 |
| ☐ shuāng | 双 [솽] | 쌍을 이루는, 두 개의 |
| ☐ shuāng | 双 [솨 양] | ~쌍 |
| ☐ shuāng fāng | 双方 [솽 팡] | 쌍방 |
| ☐ shuǎng kuài | 爽快 [솽 콰이] | 상쾌하다 |
| ☐ shuì | 税 [쑤이] | 세금 |
| ☐ shuí | 谁 [수이] | 누구 |
| ☐ shuì | 睡 [쑤이] | 잠자다 |
| ☐ shuǐ dào | 水稻 [수이 따오] | 벼 |
| ☐ shuǐ diàn | 水电 [수이 뗀] | 수도와 전기 |
| ☐ shuǐ fèn | 水分 [수이 펀] | 수분 |
| ☐ shuǐ guǒ | 水果 [수이 궈] | 과일 |
| ☐ shuì jiào | 睡觉 [쑤이 쨔오] | 잠을 자다 |
| ☐ shuǐ kù | 水库 [수이 쿠] | 저수지 |
| ☐ shuǐ lì | 水力 [수이 리] | 수력 |
| ☐ shuǐ lì | 水利 [수이 리] | 수리, 관계 사업 |
| ☐ shuì mián | 睡眠 [쑤이 몐] | 수면, 잠 |
| ☐ shuǐ ní | 水泥 [수이 니] | 시멘트 |
| ☐ shuǐ píng | 水平 [수이 핑] | 수준 |
| ☐ shuǐ chǎn | 水产 [수이 찬] | 수산물 |
| ☐ shuì shōu | 税收 [쑤이 소우] | 세수 |
| ☐ shuǐ tǔ | 水土 [수이 투] | 수토 |
| ☐ shuǐ yuán | 水源 [수이 웬] | 수원 |

| | | | |
|---|---|---|---|
| ☐ shuǐ zāi | 水灾 [수이 자이] | | 수재 |
| ☐ shuǐ zhēng qì | 水蒸气 [수이 정 치] | | 수증기 |
| ☐ shùn | 顺 [쑨] | | 가지런히 하다 |
| ☐ shùn | 顺 [쑨] | | 알맞다, 순서대로 |
| ☐ shùn | 顺 [쑨] | | ~을(에) 따라서 |
| ☐ shùn | 顺 [쑨] | | 같은 방향으로 |
| ☐ shùn | 顺 [쑨] | | 알맞다, 순서대로 |
| ☐ shùn biàn | 顺便 [쑨 삐엔] | | ~하는 김에 |
| ☐ shùn lì | 顺利 [쑨 리] | | 순리롭다 |
| ☐ shùn shǒu | 顺手 [쑨 소우] | | 순조롭게, 하는 김에, 순조롭다 |
| ☐ shùn xù | 顺序 [쑨 쉬] | | 순서 |
| ☐ shuō | 说 [쉬] | | 말하다 |
| ☐ shuō bù dìng | 说不定 [쉬 부 띵] | | 아마도, 어쩌면 |
| ☐ shuō fǎ | 说法 [쉬 프아] | | 설법 |
| ☐ shuō fú | 说服 [쉬 푸] | | 설복하다 |
| ☐ shuō huǎng | 说谎 [쉬 황] | | 거짓말하다 |
| ☐ shuō míng | 说明 [쉬 밍] | | 설명 |
| ☐ shuō qíng | 说情 [쉬 칭] | | 사정하다 |
| ☐ sī | 思 [스] | | 생각하다 |
| ☐ sǐ | 死 [스] | | 극단적이다, 융통성 없다, 막다르다 |
| ☐ sì | 寺 [쓰] | | 절, 사원 |
| ☐ sì | 似 [쓰] | | 비슷하다, 닮다 |
| ☐ sǐ | 死 [스] | | 죽다 |
| ☐ sī | 私 [스] | | 사적인, 비밀의, 불법의 |
| ☐ sì | 肆(四) [쓰] | | 4, 사 |
| ☐ sī | 撕 [스] | | 찢다, 째다, 뜯다 |

| | | |
|---|---|---|
| ☐ sī | 丝 [스] | 명주실, 극히 적은 양 |
| ☐ sī cháo | 思潮 [스 차오] | 사조 |
| ☐ sì chù | 四处 [쓰 추] | 사처, 여러 곳 |
| ☐ sì chù | 四处 [쓰 추] | 사방, 도처 |
| ☐ sī fǎ | 司法 [스 프아] | 사법 |
| ☐ sì fāng | 四方 [쓰 팡] | 사방 |
| ☐ sī háo | 丝毫 [스 하오] | 극히 적다 |
| ☐ sì hu | 似乎 [쓰 후] | 마치 ~인 듯하다 |
| ☐ sì jì | 四季 [쓰 찌] | 사계절 |
| ☐ sī jī | 司机 [스 지] | 기사 |
| ☐ sī kǎo | 思考 [스 카오] | 사고하다 |
| ☐ sì liào | 饲料 [스 랴오] | 사료 |
| ☐ sī lìng | 司令 [스 링] | 사령 |
| ☐ sī lìng bù | 司令部 [스 링 뿌] | 사령부 |
| ☐ sì miàn bā fāng | 四面八方 [쓰 몐 바 팡] | 사면팔방 |
| ☐ sī niàn | 思念 [스 녠] | 그리워하다, 애타게 바라다 |
| ☐ sī qián sī hòu | 思前思后 [스 쳰 스 호우] | 앞뒤를 따져 생각하다 |
| ☐ sī qíng | 思情 [스 칭] | 은정 |
| ☐ sī rén | 私人 [스 런] | 개인 |
| ☐ sì shì ér fēi | 似是而非 [쓰 쓰 얼 페이] | 옳은 것 같지만 틀리다 |
| ☐ sī suǒ | 思索 [스 쉬] | 사색하다, 숙고하다 |
| ☐ sǐ wáng | 死亡 [스 왕] | 사망하다 |
| ☐ sī wéi | 思维 [스 웨이] | 사유 |
| ☐ sī wén | 斯文 [스 원] | 점잖다 |
| ☐ sī xiǎng | 思想 [스 샹] | 사상 |

| | | | |
|---|---|---|---|
| ☐ sǐ xíng | 死刑 [스 싱] | 사형 |
| ☐ sī xù | 思绪 [스 쉬] | 생각, 정서, 기분 |
| ☐ sì yǎng | 饲养 [쓰 양] | 사육하다, 기르다 |
| ☐ sī yíng | 私营 [스 잉] | 개인이 경영하다 |
| ☐ sī yǒu | 私有 [스 요우] | 개인이 소유하다 |
| ☐ sī yǒu zhì | 私有制 [스 유 쯔] | 사유제 |
| ☐ sì zhī | 四肢 [쓰 즈] | 사지 (인체) |
| ☐ sì zhōu | 四周 [쓰 조우] | 사방 |
| ☐ sī zì | 私自 [스 쯔] | 남몰래, 무단으로 |
| ☐ sōng | 松 [숭] | 늦추다, 완화시키다 |
| ☐ sōng | 松 [숭] | 헐겁다, 느슨하다 |
| ☐ sòng | 宋 [쏭] | 송 (성씨) |
| ☐ sǒng | 耸 [숭] | 치솟다, (주의를) 끌다 |
| ☐ sòng | 送 [쏭] | 보내다 |
| ☐ sòng lǐ | 送礼 [쏭 리] | 예물을 보내다 |
| ☐ sōng shù | 松树 [숭 쑤] | 소나무 |
| ☐ sòng xíng | 送行 [쏭 싱] | 배웅하다 |
| ☐ sōu | 艘 [소우] | ~척 |
| ☐ sōu | 搜 [소우] | 찾다, 모아들이다 |
| ☐ sōu chá | 搜查 [소우 차] | 수색하다 |
| ☐ sōu jí | 搜集 [소우 지] | 수집하다, 모으다 |
| ☐ sōu suǒ | 搜索 [소우 쉬] | 수사하다, 수색하다 |
| ☐ sú | 俗 [수] | 통속적, 세속의 |
| ☐ sù | 素 [쑤] | 희색, 단순한, 야채, 요소 |
| ☐ sù | 束 [쑤] | 묶음, 다발, 송이, 단 |
| ☐ sú | 俗 [수] | 풍속 |
| ☐ sù chéng | 速成 [쑤 청] | 속성 |
| ☐ sù dù | 速度 [쑤 뚜] | 속도 |

| | | | |
|---|---|---|---|
| ☐ sú huà | 俗话 [수 화] | 속담, 속어 |
| ☐ sù liào | 塑料 [쑤 랴오] | 플라스틱 |
| ☐ sù qīng | 肃清 [쑤 칭] | 숙청하다 |
| ☐ sù shè | 宿舍 [쑤 써] | 숙사 |
| ☐ sù sòng | 诉讼 [쑤 쏭] | 소송하다, 상소 |
| ☐ sū xǐng | 苏醒 [수 싱] | 의식이 들다, 소생하다 |
| ☐ sù zào | 塑造 [쑤 짜오] | 빚어서 만들다 |
| ☐ sù zhì | 素质 [쑤 쯔] | 소질, 재료 |
| ☐ suāi tuì | 衰退 [쇠이 투이] | 쇠퇴하다 |
| ☐ suàn | 蒜 [쏸] | 마늘 |
| ☐ suān | 酸 [솬] | 시다, 시큼하다 |
| ☐ suàn | 算 [쏸] | 계산하다 |
| ☐ suàn le | 算了 [쏸 러] | 그만 두다 |
| ☐ suàn pán | 算盘 [쏸 프안] | 주판 |
| ☐ suàn shì | 算是 [쏸 쓰] | 마침내, 겨우 |
| ☐ suàn shù | 算术 [쏸 쑤] | 산술 |
| ☐ suàn shù | 算数 [쏸 쑤] | 말 한대로 하다 |
| ☐ suì | 穗 [쑤이] | 이삭 |
| ☐ suì | 岁 [쑤이] | ~년, ~세 |
| ☐ suí | 随 [수이] | 따라가다, 응하다, ~하는 대로 맡기다 |
| ☐ suí | 随 [스웨이] | ~하게 해주다 |
| ☐ suì | 碎 [쑤이] | 수다스럽다, 말 많다 |
| ☐ suī | 虽 [수이] | 비록~일지라도, ~할지라도, 설사 ~이더라도 |
| ☐ suí biàn | 随便 [수이 삔] | 마음대로 |
| ☐ suì dào | 隧道 [쑤이 따오] | 터널, 지하통로 |
| ☐ suí hòu | 随后 [수이 호우] | 뒤이어, 곧, 이어 |

| | | | |
|---|---|---|---|
| ☐ suí jí | 随即 [수이 지] | | 즉시, 곧 |
| ☐ suī rán | 虽然 [수이 란] | | 비록 |
| ☐ suí shí | 随时 [수이 스] | | 수시로, 언제나 |
| ☐ suí shí suí dì | 随时随地 [수이 스 수이 띠] | | 언제 어디서나 |
| ☐ suí shǒu | 随手 [수이 소우] | | 하는 김에 |
| ☐ suì shu | 岁数 [쑤이 수] | | 나이 |
| ☐ suī shuō | 虽说 [스웨이 쉬] | | ~이지만~, 비록~일지라도 |
| ☐ suí yì | 随意 [수이 이] | | 뜻대로, 생각대로 |
| ☐ suì yuè | 岁月 [쑤이 웨] | | 세월 |
| ☐ suí zhe | 随着 [수이 저] | | ~따라서, ~을 본떠서 |
| ☐ sǔn | 损 [순] | | 줄이다, 손해를 주다 |
| ☐ sǔn | 笋 [순] | | 죽순 |
| ☐ sǔn hài | 损害 [순 하이] | | 손해보다 |
| ☐ sǔn hào | 损耗 [순 하오] | | 손상, 소모, 소모되다, 낭비하다 |
| ☐ sǔn huài | 损坏 [순 화이] | | 손해를 입히다, 파손시키다 |
| ☐ sūn nǚ | 孙女 [순 뉘] | | 손녀 |
| ☐ sǔn rén lì jǐ | 损人利己 [순 런 리 지] | | 남에게 손해를 끼치고 자기의 이익을 도모하다 |
| ☐ sǔn shāng | 损伤 [순 상] | | 손상되다 |
| ☐ sǔn shī | 损失 [순 스] | | 손실 |
| ☐ sūn zi | 孙子 [순 즈] | | 손자 |
| ☐ suǒ | 所 [쉬] | | 장소, 곳 |
| ☐ suǒ | 所 [쉬] | | ~하게 되다, ~하는 |
| ☐ suǒ | 所 [쉬] | | ~채, ~소 |
| ☐ suō | 缩 [쉬] | | 줄어들다, 축소하다, 움츠리다 |
| ☐ suǒ | 锁 [쉬] | | 자물쇠 |

| | | | |
|---|---|---|---|
| ☐ suǒ | 锁 [쒀] | | 잠그다, 감치다 |
| ☐ suǒ dé | 所得 [쒀 더] | | 소득, 얻은 것 |
| ☐ suǒ dé shuì | 所得税 [쒀 더 쑤이] | | 소득세 |
| ☐ suō duǎn | 缩短 [쒀 똰] | | 단축하다 |
| ☐ suǒ shǔ | 所属 [쒀 수] | | 소속하다 |
| ☐ suǒ wèi | 所谓 [쒀 웨이] | | 소위, 이른바 |
| ☐ suō xiǎo | 缩小 [쒀 샤오] | | 축소하다 |
| ☐ suǒ xìng | 索性 [쒀 씽] | | 서슴지 않고, 아예 |
| ☐ suǒ yǐ | 所以 [쒀 이] | | 때문에 |
| ☐ suǒ yǒu | 所有 [쒀 유] | | 일체의, 모든 |
| ☐ suǒ yǒu qián | 所有权 [쒀 유 췐] | | 소유권 |
| ☐ suǒ yǒu zhì | 所有制 [쒀 유 쯔] | | 소유제 |
| ☐ suǒ zài | 所在 [쒀 짜이] | | 소재지 |

# T_t

- tà 踏 [타] 밟다, 답사하다
- tā 它 [타] 그것, 저것
- tā 塌 [타] 붕괴하다, 꺼지다, 가라앉히다
- tā 她 [타] 그녀
- tā 他 [타] 그, 그대
- tǎ 塔 [타] 탑
- tā men 他们 [타 먼] 그들
- tā men 她们 [타 먼] 그녀들
- tā men 它们 [타 먼] 그것들
- tā rén 他人 [타 런] 타인
- tā shi 塌实 [타 스] 착실하다, 마음이 놓다
- tài 太 [타이] 너무, 매우
- tái 抬 [타이] 들다, 들어올리다
- tái 台 [타이] 받침대, 무대
- tái 台 [타이] ~편, ~대
- tài du 态度 [타이 뚜] 태도
- tái fēng 台风 [타이 펑] 태풍
- tái jiē 台阶 [타이 제] 층계, 섬들
- tài kōng 太空 [타이 쿵] 태공
- tài píng 太平 [타이 핑] 태평스럽다
- tài rán 泰然 [타이 란] 태연하다
- tài tai 太太 [타이 타이] 부인
- tài yang 太阳 [타이 양] 태양
- tài yáng néng 太阳能 [타이 양 넝] 태양 에너지

| | | | |
|---|---|---|---|
| ☐ tān | 滩 [탄] | | 여울, 모래톱 |
| ☐ tán | 痰 [탄] | | 담, 가래 |
| ☐ tán | 潭 [탄] | | 깊은 못 |
| ☐ tàn | 炭 [탄] | | 목탄, 숯 |
| ☐ tān | 摊 [탄] | | ~무더기 |
| ☐ tān | 摊 [탄] | | 노점, 가두 판매점 |
| ☐ tán | 谈 [탄] | | 말하다, 이야기하다 |
| ☐ tān | 贪 [탄] | | 탐내다, 동경하다 |
| ☐ tàn | 叹 [탄] | | 한숨쉬다, 감탄하다 |
| ☐ tàn | 探 [탄] | | 찾다, 방문하다 |
| ☐ tán | 坛 [탄] | | 단, 제단 |
| ☐ tán | 弹 [탄] | | 타다, 가볍게 치다, 쏘다 |
| ☐ tǎn bái | 坦白 [탄 바이] | | 솔직하게 말하다 |
| ☐ tàn cè | 探测 [탄 처] | | 탐측하다 |
| ☐ tán huà | 谈话 [탄 화] | | 담화 |
| ☐ tán huà | 谈话 [탄 화] | | 대화를 하다 |
| ☐ tān huàn | 瘫痪 [탄 환] | | 탄환하다 |
| ☐ tǎn kè | 坦克 [탄 커] | | 탱크 |
| ☐ tán lùn | 谈论 [탄 룬] | | 담론하다 |
| ☐ tán pàn | 谈判 [탄 프안] | | 담판 |
| ☐ tàn qì | 叹气 [탄 치] | | 한숨쉬다, 한숨소리 |
| ☐ tàn qīn | 探亲 [탄 친] | | 귀성하다, 면회하다 |
| ☐ tàn suǒ | 探索 [탄 쉬] | | 탐색하다 찾다 |
| ☐ tàn tǎo | 探讨 [탄 타오] | | 연구토론하다 |
| ☐ tán tiān | 谈天 [탄 텐] | | 한담하다 |
| ☐ tàn tóu tàn nǎo | 探头探脑 [탄 토우 탄 나오] | | 머리를 내밀고 주위를 살피다 |
| ☐ tàn wàng | 探望 [탄 왕] | | 살피다, 방문하다 |

| | | | |
|---|---|---|---|
| ☐ tān wū | 贪污 [탄 우] | 횡령하다 |
| ☐ tǎn zi | 毯子 [탄 즈] | 담요 |
| ☐ tāng | 汤 [탕] | 국 |
| ☐ tàng | 烫 [탕] | 매우 뜨겁다 |
| ☐ táng | 糖 [탕] | 설탕 |
| ☐ táng | 塘 [탕] | 제방, 저습지, 탕 |
| ☐ tàng | 烫 [탕] | 데다, 데우다, 다리다 |
| ☐ tǎng | 躺 [탕] | 눕다, 기대다 |
| ☐ tàng | 趟 [탕] | 사람, 차의 왕래 횟수 |
| ☐ táng guǒ | 糖果 [탕 궈] | 사탕과자, 캔디 |
| ☐ tǎng ruò | 倘若 [탕 뤄] | 만약 ~이면 |
| ☐ táo | 桃 [타오] | 복숭아 |
| ☐ tāo | 掏 [타오] | 꺼내다, 파내다 |
| ☐ tào | 套 [타오] | 붙들어 매다 모방하다 |
| ☐ táo | 逃 [타오] | 달아나다, 도피하다 |
| ☐ tǎo | 讨 [타오] | 토벌하다, 책망하다, 빌다 |
| ☐ tào | 套 [토우] | 세트, 벌, 조 |
| ☐ táo bì | 逃避 [타오 삐] | 도피하다 |
| ☐ táo cí | 陶瓷 [타오 츠] | 도자기 |
| ☐ táo huā | 桃花 [타오 화] | 복숭아 꽃 |
| ☐ táo huāng | 逃荒 [타오 황] | 재난으로 피난가다 |
| ☐ tǎo jià huán jià | 讨价还价 [타오 쨔 환 쨔] | 여러 가지 조건을 따지고 들다 |
| ☐ tǎo lùn | 讨论 [타오 룬] | 토론하다 |
| ☐ táo pǎo | 逃跑 [타오 파오] | 도망치다 |
| ☐ táo qì | 淘气 [타오 치] | 장난이 심하다 |
| ☐ táo tài | 淘汰 [타오 타이] | 도태하다 |
| ☐ tāo tāo bù | 滔滔不绝 | 도도함이 끝없이 계속되다 |

T_t

| | | | |
|---|---|---|---|
| jué | | [타오 타오 뿌 줴] | |
| tǎo yàn | 讨厌 | [타오 옌] | 싫다, 귀찮다 |
| táo zǒu | 逃走 | [타오 조우] | 도망가다 |
| tè | 特 | [터] | 특별히 |
| tè bié | 特别 | [터 베] | 특별히, 특별하다 |
| tè chǎn | 特产 | [터 찬] | 특산 |
| tè cǐ | 特此 | [터 츠] | 지극히 |
| tè dì | 特地 | [터 띠] | 특히, 각별히 |
| tè diǎn | 特点 | [터 뎬] | 특점 |
| tè dìng | 特定 | [터 띵] | 특정적이다 |
| tè qū | 特区 | [터 취] | 특구 |
| tè quán | 特权 | [터 췐] | 특권 |
| tè sè | 特色 | [터 써] | 특색 |
| tè shū | 特殊 | [터 수] | 특별하다 |
| tè wu | 特务 | [터 우] | 특무, 스파이 |
| tè xìng | 特性 | [터 씽] | 특성 |
| tè yì | 特意 | [터 이] | 특별히, 일부러 |
| tè zhēng | 特征 | [터 정] | 특징 |
| téng | 藤 | [텅] | 등나무, 넝쿨 |
| téng | 疼 | [텅] | 아프다, 아끼다 |
| téng | 腾 | [텅] | 질주하다, 오르다, 비우다 |
| téng tòng | 疼痛 | [텅 퉁] | 아프다 |
| tí'àn | 提案 | [티 안] | 제안 |
| tí | 蹄 | [티] | 발굽 |
| tǐ | 体 | [티] | 몸, 물체 |
| tì | 替 | [티] | 대신하다, ~을 위하여 |
| tì | 剃 | [티] | (머리를) 깎다 |
| tí | 题 | [티] | 제목, 문제 |

| | | | |
|---|---|---|---|
| ☐ tí | 提 [티] | | 올리다, 휴대하다, 앞당기다 |
| ☐ tī | 踢 [티] | | 차다 |
| ☐ tíxǐng | 提醒 [티 싱] | | 일깨우다, 조심시키다 |
| ☐ tí bá | 提拔 [티 바] | | 발탁하다, 등용하다 |
| ☐ tí bāo | 提包 [티 바오] | | 들 가방 |
| ☐ tí cái | 题材 [티 차이] | | 제재, 글감 |
| ☐ tǐ cāo | 体操 [티 차오] | | 체조 |
| ☐ tí chàng | 提倡 [티 창] | | 제창하다 |
| ☐ tì dài | 替代 [티 따이] | | 대체하다 |
| ☐ tí gāng | 提纲 [티 강] | | 제강 |
| ☐ tí gāo | 提高 [티 가오] | | 제고하다 |
| ☐ tí gòng | 提供 [티 꿍] | | 제공하다 |
| ☐ tì huàn | 替换 [티 환] | | 대신해 바꾸다 |
| ☐ tǐ huì | 体会 [티 후이] | | 체험하다 |
| ☐ tǐ jī | 体积 [티 지] | | 체적 |
| ☐ tí jiāo | 提交 [티 쟈오] | | 제출하다 |
| ☐ tǐ lì | 体力 [티 리] | | 체력 |
| ☐ tí liàn | 提炼 [티 롄] | | 정련하다 |
| ☐ tǐ liàng | 体谅 [티 량] | | 양해하다 |
| ☐ tǐ miàn | 体面 [티 몐] | | 체면 |
| ☐ tǐ miàn | 体面 [티 몐] | | 체면이 서다 |
| ☐ tí míng | 提名 [티 밍] | | 지명하다, 추천하다 |
| ☐ tí mù | 题目 [티 무] | | 제목 |
| ☐ tí qián | 提前 [티 첸] | | 앞당기다 |
| ☐ tí qǔ | 提取 [티 취] | | 뽑다 |
| ☐ tí shēng | 提升 [티 성] | | 올리다, 제고하다 |
| ☐ tí shì | 提示 [티 쓰] | | 제시하다 |
| ☐ tǐ tiē | 体贴 [티 톄] | | 자상하게 돌보다 |

| | | | |
|---|---|---|---|
| ☐ tí wèn | **提问** [티 원] | 질문하다 |
| ☐ tǐ wēn | **体温** [티 원] | 체온 |
| ☐ tǐ xì | **体系** [티 씨] | 체계 |
| ☐ tǐ xiàn | **体现** [티 쎈] | 체현하다, 구현하다 |
| ☐ tǐ yàn | **体验** [티 옌] | 체험하다 |
| ☐ tí yào | **提要** [티 야오] | 요점, 제요 |
| ☐ tí yì | **提议** [티 이] | 제의 |
| ☐ tǐ yù | **体育** [티 위] | 체육 |
| ☐ tǐ yù chǎng | **体育场** [티 위 창] | 체육장 |
| ☐ tǐ yù guǎn | **体育馆** [티 위 관] | 체육관 |
| ☐ tí zǎo | **提早** [티 자오] | 시간을 앞당기다 |
| ☐ tǐ zhì | **体制** [티 쯔] | 체제 |
| ☐ tǐ zhì | **体质** [티 쯔] | 체질 |
| ☐ tǐ zhòng | **体重** [티 쭝] | 체중 |
| ☐ tián | **田** [톈] | 논, 밭 |
| ☐ tiān | **天** [톈] | 하늘 |
| ☐ tián | **甜** [톈] | 달다 |
| ☐ tiān | **添** [톈] | 보태다, 첨가하다 |
| ☐ tián | **填** [톈] | 써넣다, 매우다 |
| ☐ tián bǔ | **填补** [톈 부] | 매우다, 보충하다 |
| ☐ tiān cái | **天才** [톈 차이] | 천재 |
| ☐ tiān cháng dì jiǔ | **天长地久** [톈 창 띠 지우] | 하늘과 땅처럼 영원하다 |
| ☐ tiān dì | **天地** [톈 띠] | 천지 |
| ☐ tián dì | **田地** [톈 띠] | 논밭, 경작지 |
| ☐ tián jiān | **田间** [톈 졘] | 전간 |
| ☐ tián jìng | **田径** [톈 찡] | 육상경기 |
| ☐ tiān kōng | **高空** [고우 쿵] | 고공 |

| | | | |
|---|---|---|---|
| ☐ tiān kōng | 天空 [톈 쿵] | 하늘 |
| ☐ tiān qì | 天气 [톈 치] | 날씨 |
| ☐ tiān rán | 天然 [톈 란] | 천연 |
| ☐ tiān rán qì | 天然气 [톈 란 치] | 천연가스 |
| ☐ tiān sè | 天色 [톈 써] | 하늘 빛 |
| ☐ tiān shàng | 天上 [톈 쌍] | 하늘 |
| ☐ tiān shēng | 天生 [톈 성] | 천생이다, 타고나다 |
| ☐ tiān táng | 天堂 [톈 탕] | 천당 |
| ☐ tiān wén | 天文 [톈 원] | 천문 |
| ☐ tiān xià | 天下 [톈 쌰] | 천하 |
| ☐ tiān xiàn | 天线 [톈 쎈] | 안테나 |
| ☐ tián xiě | 填写 [톈 세] | 써넣다, 기입하다 |
| ☐ tián yě | 田野 [톈 예] | 전야 |
| ☐ tiān zhēn | 天真 [톈 전] | 천진하다 |
| ☐ tiān zhǔ jiào | 天主教 [톈 주 쨔오] | 천주교 |
| ☐ tiào | 跳 [탸오] | 뛰다, 건너뛰다 |
| ☐ tiǎo | 挑 [탸오] | 들어올리다, 돋우다 |
| ☐ tiáo | 条 [탸오] | 마리, 가지 |
| ☐ tiāo | 挑 [탸오] | 들어올리다, 돋우다 |
| ☐ tiǎo bō | 挑拨 [탸오 보] | 부추기다, 추동하다 |
| ☐ tiào dòng | 跳动 [탸오 뚱] | 높뛰다, 고동치다 |
| ☐ tiào gāo | 跳高 [탸오 가오] | 높이뛰기 |
| ☐ tiáo hé | 调和 [탸오 허] | 조화롭다 |
| ☐ tiáo jì | 调剂 [탸오 찌] | 조제하다, 조정하다 |
| ☐ tiáo jiàn | 条件 [탸오 쩬] | 조건 |
| ☐ tiáo jié | 调节 [탸오 제] | 조절하다 |
| ☐ tiáo jiě | 调解 [탸오 제] | 조정하다, 중재하다 |
| ☐ tiáo kuǎn | 条款 [탸오 콴] | 조항, 조목 |

T_t

| | | | |
|---|---|---|---|
| ☐ tiáo lǐ | 条理 | [탸오 리] | 조리, 순서 |
| ☐ tiáo lì | 条例 | [탸오 리] | 조례 |
| ☐ tiáo pí | 调皮 | [탸오 피] | 장난이 심하다, 교활하다 |
| ☐ tiáo wén | 条文 | [탸오 원] | 조목, 항목 |
| ☐ tiào wǔ | 跳舞 | [탸오 우] | 춤추다 |
| ☐ tiǎo xìn | 挑衅 | [탸오 씬] | 도발하다 |
| ☐ tiāo xuǎn | 挑选 | [탸오 쉔] | 골라내다, 고르다 |
| ☐ tiào yuǎn | 跳远 | [탸오 웬] | 멀리뛰기 |
| ☐ tiáo yuē | 条约 | [탸오 웨] | 조약 |
| ☐ tiào yuè | 跳跃 | [탸오 웨] | 도약하다 |
| ☐ tiǎo zhàn | 挑战 | [탸오 짠] | 도전하다 |
| ☐ tiáo zhěng | 调整 | [탸오 정] | 조절하다 |
| ☐ tiáo zi | 条子 | [탸오 즈] | 조각, 쪽지 |
| ☐ tiē | 贴 | [테] | 붙이다, 붙다 |
| ☐ tiě | 铁 | [테] | 철 |
| ☐ tiě dào | 铁道 | [테 따오] | 철도 |
| ☐ tiě fàn wǎn | 铁饭碗 | [테 프안 완] | 평생직장 (철밥통) |
| ☐ tiě lù | 铁路 | [테 루] | 철로 |
| ☐ tíng | 停 | [팅] | 서다, 멈추다 |
| ☐ tīng | 听 | [팅] | 듣다 |
| ☐ tǐng | 挺 | [팅] | 곧게 펴다, 견디다 |
| ☐ tǐng | 挺 | [팅] | 크고 곧다 |
| ☐ tīng | 厅 | [팅] | 청, 큰방, 홀 |
| ☐ tǐng | 挺 | [팅] | 매우, 대단히 |
| ☐ tǐng | 艇 | [팅] | 보트 |
| ☐ tǐng bá | 挺拔 | [팅 바] | 크고 곧다, 굳세고 힘 있다 |
| ☐ tíng bó | 停泊 | [팅 붜] | 정박하다, 머물다 |
| ☐ tíng dùn | 停顿 | [팅 뚠] | 멈추다, 중지되다 |

| | | | |
|---|---|---|---|
| ☐ tīng huà | **听话** [팅 화] | 말을 잘 듣다 |
| ☐ tīng jiàn | **听见** [팅 쩬] | 들리다 |
| ☐ tīng jiǎng | **听讲** [팅 쟝] | 강의 듣다 |
| ☐ tǐng lì | **挺立** [팅 리] | 똑바로 서다, 우뚝 서다 |
| ☐ tíng liú | **停留** [팅 리우] | 머물다, 멈추다 |
| ☐ tīng qǔ | **听取** [팅 취] | 청취하다, 듣다 |
| ☐ tīng shuō | **听说** [팅 쉬] | 듣건대 ~이라 한다 |
| ☐ tíng zhì | **停滞** [팅 쯔] | 정체하다 |
| ☐ tīng xiě | **听写** [팅 셰] | 받아쓰다 |
| ☐ tíng zhǐ | **停止** [팅 즈] | 정지하다 |
| ☐ tīng zhòng | **听众** [팅 쭝] | 청중 |
| ☐ tíng zi | **亭子** [팅 즈] | 정자 |
| ☐ tǒng | **筒** [퉁] | 통 |
| ☐ tóng | **铜** [퉁] | 동, 구리 (광물) |
| ☐ tóng | **同** [퉁] | 같다 ~와, ~와 마찬가지로 |
| ☐ tóng | **同** [퉁] | ~와, ~과, ~함께 |
| ☐ tǒng | **桶** [퉁] | 통 |
| ☐ tōng | **通** [퉁] | 논리적이다, 보통이다 |
| ☐ tōng | **通** [퉁] | 통하다, 쑤시다 |
| ☐ tòng | **痛** [퉁] | 아프다 |
| ☐ tǒng | **捅** [퉁] | 쑤시다, 폭로하다 |
| ☐ tóng bàn | **同伴** [퉁 빤] | 길동무, 동료, 짝 |
| ☐ tóng bāo | **同胞** [퉁 바오] | 동포 |
| ☐ tōng bào | **通报** [퉁 빠오] | 통보, 통보하다 |
| ☐ tóng bù | **同步** [퉁 뿌] | 함께 하다 |
| ☐ tōng cháng | **通常** [퉁 챵] | 일반적이다 |
| ☐ tōng cháng | **通常** [퉁 챵] | 보통, 통상 |
| ☐ tǒng chóu | **统筹** [퉁 초우] | 총괄하다 |

| | | | |
|---|---|---|---|
| ☐ tōng dào | 通道 [퉁 따오] | 통로 |
| ☐ tóng děng | 同等 [퉁 덩] | 동등하다 |
| ☐ tōng fēng | 通风 [퉁 펑] | 통풍하다 |
| ☐ tōng gào | 通告 [퉁 까오] | 통고, 통고하다 |
| ☐ tōng guò | 通过 [퉁 꿔] | 통과되다, ~을 통하여 |
| ☐ tóng hang | 同行 [퉁 항] | 동행 |
| ☐ tōng háng | 通航 [퉁 항] | 통항하다 |
| ☐ tòng hèn | 痛恨 [퉁 헌] | 증오하다 |
| ☐ tōng hóng | 通红 [퉁 훙] | 새빨갛다 |
| ☐ tōng huò péng zhàng | 通货膨胀 [퉁 훠 펑 짱] | 통화팽창 |
| ☐ tǒng jì | 统计 [퉁 찌] | 통계 |
| ☐ tǒng jì | 统计 [퉁 찌] | 통계를 하다 |
| ☐ tòng kǔ | 痛苦 [퉁 쿠] | 고통스럽다 |
| ☐ tòng kuai | 痛快 [퉁 콰이] | 통쾌하다 |
| ☐ tóng lèi | 同类 [퉁 레이] | 같은 종류 |
| ☐ tóng méng | 同盟 [퉁 멍] | 동맹 |
| ☐ tóng nián | 童年 [퉁 녠] | 어린시절, 동년 |
| ☐ tóng nián | 同年 [퉁 녠] | 동년, 같은 해 |
| ☐ tóng qī | 同期 [퉁 치] | 동기 |
| ☐ tóng qíng | 同情 [퉁 칭] | 동정하다 |
| ☐ tōng shāng | 通商 [퉁 상] | 통상을 하다, 무역을 하다 |
| ☐ tóng shí | 同时 [퉁 스] | 동시에 |
| ☐ tóng shì | 同事 [퉁 쓰] | 동업자 |
| ☐ tōng shùn | 通顺 [퉁 쑨] | 순탄하다 |
| ☐ tōng sú | 通俗 [퉁 수] | 통속적이다 |
| ☐ tǒng tong | 统统 [퉁 퉁] | 모두, 몽땅 |
| ☐ tóng wū | 同屋 [퉁 우] | 동숙자 |

| | | | |
|---|---|---|---|
| ☐ tōng xìn | 通信 [퉁 씬] | 통신을 하다 |
| ☐ tōng xíng | 通行 [퉁 싱] | 통행하다 |
| ☐ tóng xué | 同学 [퉁 쉐] | 동창 |
| ☐ tōng xùn | 通讯 [퉁 쒼] | 통신 |
| ☐ tōng xùn shè | 通讯社 [퉁 쒼 써] | 통신사 |
| ☐ tōng yàng | 同样 [퉁 양] | 같다 |
| ☐ tóng yī | 同一 [퉁 이] | 동일하다 |
| ☐ tóng yì | 同意 [퉁 이] | 동의하다 |
| ☐ tǒng yī | 统一 [퉁 이] | 통일하다 |
| ☐ tōng yòng | 通用 [퉁 융] | 통용하다 |
| ☐ tǒng zhàn | 统战 [퉁 짠] | 통일전선 (중국) |
| ☐ tóng zhì | 同志 [퉁 쯔] | 동지 |
| ☐ tǒng zhì | 统治 [퉁 쯔] | 통치 |
| ☐ tōng zhī | 通知 [퉁 즈] | 통지하다 |
| ☐ tóu | 投 [토우] | 투입하다 |
| ☐ tòu | 透 [토우] | 충분히, 완전히 |
| ☐ tóu | 头 [토우] | 제일의, 첫 째의, 이끄는 |
| ☐ tóu | 头 [토우] | 머리 |
| ☐ tōu | 偷 [토우] | 훔치다 |
| ☐ tóubiāo | 投标 [토우 뱌오] | 경쟁에 입찰하다 |
| ☐ tòu | 透 [토우] | 꿰뚫다, 침투하다, 비밀이 새다 |
| ☐ tóu chǎn | 投产 [토우 찬] | 생산에 들어가다 |
| ☐ tòu chè | 透彻 [토우 처] | 투철하다, 날카롭다 |
| ☐ tóu fà | 头发 [토우 파] | 머리털 |
| ☐ tóu fàng | 投放 [토우 팡] | (시장에) 내놓다 |
| ☐ tóu jī | 投机 [토우 지] | 투기하다 |
| ☐ tóu jī | 投机 [토우 지] | 성미에 맞다, 뜻이 맞다 |
| ☐ tóu jī dǎo bǎ | 投机倒把 [토우 지 다오 바] | 투기 매매를 하다 |

T_t

| | | | |
|---|---|---|---|
| ☐ tòu míng | 透明 [토우 밍] | 투명하다 |
| ☐ tòu míng dù | 透明度 [토우 밍 뚜] | 투명도 |
| ☐ tóu nǎo | 头脑 [토우 나오] | 두뇌, 뇌, 지력 |
| ☐ tóu piào | 投票 [토우 표우] | 투표하다 |
| ☐ tōu qiè | 偷窃 [토우 체] | 훔치다 |
| ☐ tóu rù | 投入 [토우 루] | 투입하다 |
| ☐ tōu shuì | 偷税 [토우 쑤이] | 탈세하다 |
| ☐ tōu tōu | 偷偷 [토우 토우] | 남몰래 |
| ☐ tóu xiáng | 投降 [토우 샹] | 투항하다 |
| ☐ tóu zhì | 投掷 [토우 쯔] | 투척하다, 던지다 |
| ☐ tóu zī | 投资 [토우 즈] | 투자하다 |
| ☐ tóu zi | 头子 [토우 즈] | 두목, 우두머리 |
| ☐ tú'àn | 图案 [투우 안] | 도안 |
| ☐ tū | 凸 [투] | 볼록하다, 양각하다 |
| ☐ tū | 秃 [투] | 대머리, 벌거벗다, 무디다 |
| ☐ tǔ | 土 [투] | 토속적이다, 촌스럽다 |
| ☐ tú | 图 [투] | 그림, 도표 |
| ☐ tú | 涂 [투] | 칠하다, 지우다 |
| ☐ tù | 吐 [투] | 뱉다, 기우다 |
| ☐ tú biǎo | 图表 [투 뱌오] | 도표 |
| ☐ tū chū | 突出 [투 추] | 돌출하다 |
| ☐ tú dì | 徒弟 [투 띠] | 견습생, 제자 |
| ☐ tǔ dì | 土地 [투 띠] | 토지 |
| ☐ tǔ dòu | 土豆 [투 또우] | 감자 |
| ☐ tú huà | 图画 [투 화] | 도화 |
| ☐ tū jī | 突击 [투 찌] | 돌격하다 |
| ☐ tú jìng | 途径 [투 찡] | 도경 |
| ☐ tú piàn | 图片 [투 펜] | 도편 |

| | | | |
|---|---|---|---|
| ☐ tū pò | **突破** [투 퍼] | 돌파, 돌파하다 |
| ☐ tū rán | **突然** [투 란] | 돌연히 |
| ☐ tǔ rǎng | **土壤** [투 랑] | 토양, 흙 |
| ☐ tú shā | **屠杀** [투 사] | 도살하다 |
| ☐ tú shū guǎn | **图书馆** [투 수 관] | 도서관 |
| ☐ tú xiàng | **图像** [투 썅] | 영상 |
| ☐ tú xíng | **图形** [투 싱] | 도형 |
| ☐ tú zhǐ | **图纸** [투 즈] | 도표, 도화지 |
| ☐ tù zi | **兔子** [투 즈] | 토끼 |
| ☐ tuán | **团** [퇀] | 단체, 집단 |
| ☐ tuán | **团** [퇀] | ~뭉치, ~덩어리 |
| ☐ tuán jié | **团结** [퇀 제] | 단결 |
| ☐ tuán tǐ | **团体** [퇀 티] | 단체 |
| ☐ tuán yuán | **团聚** [퇀 웬] | 한자리에 모이다 |
| ☐ tuán yuán | **团员** [퇀 웬] | 단원 |
| ☐ tuán yuán | **团圆** [퇀 웬] | 둥글다 |
| ☐ tuán zhǎng | **团长** [퇀 장] | 단장 |
| ☐ tuī | **推** [투이] | 밀다 |
| ☐ tuǐ | **腿** [투이] | 다리 |
| ☐ tuì | **退** [투이] | 물러나다, 철회하다 |
| ☐ tuì bù | **退步** [투이 뿌] | 퇴보하다 |
| ☐ tuī cè | **推测** [투이 처] | 추측하다 |
| ☐ tuī chí | **推迟** [투이 츠] | 미루다, 연기하다 |
| ☐ tuì chū | **退出** [투이 추] | 퇴출하다 |
| ☐ tuī cí | **推辞** [투이 츠] | 거절하다, 사절하다 |
| ☐ tuī dòng | **推动** [투이 뚱] | 추동하다 |
| ☐ tuī fān | **推翻** [튀 프안] | 거꾸러뜨리다 |
| ☐ tuī guǎng | **推广** [투이 광] | 확충하다 |

| | | | |
|---|---|---|---|
| ☐ tuì huán | 退还 [투이 환] | | 돌려주다 |
| ☐ tuī jiàn | 推荐 [투이 쩬] | | 추천하다, 천거하다 |
| ☐ tuī jìn | 推进 [투이 찐] | | 추진하다 |
| ☐ tuī lái tuī qù | 推来推去 [투이 라이 투이 취] | | 서로가 미루다 |
| ☐ tuī lǐ | 推理 [투이 리] | | 추리 |
| ☐ tuī lùn | 推论 [투이 룬] | | 추론하다 |
| ☐ tuī suàn | 推算 [투이 쏸] | | 추산하다 |
| ☐ tuī xiāo | 推销 [투이 샤오] | | 널리 팔다 |
| ☐ tuī xíng | 推行 [투이 싱] | | 추진하다 |
| ☐ tuì xiū | 退休 [투이 시우] | | 퇴직하다 |
| ☐ tuī xuǎn | 推选 [투이 쉔] | | 추천하여 선발하다 |
| ☐ tún | 屯 [툰] | | 마을, 모으다 |
| ☐ tūn | 吞 [툰] | | 삼키다, 점유하다 |
| ☐ tuō'ér suǒ | 托儿所 [퉈 얼 쉬] | | 탁아소 |
| ☐ tuǒ | 妥 [퉈] | | 타당하다, 타결되다 |
| ☐ tuó | 驮 [퉈] | | 등에 지다, 싣다 |
| ☐ tuō | 拖 [퉈] | | 잡아끌다, 지연하다 |
| ☐ tuō | 托 [퉈] | | 받치다, 부탁하다, 의존하다 |
| ☐ tuō | 脱 [퉈] | | 벗다 |
| ☐ tuǒ dàng | 妥当 [퉈 당] | | 타당하다, 알맞다 |
| ☐ tuō lā jī | 拖拉机 [퉈 라 지] | | 트랙터 |
| ☐ tuō lí | 脱离 [퉈 리] | | 이탈하다 |
| ☐ tuō luò | 脱落 [퉈 뤄] | | 탈락하다 |
| ☐ tuò mo | 唾沫 [퉈 모] | | 침 |
| ☐ tuǒ shàn | 妥善 [퉈 싼] | | 타당하다, 알맞다 |
| ☐ tuǒ xié | 妥协 [퉈 세] | | 타협하다 |
| ☐ tuō yán | 拖延 [퉈 옌] | | 지연하다 |
| ☐ tuǒ yuán | 椭圆 [퉈 웬] | | 타원형 |

# W_w

| | | |
|---|---|---|
| wǎ | 瓦 [와] | 기와 |
| wā | 哇 [와] | 앙앙, 엉엉 (울음소리) |
| wā | 挖 [와] | 파다, 파서 뚫다 |
| wǎ jiě | 瓦解 [와 제] | 와해하다 |
| wā jué | 挖掘 [와 쥐] | 발굴하다 |
| wá wa | 娃娃 [와 와] | 아기, 어린 애 |
| wà zi | 袜子 [와 즈] | 양말 |
| wài | 外 [와이] | 밖, 외 |
| wāi | 歪 [와이] | 비뚤다, 그릇되다 |
| wài biān | 外边 [와이 볜] | 밖 |
| wài biǎo | 外表 [와이 뱌오] | 겉모습 |
| wài bīn | 外宾 [와이 빈] | 외국손님, 외빈 |
| wài bù | 外部 [와 뿌] | 외부 |
| wài chū | 外出 [와이 추] | 외출하다 |
| wài dì | 外地 [와이 띠] | 외지 |
| wài diàn | 外电 [와이 뗸] | 외신 |
| wài guān | 外观 [와이 관] | 외관 |
| wài guó | 外国 [와이 궈] | 외국 |
| wài hang | 外行 [와이 항] | 문외한, 비전문가 |
| wài huì | 外汇 [와이 후이] | 외화 |
| wài jiāo | 外交 [와이 쟈오] | 외교 |
| wài jiè | 外界 [와이 쪠] | 외계 |
| wài kē | 外科 [와이 커] | 외과 |
| wài lì | 外力 [와이리] | 바깥 힘, 외부 힘 |

| | | | |
|---|---|---|---|
| ☐ wài liú | **外流** [와이 리우] | 빠져나가다, 유출되다 |
| ☐ wài mian | **外面** [와이 몐] | 바깥 |
| ☐ wài pó | **外婆** [와이 퍼] | 외할머니 |
| ☐ wāi qū | **歪曲** [와이 취] | 왜곡하다 |
| ☐ wài shì | **外事** [와이 쓰] | 외사 |
| ☐ wài tou | **外头** [와이 토우] | 바깥 |
| ☐ wài wén | **外文** [와이 원] | 외국어 |
| ☐ wài xiàng xíng | **外向型** [와이 썅 싱] | 외향적, 외향형 |
| ☐ wài xíng | **外形** [와이 싱] | 외형 |
| ☐ wài yī | **外衣** [와이 이] | 외투, 겉옷 |
| ☐ wài yǔ | **外语** [와이 위] | 외국어 |
| ☐ wài zī | **外资** [와이 즈] | 외자 |
| ☐ wài zǔ fù | **外祖父** [와이 주 푸] | 외할아버지 |
| ☐ wài zǔ mǔ | **外祖母** [와이 주 무] | 외할머니 |
| ☐ wǎn | **碗** [완] | 사발 |
| ☐ wǎn | **挽** [완] | 걷어 올리다, 잡아당기다 |
| ☐ wán | **丸** [완] | 알 |
| ☐ wán | **玩** [완] | 놀다 |
| ☐ wān | **弯** [완] | 구부리다 |
| ☐ wǎn | **晚** [완] | 늦다 |
| ☐ wān | **湾** [완] | 물굽이, 만 |
| ☐ wán | **完** [완] | 끝나다, 완성하다 |
| ☐ wǎn bào | **晚报** [완 빠오] | 석간 |
| ☐ wán bèi | **完备** [완 뻬이] | 완비하다 |
| ☐ wán bì | **完毕** [완 삐] | 끝나다, 완비하다 |
| ☐ wǎn cān | **晚餐** [완 찬] | 저녁밥, 만찬 |
| ☐ wán chéng | **完成** [완 청] | 완성하다 |

| 병음 | 한자 [발음] | 뜻 |
|---|---|---|
| wán dàn | 完蛋 [완 딴] | 끝장나다, 거덜나다 |
| wān dòu | 豌豆 [완 또우] | 완두(콩) |
| wǎn fàn | 晚饭 [완 판] | 저녁 밥 |
| wàn fēn | 万分 [완 펀] | 극히, 매우 |
| wán gù | 顽固 [완 꾸] | 완고하다 |
| wàn gǔ cháng qīng | 万古长青 [완 구 창 칭] | 영원히 푸르다 |
| wǎn huì | 晚会 [완 후이] | 야회 |
| wǎn jiù | 挽救 [완 찌우] | 구해내다 |
| wán jù | 玩具 [완 쮜] | 완구 |
| wǎn nián | 晚年 [완 녠] | 만년 |
| wán nòng | 玩弄 [완 눙] | 희롱하다, 가지고 놀다 |
| wán qiáng | 顽强 [완 챵] | 완강하다 |
| wān qū | 弯曲 [완 취] | 꼬불꼬불하다, 구불구불하다 |
| wán quán | 完全 [완 췐] | 완전히 |
| wán shàn | 完善 [완 싼] | 완전하다, 완벽하다 |
| wǎn shang | 晚上 [완 상] | 저녁 |
| wàn shuǐ qiān shān | 万水千山 [완 수이 쳰 산] | 만수천산, 매우 많은 강과 산 |
| wàn suì | 万岁 [완 쑤이] | 만세! |
| wàn wàn | 万万 [완 완] | 절대로 (부정문) |
| wǎn xī | 惋惜 [완 시] | 안타까워하다, 아쉬워하다 |
| wán xiào | 玩笑 [완 샤오] | 농담, 우스갯소리 |
| wàn yī | 万一 [완 이] | 만일~하면, 만에 하나라도 |
| wán yìr | 玩意儿 [완 이얼] | 장난감, 물건 짝 |
| wán zhěng | 完整 [완 정] | 완전하다 |
| wǎng | 往 [왕] | ~을 향하여 |
| wàng | 望 [왕] | 바라보다, 희망하다 |

W_w

| | | | |
|---|---|---|---|
| ☐ wáng | 王 [왕] | | 왕 |
| ☐ wǎng | 网 [왕] | | 그물, 망, 네트 |
| ☐ wáng | 亡 [왕] | | 도망하다, 잃다, 망하다 |
| ☐ wàng | 忘 [왕] | | 잊어버리다 |
| ☐ wǎng | 往 [왕] | | ~로, ~쪽으로 |
| ☐ wǎng | 往 [왕] | | 가다, 지나다 |
| ☐ wǎng fǎn | 往返 [왕 프안] | | 왕복하다 |
| ☐ wáng guó | 王国 [왕 궈] | | 왕국 |
| ☐ wǎng hòu | 往后 [왕 호우] | | 금후, 앞으로 |
| ☐ wàng jì | 忘记 [왕 찌] | | 잊다 |
| ☐ wǎng lái | 往来 [왕 라이] | | 내왕하다 |
| ☐ wǎng nián | 往年 [왕 녠] | | 왕년 |
| ☐ wǎng qiú | 网球 [왕 치우] | | 테니스 |
| ☐ wàng què | 忘却 [왕 췌] | | 망각하다 |
| ☐ wǎng rì | 往日 [왕 일] | | 지난 날 |
| ☐ wǎng shì | 往常 [왕 창] | | 평상시, 평소 |
| ☐ wǎng shì | 往事 [왕 쓰] | | 과거, 옛일 |
| ☐ wàng tú | 妄图 [왕 투] | | 함부로 꾀하다 |
| ☐ wǎng wǎng | 往往 [왕 왕] | | 자주, 종종 |
| ☐ wàng xiǎng | 妄想 [왕 샹] | | 망상하다 망상, 공상 |
| ☐ wāng yang | 汪洋 [왕 양] | | 바다가 넓고 크다 |
| ☐ wàng yuǎn jìng | 望远镜 [왕 웬 찡] | | 망원경 |
| ☐ wé zi | 蚊子 [원 즈] | | 모기 |
| ☐ wèi | 味 [워이] | | 맛, 냄새 |
| ☐ wèi | 魏 [워이] | | 위 (성씨) |
| ☐ wèi | 胃 [워이] | | 위 |
| ☐ wèi | 未 [워이] | | 아직 ~하지 않다 |
| ☐ wèi | 畏 [워이] | | 두려워하다, 존경하다 |

| | | | |
|---|---|---|---|
| wěi | 尾 [워이] | | 꼬리 |
| wèi | 喂 [워이] | | 야, 여보세요 |
| wèi | 位 [워이] | | ~분 |
| wèi | 为 [워이] | | ~에게, ~을 위하여 |
| wèi | 喂 [워이] | | 먹여주다 |
| wéi | 围 [워이] | | 둘러싸다, 에워싸다 |
| wěi ba | 尾巴 [워이 바] | | 꼬리, 꽁무니 |
| wéi bèi | 违背 [워이 뻬이] | | 위배하다, 어기다 |
| wèi bì | 未必 [워이 삐] | | 꼭 그렇다고는 할 수 없다 |
| wēi bù zú dào | 微不足道 [워이 뿌 주 따오] | | 보잘것없다 |
| wéi chí | 维持 [위 츠] | | 유지하다 |
| wěi dà | 伟大 [워이 따] | | 위대하다 |
| wèi dao | 味道 [워이 따오] | | 맛 |
| wéi dú | 惟独 [워이 두] | | 유독 |
| wéi fǎ | 违法 [워이 프아] | | 위법이다 |
| wéi fǎn | 违犯 [워이 프안] | | 위반하다 |
| wéi fǎn | 违反 [워이 프안] | | 위반하다 |
| wēi fēng | 威风 [워이 펑] | | 위풍 |
| wéi gān | 桅杆 [워이 간] | | 돛대 |
| wéi gōng | 围攻 [워이 궁] | | 포위공격하다 |
| wēi guān | 微观 [워이 관] | | 미시적 |
| wēi hài | 危害 [워이 하이] | | 해를 끼치다 |
| wèi hé | 为何 [워이 허] | | 무엇 때문에, 왜 |
| wéi hù | 维护 [워이 후] | | 보호하다 |
| wēi jí | 危急 [워이 지] | | 위급하다, 급박하다 |
| wēi jī | 危机 [워이 지] | | 위기 |
| wéi jīn | 围巾 [워이 진] | | 목도리, 스카프 |

W_w

265

| | | |
|---|---|---|
| wèi jù | 畏惧 [워이 쮜] | 두려워하다 |
| wèi lái | 未来 [워이 라이] | 미래 |
| wèi le | 为了 [웨이 러] | ~를 위하여 |
| wēi lì | 威力 [워이 리] | 위력 |
| wèi miǎn | 未免 [워이 몐] | 오히려, 너무 |
| wéi nán | 为难 [워이 난] | 난처하게 하다 |
| wéi qí | 围棋 [워이 치] | 바둑 |
| wéi qī | 为期 [워이 치] | ~을 기한으로 하다 |
| wěi qu | 委屈 [워이 취] | 원망하다, 억울하다 |
| wéi rào | 围绕 [워이 라오] | 둘러싸다 |
| wèi shén me | 为什么 [워이 선 머] | 무엇 때문에, 왜 |
| wèi shēng | 卫生 [워이 성] | 위생 |
| wéi shēng sù | 维生素 [워이 성 쑤] | 비타민 |
| wéi shǒu | 为首 [워이 소우] | ~을 우두머리로 삼다 |
| wěi tuō | 委托 [워이 퉈] | 위탁하다 |
| wēi wàng | 威望 [워이 왕] | 위엄과 명망 |
| wèi wèn | 慰问 [워이 원] | 위문하다 |
| wéi wù lùn | 唯物论 [워이 우 룬] | 유물론 |
| wéi wù zhǔ yì | 唯物主义 [워이 우 주 이] | 유물주의 |
| wēi xiǎn | 危险 [워이 셴] | 위험하다 |
| wēi xiào | 微笑 [워이 샤오] | 미소짓다 |
| wēi xiǎo | 微小 [워이 샤오] | 미소하다, 극소하다 |
| wēi xié | 威胁 [워이 셰] | 위협하다 |
| wēi xìn | 威信 [워이 씬] | 위신 |
| wéi xīn lùn | 唯心论 [워이 신 룬] | 유심론 |
| wéi xīn zhǔ yì | 唯心主义 [워이 신 주 이] | 유심주의 |

| | | | |
|---|---|---|---|
| wèi xīng | 卫星 [웨이 싱] | | 위성 |
| wéi xiū | 维修 [웨이 시우] | | 보수하다, 수리하다 |
| wéi yī | 惟一 [웨이 이] | | 유일하다 |
| wèi yú | 位于 [웨이 위] | | ~에 위치하다 |
| wěi yuán | 委员 [웨이 웬] | | 위원 |
| wěi zào | 伪造 [웨이 짜오] | | 위조하다 |
| wèi zhi | 位置 [웨이 쯔] | | 위치 |
| wéi zhǐ | 为止 [웨이 즈] | | ~까지 |
| wěn | 吻 [원] | | 입술, 부리 |
| wěn | 吻 [원] | | 키스다 |
| wén | 文 [원] | | 문자, 문장 |
| wēn | 温 [원] | | 데우다, 복습하다 |
| wēn | 温 [원] | | 따뜻하다, 따스하다 |
| wén | 闻 [원] | | 듣다, 맡다 |
| wěn | 稳 [원] | | 안정되다, 믿음직하다 |
| wèn dá | 问答 [원 다] | | 문답 |
| wēn dài | 温带 [원 따이] | | 온대 |
| wěn dang | 稳当 [원 당] | | 온당하다 |
| wěn dìng | 稳定 [원 띵] | | 안정되다 |
| wēn dù | 温度 [원 뚜] | | 온도 |
| wēn dù jì | 温度计 [원 뚜 찌] | | 온도계 |
| wèn hǎo | 问好 [원 하오] | | 안부를 묻다 |
| wēn hé | 温和 [원 허] | | 온화하다 |
| wèn hòu | 问候 [원 호우] | | 안부를 묻다 |
| wén huà | 文化 [원 화] | | 문화 |
| wényán | 文言 [원 문언] | | 중국고문 |
| wén jiàn | 文件 [원 쩬] | | 문서, 문건 |
| wén jiàn | 文件 [원 쩬] | | 문건 |

W_w

| | | | |
|---|---|---|---|
| ☐ wén máng | 文盲 [원 망] | | 문맹 |
| ☐ wén míng | 闻名 [원 밍] | | 이름이 높다, 유명하다 |
| ☐ wén míng | 文明 [원 밍] | | 문명 |
| ☐ wēn nuǎn | 温暖 [원 난] | | 온난하다 |
| ☐ wén píng | 文凭 [원 핑] | | 졸업장 |
| ☐ wén rén | 文人 [원 런] | | 문인 |
| ☐ wēn róu | 温柔 [원 로우] | | 부드럽다, 순하다 |
| ☐ wèn shì | 问世 [원 쓰] | | 발표되어 나오다 |
| ☐ wèn tí | 问题 [원 티] | | 문제 |
| ☐ wěn tuǒ | 稳妥 [원 퉈] | | 타당하다, 믿음직하다 |
| ☐ wén wù | 文物 [원 우] | | 문물 |
| ☐ wén xiàn | 文献 [원 쎈] | | 문헌 |
| ☐ wén xué | 文学 [원 쉐] | | 문학 |
| ☐ wén xué jiā | 文学家 [원 쉐 쟈] | | 문학가 |
| ☐ wén yǎ | 文雅 [원 야] | | 우아하다 |
| ☐ wēn yì | 瘟疫 [원 이] | | 온역 |
| ☐ wén yì | 文艺 [원 이] | | 문예 |
| ☐ wén yì jiè | 文艺界 [원 이 쩨] | | 문예계 |
| ☐ wén zhāng | 文章 [원 장] | | 문장 |
| ☐ wén zì | 文字 [원 쯔] | | 문자 |
| ☐ wēng | 嗡 [웡] | | 웅웅 (소리) |
| ☐ wò | 握 [워] | | 잡다, 쥐다, 장악하다 |
| ☐ wò | 卧 [워] | | 눕다, 웅크리다 |
| ☐ wō | 窝 [워] | | 둥지, 소굴, 움푹한 곳 |
| ☐ wǒ men | 我们 [워 먼] | | 우리 |
| ☐ wō nang | 窝囊 [워 낭] | | 겁이 많다, 무능하다 |
| ☐ wò shì | 卧室 [워 쓰] | | 침실 |
| ☐ wò shǒu | 握手 [워 소우] | | 악수하다 |

| | | | |
|---|---|---|---|
| ☐ wú | 无 [우] | | 없다 |
| ☐ wù | 勿 [우] | | 금지를 나타냄 |
| ☐ wù | 误 [우] | | 잘 못하다, 실수하다 |
| ☐ wú | 无 [우] | | 없음, 무 |
| ☐ wù | 悟 [우] | | 깨닫다, 자각하다 |
| ☐ wù | 雾 [우] | | 안개 |
| ☐ wǔ | 舞 [우] | | 춤추다 |
| ☐ wù | 物 [우] | | 물건, 물자 |
| ☐ wū | 污 [우] | | 더럽다, 부정하다 |
| ☐ wù | 误 [우] | | 놓치다, 실수하다 |
| ☐ wǔ | 伍(五) [우] | | 5, 오 |
| ☐ wū | 屋 [우] | | 방, 집 |
| ☐ wú | 吴 [우] | | 오 (성씨) |
| ☐ wù bì | 务必 [우삐] | | 반드시, 꼭 |
| ☐ wú bǐ | 无比 [우비] | | 비할 바 없다 |
| ☐ wù chā | 误差 [우차] | | 오차 |
| ☐ wú chǎn jiē jí | 无产阶级 [우찬제지] | | 무산계급 |
| ☐ wú cháng | 无偿 [우창] | | 무상히 |
| ☐ wú chǐ | 无耻 [우츠] | | 무치하다 |
| ☐ wú cóng | 无从 [우충] | | ~할 길이 없다 |
| ☐ wú fǎ | 无法 [우프아] | | ~할 방법이 없다 |
| ☐ wǔ fàn | 午饭 [우프안] | | 점심밥 |
| ☐ wú fēi | 无非 [우페이] | | ~가 아닌 것이 없다, 반드시 ~이다 |
| ☐ wú huà kě shuō | 无话可说 [우화커쉬] | | 말할 것이 없다 |
| ☐ wǔ huì | 舞会 [우후이] | | 무도회 |

| | | |
|---|---|---|
| ☐ wù huì | **误会** [우 후이] | 오해 |
| ☐ wù jià | **物价** [우 쨔] | 물가 |
| ☐ wù jiě | **误解** [우 졔] | 오해하다 |
| ☐ wú kě fèng gào | **无可奉告** [우 커 펑 까오] | 알려 드릴 것이 없다 |
| ☐ wú kě nài hé | **无可奈何** [우 커 나이 허] | 어찌할 도리가 없다, 막무가내다 |
| ☐ wú lǐ | **无理** [우 리] | 무리하다 |
| ☐ wǔ lì | **武力** [우 리] | 무력 |
| ☐ wù lǐ | **物理** [우 리] | 물리 |
| ☐ wù lì | **物力** [우 리] | 물력 |
| ☐ wú liáo | **无聊** [우 랴오] | 무료하다, 시사하다 |
| ☐ wú lùn | **无论** [우 룬] | 막론하고, ~에 불구하고 |
| ☐ wú lùn rú hé | **无论如何** [우 룬 루 허] | 어떻게 되었든 관계없이 |
| ☐ wū miè | **诬蔑** [우 몌] | 모욕하다, 중상하다 |
| ☐ wū miè | **污蔑** [우 몌] | 더럽히다, 간음하다 |
| ☐ wú néng wéi lì | **无能为力** [우 넝 웨이 리] | 어쩔 수가 없다 |
| ☐ wù pǐn | **物品** [우 핀] | 물품 |
| ☐ wū pó | **婆** [우 퍼] | 무녀 |
| ☐ wǔ qì | **武器** [우 치] | 무기 |
| ☐ wú qíng | **无情** [우 칭] | 무정하다 |
| ☐ wú qíng wú yì | **无情无义** [우 칭 우 이] | 정도 의리도 없다 |
| ☐ wú qióng | **无穷** [우 츙] | 무궁하다 |
| ☐ wū rǎn | **污染** [우 란] | 오염되다 |
| ☐ wū rǔ | **侮辱** [우 루] | 모욕하다, 창피주다 |

| | | | |
|---|---|---|---|
| ☐ wǔ shu | 武术 [우 쑤] | 무술 |
| ☐ wú shù | 无数 [우 쑤] | 무수히 |
| ☐ wú suǒ wèi | 无所谓 [우 쉬 워이] | 말할 수 없다, 아무렇지도 않다 |
| ☐ wú suǒ zuò wéi | 无所作为 [우 쉬 쭤 워이] | 아무것도 하려하지 않다 |
| ☐ wǔ tái | 舞台 [우 타이] | 무대 |
| ☐ wù tǐ | 物体 [우 티] | 물체 |
| ☐ wǔ tīng | 舞厅 [우 팅] | 무도장 |
| ☐ wú tong | 梧桐 [우 퉁] | 오동나무 |
| ☐ wú wēi bú zhì | 无微不至 [우 웨이 부 쯔] | 주도 세밀하다 |
| ☐ wū xiàn | 诬陷 [우 쎈] | 모함하다 |
| ☐ wú xiàn | 无限 [우 쎈] | 무한하다 |
| ☐ wú xiàn diàn | 无线电 [우 쎈 뗀] | 무선전신 |
| ☐ wú xiào | 无效 [우 샤오] | 무효되다 |
| ☐ wū yā | 乌鸦 [우 야] | 까마귀 |
| ☐ wū yè | 呜咽 [우 예] | 목메어 울다, 훌쩍이다 |
| ☐ wú yì | 无意 [우 이] | 무의식중에 ~할 생각이 없다 |
| ☐ wú yí | 无疑 [우 이] | 의심할 바 없다 |
| ☐ wū yún | 乌云 [우 윈] | 먹구름 |
| ☐ wú zhī | 无知 [우 즈] | 무지하다 |
| ☐ wù zhì | 物质 [우 쯔] | 물질 |
| ☐ wǔ zhuāng | 武装 [우 쫭] | 무장 |
| ☐ wù zī | 物资 [우 즈] | 물자 |
| ☐ wū zi | 屋子 [우 즈] | 방 |

W_w

# X_x

| | | | |
|---|---|---|---|
| ☐ xǐ ài | 喜爱 | [시 아이] | 좋아하다, 호감을 가지다 |
| ☐ xī | 稀 | [시] | 드물다, 성기다, 멀겋다 |
| ☐ xī | 西 | [시] | 서(쪽) |
| ☐ xī | 吸 | [시] | 빨다, 들이쉬다, 흡수하다 |
| ☐ xǐ | 喜 | [시] | 좋아하다, 애호하다 |
| ☐ xī | 溪 | [시] | 개울, 작은 시내 |
| ☐ xì | 系 | [씨] | 계통, 학부 |
| ☐ xǐ | 洗 | [시] | 씻다, 세탁하다 |
| ☐ xī | 熄 | [시] | 끄다, 소멸시키다 |
| ☐ xì | 戏 | [씨] | 극, 연극 |
| ☐ xì | 细 | [씨] | 가늘다, 잘다, 섬세하다 |
| ☐ xì bāo | 细胞 | [씨 바오] | 세포 |
| ☐ xī běi | 西北 | [시 베이] | 서북 |
| ☐ xī biān | 西边 | [시 볜] | 서쪽 |
| ☐ xī bù | 西部 | [시 뿌] | 서부 |
| ☐ xī cān | 西餐 | [시 찬] | 서양음식 |
| ☐ xǐ dí | 洗涤 | [시] | 씻다, 세척하다 |
| ☐ xī dú | 吸毒 | [시] | 마약, 흡입, 악담배 피우다 |
| ☐ xī fāng | 西方 | [시 팡] | 서방 |
| ☐ xí fu | 媳妇 | [시 푸] | 며느리 |
| ☐ xī fú | 西服 | [시 푸] | 양복 |
| ☐ xī gài | 膝盖 | [시 까이] | 무릎 |
| ☐ xī guā | 西瓜 | [시 과] | 수박 |
| ☐ xí guàn | 习惯 | [시 판] | 습관 |

| | | | |
|---|---|---|---|
| xī hóng shì | 西红柿 | [시 훙 쓰] | 토마토 |
| xǐ huān | 喜欢 | [시 환] | 좋아하다 |
| xí jī | 袭击 | [시 지] | 습격하다, 기습하다 |
| xì jié | 细节 | [씨 제] | 세절 |
| xì jù | 戏剧 | [씨 쮜] | 희극 |
| xì jūn | 细菌 | [씨 쥔] | 세균 |
| xì liè | 系列 | [시 례] | 계열, 시리즈 |
| xī miàn | 西面 | [시 몐] | 서쪽 |
| xī miè | 熄灭 | [시 몌] | 불을 끄다 |
| xǐ què | 喜鹊 | [시 췌] | 까치 |
| xī shēng | 牺牲 | [시 성] | 희생하다 |
| xǐ shì | 喜事 | [시 쓰] | 희사 |
| xī shōu | 吸收 | [시 소우] | 흡수하다 |
| xí sú | 习俗 | [시 수] | 습속, 습관과 풍속 |
| xí tí | 习题 | [시 티] | 연습문제 |
| xì tǒng | 系统 | [씨 퉁] | 계통 |
| xī wàng | 希望 | [시 왕] | 희망 |
| xí wèi | 席位 | [시 워이] | 의석 |
| xì xiǎo | 细小 | [씨 샤오] | 사소하다, 하찮다 |
| xì xīn | 细心 | [씨 신] | 세심하다 |
| xǐ xùn | 喜讯 | [시 쒼] | 희소식, 기쁜 소식 |
| xī yān | 吸烟 | [시 옌] | 담배를 피우다 |
| xǐ yī jī | 洗衣机 | [시 이 지] | 세탁기 |
| xī yī | 西医 | [시 이] | 서양의사, 서의 |
| xī yǐn | 吸引 | [시 인] | 흡인하다, 빨아 당기다 |
| xǐ yuè | 喜悦 | [시 웨] | 기쁘다, 즐겁다 |
| xǐ zǎo | 洗澡 | [시 자오] | 몸을 씻다 |
| xì zhì | 细致 | [씨 쯔] | 세밀하다, 신중하다 |

X_x

| | | | |
|---|---|---|---|
| ☐ xiá'ài | **狭隘** [샤 아이] | 협애하다, 폭이 좁다 |
| ☐ xià | **夏** [샤] | 여름 |
| ☐ xiā | **虾** [샤] | 새우 |
| ☐ xiā | **瞎** [샤] | 눈이 멀다 |
| ☐ xián | **弦** [샤] | 현, 활시위 |
| ☐ xià | **吓** [샤] | 놀라게 하다 |
| ☐ xiá | **霞** [샤] | 노을 |
| ☐ xiā | **瞎** [샤] | 근거 없이, 마구, 내키는 대로 |
| ☐ xiá | **峡** [샤] | 협곡, 골짜기 |
| ☐ xià | **下** [샤] | ~한번 |
| ☐ xià bān | **下班** [샤 반] | 퇴근하다 |
| ☐ xià dá | **下达** [샤 다] | 하달하다 |
| ☐ xià fàng | **下放** [샤 팡] | 아래로 내려오다 |
| ☐ xiá gǔ | **峡谷** [샤 구] | 협곡 |
| ☐ xià jí | **下级** [샤 지] | 하급 |
| ☐ xià jì | **夏季** [샤 찌] | 여름철, 하계 |
| ☐ xià jiàng | **下降** [샤 쨩] | 하강하다, 낮아지다 |
| ☐ xià kè | **下课** [샤 커] | 수업이 끝나다 |
| ☐ xià lái | **下来** [샤 라이] | 내려와라 |
| ☐ xià lìng | **下令** [샤 링] | 명령을 내리다 |
| ☐ xià luò | **下落** [샤 뤄] | 행방, 간곳 |
| ☐ xià mian | **下面** [샤 멘] | 아래쪽 |
| ☐ xià tái | **下台** [샤 타이] | 내려오다, 공직에서 물러나다 |
| ☐ xià tiān | **夏天** [샤 텐] | 여름 |
| ☐ xià wǔ | **下午** [샤 우] | 오후 |
| ☐ xià xiāng | **下乡** [샤 샹] | 아래로 내려가다, 하향하다 |
| ☐ xià xún | **下旬** [샤 쉰] | 하순 |
| ☐ xià yóu | **下游** [샤 유] | 하류 |

| | | | |
|---|---|---|---|
| ☐ xiá zhǎi | 狭窄 [샤 자이] | 좁다, 편협하다 |
| ☐ xiàn'r | 馅儿 [쎈 얼] | 소, 속감 |
| ☐ xiàn | 限 [쎈] | 제한하다 |
| ☐ xián | 嫌 [쎈] | 싫어하다, 꺼리다 |
| ☐ xián | 咸 [쎈] | 짜다 |
| ☐ xiān | 掀 [쎈] | 높이 쳐들다, 들어 올리다 |
| ☐ xiàn | 献 [쎈] | 바치다, 드리다 |
| ☐ xiàn | 现 [쎈] | 드러내다 |
| ☐ xián | 闲 [쎈] | 한가하다 |
| ☐ xiān | 先 [쎈] | 먼저, 미리, 일찍, 처음 |
| ☐ xiàn | 县 [쎈] | 현 (중국 행정구 이름) |
| ☐ xiàn | 陷 [쎈] | 빠지다, 함락당하다, 파이다 |
| ☐ xiǎn | 显 [쎈] | 드러내다, 보이다 |
| ☐ xiàn | 线 [쎈] | 실 |
| ☐ xiān | 鲜 [쎈] | 신선하다, 맛이 좋다 |
| ☐ xiānxuè | 鲜血 [쎈 쒜] | 선혈 |
| ☐ xiàn chǎng | 现场 [쎈 창] | 현장 |
| ☐ xiàn chéng | 现成 [쎈 청] | 이미 만들어지다 |
| ☐ xiàn dài | 现代 [쎈 따이] | 현대 |
| ☐ xiàn dài huà | 现代化 [쎈 따이 화] | 현대화, 현대화 되다 |
| ☐ xiǎn de | 显得 [쎈 더] | 드러나다, ~보이다 |
| ☐ xiàn dù | 限度 [쎈 뚜] | 한도 |
| ☐ xiǎn ér yì jiàn | 显而易见 [쎈 얼 이 쩬] | 명백히 알 수 있다 |
| ☐ xiàn fǎ | 宪法 [쎈 프아] | 헌법 |
| ☐ xiān fēng | 先锋 [쎈 펑] | 선봉 |
| ☐ xiàn hài | 陷害 [쎈 하이] | (곤경에) 빠지게 하다 |
| ☐ xiān hóng | 鲜红 [쎈 훙] | 새빨갛다 |

| | | | |
|---|---|---|---|
| ☐ xiān hòu | 先后 | [센 호우] | 선후 |
| ☐ xiān huā | 鲜花 | [센 화] | 생화 |
| ☐ xián huà | 闲话 | [센 화] | 한담, 잡담 |
| ☐ xián huì | 贤惠 | [센 후이] | 어질고 총명하다 (여자) |
| ☐ xián jiē | 衔接 | [센 제] | 잇다, 맞물리다 |
| ☐ xiàn jīn | 现金 | [쎈 진] | 현금 |
| ☐ xiān jìn | 先进 | [센 찐] | 선진적이다 |
| ☐ xiàn lù | 线路 | [쎈 루] | 선, 회로 |
| ☐ xiān míng | 鲜明 | [센 밍] | 선명하다 |
| ☐ xiàn mù | 羡慕 | [쎈 무] | 선망하다 |
| ☐ xiān nǚ | 仙女 | [센 뉘] | 선녀 |
| ☐ xiàn qī | 限期 | [치 쎈] | 기한 |
| ☐ xiān qǐ | 掀起 | [센 치] | 일다, 일으키다 |
| ☐ xiān qián | 先前 | [센 첸] | 이전, 종전 |
| ☐ xiàn qián | 现钱 | [쎈 첸] | 현금 |
| ☐ xiǎn rán | 显然 | [센 란] | 명백하다 |
| ☐ xiàn rù | 陷入 | [쎈 루] | 빠지다 (불리한 상황) |
| ☐ xiàn shēn | 献身 | [쎈 선] | 헌신하다 |
| ☐ xiān sheng | 先生 | [센 성] | 선생 |
| ☐ xiàn shí | 现实 | [쎈 스] | 현실 |
| ☐ xiǎn shì | 显示 | [쎈 스] | 과시하다 |
| ☐ xiàn suǒ | 线索 | [쎈 숴] | 선색 |
| ☐ xiān wéi | 纤维 | [센 워이] | 섬유 |
| ☐ xiǎn wēi jìng | 显微镜 | [쎈 워이 찡] | 현미경 |
| ☐ xiàn xiàng | 现象 | [쎈 썅] | 현상 |
| ☐ xiān xíng | 先行 | [센 싱] | 선행하다, 선행적이다 |
| ☐ xiàn xíng | 现行 | [쎈 싱] | 현행 |
| ☐ xiān yàn | 鲜艳 | [센 옌] | 산뜻하고 아름답다 |

| | | | |
|---|---|---|---|
| ☐ xián yí | 嫌疑 [셴 이] | 의심, 혐의 |
| ☐ xiàn yú | 限于 [쎈 위] | ~한 하다 |
| ☐ xiàn zài | 现在 [쎈 짜이] | 현재 |
| ☐ xiàn zhǎng | 县长 [쎈 장] | 현장 (중국) |
| ☐ xiàn zhì | 限制 [쎈 즈] | 제한하다 |
| ☐ xiǎn zhù | 显著 [셴 쭈] | 현저하다 |
| ☐ xiāng | 箱 [샹] | 상자, 트렁크, 통 |
| ☐ xiàng | 象 [썅] | 코끼리, 모습 |
| ☐ xiāng | 相 [샹] | 서로, 상호간 |
| ☐ xiǎng | 响 [샹] | 소리가 크다, 시끄럽다 |
| ☐ xiāng | 香 [샹] | 향기롭다 |
| ☐ xiàng | 向 [썅] | 향하다, 편들다 |
| ☐ xiāng | 镶 [샹] | 박아넣다, 가선 두르다 |
| ☐ xiàng | 像 [썅] | ~처럼, ~와 같이 |
| ☐ xiǎng | 想 [샹] | 생각하다, 추측하다, 바라다 |
| ☐ xiāng | 乡 [샹] | 향촌 |
| ☐ xiàng | 巷 [썅] | 골목 |
| ☐ xiàng | 项 [썅] | ~항목 |
| ☐ xiàng | 像 [썅] | 닮다, ~인 것 같다 |
| ☐ xiāng bǐ | 相比 [샹 비] | 비교하다 |
| ☐ xiāng chà | 相差 [샹 차] | 차이가 있다 |
| ☐ xiāng cháng | 香肠 [샹 창] | 소시지 |
| ☐ xiāng cūn | 乡村 [샹 춘] | 향촌 |
| ☐ xiāng dāng | 相当 [샹 당] | 상당히 |
| ☐ xiàng dǎo | 向导 [썅 도우] | 가이드 |
| ☐ xiāng děng | 相等 [샹 덩] | 동등하다 |
| ☐ xiāng duì | 相对 [샹 뚜이] | 상대적이다, 서로 마주하다 |
| ☐ xiǎng fǎ | 想法 [샹 프아] | 생각 |

| | | | |
|---|---|---|---|
| xiāng fǎn | 相反 [샹 판] | 상반되다 |
| xiāng fú | 相符 [샹 푸] | 서로 부합하다 |
| xiǎng fú | 享福 [샹 푸] | 복을 누리다 |
| xiāng guān | 相关 [샹 관] | 관련되다 |
| xiāng hù | 相互 [샹 후] | 상호 |
| xiāng jì | 相继 [샹 찌] | 잇달아, 연이어 |
| xiāng jiāo | 香蕉 [샹 쟈오] | 바나나 |
| xiāng jiāo | 相交 [샹 쟈오] | 교차되다, 사귀다 |
| xiàng jiāo | 橡胶 [샹 쟈오] | 고무 |
| xiàng lái | 向来 [썅 라이] | 늘, 줄곧, 언제나 |
| xiǎng lè | 享乐 [샹 러] | 향락하다 |
| xiàng liàn | 项链 [썅 롄] | 목걸이 |
| xiǎng liàng | 响亮 [샹 량] | 소리가 크고 맑다 |
| xiàng mù | 项目 [썅 무] | 항목 |
| xiǎng niàn | 想念 [샹 녠] | 그리다 |
| xiàng pí | 橡皮 [썅 피] | 지우개 |
| xiǎng piàn | 想片 [썅 펜] | 사진 |
| xiàng qí | 象棋 [썅 치] | 장기 |
| xiāng qīn | 乡亲 [샹 친] | 고향사람 |
| xiǎng shēng | 响声 [샹 성] | 소리, 소음 |
| xiàng sheng | 相声 [썅 성] | 재담 |
| xiāng shí | 相识 [샹 스] | 서로 알다 |
| xiǎng shòu | 享受 [샹 쏘우] | 향수 |
| xiāng sì | 相似 [샹 쓰] | 비슷하다 |
| xiāng tōng | 相通 [샹 퉁] | 상통하다 |
| xiāng tóng | 相同 [샹 퉁] | 동일하다 |
| xiàng wǎng | 向往 [썅 왕] | 동경하다, 지향하다 |
| xiāng wèi | 香味 [썅 워이] | 향기 |

| | | |
|---|---|---|
| xiǎng wǔ | 晌午 [샹 우] | 점심 때 |
| xiáng xì | 详细 [샹 씨] | 상세히 |
| xiāng xià | 乡下 [샹 샤] | 마을 (지방) |
| xiǎng xiàng | 想象 [샹 썅] | 상상하다 |
| xiǎng xiàng | 想像 [샹 썅] | 상상하다 |
| xiāng xìn | 相信 [샹 씬] | 믿다 |
| xiāng yān | 香烟 [샹 옌] | 담배 |
| xiàng yàng | 像样 [썅 양] | 닮다 |
| xiāng yìng | 相应 [샹 잉] | 상응하다, 호응하다 |
| xiǎng yìng | 响应 [샹 잉] | 호응하다 |
| xiǎng yǒu | 享有 [샹 여우] | 향유하다 즐기다 |
| xiāng zào | 香皂 [샹 짜오] | 세숫비누 |
| xiàng zhēng | 象征 [썅 정] | 상징, 증표 |
| xiāng zi | 箱子 [샹 즈] | 상자 |
| xiāo | 削 [샤오] | 깎다, 자르다 |
| xiāo | 消 [샤오] | 소실되다, 소일하다 |
| xiào | 笑 [쌰오] | 웃다 |
| xiāo | 销 [샤오] | 취소하다, 팔다 |
| xiǎo biàn | 小便 [샤오 삐엔] | 소변 |
| xiāo chú | 消除 [샤오 추] | 해소하다, 제거하다 |
| xiǎo de | 晓得 [샤오 더] | 알다 |
| xiāo dú | 消毒 [샤오 두] | 소독하다 |
| xiāo fèi | 消费 [샤오 페이] | 소비하다 |
| xiǎo guǐ | 小鬼 [샤오 구이] | 꼬마, 요놈 |
| xiào guǒ | 效果 [쌰오 궈] | 효과 |
| xiǎo hái r | 小孩儿 [샤오 할] | 어린아이 |
| xiāo hào | 消耗 [샤오 하오] | 소모(하다), 소비(하다) |
| xiāo huà | 消化 [샤오 화] | 소화하다 |

X_x

| | | | |
|---|---|---|---|
| ☐ xiào huà | 笑话 | [샤오 화] | 농담 |
| ☐ xiāo huǐ | 销毁 | [샤오 후이] | 소각하여 없애다 |
| ☐ xiào huī | 校徽 | [샤오 후이] | 교휘 |
| ☐ xiǎo huǒ zi | 小伙子 | [샤오 훠 즈] | 총각 |
| ☐ xiāo jí | 消极 | [샤오 지] | 소극적이다, 부정적이다 |
| ☐ xiǎo jiě | 小姐 | [샤오 제] | 아가씨 |
| ☐ xiào lì | 效力 | [샤오 리] | 효력 |
| ☐ xiāo lù | 销路 | [샤오 루] | 판로 |
| ☐ xiào lǜ | 效率 | [샤오 뤼] | 효율 |
| ☐ xiǎo mài | 小麦 | [소 마이] | 밀, 소맥 |
| ☐ xiǎo mǐ | 小米 | [샤오 미] | 좁쌀 |
| ☐ xiāo miè | 消灭 | [샤오 메] | 소멸하다 |
| ☐ xiǎo péng you | 小朋友 | [샤오 펑 요우] | 꼬마친구 |
| ☐ xiào róng | 笑容 | [샤오 룽] | 웃는 얼굴, 웃음 띤 표정 |
| ☐ xiāo shī | 消失 | [샤오 스] | 사라지다 |
| ☐ xiǎo shí | 小时 | [샤오 스] | 시간 |
| ☐ xiāo shòu | 销售 | [샤오 쏘우] | 판매하다 |
| ☐ xiǎo shù | 小数 | [샤오 쑤] | 소수 |
| ☐ xiǎo shù diǎn | 小数点 | [샤오 쑤 뎬] | 소수점 |
| ☐ xiào shùn | 孝顺 | [샤오 쑨] | 효도하다, 효성스럽다 |
| ☐ xiǎo shuō | 小说 | [샤오 쉬] | 소설 |
| ☐ xiǎo tí qín | 小提琴 | [샤오 티 친] | 바이올린 |
| ☐ xiāo xi | 消息 | [샤오 시] | 소식 |
| ☐ xiào xiàng | 肖像 | [샤오 쌍] | 초상 |
| ☐ xiǎo xīn | 小心 | [샤오 신] | 조심하다 |
| ☐ xiǎo xīn yì yì | 小心翼翼 | [샤오 신 이 이] | 경건하게 조심하다 |
| ☐ xiǎo xíng | 小型 | [샤오 싱] | 소형의, 소규모의 |

| | | | |
|---|---|---|---|
| xiǎo xue | 小学 [샤오 쉐] | 소학 |
| xiǎo xué shēng | 小学生 [샤오 쉐 성] | 소학생 |
| xiào yì | 效益 [샤오 이] | 효과와 이익 |
| xiào yuán | 校园 [샤오 웬] | 교정 |
| xiào zhǎng | 校长 [샤오 장] | 교장 |
| xiǎo zi | 小子 [샤오 즈] | 아들(놈) |
| xiǎo zǔ | 小组 [샤오 주] | 소조 |
| xié | 邪 [세] | 그릇되다, 사악하다 |
| xiē | 歇 [세] | 쉬다 |
| xie | 些 [세] | 조금, 약간 |
| xiě | 写 [세] | 쓰다 |
| xiè | 泄 [쎄] | 배출하다, 방출하다 |
| xiè | 卸 [쎄] | 짐을 내리다, 벗다 |
| xié | 斜 [세] | 기울다, 비스듬하다 |
| xiè | 屑 [쎄] | 부스러기, 찌꺼기 |
| xiè | 屑 [쎄] | 하찮아 하다, 경멸하다 |
| xié | 鞋 [세] | 신 |
| xiè | 泻 [쎄] | 설사하다 |
| xié chí | 挟持 [세 츠] | 위협하여 붙들다 |
| xié dài | 携带 [세 따이] | 휴대하다 |
| xié dìng | 协定 [세 띵] | 협정 |
| xié huì | 协会 [세 후이] | 협회 |
| xiè jué | 谢绝 [쎄 줴] | 사절하다 |
| xiè lù | 泄露 [쎄 루] | 폭로하다, 드러내다 |
| xiè qì | 泄气 [쎄 치] | 풀이 죽다, 기가 죽다 |
| xié shāng | 协商 [세 상] | 협상하다 |
| xié tiáo | 协调 [세 탸오] | 조화하다 |
| xiè xie | 谢谢 [쎄 세] | 감사합니다 |

X_x

| | | | |
|---|---|---|---|
| ☐ xié yì | 协议 | [셰 이] | 협의 |
| ☐ xié zhù | 协助 | [셰 쭈] | 협조하다 |
| ☐ xiě zuò | 写作 | [셰 쭤] | 글을 쓰다 |
| ☐ xié zuò | 协作 | [셰 쭤] | 협조하다 |
| ☐ xīn'ài | 心爱 | [신 아이] | 애지중지하다 |
| ☐ xīn | 锌 | [신] | 아연 |
| ☐ xìn | 信 | [씬] | 믿다 |
| ☐ xìn | 信 | [씬] | 편지, 신용 |
| ☐ xīn | 新 | [신] | 새롭다, 신선하다 |
| ☐ xīn | 心 | [신] | 심 |
| ☐ xīn chén dài xiè | 新陈代谢 | [신 천 따이 쎄] | 신진대사 |
| ☐ xìn dài | 信贷 | [씬 따이] | 신용대부 |
| ☐ xīn dé | 心得 | [신 더] | 심득 |
| ☐ xīn fang | 新房 | [신 팡] | 새 집 |
| ☐ xìn fēng | 信封 | [씬 펑] | 편지봉투 |
| ☐ xìn hào | 信号 | [씬 하오] | 신호 |
| ☐ xìn jiàn | 信件 | [씬 쩬] | 편지 |
| ☐ xīn jīn | 薪金 | [신 진] | 봉급 |
| ☐ xīn jìn | 新近 | [신 찐] | 최근, 요즘 |
| ☐ xīn kǔ | 辛苦 | [신 쿠] | 고생하다 |
| ☐ xìn lài | 信赖 | [씬 라이] | 신뢰하다 |
| ☐ xīn láng | 新郎 | [신 랑] | 신랑 |
| ☐ xīn lǐ | 心里 | [신 리] | 마음속 |
| ☐ xīn lǐ | 心理 | [신 리] | 심리 |
| ☐ xīn líng | 心灵 | [신 링] | 심령, 영혼 |
| ☐ xīn mù | 心目 | [신 무] | 심목 |
| ☐ xìn niàn | 信念 | [씬 녠] | 신념 |

| | | | |
|---|---|---|---|
| ☐ xīn nián | 新年 | [신 녠] | 새해 |
| ☐ xīn niáng | 新娘 | [신 냥] | 새색시 |
| ☐ xīn qín | 辛勤 | [신 친] | 부지런하다, 근면하다 |
| ☐ xīn qíng | 心情 | [신 칭] | 심정 |
| ☐ xīn rén | 新人 | [신 런] | 신인 |
| ☐ xìn rèn | 信任 | [씬 런] | 신임하다 |
| ☐ xīn sh | 新式 | [신 쓰] | 신식, 신식이다 |
| ☐ xīn shǎng | 欣赏 | [신 상] | 즐기다, 감상하다 |
| ☐ xīn shēng | 新生 | [신 성] | 갓 태어나다 |
| ☐ xīn shēng | 新生 | [신 성] | 새 생명, 신입생 |
| ☐ xīn shì | 心事 | [신 쓰] | 심사 |
| ☐ xīn shuǐ | 薪水 | [신 수이] | 봉급 |
| ☐ xīn si | 心思 | [신 스] | 심사 |
| ☐ xīn téng | 心疼 | [신 텅] | 아까워하다, 몹시 사랑하다 |
| ☐ xīn tóu | 心头 | [신 토우] | 마음속, 정신 |
| ☐ xīn wén | 新闻 | [신 원] | 신문 |
| ☐ xìn xī | 信息 | [씬 시] | 소식, 정보 |
| ☐ xīn xiān | 新鲜 | [신 셴] | 신선하다 |
| ☐ xìn xīn | 信心 | [씬 신] | 자신 |
| ☐ xīn xīn xiàng róng | 欣欣向荣 [신 신 썅 룽] | | 활기차게 발전하다 |
| ☐ xīn xīng | 新兴 | [신 싱] | 신흥하다 |
| ☐ xīn xíng | 新型 | [신 싱] | 신식이다 |
| ☐ xīn xuè | 心血 | [신 쉐] | 심혈 |
| ☐ xìn yǎng | 信仰 | [씬 양] | 신앙하다 |
| ☐ xīn yǎnr | 心眼儿 | [신 옌얼] | 속마음, 슬기, 의심 |
| ☐ xīn yì | 心意 | [신 이] | 성의 |
| ☐ xīn yǐng | 新颖 | [신 잉] | 참신하다 |

| | | | |
|---|---|---|---|
| ☐ xìn yòng | 信用 [씬 융] | 신용 |
| ☐ xìn yù | 信誉 [씬 위] | 신용과 명예 |
| ☐ xīn yuàn | 心愿 [신 웬] | 바람, 염원 |
| ☐ xīn zàng | 心脏 [신 짱] | 심장 |
| ☐ xīn zhōng | 心中 [신 중] | 심중 |
| ☐ xìng'er | 幸而 [씽 얼] | 다행히, 운좋게 |
| ☐ xíng'ér shàng xué | 形而上学 [싱 얼 쌍 쉐] | 형이상학 |
| ☐ xīng | 腥 [싱] | 비리다 |
| ☐ xíng | 行 [싱] | 걷다, 여행하다 |
| ☐ xíng | 型 [싱] | 본, 양식, 틀 |
| ☐ xíng | 形 [싱] | 형벌, 형구 |
| ☐ xìng | 姓 [씽] | 성씨 |
| ☐ xǐng | 醒 [싱] | 깨어나다, 의식을 되찾다 |
| ☐ xíng | 行 [싱] | 여행, 행위 |
| ☐ xìng | 杏 [씽] | 살구나무 |
| ☐ xíng | 刑 [싱] | 형벌, 형구 |
| ☐ xīng | 星 [싱] | 별 |
| ☐ xīng | 兴 [싱] | 흥성하다 |
| ☐ xíng | 行 [싱] | 유능하다, 적격이다 |
| ☐ xíng | 邢 [싱] | 형 (성씨) |
| ☐ xīng bàn | 兴办 [싱 빤] | 창설하다, 일으키다 |
| ☐ xìng bié | 性别 [씽 베] | 성별 |
| ☐ xíng chǎng | 刑场 [싱 창] | 사형장 |
| ☐ xíng chéng | 形成 [싱 청] | 형성하다 |
| ☐ xíng dòng | 行动 [싱 뚱] | 행동하다 |
| ☐ xíng fǎ | 刑法 [싱 프아] | 형법 |
| ☐ xìng fèn | 兴奋 [씽 프언] | 흥분되다 |

| | | | |
|---|---|---|---|
| ☐ xìng fú | 幸福 [씽 푸] | | 행복 |
| ☐ xìng gāo cǎi liè | 兴高采烈 [씽 고우 차이 레] | | 매우 흥겹다, 대단히 기쁘다 |
| ☐ xìng gé | 性格 [씽 거] | | 성격 |
| ☐ xíng hào | 型号 [싱 하오] | | 형호 |
| ☐ xìng hǎo | 幸好 [씽 하오] | | 다행히, 요행히 |
| ☐ xíng huì | 行贿 [싱 후이] | | 뇌물을 주다 |
| ☐ xīng jiàn | 兴建 [싱 쩬] | | 건설하다, 건축하다 |
| ☐ xíng jìng | 行径 [싱 찡] | | 행실, 거동 |
| ☐ xíng jūn | 行军 [싱 쥔] | | 행군하다 |
| ☐ xìng kuī | 幸亏 [씽 쿠이] | | 다행히, 요행히 |
| ☐ xíng li | 行李 [싱 리] | | 짐 |
| ☐ xìng mìng | 性命 [씽 밍] | | 생명 |
| ☐ xìng míng | 姓名 [씽 밍] | | 성명 |
| ☐ xìng néng | 性能 [씽 능] | | 성능 |
| ☐ xīng qī | 星期 [싱 치] | | 요일 |
| ☐ xīng qǐ | 兴起 [싱 치] | | 흥기하다 |
| ☐ xīng qī rì | 星期日 [싱 치 르] | | 일요일 |
| ☐ xīng qī tiān | 星期天 [싱 치 텐] | | 일요일 |
| ☐ xìng qíng | 性情 [씽 칭] | | 성격, 성미, 성정 |
| ☐ xìng qù | 兴趣 [씽 취] | | 흥취 |
| ☐ xíng rén | 行人 [싱 런] | | 행인 |
| ☐ xíng róng | 形容 [싱 룽] | | 형용하다 |
| ☐ xíng shǐ | 行使 [싱 스] | | 행사하다 |
| ☐ xíng shì | 刑事 [싱 쓰] | | 형사 |
| ☐ xíng shǐ | 行驶 [싱 스] | | 운항하다, 다니다 |
| ☐ xíng shì | 形式 [싱 쓰] | | 형식 |
| ☐ xíng shì | 形势 [싱 쓰] | | 형세 |

| | | | |
|---|---|---|---|
| xíng tài | 形态 [싱 타이] | 형태, 모양 |
| xīng wàng | 兴旺 [싱 왕] | 왕성하다, 번창하다 |
| xíng wéi | 行为 [싱 워이] | 행위 |
| xíng xiàng | 形象 [싱 썅] | 형상 |
| xíng xīng | 行星 [싱 싱] | 행성 |
| xīng xing | 星星 [싱 싱] | 별 |
| xìng yùn | 幸运 [씽 윈] | 운이 좋다 |
| xíng zhèng | 行政 [싱 쩡] | 행정 |
| xìng zhì | 性质 [씽 쯔] | 성질 |
| xíng zhuàng | 形状 [싱 쫭] | 모양 |
| xiōng'è | 凶恶 [슝 어] | 흉악하다 |
| xióng | 熊 [슝] | 곰 |
| xióng | 雄 [슝] | 웅대하다, 강력하다, 수컷의 |
| xiōng | 胸 [슝] | 가슴 |
| xiōng | 凶 [슝] | 흉하다 |
| xiōng | 兄 [슝] | 형 |
| xiōng dì | 兄弟 [슝 띠] | 형제 |
| xiōng hěn | 凶狠 [슝 헌] | 악랄하다, 사납고 거칠다 |
| xióng hòu | 雄厚 [슝 호우] | 충분하다 |
| xiōng huái | 胸怀 [슝 화이] | 생각, 포부 |
| xióng māo | 熊猫 [슝 마오] | 판다 |
| xiōng tang | 胸膛 [슝 탕] | 가슴, 흉부 |
| xióng wěi | 雄伟 [슝 워이] | 우람하다 |
| xiōng yǒng | 汹涌 [슝 융] | 용솟음치다 |
| xióng zhuàng | 雄壮 [슝 쫭] | 힘 있다, 웅장하다 |
| xiù | 锈 [씨우] | 녹 |
| xiū | 修 [시우] | 수리하다, 손질하다 |
| xiù | 嗅 [씨우] | 냄새를 맡다 |

| | | | |
|---|---|---|---|
| ☐ xiù | 锈 [씨우] | 녹슬다 |
| ☐ xiù | 绣 [씨우] | 수놓다 |
| ☐ xiū chǐ | 羞耻 [시우 츠] | 수치스럽다, 부끄럽다 |
| ☐ xiū dìng | 修订 [시우 딩] | (계획을) 수정하다 |
| ☐ xiū fù | 修复 [시우 푸] | 복원하다, 수리하다 |
| ☐ xiū gǎi | 修改 [시우 가이] | 수개하다 |
| ☐ xiū jiàn | 修建 [시우 쩬] | 수건하다 |
| ☐ xiù lì | 秀丽 [씨우 리] | 수려하다 |
| ☐ xiū lǐ | 修理 [시우 리] | 수리하다 |
| ☐ xiū xi | 休息 [시우 시] | 휴식하다 |
| ☐ xiū yǎng | 修养 [시우 양] | 수양 |
| ☐ xiū yǎng | 休养 [시우 양] | 휴양하다 |
| ☐ xiū zhèng | 修正 [시우 쩡] | 수정하다, 고치다 |
| ☐ xiū zhù | 修筑 [시우 쭈] | 수축하다 |
| ☐ xiù zi | 袖子 [씨우 즈] | 소매 |
| ☐ xqì chuán | 汽船 [치 촨] | 발동선, 기선 |
| ☐ xū | 虚 [쉬] | 허약하다 |
| ☐ xū | 需 [쉬] | 필요하다 |
| ☐ xū | 须 [쉬] | 반드시 ~해야 한다 |
| ☐ xù | 蓄 [쉬] | 쌓아두다, 저장하다 |
| ☐ xù | 续 [쉬] | 계속하다, 잇다 |
| ☐ xǔ | 许 [쉬] | 허락하다, 승낙하다 |
| ☐ xǔ | 许 [쉬] | 아마도 |
| ☐ xù chǎn pǐn | 畜产品 [쉬 찬 핀] | 축산품 |
| ☐ xù dao | 絮叨 [쉬 다오] | 잔소리하다 |
| ☐ xǔ duō | 许多 [쉬 둬] | 매우 많은 |
| ☐ xū jiǎ | 虚假 [쉬 쟈] | 허위(의), 거짓(의) |
| ☐ xù jiǔ | 酗酒 [쒸 지우] | 주정하다 |

|  |  |  |  |
|---|---|---|---|
| xǔ kě | 许可 | [쉬 커] | 허가하다 |
| xù mù | 畜牧 | [쉬 무] | 목축 |
| xū qiú | 需求 | [쉬 치우] | 수요, 요구 |
| xù shù | 叙述 | [쒸 쑤] | 서술하다 |
| xù tán | 叙谈 | [쒸 탄] | 말하다 |
| xū wěi | 虚伪 | [쉬 웨이] | 허위적이다, 위선적이다 |
| xū xīn | 虚心 | [쉬 신] | 허심하다 |
| xú xú | 徐徐 | [쉬 쉬] | 천천히 |
| xù yán | 序言 | [쒸 옌] | 서언 |
| xū yào | 需要 | [쉬 야오] | 수요하다 |
| xū zhī | 须知 | [쉬 즈] | 주의 사항, 준칙 |
| xuán | 旋 | [쉔] | 회전하다, 돌다 |
| xuǎn | 选 | [쉔] | 선출하다, 뽑다, 선택하다 |
| xuǎn xiū | 选修 | [쉔 시우] | 선택과목으로 이수하다 |
| xuǎn bá | 选拔 | [쉔 바] | 선발하다 |
| xuān bù | 宣布 | [쉔 뿌] | 선포하다 |
| xuān chēng | 宣称 | [쉔 청] | 언명하다 |
| xuān chuán | 宣传 | [쉔 촨] | 선전하다 |
| xuǎn dìng | 选定 | [쉔 띵] | 선정하다 |
| xuān dú | 宣读 | [쉔 두] | 대중 앞에서 낭독하다 |
| xuān gào | 宣告 | [쉔 까오] | 선고하다 |
| xuán guà | 悬挂 | [쉔 꽈] | 걸다, 매달다 |
| xuǎn jí | 选集 | [쉔 지] | 선집 |
| xuǎn jǔ | 选举 | [쉔 쥐] | 선거하다 |
| xuán lǜ | 旋律 | [쉔 뤼] | 선율 |
| xuǎn mín | 选民 | [쉔 민] | 선거인, 유권자 |
| xuán niàn | 悬念 | [쉔 녠] | 마음에 걸리다 |
| xuǎn qǔ | 选取 | [쉔 취] | 선택하다 |

| | | | |
|---|---|---|---|
| ☐ xuān shì | **宣誓** [쉔 쓰] | 선서하다 |
| ☐ xuǎn shǒu | **选手** [쉔 소우] | 선수 |
| ☐ xuán yá | **悬崖** [쉔 야] | 벼랑, 낭떠러지 |
| ☐ xuān yán | **宣言** [쉔 옌] | 선언 |
| ☐ xuān yáng | **宣扬** [쉔 양] | 선양하다, 널리 알리다 |
| ☐ xuǎn yòng | **选用** [쉔 융] | 선택하여 쓰다 |
| ☐ xuǎn zé | **选择** [쉔 저] | 선택 |
| ☐ xuán zhuǎn | **旋转** [쉔 좐] | 빙빙 돌다 |
| ☐ xué | **学** [쉐] | 배우다, 흉내다 |
| ☐ xuě | **雪** [쉐] | 눈 |
| ☐ xuě | **血** [쉐] | 혈 |
| ☐ xué | **穴** [쉐] | 혈, 소굴, 구멍 |
| ☐ xué | **学** [쉐] | 학문, 학과, 학교 |
| ☐ xuě bái | **雪白** [쉐 바이] | 눈처럼 희다 |
| ☐ xué fèi | **学费** [쉐 페이] | 학비 |
| ☐ xuè guǎn | **血管** [쉐 관] | 혈관 |
| ☐ xuè hàn | **血汗** [쉐 한] | 피땀 |
| ☐ xuě huā | **雪花** [쉐 화] | 눈송이 |
| ☐ xué huì | **学会** [쉐 후이] | 배워서 알다 |
| ☐ xué huì | **学会** [쉐 후이] | 학회, 학술단체 |
| ☐ xuē jiǎn | **削减** [쉐 젠] | 삭감하다 |
| ☐ xué kē | **学科** [쉐 커] | 학과 |
| ☐ xué lì | **学历** [쉐 리] | 학력 |
| ☐ xué nián | **学年** [쉐 녠] | 학년 |
| ☐ xué pài | **学派** [쉐 파이] | 학파 |
| ☐ xué qī | **学期** [쉐 치] | 학기 |
| ☐ xuē ruò | **削弱** [쉐 뤄] | 쇠약하다 |
| ☐ xué shēng | **学生** [쉐 성] | 학생 |

| | | | |
|---|---|---|---|
| ☐ xué shí | **学时** [쉐 스] | 시간 (수업시간) |
| ☐ xué shù | **学术** [쉐 쑤] | 학술 |
| ☐ xué shuō | **学说** [쉐 쉬] | 학설 |
| ☐ xué wèi | **学位** [쉐 워이] | 학위 |
| ☐ xué wen | **学问** [쉐 원] | 학문 |
| ☐ xué xí | **学习** [쉐 시] | 학습 |
| ☐ xué xiào | **学校** [쉐 쌰오] | 학교 |
| ☐ xuè yā | **血压** [쉐 야] | 혈압 |
| ☐ xuě yè | **血液** [쉐 예] | 혈액 |
| ☐ xué yuán | **学员** [쉐 웬] | 학원 |
| ☐ xué yuàn | **学院** [쉐 웬] | 학원 |
| ☐ xué zhě | **学者** [쉐 저] | 학자 |
| ☐ xué zhì | **学制** [쉐 쯔] | 학제 |
| ☐ xuē zi | **靴子** [쉐 즈] | 장화 |
| ☐ xún | **寻** [쉰] | 찾다, 추구하다 |
| ☐ xùn | **训** [쒼] | 타이르다, 가르치다 |
| ☐ xùn | **讯** [쒼] | 소식 |
| ☐ xún huán | **循环** [쉰 환] | 순환하다 |
| ☐ xùn liàn | **训练** [쉰 렌] | 훈련하다 |
| ☐ xún luó | **巡逻** [쉰 뤄] | 순찰하다 |
| ☐ xún qiú | **寻求** [쉰 치우] | 찾다, 구하다 |
| ☐ xùn sù | **迅速** [쒼 쑤] | 신속히 |
| ☐ xún wèn | **询问** [쉰 원] | 질문하다, 알아보다 |
| ☐ xún xù jiàn jìn | **循序渐进** [쉰 쒸 쩬 찐] | 점차 앞으로 나가다 |
| ☐ xún zhǎo | **寻找** [쉰 자오] | 찾다 |

# Y_y

| | | |
|---|---|---|
| yá | 芽 [야] | 눈, 싹 (식물) |
| yā | 押 [야] | 저당하다, 구류하다, 호송하다 |
| yá | 崖 [야] | 벼랑, 절벽 |
| yā | 压 [야] | 누르다, 방치하다 |
| yǎ | 哑 [야] | 소리가 나지 않다, 목이 쉬다 |
| yà | 轧 [야] | 깔아뭉개다 |
| yā | 呀 [야] | 아, 야 (놀람) |
| yá | 牙 [야] | 이, 치아 |
| yá chǐ | 牙齿 [야 츠] | 치아, 이빨 |
| yá gāo | 牙膏 [야 가오] | 치약 |
| yà jūn | 亚军 [야 쥔] | 준우승, 2위 |
| yā lì | 压力 [야 리] | 압력 |
| yā piàn | 鸦片 [야 펜] | 아편 |
| yā pò | 压迫 [야 포] | 억압하다 |
| yá shuā | 牙刷 [야 솨] | 칫솔 |
| yā suō | 压缩 [야 쒀] | 압축하다, 줄이다 |
| yā yì | 压抑 [야 이] | 억누르다, 억제하다 |
| yā yùn | 押韵 [야 윈] | 운을 달다 |
| yā zhì | 压制 [야 쯔] | 압제하다 |
| yā zi | 鸭子 [야 즈] | 오리 |
| yán'àn | 沿岸 [옌 안] | 연안 |
| yān | 烟 [옌] | 담배, 연기 |
| yán | 言 [옌] | 말, 말하다 |
| yān | 淹 [옌] | 물에 잠기다, 빠지다 |

| | | | |
|---|---|---|---|
| ☐ yán | 严 [옌] | | 엄하다 |
| ☐ yǎn | 眼 [옌] | | 눈 |
| ☐ yǎn | 掩 [옌] | | 덮다, 가리다 |
| ☐ yǎn | 演 [옌] | | 연기를 하다, 발전하다 |
| ☐ yán | 盐 [옌] | | 소금 |
| ☐ yán | 沿 [옌] | | ~를 따르다 |
| ☐ yàn | 咽 [옌] | | 삼키다 |
| ☐ yàn | 验 [옌] | | 조사하다, 효과가 있다 |
| ☐ yǎn biàn | 演变 [옌 삐엔] | | 변화하여 발전하다 |
| ☐ yān cǎo | 烟草 [옌 차오] | | 담배, 연초 |
| ☐ yǎn chàng | 演唱 [옌 창] | | 노래하다 |
| ☐ yán cháng | 延长 [옌 창] | | 연장하다 |
| ☐ yǎn chū | 演出 [옌 추] | | 연출하다 |
| ☐ yān cōng | 烟囱 [옌 충] | | 굴뚝 |
| ☐ yǎn gài | 掩盖 [옌 까이] | | 덮어씌우다 |
| ☐ yán gé | 严格 [옌 거] | | 엄격하다 |
| ☐ yǎn guāng | 眼光 [옌 광] | | 눈길, 안목 |
| ☐ yán hǎi | 沿海 [옌 하이] | | 연해 |
| ☐ yán hán | 严寒 [옌 한] | | 엄한이다 |
| ☐ yǎn hù | 掩护 [옌 후] | | 엄호하다, 보호하다 |
| ☐ yán huǎn | 延缓 [옌 환] | | 늦추다, 연기하다 |
| ☐ yàn huì | 宴会 [옌 후이] | | 연회 |
| ☐ yǎn jiǎng | 演讲 [옌 장] | | 강연하다 |
| ☐ yán jìn | 严禁 [옌 찐] | | 엄금하다 |
| ☐ yǎn jīng | 眼睛 [옌 징] | | 눈 |
| ☐ yǎn jìng | 眼镜 [옌 찡] | | 안경 |
| ☐ yán jiū | 研究 [옌 지우] | | 연구하다 |
| ☐ yán jiū shēng | 研究生 [옌 찌우 성] | | 연구생 |

| | | | |
|---|---|---|---|
| ☐ yán jiū suǒ | 研究所 | [옌 찌우 쉬] | 연구소 |
| ☐ yān juǎn | 烟卷 | [옌 쥔] | 담배 |
| ☐ yán jùn | 严峻 | [옌 쥔] | 엄준하다 |
| ☐ yǎn kàn | 眼看 | [옌 칸] | 빤히 보면서도 |
| ☐ yǎn kàn | 眼看 | [옌 칸] | 곧, 순식간에 |
| ☐ yǎn lèi | 眼泪 | [옌 러이] | 눈물 |
| ☐ yǎn lì | 眼力 | [옌 리] | 시력, 안목 |
| ☐ yán lì | 严厉 | [옌 리] | 준엄하다, 호되다 |
| ☐ yán lùn | 言论 | [옌 룬] | 언론 |
| ☐ yán mì | 严密 | [옌 미] | 엄밀하다 |
| ☐ yān mò | 淹没 | [옌 뭐] | 잠기다 |
| ☐ yán qī | 延期 | [옌 치] | 연기하다 |
| ☐ yǎn qián | 眼前 | [옌 쳰] | 눈앞 |
| ☐ yàn qǐng | 宴请 | [옌 칭] | 연회에 손님을 청하다 |
| ☐ yán rè | 炎热 | [옌 러] | 무덥다 |
| ☐ yǎn sè | 眼色 | [옌 써] | 눈짓 |
| ☐ yǎn sè | 颜色 | [옌 써] | 색깔 |
| ☐ yán shēn | 延伸 | [옌 선] | 뻗어나가다 |
| ☐ yǎn shén | 眼神 | [옌 선] | 눈의 표정 |
| ☐ yǎn shì | 掩饰 | [옌 쓰] | 덮어 숨기다 |
| ☐ yán shí | 岩石 | [옌 스] | 암석 |
| ☐ yàn shōu | 验收 | [옌 소우] | 검수하다 |
| ☐ yǎn shuō | 演说 | [옌 쉬] | 연설, 연설하다 |
| ☐ yán sù | 严肃 | [옌 쑤] | 엄숙하다 |
| ☐ yǎn suàn | 演算 | [옌 쏸] | 연산하다 |
| ☐ yān wù | 烟雾 | [옌 우] | 연무, 수증기 |
| ☐ yǎn xí | 演习 | [옌 시] | 연습하다, 훈련하다 |
| ☐ yàn xí | 宴席 | [옌 시] | 연회석 |

Y_y

| | | | |
|---|---|---|---|
| ☐ yǎn xià | 眼下 [옌 쌰] | 눈앞, 이제 |
| ☐ yán xù | 延续 [옌 시우] | 연장하다 |
| ☐ yán yǔ | 言语 [옌 위] | 언어 |
| ☐ yǎn yuán | 演员 [옌 웬] | 배우 |
| ☐ yàn zhèng | 验证 [옌 쩡] | 검증하다 |
| ☐ yán zhì | 研制 [옌 쯔] | 연구제작하다 |
| ☐ yán zhòng | 严重 [옌 쭝] | 엄중하다 |
| ☐ yàn zi | 燕子 [옌 즈] | 제비 |
| ☐ yǎn zòu | 演奏 [옌 쪼우] | 연주하다 |
| ☐ yǎng | 氧 [양] | 산소 |
| ☐ yǎng | 痒 [양] | 가렵다 |
| ☐ yáng | 阳 [양] | 양, 태양, 겉 |
| ☐ yáng | 羊 [양] | 양 |
| ☐ yáng | 扬 [양] | 위로 올리다, 널리 알리다 |
| ☐ yǎng | 仰 [양] | 머리 쳐들다, 경모하다 |
| ☐ yáng | 洋 [양] | 방대하다, 성대하다 |
| ☐ yǎng | 养 [양] | 양육하다, 수양하다, 보수하다 |
| ☐ yàng | 样 [양] | 종류, 형태의, 무엇이든 |
| ☐ yǎng chéng | 养成 [양 청] | ~로 되게 하다 |
| ☐ yǎng fèn | 养分 [양 펀] | 양분 |
| ☐ yáng guāng | 阳光 [양 광] | 햇빛 |
| ☐ yǎng huà | 氧化 [양 화] | 산화하다 |
| ☐ yǎng huó | 养活 [양 훠] | 먹여 살리다 |
| ☐ yǎng liào | 养料 [양 랴오] | 양분 |
| ☐ yàng pǐn | 样品 [양 핀] | 견본, 샘플 |
| ☐ yǎng qì | 氧气 [양 치] | 산소 |
| ☐ yáng shù | 杨树 [양 쑤] | 백양나무 |
| ☐ yǎng yù | 养育 [양 위] | 양육하다 |

| | | | |
|---|---|---|---|
| ☐ yǎng zhí | 养殖 [양 즈] | | 양식하다 |
| ☐ yàng zi | 样子 [양 즈] | | 모양 |
| ☐ yánr | 沿儿 [옌 얼] | | 가장자리 |
| ☐ yāo | 邀 [야오] | | 초청하다, 얻다 |
| ☐ yáo | 摇 [야오] | | 흔들다 |
| ☐ yǎo | 咬 [야오] | | 깨물다, 개짖다 |
| ☐ yāo | 腰 [야오] | | 허리 |
| ☐ yào | 要 [야오] | | ~하려 하다 |
| ☐ yao | 哟 [야오] | | 아니, 앗, 야 |
| ☐ yào | 要 [야오] | | 만약, ~하든가 |
| ☐ yào | 要 [야오] | | 필요로 하다, 요구하다 |
| ☐ yáo | 窑 [야오] | | 가마, 탄갱, 굴 |
| ☐ yào | 药 [야오] | | 약 |
| ☐ yào | 要 [야오] | | 만약, 혹은 ~하든가 |
| ☐ yáo bǎi | 摇摆 [야오 바이] | | 흔들거리다, 동요하다 |
| ☐ yào bu | 要不 [야오 뿌] | | ~하든지, ~하든지, ~혹은 |
| ☐ yào bu rán | 要不然 [야오 부란] | | 그렇지 않으면 |
| ☐ yào bu shì | 要不是 [야오 부 쓰] | | 그렇지 않으면<br>그렇지 않았더라면 |
| ☐ yào cái | 药材 [야오 차이] | | 약재 |
| ☐ yào diǎn | 要点 [야오 뎬] | | 요점 |
| ☐ yào fāng | 药方 [야오 팡] | | 처방 |
| ☐ yāo guài | 妖怪 [야오 꽈이] | | 요괴 |
| ☐ yào hǎo | 要好 [야오 하오] | | 사이가 좋다, 친밀하다 |
| ☐ yáo huàng | 摇晃 [야오 황] | | 흔들다 |
| ☐ yào jǐn | 要紧 [야오 진] | | 요긴하다 |
| ☐ yáo kòng | 遥控 [야오 쿵] | | 원격조종 |
| ☐ yào lǐng | 要领 [야오 링] | | 요령 |

| | | | |
|---|---|---|---|
| yào me | 要么 [야오 머] | ~하든지 ~하든지, 그렇지 않으면 |
| yào mìng | 要命 [야오 밍] | 생명을 잃게 하다 |
| yào pǐn | 药品 [야오 핀] | 약품 |
| yāo qǐng | 邀请 [야오 칭] | 요청, 요청하다 |
| yāo qiú | 要求 [야오 치우] | 요구 |
| yào shì | 要是 [야오 쓰] | 만일 ~이라면 |
| yào shi | 钥匙 [야오 스] | 열쇠, 키 |
| yào shuǐr | 药水儿 [야오 쉴] | 약물 |
| yào sù | 要素 [야오 쑤] | 요소 |
| yào wù | 药物 [야오 우] | 약물 |
| yào yǎn | 耀眼 [야오 옌] | 눈부시다 |
| yáo yán | 谣言 [야오 옌] | 요언 |
| yáo yuǎn | 遥远 [야오 웬] | 아득히 멀다 |
| yě | 野 [예] | 제멋대로 하다 |
| yè | 液 [예] | 액체 |
| yè | 夜 [예] | 밤 |
| yě | 也 [예] | 또, 하더라도, 조차도 |
| yè | 页 [예] | 페이지, 쪽 |
| yè bān | 夜班 [예 반] | 야근 |
| yè jiān | 夜间 [예 젠] | 야간 |
| yě jīn | 冶金 [예 진] | 야금 |
| yè lǐ | 夜里 [예 리] | 밤중 |
| yě liàn | 冶炼 [예 렌] | 제련하다, 용해하다 |
| yě mán | 野蛮 [예 만] | 야만스럽다 |
| yě shēng | 野生 [예 성] | 야생적이다 |
| yě shòu | 野兽 [예 쏘우] | 야수 |
| yè tǐ | 液体 [예 티] | 액체 |

| | | | |
|---|---|---|---|
| ☐ yě wài | 野外 [예 와이] | 야외 |
| ☐ yè wǎn | 夜晚 [예 완] | 밤 |
| ☐ yè wù | 业务 [예 우] | 업무 |
| ☐ yě xǔ | 也许 [예 쉬] | 아마 |
| ☐ yé ye | 爷爷 [예 예] | 할아버지 |
| ☐ yè yú | 业余 [예 위] | 아마추어의, 여가의 |
| ☐ yè zi | 叶子 [예 즈] | 잎 |
| ☐ yì'àn | 议案 [이 안] | 의안, 안건 |
| ☐ yì | 亦 [이] | 또한, 역시 |
| ☐ yǐ | 倚 [이] | 기대다, 믿다 |
| ☐ yī | 依 [이] | 의지하다, 따르다 |
| ☐ yī | 医 [이] | 의사, 의학 |
| ☐ yì | 易 [이] | 쉽다, 용이하다 |
| ☐ yǐ | 乙 [이] | ~을, 두 번째 |
| ☐ yí | 姨 [이] | 이모 |
| ☐ yì | 忆 [이] | 상기하다, 회상하다 |
| ☐ yí | 移 [이] | 옮기다 |
| ☐ yǐ | 以 [이] | ~에 따라, ~로 |
| ☐ yǐ | 已 [이] | 이미 |
| ☐ yì | 亿 [이] | 억 |
| ☐ yì | 翼 [이] | 날개 |
| ☐ yī | 一 [이] | 곧, 바로 |
| ☐ yī | 壹(一) [이] | 1, 일 |
| ☐ yī zhào | 依照 [이 짜오] | ~을 따르다, ~에 비추다 |
| ☐ yí bàn | 一半 [이 빤] | 절반 |
| ☐ yì bān | 一般 [이 반] | 일반적이다 |
| ☐ yí bèi zi | 一辈子 [이 뻬이 즈] | 한평생, 일생 |
| ☐ yì biān | 一边 [이 볜] | 한쪽 |

Y_y

| | | | |
|---|---|---|---|
| ☐ yǐ biàn | 以便 [이 삐엔] | ~하도록, ~하기 위하여 |
| ☐ yì biān yì biān | 一边一边 [이 삐엔 이 삐엔] | ~하자, ~역시 |
| ☐ yí biǎo | 仪表 [이 뱌오] | 외모, 풍채, 거동 |
| ☐ yí chǎn | 遗产 [이 찬] | 유산 |
| ☐ yì cháng | 异常 [이 창] | 이상하다 |
| ☐ yì chéng | 议程 [이 청] | 의정 |
| ☐ yí chuán | 遗传 [이 촨] | 유전되다 |
| ☐ yī cì | 依次 [이 츠] | 순서에 따라 |
| ☐ yí dài | 一带 [이 따이] | 일대 (지역) |
| ☐ yí dàn | 一旦 [이 딴] | 잠깐, 잠시 |
| ☐ yí dàn | 一旦 [이 딴] | 일단 |
| ☐ yí dào | 一道 [이 따오] | 같이 |
| ☐ yì diǎnr | 一点儿 [이 뎔] | 조금 |
| ☐ yí dìng | 一定 [이 띵] | 반드시 |
| ☐ yī dìng | 一定 [이 띵] | 한결 같다 |
| ☐ yì dìng shū | 议定书 [이 띵 수] | 의정서 |
| ☐ yí dòng | 移动 [이 뚱] | 이동하다 |
| ☐ yí dù | 一度 [이 뚜] | 한번, 한차례 |
| ☐ yì fān fēng shùn | 一帆风顺 [이 판 펑 쑨] | 순풍에 돛을 단 듯하다 |
| ☐ yī fu | 衣服 [이 푸] | 옷 |
| ☐ yí gài | 一概 [이 까이] | 전부, 일절 |
| ☐ yí gài ér lùn | 一概而论 [이 까이 얼 룬] | 일률적으로 논하다 |
| ☐ yī gān ér jìng | 一干二净 [이 간 얼 찡] | 깨끗이, 모조리 |
| ☐ yí gòng | 一共 [이 꿍] | 모두 |

| | | | |
|---|---|---|---|
| ☐ yí guàn | **一贯** [이 꽌] | | 일관하다 |
| ☐ yí hàn | **遗憾** [이 한] | | 유감스럽다 |
| ☐ yì háng | **一行** [이 항] | | 일단, 일행 |
| ☐ yí hòng ér sàn | **一哄而散** [이 훙 얼 싼] | | 소리를 지르며 뿔뿔이 흩어지다 |
| ☐ yǐ hòu | **以后** [이 호우] | | 이후 |
| ☐ yì huì | **议会** [이 후이] | | 의회 |
| ☐ yí huìr | **一会儿** [이 훨] | | 잠깐, 금방, 곧 |
| ☐ yí huìr~ yí huìr~ | **一会儿~ 一会儿~** [이 훨~ 이 훨~] | | 금방 ~곧 |
| ☐ yí huò | **疑惑** [이 훠] | | 의혹을 품다 |
| ☐ yǐ jí | **以及** [이 지] | | 및, 그런 |
| ☐ yí jì zhī cháng | **一技之长** [이 지 즈 창] | | 한 가지 뛰어난 재주 |
| ☐ yì jiàn | **意见** [이 찐] | | 의견 |
| ☐ yǐ jīng | **已经** [이 징] | | 이미 |
| ☐ yī jiù | **依旧** [이 찌우] | | 여전히 |
| ☐ yī jù | **依据** [이 쥐] | | 근거, 증거 |
| ☐ yī jù | **依据** [이 찌우] | | 의거하다, 근거로 하다 |
| ☐ yì jǔ | **一举** [이 쥐] | | 일거로 |
| ☐ yī kào | **依靠** [이 카오] | | 의지하다 |
| ☐ yì kǒu qì | **一口气** [이 카오 치] | | 단숨에 |
| ☐ yí kuàir | **一块儿** [이 콰이 얼] | | 함께 |
| ☐ yī lài | **依赖** [이 라이] | | 의뢰하다 |
| ☐ yǐ lái | **以来** [이 라이] | | 이래 |
| ☐ yì lì | **毅力** [이 리] | | 기력, 기백, 끈기 |
| ☐ yī lián | **一连** [이 렌] | | 계속해서, 연이어 |
| ☐ yí liáo | **医疗** [이 랴오] | | 의료 |

Y_y

| | | | |
|---|---|---|---|
| ☐ yì liào | 意料 | [이 랴오] | 짐작하다, 예상하다 |
| ☐ yī liáo | 医疗 | [이 랴오] | 치료하다 |
| ☐ yí liú | 遗留 | [이 리우] | 남겨놓다 남아있다 |
| ☐ yí lǜ | 一律 | [이 뤼] | 일률적이다, 하나같다 |
| ☐ yí lù píng ān | 一路平安 | [이 루 핑 안] | 가시는 길에 평안하시길 빕니다 |
| ☐ yí lù shùn fēng | 一路顺风 | [이 루 쑨 펑] | 가시는 길이 순조로우시길! |
| ☐ yì lùn | 议论 | [이 룬] | 의논하다 |
| ☐ yì máo bù bá | 一毛不拔 | [이 모우 뿌 바] | 터럭하나도 뽑지 않다 |
| ☐ yǐ miǎn | 以免 | [이 몐] | ~하지 않도록, ~않기 위해서 |
| ☐ yí miàn yí miàn | 一面~ 一面 | [이 몐~ 이 몐] | 한편 ~하고 한편으로 ~하다 |
| ☐ yí mín | 移民 | [이 민] | 이민 |
| ☐ yí nán | 疑难 | [이 난] | 의심스럽고 판단이 어렵다 |
| ☐ yǐ nèi | 以内 | [이 네이] | 이내 |
| ☐ yì páng | 一旁 | [이 팡] | 한쪽 |
| ☐ yì qí | 一齐 | [이 치] | 함께 |
| ☐ yì qǐ | 一起 | [이 치] | 함께 |
| ☐ yí qì | 仪器 | [이 치] | 계기 |
| ☐ yǐ qián | 以前 | [이 첸] | 이전 |
| ☐ yí qiè | 一切 | [이 체] | 일체 |
| ☐ yì rán | 毅然 | [이 란] | 의연히, 단호히 |
| ☐ yī rán | 依然 | [이 란] | 여전히, 의연히 |
| ☐ yī shàng | 衣裳 | [이 상] | 옷, 의상 |
| ☐ yǐ shàng | 以上 | [이 쌍] | 이상 |
| ☐ yì shēn | 一身 | [이 선] | 온몸, 전신 |

| | | | |
|---|---|---|---|
| yǐ shēn zuò zé | 以身作则 [이 선 쭤 저] | | 솔선수범하다 몸소 모범을 보이다 |
| yī shēng | 医生 [이 셩] | | 의원 |
| yì shēng | 一生 [이 셩] | | 일생 |
| yí shī | 遗失 [이 스] | | 잃다, 분실하다 |
| yì shi | 意识 [이 스] | | 의식 |
| yì shí | 一时 [이 스] | | 일시 |
| yì shǒu | 一手 [이 소우] | | 재간, 수단, 방법 |
| yì shù | 艺术 [이 쑤] | | 예술 |
| yì si | 意思 [이 스] | | 의미 |
| yī sī lán jiào | 伊斯兰教 [이 스 란 쨔오] | | 이슬람교 |
| yí tǐ | 遗体 [이 티] | | 시체, 유해 |
| yī tóng | 一同 [이 퉁] | | 같이 |
| yì tóu | 一头 [이 토우] | | 한 쪽 |
| yì tú | 意图 [이 투] | | 의도 |
| yì wài | 意外 [이 와이] | | 뜻밖에 |
| yǐ wài | 以外 [이 와이] | | 이외 |
| yì wàn | 亿万 [이 완] | | 억만 |
| yǐ wǎng | 以往 [이 왕] | | 이왕, 과거 |
| yǐ wéi | 以为 [이 워이] | | 여기다 |
| yì wèi zhe | 意味着 [이 워이 저] | | 의미하다, 뜻하다 |
| yí wèn | 疑问 [이 원] | | 의문 |
| yì wù | 义务 [이 우] | | 의무 |
| yī wù | 医务 [이 우] | | 의무 |
| yī wù shì | 医务室 [이 우 쓰] | | 의무실 |
| yí xì liè | 一系列 [이 씨 레] | | 일련의 |
| yǐ xià | 以下 [이 샤] | | 이하 |

| | | | |
|---|---|---|---|
| ☐ yī xià | 一下 [이 쌰] | | 단번에, 일시에 |
| ☐ yí xià | 一下 [이 쌰] | | 좀, 일제히 |
| ☐ yí xià zi | 一下子 [이 쌰 쯔] | | 단번에, 일시에 |
| ☐ yī xiàng | 一向 [이 쌍] | | 줄곧, 내내 |
| ☐ yì xiàng | 意向 [이 쌍] | | 의향, 의도, 목적 |
| ☐ yì xiē | 一些 [이 세] | | 약간 |
| ☐ yí xīn | 疑心 [이 신] | | 의심 |
| ☐ yí xīn | 疑心 [이 신] | | 의심하다 |
| ☐ yì xīn | 一心 [이 신] | | 일심, 한마음 |
| ☐ yī xué | 医学 [이 쒜] | | 의학 |
| ☐ yí yàng | 一样 [이 양] | | 같다 |
| ☐ yī yào | 医药 [이 야오] | | 의약 |
| ☐ yì yì | 意义 [이 이] | | 뜻, 의미 |
| ☐ yī yī | 一一 [이 이] | | 일일이 |
| ☐ yì yuán | 议员 [이 웬] | | 의원 |
| ☐ yì yuán | 译员 [이 웬] | | 통역원 |
| ☐ yī yuàn | 医院 [이 웬] | | 병원 |
| ☐ yī zài | 一再 [이 짜이] | | 거듭, 수차, 계속 |
| ☐ yí zhèn | 一阵 [이 쩐] | | 한바탕, 한동안 |
| ☐ yì zhí | 一直 [이 즈] | | 줄곧 |
| ☐ yí zhǐ | 遗址 [이 즈] | | 유적지, 옛터 |
| ☐ yī zhì | 一致 [이 쯔] | | 일치하다 |
| ☐ yī zhì | 医治 [이 쯔] | | 치료하다 |
| ☐ yì zhì | 抑制 [이 즈] | | 억제하다 |
| ☐ yì zhì | 意志 [이 쯔] | | 의지 |
| ☐ yǐ zhì | 以至 [이 쯔] | | 어떤 결과를 초래하다 |
| ☐ yǐ zhì yú | 以至于 [이 쯔 위] | | 그냥(줄곧) ~하다 |
| ☐ yǐ zi | 椅子 [이 즈] | | 의자 |

| | | | |
|---|---|---|---|
| ☐ yīyě | 一也 [이 예] | | ~하자, ~곧 |
| ☐ yī, jiù | 一, 就, [이, 찌우] | | ~에서, ~까지 |
| ☐ yí gè jìnr | 一个劲儿 [이 꺼 찐얼] | | 줄곧, 내내 |
| ☐ yīn'àn | 阴暗 [인 안] | | 어둡다 |
| ☐ yīn'ér | 因而 [인 얼] | | 그러므로 |
| ☐ yín | 银 [인] | | 은 |
| ☐ yīn | 音 [인] | | 소리, 음 |
| ☐ yìn | 印 [인] | | 찍다, 인화하다 |
| ☐ yīn | 因 [인] | | 이유, 까닭 |
| ☐ yīn | 殷 [인] | | 두텁다, 공손하다 |
| ☐ yǐn | 引 [인] | | 이끌어내다, 초래하다, 인용하다 |
| ☐ yīn | 阴 [인] | | 흐리다, 엉큼하다 |
| ☐ yǐn | 饮 [인] | | 마시다, 마음속에 품다 |
| ☐ yǐn bì | 隐蔽 [인 삐] | | 은폐하다 |
| ☐ yǐn cáng | 隐藏 [인 창] | | 숨기다 |
| ☐ yīn cǐ | 因此 [인 츠] | | 이 때문에 |
| ☐ yǐn dǎo | 引导 [인 다오] | | 안내하다, 인도하다 |
| ☐ yín háng | 银行 [인 항] | | 은행 |
| ☐ yín huì | 淫秽 [인 후이] | | 음란하다 |
| ☐ yǐn jìn | 引进 [인 찐] | | 끌어들이다, 도입하다 |
| ☐ yǐn liào | 饮料 [인 랴오] | | 음료 |
| ☐ yǐn mán | 隐瞒 [인 만] | | 숨기다, 속이다 |
| ☐ yīn móu | 阴谋 [인 모우] | | 음모 |
| ☐ yín mù | 银幕 [인 무] | | 영사막, 스크린 |
| ☐ yǐn qǐ | 引起 [인 치] | | 야기하다 |
| ☐ yīn qiè | 殷切 [인 체] | | 간절하다 |

Y_y

| | | | |
|---|---|---|---|
| ☐ yìn rǎn | 印染 [인 란] | | 염색하다 |
| ☐ yǐn rén zhù mù | 引人注目 [인 런 쭈 무] | | 사람을 주목케 하다 |
| ☐ yǐn rù | 引入 [인 루] | | 끌어들이다, 끌어넣다 |
| ☐ yǐn shí | 饮食 [인 스] | | 음식 |
| ☐ yìn shua | 印刷 [인 솨] | | 인쇄 |
| ☐ yǐn shuǐ sī yuán | 饮水思源 [인 수이 스 웬] | | 원천을 생각하다 |
| ☐ yīn sù | 因素 [인 쑤] | | 구성 요소, 원인, 조건 |
| ☐ yīn tiān | 阴天 [인 톈] | | 흐린 날 |
| ☐ yīn wèi | 因为 [인 웨이] | | 때문에 |
| ☐ yīn xiǎng | 音响 [인 샹] | | 음향 |
| ☐ yìn xiàng | 印象 [인 썅] | | 인상 |
| ☐ yǐn yòng | 引用 [인 융] | | 인용하다 |
| ☐ yǐn yòu | 引诱 [인 유] | | 유인하다 |
| ☐ yīn yuè | 音乐 [인 웨] | | 음악 |
| ☐ yǐn yuē | 隐约 [인 웨] | | 분명하지 않다, 은은하다 |
| ☐ yīng'ér | 婴儿 [잉 얼] | | 영아, 갓난애 |
| ☐ yìng | 硬 [잉] | | 억지로 |
| ☐ yìng | 映 [잉] | | 비추다, 비치다 |
| ☐ yíng | 迎 [잉] | | 영접하다, ~로 향하여 |
| ☐ yìng | 应 [잉] | | 대답하다, 응하다, 순응하다, 감당하다 |
| ☐ yíng | 营 [잉] | | 군영, 대대 |
| ☐ yìng | 硬 [잉] | | 굳다, 단단하다 |
| ☐ yīng | 应 [잉] | | 응답하다 |
| ☐ yíng | 赢 [잉] | | 이기다, 얻다 |
| ☐ yīng | 鹰 [잉] | | 매 |

| | | | |
|---|---|---|---|
| ☐ yīng bang | 英镑 [잉 빵] | 파운드 (영국 화폐단위) | |
| ☐ yìng chou | 应酬 [잉 초우] | 응대하다, 교제하다 | |
| ☐ yīng dāng | 应当 [잉 당] | 응당 | |
| ☐ yíng dé | 赢得 [잉 더] | 이기다, 얻다 | |
| ☐ yīng fu | 应付 [잉 푸] | 응부하다 | |
| ☐ yīng gāi | 应该 [잉 가이] | 마땅히 ~해야 한다 | |
| ☐ yīng huā | 樱花 [잉 화] | 벚꽃 | |
| ☐ yìng jiàn | 硬件 [잉 찐] | 하드웨어 | |
| ☐ yíng jiē | 迎接 [잉 제] | 영접하다 | |
| ☐ yīng jùn | 英俊 [잉 쮠] | 영준하다, 재능이 출중하다 | |
| ☐ yíng lì | 盈利 [잉 리] | 이익 | |
| ☐ yíng lì | 赢利 [잉 리] | 이익 | |
| ☐ yíng miàn | 迎面 [잉 멘] | 얼굴을 마주하다 | |
| ☐ yīng míng | 英明 [잉 밍] | 영명하다 | |
| ☐ yǐng piàn | 影片 [잉 펜] | 영화 필름 | |
| ☐ yīng wén | 英文 [잉 원] | 영문 | |
| ☐ yǐng xiǎng | 影响 [잉 샹] | 영향 | |
| ☐ yīng xióng | 英雄 [잉 슝] | 영웅 | |
| ☐ yíng yǎng | 营养 [잉 양] | 영양 | |
| ☐ yìng yāo | 应邀 [잉 야오] | 초청에 응하다 | |
| ☐ yíng yè | 营业 [잉 예] | 영업하다 | |
| ☐ yīng yǒng | 英勇 [잉 융] | 용감하다, 영특하고 용맹하다 | |
| ☐ yìng yòng | 应用 [잉 융] | 응용하다 | |
| ☐ yīng yǔ | 英语 [잉 위] | 영어 | |
| ☐ yíng zi | 蝇子 [잉 즈] | 파리 | |
| ☐ yǐng zi | 影子 [잉 즈] | 그림자 | |
| ☐ yòng | 用 [융] | 쓰다, 사용하다 | |
| ☐ yǒng | 涌 [융] | 솟아나다, 내밀다 | |

Y_y

| | | | |
|---|---|---|---|
| ☐ yōng bào | 拥抱 | [융 빠오] | 포옹하다 |
| ☐ yòng bu zháo | 用不着 | [융 부 자오] | 필요 없다, 쓸데없다 |
| ☐ yòng chù | 用处 | [융 추] | 사용처, 쓰는 곳, 쓸모 |
| ☐ yǒng chuí bù xiǔ | 永垂不朽 | [융 추이 뿌 시우] | 영생불멸하다 |
| ☐ yòng fǎ | 用法 | [융 프아] | 용법 |
| ☐ yǒng gǎn | 勇敢 | [융 간] | 용감하다 |
| ☐ yòng gōng | 用工 | [융 궁] | 힘써 배우다 |
| ☐ yōng hù | 拥护 | [융 후] | 옹호하다 |
| ☐ yōng jǐ | 拥挤 | [융 지] | 한곳으로 밀리다 |
| ☐ yōng jǐ | 拥挤 | [융 지] | 붐비다, 혼잡하다 |
| ☐ yǒng jiǔ | 永久 | [융 지우] | 영구하다 |
| ☐ yòng jù | 用具 | [융 쮜] | 용구 |
| ☐ yòng lì | 用力 | [융 리] | 힘을 내다 |
| ☐ yòng pǐn | 用品 | [융 핀] | 용품 |
| ☐ yǒng qì | 勇气 | [융 치] | 용기 |
| ☐ yòng rén | 用人 | [융 런] | 사람을 쓰다 |
| ☐ yǒng shì | 勇士 | [융 쓰] | 용사 |
| ☐ yòng hù | 用户 | [융 후] | 사용자, 가입자 |
| ☐ yōng sú | 庸俗 | [융 수] | 범속하다, 비범하다 |
| ☐ yòng tú | 用途 | [융 투] | 용도 |
| ☐ yòng xīn | 用心 | [융 신] | 골똘히 하다, 주의깊이 하다 |
| ☐ yòng yì | 用意 | [융 이] | 의도, 속셈 |
| ☐ yōng yǒu | 拥有 | [융 유] | 보유하다, 가지다 |
| ☐ yǒng yú | 勇于 | [융 위] | 용감하다, 과감하다 |
| ☐ yǒng yuǎn | 永远 | [융 웬] | 영원히 |
| ☐ yǒng yuè | 踊跃 | [융 웨] | 열렬하다, 활기가 있다 |
| ☐ yǒu'ài | 友爱 | [유 아이] | 우애, 우애하다 |

| | | | |
|---|---|---|---|
| ☐ yòu'ér yuán | 幼儿园 | [유 얼 웬] | 유치원 |
| ☐ yòu | 幼 | [유] | 어리다 |
| ☐ yòu | 右 | [유] | 오른쪽 |
| ☐ yóu | 游 | [유] | 헤엄치다 |
| ☐ yòu | 诱 | [유] | 유인하다, 꾀다 |
| ☐ yòu | 又 | [요우] | 또, 동시에, ~도 |
| ☐ yóu | 油 | [요우] | 기름 |
| ☐ yóu | 铀 | [유] | 우라늄 |
| ☐ yǒu | 有 | [유] | 있다, 소유하다 |
| ☐ yóu | 由 | [요우] | ~때문에, ~으로써, ~에 |
| ☐ yǒu (yī) diǎnr | 有(一)点儿 | [유(이) 뎔] | 좀 약간 |
| ☐ yǒu (yì)xiē | 有(一)些 | [유(이) 셰] | 일부 |
| ☐ yóu bāo | 邮包 | [유 바오] | 우편 소포, 우편낭 |
| ☐ yòu biān | 右边 | [유 볜] | 오른쪽 |
| ☐ yóu cài | 油菜 | [유 차이] | 유채 |
| ☐ yóu cǐ kě jiàn | 由此可见 | [유 츠 커 쪤] | 이로써 볼 수 있다, 알 수 있다 |
| ☐ yǒu dài | 有待 | [유 따이] | 기다리다 |
| ☐ yǒu de | 有的 | [유 더] | 어떤 것 |
| ☐ yǒu de shì | 有的是 | [유 더 쓰] | 숱하다, 많이 있다 |
| ☐ yóu diàn | 邮电 | [유 뗸] | 체신 |
| ☐ yōu diǎn | 优点 | [유 뎬] | 우점 |
| ☐ yóu gòu | 邮购 | [유 꼬우] | 통신구매하다 |
| ☐ yǒu guān | 有关 | [유 관] | 관계있다 |
| ☐ yǒu hài | 有害 | [유 하이] | 유해하다 |
| ☐ yǒu hǎo | 友好 | [유 하오] | 우호적이다 |
| ☐ yóu huà | 油画 | [유 화] | 유화 |

Y_y

| | | | |
|---|---|---|---|
| ☐ yōu huì | **优惠** [유 후이] | 우대하다, 특혜하다 |
| ☐ yòu huò | **诱惑** [유 훠] | 유혹되다 |
| ☐ yóu jī | **游击** [유 지] | 유격하다 |
| ☐ yóu jì | **邮寄** [유 찌] | 우송하다 |
| ☐ yǒu jī | **有机** [유 지] | 유기의, 유기적 |
| ☐ yōu jìng | **幽静** [유 찡] | 그윽하고 고요하다 |
| ☐ yōu jiǔ | **悠久** [유 지우] | 유구하다 |
| ☐ yóu jú | **邮局** [유 쥐] | 우체국 |
| ☐ yóu kè | **游客** [유 커] | 유람객, 여행자 |
| ☐ yǒu kǒu wú xīn | **有口无心** [유 코우 우 신] | 말은 해도 속은 아무것도 없다 |
| ☐ yóu lán | **游览** [유 란] | 유람하다 |
| ☐ yǒu lì | **有利** [유 리] | 유리하다 |
| ☐ yǒu lì | **有力** [유 리] | 유력하다 |
| ☐ yōu liáng | **优良** [유 량] | 우량하다 |
| ☐ yǒu liǎng xià zi | **有两下子** [유 량 쌰즈] | 능력이 있다, 본때가 있다 |
| ☐ yóu liào | **油料** [유 랴오] | 유료 |
| ☐ yōu lǜ | **忧虑** [유 뤼] | 걱정하다, 근심하다 |
| ☐ yōu měi | **优美** [유 메이] | 우아하고 아름답다 |
| ☐ yǒu míng | **有名** [유 밍] | 유명하다 |
| ☐ yōu mò | **幽默** [유 뭐] | 유머 |
| ☐ yōu piào | **邮票** [유 퍄오] | 우표 |
| ☐ yóu qī | **油漆** [유 치] | 페인트 |
| ☐ yóu qí | **尤其** [유 치] | 특히 |
| ☐ yǒu qíng | **友情** [유 칭] | 우정 |
| ☐ yǒu qù | **有趣** [유 취] | 재미있다 |
| ☐ yóu rén | **游人** [유 런] | 유람인 |

| | | | |
|---|---|---|---|
| ☐ yǒu rén | 友人 [유 런] | | 벗, 친우, 우인 |
| ☐ yóu rú | 犹如 [유 루] | | ~와 같다 |
| ☐ yōu shèng | 优胜 [유 썽] | | 우승하다 |
| ☐ yǒu shēng yǒu sè | 有声有色 [유 성 유 써] | | 생생하다, 실감나다 |
| ☐ yōu shì | 优势 [유 쓰] | | 우세 |
| ☐ yǒu shí | 有时 [요우 스] | | 때때로 |
| ☐ yǒu shí hou | 有时侯 [유 스 호우] | | 어떤 때는 |
| ☐ yóu tián | 油田 [유 텐] | | 유전 |
| ☐ yóu xì | 游戏 [유 씨] | | 유희 |
| ☐ yōu xiān | 优先 [유 셴] | | 우선적이다 |
| ☐ yǒu xiàn | 有限 [유 쎈] | | 유한하다 한계가 있다 |
| ☐ yǒu xiào | 有效 [유 쌰오] | | 유효하다 |
| ☐ yǒu xiē | 有些 [유 세] | | 일부, 어떤 |
| ☐ yóu xíng | 游行 [유 싱] | | 시위, 데모 |
| ☐ yóu xíng | 游行 [유 싱] | | 시위하다, 데모하다 |
| ☐ yōu xiù | 优秀 [유 씨우] | | 우수하다 |
| ☐ yǒu yì | 有益 [유 이] | | 유익하다 |
| ☐ yōu yì | 优异 [유 이] | | 특히 우수하다 |
| ☐ yǒu yì | 友谊 [유 이] | | 우의 |
| ☐ yǒu yì | 有意 [유 이] | | 일부러, 고의적으로 |
| ☐ yǒu yì | 有意 [요우 이] | | ~할 생각이 있다 |
| ☐ yǒu yì si | 有意思 [유 이 쓰] | | 재미있다, 즐겁다 |
| ☐ yǒu yòng | 有用 [유 융] | | 쓸모 있다 |
| ☐ yóu yǒng | 游泳 [유 융] | | 수영하다 |
| ☐ yóu yǒng chí | 游泳池 [유 융 츠] | | 수영장 |
| ☐ yōu yù | 忧郁 [유 위] | | 우울하다 |
| ☐ yóu yú | 由于 [요우 위] | | ~때문에, ~로 인하여 |

| | | | |
|---|---|---|---|
| ☐ yóu yù | 犹豫 [요우 위] | | 망설이다, 주저하다 |
| ☐ yōu yuè | 优越 [유 웨] | | 우월하다 |
| ☐ yóu zhèng | 邮政 [유 쩡] | | 우편행정 |
| ☐ yōu zhì | 优质 [유 쯔] | | 우질 |
| ☐ yòu zhì | 幼稚 [유 즈] | | 유치하다 |
| ☐ yǔ | 予 [위] | | 주다, 해주다 |
| ☐ yú | 余 [위] | | 남다, 남기다 |
| ☐ yù | 玉 [위] | | 옥 |
| ☐ yù | 愈 [위] | | 더욱, 더욱더 |
| ☐ yù | 欲 [위] | | ~하고 싶어하다, 바라다 |
| ☐ yù | 遇 [위] | | 만나다 |
| ☐ yù | 愈 [위] | | 낫다, 치유하다 |
| ☐ yú | 余 [위] | | 남짓, ~여, 여가 |
| ☐ yù | 寓 [위] | | 거주하다, 함축하다 |
| ☐ yǔ | 雨 [위] | | 비 |
| ☐ yú | 于 [위] | | ~에, ~에게, ~로부터 |
| ☐ yǔ | 与 [위] | | ~와(과) |
| ☐ yǔ | 鱼 [위] | | 물고기 |
| ☐ yù bào | 预报 [위 빠오] | | 예보, 예보하다 |
| ☐ yù bèi | 预备 [위 뻬이] | | 준비하다 |
| ☐ yù cè | 预测 [위 처] | | 예측하다 |
| ☐ yú chǔn | 愚蠢 [위 춘] | | 우둔하다, 어리석다 |
| ☐ yǔ cǐ tóng shí | 与此同时 [위 츠 퉁 스] | | ~이와 동시에 |
| ☐ yù dào | 遇到 [위 따오] | | 마주치다 |
| ☐ yǔ diào | 语调 [위 땨오] | | 어조 |
| ☐ yù dìng | 预订 [위 띵] | | 예약하다, 주문하다 |
| ☐ yù dìng | 预定 [위 띵] | | 예정하다 |

| | | | |
|---|---|---|---|
| ☐ yǔ fǎ | 语法 | [위 프아] | 문법 |
| ☐ yù fáng | 预防 | [위 퐝] | 예방하다 |
| ☐ yù gào | 预告 | [위 까오] | 예고, 예고하다 |
| ☐ yù huì | 与会 | [위후이] | 회의에 참가하다 |
| ☐ yù jì | 预计 | [위찌] | 예상하다, 전망하다 |
| ☐ yù jiàn | 预见 | [위 쩬] | 예견하다 |
| ☐ yù jiàn | 遇见 | [위 쩬] | 만나다 |
| ☐ yú kuài | 愉快 | [위 콰이] | 유쾌하다 |
| ☐ yú lè | 娱乐 | [위 러] | 오락 |
| ☐ yù liào | 预料 | [위 랴오] | 예상하다 예측하다 |
| ☐ yú lùn | 舆论 | [위 룬] | 여론 |
| ☐ yǔ máo | 羽毛 | [위마오] | 깃털 |
| ☐ yú máo qiú | 羽毛球 | [위 모우 치우] | 배드민턴 |
| ☐ yú mèi | 愚昧 | [위 메이] | 우매하다 |
| ☐ yù mǐ | 玉米 | [위 메이] | 옥수수 |
| ☐ yú mín | 渔民 | [위 민] | 어민 |
| ☐ yù qī | 预期 | [위 치] | 예견하다 |
| ☐ yǔ qì | 语气 | [위치] | 말투 |
| ☐ yǔ qí | 与其 | [위치] | ~하기 보다는 |
| ☐ yù sài | 预赛 | [위 싸이] | 예선 경기 |
| ☐ yǔ sǎn | 雨伞 | [위 산] | 우산 |
| ☐ yù shì | 浴室 | [위 쓰] | 욕실 |
| ☐ yú shì | 于是 | [위 쓰] | 그래서 |
| ☐ yú shù | 榆树 | [위 쑤] | 느릅나무 |
| ☐ yǔ shuǐ | 雨水 | [위 수이] | 우수, 빗물 |
| ☐ yù suàn | 预算 | [위 쏸] | 예산 |
| ☐ yù wàng | 欲望 | [위 왕] | 욕망 |
| ☐ yǔ wén | 语文 | [위 원] | 어문 |

Y_y

| | | | |
|---|---|---|---|
| ☐ yù xí | 预习 | [위 시] | 예습 |
| ☐ yù xiān | 预先 | [위 셴] | 미리, 사전에 |
| ☐ yù yán | 预言 | [위 옌] | 예언 |
| ☐ yù yán | 寓言 | [위 옌] | 우화, 우언 |
| ☐ yù yán | 预言 | [위 옌] | 예언하다 |
| ☐ yǔ yǎn | 语言 | [위 옌] | 언어 |
| ☐ yú yè | 渔业 | [위 예] | 어업 |
| ☐ yǔ yǐ | 予以 | [위 이] | ~을 주다 ~되다 |
| ☐ yǔ yī | 雨衣 | [위 이] | 비옷 |
| ☐ yǔ yīn | 语音 | [위 인] | 어음 |
| ☐ yù yuē | 预约 | [위 웨] | 예약하다 |
| ☐ yǔ zhòu | 宇宙 | [위 쪼우] | 우주 |
| ☐ yù zhù | 预祝 | [위 쭈] | 미리 축하하다 |
| ☐ yù~yù | 愈~愈~ | [위위] | ~을 수록 |
| ☐ yuǎn | 远 | [웬] | 멀다 |
| ☐ yuán | 原 | [웬] | 원래의, 이전의 |
| ☐ yuàn | 怨 | [웬] | 원한, 불만 |
| ☐ yuán | 圆 | [웬] | 원, 동그라미 |
| ☐ yuán | 袁 | [웬] | 원 (성씨) |
| ☐ yuān | 冤 | [웬] | 억울함, 원한 |
| ☐ yuàn | 愿 | [웬] | ~하려고 하다 |
| ☐ yuán | 源 | [웬] | 원천, 발원지 |
| ☐ yuàn | 怨 | [웬] | 원망하다, 탓하다 |
| ☐ yuàn | 愿 | [웬] | 원하다, ~하려고 하다 |
| ☐ yuàn | 院 | [웬] | 뜰, 공공장소, 기관 |
| ☐ yuán | 元 | [웬] | ~원 |
| ☐ yuán | 员 | [웬] | 일군, 성원, 명 |
| ☐ yuán | 园 | [웬] | 원, 놀이터, 텃밭 |

| | | | |
|---|---|---|---|
| ☐ yuán | 圆 [웬] | | 둥글다, 원만하다 |
| ☐ yuán | 圆 [웬] | | 원만하게 하다, 합리화 하다 |
| ☐ yuán cái liào | 原材料 [웬 차이 랴오] | | 원자재 |
| ☐ yuǎn dà | 远大 [웬 따] | | 원대하다 |
| ☐ yuán dàn | 元旦 [웬 딴] | | 원단 |
| ☐ yuǎn fāng | 远方 [웬 팡] | | 먼 곳 |
| ☐ yuán gào | 原告 [웬 까오] | | 원고 |
| ☐ yuán gù | 缘故 [웬 꾸] | | 연고, 까닭, 이유 |
| ☐ yuán jiàn | 元件 [웬 쩬] | | 부분품, 소자, 요소 |
| ☐ yuǎn jǐng | 远景 [웬 징] | | 원경 |
| ☐ yuán lái | 原来 [웬 라이] | | 원래 |
| ☐ yuán lái | 原来 [웬 라이] | | 본래 |
| ☐ yuán lǐ | 原理 [웬 리] | | 원리 |
| ☐ yuán liàng | 原谅 [웬 량] | | 양해하다 |
| ☐ yuán liào | 原料 [웬 랴오] | | 원료 |
| ☐ yuán lín | 园林 [웬 린] | | 원림 |
| ☐ yuán mǎn | 圆满 [웬 만] | | 원만하다, 훌륭하다 |
| ☐ yuán quán | 源泉 [웬 췐] | | 원천 |
| ☐ yuán rén | 猿人 [웬 런] | | 원인 |
| ☐ yuán shǐ | 原始 [웬 스] | | 최초의, 원시의 |
| ☐ yuán shǒu | 元首 [웬 소우] | | 원수 |
| ☐ yuán sù | 元素 [웬 쑤] | | 원소 |
| ☐ yuàn wàng | 愿望 [웬 왕] | | 소원 |
| ☐ yuān wang | 冤枉 [웬 왕] | | 억울하다, 무함하다 |
| ☐ yuān wàng | 冤枉 [웬 왕] | | 헛되다, 값없다 |
| ☐ yuán xiān | 原先 [웬 셴] | | 원래, 본래 |
| ☐ yuán xiāo | 元宵 [웬 샤오] | | 정월 대보름 |
| ☐ yuàn yì | 愿意 [웬 이] | | 원하다 |

| | | | |
|---|---|---|---|
| ☐ yuán yīn | 原因 [웬 인] | 원인 |
| ☐ yuán yóu | 原油 [웬 유] | 원유 |
| ☐ yuán zé | 原则 [웬 저] | 원칙 |
| ☐ yuàn zhǎng | 院长 [웬 장] | 원장 |
| ☐ yuán zhù | 援助 [웬 쭈] | 원조, 원조하다 |
| ☐ yuán zhū bǐ | 圆珠笔 [웬 주 비] | 볼펜 |
| ☐ yuán zi | 原子 [웬 즈] | 원자 |
| ☐ yuàn zi | 院子 [웬 즈] | 뜰 |
| ☐ yuán zǐ dàn | 原子弹 [웬 즈 딴] | 원자탄 |
| ☐ yuán zǐ néng | 原子能 [웬 즈 넝] | 원자력 |
| ☐ yuē | 约 [웨] | 간단히, 대체로, 대개 |
| ☐ yuē | 曰 [웨] | 말하다, 부르다 |
| ☐ yuè | 粤 [웨] | 월 (광동성의 별명) |
| ☐ yuè | 越 [웨] | 넘다, 뛰어 넘다 |
| ☐ yuè | 岳 [웨] | 악 (성씨) |
| ☐ yuē | 约 [웨] | 약속하다, 청하다 |
| ☐ yuè | 跃 [웨] | 뛰다 |
| ☐ yuè | 阅 [웨] | 보다, 검열하다 |
| ☐ yuè dōng | 越冬 [웨 둥] | 월동하다 |
| ☐ yuè dú | 阅读 [웨 두] | 열독하다, 읽다 |
| ☐ yuè duì | 乐队 [웨 뚜이] | 악대 |
| ☐ yuè fèn | 月份 [웨 프언] | 월분패 (옛날 달력) |
| ☐ yuè fù | 岳父 [웨 프우] | 악부, 장인 |
| ☐ yuè guāng | 月光 [웨 광] | 달 빛 |
| ☐ yuè guò | 越过 [웨 꿔] | 넘다, 지나가다 |
| ☐ yuē huì | 约会 [웨 후이] | 약속 |
| ☐ yuè jìn | 跃进 [웨 찐] | 약진하다 |
| ☐ yuè jù | 粤剧 [웨 쮜] | 월극 (광동지역 희곡) |

| | | | |
|---|---|---|---|
| yuè lái yuè | 越来越 [웨 라이 웨] | …을 하면 할 수록, 점점 더 |
| yuè lǎn shì | 阅览室 [웨 란 쓰] | 열람실 |
| yuè liàng | 月亮 [웨 량] | 달 |
| yuè qì | 乐器 [웨 치] | 악기 |
| yuè qiú | 月球 [웨 치우] | 월구 |
| yuè qǔ | 乐曲 [웨 취] | 악곡 |
| yuē shù | 约束 [웨 쑤] | 구속하다, 얽매다 |
| yuè yuè | 越越 [웨 웨] | ~하면 할수록 더 |
| yún | 匀 [윈] | 고르다, 균등하다 |
| yún | 云 [윈] | 구름 |
| yūn | 晕 [윈] | 어지럽다, 쇼크하다 |
| yùn | 运 [윈] | 운송하다, 옮기다 |
| yún cai | 云彩 [윈 차이] | 구름 |
| yùn cháng | 蕴藏 [윈 창] | 매장되다 |
| yùn dòng | 运动 [윈 뚱] | 운동하다 |
| yùn dòng huì | 运动会 [윈 뚱 후이] | 운동회 |
| yùn dòng yuán | 运动员 [윈 뚱 웬] | 운동원 |
| yùn niàng | 酝酿 [윈 냥] | 온양하다 |
| yùn qi | 运气 [윈 치] | 운수 |
| yùn shū | 运输 [윈 수] | 운송하다 |
| yùn sòng | 运送 [윈 쑹] | 운송하다 |
| yùn suàn | 运算 [윈 쏸] | 운산하다 |
| yùn xíng | 运行 [윈 싱] | 운행하다 |
| yǔn xǔ | 允许 [윈 쉬] | 허락하다 |
| yùn yòng | 运用 [윈 융] | 응용하다 |
| yùn yù | 孕育 [윈 위] | 배태하다, 낳아 기르다 |
| yùn zhuǎn | 运转 [윈 좐] | 돌다, 가동하다 |

# Z_z

| | | |
|---|---|---|
| zá | 杂 [자] | 잡되다, 뒤섞이다 |
| zá | 砸 [자] | 찧다, 부시다, 망치다 |
| zá jì | 杂技 [자아 찌] | 곡예 |
| zá jiāo | 杂交 [자아 쟈오] | 교잡하다 |
| zá luàn | 杂乱 [자 롼] | 무질서하다 |
| zá wén | 杂文 [자 원] | 잡문 |
| zá zhì | 杂质 [자 쯔] | 잡질 |
| zá zhì | 杂志 [자 쯔] | 잡지 |
| zāi | 载 [자이] | 재배하다 |
| zài | 在 [짜이] | 지금, 바로 |
| zài | 再 [짜이] | 또, 거듭, 더, 계속해서 |
| zǎi | 宰 [자이] | 도살하다, 재상 |
| zāi | 灾 [자이] | 재해, 재앙 |
| zài | 在 [짜이] | 있다, ~하는데 있다 |
| zài | 在 [짜이] | ~에, ~에서 |
| zǎi | 载 [자이] | (짐을) 싣다, 가득하다 |
| zāi hài | 灾害 [자이 하이] | 재해 |
| zài hu | 在乎 [짜이 후] | 마음에 두다, 문제삼다 |
| zāi huāng | 灾荒 [자이 황] | (재해로 인한) 흉작, 기근 |
| zài jiàn | 再见 [짜이 찐] | 다시 만납시다 |
| zāi nàn | 灾难 [자이 난] | 재난 |
| zāi péi | 栽培 [자이 페이] | 재배하다 |
| zài sān | 再三 [짜이 산] | 재삼, 거듭거듭 |
| zài shēng chǎn | 再生产 [짜이 성 찬] | 재생산 |

| | | | |
|---|---|---|---|
| zài shuō | 再说 [짜이 쉬] | 그리고 또한 |
| zài shuo | 再说 [짜이 쉬] | 두고 본다 |
| zài yì | 在意 [짜이 이] | 마음에 두다 |
| zài yu | 在于 [짜이 위] | ~에 있다 |
| zài zuò | 在座 [짜이 쭤] | 자리에 앉아 있다 |
| zàn | 暂 [잔] | 잠시, 잠깐, 당분간 |
| zán | 咱 [잔] | 우리, 나 |
| zǎn | 攒 [잔] | 축적하다, 모으다 |
| zàn chéng | 赞成 [잔 청] | 찬성하다 |
| zàn měi | 赞美 [짠 메이] | 찬미하다, 찬양하다 |
| zán men | 咱们 [잔 먼] | 우리 |
| zàn qiě | 暂且 [잔 체] | 잠시, 당분간 |
| zàn shí | 暂时 [잔 스] | 일시적, 잠시 |
| zàn tàn | 赞叹 [잔 탄] | 찬탄하다 |
| zàn tóng | 赞同 [짠 퉁] | 찬동하다 |
| zàn yang | 赞扬 [짠 양] | 찬양하다 |
| zàn zhù | 赞助 [짠 쭈] | 찬조, 지지 |
| zàng | 葬 [짱] | 시체를 묻다 |
| zāng | 脏 [장] | 더럽다 |
| zàng lǐ | 葬礼 [짱리] | 장례 |
| zāo | 遭 [자오] | 당하다, 만나다 |
| záo | 凿 [자오] | 끌 |
| záo | 凿 [자오] | 파다, 뚫다 |
| zǎo | 枣 [자오] | 대추 |
| zāo | 糟 [자오] | 지게미, 잘못되다 |
| zào | 造 [짜오] | 짓다, 제조하다, 날조하다 |
| zǎo | 早 [자오] | 일찍 하다 |
| zào | 灶 [짜오] | 부뚜막 |

| | | | |
|---|---|---|---|
| ☐ zǎo chen | 早晨 [자오 천] | 아침 |
| ☐ zāo dào | 遭到 [자오 따오] | 당하다 |
| ☐ zǎo diǎn | 早点 [자오 뗀] | 간단한 아침식사 |
| ☐ zào fǎn | 造反 [짜오 프안] | 반란을 일으키다 |
| ☐ zǎo fàn | 早饭 [자오 프안] | 아침밥 |
| ☐ zāo gāo | 糟糕 [자오 가오] | 크게 잘 못하다 |
| ☐ zào jià | 造价 [짜오 쨔] | 건설비, 제조비 |
| ☐ zào jù | 造句 [짜오 쮜] | 단문을 짓다 |
| ☐ zǎo qī | 早期 [자오 치] | 조기 |
| ☐ zǎo rì | 早日 [자오 르] | 하루빨리 |
| ☐ zǎo shang | 早上 [자오 상] | 아침 |
| ☐ zāo shòu | 遭受 [자오 쏘우] | 당하다 |
| ☐ zāo tà | 糟蹋 [자오 타] | 못쓰게 만들다, 유린하다 |
| ☐ zǎo wǎn | 早晚 [자오 완] | 조만간, 아침저녁, 조석 |
| ☐ zào xíng | 造型 [짜오 싱] | 조형 |
| ☐ zāo yāng | 遭殃 [자오 양] | 재난을 당하다 |
| ☐ zǎo yǐ | 早已 [자오 이] | 이미, 벌써 |
| ☐ zào yīn | 噪音 [짜오 인] | 소음, 잡음 |
| ☐ zāo yù | 遭遇 [자오 위] | 비참한 운명 |
| ☐ zāo yù | 遭遇 [자오 위] | 조우하다 |
| ☐ zé | 则 [저] | ~하면, ~하다 (인간관계) |
| ☐ zé bèi | 责备 [저 뻬이] | 책망하다, 탓하다 |
| ☐ zé guài | 责怪 [저 꽈이] | 책망하다 |
| ☐ zé rèn | 责任 [저 런] | 책임 |
| ☐ zé rèn zhì | 责任制 [저 런 쯔] | 책임제 |
| ☐ zéi | 贼 [저이] | 도둑, 역적 |
| ☐ zěn | 怎 [전] | 왜, 어째서, 어찌하여 |
| ☐ zěn me | 怎么 [전 머] | 어떻게 |

| | | | |
|---|---|---|---|
| ☐ zěn me yàng | 怎么样 [전 머 양] | 어떠한가, 별로 |
| ☐ zěn me zhe | 怎么着 [전 머 저] | 어떻게 |
| ☐ zěn yàng | 怎样 [전 양] | 어떻게 |
| ☐ zēng chǎn | 增产 [정 찬] | 증산하다 |
| ☐ zēng jiā | 增加 [정 쟈] | 증가하다 |
| ☐ zēng jìn | 增进 [정 찐] | 증진하다 |
| ☐ zēng qiáng | 增强 [정 챵] | 증강하다 |
| ☐ zèng sòng | 赠送 [쩡 쏭] | 증정하다, 증여하다 |
| ☐ zēng tiān | 增添 [정 톈] | 보태다 |
| ☐ zēng zhǎng | 增长 [정 쟝] | 증장하다 |
| ☐ zhá | 炸 [자] | 튀기다 |
| ☐ zhà | 炸 [짜] | 터지다, 폭파시키다, 알칵하다 |
| ☐ zhā | 渣 [자] | 찌꺼기, 부스러기 |
| ☐ zhǎ | 眨 [자] | 깜박이다 |
| ☐ zhā | 扎 [자] | 찌르다 |
| ☐ zhà | 榨 [짜] | 짜다 |
| ☐ zhá | 闸 [자] | 수문, (차)제동기 |
| ☐ zhà dàn | 炸弹 [짜 딴] | 작탄 |
| ☐ zhà piàn | 诈骗 [짜 폔] | 사취하다, 속이다 |
| ☐ zhā shi | 扎实 [자 스] | 튼튼하다, 착실하다 |
| ☐ zhà yào | 炸药 [짜 야오] | 폭약 |
| ☐ zhài | 债 [짜이] | 빚, 부채 |
| ☐ zhǎi | 窄 [자이] | 좁다 |
| ☐ zhài | 寨 [짜이] | 옛날 병영, 산골 마을 |
| ☐ zhāi | 摘 [자이] | 따다, 벗다, 발췌하다 |
| ☐ zhài wù | 债务 [짜이우] | 채무 |
| ☐ zhāi yào | 摘要 [자이 야오] | 적요 |
| ☐ zhàn | 站 [짠] | 서다, 멈추다 |

Z_z

| | | | |
|---|---|---|---|
| ☐ zhān | 沾 [잔] | | 적시다, 묻다, 덕을 보이다 |
| ☐ zhàn | 战 [짠] | | 싸우다, 떨다 |
| ☐ zhān | 粘 [잔] | | 붙이다 |
| ☐ zhàn | 占 [짠] | | 점령하다, 차지하다 |
| ☐ zhàn | 站 [짠] | | 역, 정류소 |
| ☐ zhǎn | 斩 [잔] | | 자르다 |
| ☐ zhǎn | 盏 [잔] | | 등, 개 |
| ☐ zhǎn cǎo chú gēn | 斩草除根 [잔 초우 추 건] | | 풀을 베고 뿌리를 뽑다 |
| ☐ zhàn chǎng | 战场 [짠 창] | | 싸움터 |
| ☐ zhǎn chū | 展出 [잔 추] | | 전시하다 |
| ☐ zhǎn dīng jié tiě | 斩钉截铁 [잔 딩 졔 톄] | | 결단성 있고 단호하다 |
| ☐ zhàn dòu | 战斗 [짠 또우] | | 전투 |
| ☐ zhàn gǎng | 站岗 [짠 강] | | 보초서다 |
| ☐ zhān guāng | 沾光 [잔 광] | | 덕을 보다, 은혜를 입다 |
| ☐ zhàn jù | 占据 [짠 쥐] | | 점거하다, 차지하다 |
| ☐ zhǎn kāi | 展开 [잔 카이] | | 전개하다 |
| ☐ zhǎn lǎn | 展览 [잔 란] | | 전람 |
| ☐ zhǎn lǎn huì | 展览会 [잔 란 후이] | | 전시회 |
| ☐ zhàn lǐng | 占领 [짠 링] | | 점령하다 |
| ☐ zhàn lüè | 战略 [짠 뤠] | | 전략 |
| ☐ zhàn shǎng | 赞赏 [짠 상] | | 찬양하다 |
| ☐ zhàn shèng | 战胜 [짠 썽] | | 전승하다 |
| ☐ zhǎn shì | 展示 [잔 쓰] | | 전시하다 |
| ☐ zhàn shì | 战士 [짠 쓰] | | 전사 |
| ☐ zhàn shù | 战术 [짠 쑤] | | 전술 |
| ☐ zhǎn wàng | 展望 [잔 왕] | | 전망하다 |

| | | | |
|---|---|---|---|
| ☐ zhàn xiàn | 战线 [짠 쎈] | 전선, 전쟁터 |
| ☐ zhǎn xiàn | 展现 [잔 쎈] | 펼쳐 보이다, 전시하다 |
| ☐ zhǎn xiāo | 展销 [잔 샤오] | 전시 판매하다 |
| ☐ zhǎn xīn | 崭新 [잔 신] | 참신하다 |
| ☐ zhān yǎng | 瞻仰 [잔 양] | 경건한 마음으로 바라보다 |
| ☐ zhàn yì | 战役 [짠 이] | 전역 |
| ☐ zhàn yǒu | 占有 [짠 유] | 점유하다 |
| ☐ zhàn yǒu | 战友 [짠 유] | 전우 |
| ☐ zhàn zhēng | 战争 [짠 정] | 전쟁 |
| ☐ zhàng'ài | 障碍 [짱 아이] | 장애, 장애하다 |
| ☐ zhàng | 账 [짱] | 계산, 회계, 장부 |
| ☐ zhǎng | 掌 [장] | 손바닥, 발바닥 |
| ☐ zhàng | 帐 [짱] | 막, 휘장 |
| ☐ zhāng | 张 [장] | 열다, 확대하다, 개업하다 |
| ☐ zhàng | 胀 [짱] | 팽창하다 부풀다 |
| ☐ zhǎng | 长 [장] | 자라다, 증가하다 |
| ☐ zhāng | 章 [장] | 장 (문장의 장수) |
| ☐ zhàng | 丈 [짱] | 길이의 양사 |
| ☐ zhāng | 张 [장] | ~장 |
| ☐ zhǎng | 涨 [장] | 오르다 (가격), 붓다 (물) |
| ☐ zhāng wàng | 张望 [장 왕] | 들여다 보다, 두리번거리다 |
| ☐ zhāng chéng | 章程 [장 청] | 장정, 규약 |
| ☐ zhàng fu | 丈夫 [짱 푸] | 남편 |
| ☐ zhǎng jià | 涨价 [장 쨔] | 가격이 오르다 |
| ☐ zhǎng shēng | 掌声 [장 성] | 박수소리 |
| ☐ zhǎng wò | 掌握 [장 워] | 장악하다 |
| ☐ zhǎo | 找 [자오] | 찾다 |
| ☐ zhào | 兆 [짜오] | 조 |

| | | | |
|---|---|---|---|
| ☐ zhāo | 招 [자오] | | 모집하다, 손짓하다 |
| ☐ zhào | 罩 [짜오] | | 씌우개, 덮개 |
| ☐ zhào | 赵 [짜오] | | 조 (성씨) |
| ☐ zhào | 照 [짜오] | | 비추다, 찍다, 돌보다 |
| ☐ zhào | 照 [짜오] | | ~을 향하여, ~대로 |
| ☐ zháo | 着 [자오] | | 닿다, 맞다, 불이 붙다 |
| ☐ zhào | 罩 [짜오] | | 덮다, 씌우다, 가리다 |
| ☐ zhào cháng | 照常 [짜오 창] | | 변함없이 |
| ☐ zhāo dài | 招待 [자오 따이] | | 초대하다 |
| ☐ zhāo dài huì | 招待会 [자오 따이 후이] | | 초대회, 연회 |
| ☐ zhào gù | 照顾 [짜오 꾸] | | 돌보다 |
| ☐ zhāo hu | 招呼 [자오 후] | | 부르다 |
| ☐ zhào huì | 照会 [짜오 후이] | | 각서를 보내다 |
| ☐ zhào jí | 召集 [짜오 지] | | 소집하다 |
| ☐ zháo jí | 着急 [자오 지] | | 급해하다 |
| ☐ zhào jiù | 照旧 [짜오 찌우] | | 종전대로 하다 |
| ☐ zhāo kāi | 召开 [자오 카이] | | 소집하다 |
| ☐ zhào lì | 照例 [짜오 리] | | 관례에 따라 |
| ☐ zháo liáng | 着凉 [자오 량] | | 감기가 들다 |
| ☐ zhào liào | 照料 [짜오 랴오] | | 세심히 보살피다 |
| ☐ zhào míng | 照明 [짜오 밍] | | 조명하다 |
| ☐ zhào piàn | 照片 [짜오 펜] | | 사진 |
| ☐ zhāo pìn | 招聘 [자오 핀] | | 초빙하다 |
| ☐ zhāo qì | 朝气 [자오 치] | | 생기 |
| ☐ zhāo qì péng bó | 朝气蓬勃 [자오 치 펑 보] | | 생기발랄하다 |
| ☐ zhāo shān mù sì | 朝三暮四 [자오 산 무 쓰] | | 조삼모사, 변덕스럽다 |

| | | | |
|---|---|---|---|
| ☐ zhào shè | 照射 [짜오 써] | 비추다 |
| ☐ zhāo shēng | 招生 [자오 성] | 초생하다 |
| ☐ zhāo shōu | 招收 [자오 소우] | 모집하다 |
| ☐ zhāo shǒu | 招手 [자오 소우] | 손짓해서 부르다 |
| ☐ zhào xiàng | 照相 [짜오 썅] | 사진을 찍다 |
| ☐ zhào xiàng jī | 照像机 [짜오 썅 지] | 사진기 |
| ☐ zhào yang | 照样 [짜오 양] | 여전히, 예전대로 |
| ☐ zhào yào | 照耀 [짜오 야오] | 밝게 비추다 |
| ☐ zhào ying | 照应 [짜오 잉] | 호응하다, 어울리다 |
| ☐ zhǎo zé | 沼泽 [자오 저] | 소택 |
| ☐ zháo zhòng | 着重 [자오 쫑] | 힘을 주다, 강조하다, 중시하다 |
| ☐ zhé | 折 [저] | 꺾다, 부러뜨리다 |
| ☐ zhē | 遮 [저] | 가리다, 막다 |
| ☐ zhě | 者 [저] | (~하는) 자, 사람, 것 (접미사로 쓰인다) |
| ☐ zhè | 浙 [쩌] | 절 (중국 절강성) |
| ☐ zhē | 着 [저] | 문장 끝에서 의문을 표시 |
| ☐ zhè | 这 [쩌] | 이, 이때, 지금 |
| ☐ zhè biān | 这边 [쩌 볜] | 이쪽 |
| ☐ zhè ge | 这个 [쩌 거] | 이것 |
| ☐ zhé hé | 折合 [저 허] | 환산하다, 상당하다 |
| ☐ zhè huìr | 这会儿 [쩌 훨] | 이때 |
| ☐ zhè lǐ | 这里 [쩌 리] | 여기 |
| ☐ zhè me | 这么 [쩌 머] | 이렇게 |
| ☐ zhè me zhe | 这么着 [쩌 머 저] | 이와 같이, 그러면, 이렇다면 |
| ☐ zhé mó | 折磨 [저 모] | 구박하다, 괴롭히다 |
| ☐ zhē teng | 折腾 [저 텅] | 뒤치닥꺼리다, 괴롭히다 |

| | | | |
|---|---|---|---|
| ☐ zhè xiē | 这些 | [쩌 세] | 이런 것들 |
| ☐ zhé xué | 哲学 | [저 쉐] | 철학 |
| ☐ zhè yàng | 这样 | [쩌 양] | 이렇게 |
| ☐ zhè yàng yì lái | 这样一来 | [쩌 양 이 라이] | 이렇게 되니 |
| ☐ zhēn | 针 | [전] | 바늘, 침 |
| ☐ zhèn | 震 | [쩐] | 진동하다, 지나치게 흥분하다 |
| ☐ zhèn | 镇 | [쩐] | 진 (도시) |
| ☐ zhèn | 振 | [쩐] | 떨쳐 일어나다 |
| ☐ zhēn | 真 | [전] | 정말로, 진실로 |
| ☐ zhèn | 镇 | [쩐] | 제압하다, 진압하다 |
| ☐ zhèn | 阵 | [쩐] | 진지, 잠깐 동안 |
| ☐ zhēn chá | 侦察 | [전 차] | 정찰하다 |
| ☐ zhēn chéng | 真诚 | [전 청] | 진실하다, 성실하다 |
| ☐ zhèn dàng | 震荡 | [쩐 땅] | 진동하다 |
| ☐ zhèn dì | 阵地 | [쩐 띠] | 진지 |
| ☐ zhèn dìng | 镇定 | [쩐 띵] | 진정하다 |
| ☐ zhèn dòng | 震动 | [쩐 똥] | 진동하다 |
| ☐ zhěn duàn | 诊断 | [전 똰] | 진단하다 |
| ☐ zhēn duì | 针对 | [전 뚜이] | 겨누다 |
| ☐ zhèn fèn | 振奋 | [쩐 프언] | 분발시키다, 진작하다 |
| ☐ zhēn guì | 珍贵 | [전 꾸이] | 진귀하다 |
| ☐ zhèn jīng | 震惊 | [쩐 징] | 대단히 놀라다 |
| ☐ zhèn jìng | 镇静 | [쩐 찡] | 진정하다, 침착하다 |
| ☐ zhēn jiǔ | 针灸 | [전 지우] | 침질과 뜸질 |
| ☐ zhēn lǐ | 真理 | [전 리] | 진리 |
| ☐ zhèn róng | 阵容 | [쩐 룽] | 진용, 짜임새 |
| ☐ zhēn shì | 真是 | [전 쓰] | 정말, 참 |

| | | | |
|---|---|---|---|
| ☐ zhēn shí | 实 [전 스] | | 진실하다 |
| ☐ zhēn shì de | 真是的 [전 스 더] | | (불안을 나타낼 때) 정말로, 참 |
| ☐ zhēn tàn | 侦探 [전 탄] | | 정탐 |
| ☐ zhěn tou | 枕头 [전 토우] | | 베개 |
| ☐ zhēn xī | 珍惜 [전 시] | | 진귀하게 아끼다, 소중히 여기다 |
| ☐ zhèn xiàn | 阵线 [쩐 쎈] | | 전선 |
| ☐ zhēn xiàng | 真相 [전 썅] | | 진상 |
| ☐ zhēn xīn | 真心 [전 신] | | 진심 |
| ☐ zhèn xīng | 振兴 [쩐 싱] | | 진흥시키다, 흥성하게 하다 |
| ☐ zhèn yā | 镇压 [쩐 야] | | 진압하다 |
| ☐ zhèn yíng | 阵营 [쩐 잉] | | 진영 |
| ☐ zhēn zhèng | 真正 [전 쩡] | | 진정하게 |
| ☐ zhēn zhū | 珍珠 [전 주] | | 진주 |
| ☐ zhèng | 正 [쩡] | | 바르다 |
| ☐ zhēng | 争 [정] | | 다루다, 논쟁하다 |
| ☐ zhēng | 睁 [정] | | 눈을 뜨다 |
| ☐ zhèng | 正 [쩡] | | 마침, 바로, 곧 |
| ☐ zhēng | 蒸 [정] | | 찌다, 김이 오르다 |
| ☐ zhèng | 症 [쩡] | | 증상, 병세 |
| ☐ zhěng | 整 [정] | | 바로 잡다, 고치다, 족치다 |
| ☐ zhěng | 整 [정] | | 완전하다, 정연하다 |
| ☐ zhēng | 征 [정] | | 징집하다, 징수하다, 모집하다 |
| ☐ zhèng | 挣 [쩡] | | 돈을 벌다, 애를 쓰다 |
| ☐ zhèng | 证 [쩡] | | 증명 |
| ☐ zhèng | 证 [쩡] | | 증명하다 |

| | | | |
|---|---|---|---|
| ☐ zhēnglùn | 争论 [쩡 룬] | 쟁론하다 |
| ☐ zhēng | 增 [쩡] | 증가하다, 더하다 |
| ☐ zhèng bǐ | 正比 [쩡 비] | 정비례 |
| ☐ zhèng biàn | 政变 [쩡 삔] | 정변 |
| ☐ zhèng cè | 政策 [쩡 처] | 정책 |
| ☐ zhèng cháng | 正常 [쩡 창] | 정상적이다 |
| ☐ zhēng chǎo | 争吵 [쩡 차오] | 말다툼하다 |
| ☐ zhèng dǎng | 政党 [쩡 당] | 정당 |
| ☐ zhèng dàng | 正当 [쩡 당] | 정당하다, 합법적이다 |
| ☐ zhèng dāng | 正当 [쩡 당] | 마침할 때에, 바야흐로, 한 때에 |
| ☐ zhēng duān | 争端 [쩡 똰] | 분쟁의 실마리 |
| ☐ zhěng dùn | 整顿 [쩡 뚠] | 정돈하다 |
| ☐ zhēng duó | 争夺 [쩡 둬] | 쟁탈하다 |
| ☐ zhēng fā | 蒸发 [쩡 프아] | 증발하다 |
| ☐ zhěng fēng | 整风 [쩡 펑] | 정풍 |
| ☐ zhēng fú | 征服 [쩡 푸] | 정복하다 |
| ☐ zhèng fǔ | 政府 [쩡 푸] | 정부 |
| ☐ zhěng gè | 整个 [쩡 거] | 전체 |
| ☐ zhèng guī | 正规 [쩡 구이] | 정규적이다 |
| ☐ zhèng hǎo | 正好 [쩡 하오] | 꼭 낮다 |
| ☐ zhèng hǎo | 正好 [하 오] | 때마침 |
| ☐ zhèng jiàn | 证件 [쩡 쩬] | 증건 |
| ☐ zhěng jié | 整洁 [쩡 제] | 단정하고 깨끗하다 |
| ☐ zhèng jīng | 正经 [쩡 징] | 올바르다, 정당하다 |
| ☐ zhèng jù | 证据 [쩡 쮜] | 증거 |
| ☐ zhěng lǐ | 整理 [쩡 리] | 정리하다 |
| ☐ zhèng miàn | 正面 [쩡 몐] | 정면 |

| | | | |
|---|---|---|---|
| zhèng míng | 证明 [쩡 밍] | 증명 |
| zhěng qí | 整齐 [쩡 치] | 정연하다 |
| zhēng qì | 争气 [정 치] | (지지 않으려고) 애쓰다 |
| zhēng qì | 蒸气 [정 치] | 증기 |
| zhèng qì | 正气 [쩡 치] | 정기, 올바른 기풍 |
| zhèng qiǎo | 正巧 [쩡 챠오] | 마침, 공교롭게 |
| zhēng qiú | 征求 [정 취] | 널리 구하다 |
| zhēng qǔ | 争取 [정 취] | 쟁취하다 |
| zhèng quán | 政权 [쩡 췐] | 정권 |
| zhèng què | 正确 [쩡 췌] | 정확하다 |
| zhēng shè | 增设 [정 써] | 증설하다 |
| zhèng shì | 正式 [쩡 쓰] | 정식적이다 |
| zhèng shí | 证实 [쩡 스] | 증명하다 |
| zhēng shōu | 征收 [정 소우] | 징수하다 |
| zhèng shū | 证书 [쩡 수] | 증서 |
| zhěng shù | 整数 [쩡 쑤] | 정수 (수학) |
| zhěng tǐ | 整体 [쩡 티] | 정체 |
| zhěng tiān | 整天 [쩡 톈] | 온 종일 |
| zhēng xiān kǒng hòu | 争先恐后 [정 셴 쿵 호우] | 뒤질세라 앞을 다투다 |
| zhèng xié | 政协 [쩡 셰] | 정협 (중국) |
| zhèng yì | 正义 [쩡 이] | 정의, 정의롭다 |
| zhēng yì | 争议 [정 이] | 쟁의하다, 논쟁하다 |
| zhēng yuán | 增援 [정 웬] | 증원하다 |
| zhēng yuè | 正月 [정 웨] | 정월 |
| zhèng zài | 正在 [쩡 짜이] | 바야흐로 |
| zhēng zhá | 挣扎 [정 자] | 발악하다, 몸부림치다 |
| zhèng zhì | 政治 [쩡 쯔] | 정치 |

| | | | |
|---|---|---|---|
| ☐ zhèng zhòng | 郑重 [정 쭝] | | 정중하다 |
| ☐ zhèng zhuàng | 症状 [정 좡] | | 병, 증상 |
| ☐ zhèr | 这儿 [쩔] | | 여기 |
| ☐ zhì'ān | 治安 [쯔 안] | | 치안 |
| ☐ zhì | 制 [쯔] | | 법도, 제도 |
| ☐ zhì | 质 [쯔] | | 질, 성질 |
| ☐ zhì | 制 [쯔] | | 만들다, 제지하다 |
| ☐ zhī | 知 [즈] | | 알다 |
| ☐ zhī | 之 [즈] | | ~의 |
| ☐ zhì | 治 [쯔] | | 다스리다 치료하다 |
| ☐ zhǐ | 只 [즈] | | 다만 |
| ☐ zhī | 支 [즈] | | 자루, 곡 |
| ☐ zhī | 枝 [즈] | | ~자루, ~대, ~자루 |
| ☐ zhī | 只 [즈] | | 짝 (한 쪽) |
| ☐ zhī | 枝 [즈] | | 가지 |
| ☐ zhǐ | 止 [즈] | | 다만, 단지 |
| ☐ zhì | 至 [쯔] | | 가장, 대단히, 극히 |
| ☐ zhí | 直 [즈] | | 곧장, 곧바로, 줄곧 |
| ☐ zhí | 直 [즈] | | 곧게 하다, 바르게 하다 |
| ☐ zhì | 致 [쯔] | | 주다, 초래하다, 애쓰다 |
| ☐ zhǐ | 纸 [즈] | | 종이 |
| ☐ zhí | 植 [즈] | | 심다, 재배하다 |
| ☐ zhī | 汁 [즈] | | 즙 (과일, 식물) |
| ☐ zhì | 志 [쯔] | | 뜻, 의지, 표시 |
| ☐ zhǐ | 止 [즈] | | 정지하다, 그치다 |
| ☐ zhǐ | 指 [즈] | | 가리키다, 지도하다 |
| ☐ zhī | 之 [즈] | | 그, 이, 그것 |
| ☐ zhī | 支 [즈] | | 괴다, ~하게 하다, 버티다 |

| | | | |
|---|---|---|---|
| ☐ zhì | 至 [쯔] | ~까지, ~에 이르러 |
| ☐ zhí | 直 [즈] | 곧다, 정직하다, 공정하다 |
| ☐ zhí | 值 [즈] | ~할 가치가 있다 |
| ☐ zhì | 置 [쯔] | 놓아두다, 설치하다 |
| ☐ zhì | 掷 [쯔] | 던지다 |
| ☐ zhǐ | 止 [즈] | ~까지 |
| ☐ zhī | 织 [즈] | 직물을 짜다, 뜨개질 하다 |
| ☐ zhí bān | 值班 [즈 반] | 당직을 맡다 |
| ☐ zhì biàn | 质变 [쯔 삐엔] | 질적 변화 |
| ☐ zhǐ biāo | 指标 [즈 뱌오] | 지표 |
| ☐ zhí bō | 直播 [즈 보] | 현지 방송하다, 직접 파종하다 |
| ☐ zhī bù | 支部 [즈 뿌] | 지부 |
| ☐ zhì cái | 制裁 [쯔 차이] | 제재를 하다 |
| ☐ zhí chēng | 职称 [즈 청] | 직함, 직명 |
| ☐ zhī chēng | 支掌 [즈 청] | 버티다 |
| ☐ zhī chí | 支持 [즈 츠] | 지지하다 |
| ☐ zhī chū | 支出 [즈 추] | 지출, 지출하다 |
| ☐ zhǐ chū | 指出 [즈 추] | 지적하다 |
| ☐ zhì cí | 致辞 [쯔 츠] | 축사를 드리다 |
| ☐ zhí dá | 直达 [즈 다] | 직통이다 |
| ☐ zhǐ dǎo | 指导 [즈 다오] | 지도하다 |
| ☐ zhí dào | 直到 [즈 따오] | ~에 이르다 |
| ☐ zhī dào | 知道 [즈 따오] | 알다 |
| ☐ zhí dé | 值得 [즈 더] | 부득이, 부득불 |
| ☐ zhí de | 值得 [즈 더] | 값에 상응하다 |
| ☐ zhì diàn | 致电 [쯔] | 전보를 보내다 |
| ☐ zhǐ diǎn | 指点 [즈 뎬] | 지시하다, 지적하다 |

| | | | |
|---|---|---|---|
| ☐ zhì dìng | 制定 [쯔 띵] | 제정하다 |
| ☐ zhǐ dìng | 指定 [즈 띵] | 지정하다 |
| ☐ zhì dù | 制度 [쯔 뚜] | 제도 |
| ☐ zhì duō | 至多 [쯔 둬] | 최대한, 많아도 |
| ☐ zhí fǎ | 执法 [즈 프아] | 법을 집행하다 |
| ☐ zhī fang | 脂肪 [즈 팡] | 지방 |
| ☐ zhì fú | 制服 [쯔 푸] | 제복 |
| ☐ zhī fù | 支付 [즈 푸] | 지불하다 |
| ☐ zhì fù | 致富 [쯔 푸] | 부유하게 하다 |
| ☐ zhí gōng | 职工 [즈 궁] | 직공 |
| ☐ zhǐ gù | 只顾 [즈 꾸] | 오로지, ~에만 열중하다 |
| ☐ zhǐ guǎn | 只管 [즈 관] | 얼마든지, 마음대로 |
| ☐ zhǐ hǎo | 只好 [즈 하오] | 부득이 |
| ☐ zhī hòu | 之后 [즈 호우] | 그 다음에 |
| ☐ zhì huì | 智慧 [쯔 후이] | 지혜 |
| ☐ zhǐ huī | 指挥 [즈 후이] | 지휘 |
| ☐ zhī jiān | 之间 [즈 졘] | ~사이에 |
| ☐ zhí jiē | 直接 [즈 제] | 직접적 |
| ☐ zhì jīn | 至今 [쯔 진] | 지금까지 |
| ☐ zhì jìng | 致敬 [쯔 찡] | 경의를 표하다 |
| ☐ zhí jìng | 直径 [즈 찡] | 직경 |
| ☐ zhī jué | 知觉 [즈 쮀] | 지각 |
| ☐ zhī lèi ~ | 之类~ [즈 레이] | ~의 류다, ~와 같은 |
| ☐ zhì lì | 智力 [쯔 리] | 지력 |
| ☐ zhì lǐ | 治理 [쯔 리] | 다스리다, 통치하다 |
| ☐ zhì liàng | 质量 [쯔 량] | 질량 |
| ☐ zhì liáo | 治疗 [쯔 랴오] | 치료하다 |
| ☐ zhǐ ling | 指令 [즈 링] | 지령 |

| | | | |
|---|---|---|---|
| ☐ zhī má | 芝麻 [즈 마] | 깨 (식물) |
| ☐ zhí mín dì | 殖民地 [즈 민 띠] | 식민지 |
| ☐ zhí mín zhǔ yì | 殖民主义 [즈 민 주 이] | 식민주의 |
| ☐ zhǐ míng | 指明 [즈 밍] | 분명히 지적하다 |
| ☐ zhǐ nán zhēn | 指南针 [즈 난 전] | 나침반, 지남침 |
| ☐ zhī nèi ~ | 之内 ~ [즈 네이] | ~의 안쪽, ~의 내 |
| ☐ zhì néng | 智能 [쯔 넝] | 지능 |
| ☐ zhǐ néng | 只能 [즈 넝] | 오직 ~해야만 |
| ☐ zhí néng | 职能 [즈 넝] | 직능 |
| ☐ zhī pèi | 支配 [즈 페이] | 지배하다 |
| ☐ zhī piào | 支票 [즈 퍄오] | 지표 |
| ☐ zhì pǐn | 制品 [쯔 핀] | 제품 |
| ☐ zhì pǔ | 质朴 [쯔 푸] | 소박하다, 질박하다 |
| ☐ zhī qián | 之前 [즈 첸] | ~그 전에 |
| ☐ zhí qín | 执勤 [즈 친] | 근무하다, 근무를 집행하다 |
| ☐ zhí quán | 职权 [즈 첀] | 직권 |
| ☐ zhī shàng | 之上 [즈~쌍] | ~우에 |
| ☐ zhì shǎo | 至少 [쯔 사오] | 최소한 |
| ☐ zhǐ shì | 只是 [즈 쓰] | 그렇지만, 그런데 |
| ☐ zhǐ shì | 指示 [즈 쓰] | 지시하다 |
| ☐ zhī shi | 知识 [즈 스] | 지식 |
| ☐ zhì shǐ | 致使 [쯔] | ~이르게 하다 |
| ☐ zhǐ shì | 只是 [즈 쓰] | 다만 |
| ☐ zhī shi fèn zǐ | 知识分子 [즈 스 프언 즈] | 지식분자, 인텔리 |
| ☐ zhǐ shǒu huà jiǎo | 指手画脚 [즈 소우 화 쟈오] | 손발 짓을 해가며 엮어대다 |

Z_z

| | | | |
|---|---|---|---|
| ☐ zhǐ tou | 指头 [즈 토우] | 손가락 |
| ☐ zhī wài ~ | 之外~ [즈 와이] | ~이외, ~ 이 밖에 |
| ☐ zhǐ wang | 指望 [즈 왕] | 기대, 희망 |
| ☐ zhí wù | 职务 [즈 우] | 직무 |
| ☐ zhí wù | 植物 [즈 우] | 식물 |
| ☐ zhī xià | 之下 [즈 샤] | 그 아래에 |
| ☐ zhí xiá shì | 直辖市 [즈 샤 쓰] | 직할시 |
| ☐ zhí xiàn | 直线 [즈 쎈] | 직선 |
| ☐ zhí xíng | 执行 [즈 싱] | 집행하다 |
| ☐ zhì xù | 秩序 [쯔 쉬] | 질서 |
| ☐ zhǐ yào | 只要 [즈 요우] | ~하기만 하면, 오직~라면 |
| ☐ zhí ye | 职业 [즈 예] | 직업 |
| ☐ zhī yi | 之一 [즈 이] | ~의 하나이다 |
| ☐ zhǐ yǐn | 指引 [즈 인] | 지도하다, 인도하다 |
| ☐ zhǐ yǒu | 只有 [즈 유우] | ~해야만 |
| ☐ zhī yú | 至于 [쯔 위] | ~정도에, ~로 말하면 ~에 대해 말하더라도 |
| ☐ zhì yuàn | 志愿 [쯔 웬] | 지원 |
| ☐ zhī yuán | 支援 [즈 웬] | 지원하다 |
| ☐ zhí yuán | 职员 [즈 웬] | 직원 |
| ☐ zhì yuē | 制约 [쯔 웨] | 제약하다 |
| ☐ zhì zào | 制造 [쯔 짜오] | 제조하다 |
| ☐ zhǐ zhāng | 纸张 [즈 장] | 종이 |
| ☐ zhí zhào | 执照 [즈 짜오] | 허가증, 면허증 |
| ☐ zhǐ zhēn | 指针 [즈 전] | 지침 |
| ☐ zhí zhèng | 执政 [즈 쩡] | 집정하다 |
| ☐ zhí zhì | 直至 [즈 쯔] | 쭉 ~에 이르다 |
| ☐ zhì zhǐ | 制止 [쯔 즈] | 제지하다, 저지하다 |

| | | | |
|---|---|---|---|
| ☐ zhī zhōng | 之中 [즈 중] | 그 중에 |
| ☐ zhī zhù | 支柱 [즈 쮸] | 지주, 받침대 |
| ☐ zhī zhū | 蜘蛛 [즈 주] | 거미 |
| ☐ zhí zi | 侄子 [즈 즈] | 조카 |
| ☐ zhì zuò | 制作 [쯔 쭤] | 제작하다 |
| ☐ zhìqì | 志气 [쯔 치] | 패기, 의기 |
| ☐ zhòng | 众 [쭝] | 많다 (사람) |
| ☐ zhǒng | 总 [중] | 전체의, 총괄적인 |
| ☐ zhòng | 重 [쭝] | 층, 겹 |
| ☐ zhòng | 重 [쭝] | 무게 |
| ☐ zhōng | 中 [중] | 중간, 속, 안, 두 끝 사이 |
| ☐ zhòng | 中 [쭝] | 맞히다, 당하다 |
| ☐ zhǒng | 种 [중] | 씨, 종자 |
| ☐ zhòng | 种 [쭝] | (씨앗을) 심다 |
| ☐ zhōng | 终 [중] | 끝, 종말 |
| ☐ zhǒng | 肿 [중] | 붓다 |
| ☐ zhōng | 钟 [중] | 시계, 벽시계 |
| ☐ zhòng | 重 [쭝] | 무겁다, 정도가 심하다 |
| ☐ zhōng | 中 [중] | 맞히다, 당하다 |
| ☐ zhòng | 种 [쭝] | 종류, 부류, 가지 |
| ☐ zhōng biǎo | 钟表 [중 뱌오] | 시계 |
| ☐ zhōng bù | 中部 [중 뿌] | 중부 |
| ☐ zhōng cān | 中餐 [중 찬] | 중국음식 |
| ☐ zhōng chéng | 忠诚 [중 청] | 충성하다 |
| ☐ zhòng dà | 重大 [쭝 따] | 중대하다 |
| ☐ zhǒng děi | 总得 [중 데이] | 아무래도 ~해야 한다 |
| ☐ zhōng děng | 中等 [중 덩] | 중등이다 |
| ☐ zhòng dì | 种地 [쭝 띠] | 농사짓다 |

Z_z

| | | | |
|---|---|---|---|
| ☐ zhòng diǎn | 重点 [쭝 뎬] | 중점 |
| ☐ zhōng diǎn | 钟点 [중 뎬] | 시각, 시간 |
| ☐ zhōng diǎn | 终点 [중 뎬] | 종점 |
| ☐ zhōng duān | 终端 [중 똰] | 종단 |
| ☐ zhōng duàn | 中断 [중 똰] | 중단하다 |
| ☐ zhòng duō | 众多 [쭝 둬] | 아주 많다 (사람) |
| ☐ zhòng gōng yè | 重工业 [쭝 궁 예] | 중공업 |
| ☐ zòng héng | 纵横 [쭝 헝] | 종횡을 엇갈리다 |
| ☐ zhōng jiān | 中间 [중 젠] | 중간 |
| ☐ zhōng jiū | 终究 [중 지우] | 결국, 필경 |
| ☐ zhǒng lèi | 种类 [중 레이] | 종류 |
| ☐ zhōng lì | 中立 [중 리] | 중립, 중립하다 |
| ☐ zhòng liàng | 重量 [쭝 량] | 중량 |
| ☐ zhǒng liú | 肿瘤 [중 리우] | 종양, 혹 |
| ☐ zhōng nián | 终年 [중 녠] | 종년, 행년 |
| ☐ zhōng nián | 中年 [중 녠] | 중년 |
| ☐ zhōng qiū | 中秋 [중 치우] | 중추, 추석 |
| ☐ zhòng rén | 众人 [쭝 런] | 많은 사람 |
| ☐ zhōng shēn | 终身 [중 선] | 종신 |
| ☐ zhòng shì | 重视 [쭝 쓰] | 중시하다 |
| ☐ zhōng shí | 忠实 [중 스] | 충실하다 |
| ☐ zhòng suǒ zhōu zhī | 众所周之 [쭝 쉬 조우 즈] | 모든 사람들이 다 알고 있다 |
| ☐ zhōng tóu | 钟头 [중 토우] | 시간 |
| ☐ zhōng tú | 中途 [중 투] | 중도 |
| ☐ zhōng wén | 中文 [중 원] | 중문 |
| ☐ zhōng wǔ | 中午 [중 우] | 정오, 한낮 |

| | | | |
|---|---|---|---|
| ☐ zhòng xīn | 重心 [쫑 신] | 중심, 핵심 |
| ☐ zhōng xīn | 中心 [중 신] | 중심 |
| ☐ zhōng xīn | 衷心 [중 신] | 진심이다 |
| ☐ zhòng xíng | 重型 [쫑 싱] | 중형이다, 대형 |
| ☐ zhōng xíng | 中型 [중 싱] | 중형 |
| ☐ zhōng xué | 中学 [중 쉐] | 중학 |
| ☐ zhōng xún | 中旬 [중 쉰] | 중순 |
| ☐ zhōng yāng | 中央 [중 양] | 중앙 |
| ☐ zhōng yào | 中药 [중 야오] | 중약 |
| ☐ zhòng yào | 重要 [쫑 야오] | 중요하다 |
| ☐ zhōng yī | 中医 [중 이] | 한방의, 한의사 |
| ☐ zhòng yì yuàn | 众议院 [쫑 이 웬] | 양의원 |
| ☐ zhōng yóu | 中游 [중 유] | (강) 중류, 중간상태 |
| ☐ zhōng yú | 终于 [중 위] | 끝내 |
| ☐ zhōng yú | 忠于 [중 위] | ~에 충성하다 |
| ☐ zhōng yuán | 中原 [중 웬] | 중원 (중국) |
| ☐ zhōng zhēn | 忠贞 [중 전] | 충성스럽고 절의가 있다 |
| ☐ zhōng zhī | 总之 [중 즈] | 총적으로 말하면, 요컨대 |
| ☐ zhōng zhǐ | 终止 [중 즈] | 정지하다, 끝나다 |
| ☐ zhòng zhí | 种植 [쫑 즈] | 종자를 심다 |
| ☐ zhǒng zhong | 种种 [중 중] | 여러 가지, 갖가지 |
| ☐ zhǒng zhú | 种族 [중 주] | 종족 |
| ☐ zhǒng zi | 种子 [중 즈] | 종자 |
| ☐ zhōu | 粥 [조우] | 죽 |
| ☐ zhōu | 洲 [조우] | 대륙 및 그 도시의 총칭 |
| ☐ zhōu | 周 [조우] | 주위, 둘레, 주 |
| ☐ zhōu | 周 [조우] | 전반적이다, 주도면밀하다 |
| ☐ zhōu | 舟 [조우] | 배 |

| | | | |
|---|---|---|---|
| ☐ zhōu | 州 [조우] | 주 (지방행정구역 단위) |
| ☐ zhòu | 皱 [쪼우] | 주름살이 생기다 |
| ☐ zhōu dào | 周到 [조우 따오] | 주도면밀하다 |
| ☐ zhōu mì | 周密 [조우 미] | 주밀하다 |
| ☐ zhōu mò | 周末 [조우 모] | 주말 |
| ☐ zhōu nián | 周年 [조우 녠] | 만 년, 주년 |
| ☐ zhōu qī | 周期 [조우 치] | 주기 |
| ☐ zhōu wéi | 周围 [조우 워이] | 주위 |
| ☐ zhòu wén | 皱纹 [쪼우 원] | 주름, 구김살 |
| ☐ zhòu yè | 昼夜 [쪼우 예] | 주야 |
| ☐ zhōu zhé | 周折 [조우 저] | 우여곡절, 고심 |
| ☐ zhōu zhuǎn | 周转 [조우 촨] | 유통되다 |
| ☐ zhù | 著 [쭈] | 현저하다, 저명하다 |
| ☐ zhù | 铸 [쭈] | 주조하다 |
| ☐ zhù | 著 [쭈] | 저작, 저술 |
| ☐ zhú | 足 [주] | 발, 다리 |
| ☐ zhū | 猪 [주] | 돼지 |
| ☐ zhù | 助 [쭈] | 돕다, 협조하다, 원조하다 |
| ☐ zhǔ | 拄 [주] | (지팡이를) 짚다 |
| ☐ zhū | 株 [주] | 그루 |
| ☐ zhù | 筑 [쭈] | 건축하다 |
| ☐ zhù | 驻 [쭈] | 머무르다, 주둔하다, 주류하다 |
| ☐ zhǔ | 煮 [주] | 삶다 |
| ☐ zhù | 著 [쭈] | 저작하다, 저술하다 |
| ☐ zhū | 朱 [주] | 주 (성씨) |
| ☐ zhù | 住 [쭈] | 살다, 거주하다 |
| ☐ zhǔ | 主 [주] | 주인, 소유주 |
| ☐ zhù | 祝 [쭈] | 빌다, 축원하다 |

| | | | |
|---|---|---|---|
| ☐ zhǔ bàn | 主办 [주 빤] | 주최하다 |
| ☐ zhǔ biān | 主编 [주 볜] | 주필, 주필하다 |
| ☐ zhú bù | 逐步 [주 뿌] | 차츰차츰 |
| ☐ zhù cè | 注册 [쭈 처] | 등록하다 |
| ☐ zhǔ chí | 主持 [주 츠] | 주재하다, 주관하다 |
| ☐ zhǔ dǎo | 主导 [주 다오] | 주도 |
| ☐ zhǔ dǎo | 主导 [주 다오] | 주도적이다 |
| ☐ zhǔ dòng | 主动 [주 뚱] | 주동적이다 |
| ☐ zhù fang | 住房 [쭈 팡] | 주택 |
| ☐ zhù fú | 祝福 [쭈 푸] | 축복하다 |
| ☐ zhǔ fù | 嘱咐 [주 푸] | 분부하다, 당부하다 |
| ☐ zhǔ guǎn | 主管 [주 관] | 주관하다 |
| ☐ zhǔ guān | 主观 [주 관] | 주관 |
| ☐ zhù hè | 祝贺 [쭈 허] | 축하하다 |
| ☐ zhú jiàn | 逐渐 [주 쪤] | 점차 |
| ☐ zhù jiě | 注解 [쭈 졔] | 주해 |
| ☐ zhù lǐ | 助理 [쭈 리] | 조리 |
| ☐ zhǔ lì | 主力 [주 리] | 주력 |
| ☐ zhǔ liú | 主流 [주 류] | 주류 |
| ☐ zhù míng | 著名 [쭈 밍] | 저명하다 |
| ☐ zhù mù | 注目 [쭈 무] | 주목하다 |
| ☐ zhú nián | 逐年 [주 녠] | 변변히 |
| ☐ zhǔ quán | 主权 [주 췐] | 주권 |
| ☐ zhǔ rèn | 主任 [주 런] | 주임 |
| ☐ zhǔ rén | 主人 [주 런] | 주인 |
| ☐ zhǔ rén wēng | 主人翁 [주 런 웡] | 주인장 |
| ☐ zhū rú cǐ lèi | 诸如此类 [주 루 츠 레이] | 이런 것들과 같다 |

| | | | |
|---|---|---|---|
| ☐ zhù shè | 注射 [쭈 써] | 주사를 놓다 |
| ☐ zhǔ shí | 主食 [주 스] | 주식 |
| ☐ zhù shì | 注视 [쭈 쓰] | 주시하다 |
| ☐ zhù shì | 注释 [쭈 쓰] | 주석 |
| ☐ zhù shǒu | 助手 [쭈 소우] | 조수 |
| ☐ zhù shuǒ | 住所 [쭈 숴] | 주소 |
| ☐ zhǔ tí | 主题 [주 티] | 주제 |
| ☐ zhǔ tǐ | 主体 [주 티] | 주체 |
| ☐ zhǔ tuō | 嘱托 [주 퉈] | 부탁하다, 의뢰하다 |
| ☐ zhū wèi | 诸位 [주 워이] | 여러분 |
| ☐ zhǔ xí | 主席 [주 시] | 주석 |
| ☐ zhǔ yào | 主要 [주 야오] | 주요하다 |
| ☐ zhǔ yì | 主义 [주 이] | 주의 |
| ☐ zhù yì | 主意 [주 이] | 의견, 방법 |
| ☐ zhù yì | 注意 [쭈 이] | 주의하다 |
| ☐ zhù yuàn | 祝愿 [쭈 웬] | 축원, 축원하다 |
| ☐ zhù yuàn | 住院 [쭈 웬] | 입원하다 |
| ☐ zhù zào | 铸造 [쭈 짜오] | 주조하다 |
| ☐ zhù zhā | 驻扎 [쭈 자] | 군대가 주둔하다 |
| ☐ zhù zhái | 住宅 [쭈 자이] | 주택 |
| ☐ zhù zhǎng | 助长 [쭈 장] | 조장하다 |
| ☐ zhǔ zhāng | 主张 [주 장] | 주장하다 |
| ☐ zhù zhòng | 注重 [쭈 쭝] | 중시하다 |
| ☐ zhū zi | 珠子 [주 즈] | 구슬, 진주 |
| ☐ zhù zi | 柱子 [쭈 즈] | 기둥 |
| ☐ zhù zuò | 著作 [쭈 쮜] | 저작 |
| ☐ zhuǎ | 爪 [좌] | 발톱이 있는 짐승의 발 |
| ☐ zhuā | 抓 [좌] | 잡다, 쥐다, 담당하다 |

| | | | |
|---|---|---|---|
| zhuā jǐn | 抓紧 [좌 진] | 꽉 잡다 |
| zhuài | 拽 [쫘 아이] | 잡아당기다 |
| zhuān | 砖 [좐] | 벽돌 |
| zhuān | 专 [좐] | 전문 |
| zhuān | 专 [좐] | 특별하다, 전문적이다 |
| zhuàn | 传 [좐] | 전기, 일대기 |
| zhuàn | 赚 [좐] | (돈을) 벌다, 이윤을 얻다 |
| zhuàn | 转 [좐] | 바뀌다, 돌리다, 전하다 |
| zhuǎn biàn | 转变 [좐 삐엔] | 전변하다 |
| zhuǎn bō | 转播 [좐 보] | 중계방송하다 |
| zhuān cháng | 专长 [좐 창] | 전문기능 |
| zhuān chéng | 专程 [좐 청] | 특별히, 전적으로 |
| zhuǎn dá | 转达 [좐 다] | 전달하다 |
| zhuǎn dòng | 转动 [좐 똥] | 돌리다 |
| zhuàn dòng | 转动 [좐 똥] | 돌다, 회전하다 |
| zhuǎn gào | 转告 [좐 까오] | 전하여 알리다 |
| zhuǎn huà | 转化 [좐 화] | 전화하다 |
| zhuǎn huàn | 转换 [좐 환] | 전환하다 |
| zhuàn jì | 传记 [좐 찌] | 전기 |
| zhuān jiā | 专家 [좐 쟈] | 전문가 |
| zhuǎn jiāo | 转交 [좐 쟈오] | 전달하다 |
| zhuān kē | 专科 [좐 커] | 전문학과 |
| zhuān lì | 专利 [좐 리] | 특허 |
| zhuān mén | 专门 [좐 먼] | 전문직 |
| zhuǎn ràng | 转让 [좐 랑] | 양도하다 |
| zhuān rén | 专人 [좐 런] | 전담자 |
| zhuǎn rù | 转入 [좐 루] | 전입하다 |
| zhuān tí | 专题 [좐 티] | 특별제목 |

| | | | |
|---|---|---|---|
| ☐ zhuǎn wān | 转弯 [촨 완] | | 돌다, 모퉁이를 돌다 |
| ☐ zhuǎn xiàng | 转向 [촨 썅] | | 방향을 바꾸다 |
| ☐ zhuān xīn | 专心 [촨 신] | | 몰두하다 |
| ☐ zhuān yè | 专业 [촨 예] | | 전업 |
| ☐ zhuān yè hù | 专业户 [촨 예 후] | | 전업호, 전문업주 |
| ☐ zhuǎn yí | 转移 [촨 이] | | 전이하다 |
| ☐ zhuān yòng | 专用 [촨 융] | | 전용이다 |
| ☐ zhuǎn zhé | 转折 [촨 저] | | 전환되다 |
| ☐ zhuān zhèng | 专政 [촨 쩡] | | 독재, 독재정치를 하다 |
| ☐ zhuān zhì | 专制 [촨 쯔] | | 독재정치 |
| ☐ zhuàng | 撞 [쫭] | | 부딪치다 |
| ☐ zhuāng | 庄 [쫭] | | 마을, 촌락, 부락 |
| ☐ zhuàng | 壮 [쫭] | | 강하다, 웅장하다 |
| ☐ zhuāng | 桩 [쫭] | | 건, 가지 (사건이나 일) |
| ☐ zhuāng | 桩 [쫭] | | 말뚝 |
| ☐ zhuàng | 幢 [쫭] | | (건물의 동수를 세는 말) ~동 |
| ☐ zhuāng | 装 [쫭] | | 담다, 가장하다 |
| ☐ zhuàng | 壮 [쫭] | | 강하게 하다 |
| ☐ zhuāng bèi | 装备 [쫭 뻬이] | | 장비, 갖추다 |
| ☐ zhuàng dà | 壮大 [쫭 따] | | 강대하다 |
| ☐ zhuàng guān | 壮观 [쫭 관] | | 장관이다 |
| ☐ zhuāng jiā | 庄稼 [쫭 쟈] | | 농작물 |
| ☐ zhuàng kuàng | 状况 [쫭 쾅] | | 상황 |
| ☐ zhuàng lì | 壮丽 [쫭 리] | | 장려하다 |
| ☐ zhuàng liè | 壮烈 [쫭 례] | | 장렬하다 |
| ☐ zhuāng pèi | 装配 [쫭 페이] | | 조립하다, 맞추다 |
| ☐ zhuāng shì | 装饰 [쫭 쓰] | | 장식, 장식하다 |
| ☐ zhuàng tài | 状态 [쫭 타이] | | 상태 |

| | | | |
|---|---|---|---|
| ☐ zhuāng xiè | 装卸 [쫭 쎄] | | 싣고 부리다, 조립분해하다 |
| ☐ zhuāng yán | 庄严 [쫭 옌] | | 장엄하다 |
| ☐ zhuāng zhì | 装置 [쫭 쯔] | | 장치, 장치하다 |
| ☐ zhuàng zhì | 壮志 [쫭 쯔] | | 웅대한 뜻 |
| ☐ zhuāng zhòng | 庄重 [쫭 쭝] | | 장중하다 |
| ☐ zhuī | 追 [주이] | | 뒤쫓다 |
| ☐ zhuī chá | 追查 [주이 차] | | 추적조사하다 |
| ☐ zhuī jiū | 追究 [주이 쟈] | | 규명하다, 추궁하다 |
| ☐ zhuī qiú | 追求 [주이 치우] | | 추구하다 |
| ☐ zhǔn | 准 [준] | | 정확하다 |
| ☐ zhǔn | 准 [준] | | 반드시, 틀림없이 |
| ☐ zhǔn | 准 [준] | | 허락하다, 의거하다 |
| ☐ zhǔn | 准 [준] | | 표준, 기준 |
| ☐ zhǔn bèi | 准备 [준 뻬이] | | 준비하다 |
| ☐ zhǔn shí | 准时 [준 스] | | 시간을 정확히 지키다 |
| ☐ zhǔn xǔ | 准许 [준 쉬] | | 허가하다 |
| ☐ zhǔn zé | 准则 [준 저] | | 준칙 |
| ☐ zhuō | 捉 [쮜] | | 체포하다, 잡다 |
| ☐ zhuó | 着 [쮜] | | 붙다, 접촉하다, 입다 |
| ☐ zhuó | 啄 [쮜] | | 부리로 쪼다 |
| ☐ zhuó qíng | 酌情 [쮜 칭] | | 참작하다, 알아서 하다 |
| ☐ zhuó shǒu | 着手 [쮜 소우] | | 착수하다, 시작하다 |
| ☐ zhuó xiǎng | 着想 [쮜 샹] | | 생각하다 |
| ☐ zhuó yuè | 卓越 [쮜 웨] | | 탁월하다 |
| ☐ zhuō zi | 桌子 [쮜 즈] | | 탁자 |
| ☐ zì | 自 [쯔] | | 자연히, 당연히 |
| ☐ zī chǎn jiē jí | 资产阶级 [즈 찬 제 지] | | 자산계급 |

| | | | |
|---|---|---|---|
| ☐ zì | 自 [쯔] | 자기, 자신 |
| ☐ zǐ | 紫 [즈] | 자색의, 보랏빛의 |
| ☐ zǐ | 籽 [즈] | 씨, 씨앗 |
| ☐ zì bēi | 自卑 [쯔 베이] | 열등감을 갖다 |
| ☐ zī běn | 资本 [즈 번] | 자본 |
| ☐ zī běn jiā | 资本家 [즈 번 쟈] | 자본가 |
| ☐ zī běn zhǔ yì | 资本主义 [즈 번 주이] | 자본주의 |
| ☐ zī chǎn | 资产 [즈 찬] | 자산 |
| ☐ zì cóng | 自从 [쯔 추웅] | ~에서, ~부터 |
| ☐ zǐ dàn | 子弹 [즈 딴] | 탄알 |
| ☐ zǐ dì | 子弟 [즈 띠] | 자제 |
| ☐ zì diǎn | 字典 [쯔 뗀] | 자전 |
| ☐ zì dòng | 自动 [쯔 뚱] | 자동적 |
| ☐ zì fā | 自发 [쯔 프아] | 자연발생적이다 |
| ☐ zì fèi | 自费 [쯔 페이] | 자비로 |
| ☐ zì fù yíng kuī | 自负盈亏 [쯔 푸 잉 쿠이] | 손익을 자기가 책임지다 |
| ☐ zì gǔ | 自古 [쯔 구] | 자고로 |
| ☐ zì háo | 自豪 [쯔 하오] | 자부, 자부하다 |
| ☐ zì jǐ | 自己 [쯔 지] | 자기 |
| ☐ zī jīn | 资金 [즈 진] | 자금 |
| ☐ zì jué | 自觉 [쯔 줴] | 자각적 |
| ☐ zì lái shuǐ | 自来水 [쯔 라이 수이] | 수돗물 |
| ☐ zì lì gēng shēng | 自力更生 [쯔 리 겅 성] | 자력갱생 |
| ☐ zī liào | 资料 [즈 랴오] | 자료 |
| ☐ zì mǎn | 自满 [쯔 만] | 자만하다 |

| | | |
|---|---|---|
| zì mǔ | 字母 [쯔 무] | 자모 |
| zì rán | 自然 [쯔 란] | 자연 |
| zì shā | 自杀 [쯔 사] | 자살하다 |
| zì shēn | 自身 [쯔 선] | 자신 |
| zī shì | 姿势 [즈 쓰] | 자세 |
| zì shǐ zhì zhōng | 自始至终 [쯔 스 쯔 중] | 시종일관, 처음부터 끝까지 |
| zì sī | 自私 [쯔 스] | 이기적이다 |
| zì sī zì lì | 自私自利 [쯔 스 쯔 리] | 이기적이다 |
| zǐ sūn | 子孙 [즈 순] | 자손 |
| zī tài | 姿态 [즈 타이] | 자태 |
| zī wèi | 滋味 [즈 워이] | 맛, 흥취 |
| zì wèi | 自卫 [쯔 워이] | 자위하다 |
| zì wǒ | 自我 [쯔워] | 자기, 자신 |
| zǐ xì | 仔细 [즈 씨] | 자세히 |
| zì xiāng máo dùn | 自相矛盾 [쯔 샹 모우 뚠] | 자체모순이다, 자가당착이다 |
| zì xìn | 自信 [쯔 씬] | 자신하다, 스스로 믿다 |
| zì xíng | 自行 [쯔 싱] | 스스로, 저절로 |
| zì xíng chē | 自行车 [쯔 싱 처] | 자전거 |
| zì xué | 自学 [쯔 쉐] | 자학하다 |
| zī xún | 咨询 [즈 쉰] | 자문하다 |
| zì yán zì yǔ | 自言自语 [쯔 옌 쯔 위] | 혼자말로 중얼거리다 |
| zì yóu | 自由 [쯔 유] | 자유 |
| zì yóu shì chǎng | 自由市场 [쯔 유 쓰 창] | 자유시장 |
| zī yuán | 资源 [즈 웬] | 자원 |

| | | |
|---|---|---|
| zì yuàn | 自愿 [쯔 웬] | 자원하다 |
| zī zhǎng | 滋长 [즈 장] | 생기다, 성장하다 |
| zì zhì | 自治 [쯔 쯔] | 자치하다 |
| zì zhì qū | 自治区 [쯔 쯔 취] | 자치구 (중국) |
| zī zhù | 资助 [즈 쭈] | 재물로 돕다 |
| zì zhǔ | 自主 [쯔 주] | 자주적이다, 자기 마음대로 하다 |
| zǒng'é | 总额 [중 어] | 총액 |
| zǒng | 总 [중] | 합치다, 취합하다 |
| zǒng de lái shūo | 总的来说 [중 더 라이 쉬] | 총적으로 말하면 |
| zǒng dū | 总督 [중 두] | 총독 |
| zǒng ér yán zhī | 总而言之 [중 얼 옌즈] | 총괄적으로 말하면, 한마디로 말하면 |
| zǒng gòng | 总共 [중 꿍] | 모두, 전부 |
| zǒng hé | 总和 [중 허] | 총화, 총수 |
| zōng he | 综合 [중 허] | 합하다 |
| zōng jì | 踪迹 [중 찌] | 종적 |
| zǒng jì | 总计 [중 찌] | 총계하다, 합계하다 |
| zōng jiào | 宗教 [중 쨔오] | 종교 |
| zǒng jié | 总结 [중 제] | 모두 마무리하다 |
| zǒng lǐ | 总理 [중 리] | 총리 |
| zōng pài | 宗派 [중 파이] | 종파 |
| zòng rán | 纵然 [쭝 란] | ~일지라도 |
| zōng sè | 棕色 [중 써] | 갈색, 다갈색 |
| zǒng shù | 总数 [중 쑤] | 총수 |
| zǒng sī lìng | 总司令 [중 스 링] | 총사령 |
| zǒng suàn | 总算 [중 쏸] | 마침내, 간신히 |

| | | | |
|---|---|---|---|
| zǒng tǒng | 总统 [중 퉁] | 총통 |
| zǒng wù | 总务 [중 우] | 총무 |
| zōng zhǐ | 宗旨 [중 즈] | 종지 |
| zǒng | 总 [중] | 늘, 언제나 |
| zòu | 奏 [쪼우] | 연주하다 |
| zǒu | 走 [조우] | 가다 |
| zòu | 揍 [쪼우] | 때리다, 치다, 깨뜨리다 |
| zǒu dào | 走道 [조우 따오] | 보도 |
| zǒu fǎng | 走访 [조우 팡] | 방문하다, 인터뷰 |
| zǒu gǒu | 走狗 [조우 고우] | 주구, 앞잡이 |
| zǒu hòu ménr | 走后门儿 [조우 호우 멀] | 뒷거래를 하다 |
| zǒu láng | 走廊 [조우 랑] | 복도 |
| zǒu lòu | 走漏 [조우 로우] | 새나가다 |
| zǒu sī | 走私 [조우 스] | 밀수하다, 암거래하다 |
| zǒu wān lù | 走弯路 [조우 완 루] | 굽은 길로 가다, 잘 못가다 |
| zǒu xiàng | 走向 [조우 쌍] | 방향, 주향 |
| zǔ'ài | 阻碍 [주 아이] | 저해하다, 방해하다 |
| zū | 租 [주] | 훼방 놓다 |
| zú | 族 [주] | 종족, 족 |
| zǔ | 组 [주] | 조, 그룹, 팁 |
| zú | 足 [주] | 족하다, 충분하다 |
| zǔ | 组 [주] | 짜다, 조직하다 |
| zǔ chéng | 组成 [주 청] | 구성하다, 편성하다 |
| zǔ dǎng | 阻挡 [주 당] | 저지하다, 제지하다, 가로 막다 |
| zǔ fù | 祖父 [주 푸] | 조부 |
| zǔ guó | 祖国 [주 궈] | 조국 |

| | | |
|---|---|---|
| ☐ zǔ hé | **组合** [주 허] | 조합하다, 짜 맞추다 |
| ☐ zū jīn | **租金** [주 진] | 임대료 |
| ☐ zǔ lì | **阻力** [주 리] | 저항력, 저지력 |
| ☐ zǔ mǔ | **祖母** [주 무] | 조모 |
| ☐ zǔ náo | **阻挠** [주 나오] | 저지하다, 방해하다 |
| ☐ zú qiú | **足球** [주 치우] | 축구 |
| ☐ zǔ xiān | **祖先** [주 셴] | 선조 |
| ☐ zú yǐ | **足以** [주 이] | 충분히 ~할 수 있다 |
| ☐ zǔ zhǎng | **组长** [주 장] | 조장 |
| ☐ zǔ zhǐ | **阻止** [주 즈] | 저지하다 |
| ☐ zǔ zhī | **组织** [주 즈] | 조직 |
| ☐ zú zi | **竹子** [주 즈] | 참대 |
| ☐ zuān | **钻** [촨] | 뚫다, 뚫고 들어가다 |
| ☐ zuàn shí | **钻石** [좐 스] | 보석 |
| ☐ zuān yán | **钻研** [좐 옌] | 탐구하다 |
| ☐ zuì | **罪** [쭈이] | 죄, 범죄, 잘못 |
| ☐ zuì | **最** [쭈이] | 가장, 최고로 |
| ☐ zuǐ | **嘴** [쭈이] | 입, 주둥이 |
| ☐ zuì | **醉** [쭈이] | 술에 취하다 |
| ☐ zuǐ bā | **嘴巴** [쭈이 바] | 뺨, 입 |
| ☐ zuì chū | **最初** [쭈이 추] | 최초 |
| ☐ zuǐ chún | **嘴唇** [쭈이 춘] | 입술 |
| ☐ zuī dào | **追悼** [쭈이 따오] | 추도하다 |
| ☐ zuì è | **罪恶** [쭈이 어] | 죄악 |
| ☐ zuì fàn | **罪犯** [쭈이 프안] | 범죄 |
| ☐ zuī gǎn | **追赶** [쭈이 간] | 쫓아가다 |
| ☐ zuì hǎo | **最好** [쭈이 하오] | 가장 좋아하는 |
| ☐ zuì hòu | **最后** [쭈이 하오] | 최후 |

| | | | |
|---|---|---|---|
| ☐ zuì jìn | 最近 | [쭈이 찐] | 최근 |
| ☐ zuì míng | 罪名 | [쭈이 밍] | 죄명 |
| ☐ zuī wèn | 追问 | [쭈이 원] | 추궁하다 |
| ☐ zuì xíng | 罪行 | [쭈이 싱] | 죄형 |
| ☐ zuì zhuàng | 罪状 | [쭈이 쫭] | 죄상 |
| ☐ zūn | 尊 | [쭌] | 존경하다 |
| ☐ zūn chēng | 尊称 | [쭌 청] | 존칭 |
| ☐ zūn jìng | 尊敬 | [쭌 찡] | 존경하다 |
| ☐ zūn shǒu | 遵守 | [쭌 소우] | 준수하다 |
| ☐ zūn xún | 遵循 | [쭌 쉰] | 따르다, 지키다 |
| ☐ zūn yán | 尊严 | [쭌 옌] | 존엄 |
| ☐ zūn zhào | 遵照 | [쭌 짜오] | 따르다 |
| ☐ zūn zhòng | 尊重 | [쭌 쭝] | 존중하다 |
| ☐ zuò'àn | 作案 | [쭤 안] | 범죄를 저지르다 |
| ☐ zuǒ | 左 | [쭤] | 좌 |
| ☐ zuò | 作 | [쭤] | 하다, 제작하다 |
| ☐ zuò | 坐 | [쭤] | 앉다 |
| ☐ zuò | 座 | [쭤] | ~동, ~좌, ~하나 |
| ☐ zuò | 做 | [쭤] | 일하다, 만들다, ~로 하다 |
| ☐ zuò bān | 坐班 | [쭤 반] | 정시에 출퇴근 하다 |
| ☐ zuǒ bian | 左边 | [쭤 벤] | 왼쪽 |
| ☐ zuò fǎ | 作法 | [쭤 프아] | 작업 |
| ☐ zuò fǎ | 做法 | [쭤 프아] | 작법 |
| ☐ zuò fèi | 作废 | [쭤 페이] | 무효로 하다, 폐지하다 |
| ☐ zuò fēng | 作风 | [쭤 펑] | 작풍, 태도 |
| ☐ zuò gōng | 做工 | [쭤 궁] | 일하다, 노동하다 |
| ☐ zuò jiā | 作家 | [쭤 쟈] | 작가 |
| ☐ zuò kè | 做客 | [쭤 커] | 손님이 되다 |

Z_z

| | | | |
|---|---|---|---|
| ☐ zuò mèng | 做梦 [쭤 멍] | 꿈을 꾸다 |
| ☐ zuó mo | 琢磨 [쭤 모] | (옥, 돌을) 갈다 |
| ☐ zuò pǐn | 作品 [쭤 핀] | 작품 |
| ☐ zuò tán | 座谈 [쭤 탄] | 좌담하다 |
| ☐ zuó tiān | 昨天 [쭤 톈] | 어제 |
| ☐ zuò wèi | 坐位 [쭤 웨이] | 좌석 |
| ☐ zuò wéi | 作为 [쭤 웨이] | ~의 신분으로 |
| ☐ zuò wéi | 作为 [쭤 웨이] | ~로 하다 |
| ☐ zuò wén | 作文 [쭤 원] | 작문 |
| ☐ zuò wù | 作物 [쭤 우] | 농작물 |
| ☐ zuò yè | 作业 [쭤 예] | 작업 |
| ☐ zuò yòng | 作用 [쭤 융] | 작용 |
| ☐ zuǒ yòu | 左右 [쭤 유] | 좌우하다 |
| ☐ zuò yòu míng | 座右铭 [쭤 유 밍] | 좌우명 |
| ☐ zuò zhàn | 作战 [쭤 짠] | 작전을 하다 |
| ☐ zuò zhe | 作者 [쭤 저] | 작자 |
| ☐ zuò zhǔ | 作主 [쭤 주] | 주관자가 되다, 주장하다 |
| ☐ zuòr | 座儿 [쭤] | 자리, 좌석 |

# 기초단어사전

7판 인쇄 | 2016년 3월 15일
7판 발행 | 2016년 3월 25일

지은이 | 사사연어학연구소 편
대　표 | 장삼기
펴낸이 | 신지현
펴낸곳 | 도서출판 사사연

등록번호 | 제10 - 1912호
등록일 | 2000년 2월 8일
주소 | 서울시 강서구 강서로 29길 55, 301(화곡동)
전화 | 02-393-2510, 010-4413-0870
팩스 | 02-393-2511

인쇄 | 성실인쇄
제본 | 동신제책사
홈페이지 | www.ssyeun.co.kr
이메일 | sasayon@naver.com

임시특가 12,000원
ISBN 978-89-85153-05-8
✱ 잘못 만들어진 책은 바꿔 드립니다.